Günter Rohrmoser

Deutschlands Tragödie

Der geistige Weg in den Nationalsozialismus

Hrsg. von Michael Grimminger

OLZOG

Die Deutsche Bibliothek – CIP-Einheitsaufnahme

Rohrmoser, Günter :
Deutschlands Tragödie : Der geistige Weg in den Nationalsozialismus /
Günter Rohrmoser. Hrsg. von Michael Grimminger. – München : Olzog, 2002
ISBN 3-7892-8074-7

ISBN 3-7892-8074-7

Besuchen Sie uns im Internet: http://www.olzog.de

Umschlagentwurf: Gruber & König, Augsburg
Satz: EDV-Fotosatz Huber / Verlagsservice G. Pfeifer, Germering
Druck- und Bindearbeiten: Himmer, Augsburg
Printed in Germany

Inhaltsverzeichnis

Vorwort und Einführung des Herausgebers 9

A. Methodische Überlegungen 19

1. Den Nationalsozialismus verstehen 19

2. „Der Historikerstreit“ – Reflexionen zum Spannungsverhältnis von Wissenschaft und Ideologie 29

B. Idee und Wirklichkeit des Nationalsozialismus 41

1. Das Verhängnis des Ersten Weltkriegs 41

2. Hitler und die deutschen Hoffnungen auf eine nationalkonservative Erneuerung 49

3. Rassismus, Antisemitismus und die deutsche Angst vor der Moderne 62

4. Hitlers Rolle als Erlöser 76

5. Der Nationalsozialismus – eine Symbiose von Modernität und Archaik .. 86

6. Der Nationalsozialismus als Jugend- und Kulturrevolution 98

7. Autoritärer Faschismus – totalitärer Nationalsozialismus 104

8. Die getäuschten Deutschen 114

9. Der Nationalsozialismus als ein postchristliches Phänomen 120

10. Den Nationalsozialismus begreifen, nicht nur verstehen 132

C. Nietzsche und die Krise der bürgerlichen Kultur 147

1. Nietzsches Prophezeiung des Zeitalters der großen Politik 147

2. Nietzsches Kampf gegen den letzten Menschen 154

3. Das Ende des Christentums und der bürgerliche Widerspruch zwischen theoretischem Darwinismus und praktischem Humanismus 161

4. Die Selbstvernichtung der bürgerlichen Kultur und der Sieg des Sozialdarwinismus 171

5. Die Zerstörung der Tradition und der Durchbruch zum Vitalismus 178

6. Die Welt als Wille und Vorstellung 189

7. Nietzsche: „Alles dient der kommenden Barbarei“ 196

8. Sinngebung des Sinnlosen 204

9. Nationalsozialismus und Wagners Kulturrevolution 211

10. Wiederherstellung der menschlichen Natur 218

11. Ende der Aufklärung 227

12. Dekadenz oder die Flucht vor der Wirklichkeit 233

13. Starkes Leben und der Wille zur Macht 241

14. Tragisches oder romantisches Bewußtsein? 255

15. Warum Nietzsche dennoch kein Faschist war 263

16. Von Nietzsche zur Konservativen Revolution 268

D. Die Konservative Revolution: Das Denken von Oswald Spengler, Ernst Jünger und Martin Heidegger 285

1. Oswald Spengler – Die Wiederkehr des Schicksals 285

2. Untergang des Abendlandes – Epoche des Cäsarismus 291

3. Der Weg in den heroischen Nihilismus 302

4. Ernst Jünger – Der Triumph der Technik über den Geist des Humanismus 310

5. Die totale Mobilmachung 320

6. Heidegger – der Philosoph des deutschen Faschismus 329

7. „Den Führer führen“ 340

8. Die Überwindung des Nihilismus aus dem Geist der Griechen 348

9. Rettung des Abendlandes vor dem Bolschewismus 359

10. „Die Kehre“ – Heideggers Kritik des Willens zur Macht 368

11. Heideggers grüne Kulturrevolution 379

12. Das Ende des christlichen Geschichtsäons und die Erneuerung des deutschen „Daseins“ 387

13. Heideggers Entfremdungstheorie 393

14. „Sein und Zeit“ – das Endbuch der Aufklärung 400

15. Die Macht der Stimmungen 410

16. Apologie des Todes 419

E. Das Scheitern der Konservativen Revolution und die Wiederentdeckung der Gottesfrage 431

Literaturverzeichnis 437

Personenregister 439

Vorwort und Einführung des Herausgebers

Brauchen wir noch ein Buch über den Nationalsozialismus? Ist denn über Hitler und den Nationalsozialismus nicht schon alles gesagt worden? Wohl kaum. Denn trotz der vielen Dokumente und Veröffentlichungen ist die entscheidende Frage bis heute noch nicht beantwortet worden: Warum sind die Deutschen in ihrer Mehrheit dem „Führer" und seiner Politik mit Begeisterung gefolgt? Wie konnte es ausgerechnet im Land der „Dichter und Denker" zum Nationalsozialismus kommen? Worin besteht das Wesen des Nationalsozialismus? Günter Rohrmoser sucht in diesem Buch nach Antworten auf diese Fragen. Er stellt diese Fragen, weil ihm die gängige These, wonach die vielen Deutschen, die Hitler gefolgt sind, nur Idioten oder Verbrecher gewesen sein können, nur dann für plausibel erscheint, wenn man das Phänomen des Nationalsozialismus vom Resultat her versteht. Nur wenn man das katastrophale und verbrecherische Ergebnis der NS-Zeit zum Ausgangspunkt des Verstehens des Nationalsozialismus mache, dränge sich der Eindruck auf, daß die damaligen Deutschen entweder nicht begriffen hätten, mit wem und mit was sie es zu tun hatten, oder daß sie die Eroberungen und Massentötungen sogar bejaht und gewollt hätten. Rohrmoser fragt im Gegensatz dazu, ob das deutsche Volk bei allem Wahn nicht auch nachvollziehbare Gründe hatte, als es sich mit der Machtübernahme des Nationalsozialismus arrangierte. Rohrmoser tritt dabei keineswegs für eine moralische Entlastung der Deutschen oder gar für eine entmoralisierte Betrachtung des Nationalsozialismus ein. Natürlich müsse man den Nationalsozialismus ideologisch verurteilen und moralisch verdammen. Wer die Lektion dieses historischen Ereignisses aber lernen will, so lautet die Prämisse Rohrmosers, der darf es nicht nur moralisch beurteilen, sondern der muß es zuvor verstanden und sogar begriffen haben. Um das Phänomen des Nationalsozialismus aber richtig zu verstehen und um den Deutschen gerecht zu werden, dürfe man diese Epoche nicht nur vom Ende und vom verbrecherischen Resultat her beurteilen. Verstehen könne man dieses Phänomen vielmehr nur historisch.

Man muß also den Nationalsozialismus aus den politischen und gesellschaftlichen Prozessen heraus verstehen, die sich spätestens seit der Mitte des 19. Jahrhunderts und vor allem nach dem Ersten Weltkrieg abgezeichnet haben. Alles andere ist eine unhistorische, ideologische und moralische Betrachtung. Rohrmoser versucht sich in die politische und kulturelle Wahrnehmung der damaligen Zeit hineinzuversetzen, ohne deswegen eine kritische, auch moralische Distanz zum Nationalsozialismus vermissen zu lassen. Es geht ihm bei dieser hermeneutischen Betrachtungsweise nicht um eine Relativierung des Nationalsozialismus, sondern um eine Entideologisierung der Geschichtsforschung. Er knüpft an das große Anliegen der humanen Geschichtswissenschaft an, wonach der Historiker verstehen und – über alle Objektivität hinaus – Gerechtigkeit üben sollte. Aber haben wir den Nationalsozialismus verstanden? Und sind wir den Deutschen von damals gerecht geworden? Das sind die Fragen, denen Rohrmoser nachgeht. Er ist sich dabei durchaus bewußt, daß es in Deutschland nicht politisch korrekt ist, den Nationalsozialismus verstehen oder gar den Deutschen gerecht werden zu wollen, aber Rohrmoser zeigt auch, daß ein solcher Versuch des historischen Verstehens keineswegs zu einer moralischen Relativierung des Nationalsozialismus und zur Exkulpation der Deutschen führen muß.

Günter Rohrmoser geht es in einem ersten Schritt darum, das konkrete Phänomen des Nationalsozialismus nicht post festum, sondern genetisch zu rekonstruieren und zu interpretieren. Er zeigt, daß der Nationalsozialismus das Produkt einer kontingenten historischen, politischen, ökonomischen und sozialen Konstellation gewesen ist. Die Saat für den Nationalsozialismus und für den Triumph Hitlers 1933 ist seiner Auffassung nach im Ersten Weltkrieg, und vor allem in der Art seiner Beendigung im Versailler Vertrag zu suchen. Der Versailler Vertrag habe erst den radikalen Nationalismus der Deutschen erzeugt und er sei auch der entscheidende Grund, warum sich die Deutschen damals geweigert hätten, die Demokratie anzuerkennen. Die Weltwirtschaftskrise und die Unfähigkeit des demokratischen Parteienspektrums, mit dieser Krise fertigzuwerden, hätten ihr Übriges getan, um den Nationalsozialisten den Weg zu bahnen. Nachdem die Parteien der politischen Mitte zum Ende der Weimarer Republik hin zerfallen waren, sah sich das krisengeschüttelte Bürgertum in den Augen Rohrmosers vor die Alternative gestellt, zwischen der radikalen Linken und der radikalen Rechten zu entscheiden. Rohrmoser erscheint es zumindest für nachvollziehbar, daß sich die Deutschen im Angesicht der sowjetkommunistischen Liquidation des Bürgertums für eine, wie sie glaubten, faschistische Lösung italienischer Provenienz entschieden. Haben die Deutschen damit *den* Hitler unterstützt, als der er uns heute bekannt ist? Oder erschien er den Deutschen in dieser Situation als nationalkonservativer Hoffnungsträger? Das sind Rohrmosers Fragen. Rohrmoser versucht im ersten Teil des Buches nachzuweisen, daß die überwältigende Mehrheit der Deutschen den Nationalsozialismus nicht im Blick auf den Judenmord und auch nicht im Blick auf einen zu führenden imperialistischen Krieg unterstützt hat, sondern weil sie eine nationalkonservative Erneuerung Deutschlands wünschten und diese auch auf dem Wege sahen. Hitler hat nach der Darstellung Rohrmosers das deutsche Volk über seine wahren Ziele getäuscht und irregeführt. Er hat nicht von der Vernichtung der Juden und auch nicht vom imperialistischen Eroberungskrieg gesprochen, sondern er hat über die Bewahrung der Familie, über Ehre und Treue, über Volk und Vaterland und über die ewigen Fundamente der Moral und den Glauben der Deutschen gesprochen, und er hat sich sogar als Garant des Friedens ausgegeben. Es ist in den Augen Rohrmosers eine tiefe Ungerechtigkeit, die man den Deutschen antut, wenn man ihnen unterstellt, sie hätten damals schon gewußt oder hätten wissen können, was am Ende herauskommen wird.

Wenn nun aber die Mehrheit der Deutschen eine nationalkonservative Erneuerung wünschte, stellt sich natürlich für Rohrmoser die Frage, warum es in Deutschland zur Tragödie des totalitären Nationalsozialismus und nicht, wie in anderen europäischen Ländern, zu einem autoritär-faschistischen System gekommen ist.

Liegt das nur an der Person Hitlers und dessen antisemistischen und imperialistischen Zielen, oder liegen die Gründe hierfür tiefer? Rohrmoser bezweifelt, daß die sozioökonomische und politologische Perspektive ausreicht, um diese Frage zu beantworten. Die Machtübernahme des Nationalsozialismus in seiner konkreten Gestalt ist nach seiner Meinung nur auf Grund einer geistigen Lage zu erklären, die speziell in Deutschland seit dem letzten Drittel des 19. Jahrhunderts herangereift ist. Rohrmoser arbeitet daher im zweiten, umfangreicheren Teil der Abhandlung die kulturellen Topoi und Motive heraus, die dann im Nationalsozialismus wirksam geworden sind. Die gängigen Faschismustheorien seien durch den Versuch zu ergänzen, den Nationalsozialismus an den Intentionen derer zu messen, die vielleicht nicht den Nationalsozialismus in seiner realen Gestalt, die aber dennoch eine Kulturrevolution der Deutschen für notwendig gehalten hätten. Rohrmoser spürt darum den geistesgeschichtlichen Voraussetzungen nach, die in seinen Augen zwar nicht notwendig, aber eben auch nicht zufällig zum Nationalsozialismus geführt haben. Geschichte ist in Rohrmosers Augen weder bloß kontingent noch bloß notwendig, sondern sie ist eine Mischung aus Kontingenz und Notwendigkeit. Er geht der Frage nach, welche geistesgeschichtlichen, philosophischen und sogar religionsgeschichtliche Voraussetzungen hinzu kommen mußten, damit der Nationalsozialismus in seiner spezifischen Gestalt entstehen konnte.

Diese kulturphilosophische Perspektive läßt bei Rohrmoser große Zweifel darüber aufkommen, ob es sich beim Nationalsozialismus um eine radikalisierte bürgerlich-konservative Bewegung gehandelt hat. Hitler habe zwar anfangs eine Politik verkündet, der unter den damaligen Bedingungen die meisten Konservativen zustimmten; das ändert in den Augen Rohrmosers aber nichts daran, daß sich der Nationalsozialismus vor allem gegen den Konservativismus, d.h. gegen das bürgerliche, preußische und christliche Erbe der Deutschen gerichtet hat. Rohrmoser weist nach, daß der Nationalsozialismus letztlich keine konservative Bewegung war, sondern daß er eine Ausgeburt des modernen Nihilismus darstellt. Der Nihilismus des Nationalsozialismus bestehe nicht nur im Antichristentum und in der Verabschiedung der europäischen Vernunfttradition, sondern auch darin, daß alle christlichen, bürgerlichen und auch preußischen Traditionen, Loyalitäten und Autoritäten sukzessive zerschlagen wurden.

Der Nationalsozialismus ist nach der Darstellung Rohrmosers ein paradoxes Phänomen. Er ist paradox, weil er hypermodern und antimodern zugleich war. Der Nationalsozialismus, so lautet die Kernthese, war der Versuch der Realisierung einer modernen Archaik bzw. einer archaischen Moderne. Inwiefern war der Nationalsozialismus ein hypermodernes Phänomen? Rohrmoser versucht nachzuweisen, daß der Nationalsozialismus in seiner Modernität die konservative Standesgesellschaft und auch die bürgerliche Lebensform als historisch erledigt angesehen hat, daß er die beiden modernen Ideologien des Sozialismus und Nationalismus in der eigenen Ideologie vereint hat, und daß er eine spezifische Form des Rousseauistischen Demokratieverständnisses erfolgreich für sich in Anspruch genommen hat. Der Nationalsozialismus war aber auch ein archaisches Phänomen, insofern er die Integration der postbürgerlichen Gesellschaft auf Grund der Verabschiedung der christlichen, bürgerlichen und preußischen Inhalte im Rückgriff auf einen archaischen Naturbegriff vollzogen hat. Der Nationalsozialismus zielte, so Rohrmoser, nicht auf die Wiederherstellung der konservativen Tradition, sondern auf den Ausstieg aus der als dekadent angesehenen gesamten abendländischen Tradition, wie sie in der klassischen Antike und im Christentum ihren Ausgang genommen und in der modernen bürgerlichen und liberalen Kultur ihren jüngsten Niederschlag gefunden hat.

Rohrmoser beläßt es nun nicht bei diesen Beobachtungen, sondern er versucht zu begreifen, welches die Voraussetzungen waren, daß es zu dieser Symbiose von Hypermodernität und Archaik kommen konnte. Er will also den Nationalsozialismus nicht nur *verstehen*, er will ihn auch *begreifen*. Um diesen hypermodernen und zugleich archaischen Charakter des Nationalsozialismus zu begreifen, sieht er sich veranlaßt, nach der Zeitdiagnose und nach den Zielen der Theoretiker der sogenannten „Konservativen Revolution“ zu fragen. Diese konservativen Revolutionäre seien zwar für die konkrete Machteroberungsstrategie der Nationalsozialisten bedeutungslos gewesen, aber sie hätten hinsichtlich der Ermöglichung der nationalsozialistischen Kulturrevolution dennoch eine entscheidende Rolle gespielt. Diese Kulturphilosophen haben nach Rohrmoser nämlich antizipiert, daß der christliche Geschichtsäon zu Ende ist, und daß sich auch die bürgerliche Kultur seit der Mitte des 19. Jahrhunderts in einer schweren Krise befand. Rohrmoser geht der Frage nach, ob nicht in diesem Zusammenbruch der bürgerlichen Kultur und in der „Euthanasie des Christentums“ (Nietzsche) der entscheidende geistige Ursprung der deutschen Tragödie liegt. Er interpretiert Nietzsche, Oswald Spengler, Ernst Jünger und Martin Heidegger, weil sie für das neue postbürgerliche und postchristliche Selbstverständnis in Deutschland charakteristisch gewesen seien, und weil sie die damit verbundenen Kulturprobleme erkannt und die Motive geteilt haben, die in pervertierter Form im Nationalsozialismus zum Tragen gekommen sind.

Rohrmoser benutzt Nietzsche als einen Schlüssel zum Verständnis einer geistig-kulturellen Gesamtsituation, die dann den Faschismus und den deutschen Nationalsozialismus hervorgebracht hat. Er geht Nietzsches Dekadenzthese nach, um die von Nietzsche herkommende revolutionäre Linie zu verfolgen, die zum Nationalsozialismus geführt hat. Es gab in seinen Augen im 20. Jahrhundert nicht nur eine revolutionäre Linie im Ausgang von Marx, sondern auch eine, die von Nietzsche herkommt. Während Karl Marx das Problem der modernen Gesellschaft in der „Selbstentfremdung“ des Menschen gesehen habe und er diese Selbstentfremdung durch den Kommunismus aufheben wollte, seien die konservativ-revolutionären Bewegungen des 20. Jahrhunderts auf das Ziel gerichtet gewesen, die von Nietzsche analysierte Dekadenz der spätbürgerlichen Gesellschaft aufzuheben. Nietzsche und den Nationalsozialismus verbindet laut Rohrmoser die Überzeugung, daß die ganze europäische Geschichte von Sokrates und Paulus bis zum 20. Jahrhundert eine einzige Geschichte des fortschreitenden Verfalls gewesen ist. Nietzsche und der Nationalsozialismus bekämpften die optimistische Aufklärung, den bürgerlichen Humanismus und die christliche Moral der Schwachen, weil das aus diesen geistigen Gestalten hervorgehende Menschentum in ihren Augen zu schwach war, um den Bedingungen der harten Realität gewachsen zu sein. Nietzsche war im Gegensatz zur bürgerlichen Kultur bereit, der darwinistischen Erkenntnis auch eine naturalistische Ethik folgen zu lassen. Rohrmoser zeigt, daß Nietzsche von der Wagnerschen Kunst erhofft hatte, daß der moderne Mensch wieder in einen unmittelbaren Zusammenhang zu seinem in der modernen Zivilisation verlorenen natürlichen Ursprung gebracht wird. Hier liege der Ursprung der „Blut- und Boden"-Ideologie der Nationalsozialisten. Immerhin habe der Nationalsozialismus ebenfalls die klassische Antike, das Christentum und die Aufklärung als Stadien des Verfalls hinter sich zurücklassen und sich mit dem Ursprung, mit der Natur, versöhnen wollen. Der Nationalsozialismus wollte Rohrmoser zufolge die moderne Dekadenz im Namen der „Natur" und des „Lebens", d.h. im Namen einer biologischen Gesundung, überwinden. Mit Nietzsches Begriffen „Leben" und „Natur" vollzog sich nach Rohrmoser die entscheidende Ablösung vom Begriff des (christlichen) „Geistes", der noch für den Deutschen Idealismus die Bedeutung hatte, die Dekadenz und den Nihilismus des modernen Menschen abzuwehren. Nietzsche steht also in seiner Analyse für den zum Scheitern verurteilten Versuch, auf dem Boden eines metaphysischen Nihilismus eine Bewegung der Lebensbejahung erzeugen zu wollen. Philosophisch gesehen, seien Nietzsche und der Nationalsozialismus daran gescheitert, daß ihr Nihilismus mit einer Bewegung der Bejahung des Lebens völlig unvereinbar war.

Diesen Widerspruch versucht Rohrmoser auch bei dem Nietzsche-Nachfolger und Protagonisten der Konservativen Revolution, Oswald Spengler, nachzuweisen. Spengler habe nämlich das gesamte überlieferte, christlich humanistische Kulturverständnis genauso radikal negiert wie Nietzsche. Europa ist für Spengler nunmehr in die Phase der Zivilisation und damit des Nihilismus eingetreten. Rohrmoser fragt, ob Spengler dem Nihilismus, der sich in dessen Augen gleichermaßen im Liberalismus wie im Bolschewismus inkarnierte, etwas entgegenzusetzen hatte. Oder hat Spengler mit der Gleichsetzung von Liberalismus und Bolschewismus das Weimarer Bürgertum nur für den Nationalsozialismus reif gemacht? Wenn Spengler der Logik seiner Kritik gefolgt wäre, hätte er sich angesichts des offenbar gewordenen Nihilismus eigentlich den Konservativismus zum Ziel setzen müssen, damit diejenige Kultur wiederhergestellt wird, die in diesem Prozeß zerstört worden ist. Spengler sei im Blick auf die Genese des Nationalsozialismus darum so wichtig, weil Spengler diesen Weg gerade nicht gegangen ist. Er habe mit seinen Ideen vom preußischen Sozialismus und vom heroischen Realismus eine Konsequenz gezogen, die eher mit dem Nationalsozialismus als mit dem Konservativismus vereinbar war. Spengler wollte, so Rohrmoser, die Deutschen dazu erziehen, nicht die alte Kultur nostalgisch zu verklären, sondern die neuen Gesetze der Zivilisation, d.h. die Gesetze der Macht und der Machtbehauptung, anzunehmen. Nur wer sich dem Schicksal der Zivilisation zu stellen vermag, um es zu erfüllen, auch wenn die alte Kultur dabei untergeht, der erfüllt für Spengler das Kriterium des geforderten Menschentypus. Rohrmoser entdeckt hier die entscheidende Nähe zwischen Spengler und dem Nationalsozialismus. Die Differenz bestehe nur darin, daß die Nationalsozialisten über Spengler hinaus meinten, einen solchen Typus Mensch durch biologische Rassezüchtung erzeugen zu müssen. Spenglers Begriff des „heroischen Realismus“ ist für Rohrmoser einer der zentralen Begriffe, ohne den man das ganze Phänomen des Nationalsozialismus nicht verstehen könne. Rohrmoser kritisiert Spengler, Ernst Jünger und den ganzen revolutionären Konservativismus, weil sie dem nihilistischen Bolschewismus und Liberalismus in Gestalt des heroischen Realismus letztlich selber nur andere Gestalten des Nihilismus entgegenzusetzen hatten. Jünger beispielsweise sei davon ausgegangen, daß durch die Macht der Technik alle kulturellen Substanzen aufgelöst und in „Energie“ und „Bewegung“ transformiert würden. Für Rohrmoser ist Jünger damit ein entscheidender Stichwortgeber des Nationalsozialismus geworden, nahm doch die Geschichte den von Jünger prophezeiten Charakter der „totalen Mobilmachung“ an. Jünger war der Meinung, daß die Deutschen durch überholte Humanitätsvorstellungen daran gehindert worden seien, den letzten Einsatz der Waffentechnik einzusetzen. Die Deutschen sollten sich nun nicht mehr durch überholte bürgerliche Kulturideale leiten und daran hindern lassen, die letzten Reserven zu mobilisieren und auch im Krieg einzusetzen. So stellt sich die Frage, ob nicht dieses Ansinnen Jüngers in fataler Weise im Zweiten Weltkrieg geschichtsmächtig geworden ist.

Rohrmoser zeigt auch am Beispiel Heideggers, daß der revolutionäre Konservativismus im Unterschied zum traditionellen Konservativismus des 19. Jahrhunderts die Gegenwartskritik nicht mehr von der europäisch-christlichen Tradition her formuliert. Auch Heidegger ging davon aus, daß das europäische Abendland im Zustand des Nihilismus geendigt hat. Heidegger habe nun versucht, die Probleme zu lösen, die mit dem durch Nietzsche konstatierten Tod Gottes verbunden waren. Die Überzeugung Heideggers, daß der Nationalsozialismus eine Bewegung zur Überwindung des Nihilismus, zur Rettung des Abendlandes und zur Selbstbehauptung der Deutschen sein könnte, wird nach Rohrmoser völlig unverständlich, wenn man sie nicht vor dem Hintergrund der These sieht, daß der Nihilismus herrscht. Dieser Nihilismus habe sich für Heidegger in der „Wurzellosigkeit“ und im Verlust der „Bodenständigkeit“ offenbart. Das sind die Begriffe, welche die Nationalsozialisten mühelos in ihre rassistische Ideologie integrieren konnten. Rohrmoser rekonstruiert den radikalen Bruch Heideggers mit der gesamten christlich-metaphysischen Tradition und fragt, welche Kraft denn in der Sicht Heideggers den Menschen aus der Entfremdung und aus der Wurzellosigkeit in die „Eigentlichkeit“ führen könnte. Heidegger meint nun, daß nicht Gott, sondern die Antizipation des Todes den uneigentlichen Menschen zu seiner Ganzheit zurückbringt! Es ist für Rohrmoser von ausschlaggebender Bedeutung, daß in der Heideggerschen Konzeption der Tod an die Stelle des christlichen Gottes getreten ist. Bei Heidegger sollte die Überwindung der „Uneigentlichkeit“ durch die „Entschlossenheit“ erfolgen, mit der der Einzelne bzw. ein Volk das durch Angst und Tod durchdrungene Dasein annimmt und sich zu diesem „Sein zum Tode“ entscheidet. Heidegger fordert damit die Deutschen ebenfalls auf, sich rückhaltlos und ohne Verklärung dem Nihilismus auszusetzen. Heideggers Versuch, den pessimistisch getönten Nihilismus des Bürgertums durch eine Haltung des heroischen, bejahenden Nihilismus überwinden zu wollen, offenbart für Rohrmoser, daß Heidegger keine Kraft mehr gefunden hatte, die an die Stelle des Christentums und der metaphysischen Tradition treten konnte. Heidegger sei wie Nietzsche, Spengler und Jünger an dem Nihilismusproblem gescheitert, weil er auf dem Boden seiner Christentums-, Metaphysik- und Aufklärungskritik selber den Nihilismus voraussetzte, um dessen Lösung es ihm gegangen sei. Rohrmoser zeigt, daß auch Heidegger entgegen seiner nationalkonservativen Absicht dem Nationalsozialismus als einem postchristlichen, postbürgerlichen und letztlich barbarischen Ereignis vorgearbeitet hat. Der Nationalsozialismus habe nämlich mit Heideggers Gedanken der Ersetzung Gottes durch die Apologie des Todes blutigen Ernst gemacht. Die völkische Erneuerung habe in der Entschlossenheit geendet, im Untergang des deutschen Volkes die höchste Erfüllung zu sehen.

Rohrmoser versucht anhand der Kulturphilosophien von Nietzsche, Spengler, Jünger und Heidegger zu zeigen, daß der Nationalsozialismus keine konservative, sondern eine nihilistische Bewegung gewesen ist, in der sich hypermoderne und zugleich archaische Elemente vereinigten. Die NS-Bewegung habe alles das zerstört, was bis dahin noch an humanistischen und christlichen Beständen vorhanden war. Für Rohrmoser ist der seit Nietzsche unübersehbar gewordene Prozeß der Entchristlichung des deutschen Volkes die entscheidende Voraussetzung für den Sieg der nationalsozialistischen Bewegung gewesen. Rohrmoser billigt den anderen Deutungen des Nationalsozialismus, wie etwa Noltes These vom Konnex zwischen Nationalsozialismus und Bolschewismus, Blochs Theorie der Ungleichzeitigkeit, Lukács' Theorie vom deutschen Irrationalismus oder Plessners These von der verspäteten Nation durchaus Wahrheitsmomente zu, aber im Kern sei der Nationalsozialismus eine spezifische Form des Ausbruchs von säkularisierter Religiosität gewesen. Rohrmosers These ist, daß Hitler in einer nur dämonisch zu nennenden Weise die durch das Schockerlebnis des verlorenen Ersten Weltkrieges und durch den Zusammenbruch der bürgerlichen Kultur amorph und schweifend gewordenen Glaubenskräfte zu bündeln und auf eine große politische Aktion zu richten vermochte. Hitler sei daher von vielen Deutschen nicht wie ein politischer Führer und auch nicht wie ein Diktator, sondern wie ein Retter und Heiland („Heil Hitler“) angenommen worden. Diese Abwendung vom Christentum und von der abendländischen Metaphysik ist für Rohrmoser entscheidend, um die Affinität der konservativ-revolutionären Intellektuellen und auch der Deutschen zu den Nationalsozialisten zu verstehen. Der revolutionäre Konservativismus und der Nationalsozialismus gingen nämlich beide von der Prämisse aus, daß es in der modernen gesellschaftlichen Wirklichkeit nichts mehr gibt, was es verdient, konserviert zu werden. Damit antizipieren sie nach Rohrmoser genau das, was Nietzsche den „Nihilismus“ genannt hat. Die Konservative Revolution stellte nun den paradoxen Versuch dar, unter Anerkennung des Nihilismus den Nihilismus zu überwinden. Es ist die These Rohrmosers, daß in dieser Paradoxie bereits das Scheitern des revolutionären Konservativismus angelegt gewesen sei. Rohrmoser kommt zu dem Schluß, daß der konservativ-revolutionäre Versuch einer Nihilismus- und Dekadenzüberwindung ebenso notwendig scheitern mußte wie der Versuch der Sozialisten, die Selbstentfremdung zu überwinden. Der revolutionäre Konservativismus mußte seiner Darstellung nach im Nationalsozialismus scheitern, weil die aus dem christlichen Horizont heraus gelöste Definition der Dekadenz dazu führen mußte, die Dekadenz naturalistisch zu fassen. Die Dekadenz wurde im Nationalsozialismus daher nicht zufällig als ein Problem angesehen, das die Natur selber hervorgebracht hat und das darum auch nur durch die Natur, also etwa durch Rassezüchtung, gelöst werden könne. Rohrmoser bezweifelt nun im Unterschied zur liberalen Tradition nicht, daß es die Phänomene der Dekadenz und der Selbstentfremdung gibt. Er erinnert an die christliche Tradition, die in diesem Zusammenhang immer von Peccatum (Sünde) statt von Selbstentfremdung und von Dekadenz sprach. Während aber das Christentum das Dekadenzphänomen, also das Problem der Sünde, noch als ein Problem des Geistes verstanden und die Lösung des Problems auch dem Geist überantwortet habe, ist für Rohrmoser eine Heilung im Kontext der entchristlichten konservativen Revolution nicht mehr möglich, weil sich eine kranke Natur nicht selbst heilen könne. Die Erfahrungen mit dem revolutionären Konservativismus, und übrigens auch mit dem revolutionären Marxismus, sollten uns, so Rohrmoser, lehren, daß die Überwindung der Dekadenz und auch der Selbstentfremdung nicht eine Sache der politischen Praxis, sondern des Geistes, des Glaubens, ja vielleicht sogar Gottes selber ist. Das sei die Lektion, die uns die Geschichte des 20. Jahrhundert gelehrt habe.

Soviel zur Einstimmung in das Thema und in den Fortgang des Buches. Das Buch geht aus vier Vorlesungen hervor, die Günter Rohrmoser – wie immer – in freier Rede an der Universität Stuttgart und an der Universität Hohenheim gehalten hat, und die auf Tonband mitgeschnitten wurden. Der erste Teil des Buches enthält die Vorlesung „Deutungen des Faschismus und des Nationalsozialismus" (Stuttgart, SS 1994, 11 Sitzungen zu jeweils 90 Minuten). Die folgenden Kapitel über Nietzsches Kritik der bürgerlichen Kultur stellt eine Zusammenfassung der Vorlesung „Nietzsche und die Politik im 20. Jahrhundert" (Stuttgart, WS 1994/95, 12 Sitzungen) dar. Die Ausführungen zu Nietzsches Dekadenztheorie, zu Oswald Spengler und zu Ernst Jünger sind der Vorlesung „Konservativismus und Dekadenz" (Hohenheim, WS 1989/90, 11 Sitzungen) entnommen, und der Abschnitt über Heidegger entstammt der Vorlesung „Heidegger und die Politik" (Stuttgart, SS 1990, 11 Sitzungen).

Ich danke Herrn Johannes Volpini herzlich dafür, daß er trotz der teilweise schlechten Tonbandqualität wieder bereit war, die Aufnahmen abzuschreiben. Meine Aufgabe bestand, wie in Günter Rohrmosers Buch „Nietzsche als Diagnostiker der Gegenwart", darin, diese Abschriebe zu redigieren, anzuordnen und einen Zusammenhang herzustellen, damit die zentrale Argumentation Günter Rohrmosers im Blick auf die Gesamtinterpretation des Nationalsozialismus sichtbar wird. Diese Gesamtinterpretation war bei Abhaltung der einzelnen Vorlesungen nämlich noch nicht beabsichtigt.

Der damalige Redetext wurde vorsichtig in die Form eines Schrifttextes transponiert. Die ursprüngliche Lebendigkeit der Vorlesung sollte dabei nicht in Mitleidenschaft gezogen werden. Exkurse sind diesmal weitgehend in den Fußnoten festgehalten. Ich weise auch hier darauf hin, daß Günter Rohrmoser am Beginn mancher Einzelvorlesungen den Faden der vorigen Vorlesung nochmals aufgreift. Dieses aus didaktischen Gründen vorgenommene Verfahren wurde im vorliegenden Schrifttext zu Beginn eines neuen Kapitels beibehalten, soweit die Wiederholung zugleich eine Präzisierung darstellt.

Stuttgart im Herbst 2001 *Michael Grimminger*

A. Methodische Überlegungen

1. Den Nationalsozialismus verstehen

Ich habe mir lange überlegt, ob man sich überhaupt auf ein solches Abenteuer einlassen sollte, den Faschismus und den Nationalsozialismus zu deuten. Denn wir haben es hier nicht mit einem Gegenstand zu tun, den man in neutraler wissenschaftlicher Distanz und in der Bemühung um reine Objektivität behandeln kann. Ich will gleich erläutern, warum das heute so schwierig ist. Auf der anderen Seite haben wir es hier natürlich mit einem Gegenstand zu tun, der, um es ein bißchen pathetisch und emphatisch zu formulieren, von einer solchen, nicht nur für die Deutschen schicksalhaften Bedeutung ist, daß die Philosophie ihrer Verantwortung gegenüber den öffentlichen Dingen nicht gerecht werden würde, wenn sie sich dieser Aufgabe entziehen würde.

Ich sehe mich dazu aber auch aus aktuellen Anlässen veranlaßt. Allerorten ist von einem wieder auflebenden Rechtsradikalismus nicht nur in Deutschland die Rede. Das gilt ebenso für Frankreich oder Italien, aber auch für Teile Osteuropas oder auch für Rußland. Wer hätte noch vor zehn oder fünfzehn Jahren vorherzusagen gewagt, daß die Antwort auf den zusammengebrochenen Sozialismus das Entstehen einer Neuen Rechten in Europa sein könnte. Hätte man damals einen Historiker oder Intellektuellen, der mit der Zeitdeutung befaßt ist, gefragt, man hätte wohl keinen gefunden, der das auch nur für denkbar gehalten hat. Sie hätten sich es geradezu verboten, so etwas zu denken.

Man muß sich überlegen, was die Wiederkehr des Rechtsradikalismus eigentlich bedeutet. Das bedeutet doch, daß wir jahrzehntelang von einer Einschätzung der Weltlage und der Entwicklung der Welt ausgegangen sind, die nun durch die Tatsachen der letzten Jahre jäh widerlegt – „falsifiziert“, wie die Popperianer sagen – wird. Und wenn man nun die Frage stellt, was denn nun mit dem Sozialismus, der jetzt durch nationalistische Kräfte ersetzt wird, zusammengebrochen ist, dann kommt man möglicherweise nicht um die Frage herum, ob mit dem Sozialismus nicht nur der Sozialismus, sondern die große politische Hoffnung der Moderne, wie sie in unterschiedlichen Formen seit der Französischen Revolution als großes, befeuerndes und inspirierendes Endziel vorangeleuchtet hat, insgesamt zusammengebrochen ist. Man muß dann die Frage stellen, ob nicht überhaupt unser gesamtes, politisches und ideologisches Weltbild mit dem Sozialismus zusammengebrochen ist und ob wir es dank des florierenden Liberalismus nur noch nicht bemerkt haben.

Wie ist in den letzten fünfzig Jahren, etwa an den Universitäten, der Nationalsozialismus interpretiert und behandelt worden? Hier ist zuerst einmal festzuhalten, daß ich in den ersten Jahren nach 1945 an den deutschen Universitäten den Namen Hitlers in keiner akademischen Veranstaltung gehört habe. Der Nationalsozialismus kam dort schlechterdings nicht vor. Ich hörte Vorlesungen in Theologie,

Philosophie, Geschichte und Nationalökonomie, aber der Nationalsozialismus und der Name Hitlers kamen darin schlichtweg nicht vor. Dieses Thema war in der Tat noch bis in die fünfziger Jahre hinein weitgehend tabu. Dies änderte sich dramatisch erst durch die Kulturrevolution der 68er. Danach war jahrelang nur noch vom Nationalsozialismus die Rede. Natürlich könnte man an dieser Stelle die Frage aufwerfen, warum eigentlich nach 1945 nicht sofort, sondern mit großer zeitlicher Verzögerung der Nationalsozialismus zu einem Thema, noch dazu zu einem Dauerthema geworden ist. Ich komme später noch darauf zurück. Wir werden zuvor fragen müssen, welch eine Interpretation des Nationalsozialismus durch die 68-er Kulturrevolution vermittelt wurde. Das ist darum so wichtig, weil deren Interpretation das gesamte politische und ideologische Denken der Bundesrepublik auf das Tiefste erschüttert und beeinflußt hat. Wenn wir uns der Interpretation des Nationalsozialismus durch die neomarxistische Kulturrevolution annehmen, dann geht es dabei nicht darum, eine interne deutsche Nabelschau zu betreiben, sondern darum, diese Interpretation des Nationalsozialismus im Zusammenhang mit der unübersehbar sich ändernden politischen und geschichtlichen Lage Europas zu verstehen.

Sehen wir uns dazu zum Beispiel kurz die Lage in Italien an. Was ist in Italien passiert? In Italien ist die ganze traditionelle Parteienkonstellation, die nach 1945 regiert hat, zusammengebrochen. Wir erleben seit den 90er Jahren in Italien eine revolutionäre Veränderung des Parteienspektrums. In Italien ist mit dem Zusammenbruch der Democrazia Cristiana die politische Mitte geschwächt worden. Die Democrazia Cristiana, die seit nach 1945 Italien faktisch allein regiert hat und ohne die Italien nicht regiert werden konnte, ist auf den kümmerlichen Rest von wenige Prozenten zusammengeschmolzen. An die Stelle der politischen Mitte ist eine eindeutige polare Konstellation getreten, in der sich eine relativ starke Mitte-Links-Gruppierung und einer Mitte-Rechts-Gruppierung, die in Italien sehr heterogen ist, gegenüberstehen. Zwischen der „Lega Nord“ und der nationalistischen Bewegung von Gianfranco Fini gähnen zum Teil Abgründe, aber niemand kann bezweifeln, daß sie beide zu dieser Mitte-Rechts-Gruppierung gehören. In diesem Zusammenhang ist erwähnenswert, daß die Nichte Mussolinis in ihrem Wahlkreis einmal mit bald 50 % der Stimmen gewählt worden ist und daß in Rom der faschistische Kandidat nur mit wenigen Prozenten die absolute Mehrheit verfehlt hat. Italien wurde jahrelang unter Beteiligung der Nachfolgepartei der Faschisten regiert. Gleichzeitig fällt der intellektuelle Antifaschismus in Italien mehr und mehr in sich zusammen. Mussolinis Faschismus wurde entmythologisiert. Mehr noch: Der Faschismus wird in Italien historisiert und in die Geschichte Italiens eingeordnet. Manche versteigen sich sogar unter Beifall zu der Aussage, daß Mussolini einer der größten Staatsmänner des 20. Jahrhunderts gewesen sei. In Italien kann man mittlerweile solche Aussagen treffen, ohne daß ihre Vertreter mit einem Aufschrei der Empörung rechnen müssen. In Italien ist es nun möglich, unaufgeregt über die faschistische Epoche zu diskutieren. Der Faschismus in Italien ist dabei, renormalisiert zu werden. Er wird behandelt, wie alle anderen politischen und ideologischen Phänomene auch. Das ist ja keine Selbstverständlichkeit. Das bedeutet eine ungeheure Veränderung des öffentlichen Diskurses. Ich erwähne hier Italien, weil der Faschismus in Italien und nicht in Deutschland entstanden ist! Der Faschismus ist auch nicht auf diese beiden Länder beschränkt gewesen.

Aber was wird in Deutschland geschehen? Dies ist eine Frage, die nicht nur die Deutschen, sondern alle Europäer betrifft. In den letzten 50 Jahren haben die Deutschen sich rein moralisch verurteilend zum Phänomen des Faschismus/Nationalsozialismus verhalten. Und ich füge hinzu: Sie sollten es auch in Zukunft tun! Ich bin nicht für eine moralische Entlastung der Deutschen oder gar für eine entmoralisierte Betrachtung. Das ist ganz unmöglich, das wäre ein ganz unmenschliches Ansinnen. Es ist auch in Zukunft nicht möglich, daß jemand ohne moralische Bewertung über die Ereignisse reden kann, die im Dritten Reich geschehen sind. Es ist eines der großen Mißverständnisse des von mir sonst durchaus geschätzten Ernst Nolte, daß er das nicht begreifen will. Wenn Nolte wie ein Buchhalter die Opfer des Nationalsozialismus und die des Bolschewismus gegeneinander aufzählt und dann versucht, die Motive zu würdigen, die die Nationalsozialisten im Verfolg ihrer Mordtaten hatten, dann ist das einfach unmöglich. Das mag eine Sprache sein, in der Historiker sonst über vergangene Ereignisse reden können und sollen. Es ist durchaus die Aufgabe des Historikers, die Faktenlage und die Faktenzusammenhänge zu rekonstruieren und zu versuchen, die Motive und die Konstellation, aus der heraus etwas geschehen ist, zu verstehen. Sie können und sollen auch nichts anderes tun. Wenn sie etwas anderes tun und geschichtliche Vorgänge bewerten, dann tun sie das nicht in ihrer Funktion als Historiker.

Im Falle des Nationalsozialismus kann man aber nicht nur als Historiker an den Gegenstand herangehen. Moralische Konnotationen kann man da nicht einfach ausblenden, denn aus einer bestimmten Einstellung zur Vergangenheit ergeben sich ja auch immer politische Konsequenzen für die Zukunft. In diesem Fall könnten sich Folgen für die Zukunft ergeben, die keiner wünschen kann. Das ist aber auch der Grund, warum wir uns auf die moralische, empörende Verurteilung des Nationalsozialismus nicht mehr allein beschränken können. Wir müssen weiterhin den Nationalsozialismus moralisch negieren, aber diese Verurteilung und Negation reicht allein nicht mehr aus. Denn damit ist weder alles über die damalige Lage in Deutschland noch über den neu aufkommenden Rechtsradikalismus in Deutschland gesagt.

Wie sieht – im Vergleich zu Italien – die Lage in Deutschland aus? Das grundlegende Phänomen, das sich im Zusammenhang mit dem Zusammenbruch des Sozialismus ergeben hat, besteht darin, daß es auch in Deutschland eine, wenn auch nur embryonale, Neue Rechte gibt. Es ist eine sehr diffuse Rechte, die sich aus ganz unterschiedlichen Komponenten zusammensetzt, aber es ist eine Neue Rechte. Das allein würden Peter Glotz und andere Intellektuelle noch ertragen können. Aber was sie nicht ertragen können, und worum der ganze öffentliche Kampf in Deutschland geht, ist, daß es wieder Rechtsintellektuelle gibt. Hier liegt die eigentliche Provokation und Herausforderung. Das ist schon schlimm genug, aber es gibt noch etwas Schlimmeres: diese Rechtsintellektuellen sind jung. Es sind nicht einfach Ewiggestrige, sondern es sind offensichtlich gebildete, junge Leute, die studiert haben und die sich jetzt nicht mehr im Untergrund, sondern sogar in der Öffentlichkeit artikulieren. Wenn man sie Rechtsintellektuelle nennt, dann zucken sie nicht mehr zusammen und sagen: „Nein, ich bin doch gar kein Rechter, ich bin im Grunde genommen etwas ganz anderes. Zu sagen ich bin ein Rechter, ist eine Verleumdung", nein, sie bekennen sich offen dazu, daß sie Rechtsintellektuelle sind. Mehr noch: sie klagen in einer liberalen Demokratie das Recht ein, ihre Position öffentlich vertreten zu dürfen. Sie erwarten, daß sie gehört werden und daß man sich mit ihnen intellektuell so auseinandersetzt, wie man sich bisher mit den Vertretern der Linken auseinandergesetzt hat. Dahinter steht die These – um es demokratietheoretisch zu formulieren –, daß eine Demokratie eingeschränkt ist, wenn es in ihr keine demokratische Rechte gibt. Darf es auch in Deutschland eine demokratisch legitime Rechte geben oder darf es sie nicht mehr geben? Das ist die Kernfrage. Diese Frage ist für die Entwicklung der Demokratie in Deutschland von gar nicht zu überschätzender Bedeutung.

In anderen Demokratien ist diese Frage klar beantwortet. Es gibt kaum eine Demokratie, in der es nicht eine legitime demokratische Rechte gibt. Die hat es in Frankreich immer gegeben. In Amerika braucht es sie nicht zu geben, weil die Republikanische Partei immer die Funktion der Rechten ausgefüllt hat. Die politische Rechte hat es auch in Großbritannien gegeben, denn die konservativen Torys waren immer diejenigen, die auch politisch rechts standen. In der Bundesrepublik hat die demokratische Rechte 30–40 Jahre lang in einem etwas camouflagen und unterdrückten Zustand in der CDU und neben der CDU dahin vegetiert. In Deutschland hat es seit 1945 de facto immer auch eine Rechte gegeben. Vor allem seit 1968 wurde aber deren demokratische Legitimität angezweifelt und bestritten. Mittlerweile sind wir an dem Punkt angekommen, an dem die politische Rechte nicht mehr als demokratisch legitim angesehen wird.

Ich erinnere daran, daß nach dem Anschlag auf die Synagoge in Lübeck Hubert Kleinert von den Grünen an den damaligen Vorsitzenden des Zentralrates der Juden, Ignaz Bubis, ein Telegramm geschickt und geschrieben hat, daß auch die Zivilgesellschaft ihre „Feinde" habe. Diese Äußerung aus dem Lager der Grünen bedeutete eine Revolution im Selbstverständnis der liberalen Gesellschaft in der Bundesrepublik. Denn der demokratische Prozeß, vor allen Dingen seit 1968, war bis dahin auf der These gegründet, es gäbe keine Feinde und es dürfe auch keine Feindbestimmung geben, denn wer in Kategorien von Feindschaft und Freundschaft denke, der sei ein Anhänger von Carl Schmitt. Wer in Freund-Feind-Kategorien denke, sei potentiell ein Faschist. Die Lage hat sich seitdem geändert. Nun machen die Grünen die Feststellung: Es gibt Feinde der Zivilgesellschaft. Und wer sind diese Feinde? Hier sind wir beim wichtigsten politischen Vorgang überhaupt angelangt, nämlich bei der Feindfeststellung. Das ist doch die Kernfrage: Wer ist politisch legitimiert, festzustellen, wer ein Feind ist und wer zu diesen Feinden gehört? Dies zu beantworten, war früher die Prärogative des Staates schlechthin. Seit Thomas Hobbes war nur der Staat berechtigt, festzustellen, wer ein Feind ist. Aber gibt es diese Art von Staat noch? Der moderne Staat ist immer weniger in der Lage, Feinde festzustellen. Das liegt nicht daran, daß er keine Feinde sieht. Im

Gegenteil, die Verfassungsschutzämter erkennen durchaus Verfassungsfeinde. Sie suchen geradezu Feinde. Tausende von Beamten versuchen in der Bundesrepublik Verfassungsfeinde aufzuspüren. Gleichwohl hat der Staat kaum noch die politische Kraft, von sich aus eine politische Feindfeststellung vorzunehmen. Wenn aber der Staat diese Feindfeststellung nicht mehr übernehmen kann, dann wird die Feindfeststellung eine Sache der Öffentlichkeit. An dieser Stelle wird die Sache interessant. Denn wer ist die Öffentlichkeit? Da diese Frage selber durch die öffentliche Diskussion entschieden wird, ist die Kernfrage die, wer zu diesen öffentlichen Diskussion zugelassen wird. Die Machthaber sind heute diejenigen, die in den Medien die öffentliche Meinung bilden können. Damit sind wir bei der ersten entscheidenden Frage angelangt: Wer ist zur öffentlichen Meinungsbildung zugelassen?

Die Idee der liberalen Gesellschaft besagt eigentlich, daß es keine Beschränkung des Zutritts zur Teilnahme an der öffentlichen Meinungsbildung geben darf. Die Liberalen des 19. Jahrhunderts haben es immer als ihr wichtigstes Gut betrachtet, daß alle Menschen in einer Gesellschaft öffentlich ihre Meinung vertreten und für ihre öffentliche Meinung werben dürfen. Niemand ist danach berechtigt, jemanden, der zur öffentlichen Meinungsbildung beitragen will und kann, vom Zugang der öffentlichen Meinungsbildung auszuschließen. Dieses Recht ist das heiligste Gut einer liberalen Gesellschaft, und es wird auch ganz prinzipiell begründet: Das Recht auf Teilhabe am öffentlichen Diskurs ist schlicht darin begründet, daß in einer liberalen Gesellschaft keiner für sich beanspruchen kann, die Wahrheit zu kennen. Die Kernidee, in der der Liberalismus und die Demokratie übereinstimmen, besagt, daß die Wahrheit nur in einem ungesteuerten, unkontrollierten, nicht selektiv eingeschränkten, öffentlichen Kampf der Meinungen um die Wahrheit ermittelt werden kann. Denn jeder, der ausgeschlossen wird, könnte einen unersetzbaren Beitrag zur Findung der Wahrheit in einer liberalen Demokratie leisten. Daher ist es so wichtig, zu fragen, wer heute über den Zugang zur öffentlichen Meinungsbildung entscheidet. Konkret: Wer darf in den Talkshows seine Meinung sagen, und wer nicht. Und wer entscheidet darüber? Wenn man diese Frage so stellt, dann stößt man in eine dunkle Zone vor. Denn die Redakteure, die das entscheiden, sind im Grunde genommen nicht demokratisch legitimiert, das zu entscheiden.

Im Kern geht es um die Frage, wo die Grenze zwischen rechts und konservativ liegt. Wo liegt die Grenze zwischen den antidemokratischen Feinden und den noch akzeptablen Liberalkonservativen? Wer gehört noch zur rechten Mitte und wer ist nicht mehr Mitte? Wo ist da die Grenze zu ziehen? Nach welchen Kriterien und Maßstäben soll die Grenzziehung erfolgen? Wer ist in einer Demokratie legitimiert, solche Grenzen zu ziehen, also der demokratischen öffentlichen Diskussion Schranken zu setzen? Diese objektive Grenze hat bisher noch keiner gefunden. Mangels eines solchen Kriteriums nimmt daher die öffentliche Diskussion immer den Verlauf, daß erst der Feind, etwa die rechten Gewalttäter, festgestellt wird, und dann nach den geistigen Hintermännern und nach den „geistigen Brandstiftern“ gesucht wird. Das ist ein fataler Vorgang. Denn wenn bestimmte philosophische oder wissenschaftliche Positionen für terroristische Konsequenzen verantwortlich gemacht werden dürfen, dann hat dies zur Folge, daß das zweite heilige Gut einer liberalen Demokratie, nämlich die Gedankenfreiheit, potentiell gefährdet wird. Wer ständig nach den geistigen Urhebern fragt, ist sehr schnell dabei, das Denken zu kontrollieren oder gar potentiell zu kriminalisieren.[1]

Ich bin daher mit großen inneren Hemmungen an das Thema des Faschismus/Nationalsozialismus gegangen, weil meine Interpretation es den Kritikern möglich machen könnte, mich mit dem Argument zu kriminalisieren, daß ich der geistige Urheber einer Neuen Rechten sein könnte. Ich gebe dagegen zu bedenken, daß die Stigmatisierung oder gar Kriminalisierung des Denkens das geistige Leben in einer liberalen Gesellschaft ersticken würde. Es darf in einer liberalen Gesellschaft keine Denkverbote geben. Es würde das Ende der liberalen Demokratie bedeuten, wenn es Denkverbote gäbe. Es ist vielmehr das Wesen eines totalitären Staates, daß es Denkverbote gibt und daß diese Denkverbote mit den Machtmitteln eines totalitären Staatsapparates durchgesetzt werden.

Die zentrale Frage der demokratischen öffentlichen Diskussion lautet also: Wo ist die Grenze zwischen den antidemokratischen, rechten Feinden und den noch akzeptablen Liberalkonservativen? Wenn man nämlich von „Feinden" spricht, ohne genau sagen zu können, wer zu diesen Feinden gehört, dann kommt man unter Umständen an den Punkt, an dem auch die gemäßigten Konservativen für den neuen Rechtsradikalismus geistig mitverantwortlich gemacht werden. Man kann dann leicht behaupten, daß die Konservativen durch ihre Äußerungen über Asyl, über doppelte Staatbürgerschaft und über Leitkultur erst den Stein ins Rollen gebracht hätten, der dann in letzter Konsequenz dazu geführt hat, das Ausländerheime und Synagogen angesteckt wurden. Gemäßigte Konservative werden heute bereits für solche Anschläge mitverantwortlich gemacht. Der freiheitliche Konservativismus ist bereits dabei, in den Geruch des Rechtsradikalismus zu kommen.

---

[1] Im Falle des linken Terrorismus der 70er Jahre hat man sich noch dagegen verwahrt, solche „geistigen Brandstifter" zu benennen. Ich weiß das, weil ich damals Mitglied in der vom damaligen Innenminister Rudolf Baum eingesetzten Kommission zur Erforschung der Ursachen des linken Terrorismus war. Die Mitglieder dieser Kommission waren zum Teil ehemalige Mitglieder des Sozialistischen Studentenbundes (SDS). Die Kommission hat daher die Prämisse, wonach linke Theorien und ihre Vertreter einen Anteil am Entstehen des Terrorismus in Deutschland haben könnten, mit Abscheu und Empörung zurückgewiesen. Diese Kommission suchte nicht nach den geistigen Hintermännern des Terrorismus, sondern sie interessierte sich umgekehrt nur für die Frage, welche gesellschaftlichen Entwicklungen den linken Terrorismus ermöglicht haben und wer für diese gesellschaftlichen Entwicklungen verantwortlich war. Da man die damalige SPD/FDP-Regierung nicht verantwortlich machen wollte, mußte man die Ursache in früher zurückliegenden gesellschaftlichen Entwicklungen suchen, für die noch die CDU verantwortlich war. Und was hatte die CDU-geführte Regierung in den Augen der Kommission versäumt? Sie hatte versäumt, den Faschismus in der Gesellschaft mit Stumpf und Stiel auszurotten. Ausgehend von diesem Versagen hätten sich dann gesellschaftliche Entwicklungen ergeben, die dann zum linken Terrorismus geführt haben. Die Frage nach der geistigen Urheberschaft des linken Terrorismus wurde dagegen bereits als Fragestellung zurückgewiesen. Denn ein Denken dürfe nicht dafür verantwortlich gemacht werden, daß andere Leute terroristische Konsequenzen daraus gezogen haben.

Während man jahrzehntelang gesagt hat, es gäbe keine Feinde, sondern es gäbe nur Unaufgeklärte und solche, die dankenswerter Weise bereit sind, die Unaufgeklärten aufzuklären, begnügt man sich heute damit, Feinde zu bestimmen und zu stigmatisieren. Und was macht man mit den Feinden? Feinde werden bekämpft. Aber darf eine liberale Demokratie Feinde bekämpfen? Kann sich eine liberale Demokratie überhaupt gegen Feinde verteidigen, ohne sich durch die Mittel, die benutzt werden, selber als liberale Demokratie zu zerstören? Anzeichen in diese Richtung gibt es bereits. Man denke nur an den allseits geäußerten Vorschlag, die Rechten zu „ächten". Aber was heißt „Ächtung"? Sollen die Deutschen in keinem Laden mehr einkaufen, in dem ein mutmaßlicher „Republikaner" Gemüse anbietet? Sollen die Rechten, äußerlich sichtbar, gekennzeichnet werden, damit man sie als Feinde erkennen und ächten kann? Manfred Gerster, ein ehemals führender Politiker der CDU aus Rheinland Pfalz, sagte einmal, die Republikaner seien ein „Krebsgeschwür" und man müsse Vorkehrungen treffen, um den Körper vor diesem Krebsgeschwür zu schützen. Das ist genau die Sprache, mit der auch Hitler zur Ächtung der Juden aufgerufen hat. Nach den Vorstellungen Hitlers war die Vernichtung der Juden eine Operation, um die Menschheit von einem Krankheitsherd zu heilen. Man muß solche Dinge aussprechen, damit deutlich wird, um was es geht.

Die entscheidende Voraussetzung, um sich erfolgreich mit der Neuen Rechten auseinandersetzen kann, ist an die Frage geknüpft, was denn der Faschismus/Nationalsozialismus war. Die Beantwortung dieser Frage ist darum so wichtig, weil auch heute wieder Faschisten und sogar Nationalsozialisten unter uns sind. Ich bin allerdings sicher, daß viele, die sich Neonazis nennen, überhaupt nicht wissen, wovon sie reden, wenn sie sich so nennen. Viele von ihnen werden sicherlich kein anspruchsvolles Buch über die nationalsozialistische Ideologie verstehen. Sie haben auch gar kein Interesse daran. Sie bedienen sich vielmehr der Symbole der Nationalsozialisten, weil sie wissen, daß sie damit ein Tabu brechen. Sie wissen, daß man in unserer liberalen Gesellschaft nur dadurch Aufmerksamkeit erregen kann, daß man Tabus bricht. Und vielleicht gibt es ja nur noch dieses Tabu. Man muß wissen, daß es, vor allem für jüngere Leute, eine faszinierende Sache ist, Tabus zu brechen. Wenn noch andere Tabus zur Auswahl stünden, könnte man vielleicht dieses berechtigte Verlangen der Jugend auf eine ungefährliche Weise kanalisieren. Aber es gibt nur noch dieses Tabu. Sonst ist in der heutigen liberalen Öffentlichkeit alles möglich und alles zugelassen. Wenn es in einer Gesellschaft nur noch dieses Tabu gibt und sie ein anderes gar nicht mehr brechen können, dann bricht die Jugend eben dieses Tabu. Zwar schreit dann die ganze Gesellschaft auf und sinnt darüber nach, wie man dieses Tabu wieder etablieren kann, aber jeder weiß, daß das ein hoffnungsloses Unterfangen ist. Wenn aber Tabus einmal gebrochen und die Schleusen geöffnet sind, dann kann die liberale Gesellschaft am Ende aber womöglich nur noch durch die Verwandlung in eine autoritäre Gesellschaft reagieren.

Im Blick auf die Zukunft der Deutschen und der Demokratie ist es daher eine Kernfrage, welch einen Reim sie sich aus der 12-jährigen Epoche des Nationalsozialismus macht. Ich hätte das Stellen dieser Kernfrage gerne vermieden, aber wir kommen nicht daran vorbei.

Natürlich wäre es falsch, zu meinen, wir beschäftigten uns das erste Mal damit. Faktum ist, daß wir uns seit 1945 zunächst sehr wenig, dann aber immer mehr und heute fast nur noch mit dem Nationalsozialismus beschäftigen. Je größer die historische Distanz wird, um so bedrängender wird offenbar die NS-Vergangenheit, die mittlerweile über 50 Jahren zurückliegt. Unsere ganze politische Diskussion und unsere politische Phantasie wird fast obsessiv von diesem Thema getragen. Warum ist das eigentlich so? Woran liegt es, daß die Okkupation der öffentlichen Diskussion durch dieses Thema umso größer wird, je mehr der historische Abstand zunimmt? Das ist doch eigentlich nicht üblich. Normalerweise müsste die Thematisierung mit der Zeit abebben. Die Franzosen etwa haben bis heute keine Debatte über die Massenmorde des faschistischen Vichy-Regimes geführt. Sie haben diese Epoche einfach verdrängt. Sie wollten das Problem durch Vergessen lösen. François Mitterrand hat regelrecht für das Vergessen plädiert und er wußte auch genau, warum er für Vergessen plädiert hat. Und die Österreicher etwa haben es bis vor kurzem geschafft, sich erfolgreich einzureden, sie seien 1933 von Hitler besetzt und 1945 befreit worden.

Wie ist also dieses Phänomen der zunehmenden Thematisierung in Deutschland zu erklären? Ich habe dazu noch keine befriedigende Antwort gefunden, aber man kann feststellen, daß die so genannte „Vergangenheitsbewältigung“ praktisch erst nach 1968 eingesetzt hat. Die relative Ruhe in der Diskussion um den Nationalsozialismus wurde damals als ein Symptom dafür gewertet, daß der Faschismus in der Aufbauphase der Bundesrepublik latent vorhanden geblieben sei. Die Studentenrevolte ist daher mit dem Anspruch angetreten, diesen latenten Faschismus endgültig zu beseitigen. Den Faschismus zu beseitigen, hieß, eine Faschismusdebatte zu entfesseln. Die Studenten führten nun keine akademische Debatte, sondern sie faßten ihre Alten beim Schlips und fragten sie, was sie denn in der Zeit von 1933–45 getan hätten. Sie waren dann alsbald überzeugt, daß ihre Väter allesamt unglaubliche „Schweine“ gewesen sind. Statt auf die Knie zu gehen und die Kinder um Vergebung zu flehen, hätte sie sogar über 20 Jahre hinweg vertuscht, daß sie Verbrecher gewesen sind. Damit hat die Zerstörung der Väterautorität, die ohnehin im Gang der Industriegesellschaft angelegt ist, ein dramatisches Tempo angenommen. Wir können nun gespannt sein, ob die Söhne dieser Generation es besser machen, als die Väter. Aber ob sie es wirklich schaffen, ist noch nicht heraus.

Warum ist in den ersten 20 Jahren nach Kriegsende keine Faschismusdebatte geführt worden? Weil der Aufbau der Demokratie nach 1945 vor dem Hintergrund einer Faschismusdebatte gar nicht möglich gewesen wäre! Man konnte nicht einen Großteil des Volkes auf die Anklagebank stellen und gleichzeitig mit diesen Diskriminierten eine Demokratie aufbauen. Und warum nicht? Weil man eine Demokratie nicht gegen das Volk aufbauen kann. Es ist eine schlichte Wahrheit, daß die Deutschen nach 1933 in überwältigender Mehrheit – zunächst begeistert, dann immer enttäuschter – am NS-System beteiligt waren und es getragen haben. Millionen Deutsche sind – teils gewollt, teils ungewollt – für dieses System sogar gestorben. Wenn man 1945 – über die Spruchkammerverfahren hinaus – eine Faschismusdebatte inszeniert hätte, hätte es keine Demokratie in Deutschland gegeben. Dies festzustellen, gilt seit 1968 als Tabu und darum haben wir seitdem eine permanente „Vergangenheitsbewältigung".

Nun muß man zur „Vergangenheitsbewältigung" vorneweg Folgendes sagen: Der Begriff der „Vergangenheitsbewältigung" ist natürlich Unsinn. Eine Vergangenheit, die geschehen ist, ist nämlich durch keine Bewältigung ungeschehen zu machen. Keiner der Millionen Toten kann nämlich wieder zum Leben erweckt werden, egal, wie man sich zu dieser Vergangenheit verhalten mag. Wenn jemand von Vergangenheitsbewältigung redet, dann muß er sagen können, was er damit meint. Es muß daher die Frage erlaubt sein, ob unsere Form der Vergangenheitsbewältigung die richtige war. Und wovon hängt die richtige „Vergangenheitsbewältigung" ab? Wir haben heute als Ergebnis der Erforschung dieser NS-Periode eine Bibliotheken umfassende Literatur. Es ist unglaublich, was wir heute bis in alle Details hinein über die Epoche des Nationalsozialismus wissen. Ernst Nolte beispielsweise hat sich dieses Thema regelrecht zur Lebensarbeit gemacht. Auch Eberhard Jäckel hat den größten Teil seines Forscherlebens damit zugebracht, den Nationalsozialismus zu erforschen. Wir wissen also viel über die Fakten, aber entscheidend sind nicht die Fakten, sondern wie man sie versteht. Man kann noch so viel Fakten auf den Tisch legen, aber damit sind die Fakten noch nicht verstanden. Die wichtigste Aufgabe der Geschichtswissenschaft besteht aber darin, zu verstehen. Es ist das große Anliegen der humanen Geschichtswissenschaft, daß der Historiker verstehen will, und daß er – noch vor der Objektivität und über alle Objektivität hinaus – Gerechtigkeit üben sollte. Aber haben wir den Faschismus/Nationalsozialismus verstanden? Sind wir diesem Phänomen gerecht geworden? Das ist die Frage dieser Abhandlung. Aber hier liegt auch das Problem, weil das Phänomen des political correctness es nicht erlaubt, den Nationalsozialismus auch nur im Ansatz zu verstehen oder gar den Deutschen gerecht zu werden. Das Schicksal Ernst Noltes bezeugt das augenscheinlich. Ernst Nolte wird nämlich häufig als Apologet des Nationalsozialismus kritisiert.

Ernst Nolte ist unbestritten ein bedeutender Gelehrter, der sein Leben lang der Erforschung des Faschismus gewidmet hat. Die Ergebnisse, die er vorgelegt hat, kann man, wie die Ergebnisse jedes anderen Wissenschaftlers auch, durchaus bestreiten. Auch ich habe meine Zweifel, ob uns Ernst Nolte die alles enthüllende Wahrheit über den Faschismus mitgeteilt hat. Ich kenne Ernst Nolte und ich bin daher ein bißchen befangen. Aber ich kann sagen, daß er persönlich einer der reizendsten, liebenwürdigsten Menschen ist, die ich kennengelernt habe. Er ist ein außerordentlich bescheidener, deutscher Gelehrter, wie man ihn im 19. Jahrhundert wohl häufig angetroffen hat. Er ist ein Gelehrter, der jahrzehntelang mit asketischer Hingabe an der Erforschung dieser Epoche gearbeitet hat. Nolte war zu dieser Aufgabe prädestiniert, weil er „verstehen" wollte. Er wollte nicht nur moralisch verdammen und verurteilen, sondern er wollte erst verstehen, ehe er moralisch verdammte. Genau hier liegt das Problem. Denn es ist für das gängige Verständnis schlimm, den Faschismus verstehen zu wollen. Schlimmer aber noch ist, dass Nolte versucht hat, dem Nationalsozialismus gerecht zu werden. So kam es, daß Nolte nicht nur vom kriminellen Charakter, sondern auch von der „Größe“ und „Tragik“ des Nationalsozialismus gesprochen hatte. Und genau das durfte er nicht. Das ist der Punkt, um den es geht.

Ich sage allen Lesern: Wenn es uns bei allem moralischen Verwerfen nicht auch um das Verstehen des Nationalsozialismus geht, und wenn wir – vielleicht ist das mit dem Verstehen unlösbar verbunden –, nicht auch wenigstens den Versuch machen, wenn nicht Hitler und den Nationalsozialisten, so doch dem deutschen Volk gerecht zu werden, dann sollten wir die Deutung des Faschismus/Nationalsozialismus lieber gleich auf sich beruhen lassen. Wir wollen hier jedenfalls nicht Hitler und den Nationalsozialisten, aber wir wollen den Deutschen gerecht werden. Wenn man das als einen konservativen, reaktionären oder gar faschistischen Versuch betrachtet, dann muß ich davor demütig mein Haupt beugen und es hinnehmen. Ich bin jedenfalls der Meinung, daß es keinen Sinn macht, nur die berechtigten Verdammungsrituale über den Nationalsozialismus zu wiederholen. Solche Verdammungsrituale haben keinen Erkenntniswert. Diese Abhandlung will aber der zusätzlichen Erkenntnis dienen.

Warum ist das so wichtig für die Deutschen? Weil die zeitgeschichtliche Auseinandersetzung mit dem Nationalsozialismus durch die Tendenz gekennzeichnet ist, die Ursachen und Anfänge des Nationalsozialismus in die gesamte deutsche Geschichte zurück zu projizieren. Es gibt heute sogar Historiker, die meinen, selbst im Alltag des deutschen Mittelalters Züge gefunden zu haben, die sich in Auschwitz manifestiert haben. Wenn diese Thesen richtig wären, gäbe es als Antwort auf den Nationalsozialismus nur den Ausweg, sich von seinem Deutschtum zu befreien. Die einzige Konsequenz dieser Art Deutung bestünde dann darin, sich von Deutschland zu befreien. Und genau das erleben wir ja heute. Hunderte von Publizisten versichern den Deutschen, daß sie sich endlich von ihrem Deutschsein befreien müßten. Da lobe ich mir doch Günter Grass, der die Deutschen ganz im Gegensatz dazu aufruft, zu einem geläuterten Patriotismus zurückzufinden. Denn wenn sie das nicht täten, stellten sie eine Gefahr für Europa dar, weil man mit einem unberechenbaren Deutschland kein Europa bauen könne. Wie können wir auch nach dem Nationalsozialismus Deutsche bleiben? Das ist die Frage, um die es geht, zumal wir für den Rest der Welt ohnehin Deutsche bleiben, auch wenn wir noch so intensiv die Vergangenheit bewältigt haben. Eine „Vergangenheitsbewältigung“, die auf die Überwindung des Deutschseins hinausläuft, ist nämlich in sich widersprüchlich. Denn wenn man die deutsche Identität beseitigt, dann wird man in Zukunft keine Deutschen mehr finden, die sich auf Auschwitz ansprechen lassen. Die Erinnerung an Auschwitz und die moralisch geforderte Lehre aus Auschwitz setzt voraus, daß wir weiterhin eine deutsche Identität haben. Die Beseitigung der deutschen Identität würde auch die Beseitigung der Erinnerung an Auschwitz bedeuten. Dann würde man keinen mehr finden, der noch bereit wäre, wenn nicht die Schuld, so doch die Verantwortung für Auschwitz zu übernehmen. Daß die Deutschen sich an Auschwitz erinnern und die Verantwortung dafür übernehmen, setzt voraus, daß sie Deutsche bleiben. Sind die Deutschen das nämlich nicht mehr, oder wollen sie das nicht mehr sein, dann könnten sie sagen: ‚Auschwitz geht uns überhaupt nichts mehr an'. Wenn es aber die Deutschen nichts mehr angehen sollte, dann gibt es in der Welt überhaupt niemanden mehr, den es noch etwas angeht. Die jüngere Generation sagt bereits, sie sei nicht an Auschwitz beteiligt gewesen und darum möchte sie auch nicht mehr durch die Erinnerung daran belastet werden. Die jungen Deutschen, die so sprechen, sind durch die liberale Demokratie so total privatisiert worden, daß sie überhaupt geschichtslos geworden sind. Denn nur ein völlig geschichtsloses Individuum kann sagen: ‚Das geht mich nichts mehr an, weil ich nicht konkret physisch dabei war.' Wenn die Deutschen für die Welt noch einmal eine Gefahr werden sollten, dann darum, weil sie weiter geschichtslos existieren.

Soviel zur allgemeinen Einstimmung. Wir werden uns nun zuerst mit der herrschenden Deutungstendenz auseinandersetzen. Dann werden wir auf die Punkte eingehen, die Ernst Nolte in seinem Buch „Streitpunkte. Heutige und künftige Kontroversen um den Nationalsozialismus" dargestellt hat, um von da aus die Wirklichkeit des Dritten Reiches in den Blick zu bekommen.

2. „Der Historikerstreit" – Reflexionen zum Spannungsverhältnis von Wissenschaft und Ideologie

Wir haben eben über die Art und Weise gesprochen, wie in Deutschland die Diskussion über den Nationalsozialismus geführt wird. Im Verlauf der Debatte, die nun schon seit Jahrzehnten andauert und an Intensität eher zu- als abnimmt, kristallisierten sich einige Grundprobleme heraus. Da ist – erstens – die Frage der Historisierung. Ist eine Historisierung des Nationalsozialismus nötig bzw. möglich? Wir erinnern uns in diesem Zusammenhang daran, daß Jürgen Habermas vor 15 Jahren in der Bundesrepublik den berühmten „Historikerstreit" entfesselt hat. Dieser Historikerstreit wurde durch eine These ausgelöst, die Ernst Nolte in einem Artikel der FAZ vertreten hat. Er hatte diese These zwar schon vorher in seinem großen Buch „Der europäische Bürgerkrieg von 1917–1945. Nationalsozialismus und Bolschewismus" geäußert, aber damals reagierte man noch nicht darauf. Erst, als er einen Artikel in der FAZ verfaßte und noch einmal die Ergebnisse dieses Buches zusammenfaßte, konterte Jürgen Habermas mit der These, daß man den Nationalsozialismus nicht historisieren dürfe. Aber was heißt historisieren? Die Interpretation, die Habermas dem Begriff der Historisierung gab, lautete: Historisierung heißt Relativierung. Habermas lehnte die Historisierung des Nationalsozialismus ab, weil der Nationalsozialismus dann nur noch *ein* Ereignis der Geschichte unter vielen ist. Es mag vielleicht ein Ereignis von ungewöhnlicher Art und Natur gewesen sein, aber es gibt Ereignisse anderer Art in der Geschichte.

Wenn ich hier die Historisierung verteidige, dann versehe ich unter Historisierung etwas anderes als Habermas: Historisierung des Nationalsozialismus meint nämlich zunächst nur, daß man auch dieses Ereignis, wie alle anderen Ereignisse der Geschichte auch, aus der Situation heraus verstehen muß. Ein solcher Versuch des historischen Verstehens muß noch längst nicht zu einer Relativierung dieses Phänomens führen.

Die Debatte um die Historisierung des Nationalsozialismus hätte eigentlich zu einem grundsätzlichen Methodenstreit der historischen Wissenschaft führen müssen. Wenn man sich aber die Dokumente des „Historikerstreits“ heute noch einmal ansieht, dann kann davon jedoch überhaupt keine Rede sein. Es ging damals nicht um die Frage des Verhältnisses der Historiker zum Phänomen des Nationalsozialismus, sondern es ging um einen politischen, ja hegemonialen Kampf. Der „Historikerstreit“ war in der Substanz kein wissenschaftlicher, sondern ein politischer Streit. Es ging letzten Endes darum, ob eine bestimmte Interpretation des Nationalsozialismus verbindlich durchgesetzt und nicht mehr in Frage gestellt werden darf oder nicht. Eine bestimmte Auslegung des Nationalsozialismus sollte zur unverrückbaren Prämisse der Existenz der Bundesrepublik und der in dieser Republik dann möglichen Politik erhoben werden. Historisierung hätte dann bedeutet, daß dieser Interpretationsanspruch relativiert, d.h., daß die Möglichkeit diskutiert werden könnte, ob man sich zum Nationalsozialismus auch anders verhalten kann, als zu einem Grundaxiom der demokratischen Politik in der Bundesrepublik. Es ging im „Historikerstreit“ um die Frage, ob die sogenannten Linksintellektuellen ihr Interpretationsmonopol hinsichtlich des Geschichtserbes der Deutschen politisch behaupten und durchsetzen können, oder ob es neben dieser Interpretation auch noch andere Formen des Verstehens und des daraus hervorgehenden politischen Verhaltens geben darf. Dieser politische Streit ist im Grunde genommen bis heute unentschieden. Der damals aufflammende Kampf der Interpretationen geht unverändert weiter. Er wird heute auf anderen Feldern und zu anderen Anlässen, aber mit unverminderter Intensität geführt. Dieser Streit kann, wie alle politischen Kämpfe dieser Art auch, nur politisch entschieden werden.

Die Kardinalfrage lautet also: Ist eine bestimmte Auslegung des Nationalsozialismus die raison d'etre des richtigen Demokratieverständnisses der Bundesrepublik oder ist sie das nicht? Ich will diesen Streit hier nicht entscheiden, denn wir verfolgen hier kein politisches, sondern ein philosophisch-wissenschaftliches Ziel. Warten wir also ab, wie dieser Streit politisch weiter gehen und wie er ausgehen wird. Ich darf immerhin nochmals daran erinnern, dass dieser politische Kampf, was den Faschismus angeht, in Italien anders entschieden worden ist. In Italien kann mittlerweile jeder über den Faschismus eine eigene Meinung äußern, wie in der Demokratie eigentlich jeder das Recht haben sollte, über alles eine eigene Meinung zu haben und zu äußern.

Im Zusammenhang des „Historikerstreites“ stellte sich – zweitens – die Frage nach der Rolle des Historikers im allgemeinen. Dazu ist Folgendes zu sagen: Je größer die historische Distanz ist, die uns vom Nationalsozialismus trennt, desto mehr ist die Gesellschaft auf die Auslegung und Erinnerung durch Historiker angewiesen. Es sind inzwischen ganze Bibliotheken geschrieben worden, in denen sich die Historiker um ein Verständnis des Nationalsozialismus bemüht haben. Es sind dabei ohne Zweifel großartige wissenschaftliche Werke entstanden. Soweit die historische Wissenschaft sich diesem Ereignis gewidmet hat, stellte sie sich der Aufgabe, das Phänomen des Nationalsozialismus zu verstehen. Moralische Verurteilung war ganz sicher notwendig und sie geschah ja auch immer. Aber das konnte nicht die Aufgabe der historischen Wissenschaft sein. Die historische Wissenschaft würde sich nämlich selber ideologisieren, wenn sie sich in den Dienst der Durchsetzung einer ganz bestimmten Interpretation dieses Ereignisses stellen würde. Das kann und darf es in der historischen Wissenschaft nicht geben. Wenn der Nationalsozialismus Gegenstand der historischen Wissenschaft ist, dann kann es vielmehr nur darum gehen, ihn zu verstehen. Wenn es aber um wissenschaftliches Verstehen geht, dann kann die historische Wissenschaft die historischen Ereignisse nur so verstehen, wie sie alle anderen Ereignisse auch versteht. Das heißt: Der Historiker kann bei der Erforschung und Auslegung dieser Epoche nie mehr zustande bringen, als Hypothesen. Die Historiker können nur Vorschläge zum Verständnis dieses Ereignisses und dieser Epoche machen, aber ein abschließendes, definitives, also wissenschaftlich objektives Urteil über diese Ereignisse kann die historische Wissenschaft nicht geben. Die Historiker können – nach der Methode des Verstehens durch Erklären bzw. nach der Methode des Erklärens durch Verstehen – nur mehr oder weniger plausible Vorschläge machen, aber sie können kein definitives Urteil über diese Ereignisse fällen.

Wenn dies durch die historische Wissenschaft nicht geleistet werden kann, dann stellt sich freilich die grundsätzliche Frage, ob denn ein definitives Urteil überhaupt zu leisten ist. Anders gefragt: Gibt es einen anderen Modus der erinnernden Vergegenwärtigung, welcher der historischen Wissenschaft überlegen wäre und der das leisten könnte, was die historische Wissenschaft nicht zu leisten vermag? Wenn wir die Frage so stellen, stoßen wir auf ein ganz wichtiges Phänomen. Wir müssen uns dann daran erinnern, daß der Bezug einer Gegenwart zur Vergangenheit qua Historie nur ein Modus unter vielen anderen ist. Wenn man sich an die Geschichte als Ganzes erinnert, dann gibt es neben dem vergegenwärtigenden Bezug zu vergangenen Ereignissen der Geschichte qua Wissenschaft einen weiteren Bezug, der nicht durch Wissenschaft, sondern durch Tradition gewährt wird. Dieses durch Tradition gestiftete und gewahrte Verhältnis zur Vergangenheit ist von fundamental anderer Natur, als das, das die historischen Wissenschaften zu stiften und zu vermitteln vermag. Es ist nun eine Kernfrage, ob es im Blick auf den Nationalsozialismus ebenfalls ein traditionales Verhältnis geben kann, d.h. ob es eine Bewertung und Beurteilung dieses Ereignisses innerhalb der ganzen deutschen Geschichte geben kann oder nicht.

Damit bin ich bei dem entscheidenden Argument angelangt, das gegen die Historisierungsthese von Nolte vorgebracht wurde. Denn Nolte ist zu seiner Theorie des Nationalsozialismus auf dem Wege des methodischen Vergleichs gekommen. Nun ist ja gegen Vergleiche grundsätzlich nichts zu sagen. Wenn man Vergleiche verbieten würde, dann gäbe es überhaupt kein Verständnis der Geschichte, denn der Historiker kann ohne Vergleich überhaupt nicht zu einem Verständnis eines Phänomens gelangen. Die umstrittene These, die Nolte aufgestellt hatte, lautete nun, daß es zwischen dem Stalinismus in der ehemaligen Sowjetunion und dem

Nationalsozialismus des Dritten Reiches eine Art Folgeverhältnis gegeben habe: Der Stalinismus sei vorausgegangen und der Nationalsozialismus sei ihm gefolgt. Die darin implizierte These lautet, daß es ohne den Stalinismus – ohne die Herausforderung des Bolschewismus in der Gestalt der ehemaligen Sowjetunion –, den Nationalsozialismus in dieser Form nicht hätte geben können. Vereinfacht ausgedrückt: Stalins Gulag-System stellt laut Nolte das Vorbild oder das Urbild des Nationalsozialismus dar. Der Nationalsozialismus mit seinen Konzentrationslagern war dann nur ein Nachbild. Hitler habe nur etwas nachgemacht, was Stalin ihm vorgemacht habe.

Hier müssen wir nun genau unterscheiden. Diese These, wonach der Nationalsozialismus als ein Folgeverhältnis zum Bolschewismus zu verstehen ist, ist durchaus eine bestreitbare These. Diese These kann man sehr bestreiten und wir werden sie auch bestreiten, weil diese These unhaltbar ist. Das ganze Phänomen des Nationalsozialismus als ein Nachahmungseffekt des auch historisch, zeitlich vorausgehenden Bolschewismus zu begreifen, ist zwar *ein* Aspekt des Nationalsozialismus. Dieser Aspekt ist aber nicht die Sache selbst, er ist nicht einmal ein entscheidender Aspekt. Zwar hat die Existenz der bolschewistischen Sowjetunion hinsichtlich der Frage, wie es zur Herrschaft des Nationalsozialismus in Deutschland kommen konnte, eine spezifische Rolle gespielt. Die Herausforderung des Bolschewismus stellt sicherlich einen Faktor dar, den man nicht unberücksichtigt lassen kann. In der Krise der späten Weimarer Republik spitzte sich die politische Situation in der Tat auf die Auseinandersetzung zwischen Kommunisten und Nationalsozialisten – zwischen links und rechts, wie wir heute sagen – zu. Damals schmolz die politische Mitte wie der Schnee in der Sonne dahin. Deutschland befand sich im Zustand eines mühsam kontrollierten Bürgerkrieges zwischen Kommunisten und Nationalsozialisten. Nun muß man sich in die Lage des deutschen Bürger- und Kleinbürgertums versetzen können, das eine solche Bürgerkriegssituation erlebte. Diese Menschen mußten mit der Möglichkeit rechnen, daß sie sich morgen entscheiden müssen, ob sich in diesem Bürgerkrieg die Kommunisten oder die Nazis durchsetzen sollten. Wenn man verstehen will, warum das deutsche Bürgertum, vor allem das Kleinbürgertum, angesichts dieser Alternative sich letztlich für die Nazis und nicht für die Kommunisten entschieden hat, dann kommt man nicht um die Einsicht herum, daß die Deutschen zwar wußten, was sie von den Kommunisten zu erwarten hatten, aber sie wußten nicht, was sie von den Nazis zu erwarten hatten. Die Deutschen wußten aus der Berichterstattung über den Bolschewismus in Rußland, was sie zu erwarten hatten, falls die Kommunisten die Macht übernehmen und den Kommunismus durchsetzen würden. Der Sieg des Bolschewismus hätte, und das wurde ja auch ganz offen ideologisch proklamiert, die Liquidation der bürgerlichen Klasse, einschließlich des Kleinbürgertums, bedeutet. Da die Deutschen umgekehrt noch keine Erfahrungen mit dem gemacht hatten, was die Nationalsozialisten praktizieren würden, haben sie sich in der damaligen Situation für Hitler und damit, wie sie meinten, gegen ihre eigene Liquidation entschieden. Sie brauchten damals nur nach Rußland zu schauen, um zu wissen, was passieren würde: nämlich die in der Geschichte beispiellose Liquidation der bürgerlichen Klasse und der gesamten bürgerlichen Intelligenz. Diese bürgerliche Intelligenz wurde in Rußland ja nicht einfach ausgeschaltet, sondern sie wurde ausgerottet. Die Deutschen hatten jedenfalls am Beispiel Rußlands gesehen, was die edle Ideologie des Kommunismus für die bürgerliche Klasse in der Realität bedeutete.

Meine These ist, daß in der Erfahrung mit dem Bolschewismus dennoch nicht die alleinige, ja nicht einmal die entscheidende Ursache liegt. Die Kritiker Noltes haben überhaupt ein Verbot des Vergleichens ausgesprochen. Im Zusammenhang der Deutung des Nationalsozialismus ist der historische Vergleich zu einem Tabu erklärt worden. Der Vergleich sollte verboten werden, weil sonst die Einzigartigkeit des Verbrechens, das die Deutschen unter dem Nationalsozialismus begangen haben, relativiert würde. Nolte versuchte in der Tat darauf hinzuweisen, daß die jüngste Geschichte auch noch andere furchtbare Verbrechen hervorgebracht hat. Er hat daran erinnert, daß im 20. Jahrhundert nicht nur Juden zum Opfer von Verbrechen geworden sind, sondern daß es auch andere Opfer gegeben hat. Die These der Kritiker Noltes lautete nun, daß die Einzigartigkeit der deutschen Verbrechen geleugnet würde, wenn man die jüdischen Opfer mit anderen in Vergleich setzt.

Damit sind wir bei einem ganz entscheidenden Punkt angelangt. Denn wenn wir es bei der Feststellung der Einzigartigkeit der deutschen Verbrechen bewenden ließen, könnten, ja müssten wir alle weiteren Deutungsversuche des Nationalsozialismus auf sich beruhen lassen. Den Nationalsozialismus verstehen zu wollen, könnte einem sonst als Versuch ausgelegt werden, diese einzigartigen Verbrechen zu relativieren. Das Bekenntnis zur Einzigartigkeit der Verbrechen ist der herrschenden Interpretation des Nationalsozialismus so wichtig, weil daraus zwangsläufig folgt, daß es nun auch eine einzigartige Bemühung um die Tilgung der Schuld an diesem einzigartigen Verbrechen geben müsse.

Ich halte dennoch daran fest, daß die Feststellung der Einzigartigkeit der Verbrechen der Nationalsozialisten die Forschung nicht davon abhalten darf, wenigstens den Versuch zu unternehmen, das Phänomen des Faschismus/Nationalsozialismus zu verstehen. Hinsichtlich der Frage nach der „Einzigartigkeit" der deutschen Verbrechen muß man zunächst einmal festhalten, daß es in der Geschichte nur einzigartige Ereignisse gibt. Ein Ereignis, das mit einem anderen in der Geschichte identisch wäre, gibt es überhaupt nicht. Es ist ein konstitutives Merkmal von geschichtlichen Ereignissen, daß sie einzigartig sind. Und gerade weil sie einzigartig sind, ist die Methode des Vergleichs für das Verstehen und des Historikers unerläßlich. Denn auch die Einzigartigkeit des Charakters von geschichtlichen Ereignissen kann man nur auf dem Weg des Vergleichs feststellen. Die Feststellung der Einzigartigkeit ist nur unter Bezugnahme auf ein anderes Ereignis möglich. In diesem Zusammenhang muß man nun ohne Einschränkung konzedieren, daß die Verbrechen der Nationalsozialisten in Deutschland nicht nur in der Weise, wie alle anderen geschichtlichen Ereignisse einzigartig sind, sondern in einer besonderen Weise einzigartig sind. Diese Verbrechen sind tatsächlich in ihrer Quantität und Qualität einzigartig. Zwar ist die ganze Weltgeschichte mit grausamen Verbrechen gepflastert. Hegel hat in der Vorrede zu seiner „Geschichtsphilosophie“ zu Recht gesagt, daß der Anblick der Geschichte im ganzen einen einzigen Anblick von Mord und Verbrechen und Mord liefere. Wer dessen nicht ansichtig wird, der sieht die ganze Geschichte nicht. Aber die Art und Weise, wie die NS-Verbrechen exekutiert worden sind, hat es in der Geschichte vor und auch nach Hitler nicht gegeben. Ich denke dabei an den fabrikmäßig betriebenen Massenmord, der mit der Ordentlichkeit und der Disziplin eines staatlich verordneten Verwaltungsvorganges vollzogen worden ist. Hier liegt in der Tat das Einzigartige der Verbrechen der Nationalsozialisten. Das ist ein völlig unfaßbarer Vorgang. Im Grunde genommen fehlen uns zum Begreifen dieses Vorganges in der europäischen Geschichte und Philosophie alle Kategorien. Wir haben keine Kategorie und keine Sprache zur Verfügung, um diese Art des fabrikmäßig betriebenen Massenmordes angemessen zu fassen. Die KZ-Wächter haben noch am Vorabend Mozartmusik gehört und am nächsten Morgen massenweise getötet. Sie haben sich dabei noch dazu als ordentliche und völlig normale Familienväter verstanden, die am Tage ihren Pflichten nachgegangen sind. Und sie hatten noch nicht einmal das Gefühl einer moralisch zurechenbaren Verantwortung und Schuld. Sie meinten sogar, ihre Pflicht zu tun, wenn sie die industrielle Vernichtung von Millionen von Menschen wie einen Verwaltungsvorgang behandeln.

Es ist meines Erachtens in diesem Zusammenhang völlig sekundär, wie viele Millionen Menschen dabei getötet worden sind. Die Diskussion über die Zahl der Opfer ist selber zutiefst unmoralisch. Denn wenn auch nur ein Mensch in Deutschland, also in einem der damals anerkanntermaßen führenden Kulturstaaten der Welt, wegen seines puren Soseins vergast worden wäre, wäre das Ausmaß der moralischen Schande der Deutschen genau so groß, wie wenn Millionen getötet worden wären. Ich wäre nicht bereit, mit jemandem eine Diskussion zu führen, der das Ausmaß der moralischen Schuld der Deutschen in Abrede stellen würde. Es ist wirklich ungeheuerlich, wenn es heute Rechtsextremisten gibt, die ständig so tun, als sei damals gar nichts Verwerfliches geschehen. Diese Rechtsextremisten beweisen damit nur, daß sie voll an dem Nihilismus, aus dem der Nationalsozialismus hervorgegangen ist, partizipieren. Ich kann nur davor warnen, von Leuten, die solche Diskussionen führen, eine Rettung Deutschlands zu erwarten.

Wenn auch die Monstrosität und die Art und Weise, wie diese Verbrechen in Deutschland begangen worden sind, einzigartig ist, so muß man allerdings auch zur Kenntnis nehmen, daß die Massentötung geradezu ein epochenspezifisches Signum des 20. Jahrhunderts gewesen ist. Die Vernichtung von 7–14 Millionen Kulaken, die man zum Teil auf elende Weise verhungern ließ, war ebenfalls ein ungeheures kollektives Verbrechen. Und wenn die westlichen Alliierten – militärisch völlig sinnlos – über 200 000 Deutsche in Dresden bombardiert und getötet haben, dann ist auch dies ein ungeheuerliches Verbrechen. Ich bin also auch nicht bereit, eine Diskussion zu führen, in der so getan wird, als hätte es im 20. Jahrhundert nur die Kategorie von Opfern gegeben, die von Deutschen zu verantworten sind. Es ist daher eine Frage der politischen Kultur und der Humanität, daß es im Blick auf die Opfer des 20. Jahrhunderts kein selektives Gedenken geben darf. Auch der

Millionen deutschen Soldaten, die nicht selten unfreiwillig in den Krieg gezogen sind und die dort ihr Leben gelassen haben, muß gedacht werden dürfen. Diese Frage betrifft die humane Substanz unserer Kultur im ganzen. Wenn wir der Opfer gedenken, dann hat jedes Opfer ein Recht darauf, daß seiner gedacht wird.

Die Aufgabe besteht also nicht nur darin, zu erklären, wie es zum monströsen Charakter der deutschen Verbrechen gekommen ist, sondern warum im 20. Jahrhundert Massenvernichtungen beinahe zu einem normalen Stil der politischen Auseinandersetzungen geworden sind. Das ist das zu erklärende Phänomen, denn diese Verbrechen haben ja nach 1945 nicht aufgehört. Wenn man aber das Epochenspezifische der Massenvernichtung des 20. Jahrhunderts verstehen wollen, dann muß man vergleichen.

Was heißt nun Historisierung? Ist Historisierung – wie Habermas unterstellt – gleichbedeutend mit Relativierung? Das ist die erste entscheidende Frage. Diese Frage ist leider nicht einfach zu beantworten, denn wir müssen uns zur Beantwortung dieser Frage auf die Diskussion über die historische Methode einlassen und das Wesen der Historie als Wissenschaft ausloten.

Die Historie als Wissenschaft ist durch zwei dialektische Momente bestimmt. Denn was tut der Historiker, wenn er ein geschichtliches Ereignis zum Gegenstand der Erforschung macht? Der objektivierende Wissenschaftler schafft zwischen sich und dem historisch zu verstehenden Gegenstand zuerst eine Distanz. Historisierung qua wissenschaftliche Methode bedeutet also Objektivierung, und Objektivierung impliziert eine Distanzierung. In diesem Sinne schafft der Historiker auch eine Distanz zwischen der Gegenwart und der Vergangenheit. Er entfernt die Vergangenheit aus dem Selbstverständnis der Gegenwart und macht sie – durch die Form der Objektivierung, die der historischen Methode eigen ist – dadurch erst zu einem vergangenen Phänomen. Das muß auch so sein. Denn wer zurückliegende Ereignisse, in die jemand vielleicht auch selber involviert war, zum Gegenstand der historischen Erforschung machen will, muß sich zuerst von der Bedrängnis der Vergangenheit in der Gegenwart befreien. Erst damit rückt dieses Ereignis in die Ferne und man gewinnt Distanz. Das heißt: die historische Methode schafft erst die Vergangenheit als Vergangenheit. Hier liegt zweifellos die politische Problematik der Historisierung.

Das Paradox der historischen Methode besteht nun aber darin, daß das methodisch objektivierte und in die Vergangenheit gerückte Phänomen gleichzeitig durch die historische Methode wieder vergegenwärtigt wird. Die historische Methode impliziert nicht nur das Entfernen von Vergangenem aus der Gegenwart, sondern sie leistet gleichzeitig auch immer Vergegenwärtigung dessen, was durch die Methode erst objektivierend in die Vergangenheit gerückt wurde. Wir sind also auf die Historisierung auch angewiesen, weil wir sonst den Realbezug zu den geschichtlichen Ereignissen verlieren würden. Es würde der Mythologisierung und der Legendenbildung Tür und Tor geöffnet werden, wenn der historischen Methode nicht das damit verbundene Moment der Historisierung hinzugefügt würde. Denn das Moment der Historisierung, das in das Selbstverständnis der historischen Methode integriert ist, ermöglicht auch immer Vergegenwärtigung.

Die historische Wissenschaft kann allerdings keine Antwort auf die Frage geben, wie man das durch die historische Methode Vergegenwärtigte zu deuten hat. Fakten vorzulegen, ist wichtig. Das allein nutzt aber noch nichts. Fakten allein implizieren noch keine Deutung dieser Fakten. Wir wollen daher hier den fast hoffnungslosen Versuch machen, diesen Fakten und Ereignissen eine Deutung abzugewinnen. Denn entscheidend ist, wie man die Fakten versteht und wie man sie deutet. Das aber ist nicht die Sache der historischen Wissenschaft. Das kann und darf aber auch nicht die Sache der Ideologen sein, sondern es muß eine Sache der Sozialphilosophie sein. Es ist traurig, daß die Universität das Phänomen des Nationalsozialismus gar nicht zum Gegenstand der Reflexion macht und statt dessen bloß historisierend bzw. nur in der Form der Ideologisierung und Moralisierung mit diesem Phänomen umgeht. Das Verstehen, wie ich es verstehe, ist daher gegen beides gerichtet: gegen die bloße Historisierung und gegen die bloße Moralisierung und Ideologisierung. Darum geht es.

Nun hängt die Diskussion um die „Historisierung" des Nationalsozialismus und um die Einzigartigkeit der deutschen Verbrechen aufs engste mit einer dritten Diskussion zusammen, die ebenfalls von höchster politischer Aktualität ist: nämlich mit der Diskussion um den „deutschen Sonderweg". Alle drei Punkte gehören also zusammen: sowohl die Frage der Historisierung, wie die Frage der Einzigartigkeit der Verbrechen, wie auch die Frage nach dem deutschen Sonderweg. Diese drei Fragen sind die drei wichtigsten politischen Fragen, die sich unserer Republik überhaupt stellen. Von der Beantwortung dieser drei Fragen hängt der ganze Weg der Deutschen in die Zukunft ab.

Was heißt deutscher Sonderweg? Wie kam es überhaupt zu dieser These vom deutschen Sonderweg? Die These vom deutschen Sonderweg antwortet auf die Frage: Wie waren der Nationalsozialismus und die damit verbundenen Verbrechen möglich? Es heißt dann, daß Deutschland einen Sonderweg gegangen sei. Ursprünglich war mit der These vom deutschen Sonderweg gemeint, daß die Deutschen nach der Französischen Revolution von dem Weg abgewichen seien, den alle anderen großen westlichen Nationen, vielleicht mit Ausnahme Italiens, gegangen seien. Man unterstellt, daß es mit der Französischen Revolution eine Art providentiell vorgezeichneten Normalweg in der Geschichte gegeben hätte. Und dieser Normalweg bedeutete natürlich, politisch formuliert, die Einführung der Demokratie. Als Normalweg wird der Prozeß der Demokratisierung verstanden, so wie er in den westlichen Demokratien verstanden und praktiziert wurde. Von diesem quasi providentiell vorgezeichneten Weg seien die Deutschen abgewichen. Die Deutschen hätten, als der Zeitpunkt gekommen war, die Demokratie nicht bei sich eingeführt. Sie seien nicht den Heilsweg der Demokratie, sondern vielmehr den antidemokratischen Weg gegangen. Dieses Verpassen der rechtzeitigen Demokratisierung sei der Grund dafür, das es in Deutschland dann 1933 zur Herrschaft des Nationalsozialismus gekommen sei.

Das ist die eine Version des Sonderweges. Die andere Version hat sich nicht damit begnügt, den Ausgangspunkt des Sonderwegs im kritischen Verhältnis der Deutschen zur Französische Revolution zu sehen. Man stellte sich die Frage, ob es nicht in der deutschen Geschichte schon vor der Französischen Revolution Züge und Momente gegeben habe, die in die Richtung des Nationalsozialismus wiesen. Diese zweite Version des Sonderwegs besagt, daß die Deutschen bereits im 18. Jahrhundert, also im Vorfeld der Französischen Revolution, nicht den Weg der Aufklärung und ihres Naturrechtsverständnisses gegangen seien.[2]

Die dritte Version der Sonderwegsthese sieht die Fehlentwicklung der Deutschen bereits mit der Reformation beginnen. Der eigentliche Verursacher des deutschen Sonderweges, der zu Hitler geführt habe, sei Luther und die Reformation gewesen. Es heißt, Luther habe den Deutschen etwas vermittelt und anerzogen, was sie für die Demokratie untauglich gemacht hätte – nämlich die Anbetung der Obrigkeit. Luther hätte den Deutschen eine knechtselige Obrigkeitsgesinnung anerzogen, und darum seien die Deutschen der staatlichen Autorität selbst dann noch gefolgt, als diese Autorität von Verbrechern ausgeübt worden ist.

Was wäre die Konsequenz, wenn die Deutschen sich diese These vom deutschen Sonderweg zu eigen gemacht hätten oder wenn sie gar richtig wäre? Nehmen wir einmal an, sie würde stimmen. Die Folge wäre, daß die Deutschen sich nach mindestens 300 Jahren verfehlter deutscher Geschichte zu einer geschichtslosen Existenz entschließen müßten. Der Nationalsozialismus würde dann das Ende der deutschen Geschichte bedeuten, weil die ganze deutsche Geschichte in den Streit um den Nationalsozialismus hineingezogen wurde. Es gibt dann keine geschichtliche Figur mehr, die aus diesem Streit unbefleckt herauskommen konnte. Ob es sich um Luther, um Friedrich den Großen oder um Bismarck handelt, alle stehen dann mehr oder weniger unter Faschismusverdacht. Die Deutschen müßten dann dieses Ende der deutschen Geschichte akzeptieren und sich dazu entschließen, geschichtslos zu existieren. Diese Interpretation geht davon aus, daß die Deutschen den Nationalsozialismus erst richtig verarbeitet und bewältigt hätten, wenn sie ihn als das Ende der deutschen Geschichte begreifen lernen. So meint beispielsweise Margarethe Mitscherlich, Deutschland müsse sich in eine multikulturelle Gesellschaft verwandeln, weil das die wirksamste Methode sei, die deutsche Frage zu lösen.

Man kann es daher beinahe als ein Glück ansehen, daß es nach 1945 auch noch das sozialistische Ostdeutschland gegeben hat. Denn die DDR hat diese Tabuisierung von Luther, Friedrich dem Großen und Bismarck nicht mitgemacht. Die DDR konnte das tun, weil sie im Unterschied zur alten Bundesrepublik ganz andere Konsequenzen aus dem Nationalsozialismus gezogen hat. Die DDR ging nämlich davon aus, daß die Schuld am Nationalsozialismus durch die Errichtung des ersten sozialistischen Staates in Deutschland getilgt sei. Darum sah sich die DDR gar nicht vor das Problem gestellt, die Vergangenheit zu bewältigen. Die Sozialisten haben einfach erklärt, sie seien von dieser Frage nicht betroffen. Sie schickten dieses Paket postwendend ins kapitalistische Westdeutschland zurück.

[2] Die Deutschen sind in der Tat nicht den Weg der atheistischen Aufklärung gegangen, sondern sie sind noch fromm geblieben, so wie Lessing ein frommer Mann war. Lessing ist zwar der größte deutsche Aufklärer, aber er ist trotzdem auch ein frommer Mann gewesen.

Die Konsequenz dieser Interpretation war, daß Ostdeutschland in einer viel größeren Kontinuität mit der deutschen Geschichte geblieben ist, als Westdeutschland. Warum hatte denn die DDR – übrigens auch, was die Schattenseiten angeht –, den am besten funktionierenden Sozialismus des ganzen Ostblocks? Der Grund liegt darin, daß sie das preußische Erbe beinahe unangetastet in den Sozialismus übernommen hat. Die DDR war in gewisser Hinsicht die Realisierung von Oswald Spenglers Idee einer neuen Einheit von Preußentum und Sozialismus.

Ich behaupte, daß die DDR viel früher zusammengebrochen wäre, wenn ihr die Ausklammerung der Vergangenheitsbewältigung nicht gelungen wäre. So aber ist dieser Staat erst zusammengebrochen, als die ökonomische Ineffizienz und die Freiheitsdefizite unerträglich geworden waren. Die DDR hat die Vergangenheitsbewältigung vom Tisch gefegt hat, indem sie erklärte, die Erreichung des ersten sozialistischen Staates bedeute bereits die Tilgung der Schuld. Diese Prämisse machte es der DDR dann möglich, die deutsche Geschichte für ihre Zwecke zu instrumentalisieren. Die DDR war auf Grund der Schwäche der marxistischen Ideologie immer mehr gezwungen, sich auf ein geschichtliches Erbes zu berufen. Geschichtliches Erbe war zunächst alles, was in der deutschen Geschichte sozialistischen oder präsozialistischen Charakter hatte, also zum Beispiel die Bauernkriege. Aber das genügte der DDR nicht. Um sich als *der* legitime deutsche Staat ausgeben zu können, mußte die DDR sich auch auf das gesamte geschichtliche Erbe der Deutschen beziehen. Dieses deutsche Erbe meinte die DDR nun, pflegen zu müssen. So begann man zunächst mit der Rehabilitierung Luthers. Man kann nur staunen, wie viel Geld und Kraft die DDR in das Augustinerkloster von Luther investiert hat. Die DDR versuchte darüber hinaus, sich das ganze deutsche Geschichte als das ihr zukommende Erbe unter den Nagel zu reißen. Sie hat den 200jährigen Geburtstag Hegels mit einem Staatsakt gefeiert und sie das Erbe dieses Philosophen im Blick auf ihr Staatsverständnis als verbindlich deklariert. Während Hegel in Westdeutschland von Karl Popper und Helmut Schmidt fälschlicherweise als ein Vorläufer des Totalitarismus stigmatisiert wurde, erwies die DDR dem größten deutschen Philosophen ihre Reverenz. Die DDR machte sich später sogar daran, Friedrich den Großen in ihr Selbstverständnis zu integrieren. Immerhin ließ Erich Honecker „Unter den Linden“ das Denkmal des „Alten Fritz“ wieder aufstellen. Und in den achtziger Jahren ging man sogar an die Rehabilitierung Bismarcks heran.

Was ist zu der Sonderwegsthese zu sagen? Zunächst ist festzuhalten, daß es in der Geschichte eigentlich nur Sonderwege gibt. In der Geschichte gibt es nicht nur den Sonderweg der Deutschen, sondern jede europäische Nation hat die Moderne, wenn sie sie denn erreicht hat, auf einem Sonderweg erreicht. Es gibt nicht *den* Weg in die politische Moderne. Die Wege, welche die westlichen Nationen gegangen sind, waren ebenfalls durch ihre nationalen Eigenarten bestimmt. Es gibt in der Geschichte keinen providentiell vorgezeichneten Weg, den eine Nation oder ein Volk gehen könnte. Wenn es einen providentiell vorgezeichneten Weg gäbe, dann musste es ja eine erkennbare Gesetzmäßigkeit im Ablauf der Geschichte geben. Von einem solchen gesetzmäßigen Ablauf war zwar der Marxismus überzeugt, aber dieser Marxismus ist mitsamt seinem Glauben an die Gesetzmäßigkeit vor einigen Jahren von der Geschichte widerlegt worden.

Wir müßten jetzt einzeln durchgehen, wie es um Luther, um Friedrich dem Großen und um Bismarck steht. Wir können das hier nicht tun, denn das erforderte eine eigene Abhandlung. Darum will ich mich hier nur kurz auf Luther und die Frage der Obrigkeitshörigkeit der Deutschen beschränken. Es ist bekannt, daß nicht wenige der Widerstandskämpfer vom 20. Juli 1944 konservative Christen und Lutheraner waren. Die Widerstandskämpfer haben seinerzeit darüber diskutiert, ob der Tyrannenmord erlaubt ist oder nicht. Sie fragten sich, ob sie als Christen Hitler ermorden durften oder nicht. Daß Hitler es verdient hatte, ermordet zu werden, darüber waren sie sich einig. Aber die Frage war, ob sie ihn auch legitimerweise töten durften. Es gab zwei Beweggründe, die diese Frage für sie zum Problem machten. Der eine Beweggrund war: Wie können wir Hitler ermorden, ohne Deutschland zu schaden? Das war die Frage, die sich vor allem die Nationalkonservativen und die Soldaten gestellt haben. Sie fragten sich ferner, ob sie Hitler töten könnten, ohne befürchten zu müssen, daß sie damit Deutschland schaden könnten.

Man kann heute nicht so tun, als sei dieser Konflikt nicht unter den deutschen Soldaten diskutiert worden. Die wenigsten Soldaten haben sich damals als Gefolgsleute Adolf Hitlers verstanden. Wenn das der Fall gewesen wäre, hätte Hitler der SS gar nicht bedurft. Hitler hat sich doch die Sondereinheiten der SS – nicht der Waffen-SS, sondern der Elite-SS – geschaffen, weil er wußte, daß es ihm nicht gelungen ist, die deutsche Arme mit nationalsozialistischen Geist zu erfüllen. Keine Institution hat aufs Ganze gesehen der Durchdringung durch den Geist des Nationalsozialismus so widerstanden, wie die Wehrmacht. Gottfried Benn hat seinen Konflikt mit der Nationalsozialismus sogar dadurch gelöst, daß er in die „innere Emigration" gegangen ist. Und wo war diese „innere Emigration" in den Augen Benns möglich? In der Wehrmacht! Benn trat daher in die Wehrmacht ein. Wir wissen heute, daß er dort vielfältige Hilfe und Schutz gefunden hat. Benn wäre verloren gewesen, wenn er nicht einen deutschen General gefunden hätte, der seine Hand schützend vor den Angriffen des „Stürmers" und anderer entsetzlicher Organe über ihn gelegt hätte.

Die weitere Frage der Widerstandskämpfer war, ob der Tyrannenmord erlaubt ist oder nicht. Einige der Lutheraner waren nun der Meinung, daß ein Christ auch einen Tyrannen nicht ermorden dürfe, weil Mord, ganz egal unter welchen Bedingungen, grundsätzlich für einen Christen verboten sei. Welch ein Irrtum. Diese Lutheraner kannten Luther nicht. Denn Luther hätte ihnen hinsichtlich ihrer Absicht, Hitler zu töten, ein gutes Gewissen machen können. Luther hatte nämlich die Frage des Tyrannenmordes im Blick auf das Mittelalter erörtert und dabei zwischen zwei Formen der Tyrannei unterschieden. Die eine Form der Tyrannei ist die „Tyrannis partikulares", in der der Tyrann seine Macht und sein Amt für eigene, ganz persönliche Vorteile mißbraucht. Hinsichtlich dieser Form der Tyrannei meinte Luther, daß man sie ertragen müsse. Und warum müsse man sie ertragen? Weil im andern Fall die Nachteile des dann zu erwartenden Bürgerkrieges größer sind als das Ertragen dieser persönlichen Tyrannei. Aber für Luther gab es noch eine weitere Form der Tyrannei: die „Tyrannis universalis". Diese Form der Tyrannei stellt nach Luther den Versuch dar, die sittliche Weltordnung im ganzen auf den Kopf zu stellen. Was bisher als gut galt, gilt dann als böse und was bisher als böse galt, wird nun als das Gute bezeichnet. Luther hat über diesen Tyrannen geäußert, man solle ihn wie einen wilden Hund erschlagen. Diese Bedingung der „Tyrannis universalis" erfüllte Hitler, denn er hatte den ganzen Bau der sittlichen Weltordnung auf den Kopf gestellt. Er hatte das, was traditional gut war, böse genannt, und umgekehrt. Nationalsozialismus und auch Stalinismus waren im Sinne Luthers universale Formen von Tyrannei, und hier war der Mord des Tyrannen nicht nur erlaubt, sondern sogar sittliche Pflicht. Als die ersten Juden mit dem Judenstern herumlaufen mußten, war eigentlich das Signal gegeben, diesen Tyrannen Hitler zu beseitigen! Denn daß der Judenstern die Beseitigung des sittlichen Europas und des gesamten Abendlandes darstellte, war für jeden erkennbar. Wer eine bestimmte Gruppe von Menschen oder gar des eigenen Volkes mit einem Stern auf der Brust herumlaufen läßt, um ihn als einen Ausgestoßenen kenntlich zu machen, der hat damit die ganze sittliche Tradition Europas zerstört. Wenn daher manche Politiker im Zusammenhang mit dem wieder auflebenden Rechtsradikalismus von „Ächtung" reden, sollte uns das zu denken geben. Denn man läuft Gefahr, wenn auch aus edlen Motiven heraus, wieder eine bestimmte Gruppe auszugrenzen.

Ich vertrete im Gegensatz zur Sonderwegsthese im Grundsatz die Auffassung, daß der Sieg des Nationalsozialismus 1933 nicht das Ergebnis einer inneren Logik der deutschen Geschichte, sondern das Ergebnis einer kontingenten Situation gewesen ist, in der viele Faktoren so zusammengewirkt haben, daß die Nationalsozialisten an die Macht kommen konnten. Die Politiker hätten die Machtübernahme noch am Ende der Weimarer Republik abwenden können. Sie hätten bei Anerkennung dessen, was ihnen gemeinsam war, Hitler verhindern können. Ohne die exzeptionellen Bedingungen, unter denen die Deutschen nach dem verlorenen Ersten Weltkrieg gelebt haben, und ohne die Art, wie der Westen sich nach dem verlorenen Weltkrieg zu den besiegten Deutschen verhalten hat, wäre es auch niemals zur Machtübernahme Hitlers gekommen.

B. Idee und Wirklichkeit des Nationalsozialismus

1. Das Verhängnis des Ersten Weltkriegs

Wie war der Nationalsozialismus möglich und warum haben die Deutschen Hitler zum Teil begeistert zugestimmt? Das sind die beiden zu klärenden Fragen. Wenn man die Debatten der letzten 30 Jahre betrachtet und sich dann die Frage stellt, warum die Deutschen Hitler gefolgt sind, dann bekommt man den Eindruck, daß die Deutschen entweder Idioten oder Verbrecher gewesen sind. Entweder seien sie Idioten gewesen, d.h. sie haben einfach nicht begriffen, mit wem und mit was sie es zu tun hatten. Oder sie seien Verbrecher gewesen, die die Eroberungen und Massentötungen bejaht und gewollt haben. Ich halte diese Thesen für falsch. Das gibt es in der Geschichte nicht, daß ein solches Phänomen nur auf Idiotie und Verbrechertum zurückzuführen ist.

Was war das denn für ein Phänomen – ich sage bewußt Phänomen –, das wir von 1933 bis 1945 in Deutschland erlebt haben? Auch hier will ich zunächst einmal versuchen, mich soweit wie möglich von allen Bewertungen freizuhalten.

Hitler ist es – erstens – in diesen 12 Jahren gelungen, die Energie der Deutschen in einem Ausmaß zu mobilisieren und zu einem Instrument der Einwirkung auf den Gang der Geschichte zu machen, wie das in keinem Volk der Weltgeschichte in dieser Kürze der Zeit jemals möglich war. Von daher ist durchaus zu verstehen, warum die Deutschen dem Rest der Welt damals unheimlich gewesen sind und warum sie ihnen wohl auch immer unheimlich bleiben werden. Denn es ist ein unglaubliches und unheimliches Phänomen, daß auf dem Höhepunkt der Machtentfaltung des Nationalsozialismus etwas erreicht wurde, was es in diesem Ausmaß – auch nicht unter Napoleon – nie gegeben hat: die Herstellung einer Art Einheit Europas unter deutscher Hegemonie. Hitler war damals der Herr Europas vom Nordkap bis Sizilien.

Zweitens ist dieses Nazideutschland der ganzen Welt als Feind gegenüber gestanden. Wenn wir von der Unterstützung Italiens und Japans einmal absehen, dann hat dieses „Dritte Reich“ jahrelang einen Krieg gegen den Rest der Welt geführt. Die großen Mächte, also die USA, England, Frankreich und Rußland, mußten ihre letzten Kräfte mobilisieren, um dieses Deutschland in die Knie zu zwingen. Auch das ist ein unglaubliches und unheimliches Phänomen. Die Welt hat also durchaus Grund, mit ambivalenten Gefühlen auf die Deutschen zu sehen. Man wird die Welt nie vollends davon überzeugen können, daß die Deutschen inzwischen so harmlos geworden sind, wie sie es tatsächlich sind. Die Deutschen sind inzwischen vielleicht das harmloseste Volk der Welt geworden, aber es wird ihnen nicht gelingen, die Welt davon zu überzeugen.

Drittens hat Hitler über eine Wehrmacht verfügt, die ohne Beispiel ist. Ich empfehle dazu, einmal die Kriegserinnerungen britischer Feldmarschälle zu lesen. Diese Feldmarschälle haben die Leistungen der deutschen Wehrmacht gewürdigt und unumschränkt zugegeben. Die Wehrmacht sei die beste, tapferste und leistungsfähigste Armee gewesen, die es in der Kriegsgeschichte der Menschheit überhaupt gegeben habe. Natürlich muß man sogleich hinzufügen, daß dieses militärische Abenteuer in der größten Katastrophe nach dem Dreißigjährigen Krieg geendet hat. Wenn man das Ergebnis von 1945 einmal mit dem vergleicht, was Hitler gewollt hat, dann wird man feststellen, daß er nichts von dem erreicht hat, was er erreichen wollte, ja daß er sogar das Gegenteil von dem erreicht hat, was er erreichen wollte. Hitler hat genau die Entwicklungen freigesetzt, die zu verhindern er angetreten war.

Die Geschichte selber hat ein eindeutiges und vernichtendes Urteil über Hitlers Wirken gefällt. In dem Augenblick, in dem durch Historikerdebatten dieses geschichtliche Urteil in ein moralisches Urteil transformiert wird, gerät leider dieses Urteil der Geschichte aus dem Blickfeld. Das ändert aber nichts daran, daß letztlich nicht die Ideologen über die Geschichte, sondern die Geschichte über die Ideologien das Urteil fällt. Wir bräuchten uns also nicht zu einem moralischen Urteil zu versteigen, sondern es würde reichen, wenn wir die eindeutigen Tatsachen der Geschichte zur Kenntnis nähmen. Wenn man die geschichtlichen Tatsachen zur Kenntnis nehmen würde, dann könnte es in Deutschland nie wieder verrückte Extremisten geben, die den Anschein erwecken, als könne man dieses Abenteuer in welcher Form auch immer wiederholen.

Was war konkret das Ergebnis des Nationalsozialismus? Der Zweite Weltkrieg bedeutete – erstens – das Ende der Suprematie Europas in der Welt. Durch den Zweiten Weltkrieg ist das Zeitalter des Eurozentrismus in der Weltgeschichte beendet worden. Dieser Krieg hat Europa nicht gestärkt und geeinigt, sondern er hat die geschichtliche Bedeutung Europas geschwächt. Das Ende der Superiorität Europas bedeutete auch das Ende des Kolonialismus und des europäisch-imperalistischen Zeitalters. Was das Ende dieses Kolonialismus bedeutet, wird erst unser neues Jahrhundert zeigen.

Hitler ist auch mit seinem zweiten Hauptziel gescheitert. Der marxistisch-leninistische Bolschewismus wurde nicht besiegt, sondern erst etabliert. Bis vor wenigen Jahren reichte das sowjetische Imperium bis an die Elbe. Der ehemalige amerikanische Außenminister Henry Kissinger war sogar noch in den achtziger Jahren der Meinung, daß dieses sowjetische Imperium eines Tages ganz Europa bis zum Atlantik erobern werde. Europa werde marxistisch werden und der sowjetische Imperialismus werde früher oder später ganz Europa unter sein Regiment bringen und vereinen.

Auch innenpolitisch hat Hitler das Gegenteil von dem erreicht, was er wollte. Die Deutschen haben faktisch ihren ganzen Staat auf die Überzeugung gegründet, daß der einzige zukunftsfähige Weg der Deutschen darin besteht, immer das Gegenteil von dem zu glauben, zu wollen und zu tun, was Hitler geglaubt und gewollt und in Anspruch genommen hat. Die Politik ist daher heute nicht mehr auf die Herstellung einer deutschen Volksgemeinschaft gerichtet, sondern auf die Herstellung einer multikulturellen Gesellschaft. Die multikulturelle Gesellschaft ist der neue große Traum der Progressiven. Mit den Träumen sind wir also noch nicht zu Ende. Darum gibt es die Philosophie, denn die Philosophie soll über die Träume aufklären.

Nun zu der Frage, wie es ganz konkret zum Nationalsozialismus kommen konnte. Hierzu gibt es eine unübersehbare Literatur. Ich will daher nur die wichtigsten Ergebnisse zusammenfassen.

Wenn man die Entwicklung verstehen will, die 1933 zu Hitler geführt hat, dann liegt deren Wurzel nicht erst im verlorenen Ersten Weltkrieg, also im Jahre 1918. Diese Wurzel geht weiter zurück und sie liegt tiefer. Die Wurzel liegt im Ersten Weltkrieg selber. Der Erste Weltkrieg ist die Wurzel von allem Übel. Denn was bedeutete – nicht nur historisch-faktisch, sondern als ein geistesgeschichtliches und religionsgeschichtliches Ereignis – der Erste Weltkrieg? Der Erste Weltkrieg bedeutete das definitive Ende des bürgerlichen Zeitalters. In diesem Krieg haben sich die europäischen Völker in einem sinnlosen Bruderkrieg gegenseitig zerfleischt. Es handelt sich hier um einen Krieg, bei dem die Kriegführenden eigentlich nie beantworten konnten, warum sie ihn überhaupt geführt haben. Wie konnten sich die Völker Europas in diesen, letztlich sinnlosen, selbstzerstörerischen Krieg begeben? Kein Historiker wird darauf eine plausible Antwort geben können, wenn er nicht die geistigen und kulturellen Faktoren heranzieht. Wir müssen daher ausführlich auf Nietzsches Analyse der bürgerlichen Kultur eingehen. Denn Nietzsche hat von der Dekadenz der bürgerlichen Kultur gesprochen. Die Dekadenz war das große kulturgeschichtliche Phänomen am Ende des 19. Jahrhunderts. Auf dem Hintergrund dieser Dekadenzerfahrung ist der Ausbruch des Krieges von vielen wie eine Art Erlösung erlebt worden.

Die genialsten literarischen Gestaltungen des Dekadenzphänomens finden sich nach wie vor im „Zauberberg“ von Thomas Mann und im „Mann ohne Eigenschaften“ von Robert Musil. Diese Romane zeigen, mit welch einem Gefühl der Befreiung aus einer lähmenden Atmosphäre nicht nur Deutschland in den Krieg eingetreten ist. Dieser Krieg wurde beinahe uneingeschränkt partei- und ideologieübergreifend von den Deutschen begrüßt. Die Vorgänge, die damals in Deutschland um den August 1914 herum geschahen, hatte es zuvor in der deutschen Geschichte noch nie gegeben. Als Wilhelm II. formulierte, er kenne keine Parteien mehr, sondern nur noch Deutsche, hat er etwas ausgesprochen, was tatsächlich so empfunden wurde. Selbst die Sozialisten haben bei diesem Krieg mitgemacht. Die Sozialisten haben dem Kriegsbudget zugestimmt und sind dann voller Stolz und Patriotismus zur Verteidigung Deutschlands gegen den ewigen Feind Frankreich in den Krieg gezogen. Von diesem Schlag hat sich der internationale Sozialismus übrigens nie wieder erholt. Was 1914 passierte, hat sich später sogar wiederholt. Was hat denn Stalin getan, als der internationale Sozialismus durch den deutschen Angriff in Gefahr war? Stalin hätte jetzt eigentlich die edlen Werte und Glaubenskräfte des internationalen Sozialismus beschwören müssen. Er hätte den Sozialismus als geistige Kraft mobilisieren müssen, um die Sowjetunion zu retten. Und was hat Stalin tatsächlich gemacht? Er hat den „Großen Vaterländischen Krieg“ verkündet und er hat, bis hin zur Reaktivierung der Orthodoxie, das gesamte vaterländische, konservative und nationalistische Erbe Rußlands mobilisiert, um die internationalistische, sozialistische Sowjetunion in der Stunde ihrer tiefsten Gefährdung zu retten.

Der Erste Weltkrieg ist durch die Materialschlachten gekennzeichnet. Um die Bedeutung dieser Schlachten zu verstehen, werden wir uns später Ernst Jünger zuwenden. Man muß Jüngers „Kampf als inneres Erlebnis" gelesen haben, um zu begreifen, was – geistig-moralisch gesehen – die Materialschlachten des Ersten Weltkrieges bedeutet haben. Denn in diesen Materialschlachten hat sich der Humanitätsbegriff der bürgerlichen Kultur aufgelöst. Diese Materialschlachten bedeuteten das eigentliche Ende der bürgerlichen Humanität und des bürgerlichen Glaubens an die menschheitsverbindenden Ideale und Werte. Dieser Glaube ist zerstört worden, als sich Franzosen, Deutsche und Engländer über ein Jahr lang in den Schützengräben gegenüberstanden und die ganze technische Maschinerie der bloßen Menschenvernichtung eingesetzt wurde. Hier liegt der Grund, warum die Deutschen nach 1918 den zivilisationskritischen Weg eingeschlagen haben. Durch dieses Erlebnis der Materialschlachten ist die ganze aufgeklärte humane Philosophie und die bürgerliche Kultur, die eine großartige universale Kultur war, vernichtet worden. Seitdem war die bürgerliche Humanität in der Sicht der Deutschen als Ideologie entlarvt. Die Frage, warum die Deutschen sich der kruden nationalsozialistischen Auffassung von Leben und Mensch zuwenden konnten, ist ohne die Zerstörung des Glaubens an die universalen, humanen Werte, die in der sinnlosen, nihilistischen Materialschlacht des Ersten Weltkrieges zerrieben worden sind, unerklärlich.

Es hat damals keinen einleuchtenden Grund für den Ersten Weltkrieg gegeben. Man ist, wie man gerne sagt, in den Krieg „hineingeschlittert". Nun kann man aber keinen Krieg führen, ohne daß man eine theoretische Rechtfertigung beibringt. Man mußte den Krieg theoretisch begründen. Warum führten Frankreich, England und Amerika den Krieg gegen Deutschland und warum führte umgekehrt Deutschland den Krieg gegen den Westen? Hier ist nun etwas Entsetzliches passiert. Der Westen hat nämlich beansprucht, in diesem Krieg die Zivilisation gegen die deutsche Barbarei zu verteidigen. Das war die westliche Rechtfertigung für den Krieg. Die Deutschen galten dem Westen als Barbaren. Dies war – mit Recht – für die Deutschen eine völlig unannehmbare Sichtweise. Denn der Einsatz der militärischen Mittel war auf beiden Seiten gleichermaßen barbarisch. Dieser Krieg als solcher war barbarisch. Man konnte nicht sagen, die Deutschen seien die Barbaren und der Westen verteidigt die Zivilisation. Die Deutschen waren daraufhin gezwungen, eine eigene Rechtfertigungsideologie zu entwickeln. Und diese Rechtfertigung konnte nach Lage der Dinge nur in dem Anspruch bestehen, etwas Höheres und Wertvolleres zu verteidigen, als die Zivilisation. Die Deutschen glaubten nun, das zu verteidigen, was sie „Kultur" nannten. Die Deutschen wollten die Kultur gegen die Zivilisation verteidigen. Was beinhaltete nun diese deutsche Kultur? Worauf haben die Deutschen zurückgegriffen? Die Deutschen hatten ihre Kultur damals in der Tat als das Resultat eines Sonderweges begriffen, dessen Hauptmanifestation die deutsche Romantik war. Wer war denn damals der deutsche Nationalist, der die deutsche Kultur gegen die westliche Zivilisation verteidigen wollte und der dies in einem der aufregendsten Bücher, die im 20. Jahrhundert geschrieben worden sind, proklamiert hat? Es war kein Geringerer als Thomas Mann. Thomas Mann hat sein Buch „Betrachtungen eines Unpolitischen" als seinen Beitrag zu diesem Krieg bezeichnet. Thomas Mann wollte darin die deutsche Kultur und die deutsche Seele gegen die westliche zivilisatorische Verödung und Verflachung und gegen den sinnlosen Rationalismus verteidigen.

Ohne diese durch den Ersten Weltkrieg geschaffene Konstellation wäre es nie zu dem Bündnis deutscher Konservativer mit dem damaligen Hitlerismus gekommen! Der Konservativismus gilt bis heute als diskreditiert, weil die Konservativen nach dem Ersten Weltkrieg daran mitgewirkt haben, Hitler an die Macht zu bringen. Aber wie war es möglich, daß der deutsche Konservativismus etwa in der Gestalt von Thomas Mann eine solche Rolle in der Weimarer Republik spielen konnte? Der Ausgangspunkt liegt in diesem Kampf zwischen Zivilisation und Barbarei und zwischen Kultur und Zivilisation begründet.

Und dann ist da noch etwas Entscheidendes passiert. Es kam nach dem Ersten Weltkrieg zum Versailler Vertrag. Dieser Versailler Vertrag ist nicht, wie immer wieder behauptet wird, als solcher für die Deutschen so schlimm gewesen. Der Versailler Vertrag war nur darum so schlimm, weil er gar kein Friedensvertrag war. Alle halbwegs klar sehenden Leute wußten damals, daß mit diesem Versailler Vertrag, den die Deutschen Versailler „Diktat" genannt haben, bereits die Saat für den nächsten Weltkrieg gelegt worden war. Der Vertrag selber war eigentlich gar nicht so fürchterlich. Er war aus der Sicht der Siegermächte sogar inkonsequent: Der Westen hätte sich entweder entschließen müssen, einen wirklichen Friedensvertrag mit Deutschland zu schließen, um – dem eigenen ideologischen Anspruch zufolge – die Deutschen in die Familie der westlichen Völker und der westlichen Zivilisation zurückzuführen. Oder er hätte die Deutschen so vernichtend schwächen müssen, daß Deutschland für mehrere Generationen keine Chance mehr gehabt hätte, sich wieder zu erheben. Und beides hat der Westen nicht gemacht. Er hat eine Art Kompromiß zwischen beiden Ansätzen verfolgt. Und das war von der damaligen Machtkonstellation her das Schlimmste, was der Westen überhaupt machen konnte. Denn problematischer als der Vertrag selber, war die Behauptung, daß die Deutschen als die moralisch Schuldigen die Verantwortung für den Ersten Weltkrieg übernehmen sollten. Wie fatal diese Behauptung war, kann man ebenfalls bei Ernst Jünger verfolgen. Denn dieser Kriegsschuldartikel hat Ernst Jünger zu einem revolutionären Nationalisten gemacht und er hat ihn sogar vorübergehend veranlaßt, sich mit dem Nationalbolschewisten Ernst Niekisch zu verbünden. Ernst Niekisch zog aus der Erfahrung des Ersten Weltkrieges den Schluß, für den Nationalbolschewismus zu votieren. Niekisch wollte, daß sich Deutschland vollends vom Westen trennt und sich mit dem bolschewistischen Rußland zusammentut.

Den Deutschen von heute scheint es wenig auszumachen, die Schuld für den Ersten Weltkrieg auf sich zu nehmen. Wenn die Deutschen von heute in der damaligen Situation um des Friedens willen zu einem Schuldeingeständnis genötigt würden, würden sie das wohl ziemlich klaglos auf sich nehmen. Hier wird deutlich, daß sich die Deutschen seit den 20er Jahren wirklich verändert haben. Denn dies war für die Deutschen, übrigens aller Parteien, damals unerträglich. Es war unerträglich, weil der militärischen Niederlage, die die Deutschen als militärische ohnehin nicht anerkannt hatten, noch die Aberkennung der nationalen Ehre und damit die Demütigung und Entehrung hinzugefügt wurde. Hier liegt eine der entscheidenden Wurzeln für die spätere Entfaltung des exzessiven und schließlich hybriden Nationalismus.

Daher ist die Saat für den Nationalsozialismus und für den Triumph Hitlers 1933 im Ersten Weltkrieg, und vor allem in der Art seiner Beendigung zu suchen. Denn was war das wichtigste Argument, auf das Hitler zurückgreifen konnte? Wenn man sich die Reden ansieht, die Hitler bis in die 30er Jahre hinein gehalten hat, so hatten diese Reden immer drei Elemente: Er begann zuerst mit einer geschichtlichen Betrachtung über die Vergangenheit, dann kam er auf die Gegenwart zu sprechen und zuletzt entfaltete er eine große visionäre Utopie für die Zukunft. Hitler begann immer damit, daß er vom „unbekannten Soldaten" des Ersten Weltkrieges sprach. Das war ein Akt von genialischer, dämonischer Geschicklichkeit. Denn durch diese Herleitung seiner eigenen Position aus dem Erlebnis des Ersten Weltkriegs hatte er de facto die ganze Kriegsgeneration, die sich mit Versailles und der damit verbundenen Demütigung nicht abfinden konnte, a priori auf seiner Seite. Die Rede vom unbekannten Soldaten aus dem Ersten Weltkrieg war vielleicht der wirksamste Mythos, den Hitler geschaffen hat. Und was sollte diese Rede bezwecken? Die Wiederherstellung der deutschen Ehre. Hierin liegt ein durchgehendes Element aller Hitlerschen Reden. Es war klar, daß die Deutschen als ein überwiegend national und konservativ empfindendes Volk allein schon aus diesem Grunde eine gewisse Affinität zu Hitler entwickeln konnten. Denn niemand wollte mit einer solchen Entschlossenheit die deutsche Ehre wiederherstellen wie der „unbekannte Soldat".

Dieser Weltkrieg hatte darüber hinaus auch eine sozialgeschichtliche Bedeutung für Deutschland gehabt. Denn der Krieg war der Ort, an dem die Idee der deutschen Volksgemeinschaft geboren wurde. Die Marxisten haben immer wieder gefragt, wie die Deutschen überhaupt nur an eine solch durchsichtige Ideologie, wie die Ideologie der Volksgemeinschaft glauben konnten. Die Marxisten konnten diese Ideologie eben nicht als das erkennen, was sie war, nämlich ein pseudoideologischer Kitt, aus dem etwas Gemeinsames geschaffen werden sollte. Die Marxisten meinten, so etwas wie die Volksgemeinschaft gäbe es in der Realität gar nicht. Für sie gab es nur Klassen und den Klassenkampf. Die Marxisten übersahen dabei, daß die Volksgemeinschaft damals eine Realität war. Die Deutschen haben es so empfunden, daß sie in den Schützengräben des Ersten Weltkrieges eine einzige Gemeinschaft geworden sind. Alle Klassenzugehörigkeiten, alle ständischen Differenzierungen, alle Unterschiede der Bildung, alle sozialen Unterschiede waren ihnen gleichgültig geworden. Man empfand sich tatsächlich als eine einzige große Gemeinschaft. Das war der Hintergrund, warum die Deutschen Hitlers Reden von der Volksgemeinschaft nicht nur für eine Ideologie gehalten haben. Hitler hat versucht, dieses Gemeinschaftsgefühl auf die ganze Nation auszudehnen. Er wollte eine Kampfgemeinschaft schaffen, in der jeder für jeden einstand. Jeder sollte potentiell bereit sein, für den anderen sein Leben zu lassen. Ob diese Bereitschaft in der Realität des Krieges gegeben war, sei dahingestellt. Aber das war, anknüpfend an die Rede vom unbekannten Soldaten, der Mythos, der der Gemeinschaft zugrunde gelegt war. Nur so war es möglich, den Gedanken von der Bedrohung durch den Rest der Welt erfolgreich zu pflegen.

Auch dieses Moment, „Wir gegen den Rest der Welt“, ist, geistesgeschichtlich gesehen, ein ungeheuer wichtiges Moment. Religionsgeschichtlich hat sich nämlich damit das gnostische Denken in Deutschland durchgesetzt. Die Deutschen erfuhren damals die Welt nur noch als Bedrohung und Gefahr und sie glaubten, ihre nackte Existenz gegen eine sie bedrohende Welt verteidigen zu müssen. Das ist genau diejenige Empfindung, aus der seit jeher das gnostische Denken hervorgegangen ist. Die Deutschen meinten, sich zwischen den finsteren Mächten und den Lichtmächten, zwischen den Guten und den Bösen entscheiden zu müssen.[3]

Diesen Komplex muß man im Auge haben, wenn man die Frage „Wie konnten die Deutschen Hitler folgen?“ nicht allein mit der Unterstellung beantworten will, sie seien Idioten und Verbrecher gewesen.

Mit diesem Komplex hängt es auch zusammen, daß die Deutschen sich geweigert haben, die Demokratie als ein Ergebnis ihrer Niederlage im Ersten Weltkrieg anzuerkennen. Mehr noch: Die Deutschen haben sich sogar geweigert, die Niederlage als solche anzuerkennen. Wir erinnern uns an die „Dolchstoßlegende“, wonach die deutschen Soldaten im Felde unbesiegt gewesen, aber durch den Verrat im Innern um den verdienten Sieg gebracht worden seien. Diese Dolchstoßlegende hat, unter anderem, dazu geführt, daß die Demokratie von den Deutschen in der Weimarer Republik innerlich nie akzeptiert wurde.

---

[3] Es fällt den Deutschen bis zum heutigen Tag schwer, die graue Zwischenwelt, in der sich die Konturen von Licht und Finsternis auflösen und in der es keinen Menschen gibt, der nur gut, und keinen, der nur böse ist, zu akzeptieren. Auch der Kampf, den augenblicklich die liberale Demokratie gegen die braune Pest führt, folgt diesem gnostischen Schema. Es wird ungeprüft unterstellt, daß die Demokratie ein Lichtreich sei, in das finstere Mächte einzubrechen drohen. Die Linksliberalen wollen daher die Westbindung zu einem politischen Glaubensbekenntnis machen. Hier macht sich ein quasireligiöses Syndrom bemerkbar. Denn wer an der Westbindung auch nur rührt, der wird mit Auschwitz in Verbindung gebracht. Nein, die Westbindung sollte keine quasireligiöse, sondern eine politische Entscheidung sein, für die viele Gründe und vor allem die politische Vernunft spricht. Solange die Entwicklung in Rußland so ist, wie sie ist, wäre es politischer Wahnsinn, an der Westbindung zu rühren. Aber man darf es doch nicht ausschließen, daß sich die Situation eines Tages so weit verändert, daß die Westbindung politisch als weniger vernünftig erscheint, als das heute der Fall ist. Man darf daher die Frage der Westbindung nicht zu einer Frage des Glaubens machen. Wer sie zu einer Sache des Glaubens macht, der schürt einen Glaubenskrieg. Was müßte geschehen, daß die Deutschen sich auch in Zukunft auf der Seite des Westens sehen? Die Antwort liegt auf der Hand: Der Bindung der Deutschen an den Westen müßte mit der Bindung des Westen an die Deutschen korrespondieren. Wenn sich die Deutschen sich in beinahe religiöser Manier zum Westen bekennen, dann müßten sich auch die Amerikaner, Engländer und Franzosen zum Bündnis mit den Deutschen bekennen. Dafür plädiere ich. Es bleibt zu hoffen, daß sich diese wechselseitige Annäherung weiter vollzieht. Vor allem aber müssen die Deutschen lernen, politische Angelegenheiten als politische zu behandeln und sie nicht quasireligös, eschatologisch und gnostisch aufzuladen. Denn das macht die Deutschen immer wieder zur Bildung eines politischen Urteils unfähig.

Hier liegt übrigens der fundamentale Unterschied zu dem verlorenen Zweiten Weltkrieg. Die Deutschen haben nach 1945 ihre Niederlage, ja selbst die deutsche Teilung und Zerschlagung als gerecht angesehen, und sie haben die Demokratie als rettende Alternative akzeptiert. Hier liegt der fundamentale Unterschied zwischen der Lage nach 1945 und der Lage nach dem Ersten Weltkrieg. Die Deutschen von heute sind im Unterschied zur Zeit der Weimarer Republik bereit, die Demokratie mit Leidenschaft zu verteidigen. Die These, Weimar sei eine „Demokratie ohne Demokraten" gewesen, ist, in dieser Pauschalität formuliert, zwar nicht richtig, aber es kann kein Zweifel bestehen, daß starke Mächte und Gruppen in der Weimarer Republik die Demokratie nie innerlich akzeptiert haben. Die meisten Deutschen haben die Demokratie auf Grund des Versailler Vertrages als ein Produkt der militärischen Niederlage und der nationalen Entehrung und als Ausdruck der abgeforderten Anerkennung des politischen wie geistigen Sieges der Westmächte verstanden. Sie haben daher die Demokratie als ein fremdes, bedrohliches und ihre nationale Identität gefährdendes politisches System verstanden und sich darum gegen die Demokratie gestellt. Allerdings darf man dieses Urteil nicht uneingeschränkt stehen lassen, denn man darf nicht vergessen, daß die Anfangsjahre der Weimarer Republik – trotz der Erfahrung mit der Enteignung des deutschen Bürgertums durch die Hyperinflation von 1923 – durchaus Anlaß zu der Hoffnung gaben, daß der Kampf um die Demokratie zugunsten der Demokratie entschieden werden könnte. Immerhin saß Hitler nach seinem gescheiterten Putsch 1923 im Landsberger Gefängnis und die Nationalsozialisten spielten noch in der Mitte der Weimarer Jahre praktisch keine Rolle.

Bis 1929 schien der Kampf zugunsten der Demokratie entschieden, aber dann kam es wiederum zu einem weltgeschichtlichen Ereignis, nämlich zur Weltwirtschaftskrise – verbunden mit 6–7 Millionen Arbeitslosen. Arbeitslosigkeit bedeutete damals im Unterschied zu heute eine extreme soziale Verelendung der Massen. Viele Menschen mußten damals mit 17 Reichsmark pro Woche ihre ganze Familie ernähren. Das kann man mit den sozialen Lebensumständen eines Arbeitslosen von heute überhaupt nicht vergleichen.

Wenn immer wieder gesagt wird, die westlichen Demokratien seien im Unterschied zu Deutschland nach der Weltwirtschaftskrise immun gegen totalitäre Verführungen geblieben, dann wird häufig die USA als großes Beispiel genannt. Wenn man sich aber die amerikanische Antwort auf die Weltwirtschaftskrise vergegenwärtigt und das sogenannte „New Deal"-Modell von Roosevelt genauer ansieht, dann kommt man nicht um den Schluß herum, daß darin viele Elemente enthalten waren, die auch Hitler zur Überwindung der Weltwirtschaftskrise eingesetzt hatte. Das gilt auch für die Übernahme des Führermodells. Roosevelt war kein beliebiger amerikanischer Präsident, sondern er war ein demokratischer Führer, und zwar ein Führer, der die Mittel der Lenkung und Beeinflussung der Massen meisterhaft beherrscht hat. Im Übrigen ist nicht zu übersehen, daß die Abwendung von der liberalen Demokratie hin zum Faschismus damals ein europäisches Phänomen gewesen ist. Die Entscheidung für den Faschismus – und das ist sehr wichtig – hatte also offenbar nichts mit der Disposition der Deutschen zum Faschismus zu tun, sondern sie war das Resultat einer Lage, in der ganz unterschiedlich disponierte Völker in gleicher Richtung reagiert haben.

Dazu kam die – vielleicht in der Sache begründete – Unfähigkeit des demokratischen Parteienspektrums, mit dieser Situation fertig zu werden. Wenn der Versuch gemacht wird, zu erklären, warum sich die Deutschen dem Nationalsozialismus zugewandt haben, dann darf man nicht vergessen, auf die Verelendung und die Enteignung des deutschen Bürgertums hinzuweisen. Die Weltwirtschaftskrise hat die Skepsis wachsen lassen, daß die parlamentarische Demokratie damit fertig wird. Und zu dieser Skepsis gab es auch Gründe. Denn es existierten zwar über 30 Parteien, aber es gab keine Regierung, die sich länger als einige Monate halten konnte. Das Parlament war immer weniger in der Lage, Regierungskoalitionen hervorzubringen, die zum gemeinsamen Handeln imstande waren. Die Parteien der politischen Mitte sind zum Ende der Weimarer Republik hin zerfallen. Zuvor ist die Zentrumspartei diejenige Partei gewesen, die sich als die eigentliche Verfassungspartei und als Partei der Mitte verstanden hatte. Aber in der Endphase der Weimarer Republik haben sich die Wähler angesichts der realen Krise der Republik von der Zentrumspartei abgewandt und sind nicht selten zu den Nationalsozialisten übergewechselt. Das krisengeschüttelte Bürgertum sah sich damals vor die Alternative gestellt, zwischen der radikalen Linken und der radikalen Rechten zu entscheiden. Unter der Rechten stellte man sich das faschistisch gewordene Italien und unter der Linken das bolschewistische Rußland vor. Nun muß man sich einmal in die Lage des mittelständischen deutschen Bürgertums versetzen, das in einer solchen Situation eine Entscheidung zu treffen hatte. Natürlich hätten das Bürgertum für die Linke votieren können. Aber was hätte die Bürger dann erwartet? Sie konnten davon ausgehen, daß in der Krise der bürgerlichen Gesellschaft die sowjetkommunistische Lösung in Deutschland darauf hinausläuft, daß sie nicht nur ökonomisch, sondern möglicherweise sogar physisch liquidiert werden. Und darum blickten sie nach Italien und sahen, daß die Italiener, so schien es wenigstens, alles das hatten, was die Deutschen entbehrten: nämlich einen großen Führer, einen handlungsfähigen Staat, einen König, eine Kirche und die wiedererlangte Anerkennung als geachtete Nation.

Wer gerecht urteilen will, der muß sich fragen, wie er in dieser Situation gewählt hätte. Wenn man diese Frage ehrlich beantwortet, dann kann man nicht mehr sagen, daß es nur Idioten und Verbrecher gewesen sind, die sich damals für den Nationalsozialismus entschieden haben.

2. Hitler und die deutschen Hoffnungen auf eine nationalkonservative Erneuerung

Wenn man die Frage beantworten will, welche politischen und geistigen Konsequenzen die Deutschen aus der Erfahrung mit dem Nationalsozialismus ziehen sollten, dann reicht es nicht aus, sich über den Mord an den Juden zu empören und den Eroberungskrieg im Osten anzuprangern. Natürlich hat Eberhard Jäckel recht, wenn er sagt, Hitlers Ziele hätten in der Judenausmerzung und in der Eroberung des Ostens gelegen. Aber wenn wir es bei der Feststellung und der Empörung über diesen Sachverhalt bewenden ließen, dann würde die weitergehende Beschäftigung mit dem Nationalsozialismus nur wenig Sinn machen. Denn die Entsetzlichkeit dieser Vorgänge ist so evident, daß sich eigentlich jeder Kommentar dazu erübrigt. Wichtiger ist, sich klar zu machen, wen und was die Deutschen 1933 eigentlich gewählt und unterstützt haben, als sie dem Nationalsozialismus beipflichteten. Was haben die Deutschen 1933 im Nationalsozialismus gesehen, als Hitler an die Macht kam? In diesem Zusammenhang muß man zuerst daran erinnern, daß die Deutschen die Nationalsozialisten nie mehrheitlich gewählt haben. Hitler ist zwar unter Beibehaltung der demokratischen Verfahren an die Macht gekommen, aber er ist nicht auf Grund eines Wahlsieges in demokratischen Wahlen an die Macht gekommen. Hitler ist nicht auf Grund eines überwältigenden demokratischen Wählervotums an die Macht gekommen! Das ist ein wichtiger Punkt.

Es gilt, noch einen weiteren Mythos zu widerlegen. Auch der Begriff der „Machtergreifung“ ist im Grunde genommen ein mythologischer Begriff, der dem tatsächlichen Vorgang, der zur Regierungsübernahme Hitlers geführt hat, in keiner Weise gerecht wird. Wenn man die historische Realität zur Kenntnis nimmt, dann muß man zunächst feststellen, daß die Parteiendemokratie in der damaligen Situation tatsächlich mit ihrem Latein am Ende war. Sie konnte im Parlament keine regierungsfähige Mehrheit mehr stellen. In dieser Situation standen drei Möglichkeiten zur Auswahl:

Die eine Möglichkeit wäre die gewesen, daß die demokratischen Parteien ihre trennenden Gegensätze hintan gestellt und sich um willen der Rettung der Demokratie zu einer großen Koalition zusammengeschlossen hätten. Sie hätten bis hin zum Einsatz des Mittels des Generalstreiks gegen Hitler kämpfen können, um den Eintritt Hitlers in die Regierung zu verhindern. Das wäre durchaus eine – vielleicht heute nur präsumptiv zu erwägende, aber immerhin reale – Möglichkeit gewesen. Man braucht sich heute nur die Frage zu stellen, wie sich die heutige Demokratie verhalten würde, wenn sie sich in einer vergleichbaren Situation befinden würde. Sicherlich würden sich die demokratischen Parteien, und das ist sehr beruhigend, zu diesem Schritt entschließen.

Die zweite, damals realistischere Möglichkeit – übrigens die Möglichkeit, für die auch Carl Schmitt damals votiert hatte –, wäre die Einsetzung einer befristeten Militärdiktatur unter dem eher konservativ gesinnten General Schleicher gewesen. Schleicher hätte – wozu der Artikel 48 der Weimarer Verfassung durchaus die Gelegenheit geboten hätte –, zusammen mit dem Militär, mit der Polizei, mit Teilen der Gewerkschaften und natürlich auch mit der sozialdemokratischen Partei für eine bestimmte Zeit die Demokratie außer Kraft setzen können, um die Maßnahmen zu ergreifen, die zur Rettung der Demokratie erforderlich gewesen wären. Es ist wichtig, sich klar zu machen, daß der heute übel beleumdete Carl Schmitt damals als einer der engsten Berater von General Schleicher für diese Möglichkeit plädiert hatte.

Nun war es aber tatsächlich so, daß die – aus unserer heutigen Sicht eher konservativen – Politiker vor beiden Möglichkeiten zurückgeschreckt sind. Die erste

Möglichkeit kam für sie sogar überhaupt nicht in Betracht. Vielmehr meinten sie, zwischen einer kommunistischen und einer nationalen Revolution wählen zu müssen. Wenn man sich diese Lage vor Augen führt, dann kann ich nicht finden, daß diejenigen, die sich damals für die nationalrevolutionäre Lösung entschieden haben, nur Idioten und Verbrecher gewesen sind. Denn es war doch damals bereits bekannt, was die Installierung einer kommunistischen Revolution mit allen Folgen bedeutet hätte. Das ganze deutsche Bürgertum, auch das Kleinbürgertum, mußte mit seiner Liquidation rechnen, denn genau das war in der Sowjetunion geschehen. Mag sein, daß Ernst Nolte diesen Faktor übertreibt, wenn er den ganzen Nationalsozialismus nur als eine Reaktion auf den Kommunismus ansieht, aber man darf den Wahrheitskern dieser These nicht übersehen. Ob sich diese Alternative zwischen nationaler und kommunistischer Revolution damals tatsächlich so gestellt hat, darüber mögen die Historiker unterschiedlich urteilen. Aber die Menschen haben es jedenfalls so empfunden.

Eine objektiv richtige Entscheidung, auch daran muß man einmal erinnern, gibt es in der Politik nicht. Es gibt keine objektiv richtige Politik, sondern Politik wird immer nur auf Grund von Meinung und Schein gemacht. Das ist nicht nur in der Demokratie so, sondern das gehört zum Wesen der Politik überhaupt. Den Deutschen schien es so zu sein, als müßten sie sich zu einer von beiden Alternativen entscheiden. Wir müssen daher zunächst davon absehen, ob sich diese Alternative objektiv so gestellt hat. Sicherlich kann der Historiker heute rückblickend behaupten, wenn die Deutschen noch wenige Jahre ausgehalten und bei der Demokratie geblieben wären, dann hätten sich die ökonomischen Verhältnisse bald verbessert, dann wären auch die Reparationsverpflichtungen gewichen und dann wäre die Republik zu retten gewesen. Aber das kann man hinterher leicht sagen. Entscheidend ist jedoch, was damals Franz von Papen und die anderen geglaubt haben. Sie haben geglaubt, angesichts der drohenden Alternative der kommunistischen Revolution Hitler in die Regierung einbinden zu können. Von Papen hat geglaubt, daß Hitler der Einzige sei, der seiner Politik die Massenzustimmung verschaffen könnte, die er selber auf Grund seiner sozialen Stellung nicht zu verschaffen in der Lage war. Von Papens Regierung wollte Hitler einbinden, um zu verhindern, daß das Schlimmste passiert.

Wenn wir uns die damalige Situation heute vergegenwärtigen, dann besteht das Unglück genau in diesem fundamentalen Irrtum der damaligen sogenannten Konservativen und Nationalkonservativen. Sie hatten sowohl Hitler, als auch das ganze Phänomen des Nationalsozialismus in ihrer Natur völlig verkannt. Es stimmt schon: die Geschichte Hitlers ist eine Geschichte seiner Unterschätzung gewesen. Zur Entlastung der Nationalen und Konservativen muß man allerdings hinzufügen, daß an dieser Unterschätzung Hitlers die ganze Welt partizipiert hat. Bis weit in die dreißiger Jahre hinein haben sich die führenden Staatsmänner des Westens ebenfalls fundamental in Hitler getäuscht und geirrt. Man darf es ja gar nicht mehr sagen, daß Churchill noch Mitte der dreißiger Jahre erklärt hat, daß das deutsche Volk glücklich sein könnte, daß ihm in dieser Situation von Gott solch ein Führer und Retter gesandt wurde. Wir unterstellen heute, daß die Deutschen damals nur

Verbrecher und Idioten gewesen seien, weil sie nicht erkannt hätten, was Hitler war und was der Nationalsozialismus für Konsequenzen haben würde. Aber diesem Irrtum im Verständnis Hitlers und des Nationalsozialismus ist auch der Westen erlegen. Die meisten Regierungen glaubten, Hitler in ihre Zwecke einbinden zu können. Wahrscheinlich gab es sogar in der Sowjetunion irrtümliche Einschätzungen über die Rolle und Person Hitlers.

Damit sind wir bei einer weiteren wichtigen Frage, die uns lange noch beschäftigen wird: Der Nationalsozialismus war eine der größten Revolutionen in der deutschen Geschichte und vielleicht sogar, wenn man mal vom Kommunismus absieht, der Geschichte überhaupt. Hitler hat alle seine Widersacher ausgeschaltet oder kaltgestellt. Er hat die ganze Parteiendemokratie und den Pluralismus in wenigen Monaten abgeschafft und er hat sich zum alleinigen Herrscher des Landes gemacht. Aber wir müssen uns klar machen, daß Hitler dem deutschen Volk seine wahren Ziele eigentlich zu keinem Zeitpunkt seiner Herrschaft bekannt gemacht hat. Die Deutschen, die Hitler nachher bestätigt haben, unterstützten nicht den Hitler, als der er uns heute bekannt ist. Hitler hat nämlich auch das deutsche Volk über seine wahren Ziele getäuscht und irregeführt. Hitler ist 1933 weder mit dem Programm der Vernichtung der Juden angetreten, noch hat er vom imperialistischen Eroberungskrieg gesprochen, sondern er ist mit einer ganz anderen Begründung angetreten. Und wie hat sich Hitler den Deutschen präsentiert? Hitler hat am 1. Februar 1933, also einen Tag nach der sogenannten Machtergreifung eine Rede gehalten, in der er über die Bewahrung der Familie, über Ehre und Treue, über Volk und Vaterland und über die ewigen Fundamente der Moral und des Glaubens der Deutschen gesprochen hat. Seine nationale Regierung gab vor, die Fundamente zu wahren und zu verteidigen, auf denen die Kraft der deutschen Nation beruhte. Hitler gab vor, das Christentum als Basis der gesamten Moral und die Familie als Keimzelle des Volks- und Staatskörpers zu achten. Und einige Jahre später hat er auf dem großen Parteitag in Nürnberg sogar von der Bewahrung des Friedens gesprochen. Hitler hat nicht den Eroberungskrieg ausgerufen, sondern er hat den Frieden verkündet! Er hat den Deutschen den Frieden versprochen, und er hat sich selbst als Garanten des Friedens ausgegeben. Einen Politiker, der so redet, konnten die Deutschen für einen ganz normalen Konservativen halten. Noch heute sprechen die Konservativen von nichts anderem, als von der Bewahrung der Fundamente der Moral, der Familie und der Stärkung der kulturellen und geistigen Kräfte, aus denen die Nation lebt. Das ist bis heute das völlig normale Programm aller Konservativen in den westlichen Staaten. Hitler hat sich – ideologisch gesehen – als ein Konservativer präsentiert, der – darüber hat er allerdings keinen Zweifel aufkommen lassen –, eine revolutionäre national-völkische Erneuerung anstrebte. Hitler gab sich gegenüber den Deutschen als national-völkischer Erneuerer.

Hitler hat, soweit ich mich erinnere, nicht einmal das Wort „Revolution“ gebraucht, sondern er hat von Erneuerung gesprochen. Und was hatten sich die meisten Deutschen darunter vorgestellt? Als Erstes die Aufhebung des so genannten „Schandfriedens von Versailles“. Dieses von den Deutschen als schweres Unrecht empfundene „Diktat“ von Versailles sollte aufgehoben werden. Man muß sich heute klarmachen, daß ein Großteil der Weltkriegsgeneration allein aus diesem Grunde gar keine Hemmungen haben konnte, Hitler zu folgen. Wir haben ja dargelegt, daß die Erfahrung des Ersten Weltkrieges die Deutschen zu einer Volksgemeinschaft zusammengeschweißt hat und daß die Deutschen mehrheitlich der Auffassung waren, daß sie diesen Krieg nur auf Grund des Zusammenbruchs bzw. Verrats der Heimatfront verloren hatten. Die Historiker denken heute über die „Dolchstoßlegende“ anders, aber das ändert nichts daran, daß Millionen Soldaten und ihre Angehörigen damals glaubten, nur aufgrund eines Verrates verloren zu haben. Weil sie so tapfer gekämpft hatten, so glaubten sie, hätten sie gesiegt, wenn nicht der Dolchstoß der Heimatfront passiert wäre.

Zweitens versprach Hitler den Deutschen – und darin spricht sich die tiefe Enttäuschung über die Erfahrungen mit der parlamentarischen Demokratie in Weimar aus –, daß er die Selbstzerfleischung durch den „Parteihader“ und „Parteienzwist“ beenden werde. Hier spricht sich das Ressentiment aus, das die Deutschen insgesamt gegen die parlamentarische Demokratie aufgebaut hatten. Die Weimarer Republik wäre sicherlich zu verteidigen gewesen, wenn es damals genügend Demokraten gegeben hätte. Aber die Deutschen hatten sich mit der Demokratie nach 1918 innerlich nicht wirklich identifiziert. Es ist vielleicht ein bißchen übertrieben, zu sagen, daß die Weimarer Republik eine Demokratie ohne Demokraten gewesen sei, aber es gab damals ganz sicher zu wenig Demokraten. Auch hier muß man jedoch sofort hinzufügen, daß dieser Umstand damit zusammenhängt, daß die Demokratie aufgrund der sogenannten „Novemberrevolution“ als eine Form des Verrates an den deutschen Interessen und am deutschen Wesen empfunden wurde. Die Demokratie, die als Folge des verlorenen Krieges in Deutschland Einkehr fand, war von Anfang an eine schwer belastete und umstrittene Angelegenheit. Die Deutschen haben sich mit ihr sicherlich nicht so identifiziert, wie wir heute meinen, daß sie sich mit ihr hätten identifizieren sollen.

Drittens erwarteten die Deutschen von Hitler, daß Deutschland wieder als eine große und geachtete Nation in die Gemeinschaft der Völker zurückgeführt wird. Deutschland sollte wieder eine gleichberechtigte und gleichgeachtete Nation werden. Dieses Anliegen können viele Intellektuelle heute kaum noch nachvollziehen. Damals aber hatten die Deutschen noch ein Verhältnis zu dem Begriff der nationalen Ehre. Heute würde keiner mehr den Begriff der „nationalen Ehre“ in den Mund nehmen, aber das war in der Weimarer Republik – übrigens parteiübergreifend – noch anders. Und es war aus guten Gründen anders.

Viertens rekurrierte Hitler immer wieder auf einen weiteren ominösen Begriff. Er sprach von der „Einigung des Volkes“. Ohne ein Verständnis des Begriffes und der Rolle, die der Begriff „Gemeinschaft“ nicht nur zur Zeit der Weimarer Republik, sondern in der deutschen Geschichte und in der politischen Kultur Deutschlands überhaupt gespielt hat, ist das Phänomen des Nationalsozialismus überhaupt nicht zu verstehen. Denn es ist völlig klar, daß der Sonderweg der Deutschen, also die Sonderung Deutschlands von dem als providenziell interpretierten Weg der westlichen Demokratien, aufs engste mit dem Begriff „Gemeinschaft“ zu tun hat.

Die deutsche Affinität etwa zum Sozialismus hängt noch heute mit der Sehnsucht der Deutschen nach Gemeinschaft zusammen. Soziologisch gesehen, hat der Begriff „Gemeinschaft“ seine Schärfe allerdings erst durch den Soziologen Ferdinand Tönnies bekommen. Tönnies hat nämlich den Begriff der „Gemeinschaft“ dem der „Gesellschaft“ gegenübergestellt. Die „Gesellschaft“ galt ihm als das Ausdruck eines „Kürwillens“, und die „Gemeinschaft“ als Gestalt des „Wesenswillens“. Die durch willkürliche, interessegeleitete und rationale Verträge zustande gekommenen Assoziationen formieren danach die „Gesellschaft“, wohingegen die Assoziationen, in denen sich die Menschen über rationales Kalkül und Interessenwahrnehmung hinaus vereinigen, „Gemeinschaften“ darstellen. Die Deutschen haben sich damals nicht als Gesellschaft, sondern als Gemeinschaft verstanden. Dieser Gemeinschaftsgedanke war auch bei der Lösung der sozialen Frage konstituierend. Die Lösung der sozialen Frage hing in der Sicht der Deutschen nicht von einem erfolgreich geführten internationalen Klassenkampf ab, sondern von der Hervorbringung eines Gemeinschaftsgefühls. Die spezifische Formel Hitlers zur Lösung der sozialen Frage lautete daher: Volksgemeinschaft. Hitler setzte nicht auf den internationalen Klassenkampf, sondern auf die Volksgemeinschaft. Wir werden auf diesen Begriff der Volksgemeinschaft noch näher zu sprechen kommen.

Darüber hinaus, man wagt es gar nicht zu sagen, verkündete Hitler eine Art sittlicher Erneuerung. Hitler ist mit dem Versprechen angetreten, mit der Dekadenz Schluß zu machen. Das ist ein ganz prekärer Punkt. Ich habe bis heute den Eindruck, daß die Deutschen etwas größere Schwierigkeiten als anderer Völker damit haben, Dekadenz zu ertragen. Wir werden das im Zusammenhang der Interpretation Nietzsches sehen.

Wer die moderne Welt bejaht, der muß auch ein gewisses Maß an Dekadenz ertragen können. Wer die moderne Welt ohne Dekadenz haben will, der muß die moderne Welt überhaupt abschaffen. Die Deutschen wollten damals die Dekadenz abschaffen und darum haben sie auch die kulturelle und politische Moderne abgeschafft. Was wir heute als moderne Kultur bezeichnen, wurde damals als unerträgliche Dekadenz empfunden. Und diese Dekadenz konnten die Deutschen nicht ertragen. Die Deutschen haben hier nach 1945, und vor allem nach 1968, gewaltig dazugelernt. Ihre Kraft, Dekadenzerscheinungen zu ertragen bzw. gar nicht mehr als solche wahrzunehmen, ist mittlerweile gewaltig angewachsen. Freilich stellt sich auch heute die Frage, wieviel Dekadenz die Deutschen noch ertragen können. Gibt es da noch eine Grenze? Zum Glück ist es nur eine kleine Minderheit, die – wie die NPD auf einem Plakat zum Ausdruck bringt – „aufräumen“ und „Ordnung“ schaffen will. Hitler jedenfalls wollte Ordnung und Sicherheit schaffen.

Das war – kurz umrissen und nur angedeutet – das Programm, dessen Erfüllung Hitler den Deutschen in Aussicht gestellt hat. Soweit die Deutschen diesem Mann zugestimmt haben, so haben sie damit also einem national-konservativen Erneuerungsprogramm zugestimmt. Dies war das entscheidende Motiv, das damals die Mehrheit der Deutschen bewogen hat, Hitler zu folgen.

Dabei ist zu beachten – und auch darüber ist nur schwer zu reden –, daß Hitler fast alle Ziele, die er den Deutschen versprochen hat, auch erreicht hat. Er wurde in wenigen Jahren mit dem Problem der Arbeitslosigkeit fertig. Wir tun uns schwer mit solchen Feststellungen und daher hat sich die politische Öffentlichkeit auf die Sprachregelung geeinigt, daß Hitler bei der Bekämpfung der Arbeitslosigkeit einen infamen, hinterlistigen Plan verfolgt habe. Es sei ihm nämlich gar nicht um die Beseitigung der Arbeitslosigkeit, sondern nur um die Vorbereitung des Eroberungskrieges gegangen. Wie schwer wir uns mit dem Eingeständnis der Erfolge Hitlers tun, zeigte die Debatte in Österreich, in der Jörg Haider im Klagenfurter Landtag erklärt hat, daß die Arbeitsbeschaffungspolitik der Nationalsozialisten doch gar nicht so schlecht gewesen sei. Haider hat darum alle Kritik auf sich gezogen und beinahe eine Staatskrise in Österreich ausgelöst, weil er Hitler nicht sofort unterstellt hat, daß die Arbeitsbeschaffung nichts anderes, als ein Teil seines verbrecherischen Planes zur künftigen Kriegführung gewesen sei.

Hitler hat damals aber nicht nur innenpolitisch in kurzer Zeit sehr viel von dem umgesetzt, was er versprochen hat, sondern auch außenpolitisch. Die Westmächte haben in diesen Jahren Hitler beinahe alles konzediert, was sie der schwer um ihre Existenz ringenden demokratischen Weimarer Republik versagt haben! Wie sollten denn die Deutschen in einem anderen Verhältnis zu diesem Regime gestanden haben als die großen Weltmächte? Was war denn bei der Olympiade 1936 geschehen? Die ganze Welt kam nach Berlin und huldigte Hitler. Es gab damals nur sehr wenige kritische Stimmen. Thomas Wolfe, ein amerikanischer Autor, war beinahe der einzige, dem ein bißchen unheimlich war und der auch die Doppelbödigkeit erkannte, die hinter diesem inszenierten Spektakel der Olympiade stand. Und dann haben die Deutschen die Olympiade auch noch gewonnen und dies alles als ein riesiges Friedensspektakel inszeniert. Wenn man sich dies alles klarmacht, dann kommt man eigentlich nicht an der Feststellung des – von heute aus gesehen – fürchterlichen Tatbestands vorbei, daß sich die Deutschen in ihrer überwältigenden Mehrheit nicht nur diesem Regime als Mitläufer angepaßt, sondern daß sie diesem Regime innerlich zugestimmt haben. Sie haben diesem Regime sogar nicht nur zugestimmt, sondern sie haben es unterstützt, wie kaum ein anderes politisches Regime je in der Geschichte unterstützt worden ist. Einen solchen Grad auch des Enthusiasmus hat vorher kaum ein Politiker bei den Deutschen erzeugen können, wie Hitler.

Damit stoßen wir hier auf ein Phänomen, das ganz zentral ist, um zu verstehen, was denn nachher geschehen ist. Ich meine die schlichte Tatsache, daß es kein Verständnis des Nationalsozialismus geben kann, ohne Hitler zu verstehen. Die grauenhaften, monströsen und absurden Seiten des Nationalsozialismus sind zu einem großen Teil ohne das „Phänomen Hitler" überhaupt nicht zu verstehen. Man kann zwar nicht sagen, es gab damals gar keinen Nationalsozialismus, sondern nur Hitlerismus. Diese Behauptung wäre zweifellos falsch und eine Übertreibung. Gleichwohl ist das Entscheidende am Nationalsozialismus durch Hitler geprägt worden. Wenn es Hitler nicht gegeben hätte, dann wäre vielleicht eine Figur wie Mussolini oder wie Franco an der Spitze gestanden. Dann aber wäre der Nationalsozialismus alles in allem eine Art konservativ-national-autoritäres Regime geblieben. Solche autoritär, national und konservativ ausgerichtete Regime haben in Portugal und in Spanien ja bis in die siebziger Jahre hinein Bestand gehabt. Wer weiß, ob ein solches Regime nicht heute noch in Deutschland bestünde, wenn dieser wahnsinnige Hitler es bei der „Heimholung“ Österreichs belassen hätte und wenn er tatsächlich der gewesen wäre, der er vorgab zu sein. Darum ist die Person Hitlers eine zentrale Wurzel zum Verständnis des Nationalsozialismus.

An sich reicht die kühnste Sciene-Fiction-Imagination nicht aus, um klarzumachen, was diese Figur darstellt. Da saß ein sozial Ausgeschlossener in irgend einem Elendsasyl in Wien und lebte mit Pennern und Säufern zusammen. Hitler war eine total gescheiterte Existenz, die eigentlich nichts gelernt hatte. Das war der Ausgangspunkt. Und später, während des Zweiten Weltkriegs, war er der Herr Europas. Was ist da eigentlich passiert? Was ist mit diesem Mann losgewesen? Glauben wir bloß nicht, daß irgendein Historiker imstande wäre, uns zu sagen, wer Hitler war. Wer dieses schöne, nüchterne Buch von Eberhard Jäckel über „Hitlers Weltanschauung“ liest, der versteht danach von Hitler gar nichts. Dieses Buch hätte auch ein Biograph über einen Bürokraten schreiben können. Jäckel stellt über Hitler fest, daß er bestimmte Ziele hatte, daß diese Ziele in sich eine erstaunliche Kohärenz aufwiesen und daß er mit einer nicht vermuteten Konsequenz das auch verwirklicht hatte. Jäckel nennt eigentlich nur formale Kennzeichen, die für jeden tüchtigen Politiker, wenn man einmal vom Inhalt absieht, auch zutreffen. Vom Phänomen Hitler verstehen die Historiker nur wenig, und auch das, was und die Tiefenpsychologen mitgeteilt haben, ist nicht gerade überzeugend. Es bedürfte hier regelrecht eines zweiten Shakespeares. Manchmal habe ich sogar Zweifel, ob sogar Shakespeare imstande gewesen wäre, dieses Phänomen verständlich zu machen. Wir tappen, was Hitler angeht, also noch weitgehend im Nebel und im Dunkeln. Es macht wenig Sinn, Diskussionen darüber zu führen, ob Hitler nur ein Verbrecher war, oder ob er auch ein Genie war, oder gar ob er eine solch komische Figur war, wie Charly Chaplin sie dargestellt hat. Charly Chaplin hat durchaus einige karikaturhaften Züge Hitlers richtig heraus gearbeitet. Dagegen zeugt das geradezu harmlos-idyllische Bild, das Bert Brecht von Hitler und dem Nationalsozialismus gemalt hat, von einem fast totalen Unverständnis.

Wie auch immer, das Phänomen Hitler ist noch nicht verstanden. Man kommt im Blick auf Hitler jedenfalls nicht daran vorbei, die Kategorie der historischen Größe in dem Sinne zu gebrauchen, wie Jacob Burckhardt neutral und formal von „Größe“ gesprochen hat. Burckhardt hat historische Größe von dem Maß der Veränderung abhängig gemacht, das eine historische Figur bewirkt. Burckhardt ermittelte die historische Größe, in dem er überlegte, was geschehen wäre, wenn diese Figur nicht auf dem Schauplatz der Geschichte erschienen wäre. Daran gemessen sind die Wirkungen Hitlers tatsächlich ungeheuer. Hitler hat weltgeschichtliche Veränderungen bewirkt, egal, ob sie nun von ihm selbst oder von seinen Gegnern bewirkt wurden. Wir wissen gar nicht, was dieses Phänomen Hitler im welthistorischen Prozeß noch weiter bewirken wird. Gemessen am Ausmaß der Veränderung des historischen Prozesses wird man bei Hitler zweifellos von einem welthistorischen Individuum reden müssen. Dennoch kann man im Zusammenhang von Hitler nicht den Begriff der historischen Größe gebrauchen, denn Jacob Burckhardt liefert bei seiner wunderbaren Erläuterung der historischen Größe noch ein zweites Kriterium. Für Burckhardt war zum Beispiel Cäsar ein Mann geschichtlicher Größe, weil er auch ein Moment an Güte in sich trug. Zur geschichtlichen Größe gehört auch etwas Güte. Wer nicht auch Güte, wer nicht auch eine gewisse Humanität repräsentiert, der kann im Sinne Burckhardts keinen Anspruch auf historische Größe erheben. Aber keiner war von Güte und Humanität so weit entfernt, wie Hitler. Darum paßt der neutralere Hegelsche Begriff des welthistorischen Individuums vielleicht etwas besser auf Hitler.

Es gibt bei Hitler eine Dimension, auf die wir noch genauer eingehen müssen. Man muß nämlich zugeben, daß Hitler in gewisser Hinsicht tatsächlich genial war. Hitler war genial hinsichtlich der Propaganda, der Beeinflussung und der Führung der Massen. Wenn man das Kapitel über Propaganda in „Mein Kampf" nachliest, dann wird deutlich, daß Hitler zwischen sich und den Massen eine Art Symbiose von einer solchen pseudomystischen Inbrunst herstellen wollte, wie das kein vergleichbarer Politiker der Weltgeschichte vor ihm konnte. Dieser Mann, der der „Trommler" genannt wurde, ist zehn Jahre lang mit seiner alten Horch-Maschine durch Deutschland gereist und hat gepredigt und geredet. Der Ablauf seiner Veranstaltungen war immer der gleiche. Jede Rede war genau inszeniert und jede mögliche Wirkung war einkalkuliert. So ging Hitler davon aus, daß eine wirkungsvolle Veranstaltung nur am Abend stattfinden konnte. Hitler hat sich strikt geweigert, eine solche Veranstaltung am Morgen oder am Nachmittag zu machen. Vor seiner Rede wurde das Publikum eine Stunde lang mit der elektrisierenden Wirkung, die damals noch von den Klängen der Marschmusik ausging, angeheizt. Die Spannung lud sich immer mehr auf. Und alle zehn Minuten stand einer auf und sagte: Der Führer kommt. Es habe ihn schon jemand gesehen, gleich wird er hier sein. Aber dann verzögerte Hitler sein Kommen. Erst, als die Spannung auf dem Siedepunkt war, marschierte er unter Begleitung des Badenweiler Marsches ein. Dann legte er los und redete grundsätzlich zwei bis drei Stunden. Schweißgebadet, total ausgelaugt und erschöpft fiel er hinterher in sich zusammen. In diesen zwei bis drei Stunden hat ein Kampf stattgefunden. Was hat Hitler den Zuhörern vermittelt? Er hat den Leuten einen Glauben wiedergegeben. Er hat den Leuten kein Programm verkündet, sondern er hat ihnen einen großen Aktionsplan vorgestellt. Er hat ihnen auch nicht erzählt, mit welchen finanzpolitischen Maßnahmen er der Industrie wieder auf die Beine helfen will und welche sozialen Wohltaten bestimmte Gruppen von ihm zu erwarten hätten. Von allem dem war überhaupt nicht die Rede. Er hat im strengen Sinne keine politische Rede gehalten, sondern einen Mythos erzählt: „Als ich als unbekannter Soldat des letzten Weltkrieges ...", so begann er nicht selten seine Reden. Es sollte damit deutlich werden, daß er aus der Tiefe des Volkes gestiegen ist. Und dann hat Hitler das deutsche Schicksal zur Sprache gebracht und beklagt. Zuletzt hat er gegen dieses Schicksal alle Willens- und Glaubenskräfte mobilisiert. Das waren keine politischen Reden, sondern es waren quasireligiöse Erweckungsreden und Erweckungspredigten.

Derjenige, der vor Hitler als Prediger in der deutschen Geschichte aufgrund der Kraft des gepredigten Wortes eine enorme geschichtliche Wirkung ausgelöst hat, war natürlich Luther. Vielleicht hängt sogar Hitlers Erfolg mit dem durch Luther vermittelten Glauben an die Macht des Wortes zusammen. Das Wort hatte bei Luther freilich einen sehr theologischen, christologischen Sinn hat. Der zweite große Prediger in der deutschen Geschichte war der Philosoph Fichte. Den Predigten Fichtes kommt hinsichtlich der preußischen Erneuerung die gleiche Rolle zu, wie sie Luther in der Reformation gespielt hat. In dieser Tradition, wenn auch diese Tradition pervertierend, steht Hitler.

Hitler hat quasireligiöse Reden gehalten. Es ging ihm um die Mobilisierung von Glaubens- und Willenskräften. Es ging darum, den Deutschen einen Glauben zurückzugeben. Hitler hat bis zum Schluß ständig die „göttliche Vorsehung" beschworen. Er hat sich den Deutschen immer als ein von der Vorsehung Erwählter und Gesendeter ausgegeben. Hitler hatte selbst noch im Kriege gar keine Hemmungen, vom „Herrgott" zu sprechen. Er hat sich als ein vom Herrgott Erwählter und Gesandter stilisiert. Zur Beschreibung der unheimlichen Wirkung, die dieser Mann auf die Deutschen ausgeübt hat, reichen daher die politologischen Kategorien, die uns zur Beschreibung dieses Phänomens zur Verfügung stehen, überhaupt nicht aus. Dieser Hitler ist damals von vielen Deutschen nicht wie ein politischer Führer und auch nicht wie ein Diktator, sondern wie ein Retter und Heiland angenommen worden. Es gibt Szenen, in denen vor allen Dingen die Frauen mit Inbrunst nach seiner Hand griffen. Sie verklärten ihre Augen, wenn es ihnen gelungen war, auch nur ein Rockzipfel von Hitler zu berühren.

Das alles sind Phänomene, für die uns eigentlich die Kategorien fehlen. Das sind Phänomene, die unsere gesamte politische Philosophie und alle in dieser Tradition beigebrachten politischen und religiösen Kategorien sprengen. Hitler galt als Retter und Heiland. Dies fand seinen semantischen Niederschlag in dem Grußwort: „Heil Hitler". Dieses Grußwort ist an die Stelle von „Grüß Gott" getreten. Der offizielle deutsche Gruß lautete damals „Heil Hitler". Es war ständig vom Heil die Rede. Und auch die deutschen Generäle, die eigentlich der ältesten Tradition und preußischen Disziplin verpflichtet waren, schlugen die Hacken zusammen und grüßten mit „Heil Hitler". Sicherlich haben einige nur so getan, als hätten sie gegrüßt, aber viele haben aufrichtig mit „Heil Hitler" gegrüßt. Hitlers treuester und bester General war der Generalfeldmarschall Rommel. Vor einigen Jahren hat ein großer britischer Historiker eine Rommel-Biographie geschrieben. Danach kann es keinen gar keinen Zweifel geben, daß auch Generalfeldmarschall Rommel nicht nur an den Nationalsozialismus, sondern an Hitler geglaubt hat. Dieser Glaube ist erst sehr spät erschüttert worden. Wir sollten also nicht annehmen, es sei nur die Masse gewesen, die Hitler huldigten. Nein, die besten Köpfe sind ihm gefolgt. Das muß man verstehen lernen, weil man sonst den Nationalsozialismus überhaupt nicht verstehen kann.

Ich will nicht die anderen Deutungen des Nationalsozialismus als nichtig und falsch hinstellen. Wir werden noch zeigen, daß sie in gewisser, genau abzugrenzender Hinsicht alle ihre Berechtigung haben. Aber meine These ist, und darauf will ich hier aufmerksam machen, daß der Nationalsozialismus eine spezifische Form des Ausbruchs von säkularisierter Religiosität gewesen ist. Noch einfacher ausgedrückt: Das Phänomen Hitler gehört in die Religionsgeschichte des Postchristentums hinein! Das Phänomen des Nationalsozialismus war das erste Produkt der Entchristlichung eines Volkes, das – wie die Russen und in ihrer Art die Juden – ein spezifisches Verhältnis zur Religion hatte. Die Säkularisation hatte zwar im 19. Jahrhundert die gesamte christliche Lehre und Dogmatik aufgelöst, aber die durch das Christentum und auch durch die Kirchen genährten, kanalisierten, disziplinierten religiösen Energien und Sehnsüchte sind mit dem Hinfall der Macht des Christentums und des Einfluß der Kirchen nicht untergegangen. Die in der Geschichte des Christentums erzeugten, genährten, kultivierten religiösen Sehnsüchte und Energien wurden durch das Schockerlebnis des verlorenen Ersten Weltkrieges und durch den Zusammenbruch der bürgerlichen Kultur und ihrer sozialen Ordnungen vagabundierend und freischweifend. Wenn religiöse Energien nicht mehr durch Lehre und Kirche institutionalisiert, geordnet, reflektiert und kanalisiert werden und wenn gleichzeitig die religiösen Energien in vagabundierender und amorpher Form fortleben und zur Verwirklichung drängen, dann wird es gefährlich. Das ist die – wie ich glaube – ständig übersehene und mißachtete Lehre, die wir aus der historischen Erfahrung mit dem Nationalsozialismus ziehen können.

Meine These ist, daß Hitler in einer nur dämonisch zu nennenden Weise diese amorphen, vagen, schweifenden, religiösen, blind gewordenen Glaubenskräfte zu bündeln und auf ein Ziel und auf eine große Aktion zu richten vermochte. Der Nationalsozialismus war nicht die Verwirklichung eines politischen Theorieprogramms, sondern er war die Organisation einer großen, die Weltgeschichte verändernden Aktion. Hitler ist es gelungen, diese ganzen religiösen Energien auf die Verwirklichung dieses Aktionsziels zu richten. Vor diesem Hintergrund spielt es eine nur untergeordnete Rolle, wie die einzelnen Menschen während des Dritten Reiches zu Hitler gestanden haben. Natürlich hat es auch eine Opposition gegen Hitler gegeben, es hat auch Anpassung und Mitläufertum gegeben. Aber alle diese, heute in den Vordergrund gerückten Phänomene, erklären nicht die ungeheure Kraftentfaltung während der Zeit des Nationalsozialismus. Damals stemmten sich diese Deutschen beinahe gegen den ganzen Rest der Welt. Noch in den letzten Wochen haben siebzigtausend Deutsche die Stadt Berlin gegen ein Heer von mehreren hunderttausend Mann verteidigt. Und das am Ende eines sechsjährigen, zermürbenden und kräfteverzehrenden Krieges und nachdem jeder Sinn einer solchen Aktion verlorengegangen war! Man muß da doch fragen, welche Kräfte damals geweckt worden sind. Da sind doch Energien frei gesetzt und Willenskräfte erzeugt worden, wie sie im Blick auf die so traurige, zerstückelte, zerrissene deutsche Geschichte niemals zuvor vorhanden waren. Wir erinnern uns alle an die groteske und grauenhafte Szene, in der Hitler kurz vor seinem Selbstmord einem vierzehnjährigen Knaben das Eiserne Kreuz verlieh und die Wange tätschelte, weil er mit der Panzerfaust einen russischen Panzer liquidiert hatte. Ein morbider, moribunder, ausgelaugter und sich nur noch wankend auf den Füßen haltender Hitler streichelte einem Vierzehnjährigen die Wange, weil er mit der Panzerfaust einen russischen Panzer zerstört hatte. Eine solche Szene könnte eigentlich nur ein Shakespeare ausmalen.

Es geht mir in diesem Zusammenhang nicht darum, zu verstehen, wie es möglich war, daß Hitler an die Macht kam. Viel wichtiger ist, zu begreifen, woher die unglaubliche Zustimmung kam, die dieser Mann erfahren hat. Vor dem Hintergrund dieser Beobachtung stellt sich dann auch die Frage, inwieweit die Charakterisierung der Herrschaft des Nationalsozialismus als ein totalitäres Terrorregime richtig ist. Ich bin sehr im Zweifel, ob die Zahl derer in Deutschland sehr groß war, die dieses Regime als ein Terrorregime empfunden haben und die dem Regime nur folgten, weil sie Angst vor dem zu befürchtenden Terror hatten. Ich glaube, daß diese Zahl geringer war, als wir heute glauben. Die Gründe hierfür sind mannigfaltig. Viele Faktoren kommen hier zusammen. Hitler hatte beispielsweise einen maßgebenden Anteil an dem unglaublichen Frankreichfeldzug. Hier liegt einer der Gründe, warum etwa ein Teil der Generalität 1939/40 ihr bis dahin kritisches Verhältnis zu Hitler geändert hatte. Die Generalität hatte von da an Hitler als Kriegsherrn anerkannt, weil er sie von seiner Kompetenz überzeugt hatte.

Damit sind wir bei der Frage, die uns noch ausführlich beschäftigen wird: War der Nationalsozialismus eine Revolution? Verdient dieses Phänomen den Ehrennamen der Revolution? Und wenn es eine Revolution gewesen sein sollte: Welche Art von Revolution war der Nationalsozialismus? Zunächst einmal muß man festhalten, daß der Nationalsozialismus das Ergebnis einer „legalen Revolution“ war. Es hat bald fünfzig Jahre gedauert, bis die Marxisten im Unterschied zu den Nationalsozialisten begriffen haben, wie man in entwickelten modernen Gesellschaften an die Macht kommt: nämlich durch eine legale Revolution. Das ganze Geheimnis von Antonio Gramsci besteht darin, daß er – dem Beispiel der legalen Revolution Hitlers folgend – die neomarxistische Strategie entworfen hat, durch eine legale Revolution den Kommunismus an die Macht zu bringen.

Aber was meint eigentlich „legale Revolution“? Legale Revolution impliziert, negativ ausgedrückt, den Selbstmord der Demokratie. Die Erfahrung mit der legalen Revolution Hitlers lehrt uns, daß man unter Einhaltung der Prinzipien und der Spielregeln der Demokratie an die Macht kommen und dann die Demokratie abschaffen kann. Das Grundgesetz der Bundesrepublik Deutschland hat aus dieser Erfahrung einige Lehren gezogen. Übrigens folgte sie in diesem Punkt den Ratschlägen von Carl Schmitt. Ist das nicht kurios? Einerseits wird unter den Intellektuellen Carl Schmitt wie kein anderer für den Nationalsozialismus verantwortlich gemacht und gleichzeitig hat die Bundesrepublik in ihrer Verfassung die entscheidenden Ratschläge übernommen, die Carl Schmitt damals zur Rettung der Weimarer Republik vor dem Nationalsozialismus vorgeschlagen hatte.

Was lehrt uns das Phänomen der legalen Revolution in bezug auf das Selbstverständnis der Demokratie? Es lehrt uns, daß der Bestand und das Gedeihen der Demokratie auch an bestimmte soziale, mentale und auch durch geschichtliche Tradition bedingte Voraussetzungen gebunden ist. Das Gelingen der Demokratie ist an viele Voraussetzungen gebunden. Aristoteles hat bereits die wichtigste Voraussetzung für das Funktionieren der Demokratie genannt. Aristoteles zufolge liegt die Voraussetzung der Freiheit in der Polis in der Existenz einer starken Mitte. Es dürfe in der Gesellschaft nicht zu viel Arme und auch nicht zu viele Reiche geben, sondern es müsse der Wohlstand relativ gleichmäßig verteilt sein. Denn die Mitte sei die einzige Kraft, die das Funktionieren der Demokratie auf Dauer garantieren könne.

Hier muß man sofort hinzufügen, daß es den Nationalsozialismus ohne die Bedrohung des Mittelstandes bzw. des Kleinbürgertums nicht gegeben hätte. Ohne die Enteignung des Mittelstandes durch die Inflation und ohne die Angst vor der drohenden kommunistischen Liquidation hätte der Nationalsozialismus keinen Erfolg haben können. Wenn man nach den sozialen Kräften fragt, die den Nationalsozialismus unterstützt haben, dann wird man feststellen, daß es einfach nicht wahr ist, zu sagen, daß der Nationalsozialismus ein Agent der ihn finanzierenden Großindustriellen gewesen ist. Diese marxistische These ist inzwischen durch Henry A. Turner weitgehend, wenn nicht widerlegt, so doch relativiert worden. Natürlich hat die Großindustrie Deutschlands Hitler mitfinanziert. Aber die gleiche Großindustrie hat auch die demokratischen Parteien – zum Teil mit viel größeren Beträgen – finanziert. Die Finanzierung Hitlers durch das Großkapital entsprang eher dem Kalkül einer vorbeugenden Maßnahme, durch die das Großkapital sich für den Fall schützen wollte, daß Hitler an die Macht kommen sollte. Daher ist ein absoluter Unsinn, zu behaupten, daß das Großkapital im Dritten Reich eine entscheidende Rolle gespielt hätte. Hitler hat auf die Interessen der Großindustrie und des Kapitals so gut wie keine Rücksicht genommen. Falls die Wirtschaft auf Hitler gesetzt haben sollte, hat sie auf den Falschen gesetzt. Nein, die entscheidende soziale Voraussetzung für den Erfolg des Nationalsozialismus war nicht die Unterstützung der Großindustrie, sondern die Bedrohung des Mittelstandes und der damit zusammenhängenden sozialen Schichten, wie der Handwerker und der Bauern.

Eine ganz entscheidende Rolle spielte – man zögert es zu sagen – auch die Unterstützung durch die Jugend. Der Nationalsozialismus war eine Art Jugendbewegung. Die nationalsozialistischen Führer waren selber alle sehr jung. Als Hitler beschloß, Politiker zu werden, war er gerade 30 Jahre alt. Das gleiche gilt für Joseph Goebbels. Die größte Zustimmung und Unterstützung hat Hitler von der Jugend bekommen. Wir haben inzwischen die neomarxistische Kulturrevolution der Studenten von 1968 hinter uns, aber wir haben ganz vergessen, daß dieser neomarxistischen Kulturrevolution eine nationalsozialistische Kulturrevolution in den 30er Jahren vorausgegangen ist. Die Professoren sind auch damals als verkalkt, als zurückgeblieben, als sich dem Erneuerungswillen verschließend mit ähnlichen terroristischen Mitteln bekämpft worden wie das die Neomarxisten auch getan haben. Man kann daran erkennen, daß sich die Extreme häufig nicht nur gleichen, sondern sogar berühren.

Das Entscheidende an der Heraufkunft des Nationalsozialismus war aber die voraufgehende Zerstörung des Mittelstandes. Auch darüber lohnt es sich, nachzudenken. Vor allem Marxisten sollten einmal darüber nachdenken. Denn die Revolution von 1933 hat eine soziale Schicht bzw. Klasse an die Macht gebracht, die es nach der Lehre des Marxismus eigentlich gar nicht hätte geben dürfen. Marx ging nämlich davon aus, daß am Ende des kapitalistischen Prozesses die Klasse der Proletarier triumphieren und daß alle Zwischenschichten aufgelöst würden. Hier liegt einer der größten Irrtümer des Marxismus. Vielleicht haben sich Marx und die Marxisten in keinem Punkt so sehr getäuscht wie in diesem. Denn die Zwischenschichten, die Kräfte der sogenannten Mitte, haben 1933 etwas kultiviert, was man heute den „Extremismus der Mitte" nennt. Wenn man etwas zur Erhaltung der Demokratie tun will, dann muß man sich daher um die Kräfte der Mitte bemühen. Die Mitte darf in Krisenzeiten nicht extremistisch und irrational reagieren. Meine ganze politische Tätigkeit dient seit 40 Jahren keinem anderen Ziel als dem, die Wiederkehr des Extremismus der Mitte zu verhindern. Meine größte Sorge lag immer darin, daß die Linksliberalen – sichcrlich aus gutem Glauben und aus gutem Willen –, durch ihr Vorgehen den Extremismus der Mitte erzeugen. Denn was ist mit „Extremismus der Mitte" gemeint? „Extremismus der Mitte" bedeutet konkret, daß sich damals die Mitte aus den genannten Gründen als der aktivste Faktor der Unterstützung des Nationalsozialismus erwiesen hat. Die Mitte hatte sich damals für eine extreme nationale, völkische Revolution entschieden.

Dieses Phänomen könnte sich durchaus wiederholen. Man höre sich nur einmal an einem Stammtisch um. Die CDU steht daher heute vor der Entscheidung, ob sie den linksliberalen Kurs weitergeht und damit ihre Stammwählerschaft verliert, oder ob sie diesem Kurs, dem meines Erachtens eine falsche Interpretation der Lage entspricht, widersteht und wieder die kulturellen Positionen besetzt, welche die Voraussetzung der Funktionsfähigkeit des Mittelstandes in Deutschland darstellen. Die Bedrohung des Mittelstandes ist nämlich heute primär nicht ökonomischer, sondern kultureller Natur. Die Destabilisierung der Mitte geht heute nicht so sehr von ökonomischen, als von kulturellen Zumutungen aus. Die Mitte, also die Handwerker, die kleinen Unternehmer, die Facharbeiter haben nämlich eine andere Vorstellung von Kultur als die linksliberalen Intellektuellen. Für die Demokratie wird es immer gefährlich, wenn die Mitte sich nach rechts oder nach links in Bewegung setzt. Aber dieser Teil der Gesellschaft setzt sich in der Krise erfahrungsgemäß nicht nach links, sondern nach rechts in Bewegung.[4]

3. Rassismus, Antisemitismus und die deutsche Angst vor der Moderne

Golo Mann hat in seinem ganzen Werk den Namen Adolf Hitler niemals ausgeschrieben, sondern nur von A.H. geredet. Das ist natürlich auch eine Möglichkeit, mit dem Phänomen Hitler fertig zu werden. Aber das reicht wohl nicht aus. Wichtig an dieser Figur Hitlers ist zunächst einmal die schlichte Tatsache, daß ein einzelnes

[4] Ich bin nie ein Marxistenfresser gewesen. Im Gegenteil, ein intelligenter Marxist ist mir hundertmal lieber als ein dummer Konservativer. Ich hatte in Köln viele Marxisten im Seminar, und die meisten meiner Promoventen waren ebenfalls überzeugte und intelligente Marxisten. Aber ich habe den Linken damals, als sie 1968 über die Gewaltfrage diskutierten, gesagt: ‚Wenn ihr mit der Gewalt anfangt, werdet ihr eines Tages die Verlierer sein. Ihr werdet die Gewalt wieder salonfähig machen, aber morgen werden es die Rechten sein, die es euch nachmachen. Und dann werdet ihr, wie in der jüngsten deutschen Geschichte, zu den Verlierern gehören.' Die deutsche Mitte geht nämlich im Krisenfall nicht nach links, sondern nach rechts. Entweder bietet man ihr dann eine vernünftige konservative Alternative an oder sie spielt verrückt. Das ist die Erkenntnis, die wir eigentlich aus der Erfahrung mit dem Nationalsozialismus gewinnen könnten.

Individuum überhaupt noch im 20. Jahrhundert eine geschichtlich bewegende Rolle spielen konnte. Der Marxismus und die Soziologie waren immer der Überzeugung, daß die Einzelnen – Hegel sprach von den „Heroen“ –, ihre Rolle in der Geschichte ausgespielt hätten. Diese Ansicht hat kein anderer besser beschrieben, als Georg Büchner. Es gibt einen Brief von Georg Büchner, in dem es sinngemäß heißt: ‚Ich fühle mich wie zernichtet unter dem Fatalismus der Geschichte‘. Für Georg Büchner war in der Geschichte eine objektive Gewalt und Kraft am Werke, die unabänderlich und verhängnishaft ihren Gang geht und dergegenüber das Meinen und Wollen von Einzelnen völlig nichtig sind. Auch im Marxismus sind es nicht Personen, sondern sozioökonomische Strukturen, die die Geschichte bestimmen. Diese strukturale Betrachtung der Geschichte findet sich auch in der Systemtheorie von Niklas Luhmann und der Evolutionstheorie wieder. Auch Jürgen Habermas denkt in diesem Sinne nicht geschichtlich, sondern in den Kategorien der Evolution. Es sind für Habermas Strukturen und Differenzierungsprozesse, die die Geschichte bewegen. Und die Menschen sind Produkte solcher anonymen und abstrakten Differenzierungsprozesse. In dieser strukturalistischen und evolutionären Sichtweise treten die wahren Ereignisse der Geschichte des 20. Jahrhunderts völlig in den Hintergrund. Das gilt auch für die Rolle, die einzelne Personen im Ablauf der Geschichte gespielt haben. Diese Personen haben aber nicht nur auf geschichtliche Prozesse reagiert, sondern sie haben in die Geschichte interveniert und sie tiefgreifend verändert. Es gibt eben einzelne Figuren wie Jesus, Mohammed, Luther, Marx und – im 20. Jahrhundert – Mao Tse-tung und Lenin, die die Weltgeschichte verändert haben. Im Bereich des Politischen gibt es aber kaum eine Figur, die so geschichtsmächtig in den Ablauf der Geschichte eingegriffen hat, wie Hitler. Das durfte es in der Sicht der Soziologie eigentlich gar nicht geben, aber das hat es gegeben. Auch das Schicksal des Sowjetkommunismus in Rußland läßt sich ohne die Rolle von Lenin und Stalin nicht interpretieren.

Mehrere Biographien versuchten darum das Rätsel zu lösen, wie es dazu kommen konnte, daß Hitler einen solchen Einfluß auf die Geschichte des 20. Jahrhunderts nehmen und vom Leben im Wiener Asyl zum Herren Europas aufsteigen konnte. Das hätte keiner erfinden können, aber genau das ist im 20. Jahrhundert passiert. Mehrere Historiker versuchten dieses Phänomen dadurch zu erklären, indem sie der Frage nachgingen, wie Hitler gedacht hat. Sie stellten die Frage, welche „Weltanschauung“ Hitler gehabt hat. Es ist sicher richtig, im Falle von Hitler von einer Weltanschauung zu sprechen, denn von einer Philosophie kann bei ihm natürlich gar keine Rede sein.

Philosophie darf man es nicht nennen, was die Nationalsozialisten angeboten haben. Deren Denken war vielmehr an Primitivität kaum zu überbieten. Wenn ich damals als Philosoph vor der Alternative gestanden hätte, zwischen dem Marxismus und dem Nationalsozialismus wählen zu müssen, dann hätte ich bedenkenlos für den Marxismus votiert, denn die krude Ideologie, mit der die Nationalsozialisten gearbeitet haben, ist ja eine Zumutung für jeden halbwegs intelligenten Menschen gewesen. Auf der anderen Seite war der Marxismus – wenn auch nicht aus eigener, sondern aus der philosophischen Kraft Hegels und Fichtes hervorgehend –, eine der großartigsten philosophischen Systeme gewesen – allerdings nicht die stalinistische Version des Marxismus.

Nun stellt sich die Frage: Aus welch einem Bildungsfundus heraus hat Hitler denn gedacht und seine Politik konzipiert? Wir kennen ja die These von Kurt Georg Kiesinger, der gesagt hat, daß es von entscheidender Bedeutung ist, sich zu vergegenwärtigen, von welch einem Bildungsfundus ein Politiker ausging, ehe er in die Politik eintrat. Welche Anregungen hat nun Hitler in Wien und später im Landsberger Gefängnis erfahren? Von welchen Erkenntnissen war er geleitet und wie hat er beides verarbeitet? Denn Kiesinger sagt mit Recht: Wenn jemand einmal in der Politik tätig ist, lernt er kaum mehr etwas dazu. Das ist eine sehr nachdenklich stimmende Angelegenheit, aber so ist es.

Welches Weltbild hatte nun Hitler? Hitler hat auf wenige, ganz primitive Axiome zurückgegriffen. Da ist zum einen der Sozialdarwinismus. Wenn man das Weltbild Hitlers in die Geschichte einordnen will, dann stellt man fest, daß der Hitlerismus zweifellos eine Version des Sozialdarwinismus darstellt. Hitler ist Darwinist gewesen – und zwar Sozialdarwinist. Es ist ungeheuer wichtig, sich das klar zu machen, denn der Darwinismus, wie der Sozialdarwinismus auch, entstammen den Tiefen des 19. Jahrhunderts. Der Sozialdarwinismus als Weltanschauung ist ein Produkt des Niedergangs der bürgerlichen Gesellschaft im 19. Jahrhundert. Das allein ist schon ein Indiz dafür, daß die sogenannte Hitlersche Weltanschauung die Weltanschauung eines Verwerters gewesen ist. Hitler hat mit den ganzen philosophischen und weltanschaulichen Abfallprodukten, die aus dem Niedergang der bürgerlichen Gesellschaft im 19. Jahrhundert hervorgegangen sind, Ernst gemacht. Hitler ist ein großer Verwerter gewesen. Im ganzen Weltbild Hitlers gibt es nicht einen einzigen produktiven oder halbwegs originellen Gedanken.

Was Hitler gedacht hat, ist im 19. Jahrhundert und zu Beginn des 20. Jahrhunderts allerdings nicht nur in Deutschland, sondern auch in anderen europäischen Nationen gängiges Gedankengut gewesen. Außer Hitler ist allerdings keiner auf den Einfall gekommen, mit diesen Ideen bis zum bitteren Ende blutigen Ernst zu machen. Das macht diesen Menschen so fürchterlich. Wenn wir später die Frage nach Hitlers Mentalität stellen werden, wird uns das noch mehr einleuchten.

Darwinismus, übertragen auf Gesellschaft und Geschichte Sozialdarwinismus, meint, daß das Wesen der Geschichte der Kampf ist. Man kann zugespitzt sogar sagen: der Krieg. Geschichte ist ein permanenter Kampf und Krieg. Und in diesem geschichtlichen Schlachtfeld kämpfen die von Natur Stärkeren gegen die von Natur Schwächeren um die Vorherrschaft. Das eiserne Gesetz der Geschichte will es, daß durch diesen Kampf selektiert wird, wer das Recht hat, zu überleben, und wer von der Natur dazu bestimmt ist, unterzugehen. Das oberste Prinzip dabei ist das Prinzip der Selbstbehauptung. Der Nationalsozialismus ist hinsichtlich seiner antiutopischen und antiprogressiven Ausrichtung eine Bewegung, die das Prinzip der Selbstbehauptung, nicht des Einzelnen, sondern in diesem Fall der Völker und – Hitler zufolge – der Rassen absolut gesetzt hat.

Wie steht es um die Genese des Prinzips der Selbstbehauptung? Das Prinzip der Selbstbehauptung ist das Grundprinzip der bürgerlichen Gesellschaft, wie es sich seit Hobbes und den Naturrechtstheorien der bürgerlichen Gesellschaft konstituiert hat. Das Prinzip der Selbstbehauptung enthüllt damit das innerste Wesen der bürgerlichen und damit der modernen Gesellschaft. Hitler brauchte dieses Prinzip der Selbstbehauptung nur noch seinem Konzept einer sozialdarwinistischen Auslegung der Geschichte einzufügen. Hitler glaubte, daß sich das deutsche Volk im – nach den ewigen Gesetzen der Natur ablaufenden – Kampf der Völker behaupten müsse. Die Deutschen sollten zu den Überlebenden und zu den Starken gehören.

Allerdings muß auch hier differenziert werden. Hitler hat in allen seinen Reden nie scharf zwischen Volk und Rasse getrennt. Er hat einmal von Rasse und ein anderes Mal von Volk gesprochen. Offenbar hat er Rasse und Volk gleichgesetzt. Es gibt jedenfalls bei ihm keine scharfe begriffliche Unterscheidung zwischen Volk und Rasse. Das Kriterium, das in diesem ewigen Kampf der Geschichte über Selbstbehauptung oder Untergang entscheidet, ist darum für Hitler die Qualität der Rasse. Über den Wert und Unwert der Völker entscheidet nach Hitler die Rassequalität der Völker. Reinrassigkeit bedeutet dann Höherwertigkeit und Gemischtrassigkeit impliziert Minderwertigkeit eines Volkes. Je reiner ein Volk eine Rasse verkörpert, um so höherwertig ist für Hitler die Rassequalität dieses Volkes und damit das Volk selbst. Wenn man nun die Frage stellt, welchem Volk nach diesen Kriterien auf der Welt der höchsten Wert zugesprochen werden kann, dann wird man feststellen – und das hat Hitler selber so gesehen und anerkannt – daß dies die Juden sind. Was die Wertigkeit und Qualität der Deutschen anbelangt, war Hitler dagegen außerordentlich skeptisch. Die Tatsache, daß die Deutschen den Ersten Weltkrieg verloren und die Novemberrevolte von 1918 zugelassen haben, hat er als eine Auswirkung der minderen rassischen Qualität der Deutschen bewertet. Hitler war der Meinung, daß dazu innerhalb der deutschen Geschichte der 30-jährige Krieg das entscheidende Ereignis gewesen ist. Die Deutschen seien mit den Auswirkungen dieses 30-jährigen Krieges in ihrer darauffolgenden Geschichte nie richtig fertig geworden.

Übrigens hat Hitler in diesem Punkt völlig recht. Möglicherweise haben wir es heute noch mit den Auswirkungen des 30-jährigen Krieges zu tun. Dieser Krieg bedeutete für die Deutschen eine Katastrophe, die in ihren Folgen vielleicht noch über die Auswirkungen des Zweiten Weltkrieges hinausgeht. Die Deutschen sind im 30-jährigen Krieg von 18 Millionen Menschen auf 3 Millionen dezimiert und das ganze Land ist total verwüstet worden. Von diesem Schlag haben sich die Deutschen nie erholt. Wer den Sonderweg der verspäteten Nationwerdung der Deutschen verstehen will, der muß sich mit den Hintergründen des 30-jährigen Krieges und der Lage befassen, die damals geschaffen worden ist.

Hitler war nun der Meinung, daß durch und seit dem 30-jährigen Krieg eine progressive Minderung der Rassequalität des deutschen Volkes eingetreten sei. Für Hitler hat dieser Prozeß der Verschlechterung der Rassequalität der Deutschen zum Zeitpunkt der Niederlage im Ersten Weltkrieg und der Novemberrevolte von 1918 seinen Tiefpunkt erreicht.

Es war einer der innersten Antriebskräfte Hitlers, dies zu ändern. Als er am Ende des Ersten Weltkrieges als Gefreiter im Lazarett lag und sah, daß der Krieg verlorengeht, entschloß er sich, in die Politik einzutreten: „Und ich beschloß, Politiker zu werden", hieß es. Aus den Elendsquartieren Wiens herstammend, beschloß der gescheiterte Kunstmaler und Gefreite Hitler, der für einige tapfere Meldegänge im Ersten Weltkrieg das Eiserne Kreuz Erster Klasse bekommen hatte, Politiker zu werden. Wenn man nun die Frage stellt, was denn Hitler eigentlich als Politiker erreichen wollte, dann sind drei Punkte zu nennen. Erstens wollte er diesen Prozeß der schwindenden Selbstbehauptungschancen des deutschen Volkes im Kampf um den Platz an der Sonne beenden. Er wollte den Prozeß des Niedergangs der rassischen Qualität aufhalten und eine Qualitätsverbesserung der Deutschen erreichen.

Hitler war also von einem kulturrevolutionären Willen getragen. Hitler wollte aber – im Unterschied zur Reformation, zur „Sturm und Drang"-Bewegung, zum deutschen Idealismus, und zur deutschen Romantik – eine kulturrevolutionäre Veränderung der Deutschen, die auf einer sozialdarwinistisch interpretierten Rassentheorie beruht. Hitler hat die Verbesserung der rassischen Qualität der Deutschen vor allem biologisch verstanden, aber er hat sie nicht nur biologisch verstanden. Die Rassequalität sollte auch an ganz bestimmte Gesinnungen und Tugenden gebunden sein. Die Höherwertigkeit der Rasse war seiner Auffassung nach auch von der Existenz bestimmter Einstellungen, Tugenden und Gesinnungen abhängig.

Es ist ihm darum manchmal schwergefallen, einen Juden den antijüdischen Rassegesetzen zu unterwerfen, wenn dieser Jude über Tugenden und Gesinnungen verfügte, über die nach der Meinung Hitlers eigentlich nur ein Deutscher, ein deutsches Rasseexemplar, verfügen konnte. Es kann ja in der Tat kein Zweifel darüber bestehen, daß sich gerade unter dem jüdischen Teil der deutschen Bevölkerung im Ersten Weltkrieg die besten Deutschen befunden haben. Es gibt heute eine Vielzahl von Zeugnissen, die belegen, mit welch einem Patriotismus und mit welch einer Opferbereitschaft und Entschlossenheit viele deutsche Juden am Ersten Weltkrieg teilgenommen haben, um Deutschland zu verteidigen.

Hitler ist also zuallererst vom Motiv des Rassismus bestimmt gewesen.[5] Und was heißt Rassismus bei Hitler? Hier muß man zunächst feststellen, daß die These, daß es Rassen gibt und daß dieses Faktum für den Ablauf der Geschichte von Be-

---

[5] Darum ist heute der politische Kampf des antifaschistischen Bündnisses darauf gerichtet, die Wiederkehr von rassistischem Denken im Keim zu ersticken. Aber ist unser Rassismusverständnis heute dasselbe wie das von Hitler? Was bekämpfen wir heute, wenn wir den Rassismus bekämpfen? In einem bayrischen Verfassungsschutzbericht Anfang der 90er Jahre wurde der Versuch gemacht, zu klären, was unter diesem rassistischen Denken zu verstehen ist. Rassistisches Denken wurde hier mit Ausländerfeindlichkeit gleichgesetzt. Das mag in vielen Fällen stimmen. Aber es ist doch zu fragen, ob etwa die Bemerkung, in Deutschland lebten zu viele Ausländer, und die Meinung, viele Ausländer würden unseren Sozialstaat ausbeuten, bereits als rassistisch und nazistisch zu qualifizieren sind. Es ist vom Standpunkt der liberalen Demokratie aus unzulässig, die Meinung, es gäbe bei uns zu viele Ausländer und viele Ausländer belasteten die Sozialhaushalte, unter Rassismusverdacht zu stellen. In der liberalen Demokratie hat man auch das Recht zu einer solchen Meinung! Man darf und soll ja diese Meinung ablehnen, mißbilligen und bekämpfen, aber man darf doch eine solche Meinung nicht per se als rassistisch und als Ausdruck der drohenden Wiederkehr des Nationalsozialismus ausgeben.

deutung ist, eine Theorie ist, die nicht von den Deutschen erfunden worden ist. Diese Theorie ist vielmehr von einem Franzosen, dem Grafen Gobineau in die Welt gesetzt worden. Der Feudalist Gobineau hat als erster den Versuch gemacht, die Geschichte vom Faktum der Rassen aus zu verstehen. Gobineau hat mit seiner Rassentheorie der Beseitigung der Feudalherrschaft durch die drohende Demokratisierung zu begegnen versucht. Er hat unter Rückgriff auf die Rassetheorie die Existenz der Feudalklasse gegen die antifeudalistische Bewegung, die aus der Französischen Revolution hervorging, zu rechtfertigen versucht.

Der Rassismus ist also keine deutsche, sondern eine französische Erfindung. Zum gleichen Zeitpunkt, als in Frankreich Gobineau seine Rassentheorie entwickelt hat, also am Ende des 18. und zu Beginn des 19. Jahrhunderts, hat man in Deutschland noch mit Friedrich Schiller gedacht: „Seid umschlungen, Millionen! Diesen Kuß der ganzen Welt!"

Und wer hat zum ersten Mal nach einem rassistischen Prinzip Politik gemacht und daraus eine imperialistische Idee entwickelt? Das war Benjamin Disraeli. Hannah Arendt hat daher in ihrem Buch über die „Ursprünge und Elemente des Totalitarismus" zu Recht festgestellt, daß nicht die Deutschen, sondern die Engländer im Rahmen einer imperialistischen Konzeption die politischen Konsequenzen aus der Rassentheorie gezogen haben. Wer war Disraeli? Disraeli war einer der größten Staatsmänner des 19. Jahrhunderts. Disraeli nahm als junger Oxford-Student an einer Veranstaltung teil, in der es um die soziale Frage und ihre Lösung ging. Als er dort das Ausmaß an Wut und Haß erfuhr, das sich gegen die bestehende Ordnung Englands richtete, suchte er nach einer Antwort auf die soziale Frage. Für Disraeli boten sich nur zwei Möglichkeiten an: Entweder man entschied sich zum Klassenkampf, wie ihn die Marxisten lehrten. Das aber hätte bedeutet, daß die herrschende Klasse Englands verschwinden würde. Das Votum für den marxistischen Klassenkampf hätte daher für Disraeli und seine feudalistische Klasse die Einwilligung in die eigene Liquidation bedeutet. Und darum entschied er sich für die zweite Möglichkeit: den imperialistischen Krieg. Es sollte ein solch großes Territorium auf der Welt erobert werden, daß dann zur Lösung der sozialen Frage für alle Briten genügend Ressourcen zur Verfügung stünden.

Auch Hitler kam aus seiner rassistischen Grundüberzeugung zu dem Schluß, einen territorialen Eroberungskrieg zu führen. Hitler wollte Krieg führen, um Land zu beschaffen. In den Augen Hitlers gab es dabei zwei Möglichkeiten: Entweder er geht den englischen Weg der Kolonialisierung. Hitler hätte dazu mit der Sowjetunion ein Bündnis gegen England schließen müssen, denn er wußte, daß England, das bereits einen Großteil der Welt beherrschte, es nicht hinnehmen würde, wenn die Deutschen sich kolonialistisch betätigen würden. Darum beschritt Hitler den zweiten, allerdings ebenso wahnwitzigen Weg: die territoriale Eroberung des Ostens. Im Osten sah er ein Land, das man erobern könnte. Dazu mußte er aber außenpolitisch auf ein Bündnis mit Großbritannien setzen. Hitler hat daher sogar noch während des Zweiten Weltkrieges den Briten das Angebot gemacht, den drohenden Verlust des britischen Weltreiches in Indien und anderswo mit deutschen Wehrmachtsoldaten zu verhindern. Aber die Briten sind nicht darauf eingegangen. Hitler hat nie verstanden, warum die Briten hier nicht mitgemacht haben. Und er hat es selber als seine größte Niederlage empfunden, daß es ihm – trotz seines Liebeswerbens um England – nicht gelungen ist, dieses Land in ein Bündnis mit dem Dritten Reich zu bringen.

Wir halten fest: Auch die Idee, auf der Basis des Rassismus eine imperialistische Politik zu entwickeln, ist – wie man bei Hannah Arendt nachlesen kann – keine deutsche, sondern eine britische Erfindung gewesen. Von den Briten stammt auch der Gedanke der qualitativen Unterscheidung zwischen höherwertigen und minderwertigen Rassen. Denn als die Briten nach Afrika kamen und auf afrikanische Stämme stießen, die den Kannibalismus pflegten, hat dies – das muß man sogar verstehen – bei ihnen einen ungeheuren Schock ausgelöst. Die Briten, die sich im 19. Jahrhundert als Speerspitze der westlichen Zivilisation verstanden, haben es sich gar nicht vorstellen können, daß es auf der Welt noch Menschen gibt, die noch den Kannibalismus pflegten. Wer ein bißchen Phantasie hat – und ein guter Historiker muß Phanasie und Einbildungskraft mitbringen – der kann sich vorstellen, daß dies bei den Briten, die zum Teil in Oxford und Cambridge erzogen worden waren, einen ungeheueren Schock bewirkt hat. Und die erste Reaktion auf das Verhalten dieser afrikanischen Stämme lautete: Das sind keine Menschen! Die können wir nicht als zur Menschheit zugehörig akzeptieren.

Was machte nun den Rassismus bei Hitler aus? Entscheidend ist, daß Hitler die ganze Geschichte als einen Kampf der Rassen und der rassisch bestimmten Völker um Selbstbehauptung definiert und daß er zwischen höher- und minderwertigen Rassen unterschieden hat. Er hat nicht nur gesagt, daß es Rassen gibt, sondern er hat gesagt, daß es höher- und minderwertige Rassen gibt. Es ist nun die große Frage, nach welchem Kriterium Hitler zwischen höher- und minderwertigen Rassen und rassisch bestimmten Völkern unterschied. Das ist die eigentlich philosophische Frage. Hitler steht hier in der Tradition einer Fragestellung, die so alt ist wie die politische Philosophie in Europa überhaupt: Was ist der Maßstab, nach dem man zwischen gut und schlecht unterscheiden können? Das Bedauerliche ist nun, daß Hitler eben nicht Philosophie studiert hat. Ich fürchte, daß er nicht eine Zeile von Platon, Kant oder Hegel gelesen hat. Nach welchem Maßstab hat Hitler zwischen höher- und minderwertigen Rassen – also zwischen Rassen, die das Recht haben zu überleben, und Rassen, die den Untergang verdienen – unterschieden? Hitler gab hier keine philosophische Antwort, sondern er glaubte, daß die Geschichte, d.h. der darwinistisch interpretierte selektive Kampf in der Geschichte, selber darüber entscheidet. Diejenigen, die sich behaupten und durchsetzen, haben nach Hitler kraft ihres Durchsetzungsvermögens nicht nur faktisch, sondern legitimerweise gesiegt, weil sie durch diesen Erfolg auch ihre Höherwertigkeit gegenüber denen erwiesen haben, die sie unterworfen haben.

Wo kommt denn, philosophisch gesehen, dieses Denken her? Auch das wagt man gar nicht zu denken, geschweige denn laut zu sagen. Dieses Denken ist nämlich tief im Konkurrenzprinzip der kapitalistischen Gesellschaft verankert. Wir denken vielleicht heute nicht mehr so, aber wir handeln so. Der Erfolgreiche gilt auch als der Bessere. Im Sozialdarwinismus wird dieses Konkurrenzprinzip der kapitalistischen Gesellschaft ideologisch absolut gesetzt. Gemäß dieser Auffassung hätte Hitler es eigentlich der Geschichte selbst überlassen müssen, darüber zu entscheiden, wer zu den Höher- und wer zu den Minderwertigen gehört. In gewisser Weise hat Hitler das auch getan, denn kurz vor seinem Tode im Bunker hat er geurteilt, daß die Deutschen, indem sie verloren haben, nichts Besseres verdient hätten. Das soll heißen: Die Deutschen haben sich eben als zu schwach erwiesen und darum ist ihnen von der Geschichte das zuteil geworden, was allen Schwachen zuteil wird: der Untergang.

Der Antisemitismus ist, neben dem Rassismus, das zweite Element im Denken Hitlers. Wobei der Rassismus auf dem Antisemitismus beruhte. Im Antisemitismus liegt vielleicht das größte Rätsel, das uns Hitler aufgibt. Denn von seinen eigenen Prinzipien her hätte er eigentlich das Faktum, daß nach seiner Meinung die „jüdische Rasse" dabei ist, die Weltherrschaft zu erringen, als ein Urteil der Geschichte akzeptieren müssen. Kraft des Ausmaßes des von Hitler den Juden unterstellten und zugeschriebenen Einflußes in der Geschichte hätte er eigentlich das Recht der Juden zu dieser Bestimmung und damit ihre Höherwertigkeit anerkennen und sich damit abfinden müssen. Das wäre eigentlich die Konsequenz gewesen, die er aus seiner Geschichtsbetrachtung hätte ziehen müssen. Wenn nämlich die „jüdische Rasse" die Weltherrschaft errungen haben sollte, dann hat die Geschichte damit den Nachweis geliefert, daß die Juden die Stärksten, die Erfolgreichsten sind. Denn Hitler war davon überzeugt, daß der Erfolg das Recht setzt. Dies ist ein Element Nietzsches in Hitlers Denken, daß es nur die Macht gibt und daß Recht das ist, was die Macht als Recht erklärt und mit Macht durchsetzt.

Das war auch die Position des Sophisten Trasymachos. Trasymachos wandte gegen Platon ein: ‚Was redest du da von der Gerechtigkeit an sich. Gerechtigkeit an sich gibt es überhaupt nicht, sondern Gerechtigkeit ist nichts anderes, als das, was die Herrschenden als solches setzen und durchsetzen.' Oder erinnern wir uns an Thukydides. Der berühmte Melier-Dialog bei Thukydides ist eines der großartigsten Dokumente dieser sozialdarwinistischen Sicht der Dinge. In diesem Dialog sagen die Athener zu den Meliern: ‚Ihr habt zwar an sich Recht, aber wir sind die Stärkeren. Wir sind die Stärkeren und wir ziehen daraus nur die Konsequenz und vernichten unsere Konkurrenten.'

Wir sehen, diese sozialdarwinistische Komponente der Hitlerschen Machtphilosophie ist uralt. Man muß sehen, daß das, was wir mit Recht als so entsetzlich am Nationalsozialismus finden, nicht völlig einmalig und einzigartig ist, sondern daß es tiefe Wurzeln auch in unserer abendländisch-europäischen Tradition hat und daß es eine ungeheure Renaissance bereits im 19. Jahrhundert erlebt hat.

Hitler hat aber diese Konsequenz der Anerkennung der Weltherrschaft der Juden nicht gezogen. Im Gegenteil, er hat daraus die Konsequenz gezogen, daß die Deutschen nun ihre Überlegenheit über die Juden beweisen sollten. Damit sind wir bei der Frage nach dem Antisemitismus. Was macht den Antisemitismus Hitlers aus? Der Antisemitismus Hitlers impliziert die These, daß die rassische Reinheit und damit die Wertigkeit der Völker von einem tödlichen Bazillus befallen ist, und daß dieser Bazillus, durch den die rassische Reinheit und Kraft untergraben und ausgehöhlt wird, die Menschheit in ihrer Fähigkeit zur Selbstbehauptung zerstört. Hitler sah darin eine tödliche Gefahr nicht nur für die Deutschen, sondern für die ganze Menschheit. Die Juden stellten für Hitler die destruktive Vernichtungskraft dar, die mit der Zerstörung und Untergrabung der rassischen Wertigkeit der Völker potentiell die ganze Menschheit bedroht. Das steht so bereits in „Mein Kampf".

Warum ist es so wichtig, sich Hitlers Antisemitismus noch einmal klar zu machen? Vorweg ist zu sagen: Wir versuchen hier etwas, was vielleicht wirklich nicht oder nicht mehr erlaubt ist: Denn wir versuchen hier, den Teufel zu verstehen. Wir wollen den Teufel nicht einfach moralisch bekämpfen, sondern wir wollen ihn verstehen, um ihn vielleicht besser bekämpfen zu können. Denn man kann nur bekämpfen, was man zuvor verstanden hat. Es war eine der tiefsten Einsichten von Carl Schmitt, daß man jemanden nur besiegen könne, wenn man den zu Besiegenden besser versteht, als er sich selbst versteht. Nur so kommt es zu den eigentlichen Siegen. Vielleicht sind wir nach 50 Jahren Vergangenheitsbewältigung nicht so weit gekommen, wie wir wollten, weil wir den Feind nicht richtig verstanden haben.

Die Basis des Antisemitismus liegt in einer Angst begründet. Wenn man fragt, wieso Hitler es damals geschafft hat, eine Symbiose mit dem deutschen Volk herzustellen, dann liegt das daran, daß er persönlich mit der Angst, die damals ein ganzes Volk erfaßt hatte, korrespondiert hatte und daß er diese Angst zu artikulieren vermochte. Die Deutschen haben nicht Hitlers Pseudo-Weltanschauung geteilt, sondern seine Angst. Und wovor hatten Hitler und die Deutschen Angst?

Die Tragödie des deutschen Konservativismus seit der Französischen Revolution besteht darin, daß dieser Konservativismus aus der Angst vor der Modernisierung gespeist wurde. Der Prozeß der Modernisierung bedrohte in ihren Augen alles das, was sich geschichtlich entwickelt hatte und was diese Konservativen als bewahrenswürdig angesehen hatten. Diese Konservativen hatten, wie Hegel es in der „Phänomenologie des Geistes" formuliert hat, Angst vor der „Furie des Verschwindens". Wer die Existenz des Konservativismus in der modernen Welt und wer den Faschismus/Nationalsozialismus in Deutschland und Europa verstehen will, der muß begreifen, daß diese Menschen vor der „Furie des Verschwindens" Angst hatten. Sie teilten nicht die euphorischen Hoffnungen der Progressiven von der Vollendung der Moderne, sondern sie wurden von Angst erfaßt.[6]

Warum sind nicht wenige deutsche Konservative auf Hitler hereingefallen? Weil sie vor dem Bolschewismus größere Angst hatten, als vor Hitler. Hitler ist nicht nur gegenüber den Deutschen, sondern auch gegenüber dem Rest der Welt erfolgreich mit dem Anspruch angetreten, die Bürger vor der bolschewistischen Weltrevolution zu schützen. Warum hat denn der Westen sich Hitler gegenüber in den dreißiger Jahren so opportunistisch verhalten? Warum hat die westliche Welt

[6] Wenn die Progressiven und Antifaschisten heute ihren Kampf gegen alles Konservative, Nationalistische oder Rassistische gewinnen wollen, dann müssen sie den Menschen diese Angst nehmen. Und zwar die Angst vor einer fortschreitenden Moderne, die alles das zum Verschwinden bringt, was den Menschen – vielleicht nicht durch den Verstand gedeckt – am Herzen liegt.

damals den Nationalsozialismus akzeptiert? Weil sie die Hoffnung hegte, daß Hitler die westliche bürgerliche Welt vor der bolschewistischen Revolution schützen würde. Selbst die Widerstandskämpfer glaubten, sie könnten, wenn Hitler ausgeschaltet ist, mit den Westmächten Frieden schließen, um ihre patriotischen Interessen gegen den Kommunismus zu verteidigen. Sie glaubten bis zuletzt daran, daß eine Umkehrung der Bündnisse möglich sei und daß der Westen – gemeinsam mit Deutschland, aber ohne Hitler – gegen den Bolschewismus kämpfen würde. Und warum gab es in allen europäischen Ländern Menschen, die für den Nationalsozialismus bzw. den Faschismus eintraten? Warum haben diese Nationen mit der Wehrmacht zusammen an der Ostfront das Abendland vor der bolschewistischen Revolution verteidigt? Doch nicht, weil sie die absurden Ideen von Rassismus und Antisemitismus Hitlers geteilt haben. Sondern weil Hitler vorgab, das „Abendland" vor dem Bolschewismus zu verteidigen. Und wie haben denn die beiden Kirchen 1933 reagiert? Und warum haben sich die „Deutschen Christen", also ein nicht unerheblicher Teil der evangelischen Kirche, Hitler gegenüber zum Gehorsam und zur Folgebereitschaft verpflichtet? Doch nicht, weil sie Antisemiten und Rassisten waren. Sondern weil sie die Sittlichkeit vor der bolschewistischen Zerstörung bewahren wollten.

Hitlers Gedanke vom „Herrenmenschen" hat nur wenige Deutsche fasziniert. Ich habe daran noch eine ferne Erinnerung: Am Tag der Reichskristallnacht kam ich von der Schule und mußte auf dem Heimweg durch die Stadt Bochum gehen. Ich habe damals nur entsetzte Gesichter gesehen. In den Gesichtern der Deutschen stand nicht geschrieben, daß hier der Herrenmensch den Untermenschen unterwarf, sondern darin war das blanke Entsetzen vor dem Undenkbaren zu lesen. Meine Mutter hatte eine Jüdin zur Freundin, die sofort zu ihr geeilt kam. Und die beiden, die Deutsche und die Jüdin, haben einen ganzen Tag wie die Schloßhunde über das Ungeheuerliche, das da passiert war, geweint. Es war keiner da, der sich gefreut und es als einen Triumph empfunden hat. Es herrschte kaltes Entsetzen über das Unfaßbare. Kaum einer hat es für möglich gehalten, daß jüdische Familien, die damals in vielfältigen engen nachbarschaftlichen und freundschaftlichen Beziehungen mit den Deutschen lebten, ihres Vermögens beraubt und ins Elend gestoßen werden. Von Ausnahmen einmal abgesehen, war das die überwiegende deutsche Reaktion.

In Hitlers Person hatte sich also das Angstsyndrom, das alle Konservativen, Nationalen und geschichtlich Orientierten vereinte, inkarniert. Es könnte durchaus sein, daß auch die politische Situation am Beginn des 21. Jahrhunderts ihre Antriebe aus der Angst beziehen wird; nämlich der Angst der Menschen, daß die partikularen Kulturen durch die sich abzeichnende Weltzivilisation verschwinden könnten. Wir erleben ja bereits eine Wiederkehr dieses Selbstbehauptungsmotivs der Völkern und ihrer Kultur. Wer das nicht begreift und wer dazu noch meint, diese Entwicklung durch Antifaschismus-Sprachregelungen verhindern zu können, der wird sich täuschen.

Was ist also das Wesen des Hitlerschen Antisemitismus gewesen? Hitlers Antisemitismus war darin begründet, daß er den – als Rasse interpretierten – Feind der

Menschheit und der Deutschen in den Juden gesehen hat. Die Juden seien an allem schuld. Das ist natürlich ein Moment, das sich dem verstehenden und begreifenden Denken eigentlich völlig entzieht. Hitler hat dem Antisemitismus eine neue Dimension und eine politische Stoßkraft verliehen, als er die Juden als den Feind schlechthin identifiziert hat. So wie der Marxismus den Klassenfeind, die Bourgeoisie, als die menschheitsbedrohende Klasse zur Vernichtung anheim gestellt hat, so hat auch Hitler den Rassenfeind in der Gestalt der „jüdischen Rasse" der Vernichtung anheim gestellt. Hitler hat die gleiche Vernichtungsorgie, die die Marxisten gegen die Bourgeois-Klasse losgetreten haben, gegen den Rassenfeind, das Judentum, in Gang gesetzt.

Soweit ich die historische Forschung überschaue, ist der Entschluß zur Ausrottung der Juden allerdings erst während des Zweiten Weltkriegs gefallen. Vorher hat Hitler die Ghettoisierung, die Auswanderung und alle möglichen Varianten in Erwägung gezogen. Der Plan zur Ausrottung durch Vergasung ist wahrscheinlich ein erst relativ spät gefallener Entschluß gewesen. Bis heute streiten sich die Historiker sogar, ob dieser Befehl der Intention Hitlers gemäß zustande gekommen ist, oder ob sich dieser Prozeß weitgehend unabhängig von Hitler vollzogen hat. Diesen Streit halte ich für ziemlich uninteressant, denn daß, wie Hitler es nannte, die „Lösung des Judenproblems" zum eisernen Bestand seines Programms gehörte, daran kann es keinen Zweifel geben. Und daß ausgerottet und vergast worden ist, ist ebenfalls unbestreitbar. Der Wille zur „Endlösung" ist ein durchhaltendes Motiv bei Hitler gewesen. Das allein ist entscheidend. Wieviel, wann und unter welchen Umständen die Juden ermordet wurden, das mögen die Historiker klären. Daß es aber jemand zulassen oder veranlassen könnte, die „Endlösung" der Judenfrage in der Form der Vergasung und der Ausrottung zu praktizieren, das haben nur ganz wenige in Deutschland für möglich gehalten. Man muß ehrlicherweise zur Kenntnis nehmen, daß die Nationalsozialisten daher alles in ihrer Macht Stehende getan haben, um das Bekanntwerden des Holocaust zu verhindern. Wenn der ehemalige Bundespräsident Richard von Weizsäcker in seiner berühmten Rede vom 8. Mai 1985 sagte, alle Deutschen hätten gewußt oder hätten wissen können, wenn sie nur gewollt hätten, dann ist das eine unwahre und falsche Behauptung. Es haben zwar ganz sicher mehr gewußt, als nach 1945 bereit waren, es zuzugeben, aber wir müssen doch bedenken, daß Hitler diese Ausrottung weitgehend außerhalb des deutschen Reichsgebietes, noch dazu während des Krieges und unter weitgehender Einhaltung der Geheimhaltung durchgeführt hat. Hitler war sich offenbar nicht sicher, wie das deutsche Volk und die deutsche Wehrmacht reagieren würden, wenn das bekannt würde. Hitler hat daher auch den Grafen Galen, den Bischof von Münster, nicht liquidiert, weil er wußte, daß das beim westfälischen Bauernvolk auf vehemente Ablehnung stoßen würde. Darum hat er auch die Liquidierung der christlichen Priester und Pfarrer erst für die Zeit nach dem Kriege vorgesehen. Hitler war sich also gerade in den zentralen Punkten seiner sogenannten „Weltanschauung" gar nicht sicher, wie die Deutschen reagieren würden.

Da sich heute die ganze Auseinandersetzung mit dem Nationalsozialismus auf diesen Punkt der Vernichtung der Juden konzentriert, muß nun die Frage nach dem

Antisemitismus als solchem gestellt werden. Wir müssen vor allem fragen, ob der übliche Antisemitismus nur eine sanftere Form des extremen Antisemitismus war, den Hitler verinnerlicht hatte. Hitlers Antisemitismus war so extrem, daß er selbst zu dem Zeitpunkt, als in der Schlußphase des Krieges sämtliche Transportkapazitäten für die Kriegführung erforderlich waren, diese Kapazitäten zur Durchführung der Judenvernichtung eingesetzt hat. Einen solch extremen Antisemitismus pflegte auch Heinrich Himmler. Himmler hat in einer grauenhafte Rede erklärt, daß es auf ewig zu den Ruhmestaten gehören würde, daß die SS-Leute die Größe vollbracht hätten, angesichts der Tötungen „menschlich anständig" geblieben zu sein. Wie muß jemand denken, der es als eine menschliche Leistung herausstellt, angesichts von Tausenden Morden anständig geblieben zu sein? Die Wahrheit ist sogar noch furchtbarer. Denn diese Vernichtungsaktion ist nicht von Leuten in Gang gesetzt und ausgeübt worden, die meinten, damit das größte Verbrechen der Menschheitsgeschichte zu vollziehen. Nein, die furchtbare und grausame Wahrheit ist, daß diese Leute das guten Gewissens getan haben. Hitler selbst hat in „Mein Kampf" geschrieben: ‚Und wenn wir die Vernichtung der Juden betreiben, erfüllen wir das Werk des Herrn'. Die Nationalsozialisten haben das also nicht im Bewußtsein, ein Verbrechen zu begehen, getan, sondern sie haben es nach ihrem „Wertesystem" aus moralischen Gründen und in der Überzeugung getan, damit der Menschheit einen Dienst zu erweisen, so wie der Stalinismus es für sich in Anspruch genommen hat, als er die Bourgeoisie-Klasse ausgerottet hat.

Und zu verstehen, welche philosophisch-geistige Lage eigentlich gegeben sein mußte, damit so etwas denkbar ist, werden wir uns später mit Nietzsches Nihilismusanalyse auseinandersetzen. Denn dies alles ist eine Konsequenz des Denkens in „Werten" und der Anerkennung des Umstandes, daß es in Zeiten des Nihilismus keinen objektiven Maßstab für die Werte gibt.[7] Hermann Lübbe hat einmal versucht, dieses Phänomen zu deuten, indem er von der Korrumpierung der politischen Urteilskraft durch den Moralismus gesprochen hat. Die Geburt des Terrors aus der Moral ist nun aber wiederum keine Erfindung der Nationalsozialisten, sondern der Jakobinerherrschaft in der Französischen Revolution. Die Jakobinerherrschaft war das erste Modell einer terroristischen Herrschaft, in der die Jakobiner die höhere politische Moral für sich in Anspruch genommen haben. Damals sind die katholischen Priester an ihren eigenen Gedärmen am Laternenpfahl aufgehängt worden. Die Nationalsozialisten haben diese terroristische Herrschaft nun zur permanenten Staatspraxis erhoben. Sie haben nicht nur innerhalb eines Revolutionsprozesses terroristisch gehandelt, sondern sie haben auf dieser terroristischen Grundlage den ganzen Staat errichtet.

Wenn man sich die Holocaust-Forschung ansieht und von dieser Forschung erfahren will, wie der Holocaust möglich gewesen ist, dann wird man dort keine be

[7] Auch heute setzt und wählt jeder seine Werte, und jeder ist überzeugt, daß es eine wahre Erkenntnis über die Werte und ihre Rangordnung nicht geben kann. Das ist die Philosophie der liberalen pluralistischen Gesellschaft. Nach dieser Philosophie müßte man eigentlich sagen, daß Hitler zwar andere Werte hatte als die liberale Gesellschaft, daß er aber im Sinne der Durchsetzung dieser Werte konsequent gehandelt hat.

friedigende, geschweige denn konsensfähige Antwort finden. Nicht selten heißt es, der Holocaust sei das absolut Unbegreifliche, er sei das absolut Irrationale, das man auch gar nicht erklären dürfe, weil jede Erklärung dem absolut Sinnlosen und Absurden bereits einen gewissen Sinn verleihen würde. Der Holocaust – das absolut Irrationale und Unbegreifliche, so lautet die Antwort.

Was hat es nun mit dem Holocaust auf sich? Hinter dem Holocaust steckt nicht nur das Problem des Antisemitismus schlechthin, sondern des spezifischen nationalsozialistischen Antisemitismus, ja – noch genauer – des Hitlerischen Antisemitismus. Die Frage nach dem Antisemitismus ist eine rational im Grunde genommen nicht aufzulösende Frage. Das gilt nicht nur für den Antisemitismus im allgemeinen, sondern vor allem für den Antisemitismus Hitlers. Der Holocaust ist in der Tat ein Vorgang, der rational nicht zu begreifen ist. Adorno hat zu Recht in der „Negativen Dialektik" dem Ereignis des Holocaust eine die gesamte geschichtliche Kontinuität sprengende Bedeutung, ja geradezu den Rang des Absoluten, eingeräumt. Dieses Ereignis habe die Geschichte so sehr verändert, wie das kein anderes Ereignis der Geschichte getan hat. Auf diese absolute Qualität, mit Adorno gesprochen, des Holocaust und des Hitlerschen Antisemitismus werden wir noch zu sprechen kommen. Hier soll uns nur interessieren, ob der Hitlersche Antisemitismus eine Konsequenz des christlichen Antisemitismus ist bzw. wie sich Hitlers Antisemitismus zum herkömmlichen Antisemitismus verhält.

Zunächst ist festzuhalten, daß dem Nationalsozialismus eine 2000jährige Kultur vorausgegangen ist, in der der Antisemitismus praktisch ein Teil dieser Kultur war. Auf der anderen Seite müssen wir sehen, daß es wohl in keinem westlichen Land zu einer solch gelungenen Symbiose gekommen ist, wie zwischen den Juden und den Deutschen. Es ist eine der unbegreiflichsten und auch wirklich tragischsten Ereignisse, daß ausgerechnet in dem Land, in dem eine solch enge, fruchtbare, geistige und philosophische Symbiose zwischen Juden und Deutschen erreicht wurde, dieser Holocaust passiert ist.

Zweitens enthält der Holocaust eine, die Religion betreffende Dimension. Denn wenn der Holocaust mit den zur Verfügung stehenden Mitteln der Rationalität schlechterdings als unerklärlich und unbegreiflich bezeichnet wird, dann berührt dieses Geschehen eine Dimension, die über das rational Begreifbare hinausgeht. Und diese Dimension ist natürlich die religiöse. Daher wird immer wieder darauf hingewiesen, daß der Holocaust ohne bestimmte Formen des Rückgriffs auf christliche Heils- und auch Erlösungsmotive gar nicht zu verstehen ist. Auch ich glaube, daß der Holocaust eine religiöse Dimension hat, ohne deren Berücksichtigung der Holocaust nicht zu verstehen ist. Eine bloß historische, moralische, rationale und ideologische Betrachtung kommt, wie mir scheint, an die Wurzel des Nationalsozialismus, wie des Holocaust, überhaupt nicht heran.

Aber hat der christliche Antisemitismus an dem Zustandekommen des Holocaust einen Anteil? Es kann nicht bestritten werden, daß es einen spezifischen christlichen Antisemitismus gibt. Diesen christlichen Antisemitismus hat es in allen Jahrhunderten gegeben, und wahrscheinlich gibt es ihn sogar noch heute. Und warum hat es ihn gegeben? Welche vorgeschobenen Gründe hatten die Christen zu ihrem Antisemitismus veranlaßt? Die Antwort liegt auf der Hand: Die Juden haben den Heiland ermordet und sie sind schuld an der Verzögerung der Wiederkehr des Herrn, weil sie sich weigern, Christen zu werden. Die Juden töteten den Heiland und sie verhindern die Wiederkehr des Heilands. Kein Zweifel, so haben viele Christen durch die Jahrhunderte hindurch gedacht. Daher haben sie die Juden ghettoisiert und ausgegrenzt, und daher gab es auch immer wieder Judenverfolgungen.

Der Jude Jakob Taubes und der konservative, zwischendurch faschistische Theoretiker Carl Schmitt haben einmal stundenlang das Neue Testament gelesen und die Botschaft des heiligen Paulus im Kapitel Römer 9–11 auf die Frage nach dem christlichen Antisemitismus hin untersucht. Und was war das Ergebnis? Sie kamen zunächst überein, daß die Juden sich durch die Verweigerung des Heils, verkörpert in Jesus Christus und über Christus hinaus, selber ausgegrenzt hätten. So sah das auch Paulus. Schmitt und Taubes waren sich darüber hinaus darin einig, daß Gott gegenüber diesen sich ausgrenzenden Juden an seiner Gerechtigkeit festhält. Jakob Taubes ist es dann aber gelungen, Carl Schmitt davon zu überzeugen, daß die Gerechtigkeit Gottes nach der Aussage des Paulus in Römer 9–11 nicht bedeutet, daß sich etwas an dem Auserwähltsein des jüdischen Volkes geändert hätte! Die ganze Tragödie des christlichen Antisemitismus liegt darin begründet, daß diese klare Aussage von Paulus jahrhundertelang einfach nicht zur Kenntnis genommen worden ist: Gott hält daran fest, daß das Heil erst dann voll wirksam wird, wenn das jüdische Volk sich bekehrt hat. Aber das ändert nichts daran, daß die Juden das auserwählte Volk Gottes bleiben! Die Juden bleiben die Lieblinge Gottes, sie bleiben die Auserwählten. Wenn die Christen diese Aussage zur Kenntnis genommen hätten, dann hätten sie versuchen müssen, die Juden zu überzeugen und zu bekehren. Aber die Christen haben jahrhundertelang das Gegenteil getan, indem sie die Juden verfolgten. Durch diese Ausgrenzung und Verfolgung haben sie aber die Juden in ihrem Starrsinn befestigt, und so konnten die Juden sagen: Die Christen beweisen durch ihr eigenes Verhalten, daß der Messias noch nicht gekommen ist. Denn wäre der Messias gekommen und glaubten die Christen wirklich daran, dann würde der „Glanz Gottes“ so in der Existenz der Christen aufgehen, daß wir nicht widerstehen könnten und uns zum Glauben bekehren müssten.

Der christliche Antisemitismus ist also eine tief tragische Angelegenheit. Die Juden haben das Heils- und Gottesprivileg für sich in Anspruch genommen. Das ist, über all die vordergründigen Erklärungen hinaus, die tiefste religiöse Wurzel, die dem Phänomen des Antisemitismus zugrunde liegt. Die Juden sagen: ‚Wir sind das auserwählte Volk Gottes. Wir sind erwählt und ihr nicht!‘ Hier muß man allerdings den Juden sagen, daß es für diesen überlegenen Stolz der Juden im Alten Testament keine theologische Grundlage gibt. Denn das Auserwähltsein des jüdischen Volkes durch den Gott Abrahams, Isaaks und Jakobs meint zwar, daß die Juden ein Zeugnis des Liebeswillens Gottes darstellen. Daraus sollte sich aber nicht ergeben, daß die anderen Völker das auserwählte Volk der Juden bewundern, sondern daß sie selber an den Gott glauben, der so etwas Großartiges hervorgebracht hat, wie die Juden. Leider gehört es zur Geschichte und zum Gottesverhältnis des jüdischen Volkes, daß es – wie es die Propheten selber gesagt haben – ständig davonläuft und nicht zu einem Zeugnis dieses Gottes unter den Völkern wird, sondern sich den Ruhm, der Gott allein gebührt, an die eigene Brust heften. Das ist das Problem. Die Propheten warben daher um das jüdische Volk, weil es brünstig geworden sei und weil es mit den Baalsgöttern dieser Welt buhlte und dabei dem eigenen Gott den Gehorsam verweigerte.

Der Antisemitismus ist also eine ungeheuer komplizierte und komplexe Angelegenheit. Die große Frage ist, ob dieser – auf eine falsche Auslegung von Paulus zurückgehende – Antisemitismus nicht bei dem aus dem katholischen Milieu Österreichs kommenden Hitler seinen Niederschlag gefunden hat, so daß Hitler glauben konnte, eine Art Gottesgericht an den Heilszerstörern und Heilsverhinderern verüben zu dürfen. Heilszerstörer und Heilsverhinderer ist hier freilich im Sinne der rassistischen sozialdarwinistischen Terminologie gemeint.

4. Hitlers Rolle als Erlöser

Wir sind noch dabei, den heikelsten und schwierigsten Punkt des Nationalsozialismus abzuhandeln, nämlich den Antisemitismus. Ich muß ganz offen gestehen, daß ich diesen Antisemitismus letztlich nicht verstehe. Den Antisemitismus, den die Nationalsozialisten und vor allen Dingen Hitler mit Besessenheit exerziert haben, kann man nicht wirklich nachvollziehen. Hier macht sich bemerkbar, daß es ein großer Schaden ist, wenn die Theologie am gesellschaftlich-politischen Diskurs kaum mehr beteiligt ist. Die Aufteilung der Wissenschaften und der Universität in die einzelnen Sparten erweist sich hier als ein großes Problem. Aufgrund dieser Tatsache werden seit Generationen an den Universitäten Historiker, Politologen, Soziologen und Philosophen ausgebildet, die von Theologie keine Ahnung mehr haben. Wie will man aber die Geistesgeschichte und die politische Geschichte Europas und Deutschlands ohne Theologie verstehen? Das ist völlig unmöglich. Ohne Theologie ist es völlig unmöglich, auch nur einigermaßen angemessen über das Phänomen des Antisemitismus – und das heißt auch, über die Juden – zu reden. Darum habe ich versucht, wenigstens anzudeuten, um welche theologischen Probleme es sich dabei handelt.

Eine wichtige Voraussetzung für die Zuspitzung und Eskalation des Antisemitismus im 19. Jahrhundert und vor allen Dingen im 20. Jahrhundert ist – wir haben darauf hingewiesen – der christliche Antisemitismus gewesen. Dieser christliche Antisemitismus hat eigentlich immer zur christlichen Geschichte des sogenannten Abendlandes gehört. Das ist furchtbar, aber wahr. Dieser christliche Antisemitismus war, wie gesagt, begründet in der Tatsache, daß die Juden den Sohn Gottes getötet haben und daß sie durch ihre hartnäckige Weigerung, sich zu bekehren, die Wiederkehr des Herrn aufhalten und damit die volle Realisierung des Heils verhindern. Die Juden galten den Christen demnach als Mörder des Sohnes Gottes und als Heilsverhinderer.

Dieser Hintergrund zeigt sich sogar im Antisemitismus von Karl Marx. Marx gab in seiner Abhandlung über die Judenfrage der Diskussion um den Antisemitismus eine neue Wendung, indem er sagte, es käme nicht darauf an, die Juden zu emanzipieren, sondern die Juden von ihrem Judentum zu emanzipieren. Marx war nicht für die Befreiung der Juden, sondern für die Befreiung der Juden von ihrem Judentum. Diese Emanzipation der Juden von ihrem Judentum verstand Marx allerdings als Teil der emanzipatorischen Aufhebung und Überwindung der Religion überhaupt. Man wird zweifellos auch eine solche Position als antisemitisch bezeichnen können.

Wir haben nun festgestellt, daß die Tragik des christlichen Antisemitismus darin liegt, daß die Christen nicht verstanden haben, daß die Juden trotz der von ihnen ausgehenden Tötung des Sohnes Gottes das auserwählte Volk Gottes geblieben sind. Der Bundesschluß, den der Gott des Alten Testamentes mit den Juden geschlossen hat, ist durch die Rolle, die die Juden bei der Tötung des Gottessohnes gespielt haben, nicht aufgekündigt worden. Vielmehr hält dieser Gott an seiner Zusage gegenüber den Juden fest. Das ist das Entscheidende, das der christlich begründete Antisemitismus auch im 20. Jahrhundert nicht begriffen hatte. Selbst ein Katholik wie Carl Schmitt war der Meinung, daß die Juden nicht mehr das auserwählte, sondern das verworfene Volk seien. Carl Schmitt hat hier schwer geirrt, aber er hat sich offenbar durch Jakob Taubes eines Besseren belehren lassen.

Wie steht es nun um das Problem der Auserwählung, wenn man sich die entsprechenden Passagen im Alten Testament ansieht? „Auserwähltheit“ meint dort nicht die Überlegenheit der Juden über den Rest der Welt in dem Sinne, daß sie Grund hätten, mit Verachtung auf die anderen Völker herunterzublicken. Sondern Auserwählung bedeutete, daß die Juden die Zeugnisgestalt dieses Gottes für die anderen Völker sein sollten. Das ist etwas ganz anderes, als der Exlusivitätsanspruch, durch den sich die Juden gegenüber dem Rest der Welt separierten. Zeugnisgestalt dieses Gottes für die Welt zu sein, das war es, was die Propheten immer wieder an ihrem jüdischen Volk vermißt und eingeklagt haben, da die Juden dieser Bestimmung nicht gerecht geworden seien. In diesem Exklusivitätsanspruch liegt die zweite Wurzel, warum die Nichtjuden die Juden häufig als unerträglich empfunden haben.

Der Antisemitismus Hitlers hatte sicherlich seine Vorgeschichte, aber Hitlers eigener Antisemitismus stellt dennoch ein absolut singuläres Phänomen innerhalb der Geschichte des Antisemitismus dar. Und das aus zwei Gründen: Zum einen gründete sein spezifischer Antisemitismus auf seiner rassistischen Weltanschauung. Hitler behauptete, die Selbstbehauptung von Völkern sei von dem Grad ihrer Rassereinheit abhängig, wobei er unter Rassereinheit nicht nur biologische Eigenschaften, sondern auch bestimmte Gesinnungshaltungen verstanden hat. Hitler war nun der Meinung, daß die Juden die Vernichter dieser Selbstbehauptungsfähigkeit der Völker sind, insofern sie als ein in aller Welt verstreutes Volk die Rassereinheit vernichteten. Im Kontext der rassistischen Grundlage der Hitlerschen Weltanschauung galt daher der Jude als Feind der Menschheit schlechthin. Hitler hat sich so sehr in diese Vorstellung hineingesteigert, daß er meinte, die Juden seien nicht nur eine akute Bedrohung für die Deutschen und die nordische Rasse, sondern für die ganze Menschheit. Hitler glaubte, die Menschheit hätte nur dann eine Überlebenschance, wenn dieser Feind der Menschheit vernichtet würde. Er sprach vom Judentum wie von einem Organismus, der von einer tödlichen Krankheit befallen ist. Die Juden galten ihm als die Zerstörer der Völker und ihrer Kulturen. So kam Hitler zu der wahnwitzigen Auffassung, daß er, wenn er die Juden ausschaltet und in letzter Konsequenz vernichtet, der Menschheit eine Wohltat erweisen würde. Mehr noch. Er glaubte sogar, das „Werk des Herrn" zu vollbringen. Hitler hat immer den Vollzug der – darwinistisch interpretierten – Naturgesetze mit der Erfüllung des Willens des Herrn gleichgesetzt. Hitler hatte also kein spezifisches Gottesbild. Wenn er vom „Herrgott", von der „göttlichen Vorsehung" und vom „Werk des Herrn" sprach – und er sprach häufig davon –, dann bezog sich das immer darauf, daß die darwinistisch interpretierten Selektionsgesetze der Natur zu erfüllen seien. Für Hitler gehörte darum zur Erfüllung des Willens des Herrn auch die Vernichtung derjenigen, die – in seiner Sprache gesprochen – die Reinheit der Rasse und die Rassequalität der Völker zerstörten. Das war die Hitlersche „Theologie". Das ist aber eine Sichtweise, die weder mit der christlichen Tradition noch mit den vorchristlichen, heidnischen Formen der Theologie etwas zu tun hat. Hitlers Weltanschauung stellt vielmehr eine spezifische Form des postchristlichen Neuheidentums dar, wie überhaupt der Nationalsozialismus in seiner tiefsten Dimension nur verstanden werden kann, wenn er als ein postchristliches, aber dennoch religiöses Phänomen verstanden wird. Die Erfüllung der Gesetze der Natur wird darin als die Erfüllung des Willens Gottes verstanden.

Es ist dabei nur scheinbar ein Widerspruch, wenn Hitler den Juden die höchste Rassequalität zugesprochen hat. Hitler hatte die Vorstellung, daß die Juden ihre enormen, durchaus auf ihre Rasseeigenschaften zurückgehenden, Fähigkeiten einsetzen, um die Weltherrschaft zu erringen. In diesem Zusammenhang spielten für ihn die berühmten „Protokolle von Zion", die sich später als eine Fälschung herausgestellt haben, eine bedeutende Rolle. Diese Protokolle besagen, es gäbe einen von den Juden verabredeten Plan, die Weltherrschaft zu erringen. Wenn nun Hitler von den herausragenden Rassequalitäten der Juden sprach, dann meinte er damit nur diese formale Qualität.[8] Hitler traute es den Juden aufgrund ihrer, von ihm negativ beurteilten, Rassequalitäten zu, die Weltherrschaft auch zu erreichen. Die Erringung der jüdischen Weltherrschaft bedeutete für ihn die Vernichtung derjenigen Völker, die diesem Anspruch entgegentraten.

Hitler hat den ganzen Marxismus oder Bolschewismus, wie man damals sagte, als Teil einer „jüdischen Weltverschwörung" interpretiert. Für Hitler war die Machtübernahme des Bolschewismus in Rußland das Ergebnis eines von den Juden angezettelten konspirativen Unternehmens. Mehr noch. Hitler war der Meinung, daß die Juden nicht nur den Sozialismus ausgedacht haben, um die Völker

---

[8] Auch die Mafia kann auf Grund von formalen Qualitäten einen Staat managen, aber sie benutzt die formalen Fähigkeiten in zerstörerischer Absicht und stellt sie in den Dienst von Verbrechen.

zu zerstören, sondern daß sie auch für die gesamte westliche, liberale und aufgeklärte Tradition verantwortlich seien. Das alles sei in den Juden inkarniert. Darüber hinaus stünden sie für das Prinzip des – die vitale Stärke der Menschen – untergrabenden Rationalismus und Intellektualismus.

Im obsessiven Weltbild Hitler kristallisierte sich also in den Juden alles Negative der kulturellen und politischen Moderne. Damit hatte Hitler das, was er brauchte: ein Feindbild. Und von daher konnte er Meinung sein, daß nicht nur alle politischen Probleme, also die Machtprobleme, sondern auch alle Kulturprobleme gelöst seien, wenn dieser Feind verschwände. Die Lösung der Weltprobleme war für Hitler mit der Vernichtung des Menschheitsfeindes der Juden, in denen sich alle destruktiven und von ihm als destruktiv interpretierten Tendenzen der Moderne und des Christentums in quasimythologischer Gestalt inkarnierten, verbunden. Die Juden übernehmen in dem obsessiven Weltbild Hitlers die Funktion einer mythologischen Figur. Auch in den alten dualistischen, mythisch interpretierten Dramen und Schlachten mußte der Feind vernichtet werden, damit alle Probleme der Menschheit gelöst werden.

Hitler war hierbei von einem unvorstellbaren Haß erfüllt. Er war überhaupt einer der ganz großen Hasser. Noch am Ende seines Lebens hat er seine Nachfolger testamentarisch darauf verpflichtet, den Kampf gegen das Judentum fortzusetzen. Ich kann das hier nur schildern. Zu verstehen ist es eigentlich nicht. Man könnte natürlich auf die Kindheitserlebnisse zurückgehen und zeigen, daß Hitlers Antisemitismus – biographisch gesehen – seine Wurzeln im damaligen Wien hatte. Die erste antisemitische Partei bedeutenden Ausmaßes ist ja nicht in Deutschland, sondern in Österreich gegründet worden. Der Ausgangspunkt des Antisemitismus Hitlers liegt ohne Zweifel in Österreich. Ich sage das nicht gerne, aber man muß es sagen, weil ein solcher Antisemitismus in Preußen überhaupt keine Wurzeln gehabt hat. Ganz im Gegenteil: Wenn es einen Staat gegeben hat, der in der humansten und rechtsstaatlichsten Weise das Zusammenleben mit den Juden regelte, dann war es Preußen. Das ist einer der großen Ehrentitel, die man Preußen lassen muß. Hitlers Antisemitismus entstammt vielmehr dem Vielvölkerstaat Österreich-Ungarn und speziell dem Wiener Milieu. Dort hatte er die ersten Kindheitseindrücke gesammelt, die sich ihm unauslöschlich eingeprägt haben. Nun könnte man lange interpretieren, was eigentlich diese KuK-Monarchie gekennzeichnet hat. Von Robert Musil könnte wir erfahren, daß dieses Regime ja ein einzigartiges Phänomen in der neuzeitlichen Geschichte war. Aber das zu erörtern, ist hier nicht der geeignete Ort.

Dies alles müssen wir wenigstens zur Kenntnis nehmen. Zu verstehen ist es letzten Endes nicht. Wir haben es hier mit einer spezifischen Form ideologischer Besessenheit und auch mit Wahnbildung zu tun. Man könnte höchstens die Frage stellen, wie es möglich geworden ist, daß solche Wahnvorstellungen und Obsessionen im 20. Jahrhundert zu solch fürchterlichen Auswirkungen geführt haben. Hitler wollte die Wirklichkeit seinen Wahnvorstellungen anpassen. In diesem Zusammenhang müssen wir auf zwei wesentliche Eigentümlichkeiten des Hitlerschen Charakters zu sprechen kommen.

Da ist zum einen sein unbändiger Fanatismus. Welche Begriffe und Worte tauchen in Hitlers Reden immer wieder auf? Das Hauptwort Hitlers lautete: „erbarmungslose Konsequenz". Man müsse die Probleme mit „erbarmungsloser Konsequenz" lösen. Dieser Mann war in einer so fürchterlichen Weise konsequent, wie man sich das überhaupt nicht vorstellen kann. Er hat aus seinen axiomatisch gesetzten Prämissen in der Tat erbarmungslose Konsequenzen gezogen.

Dabei muß man allerdings sehen, daß Hitler sich die „Lösung des Judenproblems" nicht immer so vorgestellt hat, wie es dann erfolgt ist. Hitler hat Jahre lang davon gesprochen, es müsse eine Separierung der Juden vollzogen werden. Er wollte die Juden nach Madagaskar überführen und später hat er sogar versucht, die Juden dem Rest der Welt anzubieten. Es sind Schiffe voller deutscher Juden in die Ozeane ausgelaufen, aber – auch das muß man, so schwer es mir fällt, sagen –, es war kaum einer der westlichen Staaten bereit, die deutschen Juden aufzunehmen. Diese Schiffe sind abgewiesen worden und sie sind wieder zurückgekehrt. Wenn die Welt bereit gewesen wäre, die Juden aufzunehmen, dann wäre das Schlimmste verhindert worden. Aber die Welt war dazu nicht bereit. Leider haben die Alliierten ihre Bomben zwar gegen deutsche Städte, nicht aber gegen die Transportwege eingesetzt, auf denen die Juden zur Vernichtung in Konzentrationslager gebracht wurden. Es ist durch die Alliierten im Zweiten Weltkrieg nicht ein einziger Transportweg zerstört worden. Alle Juden sind dort angekommen. Auch das ist ein Faktum. Dabei hätte man die ganze Infrastruktur vernichten können. Statt dessen haben die Westalliierten häufig in – militärisch gesehen – sinnloser Manier einen Krieg gegen die deutsche Zivilbevölkerung und gegen unschuldige Menschen geführt. Dieser Bombenkrieg war, wie wir heute wissen, weder geeignet, den deutschen Widerstandswillen zu brechen, noch, die Rüstungsproduktion zu beeinträchtigen. Die Zerstörung Dresdens durch Brand- und Sprengbomben – man rätselt noch über die Anzahl der Toten – war, militärisch gesehen, eine absolut sinnlose Aktion. Aber das ändert nichts daran, daß dem verantwortlichen General Harris vor einigen Jahren im Beisein der Königinmutter in London ein Denkmal gesetzt wurde. Die grausame Vernichtungswut, die sich auch gegen Menschen richtete, die nicht unmittelbar am Krieg beteiligt waren, ist also keine Spezialität der Deutschen gewesen, wenn auch die Deutschen besonders gründlich und konsequent gewesen sind.

Wenn Hitler von „erbarmungsloser Konsequenz" sprach und auch danach handelte, dann haben wir es hier mit einem Phänomen zu tun, das den Begriff des Fanatismus in Perfektion erfüllt. Hitler war ein Fanatiker des ganz großen Formats. Was ist ein Fanatiker? Ein Fanatiker ist jemand, der nicht mit sich reden läßt. Dieses Phänomen des Fanatismus war in kleinbürgerlicher, spießiger Form weit verbreitet, es hat aber bei Hitler ungeahnte Ausmaße angenommen.

Als General Schmückle einmal gefragt wurde, warum denn selbst die oberste Generalität nicht den Mut gehabt habe, die Wahrheit zu sagen und den Krieg zu beenden, da führte er das auf die „dämonische Ausstrahlung" Hitlers zurück. Nun weiß ich nicht, ob der Begriff der „dämonischen Ausstrahlung" ein treffender Ausdruck ist, aber nach allem, was wir aus Zeugnissen wissen, ist von Hitler tatsächlich eine ungeheuere Wirkung ausgegangen. Es gab im Blick auf Hitler nur zwei

Reaktionsweisen: Entweder feindliche Ablehnung oder begeisterte Zustimmung. Nur wenige haben sich gegenüber dieser „dämonischen Ausstrahlung“ immun gezeigt. Es gibt eine Anzahl von Zeugnissen, in denen Generäle und Feldmarschälle mit dem Vorsatz „Jetzt werde ich dem Hitler einmal die Wahrheit sagen“ entschlossen zu Hitler marschiert sind, die dann aber vor ihm standen und es nicht fertig gebracht haben. Sie sind dann nicht selten, voll überzeugt von der unwiderstehlichen Weisheit des Führers, wieder abgezogen. Hitler hatte eine – ich gebrauche das Wort nicht gerne – fast weibliche Einfühlungsgabe, durch die er die letzten, auch unbewußten Regungen der Seele der Menschen erfassen konnte.

Daß von Hitler eine solche Wirkung ausging, ist ja zunächst einigermaßen überraschend. Denn Hitler war keineswegs immer ein Kraftpaket, sondern er war zugleich auch ein beinahe depressiver Mensch. Hitler ist in jungen Jahren ein Boheme gewesen, der keinen ordentlichen bürgerlichen Beruf ausgeübt hat. Er konnte sich nur selten aufraffen. Oft lebte er in tiefer Depression vor sich hin und ging seinen künstlerischen Neigungen nach. Das Bild von Hitler ist also sehr schillernd. Die Wirkung Hitlers war im Grunde genommen auf bestimmte Situationen begrenzt. Jedenfalls war er keineswegs der ständig kraftvoll entscheidende Führer. Wer einmal die Geschichte der Parteiführung in den 30er Jahren in den Tagebüchern Goebbels nachliest, der wird feststellen, daß alle darüber geklagt haben, daß Hitler keine Entscheidungen treffen konnte. Die Partei war dabei, innerlich auseinanderzubrechen, aber die Münchener Zentrale und Hitler waren nicht in der Lage, eine Entscheidung zu treffen. Hitler war oft nicht entscheidungsfähig, er war ein Zauderer. Es gab sogar Pläne, Hitler wegen Unfähigkeit abzusetzen. Auch während des Zweiten Weltkrieges gab es Phasen völliger Passivität, in denen Hitler wie ein Penner vor sich hin döste und nicht in der Lage war, die Lage zur Kenntnis zu nehmen und einen Entschluß zu fassen.

Aber dann gab es diese exzessiven Momente, in denen er wie durch eine elektrische Leitung aufgeladen war. Hitler hat in dem Kapitel über „Propaganda“ in „Mein Kampf“ selber darüber Auskunft gegeben. Es war eine ungeheuere Willenskraft, die von ihm ausging. Hitler hat mit dieser unbändigen Willenskraft und Energie alle etwas schwächeren Charaktere bezwungen. Er hat die Massen wie die Eliten kraft seiner Willenskraft zu einer Einheit ummodelliert und zusammengeschweißt.

Das zeigen die, ästhetisch gesehen, großartigen Filme von Leni Riefenstahl über die Reichsparteitage in Nürnberg. Leni Riefenstahl war eine der wenigen, die, was den ästhetischen und quasireligiösen Charakter anbelangt, begriffen hatte, was es mit dem Nationalsozialismus auf sich hatte. An den beiden Filmen „Triumph des Willens“ und „Triumph des Glaubens“ kann man ablesen, wie Hitler aus einer chaotischen, amorphen Masse eine Einheit geformt und geschaffen hat. Dieses Schaffen war für Hitler ein künstlerisches Schaffen. So wie der Bildhauer aus dem Lehmklumpen eine Figur modelliert, so wollte Hitler dort aus den Massen, den Deutschen, eine Einheit formen. Diese Parteitage waren rein rituelle Darstellungen. Hier zeigt sich, daß der Nationalsozialismus zwar postchristlich, aber dennoch eine Art Quasireligion war. Dem nationalsozialistischen Mythos entsprach eine rituelle Praxis. In dieser Praxis zeigte es sich, daß das, was Hitler als ideologisches Ziel vorschwebte – nämlich aus der Masse eine geschlossene Einheit zu machen und eine völlige innere Korrespondenz zwischen dem Führer und dieser Einheit herzustellen –, nicht nur verkündet und gefordert wurde, sondern auf den Parteitagen rituell verwirklicht worden ist. Die Menschen glaubten, an einem rituellen, religiösen Weiheakt teilzunehmen. Man kann es sich heute gar nicht vorstellen, mit welch einer inneren Bewegtheit die Leute vom Parteitag in Nürnberg nach Hause gekommen sind. Diese Parteitage waren nicht nur ästhetische Inszenierungen, sondern dort wurde regelrecht eine zweite rituelle Wirklichkeit geschaffen. Hitler hat es durch diese rituellen Darstellungen und Akte vermocht, die Menschen aus der Misere ihres Alltags auf eine andere Wirklichkeitsebene zu transponieren. Dazu gehörte der Gestus des Heilsbringers ebenso wie die damit verbundenen quasireligiösen Handlungen.

Dieses Phänomen halte ich für am wenigsten begriffen, aber ich glaube, daß es das entscheidende ist. Bei aller Übereinstimmung mit den großen Masseninszenierungen und Aufmärschen, die es in der Sowjetunion gegeben hat, liegt darin der schwer zu fassende Unterschied. Vorgänge, wie die Parteitage in Nürnberg, sind Phänomene sui generis. Da gibt es vielleicht nur Parallelen, die ins vorchristliche, heidnisch-archaische Zeitalter zurückreichen. Dieses unglaubliche Phänomen – ich gebrauche bewußt das neutrale Wort „Phänomen" – ist noch nicht annähernd begriffen worden. Zwar hatte auch der Sozialismus eine quasireligiöse Dimension. Vor allen Dingen die Deutschen und die Russen sind dem Sozialismus mit religiöser Inbrunst gefolgt. Aber das war doch noch etwas anderes, als der Nationalsozialismus.

Warum haben nun die Deutschen, wenn auch nach anfänglichem Zögern, Hitler mit überwältigender Mehrheit zugestimmt? Es ist nun keine große Schwierigkeit, diese Frage zu beantworten. Denn zunächst einmal hatte Hitler in den ersten Jahren fast alle Versprechen, die er für den Fall seiner Machtübernahme gegeben hatte, erfüllt. Das muß man sehen. Er hat in wenigen Jahren das Problem der Arbeitslosigkeit gelöst. Zweitens hat er die innere Zersplitterung des Volkes und die drohende Anarchie, die die Deutschen in der Weimarer Republik erlebt hatten, beendet. Ja, er hat in den Augen der Deutschen sogar das geschafft, was es so in der ganzen deutschen Geschichte überhaupt noch nicht gegeben hat: Er hat das deutsche Volk geeint. Und er war dabei, das deutsche Volk als ein geachtetes Mitglied der Völkerfamilie in die Völkergemeinschaft zurückzuführen. Die westlichen Demokratien haben Hitler zudem das gegeben, was sie der schwer um ihre Existenz ringenden Weimarer Demokratie versagt hatten. Hitler konnte sich vor 1939 beinahe alles erlauben. Er konnte sogar das Rheinland besetzen und Böhmen und Mähren annektieren, ohne daß die Franzosen und der Westen ernsthaften Widerstand geleistet hätten.

Die Deutschen haben Hitler also nicht zugestimmt, weil sie Idioten oder gar Verbrecher waren, sondern weil sie fast alles erfüllt sahen, was ihnen versprochen wurde. Sicherlich sind die Deutschen auch manipuliert und verführt worden. Aber entscheidend waren doch schlicht die Erfolge, die Hitler in den Augen der Deutschen verbuchen konnte. Das ist doch einfach nicht zu leugnen. Die Weimarer Demokratie hätte die Probleme der Menschen lösen müssen statt sich auf die rituellen Beschwörungen ihres hohen Wertes zu beschränken. Denn die Demokratie, um das Mindeste zu sagen, war für die Deutschen damals kein Selbstzweck, sondern sie mußte sich, wie jedes andere Regime auch, bei der Lösung der gesellschaftlichen Probleme bewähren. Die Deutschen sind aber im Verlauf der Weimarer Republik zu der Meinung gekommen, daß die Demokratie diese Probleme nicht zu lösen vermochte.

Hier stellt sich nun eine interessanteste Frage: War die nationalsozialistische Machtübernahme eine Revolution oder nicht? Und wenn es eine Revolution war, was für eine Revolution war es denn eigentlich? Formal gesehen, war der Nationalsozialismus keine Revolution, denn die Nationalsozialisten sind legal an die Macht gekommen. Auch das war ein Erfolg von Hitlers Strategie. Hitler hatte sich nach dem gescheiterten Putsch von 1923 für die Zeit nach seiner Entlassung aus dem Gefängnis in Landsberg vorgenommen, nicht gegen die Demokratie, sondern mit den Mitteln der Demokratie an die Macht zu kommen. So haben die Nationalsozialisten nicht immer gedacht. Es war einer der großen Streitpunkte innerhalb der „Bewegung", ob man die eigenen Ziele in Übereinstimmung mit der Demokratie oder gegen die Demokratie verfolgen sollte.

Hitler ist nun aber nach dem ordentlichen demokratischen Verfahren der Weimarer Republik an die Macht gekommen. Wenn man unter Revolution die Ausschaltung der gegebenen Machtstrukturen unter Einsatz von Gewalt versteht, dann wird man die Machtübernahme keine Revolution nennen können. Hitler ist in Übereinstimmung mit den Spielregeln der Demokratie an die Macht gekommen. Freilich war Hitler entschlossen, von dieser Macht dann einen Gebrauch zu machen, der nichts mehr mit Demokratie zu tun hatte. Hier zeigt sich eine weitere Eigenschaft Hitlers. Hitler war auch ein großer Taktiker, der ungeheuer verschlagen und einfallsreich sein konnte.

Obwohl Hitler in Übereinstimmung mit den demokratischen Regeln an die Macht gekommen ist, wußte allerdings jeder, daß mit der Machtübernahme Hitlers eine Veränderung von revolutionärer Qualität eintreten würde. Darüber hat Hitler auch keinen im unklaren gelassen. Er hat 10 Jahre lang in jeder Rede verkündet, was er vor hatte, wenn er an die Macht kommen sollte. Insofern muß man feststellen, daß das Volk Hitler an die Macht gebracht hat. Das Volk hatte das Vertrauen in die parlamentarische Demokratie verloren und sich nun gegen die Demokratie entschieden.

In einer Demokratie kann das Volk auch gegen die Demokratie votieren. Im Nationalsozialismus ist damit etwas passiert, was nach der Meinung der Theoretiker der Moderne als unmöglich galt. Alexis de Tocqueville etwa hat behauptet, der Siegeszug der Demokratie sei ein unaufhaltsamer Prozeß, gegen den kein Widerstand möglich sei. Aus der heutigen Perspektive hat Tocqueville dennoch recht behalten. Der Nationalsozialismus konnte den Siegeszug der Demokratie nur vorübergehend verzögern. Seit 1945 hat sich nämlich dieser Siegeszug, zum Teil sogar aufgrund des Scheiterns des Nationalsozialismus, weiter fortgesetzt.

Demokratiekritik steht daher heute per se unter Faschismusverdacht. Demokratietheoretisch ist das freilich eine sehr diffizile Angelegenheit, denn wenn Demokratie Ausübung der Herrschaft durch das Volk bedeutet, dann müßte die Demokratie eigentlich dem Volk auch das Recht zubilligen, die Demokratie abzuschaffen. Das verhält sich so ähnlich, wie mit der Freiheit. Zur Freiheit gehört auch das Recht des Selbstmordes.[9]

Was für eine Art von Revolution war nun der Nationalsozialismus? Der Nationalsozialismus war eine Gegenrevolution; und zwar eine Gegenrevolution, die sich gegen das revolutionäre Prinzip, das sich seit der Französischen Revolution durchgesetzt hat, gerichtet hat. Die Revolution der Nationalsozialisten war eine Revolution, aber diese Revolution war gegen alle Prinzipien und Postulate der Französischen Revolution von 1789 gerichtet. Der Nationalsozialismus wollte revolutionär überwinden, was in den letzten 150 Jahren unter politischer und kultureller Emanzipation verstanden wurde. Im Gegensatz dazu hat sich die bolschewistische Revolution in Rußland 1917 als die sozialistische Vollendung der bürgerlichen Französischen Revolution verstanden. Diese Gegenrevolution gegen das durch die Französische Revolution etablierte Revolutionsprinzip beschränkte sich dabei nicht auf den engen Bereich des Politischen und des Sozialen. Es ging nicht nur darum, die politischen und sozialen Konsequenzen der Französischen Revolution rückgängig zu machen, sondern es ging darum – und das halte ich für ganz wichtig –, die gesamte moderne, liberale Kultur zu überwinden.

Der Nationalsozialismus ist also eine Kulturrevolution gewesen. Der Nationalsozialismus war eine Revolution gegen die kulturelle Moderne. Alle geistigen, politischen, sozialen, kulturellen und in gewisser Weise auch religiösen Prinzipien, auf denen die Moderne errichtet war und auf denen ihr Selbstverständnis beruhte, sollten kulturrevolutionär überwunden werden. Die Nationalsozialisten wollten mit der Logik der Moderne brechen. Daran kann es keinen Zweifel geben. Hitler wollte den gesamten Zug des geschichtlichen Prozesses umkehren und das tun, was dem Begriff von Revolution („revolvere" – umkehren) entspricht.

Man kann sich von daher nur wundern, wieso es überhaupt Zweifel daran geben konnte, daß Hitler ein Revolutionär gewesen ist. Die marxistische Tradition hat immer verzweifelt darum gekämpft, Hitler und dem Nationalsozialismus den Ehrentitel des Revolutionären abzusprechen. Die Kommunisten, die die wahren Revolutionäre sein wollten, haben daher das Phänomen des Nationalsozialismus immer als finsterste Reaktion interpretiert. Der Kommunist Georgi Dimitroff er-

---

[9] Darum ist auch die Nichtzulassung von Drogen – hinsichtlich der Jugendlichen mag es ein Sonderfall sein –, in einer liberalen Demokratie eine problematische Sache, weil die liberale Demokratie jedem grundsätzlich auch das Recht auf Selbstzerstörung zubilligt. Das große Versprechen der liberalen Demokratie besteht darin, daß jeder nach seinen Vorstellungen sein Glück suchen kann. Und wenn jemand meint, im Drogenrausch sein Glück zu finden, hat diese Demokratie kaum Argumente, die mit der liberalen Demokratie vereinbar sind und zugleich jemanden daran hindern, Selbstmord zu begehen oder sich selbst zu zerstören. Übertragen auf ein Kollektiv, stellt dieser Akt der Selbstabschaffung der Demokratie durch das Volk einen vergleichbaren Vorgang dar.

klärte, der Nationalsozialismus sei der organisierte Teil des reaktionärsten internationalen Finanzkapitals. Das ist die offizielle kommunistische Deutungsformel gewesen: der Nationalsozialismus war die Zusammenrottung des reaktionärsten Teils des Finanzkapitals gegen den Fortschritt.

Darum ist es so wichtig, zu begreifen, daß es sich hier wirklich um eine Revolution gehandelt hat und daß die antimoderne Intention, die dieser Revolution zugrunde lag, durch den militärischen Sieg über den Nationalsozialismus noch nicht verschwunden ist. Dieses Projekt kann sich in ganz anderen Formen und unter ganz anderen Bedingungen auch wieder mit potentiell großer Zustimmung formieren. Denn daß die Logik der Moderne durchbrochen werden soll, ist spätestens mit der Heraufkunft der Ökologiekrise evident. Das totale Scheitern des Nationalsozialismus hat nichts daran geändert, daß die Intention des Kampfes gegen die Moderne weiter fortlebt. Sicherlich darf und wird der Nationalsozialismus niemals wiederkehren. Aber das Problem, wie man die Logik der Moderne, d.h. die Herrschaft von Ökonomie, Wissenschaft und Technik und die damit verbundene Abschaffung aller gewachsenen, geschichtlich gewordenen Kulturen, beenden kann, wird der Welt erhalten bleiben. Ich sage voraus, daß dies das große politische Thema des 21. Jahrhunderts sein wird. Der Faschismus, nicht der Nationalsozialismus, wird in Zukunft wieder an Faszination gewinnen, weil er versucht hat, die Bedrohung der geschichtlichen und nationalen Partikularitäten durch die rationale wissenschaftlich-technische Weltzivilisation zu beenden. Wir wollen nun nicht über die Grünen reden. Aber daß es diese Partei bzw. diese Bewegung der Grünen und Alternativen überhaupt gibt, ist doch interessant. Die Grünen wollten, anfangs zumindest, den kapitalistischen Zerstörungs- und Ausbeutungsprozeß aufhalten, dem zwar nicht mehr das Proletariat, aber umso mehr die Natur zum Opfer fällt. Diese Natur sollte gerettet werden. Sicherlich haben die Grünen ein anderes Naturverständnis als die Nationalsozialisten, aber es fällt schon auf, daß auch die Nationalsozialisten sich im Kampf gegen die westliche Zivilisation als Anwalt des Gesetzes der Natur verstanden haben. Auch der Nationalsozialismus war eine Naturtheorie. Es sollte der wahre Wille der Natur umgesetzt werden. Natürlich wird Natur bei den Grünen anders interpretiert, als das Hitler getan hat, obwohl man nicht leugnen kann, daß der Evolutionsgedanke auch für das Naturdenken mancher Grüner eine große Rolle spielt. Außerdem haben sich die Grünen nicht als eine Partei, sondern als eine „Bewegung" verstanden, die sich gegen das etablierte Parteiensystem als ganzes richtete. Nun sind die Grünen allerdings eine beinahe normale linksliberale Partei geworden. Die Grünen sehen ihren Feind nun nicht mehr in der Industriegesellschaft, sondern in der Neuen Rechten und in allen Schattierungen des Konservativismus, einschließlich der Christdemokratie.[10] Dahinter steht der Vorwurf, der Konservatismus sei der Steigbügelhalter des Nationalsozialismus gewesen.

[10] Wenn heute beispielsweise ein Christdemokrat auf ganz sachlicher Grundlage über Asylmißbrauch und die Begrenzung der Zuwanderung spricht, dann wird er sehr bald als ausländerfeindlich oder fremdenfeindlich ausgegrenzt. Er gerät dann sehr leicht in den Verdacht, ein Nationalist zu sein. Das ist die Lage und sie ist brandgefährlich. Denn wenn wir diese Konstellation nicht bald beenden, werden wir genau das fördern, was wir verhindern wollen.

Ich werde nun den Versuch machen, dieses tiefsitzende und weit verbreitete Vorurteil zu widerlegen. Es ist zwar richtig, daß bestimmte Kräfte des politischen Konservativismus seinerzeit in eine gewisse Nähe zum Nationalsozialismus gerückt sind und daß sie sogar an der Etablierung Hitlers an der Regierung beteiligt waren. Aber wir dürfen nicht vergessen, gegen wen sich Hitler wandte. Zur Charakterisierung des revolutionären Charakters des Nationalsozialismus ist es wichtig, zu erkennen, daß der erste zu beseitigende Feind des Dritten Reiches der deutsche Altkonservativismus war. Diese These stammt nicht von mir, sondern von keinem Geringeren als von Sir Ralf Dahrendorf, geäußert in seinem Buch über die „Gesellschaft und Demokratie in Deutschland". Diese These Dahrendorfs ist für die gesamte Diskussion bisher ohne Folgen geblieben. Wir werden fragen müssen, warum eigentlich keiner daran interessiert ist, daß die Stoßkraft des Nationalsozialismus sich gegen den deutschen Konservativismus richtete. Wenn wir diesen Punkt begriffen haben, dann werden wir feststellen, daß der Nationalsozialismus nicht nur eine Revolution gegen die Moderne, sondern – zum Teil gewollt, zum Teil ungewollt – auch eine Revolution war, die die Modernisierung vorangetrieben hat. Paradox formuliert: Der Nationalsozialismus war eine Revolution gegen die Moderne mit den Methoden und Mitteln der Moderne selber. Darin liegt die Paradoxie des Nationalsozialismus als einer Revolution.

5. Der Nationalsozialismus – eine Symbiose von Modernität und Archaik

Es geht uns im Folgenden um die geschichtliche Einordnung dieses Phänomens des Nationalsozialismus. Um welche Art von Revolution handelte es sich im Nationalsozialismus? Wie verhält sich der Nationalsozialismus zum Konservativismus? Die aufregendste Frage lautet aber: Wie muß man das Verhältnis des Nationalsozialismus zur Moderne bestimmen?

Zur ersten Frage: Der Nationalsozialismus stellt das Paradox einer legalen Revolution dar. Mit legaler Revolution ist gemeint, daß die Demokratie in Übereinstimmung mit sich selbst die Demokratie selber abschafft. In der Geschichtsperspektive seit der Französischen Revolution passiert damit etwas Unvorstellbares: das Volk selber wendet sich gegen die Demokratie und entzieht der Demokratie die Basis. Genau das ist 1933 geschehen. Hitler setzte im Blick auf die beabsichtigte legale Revolution auf eine vorausgehende Kulturrevolution. In unserer Sprache gesprochen, war daher die legale Revolution das Ergebnis der Umwertung der Werte. Der Nationalsozialismus wollte eine Art Kulturrevolution bewerkstelligen, und er hat sie zu einem erheblichen Teil auch tatsächlich zustande gebracht. Um den kulturrevolutionären Charakter des Nationalsozialismus zu verstehen, ist es notwendig, nach der Rolle und den Zielen der Theoretiker der sogenannten „Konservativen Revolution" zu fragen. Zwar sind die konservativen Revolutionäre für die Machteroberungsstrategie der Nationalsozialisten bedeutungslos gewesen, aber hinsichtlich der Ermöglichung des Nationalsozialismus als einer Kulturrevolution haben sie durchaus eine entscheidende Rolle gespielt. Ohne den intellektuellen Überbau der Theorien der „Konservativen Revolution" hätte der Nationalsozialismus seine kulturrevolutionäre Stoßkraft nicht entfalten können. Daher werden wir, von Nietzsche her, die Philosophie Oswald Spenglers, Ernst Jüngers und Martin Heideggers eingehend studieren. Im Blick auf die geistige Genese des Faschismus sind diese Theoretiker und die Rolle, die sie damals gespielt haben, von entscheidender Bedeutung. Diese Philosophen hatten, bei allen Unterschieden, eines gemeinsam: eine existentielle Haltung, die man „heroischen Nihilismus" nennen kann. Sie selber nannten es nicht Nihilismus, sondern Realismus. Aber der Sache nach war ihre Haltung durch eine Art heroischen Nihilismus geprägt. Es kann kein Zweifel darüber bestehen, daß dieser Stil des heroischen Realismus und Nihilismus in den Kreisen der Intellektuellen in der Weimarer Republik eine gar nicht zu unterschätzende Rolle gespielt hat. Wir wollen daher nun das Verhältnis des Nationalsozialismus zum Konservativismus beleuchten.

Es wird heute nicht mehr zwischen Konservativen und Rechten unterschieden. Der Konservativismus wird heute ganz grundsätzlich in einen Zusammenhang mit dem Antisemitismus, der Judenvernichtung, dem Rassismus und natürlich mit dem imperialistischen Eroberungskrieg gebracht. Von diesen vier Punkten ausgehend, kommen die Kritiker zu einem Totalverdikt über den Konservativismus. Im Blick auf die politische Entwicklung nach 1945 ist es gelungen, den Konservativismus im allgemeinen als eine Art Hilfsaggregat des Nationalsozialismus zu etikettieren, weil die Konservativen Hitler mit an die Macht gebracht hätten, und weil sie zum Teil selber am Nationalsozialismus beteiligt gewesen seien. Es ist gelungen, den deutschen Konservativismus ganz allgemein in das vernichtende Urteil über den Nationalsozialismus einzubeziehen. Die Sonderentwicklung Deutschlands im Verhältnis zu den übrigen Ländern Europas nach 1945 ist darin begründet, daß der Konservativismus schlechthin unter Faschismusverdacht steht. Darum will auch die CDU keine konservative Partei sein.

Wer die Reden nachliest, die Hitler während der Weimarer Republik gehalten hat, der muß zugeben, daß Hitler darin eine Politik verkündet hat, der unter den damaligen Bedingungen die meisten Konservativen zugestimmt haben. Denn wovon sprach Hitler? Er sprach – man wagt es kaum in den Mund zu nehmen – von der „sittlichen Erneuerung des deutschen Volkes". Hitler wollte eine „sittliche Erneuerung" und er gab sich in manchen Reden sogar als Verteidiger des Christentums gegen den atheistischen Bolschewismus aus. Im NSDAP-Parteiprogramm steht der ominöse Paragraph: „Wir bekennen uns zu einem positiven Christentum". Hitler versprach darüber hinaus, die soziale Not zu beseitigen, die Arbeitslosigkeit zu beseitigen, das zerstrittene Volk innerlich zu einigen und es in die Gemeinschaft der Völker als ein anerkanntes Volk zurückzuführen. Wenn man sich diese Versprechen ansieht – und gleichzeitig nicht berücksichtigt, was wir heute wissen, nämlich daß der Nationalsozialismus dieses Land ruiniert hat – dann bitte ich jeden einmal zu überlegen, ob die Bereitschaft der Konservativen, diesen Mann und seine Bewegung zu unterstützen, nicht verständlich war. Diese Unterstützung wird umso verständlicher, wenn man bedenkt, daß die demokratischen

Parteien damals mit ihrem Latein am Ende waren. Sie haben das, wie das „Ermächtigungsgesetz" zeigt, sogar selber eingestanden. Diese Parteien haben Hitler die Macht auf dem Tablett serviert, er brauchte gar nicht nach der Macht zu greifen. Die Macht ist ihm regelrecht angetragen worden, zumal auch die demokratischen Parteien die Alternative des Bolschewismus gefürchtet haben.

Es kann also kein Zweifel sein, daß der politische Altkonservativismus von Papens und seiner Anhänger – wenn auch auf der Basis eines kritischen und distanzierten Verhältnisses speziell zu Hitler – unter Anerkennung der gegebenen Lage an der Machtübernahme des Nationalsozialismus beteiligt waren. In dieser Hinsicht haben die linken Kritiker recht und es hat auch gar keinen Sinn, das zu leugnen oder zu bagatellisieren.

Auf der anderen Seite haben manche konservative Revolutionäre, wie Oswald Spengler, den Nationalsozialismus grundsätzlich abgelehnt. Oswald Spenglers Buch „Jahre der Entscheidung" stellte die erste fundamentale Kritik am Nationalsozialismus dar. Spengler beklagte am Nationalsozialismus das Fehlen der preußischen Nüchternheit. Für ihn war der Nationalsozialismus eine Art Rauschphänomen, das vielleicht aus den KuK-Verhältnissen Österreichs zu verstehen sei, nicht aber für einen nüchternen Preußen. Der Nationalsozialismus war für Spengler ein Phänomen der Realitätsverweigerung. Die Nationalsozialisten waren in seinen Augen unfähig, die politischen und auch die machtpolitischen Realitäten dieser Welt zur Kenntnis zu nehmen. Spengler wußte, daß die Sache schief geht, falls es zu einer Wiederholung der Konstellation im Ersten Weltkrieges kommen sollte. Er hat sich daher darum bemüht, die Wiederholung einer Zwei-Fronten-Konstellation unter allen Umständen zu vermeiden. Und was hat Hitler getan? Er hat es fertig gebracht, daß die Deutschen nachher nicht nur an zwei Fronten, sondern an vier Fronten kämpfen mußten.

Der Anteil der Konservativen an der Ermöglichung von 1933 ist dennoch unbestreitbar. Der Nationalsozialismus trat im Kampf gegen die Demokratie für das Führerprinzip, für Autorität, für Befehl und Gehorsam und für Volk und Heimat ein. Das sind alles „Werte", die damals auch von den Konservativen vertreten wurden. Das geht zurück bis auf die feudale Reaktion gegen die Französische Revolution. Der Nationalsozialismus gab sich offenbar erfolgreich als die dem 20. Jahrhundert adäquate Form der konservativen Kulturrevolution aus.

Nun hat man nach 1945 immer den Eindruck vermittelt, als hätte sich an dieser Nähe der Konservativen im Verhältnis zum Nationalsozialismus nach der Machtübernahme Hitlers nichts geändert. Das ist aber falsch. In diesem Zusammenhang ist es nun wichtig, sich das Buch „Gesellschaft und Demokratie in Deutschland" von Ralf Dahrendorf anzusehen. Dahrendorf hat darin etwas außerordentlich Wichtiges erkannt. Diese Erkenntnis Ralf Dahrendorfs ist leider in der allgemeinen Diskussion über den Nationalsozialismus untergegangen. Die These von Dahrendorf lautet, daß bereits kurz nach 1933 sichtbar geworden sei, daß sich der Nationalsozialismus in seiner revolutionären Stoßrichtung gegen den Konservativismus gerichtet hat. Der Nationalsozialismus hatte sich zum Ziel gesetzt, den deutschen Konservativismus zu zerschlagen. Die nationalsozialistische Revolution hatte, innenpolitisch gesehen, den primären Feind im deutschen Konservativismus gesehen. Daher sind die Konservativen später auch die schärfsten Kritiker des Nationalsozialismus geworden. Denken wir nur an Hermann Rauschning, der zweifellos ein bürgerlicher Konservativer war und der das berühmte Buch „Die Revolution des Nihilismus" geschrieben hat. Für Rauschning hatte sich sehr schnell herausgestellt, daß der Nationalsozialismus keine konservative Revolution war und auch keine konservativen Ziele verfolgte, sondern daß es ihm im Gegenteil um die Zerschlagung des Konservativismus ging. Konkret bedeutete das für Rauschning, daß es sich beim Nationalsozialismus um die, bereits in den Prämissen angelegte, konsequenteste Revolution des Nihilismus gehandelt hat.

Woran wurde das deutlich? Was war das Grundprinzip dieser antikonservativen nihilistischen Revolution? Es bestand darin, sämtliche bestehenden sozialen Strukturen und alle Loyalitäten, welche die Menschen mit gewachsenen Strukturen verbanden, aufzulösen. Dieses Prinzip ist übrigens das Grundprinzip aller großen Revolutionen in der Moderne gewesen. Die nationalsozialistische Revolution hat die totale Vereinzelung des Menschen hervorgebracht. Es wurden alle gesellschaftlichen Organisationen und alle gewachsenen Strukturen mit ihren Traditionen, Loyalitäten und Autoritäten sukzessive zerschlagen, so daß der Einzelne jeden Halt verloren hat.

Welches ist der zweite Sachverhalt, der für diese Art von nihilistischer Revolution verantwortlich ist? Die beste Voraussetzung für die totalitäre Lösung des Nationalsozialismus ist die Atomisierung der Gesellschaft gewesen. Nietzsche hat, wie wir sehen werden, diese atomistische Revolution vorausgesehen. Diese atomistische Revolution, die sich als Produkt des Evolutionsprozesses der Moderne ohnehin hergestellt hätte, wurde vom Nationalsozialismus noch beschleunigt. Durch diese Vereinzelung förderte man aber auch die Prozesse der Vermassung. Die Massengesellschaft ja nichts anderes als die Kehrseite der Vereinzelung. Je vereinzelter eine Gesellschaft wird, um so mehr nehmen die Massen zu. Nach der Atomisierung des einzelnen kommt damit das zweite Prinzip der „Organisation" zum Tragen, das die so Vereinzelten in die Organisationen, die von der „Bewegung" geschaffen werden, einbindet,. An die Stelle des konservativ Gewachsenen tritt damit das Prinzip der „Organisation". Wir werden in den Ausführungen über Ernst Jünger darauf zurückkommen. Es ist ein unglaublicher Einfall der Nationalsozialisten gewesen, ein solches Netz von Organisationen zu schaffen, daß jeder Einzelne von der Wiege bis zur Bahre in einer, der jeweiligen Lebensphase angemessenen nationalsozialistischen Organisation erfaßt wurde. Das Entscheidende liegt hier im „Erfassen". Denn was heißt „erfassen"? „Erfassen" heißt, in den Griff bekommen und unter Kontrolle bringen. Es gab im Nationalsozialismus eine geradezu anarchische Pluralität von Organisationen dieser Art. Das ging mit den 10-jährigen „Pimpfen" los. Die 14–15-Jährigen kamen in die „Hitlerjugend" und dann konnten sich die Jugendlichen entscheiden, ob sie in die SA oder in die SS gehen wollten. Die SA wurde allerdings nach dem „Röhmputsch" von 1934 zerschlagen, da die SA in der Sicht Hitlers auf dem Wege war, ein eigener Machtfaktor zu werden. Daher hat er diese potentiell konkurrierende Organisation zerschlagen. Es gab aber über die SA und die SS hinaus eine Fülle von Organisationen, in denen die Bauern, Frauen, etc. erfaßt wurden. Beinahe alle Bürger wurden durch ein Netz von solchen, nach totalitärem Muster entworfenen Organisationen erfaßt. Diese Organisationen bedeuteten das Ende des gewachsenen Konservativismus.

An dieser Stelle läßt sich auch beantworten, warum es so wenig Widerstand gegen den Nationalsozialismus gegeben hat. Das Rezept, wie man einen möglichen Widerstand ausschalten kann, findet man bereits in der „Politik" des Aristoteles beschrieben. Aristoteles stellte darin fest, daß sich eine Tyrannis erst dann befestigt, wenn in der Gesellschaft Freundschaft nicht mehr möglich ist. Freundschaft heißt, daß sich Menschen freiwillig um eines Zieles, um einer Sache willen zusammenschließen können. Freundschaft muß darum in einem totalitären System unmöglich gemacht werden. In einem totalitären System muß unter allen Umständen verhindert werden, daß sich Menschen aus gemeinsamer Gesinnung, aus gemeinsamer Zielsetzung und aus gemeinsamer Überzeugung heraus freiwillig zusammentun können. Die Voraussetzung dazu liegt in der Vereinzelung. Erst muß der Mensch vereinzelt werden, damit eine Masse geschaffen und organisatorisch in ein System erfaßt werden kann. Viele haben noch mythische Vorstellungen davon, wie es in diesem totalitären Staat zuging. Der Nationalsozialismus war hinsichtlich seiner Herrschaftsstruktur eher anarchisch als totalitär strukturiert. Die Frage der Kompetenz und der Zuständigkeit – auch das ist ein diabolisch-genialer Einfall von Hitler gewesen – war absichtlich unklar geblieben. Hitler hat für alle wichtigen Aufgaben mehrere konkurrierende Machtinstanzen geschaffen, die untereinander um die Letztentscheidung kämpften. Er hat auf diese Weise nicht dauernd Kommandos geben müssen. Kommandos gab er höchst selten. Selbst als Reichskanzler war er offenbar sehr entscheidungsschwach und zurückhaltend. Hitler hat immer solange gewartet, bis nach dem Prinzip „divide et impera" eine Situation entstanden war, in der die vergeblich um die Machtentscheidung Konkurrierenden ihn, den Führer, baten, den Konflikt zu entscheiden. Der erste, der dies analysiert hat, ist Franz Neumann in seinem Buch „Behemoth" gewesen. Hitler hat sich nur die großen zeitüberdauernden Entscheidungen vorbehalten.

Kein Zweifel, die Konservativen haben sich über den Charakter des Nationalsozialismus getäuscht und sie sind auch Opfer ihrer eigenen Täuschung geworden. Es hat natürlich Einzelne gegeben, die das Phänomen des Nationalsozialismus völlig klar gesehen haben. Aber unter denen, die sich getäuscht haben, waren immerhin zwei Großintellektuelle wie Martin Heidegger und Carl Schmitt. Jakob Taubes sah darum das eigentlich Rätselhafte am Nationalsozialismus darin, daß Denker wie Carl Schmitt und Heidegger auf den Nationalsozialismus setzen konnten. Heidegger war sogar der Meinung, er könne ein Chefideologe des Dritten Reiches werden. Und Carl Schmitt wollte *der* Staatsjurist im Dritten Reich werden. Allerdings sollte nicht vergessen werden, daß sie diese entscheidende Rolle übernehmen wollten, um die von ihnen erkannten Defizite der „Bewegung" zu beheben. Auch Arnold Gehlen hat sich darum bemüht, dem Nationalsozialismus eine Art Philosophie zu geben. Gehlen war davon überzeugt, daß dem Nationalsozialismus eine Philosophie fehlte. Er hat sich im Rückgang auf Fichte bemüht, dem Nationalsozialismus eine Art Philosophie anzudienen.

Wie war eine solche Selbsttäuschung, wie war ein solcher Irrtum möglich? Man kann diese Frage leicht beantworten, wenn man die Frage stellt, wer dem Nationalsozialismus überhaupt widerstanden hat. Das waren nicht die deutschen Intellektuellen, auch nicht die deutschen Wissenschaftler und deutschen Philosophen, sondern es waren die Teile der deutschen Bevölkerung, die in fest eingebundenen christlichen Traditionen und soziologischen Milieus gedacht und gelebt haben. Ein westfälischer Bauer war sich spätestens dann klar darüber, was es mit diesen Nihilisten auf sich hatte, als die ersten Gewalttaten gegen die Juden begannen. Es ist nicht so, als seien die Intellektuellen immer diejenigen, die ein geschichtliches Phänomen realistisch einschätzen. Eher ist das Gegenteil der Fall. Realismus ist keine Frage der Intelligenz. Es war der westfälische Bauer, der wußte, daß man Menschen nicht mit einem gelben Judenstern herumlaufen läßt. Dazu brauchten sie keine Debatten führen und auch keine tiefsinnigen Theorien entwickeln, sondern sie wußten, daß *man* das nicht darf. Daher waren sie auch entsetzt und zum Protest bereit, als die Euthanasiepraxis bekannt wurde. Sie wußten eben, daß man keine hilflosen Kinder umbringen darf. Diese Bauern, die noch am ehesten in traditionellen Strukturen und auch in der christlichen Tradition verankert waren, wußten, daß die Nationalsozialisten Nihilisten waren und daß man sie bekämpfen mußte. Es gab in Westfalen einen konservativen Bischof, der regelrecht gegen die Nationalsozialisten Propaganda gemacht hat. Hitler hätte diesen Bischof am liebsten umbringen lassen. Aber er hat es nicht riskiert, weil er damit rechnen mußte, daß die Bauern ihren Bischof nicht im Stich lassen würden. Darum hat er den Kampf gegen das Christentum für die Zeit nach dem Krieg vertagt.

Das bedeutet allerdings nicht, daß die christlichen Kirchen und die Kirchenführer damals immer auf der Höhe der Zeit waren. Die evangelische Kirche war damals tief gespalten zwischen den sogenannten „Deutschen Christen" und den „Bekennenden Christen", die mit Karl Barth gegen Hitler treu zum Worte Gottes standen. Und in der katholischen Kirche gab es den großen Aufruf des Dogmatikers Michael Schmauß und anderer katholischer Bischöfe, die die Katholiken aufgefordert haben, an dieser sittlichen Erneuerung des deutschen Volkes, wie der „Führer" sie verkündet hat, aktiv teilzunehmen.

Es waren also die schlichten Leute und nicht die Intellektuellen, die damals zumindestens innerlich Widerstand geleistet haben. Warum haben die Konservativen damals keinen Widerstand geleistet. Warum haben sie den Nationalsozialismus unterstützt? Meine These ist, daß die Theoretiker der Konservativen Revolution und große Teile des konservativ gebildeten Bürgertums Hitlers Idee des völkischen Nationalismus geteilt haben. Es ging diesen Konservativen nicht um die Judenvernichtung, es ging ihnen auch nicht um den rassistisch legitimierten Eroberungskrieg, sondern es ging ihnen um die nationale Revolution. Vor die Alternative zwischen völkisch-nationaler Revolution und revolutionärem Klassenkampf gestellt, entschieden sie sich für die nationale Revolution. Diese Konservativen haben erst später bemerkt, daß der Nationalsozialismus keine konservative, sondern eine nihilistische Revolution war. Wer sich die Teilnehmer des Widerstandes vom 20. Juli ansieht, der wird feststellen, daß die wichtigsten Träger dieses Widerstandes überwiegend aus preußischer Tradition stammende deutsche Konservative und Kommunisten gewesen sind. Widerstand leisteten zwar auch Sozialdemokraten. Aber die beiden Hauptträger des Widerstandes vom 20. Juli waren deutsche Konservative, die aufgrund von Gesinnung, Überlieferung und Tradition handelten, und Kommunisten, die durch die durch marxistische Theorie geschult waren.

Warum erwähne ich das? Weil wir über das Verhältnis von Nationalsozialismus und Konservativismus etwas differenzierter urteilen müssen, als wir das bisher getan haben. Das wird auch deutlich, wenn wir das zweite Argument Dahrendorfs bedenken, das das Verhältnis des Nationalsozialismus zur Moderne betrifft. Zwar ist der Nationalsozialismus auch für Dahrendorf eine reaktionäre Konterrevolution gewesen, die gegen die Logik des progressiven Geschichtsprozesses gerichtet war. Dahrendorf sah durchaus den antimodernen Charakter dieser Revolution. Gleichzeitig vertrat Ralf Dahrendorf aber die Auffassung, daß durch den Nationalsozialismus der Prozeß der Modernisierung auch vorangetrieben wurde. Der Nationalsozialismus bedeutete, sozialgeschichtlich und kulturgeschichtlich gesehen, auch einen enormen Modernisierungsschub innerhalb der deutschen Geschichte. Dahrendorf geht sogar so weit, daß die Demokratie nach 1945 ohne diese, vom Nationalsozialismus geschaffenen sozialen Voraussetzungen, d.h. die Beseitigung sozialer Barrieren, nicht denkbar gewesen wäre.

Der Nationalsozialismus ist zwar in seiner Stoßrichtung gegen die Moderne und ihre Logik gerichtet, aber er stellt gleichzeitig eine Modernisierung innerhalb des Ablaufes der deutschen Geschichte dar. Dahrendorf erachtete den Vorgang der Zerschlagung der integrativen sozialen Institutionen und Zugehörigkeiten dabei durchaus für wünschenswert. Denn wenn die Voraussetzung des Liberalismus das autonome Individuum ist, und wenn dieser Liberalismus nur dort möglich ist, wo auch sozial und politisch die Freiräume geschaffen worden sind, innerhalb derer sich das autonome Subjekt nach den Prinzipien des Liberalismus organisieren kann, dann hat der Nationalsozialismus geradezu die Bedingungen für den großen Sieg des Liberalismus geschaffen, der sich nach 1945 in Deutschland ereignet hat. Das ist zwar nicht in der Zielsetzung und Absicht des Nationalsozialismus gelegen, aber es ist eine der unbeabsichtigten Folgen gewesen.

Die Nationalsozialisten haben damit das Überständige der Standesgesellschaft, an der das Zweite Reich zerbrochen war, revolutioniert. Das Zweite Reich war zwar wissenschaftlich, technisch und ökonomisch so modern und erfolgreich, daß Deutschland von den anderen Staaten sogar als ein unerträglicher Konkurrent empfunden wurde. Die Grundaporie des Bismarck-Reiches bestand aber darin, daß die industrielle, wissenschaftlich-technische Modernisierung unter Beibehaltung einer feudalen Sozialität nicht gelungen war. Bismarck hat zwar dieses Problem durchaus gesehen. Daher hat er auch eine der größten Sozialreformen in der deutschen Geschichte durchgesetzt. Gleichwohl ist es ihm nicht gelungen, den Feudalismus zu beseitigen. Die vormodernen feudalen Strukturen aus preußischer

Zeit existierten bei gleichzeitiger extremer wissenschaftlicher, technischer und industrieller Modernität weiter fort. Der Nationalsozialismus hat nun innerhalb dieses Ablaufs des sozialgeschichtlichen Prozesses bewirkt, daß alle vormodernen sozialen Strukturen und Elemente liquidiert wurden. Paradoxerweise hat damit der Nationalsozialismus Deutschland sozialgeschichtlich erst auf das Niveau der Moderne gehoben.

Damit sind wir bei einem wunden Punkt, den die Konservativen eigentlich schon hätten früher beachten und begreifen müssen, nämlich daß sich der Nationalsozialismus „National-Sozialismus“ genannt hat. Es gab im 20. Jahrhundert einen internationalen Sozialismus und es gab den National-Sozialismus.[11] Das Nationale war ursprünglich als eine Gegenkraft gegen den Sozialismus gedacht gewesen. Umgekehrt verstand sich der Sozialismus als eine Gestalt des Internationalismus. Der Sozialismus erwartete im 20. Jahrhundert seinen Sieg durch den Kampf gegen den Nationalismus. Er wollte eine Entwicklung befördern, in der die Nationen und die Völker verschwinden. Wenn wir uns in die Situation des 19. Jahrhunderts zurückversetzen, dann standen damals Nationalismus und Sozialismus in einem antagonistischen Verhältnis zueinander. Hitlers Einfall bestand nun darin, das, was sich bisher antagonistisch gegenüberstand, zu einer Synthese zu bringen. Hitler hatte die beiden revolutionären Mächte des 19. Jahrhunderts, den Nationalismus und den Sozialismus, zu einer Art Synthese zusammengeführt, die er dann Nationalsozialismus nannte.

Seit 1945 bestand der erfolgreiche antifaschistische Kampf der Sozialisten darin, dem Nationalsozialismus den sozialistischen Charakter abzusprechen. Der Nationalsozialismus hätte mit Sozialismus überhaupt nichts zu tun gehabt, sondern wenn Hitler den Sozialismus für sich beanspruchte, dann sei das reine Täuschung, Ideologie und Betrug gewesen. Von ihren Prämissen ausgehend, haben die Linken natürlich völlig recht, wenn sie sagen, der Nationalsozialismus habe nichts mit Sozialismus zu tun gehabt. Sie haben dann recht, wenn man der Meinung ist, daß allein das, was die marxistische Linke als Sozialismus definiert, Sozialismus ist. Dann bedeutet der Sozialismus konkret die Beseitigung des Kapitalismus, also die Beseitigung des Privateigentums an Produktionsmitteln. Denn das war das Kriterium des marxistischen Sozialismus. Wenn dies das Kriterium ist, dann war der Nationalsozialismus natürlich kein Sozialismus. Denn er hat in der Tat die kapitalistischen Strukturen nicht beseitigt. Aber genügt das, um dem Nationalsozialismus damit pauschal und generell seine Zugehörigkeit zu den sozialistischen Bewegungen der Moderne abzusprechen? Um dies zu beantworten, müssen wir uns Hitlers Vorstellungen vom Sozialismus ansehen.

Hitler hat zunächst auch beansprucht, ein Demokrat zu sein. Der Wille des Volkes sollte das oberste legitimierende Prinzip auch des Nationalsozialismus sein.

[11] Falls mit dem Kommunismus zwar die Zeit des internationalen Sozialismus, nicht aber die des Sozialismus überhaupt vorbei sein sollte, könnte Hitler übrigens mit dem Einfall, eine nationalsozialistische Partei zu gründen – bei aller Perversion, die er bei der Verwirklichung dieser Idee gehabt hat –, vielleicht einen der großen politischen Gedanken des 21. Jahrhunderts hervorgebracht haben.

Diese These ist nicht so abwegig, wenn wir auf die Rousseausche Unterscheidung zwischen der additiven Mehrheit und der substanziellen Mehrheit zurückgehen. Hitler konnte im Sinne dieser Rousseauschen Tradition durchaus den Anspruch erheben, den Allgemeinwillen des Volkes von dessen Perversion durch den Pluralismus befreit zu haben und damit Demokrat zu sein. Es gibt nämlich zwei verschiedene Demokratiemodelle: Das angelsächsische, Lockesche Modell der repräsentativen Demokratie und das Rousseausche Modell der direkten Demokratie. Hitler hat zu Anfang Wahlen durchgeführt und er wollte als derjenige bestätigt werden, der den „wahren Willen" des Volkes zum Ausdruck bringt. Soweit ich das aus meiner fernen dunklen Erinnerung rekonstruieren kann, habe ich eigentlich nur begeisterte Leute vorgefunden, die zu den Wahlurnen geeilt sind, und bei denen es keiner Manipulation bedurfte, um sie zu bewegen, zu wählen, was sie auch wählen sollten: nämlich Hitler.[12]

Die Nationalsozialisten faßten ihre Vorstellung vom Sozialismus in dem Begriff der „Volksgemeinschaft" zusammen. Wir ahnen heute nicht mehr, was für eine entscheidende, auch bewußtseinsverändernde Rolle dieser Begriff der „Volksgemeinschaft" gespielt hat. Es kann kein Zweifel darüber bestehen, daß der Nationalsozialismus die egalisierende Tendenz des modernen sozialen Gesellschaftsprozesses bewußt vorangetrieben hat. „Volksgemeinschaft" war eben nicht – wie nach 1945 immer wieder behauptet wurde – eine betrügerische Ideologie, in der den Leuten etwas aufgeschwatzt worden ist. Sondern in Ansätzen hat es die Volksgemeinschaft tatsächlich gegeben. Der Gedanke der Volksgemeinschaft war für Viele durchaus eine faszinierende Idee. Auch der Sozialismus in der ehemaligen DDR hat weitgehend funktioniert, weil man den Bürgern mit den Mitteln, die von denen der Nationalsozialisten gar nicht so sehr unterschieden waren, ständig dieses Gefühl der Gemeinschaft der „Werktätigen", der „Faust und der Stirn", vermittelt hat. Genau das hatten die Nationalsozialisten in ihrer Rede von der Volksgemeinschaft erreichen wollen.

Der Gedanke von der Volksgemeinschaft hat damals sogar in kapitalistischen Unternehmen Einzug genommen. Hitler hat diesen Gedanken der Volksgemeinschaft sogar in die Unternehmen hinein getragen. Die Unternehmen sollten sich als eine Art Gemeinschaft verstehen. In diesem nationalsozialistischen Betrieb gab es einen Führer – den Betriebsführer bzw. Unternehmensführer. Und es gab selbstverständlich auch einen Betriebsrat, nämlich eine von der Belegschaft gewählte Vertretung der Arbeitnehmer. Hitler hatte nun die seltsame, aber gar nicht uninteressante Idee, in den Betrieben einen Wettbewerb um die so genannte „goldene Fahne" einzuführen. Und worum ging es in diesem Kampf um die goldene Fahne? Es sollte dasjenige Unternehmen ausgezeichnet werden, das die meisten sozialen Wohltaten und Errungenschaften im Betrieb verwirklicht hatte.

---

[12] Der Druck, den die Nationalsozialisten ausgeübt haben, war der Druck zur Wahlteilnahme. Darum ist es wichtig, sich daran zu erinnern, daß zur freien Demokratie auch das Recht der Nicht-Wahl gehört. Es ist eines der entscheidenden Merkmale, das die wahre Demokratie von der totalitären Demokratie unterscheidet, daß man in einer wahren Demokratie auch das Recht hat, der Wahl fern zu bleiben.

Der sozialste Betrieb bekam dann eine goldene Fahne. Der Betriebsführer zog dann mit dem Betriebsrat zur Reichskanzlei nach Berlin und bekam für seinen Betrieb die goldene Fahne verliehen. Warum haben sich so viele Unternehmen daran beteiligt? Warum haben sich sogar vorwiegend die Unternehmen daran beteiligt, deren Besitzer zum Teil nicht einmal Mitglied der NSDAP waren? Diese Unternehmen haben sich nicht selten um die goldene Fahne bemüht, weil sie sich wegen ihrer inneren Distanz zur nationalsozialistischen Ideologie vor möglichen Nachteilen schützen wollten. Wenn es etwa in einer Stadt zwei Zeitungsfirmen gab, wo die eine in der Hand der Nationalsozialisten und die andere noch in den Händen der Bürgerlichen war, dann konnte sich die bürgerliche Zeitung nur behaupten, wenn sie ein sozialer Musterbetrieb wurde. Sie mußte gewaltige Investitionen in soziale Projekte für die eigenen Mitarbeiter lenken, um die goldene Fahne zu erringen. Nur so war sie gegen Schikanen der Nationalsozialisten halbwegs gefeit.

Eine weitere sozial egalisierende Tendenz wurde im Dritten Reich durch die Massenorganisationen bewirkt. Auch das darf man im Blick auf die Wirkung auf die Gesellschaft nicht gering schätzen. In der SA standen der Generaldirektor und der Pförtner nebeneinander in Reih und Glied. Die SA war eigentlich ein großer Saufverein. Am Sonntag brach man in die Natur auf und veranstaltete ein Schießen. Danach setzte man sich in der Gastwirtschaft zusammen und am Schluß trugen sie sich wechselseitig nach Hause. Nun wird man nicht behaupten können, daß das eine großartige politische Aktion gewesen ist, aber man darf nicht geringschätzen, was dort in den Augen der Deutschen an solidarisierenden und egalisierenden Effekten bewegt wurde. Alle sozialen Unterschiede und Differenzen waren für diesen Tag aufgehoben. Es war völlig klar, daß ein Arbeitnehmer, der in einer unangenehmen Situation war, seinen Chef und Kameraden im Betrieb auf Hilfe ansprechen konnte, weil er außerhalb der Funktionen des Unternehmens in einer Beziehung zu seinem Mitarbeiter stand.

Wenn man sich das „Kraft-durch-Freude"-Programm ansieht, stößt man auf eine ganz entscheidende Figur des Dritten Reiches: Robert Ley. Der Sozialrevolutionär in der Führungsmannschaft des Dritten Reiches war Robert Ley. Heute lacht man über das „KdF"-Programm, aber für viele Menschen, die sonst nicht im Traume daran denken konnten, ein anderes Land kennen zu lernen, bedeutete es sehr viel. Robert Ley hatte die Menschen zu Tausenden auf die KdF-Schiffe verladen. Sie fuhren dann wochenlang über das Mittelmeer und in den Atlantik und kamen selig wieder zurück. Diese Menschen haben doch nichts von der Judenverfolgung und nichts von den Kriegsvorbereitungen bemerkt, sondern sie meinten etwas erlebt zu haben, was innerhalb der Geschichte des sozialen Gedankens der modernen Welt völlig neu und einzigartig war. Keine der Demokratien hätte bei einem objektiven Vergleich des sozialen Fortschritts und der sozialen Leistungen mit dem standhalten können, was die Nationalsozialisten und vor allen Dingen Robert Ley aufgeboten hatte.

Man sollte also den Anspruch der Nationalsozialisten, ein von der marxistischen Sozialismustradition abweichendes Modell von Sozialismus zu verwirklichen, nicht unterschätzen. Die massenhafte Zustimmung für Hitler ist ohne die Berücksichtigung dieses Umstandes kaum zu verstehen. Rainer Zitelmann hat daher zu Recht darauf hingewiesen, daß Hitler eben auch ein Sozialrevolutionär gewesen sei und auch als solcher wahrgenommen wurde. Rainer Zitelmann sah den Grund der Zustimmung für Hitler darin, daß er sich als sozialer Revolutionär dargeboten hat. Zitelmann kam sogar zu dem Ergebnis, daß das Gesellschafts- und Sozialmodell, das der Nationalsozialismus im Sinne hatte, sich im Prinzip von dem der sozialen Marktwirtschaft gar nicht so sehr unterschieden hätte. Nun kann man natürlich nicht so weit gehen und sagen, der Erfinder der sozialen Marktwirtschaft sei Hitler gewesen. Das ist Unsinn, dieses Privileg wollen wir Ludwig Erhard und Alfred Müller-Armack nicht nehmen. Aber die Kategorien, in denen sie gedacht haben, haben unübersehbar Ähnlichkeit mit dem, was der Nationalsozialismus im Sinne hatte. Der Nationalsozialismus stellt, sozialgeschichtlich gesehen, durchaus ein Modernisierungsschub dar. Er hat damit indirekt sogar Anteil an dem großen Erfolg, den die Bundesrepublik nach 1945 erzielt hat. Deutschland hätte nicht so schnell den Aufbau bewerkstelligen können, wenn nicht zuvor im Nationalsozialismus die alten Stände zerschlagen und damit die sozialen Bedingungen für den Wiederaufbau geschaffen worden wären. Das ist das Moderne am Nationalsozialismus.

Damit stehen wir jetzt vor dem eigentlichen Problem, nämlich zu begreifen, wie denn Modernität und Antimodernismus im Nationalsozialismus miteinander zusammenhängen. Wie ist es zu verstehen, daß die nationalsozialistische Revolution modern und antimodern zugleich war? Der Nationalsozialismus war auf der einen Seite die extremste Reaktion gegen die Moderne und gegen die Prämissen der Französischen Revolution. Und auf der anderen Seite war er hochmodern. Der Nationalsozialismus war modern und archaisch zugleich. Der Nationalsozialismus war der paradoxe Versuch der Realisierung einer modernen Archaik bzw. einer archaischen Moderne. Für die politische und geschichtsphilosophische Interpretation ist das ein aufregendes und bis heute nicht wirklich bewältigtes Phänomen.

Derjenige, der als erster gespürt und erkannt hat, daß der Nationalsozialismus die Einheit von äußerster Modernität und extremster Vormoderne darstellte, ist kein geringerer als Thomas Mann gewesen. Thomas Manns „Doktor Faustus" stellt geradezu den Versuch dar, dies dichterisch zu gestalten: Wie kann sich Archaisches mit äußerster technischer und organisatorischer Modernität amalgamieren? Zum Nationalsozialismus gehörte die moderne Technik und Organisationsfähigkeit ebenso wie die Blut- und Bodenideologie. Diese paradoxe Identität muß man sehen, um zu verstehen, was es mit dem Phänomen des Nationalsozialismus auf sich hatte. Diese Einheit von Blut-und Bodenkult auf der einen Seite und Leistungen der Technik und der sozialen Egalisierung auf der anderen Seite zeigt das ganze ambivalente Verhältnis des Nationalsozialismus zur Moderne. Das ist das eigentlich aufregende und interessante Phänomen, das viel mehr der Erklärung bedarf, als alles, was bisher gesagt wurde. Wenn ich hier feststelle, daß der Nationalsozialismus modern und zugleich die radikalste antimoderne Bewegung war, die seit der Französischen Revolution aufgetreten ist, stellt sich natürlich die Frage, welch einen Begriff von Moderne man diesem Urteil zugrunde legt.

Natürlich war, aufs Ganze gesehen, die antimoderne Stoßrichtung des Nationalsozialismus viel stärker als die moderne. Der Nationalsozialismus war *die* große Revolution gegen die Moderne. Das zeigt sich nicht nur an den archaischen Organisationsstrukturen, sondern auch an der Beschwörung der Heilkräfte des Blutes und des Bodens, aus denen die von den Nationalsozialisten als dekadent bezeichnete Gesellschaft gesunden sollte.

Auf der anderen Seite gehört die terroristische Zuspitzung, die der Nationalsozialismus in besonderer Weise ausgebildet hat, von Anfang an zur Moderne dazu. Wer sich die jakobinische Terrorherrschaft in der Französischen Revolution vor Augen führt, der wird durchaus Ähnlichkeiten zum nationalsozialistischen Terrorsystem finden. Terroristische und totalitäre Tendenzen gehören von Anfang an zur Moderne dazu. Es ist daher ein einseitiges Bild, wenn man – wie Jürgen Habermas – die Moderne als ein heilsteleologisch konzipiertes Projekt interpretiert, an dessen Ende der höchste Grad der Autonomie des Einzelnen stehen und jeder gleich frei sein wird. Der jakobinische Terror gehört eben auch zur praktischen Realisierung dieser heilstheleologisch orientierten Moderne! Die Jakobiner wollten den Paradieszustand, wenn es sein muß, auch mit Terror herstellen. Der Terror gehört also essentiell zur progressiven Moderne dazu. Leider diskutieren wir heute über die Moderne so, als gäbe es diesen Zusammenhang zwischen Moderne und Terror nicht. Im heutigen Bewußtsein gibt es daher den Terror nicht bei den Linken, sondern nur bei den Rechten.

Dieses Bild der progressiven, eine Heilsteleologie realisierende Moderne ist aber noch aus einem anderen Grund einseitig. Denn es gehört auch der Widerstand gegen die Logik der Moderne von Anfang an zur Logik der Moderne dazu. Daher ist das Problem, dem der Nationalsozialismus seine Existenz verdankte, mit seinem Untergang keineswegs verschwunden. Im Gegenteil, wir werden am Beginn des neuen Jahrhunderts mit ganz unerwarteten Formen der paradoxen Identität von Modernität und Antimodernismus konfrontiert. Denken wir nur an das Phänomen des Fundamentalismus. Auch der islamische Fundamentalismus stellt den Versuch dar, das Archaische mit der Moderne zu verbinden. Und was morgen in den ehemaligen Staaten der Sowjetunion passiert, das wissen wir noch nicht. Der Nationalsozialismus ist damit ein Symptom für eine sich im 21. Jahrhundert neu stellende Problematik, die mit dem Scheitern des historischen Nationalsozialismus ebensowenig erledigt ist, wie die Idee der sozialen Gerechtigkeit mit dem Scheitern des Sozialismus. Zur Moderne gehören die Progressiven, wie die Konservativen. Ideologisch ausgedrückt: Links und rechts gehören unverbrüchlich zur Signatur der Moderne. Heute scheint es zwar so, als sei dieser Antagonismus überwunden. Es wird sich aber noch zeigen, ob damit – wie die Progressiven meinen – die Moderne vollendet ist, oder ob dies – wie die Konservativen meinen – am Ende einen Rückfall hinter die Moderne und ihre Errungenschaften bedeuten wird.

6. Der Nationalsozialismus als Jugend- und Kulturrevolution

Wir haben uns eben mit dem Verhältnis des Dritten Reiches zur Moderne befaßt. Der Nationalsozialismus war, was immer er sonst noch gewesen sein mag, demnach auch eine gewaltige Modernisierungsbewegung. Es ist ein großes Verdienst von Ralf Dahrendorf, daß er, wenn auch mit geringem Erfolg, versucht hat, dies in das allgemeine Bewußtsein zu rücken. Für Dahrendorf bedeutete der Nationalsozialismus innerhalb der deutschen Sozialgeschichte einen ungeheuren Modernisierungsschub. Dahrendorf weist auch zu Recht darauf hin, daß der Aufbau einer liberalen Gesellschaft nach 1945 in Deutschland ohne die Modernisierungseffekte, die der Nationalsozialismus hinterlassen hat, nicht so erfolgreich gewesen wäre. Denn worin liegt die Voraussetzung für den Aufbau einer liberalen Gesellschaft? Die Voraussetzung liegt in der Beseitigung aller überständigen, feudalen, halbfeudalen Strukturen und der durch diese Strukturen bedingten sozialen Differenzen und Ungleichheiten. Modernisierung durch den Nationalsozialismus meint also in erster Linie Egalisierung im Sinne der Aufhebung und Überwindung aller geschichtlich gebundenen traditionellen Strukturen und Ordnungen. Es ist, politisch gesehen, für die Diskussion über dieses Phänomen von gar nicht zu überschätzender Bedeutung, daß sich die sozialrevolutionäre Stoßrichtung des Nationalsozialismus damals in Deutschland gegen den Konservativismus gerichtet hat. Es ist, wenn man Sinn für Pathetik und Tragik in der Geschichte hat, eine der tragischen Irrtümer der deutschen Konservativen gewesen, daß sie das nicht begriffen haben.

Rückblickend muß man sagen, daß sich sehr viele über den Nationalsozialismus getäuscht haben. Es waren nicht nur große Teile der katholischen Kirche, sondern es waren noch größere Teile der protestantischen Kirche, die sich getäuscht haben. Und warum hat sich der deutsche Protestantismus, bis auf die von Karl Barth initiierte Gegenbewegung, in Gestalt der „Deutschen Christen" in einem solchen Ausmaß als anfällig erwiesen? Das hat zwei Gründe. Der erste Grund ist formaler Natur: Die Protestanten stehen seit jeher an der Front der Geschichte. Wenn eine neue Losung proklamiert wird und es gilt, in die Zukunft aufzubrechen, dann marschieren die Protestanten erfahrungsgemäß immer vorne weg. Das war im Nationalsozialismus so, das war im Sozialismus der DDR der Fall, und es trifft auch heute für den linksliberal interpretierten Liberalismus zu. Das ist ein eigentümliches Phänomen. Die Protestanten sehen sich offenbar kraft der durch Luther vermittelten Innerlichkeit und Gewissensgebundenheit verpflichtet, sich dem jeweilig anstehenden Wandel der Geschichte und der Gesellschaft zu stellen.[13]

Der zweite Grund besteht darin, daß den Protestanten eine bestimmte Nähe zur staatlichen Obrigkeit nachgesagt wird. Die Protestanten seien durch Luther zum Obrigkeitsgehorsam erzogen worden. Der Protestantismus hatte durch diese

[13] In diesem Verhalten liegt allerdings auch ein großartiger Zug. Die ganze Dynamik der deutschen Geschichte in den letzten 300 Jahre wäre nämlich ohne den Anteil dieser Protestanten nicht zu verstehen. Nietzsche hatte nicht unrecht, wenn er die deutsche Kultur als ein Produkt des evangelischen Pfarrhauses bezeichnet. Man muß sich nur vorstellen, was von der deutschen Kultur noch übrig bliebe, wenn daraus das evangelische Pfarrhaus entnommen würde.

Staats- und Gesellschaftsorientierung nach dem Ersten Weltkrieg tatsächlich eine besondere Affinität zum Nationalen. Die Protestanten haben damals eine viel stärkere Affinität zu den nationalen und völkischen Bewegungen gehabt, als die katholische Kirche. Die katholische Kirche ist im Unterschied zum Protestantismus dagegen immer für den Universalismus und für universalistische Prinzipien eingetreten. Das ist für die katholische Kirche auch gar nicht anders möglich, da sie sich als eine Weltkirche versteht, in der alle Kulturen und alle Völker beteiligt sein sollen. Es ist daher für die katholische Kirche ein Lebens- und Erhaltungsgesetz, sich zum Universalismus zu bekennen. Dies gilt so für den Protestantismus nicht, und daher kam es unter den „Deutschen Christen" zu der besonderen Anfälligkeit für den Nationalsozialismus. Der Protestantismus hat daher seit 1945 einen großen Vergangenheitsbewältigungsbedarf und er versucht nun jeweils, die radikale Gegenposition zu den damaligen Positionen einzunehmen.[14] Das ist übrigens typisch für die gesamte Entwicklung der Bundesrepublik. Die Bundesrepublik meint, wenn sie von allem das Gegenteil glaubt, was die Nationalsozialisten geglaubt und getan hatten, daß dies dann apriori der Wahrheit verbürgende Weg sei.

Der Nationalsozialismus hat sich also in seinen sozialrevolutionären Zielen primär gegen den Konservativismus gerichtet. Der Konservativismus war der zu beseitigende Feind. Das haben die Konservativen, vor allen Dingen die Feudalen, auch bald bemerkt. Und es ist daher kein Zufall, daß der Anteil der Altkonservativen am Widerstand vom 20. Juli ungewöhnlich groß war. Kommunisten und Konservative sind sich im Kampf gegen den Nationalsozialismus einig gewesen. Beide wußten, daß sie Todfeinde des Nationalsozialismus waren. Wenn man sich die Überlegungen des konservativen Teils des Widerstandes vom 20. Juli ansieht, dann wird man mühelos feststellen können, daß sie keineswegs eine liberale Bundesrepublik gewollt haben, sondern daß sie ein mehr konservatives Staatswesen mit unverkennbar autoritären Elementen angestrebt haben. Man kann also durchaus konservativ und doch ein Todfeind des Nationalsozialismus sein.

Dieser Prozeß der sozialen Modernisierung ermöglichte eine Tendenz, die für alle Formen der totalitären Praxis im 20. Jahrhundert typisch war. Diese totalitären Systeme lösten zunächst alle hergebrachten Loyalitäten und vorgegebenen Bindungen der Gesellschaft auf. Das haben die Nationalsozialisten und die Kommunisten gleichermaßen gemacht. In einem ersten Schritt wurde zunächst ein bestimmter Grad der Vereinzelung herbeigeführt. Totalitär beherrschbar ist nämlich nur eine Gesellschaft, die aus vereinzelten Individuen besteht. Je individualisierter eine Gesellschaft ist, um so größer sind die Chancen, sie totalitär unter Regie, Verwaltung und Manipulation zu nehmen. Die Formen des loyalen Zusammenschlusses von Bürgern stellten daher für alle Formen der Tyrannis, und umso mehr für

[14] Erst heute bilden sich, gerade in der evangelischen Kirche, wieder retardierende Kräfte einer eher konservativen Gesinnung. Vielleicht liegt das daran, daß die Katholiken die süße Frucht der Modernität und der Emanzipation erst noch genießen wollen, während die Protestanten sie bereits genossen haben und nun feststellen, wie sauer diese Früchte zum Teil schmecken.

den modernen totalitären Staat, eine potentielle Gefährdung dar. Das totalitäre System hat dann seine Perfektion erreicht, wenn es keiner mehr wagt, sich auch nur seinen engsten Freunden anzuvertrauen. Selbst die Familie wird dann von dem System der Kontrolle nicht verschont. Im nationalsozialistischen System kam es dazu, daß die Kinder die eigenen Eltern denunziert haben. Man denke auch an die Blockwart-Praxis.

Der zweite Schritt besteht darin, die vereinzelten Individuen anschließend in Organisationen zusammenzuschließen und zu erfassen. Es gab die Tendenz, alle traditionellen, geschichtlich gewachsenen Formen der Verbindungen zu zerschlagen und durch eine Vielzahl von „Organisationen“ zu ersetzen. Der Zweck dieser organisatorischen Erfassung – und das ist das Generalthema des ganzen Dritten Reiches gewesen – bestand in der permanenten „Mobilisierung“ des Volkes. Ernst Jünger gebrauchte hier den richtigen Begriff der „Mobilmachung“. Die Menschen sollten in diesen Organisationen nicht nur erfaßt und betreut werden, sondern sie sollten vor allem mobilisiert werden. Denken wir nur an die Jugendorganisationen. Die Jugendorganisationen waren dem Nationalsozialismus darum so wichtig, weil sie das Problem der modernen Industriegesellschaft nicht im Proletariat, sondern in der Jugend gesehen haben. Karl Marx und die Sozialisten waren immer der Meinung, das Grundproblem der modernen Industriegesellschaft liege in der Proletarisierung der Massen. Nein, das konstitutionelle Problem der modernen Gesellschaft stellt die Jugend dar. Das Jugendproblem ist in der modernen Industriegesellschaft geradezu ein permanentes Problem. Diese moderne Gesellschaft kann nämlich mit der Jugend nichts anfangen. Die Ursachen des Jugendproblems und auch des Jugendprotestes sind in der modernen Industriegesellschaft selber angelegt.

Vor diesem Hintergrund muß man den Nationalsozialisten zubilligen, daß sie einen genialen Einfall hatten. Sie haben das Jugendproblem gelöst, indem sie gesagt haben: Jugend muß durch Jugend geführt werden. Das galt für die „Pimpfen“ ebenso wie für die „Hitlerjugend“. Es kann kein Zweifel darüber bestehen, daß dieser Grundsatz, Jugend solle durch Jugend geführt werden, die überwiegende Mehrheit der Deutschen begeistert hat. Da wurden Indianerspiele ausgetragen, Fahrten organisiert, Zeltlager aufgeschlagen und Wettkämpfe veranstaltet. Dem Führungsprinzip korrespondierte das agonale Prinzip, d.h., die Jugendlichen wurden ständig mit Wettkämpfen konfrontiert. Wie lautete noch doch das Motto: „Seid flink wie die Windhunde, zäh wie Leder und hart wie Krupp-Stahl.“ Diese Jugendorganisationen waren eine Talentschmiede, die nur vergleichbar ist mit der Studentenrevolte von 1968.

Diese 68er Studenten saßen zuvor desinteressiert und gelangweilt in den Seminaren und plötzlich zogen sie in die ideologische Schlacht um den Sozialismus und entfalteten ihre rhetorischen Talente. Unabhängig von den ideologischen Vorzeichen, läßt sich daraus lernen, daß eine moderne Gesellschaft das Jugendproblem nur lösen kann, indem sie der Jugend faszinierende Aufgaben stellt und ihnen die Lösung dieser Aufgaben selbst überläßt. Die Gesellschaft darf von ihrer Jugend nicht nur etwas erwarten, sondern sie muß ihr Aufgaben und Herausforderungen stellen. Und sie muß es der Jugend selber überlassen, wie sie damit fertig wird. Das können wir in jeder beliebigen Jugendgruppe beobachten. Da gibt es die Gruppenbildung, es gibt das hierarchische Prinzip und es gibt den „Leader", auf den alle hören. Natürlich hat das auch seine Kehrseite. Wenn diese Jugend nicht von den richtigen Ideen inspiriert wird, macht sie eine Menge Unsinn. Die eigentliche Wurzel des Jugendproblems in der modernen Gesellschaft liegt daher in der Langeweile. Die Jugend will etwas erleben und wenn ihnen nichts angeboten wird, dann verschaffen sie sich die Erlebnisse in der absurdesten Form und machen jeden Unsinn mit. Die Gleichen, die durchaus fähig wären, Sinnvolles zu tun, begehen dann jeden Unsinn, um der unerträglichen Öde, Banalität und Langeweile des industriegesellschaftlichen Alltags zu entrinnen. Die Jugend sucht immer das exzeptionelle Erlebnis. Diese Jugend zurückzuhalten und davor zu warnen, wird immer umsonst bleiben. Ein Großteil der Jugend sucht immer neue Quellen der Ekstase. Ekstase heißt hier: Transzendierung des banalen Industriealltags. Die Jugend sucht Transzendenz, sie will das Alltägliche transzendieren. Es ist letztlich ein religiöses Bedürfnis, das hier dahinter liegt.

Daher erreichte der Nationalsozialismus sein Ziel am besten dadurch, daß er kultisch-ästhetische Formen entwickelte, um die Teilhabe der Jugend an einer den Alltag transzendierenden Realität zu ermöglichen. Der nationalsozialistische Kultus sollte eine andere als bloß alltägliche Realität darstellen. In diesem Sinne lebt jede Gesellschaft vom Kultus. Kultus ist nicht etwas, was es nur in der Antike und im Mittelalter gab, sondern auch eine moderne Gesellschaft lebt von der Teilhabe an einer kultischen Darstellung, die sie ihren Mitgliedern gewährt. Heute übernimmt vor allem der Sport diese Funktion. Bei jeder Fußball-Weltmeisterschaft spielt sich ein nach kultischen Regeln inszeniertes Drama ab. Es ist die kultische Darstellung des dramatischen Lebens selber, das die Ekstase ermöglicht und die Gleichförmigkeit und Banalität des Alltags durchbricht. Heute erzeugt der Fußball diese gewaltigen Emotionen, in denen die Masse plötzlich eins wird. Nur hier gibt es noch eine affektive, libidinöse Identifikation von Kollektiven.

Ich erwähne das, weil das eigentliche Geheimnis des nationalsozialistischen Erfolges während der 30er Jahre darin bestand, daß Hitler dieses emotionale Bedürfnis zu befriedigen und in neuen Formen zu inszenieren vermochte. Es gibt keine vergleichbare ideologische Bewegung in der Geschichte, die das so meisterhaft verstanden hat, wie Goebbels und Hitler. Der Einzelne erstand sich oft nur noch als ein Moment des großen nationalen Kollektivs.

Leni Riefenstahl hat es in ihren Filmen geschafft, die Intention des Nationalsozialismus filmästhetisch zu realisieren und die Einschmelzung des Individuums in das große Kollektiv zu zeigen. Darum muß sich Leni Riefenstahl noch heute unentwegt für ihre wirklich großen Filmkunstwerke rechtfertigen. Heute nehmen wir diese Inszenierungen nur in ihrem ideologischen und verführenden Charakter wahr, aber das trifft nicht den Kern des Problems. Es wird zudem vergessen, daß selbst die USA über die Filme Leni Riefenstahls regelrecht entzückt gewesen ist. Die Jugendlichen standen in diesen Filmen in großen Blöcken zusammen und riefen sich zu, ohne ihren Namen zu nennen. Die Namenlosigkeit war dabei das Entscheidende. Denn erst der Name schafft Individualität. Die Individualität ist an den Namen gebunden. Darum haben sich die Jugendlichen in den großen Blöcken nicht mit Namen, sondern mit „Kamerad“ angeredet. Dadurch war aus dem unendlich reichen, kulturell differenzierten Volk eine einzige Masse geworden und das Individuum war verschwunden.

Hitler hat offiziell nur beansprucht, das Mundstück des Willens, der sich in der geschlossenen Form der Masse darstellt, zu sein. Das nannten die Nationalsozialisten dann Demokratie. Das war für sie die „wahre Demokratie“. Der Führer war angeblich nichts anderes, als die Inkarnation des kollektiven Willens des Volkes. Diese Idee blieb solange Papier, wie sie nicht realisiert wurde. Und realisiert wurde diese Idee nicht im Alltag, denn da tauchten die ganzen Unterschiedlichkeiten der Menschen wieder auf, sondern in den eigens zu diesem Zweck veranstalteten quasikultischen Darstellungen und Repräsentationen. Hier zeigt sich, daß der Nationalsozialismus/Faschismus keine Ideologie, keine Philosophie und keine Weltanschauung gewesen ist, ja überhaupt nichts mit Theorie und Begriff zu tun hatte, sondern ein Stil, eine Haltung war. Daß der Faschismus/Nationalsozialismus nichts mit Theorie und umso mehr mit Stil zu tun hat, zeigt sich auch an der Betonung der militärischen Haltung. Hier liegt bei allen Parallelen der fundamentale Gegensatz zu allen marxistisch inspirierten Massenbewegungen, denn im marxistischen Sozialismus hatte die Theorie, ja sogar die Philosophie, einen ganz anderen Stellenwert.

Es war Walter Benjamin, der dieses Wesen des Faschismus genau erkannt hat. Faschismus ist für ihn politisierte Ästhetik, d.h. eine in Politik umgesetzte Ästhetik. Der Faschismus hat bewiesen, daß man Ästhetik politisieren kann. Das zeigt, daß Ästhetik in politischer Hinsicht genauso wenig unschuldig ist, wie die Philosophie. Man kann keinen philosophischen Satz formulieren, der nicht auch politische Implikationen hat. Und ebenso gibt es auch keine ästhetische Darstellung, die nicht auch eine politische impliziert.

Um das zu verstehen, müßten wir bis auf Platon zurückgehen, der in der „Politeia“ lange darüber nachgedacht hat, in welchem Rhythmus die Amme das gerade geborene Kind bewegen soll, denn je nach der Wahl des Rhythmuses wird daraus ein guter oder schlechter Bürger. Der Rhythmus, nach dem das neugeborene Kind von der Amme bewegt wird, muß danach mit dem Grundrhythmus des Kosmos übereinstimmen. Die Veränderung des Bewegungsrhythmuses, selbst bei Kleinkindern, entscheidet also über Wohl und Wehe der Polis.

Nun wollen wir auf das Problem der Gleichschaltung im Nationalsozialismus eingehen. Ich möchte aber gleich dem Irrtum entgegenwirken, daß diese Gleichschaltung mit einer großen Zwangsveranstaltung identisch war. Zu behaupten, diese Gleichschaltung sei nur mit Terror geschehen, ist ein Irrtum. Die Rolle, die der Geheimdienst, die SS, die Gestapo und andere derartige Organisationen gespielt haben, war relativ marginal. Von deren Kontrolle war nur eine Minderheit betroffen. Diese Minderheit gab es natürlich, und es erging ihr schrecklich. In dem Augenblick, in dem jemand sich offen gegen Führer, Reich und Vaterland äußerte oder sich gar zu wehren begann, wurde er ins Konzentrationslager gesperrt. Es wäre aber ein Irrtum, zu glauben, daß die Herstellung der Einheit in Gleichheit die Folge einer permanenten terroristischen Praxis gewesen ist. Die Herstellung dieser Einheit in Gleichheit durch Terror ist im Kommunismus viel exzessiver und viel perfekter praktiziert worden, als das vor allem in den ersten Jahren des Dritten Reiches der Fall war.

Zu welchem Zweck sollte diese Einheit in Gleichheit hergestellt werden? Das Ziel, das Hitler damit verfolgte, hat er in dieser Form dem deutschen Volk bei keiner Gelegenheit mitgeteilt. Er hat es nur in Geheimreden vor Generälen, Gauleitern und Reichsleitern, also vor dem obersten Führungskorps von Reich und Partei, kund getan. Zweck der ganzen Veranstaltung war in der Tat kein anderer, als die Vorbereitung des großen Eroberungskrieges. Hitler wollte mit dem, zu diesem Zweck präparierten, zugerichteten und formierten Volk das Problem lösen, das er zum Überlebensproblem der Deutschen erklärt hatte: die Landeroberung. Darum ging es Hitler. Und es gab für den Nationalsozialismus dabei nur zwei Möglichkeiten. Die eine Möglichkeit bestand darin, Kolonien zu erwerben. Aber hier kamen die Deutschen zu spät. Die anderen Staaten hatten diese Länder bereits unter sich aufgeteilt. Die zweite Möglichkeit hieß Landeroberung. Es gibt einen Roman von Hans Grimm, der den Titel trägt: „Volk ohne Raum". „Volk ohne Raum", Volk ohne Rohstoffe. Das war die Zwangsvorstellung Hitlers, die er unter dem deutschen Volk verbreitet hat. Er verbreitete unter den Deutschen das Gefühl, auf engem Raum zu leben und aller zum Überleben wichtigen Ressourcen beraubt zu sein.

Das Gebiet, das man zu diesem Zweck meinte, erobern zu können, war natürlich der Osten. Außenpolitisch gab es nun zwei Möglichkeiten. Hitler konnte sich entweder mit den Engländern gegen die „Ostvölker", wie sie damals genannt wurden, verbünden, oder mit den Ostvölkern gegen England und die Kolonialmächte. Man muß gerechterweise sagen, daß es Hitler lieber gewesen wäre, sich mit den Briten zu verbünden. Ich habe bereits darauf hingewiesen, daß Hitler sogar bereit war, das britische Weltreich mit deutschen Soldaten zu verteidigen, wenn die Briten dazu bereit gewesen wären, mit ihm ein Bündnis zu schließen, um im Osten die große territoriale Eroberung durchzuführen.

Hitler hat den Deutschen darüber hinaus suggeriert, daß sie einer großen Bedrohung ausgesetzt seien. Anders hätte er den Kampfes- und den später den Widerstandswillen der Deutschen auch gar nicht aktivieren können. Nur mit der Verkündigung eines imperialistischen Expansions- und Eroberungskrieges hätte Hitler die Deutschen nie hinter sich bringen können. Die wahnwitzige Rechtfertigung, die Hitler diesem Unternehmen gegeben hat, bestand in der Erklärung, daß die slawische Rasse im Verhältnis zur nordischen minderwertig sei und daß daher die höherwertige nordische Rasse ein Recht hätte, eine Herrschaft über die Minderwertigen zu errichten.

Wenn Hitler sich statt dessen in Übereinstimmung mit der westlichen Tradition entschlossen hätte, die Völker Osteuropas von der bolschewistischen Sklaverei zu befreien, wäre es wahrscheinlich sogar zu einer fruchtbaren Zusammenarbeit Deutschlands mit all diesen Völkern gekommen. Stalin hätte überhaupt keine

Chance gehabt, den Widerstand gegen Deutschland zu organisieren, wenn die Deutschen tatsächlich – wie von Vielen in Osteuropa erhofft –, als selbstlose Befreier aufgetreten wären. Nicht wenige in Osteuropa, vor allem in der Ukraine, erhofften sich vom Nationalsozialismus die Befreiung vom Stalinismus. Wenn Deutschland im Verhältnis zu Osteuropa und zu Rußland heute etwas wiedergutzumachen hat, dann bezieht sich das vor allem anderen auf den wahnwitzigen Gedanken Hitlers, die Sklaven seien minderwertig. Die Russen gehören zu den hochbegabten Völkern dieses Erdballs. Es gibt kaum ein Volk, das eine solche Literatur und vor allem Romankunst hervorgebracht hat, wie die Russen im 19. Jahrhundert.

7. Autoritärer Faschismus – totalitärer Nationalsozialismus

Wir haben bisher immer nur vom Nationalsozialismus und nicht vom Faschismus geredet. Dabei macht es durchaus Sinn, zwischen Faschismus und Nationalsozialismus zu unterscheiden. Denn den Nationalsozialismus hat es nur in Deutschland gegeben, während es den Faschismus fast in ganz Europa gegeben hat. Darum konnte Ernst Nolte in seinem ersten Buch über den „Faschismus in seiner Epoche" schreiben. Der Nationalsozialismus ist ein deutschlandspezifisches Phänomen, aber der Faschismus ist ein Epochenphänomen.

Soweit man überhaupt etwas Sicheres über die künftige Geschichte aussagen kann, wage ich die Behauptung, daß der Nationalsozialismus niemals wieder eine Wiederauferstehung erleben wird. Selbst wenn sich eines Tages in Rußland eine Kombination von Nationalismus und Sozialismus etablieren sollte, wird auch dieser russische Nationalsozialismus keineswegs identisch sein mit dem deutschen Nationalsozialismus. Ein solcher russischer Nationalsozialismus wäre sicherlich nationalistisch, auch antisemitisch und antidemokratisch. Aber dieses mehr autoritäre als totalitäre Regime ähnelte dann eher einer Militärdiktatur als dem Nationalsozialismus. Denn der Nationalsozialismus hat in der Tat spezifisch deutsche Hintergründe und Voraussetzungen. In einigen Punkten hat der Nationalsozialismus sogar eher österreichische Hintergründe. Es wurde ja bereits darauf hingewiesen, daß sich Preußen und der Nationalsozialismus in entscheidender Hinsicht wie Feuer und Wasser zueinander verhalten. Es war der Zerfall des Vielvölkerstaates der KuK-Monarchie, der ein ungelöstes Nationalitätsproblemen hervorgebracht hat. Und wenn man dann noch an die Rolle denkt, die das Judentum in Österreich, vor allen Dingen in Wien, damals gespielt hat, dann drängt sich der Eindruck auf, daß der Nationalsozialismus hinsichtlich seiner Herkunft vielleicht noch spezifischer für Österreich als für Deutschland war.

Anders verhält es sich mit dem Faschismus. Der Faschismus ist wahrscheinlich keine Sache der Vergangenheit. Im Gegenteil, der Faschismus könnte im Unterschied zum Nationalsozialismus durchaus noch eine Zukunft vor sich haben. Um dies zu verstehen, ist es wichtig, genau zwischen Nationalsozialismus und Faschismus zu unterscheiden. Man muß ganz deutlich sehen, daß es im italienischen Faschismus eine mit dem Nationalsozialismus vergleichbare Judenverfolgung und -vernichtung nicht gegeben hat. Allein, daß es diese Judenverfolgung so nicht gegeben hat, macht natürlich einen Unterschied ums Ganze. Zweifellos hat auch der Rassismus nicht annähernd die Rolle gespielt, die er in der Ideologie des Nationalsozialismus gespielt hat. Die für den Faschismus entscheidende Komponente ist vielmehr die nationalistische gewesen. Der Faschismus Italiens war in seinem ideologischen Kern keine Gestalt des Internationalismus. Der Nationalsozialismus ist dagegen selber eine Form des Internationalismus gewesen. Der Nationalsozialismus, wie Hitler ihn gedacht hat, zielte wirklich auf eine Lösung der Weltprobleme. Hitler beanspruchte für den Nationalsozialismus die Lösung der Weltprobleme. Darum war die Feindschaft mit dem internationalen Sozialismus so unversöhnbar. Im Faschismus ging es dagegen primär um einen neuen Nationalismus.

Außerdem war der Faschismus Italiens im Kern kein totalitäres, sondern ein autoritäres System. Der italienische Faschismus hat die ideologische Gleichschaltung viel weniger weit getrieben als das Dritte Reich. Die gesellschaftlichen Mächte Italiens, also die bürgerlichen und vor allem großbürgerlichen Kreise, sind weitgehend ungeschoren geblieben. Der Faschismus nahm zwar in seiner Spätphase, zum Teil bedingt durch die historischen Konstellationen, ebenfalls totalitären Charakter an. Aber von seinen Prinzipien her, war der Faschismus ein autoritäres und kein totalitäres Regime.

Viertens war der Faschismus ein etatistisches System. Der Faschismus war staatsorientiert. Es ging dem Faschismus nicht nur um einen starken Staat, sondern zunächst um den Staat überhaupt. Auch das ist eine Differenz zum Nationalsozialismus. Die Bundesrepublik Deutschland hat ihr Verhältnis zum Staat nach 1949 auf dem Boden der These entwickelt, daß der Nationalsozialismus eine besondere Form exzessiver Entfaltung des Staates gewesen sei. Dabei wird aber übersehen, daß der Nationalsozialismus in seiner Art den Staat genauso liquidiert hat, wie das der Kommunismus unter anderem ideologischen Vorzeichen auch getan hat. Carl Schmitt konnte darum unmittelbar nach der Machtübernahme der Nationalsozialisten 1933 sagen, nun sei der Hegelsche Staat tot. Carl Schmitt hat begriffen, daß die Machtübernahme der Nationalsozialisten das offizielle Ende der Epoche der Staatlichkeit, d.h. des Staates in der Tradition des okzidentalen, neuzeitlichen Rationalismus bedeutete. Im Nationalsozialismus gab es keinen Staat mehr, der das Gesetz unabhängig von Parteien und gesellschaftlichen Gruppen geschützt hätte. Die nationalsozialistische Partei, damals „Bewegung" genannt, hatte den Staat erobert und sich mit dem Staat gleichgesetzt. Dieser Vorgang bedeutete im Sinne der neuzeitlichen Staatstradition das Ende des Staates, da der Staat, der die Organisationsform des Ganzen sein sollte, von einem Teil der Gesellschaft erobert und zu einem Instrument zur Durchsetzung der Ziele einer Partei mißbraucht wurde. Im Vergleich zum Nationalsozialismus hat der Faschismus dagegen viel mehr Elemente der Staatlichkeit beibehalten. Mussolini hat sich viel weiter von den Abhängigkeiten seiner faschistischen Partei entfernt, als das bei Hitler der Fall war. Wenn heute in Italien eine Debatte darüber geführt wird, ob Mussolini nicht auch etwas Gutes, Bewahrens- und Bedenkenswertes getan hat und nicht nur als Verbrecher angesehen werden darf, dann hängt das auch damit zusammen.

Fünftens bedeutet der Nationalsozialismus im Unterschied zum Faschismus die radikale Beseitigung des Pluralismus. Der Nationalsozialismus hat jede, neben ihm bestehende Gewalt faktisch eliminiert. Mussolini hat dagegen ein Bündnis mit der katholischen Kirche geschlossen, so daß die entscheidenden Privilegien der Katholischen Kirche erhalten blieben. Darüber hinaus – auch das ist ein Unterschied zum Nationalsozialismus – hat Mussolini die Monarchie bestehen lassen. Im Faschismus gab es also vom Ansatz her viel mehr Pluralismus, als im Nationalsozialismus. Der Nationalsozialismus hat dagegen alle Elemente an Liberalität und an Pluralismus beseitigt. Zwar war auch der Faschismus, wie der Nationalsozialismus, eine Einparteiendiktatur, aber er hatte doch zu den pluralistischen und liberalen Traditionen ein viel lockereres Verhältnis als die Nationalsozialisten.

Was der Nationalsozialismus bewirkt hat, ist uns heute vollkommen bewußt. Die Fakten sind alle bekannt. Über diese Fakten braucht man nicht weiter zu streiten. Wir wissen, welche unvorstellbaren Verbrechen der Nationalsozialismus begangen hat. Aber ist das Problem der Vergangenheitsbewältigung gelöst, wenn wir den Nationalsozialismus moralisch als verbrecherisches Regime verurteilen? Natürlich muß sich eine liberale Demokratie moralisch vom Nationalsozialismus distanzieren. Aber damit ist doch das Problem noch nicht erledigt. Wenn der Nationalsozialismus nur ein einziges Verbrechen gewesen wäre, dann wäre es unvorstellbar, daß er eine solche Zustimmung erfahren hätte. Stefan Hermlin, dieser alte, treue und traurig gewordene Marxist, stellte sich auf einer Tagung, die dem deutschen Widerstand gewidmet war, die Frage, warum die Widerstandskräfte damals denn nicht mehr unterstützt worden sind. Hermlin gab selber die Antwort: Weil die überwältigende Mehrheit der Deutschen das Regime unterstützt haben und dahinter standen. In der Tat, das ist die Wahrheit.

Die Vergangenheitsbewältigung muß daher in erster Linie begreifen, warum die Deutschen in ihrer Mehrheit hinter Hitler standen. Warum hat denn der Widerstand nicht die Massenbasis gefunden, die er gebraucht hatte? Weil die Deutschen im wesentlichen das Regime unterstützt haben. Das ganze Ziel unserer Bemühungen besteht darin, das zu begreifen. Denn wenn wir das nicht begreifen, können wir aus dieser Erfahrung auch keine richtigen historischen Lehren ziehen. In diesem Zusammenhang ist die Unterscheidung zwischen Faschismus und Nationalsozialismus so wichtig, weil die Deutschen meinten, eine Form des Faschismus zu unterstützen, als sie dem Nationalsozialismus gefolgt sind.

Ich fasse zusammen: Im Kern ist der Faschismus nicht eine Form des internationalen Rassismus, sondern des forcierten Nationalismus gewesen. Es ging den Faschisten um Größe, Macht und Glanz der eigenen Nation. Sie wollten nicht den Rest der Welt unter ihre Herrschaft zwingen.

Zweitens verstand sich der Faschismus als eine Bewegung der Wiederherstellung des Staates. Demokratische Elemente sollten durch autoritäre Elemente ersetzt werden. Seinem Kerngedanken nach ist der Faschismus ein autoritärer Staat – unter weitgehender Ausklammerung des Liberalismus.

Drittens hat der Faschismus den gesellschaftlichen Pluralismus dennoch nicht radikal beseitigen wollen, sondern er hat sich mit den alten Mächten, mit der katholischen Kirche und auch mit der Monarchie, arrangiert. Die fanatischen Gefolgsleute Mussolinis waren der Meinung, man müsse auch mit der katholischen Kirche und der Monarchie Schluß machen. Aber Mussolini hat das nicht getan.

Viertens spielte der Antisemitismus im Faschismus eine eher untergeordnete Rolle. Es gibt keine auf die Totalvernichtung des Judentums gezielte Politik des Faschismus. Es existierten auch keine Konzentrationslager, die mit denen des Nationalsozialismus vergleichbar gewesen wären. Die italienischen Faschisten haben die Dissidenten nicht getötet, sondern nur aus dem Verkehr gezogen und auf eine kleine Insel verfrachtet. Dort konnten sie, getrennt vom „nationalen Körper“, leben. In Italien hatten die Dichter und Denker – ich will das einmal überspitzt ausdrücken –, in schöner Landschaft die Gelegenheit, nachzudenken und Bücher zu schreiben. Auch das ist ein Unterschied zum Nationalsozialismus.

Fünftens war der sozialrevolutionäre Charakter im Faschismus noch stärker ausgeprägt, als im Nationalsozialismus. Der Nationalsozialismus hatte den Privatkapitalismus weitgehend bestehen lassen. Er hat zwar neben dem Privatkapitalismus auch ausgesprochen staatskapitalistische Elemente eingeführt, indem er große Bereiche der Rüstungsindustrie Hermann Göring unterstellt hat. Im übrigen aber hat er die Privatkapitalisten weitgehend gewähren lassen. Die Nationalsozialisten waren der Meinung, daß dies für die ökonomische Effizienz besser sei, als das private Eigentum zu beseitigen. Das ist der Grund, warum Kommunisten behaupten konnten, der Nationalsozialsozialismus sei die konsequente Antwort des in die Krise geratenen Kapitalismus. Die Nationalsozialisten galten den Kommunisten als Schutztruppen der Finanzkapitalisten. So lautete die kommunistische Theorie. Der Kommunismus bekämpfte den reaktionären Nationalsozialismus, weil unter dem Nationalsozialismus die Elemente des Privatkapitalismus weitgehend beibehalten wurden. Der Nationalsozialismus hat das Privateigentum an den Produktionsmitteln eben nicht „vergesellschaftet“ bzw. verstaatlicht. Der Nationalsozialismus verkörperte vielmehr in ökonomischer Hinsicht einen Kompromiß zwischen Elementen des Privatkapitalismus und Elementen des Staatskapitalismus. Er war ein Mischgebilde, so wie die Nationalsozialisten überhaupt sehr gerne mit inkonsequenten Mischungsverhältnissen gearbeitet haben.

Der zentrale Gedanke des Faschismus ist dagegen der Syndikalismus gewesen. Die Faschisten wollten die unterschiedlichen Interessen der Gesellschaft im Syndikalismus repräsentieren und integrieren, ehe die berechtigten Interessen durch eine Vielparteiendemokratie deformiert und mißbraucht würden. Syndikalismus bedeutet nichts anderes, als daß an die Stelle der traditionellen Vielparteiendemokratie ein Organ geschaffen wird, in dem der berufsständische Gedanke die Repräsentation im Staat übernimmt. Es waren die Berufe der Gesellschaft, die im Syndikalismus den wahren Willen und die wahren Interessen der Bevölkerung aussprechen und integrieren sollten. Für Mussolini spielte hier das Buch von Robert Michels über die ochlokratischen demokratischen Parteien eine große Rolle. Auch Max Weber hatte sich ja mit dieser These von Robert Michels auseinandergesetzt, daß unter den Bedingungen der Moderne die großen demokratischen Parteien die Tendenz hätten, zur Ochlokratie, d.h. zur Monopolherrschaft der Parteiapparate über die Mitglieder der Parteien, zu degenerieren. Michels hatte beklagt, daß die Demokratie immer mehr zur monopolartigen Herrschaft der Parteiapparate über die Partei degeneriert ist. Dagegen bestehe der Kerngedanke der Demokratie doch darin, daß die Parteien in einem fairen, sachlichen Wettbewerb um die Zustimmung des demokratischen Bürgers werben. Die Kritik, die Robert Michels an der parlamentarischen Parteiendemokratie geübt hat, ist damals in Italien auf breite Zustimmung gestoßen. Und es gab durchaus gute Gründe, über eine andere Repräsentation des Willens der Gesellschaft nachzudenken. Mussolini hat darüber nachgedacht und er hat sich infolgedessen von der parlamentarischen Demokratie abgewandt und ein syndikalistisches Konzept entworfen. Die Faschisten hatten den Eindruck, daß die damalige Parteiendemokratie keine Demokratie war. Daher sollten nun im Syndikalismus die kooperativen, ständischen Interessen politisch repräsentiert werden.

Wenn das alles – die autoritäre, nationalistische, etatistische und syndikalistische Demokratie – für den Faschismus charakteristisch ist, dann kann man wohl nicht behaupten, daß der Faschismus erledigt sei. Der Faschismus kann durchaus noch eine Renaissance erleben. Denn was hat damals in besonderem Maße den Faschismus in Europa ermöglicht? Ernst Nolte hat darauf die richtige Antwort gegeben: Es war die Krise des Liberalismus in Europa nach dem Ersten Weltkrieg. Wenn der Liberalismus in eine Krise gerät und eine Alternative gefragt ist, dann gab es und gibt es nur zwei Möglichkeiten: Wenn man von der Unhaltbarkeit der in die Krise geratenen liberalen Zustände überzeugt ist, wird man entweder Sozialist oder Nationalist. In der damaligen Krise des Liberalismus waren der Sozialismus und der Nationalismus, der sich unter den geschichtlichen Bedingungen zum Faschismus ausformen konnte, die einzig konsequenten Alternativen. Je mehr die Krise des Liberalismus fortschreitet, je mehr – wenn nicht die ökonomischen, so doch die kulturellen – Probleme des Liberalismus zunehmen, umso mehr drängen sich auch heute die Alternativen des Sozialismus bzw. des Nationalismus auf.

Der Nationalsozialismus hat mit viel größerem Eifer die liberale Demokratie vernichtet als der Faschismus. Hier kannte Hitler sowenig einen Kompromiß wie Stalin. Das ist das wichtigste Moment, das den Antimodernismus des Nationalsozialismus kennzeichnet. Im Unterschied zum Faschismus wollte der Nationalsozialismus die liberale Demokratie aber nicht nur durch eine organisatorische, strukturelle Reform abschaffen, sondern er wollte den Liberalismus bis in die Wurzel hinein vernichten. Es sollte nicht nur der libertäre Liberalismus, sondern auch der große, klassische Liberalismus abgeschafft werden. Der durchgehendste und bestimmendste Zug des Nationalsozialismus war der Kampf gegen den Liberalismus. Das zeigt sich daran, daß der Nationalsozialismus mit dem Liberalismus auch jede Form des Pluralismus ausgerottet hat. Liberalismus und Pluralismus hängen aber auf das engste zusammen. Je liberaler eine Gesellschaft ist, um so pluralistischer ist sie. Wenn daher der Liberalismus alleine herrscht, dann gibt es nur noch den Pluralismus. Dann tritt das ein, was Nietzsche die „atomistische Revolution" genannt hat. Dann allerdings besteht die Gefahr, daß sich die Gesellschaft in ihre Bestandteile auflöst. Der Nationalsozialismus hat daher versucht, an die Stelle des Subjekts, das die liberale demokratische Entwicklung in Europa seit der Französischen Revolution bestimmt hat, ein neues Subjekt hervorzubringen. Aber dieses neue Subjekt trug einen alten Namen: das Volk. Der Nationalsozialismus, der 1933 bei den Deutschen Zustimmung errungen hat, war ja nicht der antisemitistische Rassismus. Wenn Hitler unter Verweis auf den antisemitischen Rassismus angetreten wäre, hätte der Nationalsozialismus in Deutschland wahrscheinlich keine Chance gehabt. Hitler ist daher mit dem Programm eines völkischen Nationalismus angetreten.

Der Nationalismus Hitlers war kein gewöhnlicher Nationalismus, sondern er war ein völkischer Nationalismus. Der Kernsatz der nationalsozialistischen Ethik lautete: „Du bist nichts, dein Volk ist alles." Damit sollte nicht nur das liberale Individuum, sondern der Individualismus als solcher überwunden werden. Die Menschen sollten sich nicht mehr als eigenständige, selbständige Subjekte verstehen, sondern nur noch als Teile des Volkes. Wie konnte die Deutschen damals eine solch absurde Formeln wie „Du bist nichts, dein Volk ist alles" faszinieren? Das ist nur zu verstehen, wenn man diesen Satz als Reaktion auf einen extremen Individualismus begreift. Wie so oft in der Politik, haben die Nationalsozialisten das berühmte Kind mit dem Bade ausgeschüttet. Denn sie haben nicht nur eine Begrenzung des Individualismus gefordert, sondern dessen Abschaffung. An die Stelle der Individuen sollte das Volk treten.[15]

Es ist nun wichtig, zu bedenken, daß der Begriff des „Volkes" kein reaktionärer, von den Nationalsozialisten erfundener Begriff, sondern daß er der Grundbegriff der Demokratie ist. Wie will man Demokratie definieren, ohne vom Volk zu reden? Wörtlich übersetzt, heißt Demokratie Volksherrschaft. Das politische Subjekt der Demokratie ist seit der Französischen Revolution das Volk, daß sich in einer demokratischen Verfassung organisiert. Auch im Grundgesetz ist das politische Subjekt der Bundesrepublik das „deutsche Volk". Das ist nichts Reaktionäres oder Faschistisches, sondern das ist etwas fundamental Demokratisches. Wel-

[15] Heute darf man daher das Wort „Deutsches Volk" kaum noch in den Mund nehmen. Das war zu Adenauers Zeiten noch anders. Adenauer sagte einmal, unsere wichtigsten Prinzipien müßten die Liebe zum Nächsten und die Liebe zum eigenen Volk sein. In den beiden ersten Nachkriegsjahrzehnten galt ein solcher Ausspruch noch als völlig normal. Als der frühere Bundespräsident Roman Herzog sagte, er liebe das deutsche Volk, regten sich dagegen fast alle Intellektuellen auf. Von der Liebe zum deutschen Volkes darf heute keine Rede mehr sein. Roman Herzog hat daher diesen Satz nie mehr wiederholt. Es ist ja – wenn man sich die Geschichte ansieht –, auch nicht einfach, das deutsche Volk zu lieben. Ich erinnere mich in diesem Zusammenhang an eine Aussage von Goethe, der sinngemäß gesagt hat: ‚Die Deutschen sind wie die Juden. Sie sind wohltuend und großartig als Einzelne, aber sobald sie sich zusammenrotten, sind sie unerträglich.' Es gibt prachtvolle Einzelne, aber sobald sie als Horde oder als Kollektiv auftreten, werden sie nicht selten unerträglich. Natürlich gibt es auch bei den Deutschen Gruppen und Zusammenschlüsse, bei denen einem nur das Herz aufgehen kann.

chen Sinn hätte es noch, von Demokratie zu reden, wenn das politische Subjekt der Demokratie nicht mehr das Volk wäre?

Worum geht es denn in einer Demokratie? Es geht darum, die Form zu finden, in der dem politischen Willen des Volkes als des eigentlichen Souveräns zur angemessenen und repräsentativen Artikulation verholfen wird. Die Demokratie impliziert daher den permanenten Kampf um die Frage, wie der Wille des demokratisch und politisch verfaßten Volkes zur Verwirklichung kommen kann. So hat Rousseau die Demokratie begriffen.

Die Nationalsozialisten haben nun für sich in Anspruch genommen, wahre Demokraten gewesen zu sein. Der wahre Wille des Volkes, so waren sie überzeugt, könne im Prinzip durch einen Einzelnen besser erkannt und verwirklicht werden, als durch eine pluralistische Gesellschaft. Das Führerprinzip hat nur darum 1933 diese Evidenz erfahren, weil die Zersplitterung der liberalen Demokratie so weit gediehen war, daß es gar keine Chance mehr gab, dem Willen des Volkes noch Gehör zu verschaffen. Heute wissen wir, daß die These des Nationalsozialismus, das Führerprinzip sei die geeignetere Form, den Willen des Volkes zur Verwirklichung zu bringen, dem Anspruch der wahren Demokratie nicht gerecht geworden ist. Aber die Deutschen haben das damals anders empfunden. Wir kommen nicht an der traurigen Erkenntnis vorbei, daß die Mehrheit der Deutschen zumindest einige Jahre lang das, was die Nationalsozialisten im Namen des Volkes getan haben, als mit dem eigenen Willen übereinstimmend empfunden haben.

Der Nationalsozialismus hat sich, seinem Selbstverständnis nach, in der rousseauistischen, radikaldemokratischen Tradition gesehen. Denn Rousseau war der Meinung, daß die Voraussetzung der Funktionsfähigkeit der Demokratie in der Homogenität des Volkes liege. Für Rousseau war es allerdings noch völlig klar, daß das homogenitätsbildende Element die gemeinsam geteilte Kultur ist. Dazu gehörte das geschichtliche Erbe und dazu gehörte auch – was für Rousseau ganz wichtig war – eine zivile Religion. Rousseau war der Meinung, daß die Demokratie ohne eine Art Zivilreligion, also ohne eine politische Theologie, überhaupt nicht existieren könne. Die zivile Religion ist die Form, in der das Allgemeine – oder wie wir heute sagen –, in der die allgemein geteilten „Werte" präsent gehalten werden.

Zur Zivilreligion Rousseau gehörte auch der Glaube an die Unsterblichkeit. Wer nicht an die Unsterblichkeit und wer nicht an ein zukünftiges Gericht glaubte, war für Rousseau ein potentieller Feind der Demokratie. Rousseau war in Übereinstimmung mit John Locke davon überzeugt, daß die Atheisten für die Demokratie außerordentlich gefährlich seien. Atheisten verdienten kein Vertrauen. Und warum verdienten Atheisten in den Augen Lockes kein Vertrauen? Weil ihnen nichts heilig ist. Rousseau und Locke wußten noch, daß man mit einem Volk, dem nichts heilig ist, keine Demokratie verwirklichen kann. Es gibt eben keinen Vertrag ohne Vertragstreue und ohne Vertragsgesinnung.

Zivilreligion und Homogenität sind also nicht etwas, was erst durch die Nationalsozialisten und Faschisten der Demokratie abgefordert wurde, sondern das gehörte zum revolutionären Ursprung der modernen Demokratie in der Französischen Revolution. Der Unterschied zwischen Rousseau und dem Nationalsozialismus liegt daher woanders. Die Nationalsozialisten haben die Homogenität und das Volk nicht mehr kulturell, sondern ethnisch und rassistisch interpretiert. In der klassischen Zeit der revolutionären Demokratie, sei es in Frankreich oder auch in Deutschland im 19. Jahrhundert, wäre dagegen niemand auf die Idee gekommen, das Volk ethnisch oder gar rassistisch zu definieren. Bei Hegel heißt es noch: Die Religion ist der Ort, an dem ein Volk die für es verbindliche Wahrheit definiert.´ Für Hegel war das Volk noch durch ein Wahrheitsbewußtsein konstituiert. Die Wahrheit konstituierte die Gemeinschaft des Volkes bzw. die Nation. Darum gehörten Volk und Nation in dieser Traditionslinie eng zusammen. Eine Nation war für Hegel nichts anderes, als die Weise, in der sich ein Volk seiner selbst bewußt wird. Was konstituiert das Selbstbewußtsein des Volkes? Für Rousseau war es die Kultur, einschließlich der Zivilreligion. Für den deutschen Idealismus war es die Wahrheit, konkret: das Wahrheitsbewußtsein. Bei Johann Gottlieb Fichte war es ganz eindeutig die Sittlichkeit. Volk war für Fichte nichts anderes, als eine gemeinsam geteilte Vorstellung von Sittlichkeit – also die reflexiv gewordene Sitte. In vormoderner Zeit, also etwa in der griechischen Polis, war das Volk die Gemeinschaft derjenigen, die eine gemeinsame Lebensform teilten. Und ein Tyrann war derjenige, der das Volk nicht in der angestammten, durch Herkunft verbürgten, gemeinsam geteilten Lebensform beließ. Das Wesen der Tyrannei in der Antike bestand darin, daß die Leute nicht mehr so leben durften, wie sie es kraft Herkunft gewohnt waren.

Die totalitären Volksdemokratien waren in diesem Sinne Tyranneien. Sie wollten das Volk nicht mehr in der angestammten der Form leben lassen. Totalitaristen sind diejenigen, die dem Volk seine Lebensform nehmen. Das erklärt, warum sich der Widerstand gegen den Totalitarismus dort am stärksten erwiesen hat, wo die Tradition noch am mächtigsten war. Beseitigt man die Tradition, löst man die gemeinsam geteilten Lebensformen und die Verständigung über die gemeinsamen Überzeugungen auf, dann macht man ein Volk reif für Manipulationen und für die Tyrannei.

Darum ist der freiheitlich gesinnte Konservative der wahre Widerstandskämpfer. Wer den Konservativismus zerstört, der zerstört die Quellen eines möglichen Widerstandes gegen eine manipulierte und totalitär geführte Gesellschaft. Das wußten die totalitären Nationalsozialisten. Sie haben daher den Menschen nicht geistvolle Vorträge gehalten, sondern sie haben eine Vielzahl von Angeboten geschaffen, um die aus ihrer traditionellen Lebensform gelösten Menschen in eine neue, von der Führungselite gewünschte Lebensform einzuüben. Die manipulierten Massen waren dann allzu häufig bereit, die braune SA-Uniform anzuziehen und im Stechschritt zu marschieren. Das haben die Stalinisten in der Sowjetunion nicht anders getan. Auch sie haben neue Lebensformen entwickelt, indem sie die Menschen morgens um 6 Uhr aus den Federn holten und einen Marsch hinter sich bringen ließen. Natürlich wußten sie, daß sich diese Leute mit großem Widerwillen auf den Marsch begeben, aber sie wußten auch, daß sie, wenn sie die ersten 10 Kilometer mit Schultergepäck hinter sich gebracht hatten, anfingen, Stolz zu empfinden. So ändert man Lebenseinstellungen und Lebensformen.

Soviel zum Thema Volk und völkischer Nationalismus. Nun sind die Nationalsozialisten allerdings noch einen Schritt weiter gegangen. Und da wird die Sache erst brisant und hoch gefährlich. Denn nach den Geheimplänen war der völkische Nationalismus nur eine Vorstufe zur Idee der Rassenzüchtung und der Rassenverbesserung. Wenn man den Nationalsozialismus – und da unterscheidet er sich natürlich nicht unerheblich vom Faschismus – auf seinen Kern bringen will, dann stellt er die Form einer politisch praktizierten Biologie dar. Der Nationalsozialismus verstand sich – ideologisch gesehen – als eine biologische Gesundungslehre. Das Ziel war eine Bevölkerungspolitik, die auch eine Sexualpolitik in sich enthielt. Das ging bis hin zum Hengstideal, das – vor allem bei der SS – der Verbesserung der Qualität der Rasse zu Grunde lag. Hitler orientierte sich an Vorstellungen, wie sie bisher nur in der Tierzüchtung üblich gewesen sind. Die „nordischen" Deutschen sollten wie wertvolle Stuten und Hengste zusammengebracht werden, um so zur Vermehrung des deutschen Volkes und seiner positivwertigen Elemente beizutragen. Die minderwertigen „Elemente" sollten dagegen „ausgemerzt" und „vernichtet" werden, um eine Verbesserung der biologischen Rassequalitäten der deutschen Bevölkerung zu erreichen.

Das war der ideologische Kern des Nationalsozialismus und Hitlers. Hier zeigt sich eine Form des Wahnsinns, wo uns, wenn wir einmal auf die Tradition von Platon bis Hegel zurückblicken, alle Kategorien fehlen, um das überhaupt begreifen zu können. Das ist, gemessen an der ganzen europäischen Geschichte, etwas so Unheimliches und Ungeheueres gewesen, daß wir nur mit Entsetzen und Schrecken auf ein solches Phänomen reagieren können. Die gleiche Funktion, die dieser Rassenbegriff und damit die Biologie bei den Nationalsozialisten hatte, hatte im Sozialismus der Klassenbegriff. Wenn der Hitlerismus die Deutschen in aller Klarheit über diese letzten Ziele und Absichten informiert hätte, hätte sich dieses Volk sicherlich mit Entsetzen abgewandt. Die Nationalsozialisten wußten jedenfalls, daß das deutsche Volk für ein solches Programm nicht reif war und sie wußten sogar, was diesem „Reifungsprozeß" der Deutschen entgegenstand: das europäisch-christliche Erbe. Der Nationalsozialismus war darum nicht nur gegen die Moderne gerichtet, sondern gegen das gesamte antik-jüdisch-christliche Erbe der Deutschen. Hitler ging es um die Vernichtung alles dessen, was antik, jüdisch, und christlich war. Es ging ihm um die Vernichtung der gesamten kulturellen Substanz Europas.

Daran gemessen, muß der Faschismus noch als ein Teil der europäischen Tradition angesehen werden. Giovanni Gentile, einer der Philosophen des Faschismus, war immerhin noch ein Hegelianer, zwar ein – durch den Einfluß Croces – irrender Hegelianer, aber immerhin ein Hegelianer in europäischer Tradition. Und gemessen an dem Wahnsinnsprogramm Hitlers gehört auch das stalinistische Rußland, wenn auch irrend und häretisch, in die europäische Tradition und damit auch noch in die Geschichte des Christentums hinein.

Meine These ist, daß in der Beantwortung dieser Frage der Schlüssel zum Verständnis des Nationalsozialismus deutlich wird. Denn die Essenz des nationalsozialistischen Willens liegt im Antichristentum. Der Nationalsozialismus bedeutet die explizite Abwendung von dem 2000 Jahre alten christlichen Europa. Ich glaube, daß die zu Zeiten Nietzsches bereits unübersehbar gewordenen Prozesse der Entchristlichung des deutschen Volkes die entscheidende Voraussetzung für den Sieg der nationalsozialistischen Bewegung gewesen sind! Und darum zweifle ich daran, ob wir aus dieser historischen Erfahrung wirklich das Entscheidende gelernt haben, denn mit anderen Methoden setzen wir heute diese Entchristlichung fort. Vielleicht haben wir es in dieser Hinsicht schon weiter gebracht, als es Hitler in der Kürze der ihm zur Verfügung stehenden Zeit gelungen ist. Denn nach meiner Erinnerung war das tatsächliche Lebensethos der Deutschen damals noch außerordentlich stark vom Christentum bestimmt.

Ich genoß im Gymnasium während des Zweiten Weltkrieges mehrmals die Woche einen Religionsunterricht. Da wurde keine nationalsozialistische, rassistische Interpretation des Christentums gelehrt, sondern die traditionelle christliche Lehre. Da wurden der Katechismus und Psalmen auswendig gelernt, und die ganze christliche Theologie wurde über das Gesangbuch vermittelt. Man könnte übrigens die ganze christliche Dogmatik aus den Liedern des Gesangbuchs entnehmen. Wer nur kräftig die Lieder des evangelischen oder auch katholischen Gesangbuchs singt, der kriegt die ganze christliche Dogmatik mit. Unser Lehrer war ein überzeugter Christ und ich weiß, daß es noch Viele seiner Art an den Schulen gegeben hat.[16]

Die Nationalsozialisten sahen sich daher – auch das war ein Irrsinn – genötigt, Christus als einen Arier zu vereinnahmen. Die Pointe des damals häufig zitierten Buches von Sir Housten Chamberlains über „Die Grundlagen des 19. Jahrhunderts" bestand darin, daß Jesus kein Jude, sondern ein Arier gewesen sei. Damit konnten die Nationalsozialisten leben. Sie konnten angesichts der noch herrschenden Einstellung der Deutschen auf Jesus nicht verzichten, aber er mußte wenigstens ein Arier gewesen sein.

Der Nationalsozialismus stellte sich also nicht nur gegen die Moderne, sondern gegen das gesamte europäische Erbe, und vor allem gegen das Christentum. Hitler wollte den letzten Rest des Christentums aus den Deutschen austreiben und die christlichen Kirchen vernichten. Die Nationalsozialisten fühlten sich allerdings durch die Exstenz der christlichen Kirchen und der Christen daran gehindert, dies auch öffentlich zu proklamieren. Diese antichristliche Stoßrichtung hat mehr als alles andere den Weg in die neue Barbarei geebnet.

Damit sind wir beim zentralen Thema dieser Abhandlung angelangt. Wie ist es möglich gewesen, daß der Nationalsozialismus solch ein Programm, wenn nicht durchsetzen, so doch auf den Weg bringen konnte? Warum konnte das ausgerechnet bei den Deutschen passieren?

---

[16] Man sollte zum Vergleich einmal in eine Oberstufe oder auch in eine Evangelische Akademie gehen und sich umhören, was heute über das Christentum und seine Dogmatik gesagt wird. Man würde aus dem Staunen nicht mehr herauskommen. Das ganze Christentum wird heute nicht selten als eine Form von Sadomasochoismus interpretiert, weil ein grausamer Tyrannengott seinen eigenen Sohn am Kreuze sterben ließ. Von dieser Inhumanität müßten wir uns nun befreien, denn die wahre Gerechtigkeit liege bei dem jüdischen Gott Jahwe oder bei Buddha.

8. Die getäuschten Deutschen

Vorweg möchte ich nochmals darauf hinweisen, daß es im Nationalsozialismus viele normale bürgerliche Lehrer gegeben hat, die die deutsche Klassik noch so vermittelten, als ob es den Nationalsozialismus überhaupt nicht geben würde. Es gab damals durchaus noch viel bürgerliche Normalität. Das zeigte sich vor allem am Geschichtsunterricht, der weitgehend von nationalsozialistischen Indoktrinationen freigehalten war.

Bei aller Vergleichbarkeit der faschistischen Regimes sind die realen Unterschiede etwa zwischen dem italienischen Faschismus und dem Nationalsozialismus erheblich gewesen. Wir werden uns nicht zuletzt deshalb so ausführlich mit Nietzsche auseinandersetzen, weil man den Faschismus von Nietzsche her viel besser verstehen kann, als wenn man ihn nur phänomenologisch behandelt. Von Nietzsche aus wird auch klar, daß der Faschismus als ein geschichtliches Phänomen vielleicht noch gar nicht erledigt ist. Den Nationalsozialismus wird es in der Weise, in der er existiert hat, sicherlich nie wieder geben. Hermann Lübbe hat zu Recht gesagt, daß der Neonazismus künftig kein politisches Problem mehr darstellt, sondern nur noch ein Problem der Polizei. Dagegen kann es durchaus sein, daß wir nochmals Formen der Wiederkehr des Faschismus erleben werden.

Es ist nun von ganz erheblicher Bedeutung, daß die gegenwärtige Verwendung des Faschismus mit dem historischen Phänomen des Faschismus/Nationalsozialismus nur wenig zu tun hat. Die öffentliche Diskussion arbeitet zwar heute permanent mit dem Faschismusverdacht, aber der zugrunde gelegte Begriff des Faschismus ist inzwischen so diffus geworden, daß der Faschismus-Vorwurf mittlerweile gegen jeden Konservativen gerichtet werden kann.

Das war nicht immer so. In der ersten Phase nach dem Zweiten Weltkrieg redete man noch nicht allgemein von Faschismus, sondern vom Nationalsozialismus. Der Nationalsozialismus und der Kommunismus galten als die zwei wichtigsten Ausprägungen des Totalitarismus. Totalitär waren diejenigen Systeme, die durch folgende Elemente gekennzeichnet waren: 1. durch eine Ideosynkratie, d.h. durch ein ideologisches Staatsmonopol. 2. durch die Existenz einer Geheimpolizei 3. durch die Verstaatlichung der Gesellschaft 4. durch die Existenz von Konzentrationslagern 5. durch ein Freund-Feind-Denken und 6. durch das Führerprinzip. Da der nationalsozialistische Totalitarismus besiegt worden war, ging es nun darum, den kommunistischen Totalitarismus zu bekämpfen. Man war der Meinung, daß sich Demokratie und Totalitarismus unversöhnbar gegenüber stünden. Man war der festen Überzeugung, daß man nun eine wehrhafte, prinzipienfeste, offensive und kämpferische Demokratie brauche, um gegen den Totalitarismus des Kommunismus zu bestehen.

1968 wurde dann dieses Totalitarismuskonzept verabschiedet. Die Studentenrevolte hatte es geschafft, den Kommunismus vom Totalitarismusverdacht zu befreien. Und wie ist das gelungen? Man hat darauf hingewiesen, daß es dem Kommunismus der Idee nach um die Überwindung von Herrschaft gehe, wohingegen der Faschismus per se eine totalitäre Herrschaft anstrebe. Die Neomarxisten gingen dann sogar so weit, die Bundesrepublik selber aufgrund ihres marktwirtschaftlichen bzw. „kapitalistischen“ Charakters als latent faschistisch zu bezeichnen. Sie haben den Kommunismus vom Totalitarismusverdacht gereinigt und gleichzeitig den Kapitalismus unter Faschismusverdacht gestellt. Die Studenten setzten im Anschluß an die „Kritische Theorie“ Kapitalismus und Faschismus gleich. Hinter allen Äußerungen der Neomarxisten stand der Satz von Max Horkheimer: „Wer vom Kapitalismus nicht reden will, der soll vom Faschismus schweigen.“[17] Die Bundesrepublik wurde unter Faschismusverdacht gestellt, weil es keine Vergangenheitsbewältigung des Nationalsozialismus gegeben habe. Dies könne man daran erkennen, daß die Tätergeneration wiederum an den Schaltstellen der Macht sitze.

Die letzte Phase der Faschismus-Diskussion hat nun das Asylanten- und Ausländerproblem zur Voraussetzung. Da die Ideologie des Sozialismus mit dem Zusammenbruch der Sowjetunion gescheitert war, befand sich die politische Linke in einer großen Verlegenheit. Denn wie konnte sie ihre eigene Existenz noch begründen und rechtfertigen, wenn doch alle Sozialismusmodelle definitiv gescheitert sind? Den Sozialismus konnten sie ja nicht mehr einfordern, denn Sozialismus bedeutet in jedem Fall Mißwirtschaft und Unfreiheit. Die Berufung auf die Verstaatlichung des Privateigentums an Produktionsmitteln war nun kein gangbarer Weg mehr. Diese Antwort wagten die Linken nicht mehr zu geben. Daher erlebten wir Anfang der 90er Jahre die großen Klagegesänge, die allesamt dem Tenor folgten: ‚Oh große Not, die Utopie ist tot.‘ So wie früher die Christen gesungen haben: „Oh große Not, Gott ist tot“, so sangen nun die Linken: „Oh große Not, die Utopie ist tot.“ Die Linke stand nun ohne Zukunftsperspektive da. In dieser Situation kam für die Linke die wunderbare Rettung. Denn es gab nun einige Anzeichen dafür, daß die Deutschen begannen, sich gegen den ungeordneten Zustrom von Ausländern in die Bundesrepublik zu wehren. Diese Chance hat die Linke sofort begriffen. Sie hat die These unterbreitet, die Deutschen seien ausländerfeindlich. Und wer ausländerfeindlich ist, der denkt im Kern rassistisch. Und da der Rassismus eine wesentliche Komponente des Nationalsozialismus gewesen ist, erhebe nun das braune Ungeheuer wieder sein Haupt. Das ist der Punkt, an dem die heutige Faschismusdebatte problematisch wird. Denn es herrscht nun eine Situation, in der jede kritische Äußerung zu der Zahl und dem Verhalten von Ausländern unter Faschismusverdacht gestellt werden kann. Das Klima, das diese Art von Diskussion erzeugt, könnte in Zukunft noch zu einer Einschränkung eherner Prinzipien der liberalen Demokratie führen. Diese Diskussion hat zu den Erscheinungen geführt, die man unter dem Begriff „Political correctness“ faßt. Political correctness heißt, daß man öffentlich einem bestimmtem Sprachgebrauch folgen muß, wenn man sich nicht a priori dem Verdacht einer faschistoiden Mentalität aussetzen will. Wir erleben heute in der Tendenz etwas, was es so nur in totalitären Regimes gegeben hat, nämlich eine – zwar nicht offiziell verkündete, aber faktisch vorhandene – Regelung des öffentlichen Sprachgebrauchs. Daß es eine solche Regelung des öffentlichen Sprachgebrauchs gibt, zeigt sich immer dann, wenn je-

[17] Näheres dazu in Günter Rohrmoser: „Kampf um die Mitte“. Der Moderne Konservativismus nach dem Scheitern der Ideologien, München 1999

mand gegen diesen Sprachgebrauch verstößt. Ich erinnere nur an die Diskussionen um die Rede von Martin Walser, aber auch an die Diskussion über die deutsche „Leitkultur". Das sogenannte bürgerliche Lager hat sich seit 1968 nie in der Lage gesehen, auch nur eine einzige ideologische Diskussion zu gewinnen, weil es keine eigene Faschismusinterpretation beibringen konnte. Dadurch mußte es sich der Interpretation und dem Sprachgebrauch des politischen Gegners unterwerfen und war genötigt, die gleichen politischen Konsequenzen zu ziehen. Wer dann zu anderen politischen Schlußfolgerungen kommt, riskiert damit, unter Faschismusverdacht zu geraten. Diejenigen, die diesen Verdacht äußern, vergessen allerdings, daß sie die Demokratie gefährden, wenn sie die geistige Freiheit durch einen solchen Gesinnungsterror beschneiden. Man kann heute jeden bürgerlichen Politiker in Angst und Schrecken versetzen, wenn man ihn dem Faschismusvorwurf aussetzt. Das ganze deutsche Bürgertum schlottert dann mit den Knien. Daher hängt die ganze deutsche Politik von der Interpretation des Faschismus/Nationalsozialismus ab.

Es wird meines Erachtens übersehen, daß die Überzeugungen, die die Deutschen während des Dritten Reiches bewogen haben, dem NS-Regime ihre Zustimmung zu geben, völlig andere gewesen sind, als die Ziele, die Hitler mit seinem Regime verfolgt hat. Die Deutschen hatten einen Hitler vor Augen, der nie den offenen aggressiven Angriffskrieg zur Unterwerfung minderwertiger Völker proklamiert hat, der dem deutschen Volk auch nie die massenhafte Tötung von Juden verkündet hat, sondern der immer erklärt hat, daß er den Frieden will. Hitler hatte jede Kriegserklärung mit angeblichen aggressiven Akten des Gegners begründet. Und vor allem hat er nie gesagt, was er sich unter der „Endlösung" der Judenfrage konkret vorstellte. Er hat in der berühmten Reichstagsrede nur gesagt, daß er dafür sorgen werde, daß das Judentum, das – wie er damals sagte – diesen Konflikt „angezettelt" hätte, einen Krieg nicht überleben werde. Wie er sich die „Endlösung" vorstellte, und was er zu tun entschlossen war, hat er dem deutschen Volk allerdings nie gesagt. Die massenhaften Tötungen sind in der Mehrzahl auch nicht im damaligen Reichsgebiet, sondern während des Krieges außerhalb des Reichsgebietes erfolgt. Daher ist die Behauptung von Richard von Weizsäcker, jeder Deutsche hätte während des Dritten Reiches gewußt oder wissen können, was dort passiert ist, schlichtweg falsch. Wenn man die „Memoiren" von v. Weizsäckers Vaters liest – immerhin ist der Vater von Richard von Weizsäcker Staatssekretär bei Joachim von Ribbentrop gewesen und er hat zum fünfzigsten Geburtstag von Ribbentrops erklärt, von Ribbentrop sei der bedeutendste Außenpolitiker seit Bismarck –, dann teilt er darin mit, daß auch er erst 1944 von der Existenz der Konzentrationslager und von den Tötungen erfahren habe. Nein, wenn das ganze deutsche Volk das gewußt hätte, hätte es doch noch etwas anders reagiert, als es das tatsächlich getan hat.

Meine Ausführungen über den konkreten Ablauf des Nationalsozialismus sollten verständlich machen, daß zwar Hitler ein Verbrecher und Wahnsinniger war, nicht aber die Deutschen, die Hitler zugestimmt haben. Es gibt eine Seite am Nationalsozialismus, die für die Deutschen nicht nur etwas Verführerisches, sondern geradezu etwas Faszinierendes hatte. Und diese faszinierende und verführerische Seite ist die Kehrseite zu dem absolut Schrecklichen und Entsetzlichen, das dieser Hitler verübt hat.

Damit sind wir beim Problem, nämlich bei der berühmten Frage: Wie war es, geistesgeschichtlich gesehen, möglich, daß die Deutschen Hitler, Himmler und den anderen gefolgt sind? Wie war es möglich, daß solche Gedanken in die Gehirne der Nationalsozialisten kamen und daß sie die absolute Macht über eines der fähigsten, begabtesten und reichsten Völker der Welt erringen konnten? Das ist das eigentlich erklärungsbedürftige Phänomen. Das ist der Grund, warum wir den geistigen Weg in den Faschismus von Nietzsche über Spengler, Ernst Jünger und Heidegger verfolgen werden.

Ich will zuvor noch die anderen Theorien, die versucht haben, diese Fragen zu beantworten, erwähnen und mich mit ihnen auseinandersetzen. Die gängigste Theorie ist die Theorie vom deutschen Sonderweg. Nach dieser Theorie ist der Nationalsozialismus ein Produkt der deutschen Geschichte und das Resultat einer Disposition, die zum deutschen Wesen, ja zum deutschen Charakter überhaupt gehört. Diese These suggeriert, daß sich im Nationalsozialismus das authentische Wesen der Deutschen manifestiert hat. Der Nationalsozialismus wird daher in unmittelbaren Zusammenhang mit der gesamten deutschen Geschichte gestellt. Diese These ist zwar naheliegend, aber bewiesen hat sie bisher noch niemand. Ich bin auch der Meinung, daß sie gar nicht bewiesen werden kann. Wenn wir uns an die üblichen Methoden der Betrachtung und Auslegung von Geschichte halten, dann ist die These völlig unsinnig, daß der Nationalsozialismus ein Produkt der deutschen Geschichte und damit die Manifestation des deutschen Wesens gewesen sei. Es ist vielmehr eine aus ideologischen und politischen Präferenzen heraus vorgetragene These, die niemand auch nur in Ansätzen bewiesen hat. Dabei will ich nicht bezweifeln, daß die Nationalsozialisten an die Macht gekommen sind, indem sie auch bestimmte charakterologische Eigentümlichkeiten, die sich in der deutschen Geschichte ausgebildet haben, verwertet und in ihren mißbräuchlichen Dienst gestellt haben.

Wodurch haben sich die Deutschen im Blick auf ihre Geschichte als verführbar erwiesen? Gibt es im Blick auf die deutsche Geschichte etwas, das die Deutschen dazu brachte, diese Verbrecher zu unterstützen? Bei der Beantwortung dieser Frage fällt uns zunächst ein, daß die Deutschen im Unterschied zu den westlichen Nationen in der Tat keine demokratische Revolution zustande gebracht haben. Das ist ein wesentlicher Punkt. Die nationalstaatlichen Entwicklungen sowohl in England und Frankreich, wie auch in den USA, sind die Frucht großer demokratischer Revolutionen gewesen. Die genannten Nationen sind allesamt aus einer demokratischen Revolution hervorgegangen. Diese Staaten können daher in nationalen Konflikten immer den Mythos einer ursprünglichen, die Gesellschaft einigenden demokratischen Revolution beschwören. Das vielleicht größte Handicap der Deutschen in der neuzeitlichen Geschichte besteht darin, daß sie dieses Glückes nicht teilhaftig geworden sind. Die Revolution von 1848 konnte diese Rolle nicht spielen, weil sie gescheitert ist und weil die nationale Einigung nicht das Ergebnis des Professorenparlaments von Frankfurt, sondern der Bismarckschen „Revolution von oben“ gewesen ist. Die Deutschen tun sich daher bis zum heutigen Tag mit der Einheit von Demokratie und Nation so schwer, weil sie nicht, wie die anderen Nationen, aus dem Erbe einer demokratischen Revolution schöpfen können. Mag sein, daß sich das eines Tages im Gefolge der Interpretation der demokratischen Revolution von 1989 ändern wird.

Kann man nun, da die Deutschen eine diesen Nationen vergleichbare demokratische Revolution nicht zustande gebracht haben, daraus schließen, daß sie zu einer Demokratie überhaupt nicht geeignet sind und daß sie eine in ihrem Wesen begründete Unfähigkeit zur Demokratie mitbringen? Sicherlich ist es so, daß ein Volk, das über Jahrhunderte hinweg Demokratie praktiziert hat, ein ganz anderes und selbstverständlicheres Verhältnis zur Demokratie hat, als ein Volk, das nicht diesen selbstverständlichen Umgang mit der Demokratie gepflegt hat. Aber aus dem Fehlen der demokratischen Tradition darf man nicht schließen, daß es bei den Deutschen keine Freiheitsbewegung gegeben hätte. Im Gegenteil: Es gibt kaum ein anderes europäisches Volk, in dem es einen solchen, tief in die kulturelle Substanz reichenden Freiheitsgedanken und daraus hervorgehende Freiheitsbewegungen gegeben hat. Diese Freiheitstradition reicht Jahrhunderte zurück, zum Teil bis auf die freien Reichsstädte im Mittelalter. Und wir dürfen nicht verkennen, daß Preußen nach der Französischen Revolution einer der großen freiheitlichen Rechtsstaaten war, der den anderen Staaten regelrecht zum Vorbild diente. Die deutschen Freiheitsbewegungen haben sich föderalistisch und nicht im Rahmen des Nationalstaats konstituiert. Man denke nur an Baden und Württemberg. Dies sind im 19. Jahrhundert liberale Länder gewesen, in denen der Freiheitsgedanke in geradezu vorbildlicher Weise auch politisch wirksam geworden ist.

Es gilt also, zu unterscheiden: Daß die Deutschen keine demokratische Revolution hervorgebracht haben, ist sicherlich richtig. Daraus aber zu schließen, daß die Deutschen zur Demokratie unfähig gewesen seien, ist auch dann falsch, wenn ein Thomas Mann sich diesem Urteil anschließt. Thomas Mann ging sogar noch weiter. Die Deutschen hätten weder ein Verhältnis zur Demokratie noch zur Politik überhaupt. Für die Deutschen sei die Politik etwas Äußerliches, also etwa Schlechtes. Ein anständiger und gebildeter Deutscher läßt sich in ihren Augen auf so etwas wie Politik gar nicht ein. An dieser These ist, zumindest was die intellektuelle Elite der Deutschen angeht, durchaus etwas dran. Aber es wird auch hier vergessen, daß es in Deutschland Freiheitsbewegungen, Freiheitsgedanken und freiheitliche Ordnungsgestalten gegeben hat, die teilweise noch weiter gingen, als in den klassischen Ländern mit demokratischen Revolutionen.

Natürlich wird häufig die Frage gestellt, warum es denn in Deutschland nicht zu einer demokratischen Revolution gekommen ist. Wenn man die Frage so stellt, kommen wir an einen ganz zentralen Punkt. Denn es wird gesagt, daß es in Deutschland anstelle der Demokratie den Obrigkeitsstaat gegeben habe. Den Deutschen sei durch den autoritären Obrigkeitsstaat eine Art Mentalität anerzogen worden, die sie geeignet gemacht hätte, sich dem Staat immer zu unterwerfen und ihm gehorsam zu sein, und zwar ungeachtet, wer in diesem Staat gerade die

Macht ausübt. Auch an diesem Einwand ist etwas dran. Es gibt gar keinen Zweifel, daß die Deutschen ein negatives Verhältnis zur Revolution hatten und daß dies mit der Rolle zusammenhängt, die der Staat in der deutschen Geschichte und in der deutschen politischen Mentalität gespielt hat.

Das hat auch Hitler gewußt, wie der „Tag von Potsdam" bewiesen hat. Die Deutschen nahmen die Preußenfeier, in der der alte Reichsmarschall und Reichspräsident Paul von Hindenburg den Gefreiten des Ersten Weltkrieges seinen Segen erteilte, als Beweis, daß auch die nationalsozialistische „Bewegung" in der Tradition des preußischen Staates stand. Sie sahen darin eine Art Wiederbelebung des Preußentums und Hitler gab sich hier auch als Wiederbeleber Preußens. Das war ein Akt, dessen Bedeutung man überhaupt nicht überschätzen kann. Die Deutschen haben damals ihre Vorstellung vom Staat im allgemeinen und vom preußischen Staat im besonderen auf den Nationalsozialismus übertragen. Daß der Nationalsozialismus dagegen eine Bewegung der Zerstörung des Staates und nicht eine Bewegung der Potenzierung der traditionellen preußischen Staatlichkeit war, haben sie nicht begriffen.

Wenn man nun nach den Gründen fragt, woraus diese von den westlichen Demokratien abweichende Einstellung der Deutschen zum Staat resultiert, dann kommt man an der Feststellung nicht vorbei, daß dieses Phänomen tatsächlich ohne die Reformation nicht zu verstehen ist. Es gibt gar keinen Zweifel, daß die Luthersche Lehre von den zwei Reichen und Luthers Auslegung des paulinischen Satzes „Seid untertan der Obrigkeit, die Gewalt über euch hat" für die Ausbildung der deutschen Staatsgesinnung und des deutschen Staatsethos' und damit des preußischen Staates eine ganz entscheidende Rolle gespielt hat. Hier liegt ein fundamentaler, qualitativer Unterschied der Deutschen zu den übrigen Nationen. Man kann im Vergleich dazu die Italiener nur bewundern, welches Ausmaß an Anarchie sie ertragen können. Die Italiener können vielleicht nicht soviel Anarchie vertragen, wie ihnen oft zugemutet wurde, aber das, was sie an Anarchie ertragen können, war in Deutschland tatsächlich unvorstellbar.

Wir müssen also die Frage stellen, ob die Reformation durch die Lehre von den zwei Reichen, also durch die Bestimmung des Verhältnisses von Staat und Kirche und von Geist und Macht, den Grundstein für eine spezifisch deutsche Entwicklung gelegt hat, die im Staat auch immer eine der Gesellschaft überlegene Autorität gesehen hat und die die Nationalsozialisten daher erfolgreich für sich ausbeuten konnten. Hat die Reformation dazu beigetragen? Das ist die richtige Fragestellung, und nicht die Frage, ob Luther verantwortlich für Hitler ist. Es stellt sich die weitergehende Frage, ob nicht tatsächlich die Reformation und das daraus begründete Staatsethos den Deutschen eine gewisse übertriebene Abneigung gegen die Revolution vermittelt hat und ob nicht die Anerkennung der Legalität der nationalsozialistischen Machtübernahme und deren symbolische Beglaubigung durch Hindenburg am „Tag von Potsdam" es den Nationalsozialisten leicht machte, die Deutschen für sich zu gewinnen.

Wir werden nach dem Beitrag der deutschen Geschichte und des deutschen Charakters zur Ermöglichung des Nationalsozialismus fragen müssen. Wir werden uns zuvor aber einer Reihe anderer Antworten zuwenden, die der Frage nach der Ermöglichung des Nationalsozialismus gewidmet sind. Erst dann haben wir den Raum frei, um unsere eigene Deutung der geistigen Genese des deutschen Faschismus vorzulegen.

9. Der Nationalsozialismus als ein postchristliches Phänomen

Die meisten Interpretationen, die das Phänomen des Nationalsozialismus nicht nur beschreiben, sondern deuten, sehen in diesem Phänomen eine Folge der deutschen Geschichte, der deutschen Kultur und des deutschen Geistes. Wodurch haben nach diesen Deutungen die Deutschen die genetischen Bedingungen geschaffen, unter denen sich dann in einer bestimmten – sicherlich als kontingent zu charakterisierenden –, historischen Situation der Nationalsozialismus durchsetzen konnte? Ich nenne nun die wichtigsten Autoren, die sich dazu geäußert haben: Georg Lukács mit seiner „Irrationalismus"-These, dann Helmuth Plessners vieldiskutierte These von der „verspäteten Nation", Horkheimer und Adornos These von der „Dialektik der Aufklärung", Ernst Blochs Theorie von der „Gleichzeitigkeit des Ungleichzeitigen", und die These von Friedrich Gogarten und Eric Voegelin, wonach der Nationalsozialismus eine Art von Neuheidentum gewesen ist, der die säkularisierte Gesellschaft zur Voraussetzung hat.

Wie lautet die Kernthese von Georg Lukács? Lukács hat diese These in dem Buch „Die Zerstörung der Vernunft" entwickelt. Das Entscheidende ist hier gleich im Titel gesagt. Denn ganz sicher ist der Sieg des Nationalsozialismus, wie anderer dezisionistischer politischer Bewegungen auch, als Ausdruck der vorhergehenden Destruktion der Vernunft zu verstehen. Der Nationalsozialismus war eine Folge des Endes des Glaubens an die Vernunft. Daran kann es keinen Zweifel geben. Was auch immer Vernunft bedeuten mag, wie immer Vernunft interpretiert werden mag, der Nationalsozialismus bedeutet in jedem Fall den Abschied von der Vernunft. Lukács selber denkt in seinem Buch an das Verständnis von Vernunft, wie es in der zweitausendjährigen Geschichte der abendländischen Philosophie, also im Kern in der Metaphysik, entwickelt worden ist. Die Voraussetzung des Nationalsozialismus und des Faschismus liegt damit nicht nur in der Zerstörung der Vernunft, sondern in der Destruktion der Metaphysik überhaupt begründet. Diese Phänomene sind Phänomene eines postmetaphysischen Zeitalters. Zu diesem postmetaphysischen Zeitalter gehört auch das Ende des Glaubens an die Vernunft. Die Metaphysik hatte nämlich ein Vernunftverständnis ausgebildet, das besagt, daß der Mensch kraft seiner Teilhabe an der Vernunft imstande ist, das Ganze zu erkennen und sich auf das Ganze hin zu überschreiten bzw. zu transzendieren. Metaphysische Vernunft meint – auf den Kern zurückgeführt –, daß der Mensch zu einer Erkenntnis des Ganzen fähig sei. Darin liegt auch die Wurzel der abendländischen Freiheit. Die Freiheit hat ihren Kern und Ausgangspunkt in diesem Vernunftverständnis der Metaphysik. Der Mensch kann unter kein Teil subsumiert werden, ohne in seiner Vernunftnatur beschädigt zu werden. Das Schicksal der freien Kulturen hängt daher an dieser Fähigkeit zur Vernunft und zur Erkenntnis zur Wahrnehmung des Ganzen.

Lukács stellt nun fest, daß diese Vernunft der philosophischen Tradition in der Hegelschen Philosophie zu ihrem Abschluß gebracht worden sei. In der Tat, Hegels Philosophie war nichts anderes als Vernunftphilosophie. Die bürgerliche Gesellschaft erkennt nach Lukács im deutschen Idealismus, und abschließend in Hegel, das Ganze und sie vermag sich durch diese – das Ganze erkennende – Vernunft als eine, den Fortschritt der Geschichte bewegende und vorantreibende Macht zu rechtfertigen und zu legitimieren. Hegels Vernunftphilosophie bedeutet für Lukács den Gipfelpunkt der bürgerlichen Gesellschaft mit ihrem philosophischen, bis in die Metaphysik reichenden Hintergrund. Nun heißt es im Untertitel bei Lukács: Zerstörung der Vernunft „von Schelling bis Hitler". Lukács meint nun, eine philosophische Genealogie zu erkennen, die mit Schelling beginnt und die in der Konsequenz zu Hitler führt. Was ist es, was Schelling mit Hitler gemeinsam hat? Lukács nennt es den „Irrationalismus". Der Irrationalismus hat seinen Grund in der Abwendung von der Vernunft, also im Verlust der Fähigkeit, das Ganze zu erkennen. Eine Gesellschaft, die die Fähigkeit verloren hat, das Ganze zu erkennen, verliert nach Lukács auch die Fähigkeit zur geistigen und politischen Führung. Die bürgerliche Gesellschaft verliert ihre Fortschritts- und Führungsposition in dem Augenblick, in dem sie das Ganze nicht mehr erkennt und sich damit als partikulare Größe gegen die Logik des Ganzen zu richten beginnt. Darin liegt nach Lukács der Einbruch des Irrationalismus. Lukács zufolge ist die Moderne in der Mitte des 19. Jahrhunderts an einen Wendepunkt gelangt. In der Abwendung von der Hegelschen Vernunftphilosophie und damit von der bürgerlichen Gesellschaft als der Führungsmacht des geschichtlichen Fortschrittes hatte die Gesellschaft eine Entscheidung zu fällen. Sie mußte entweder mit Marx dem Heilsweg folgen oder mit Schelling den Unheilsweg zu Hitler gehen. Der Heilsweg geht in der Sicht von Lukács von Hegel über Marx zum Sozialismus, einschließlich Lenin. Der Unheilsweg führt dagegen von Schelling und Schopenhauer zu Nietzsche und von Nietzsche zu den Irrationalismen der Philosophie des 20. Jahrhunderts – einschließlich des Existenzialismus und der Philosophie Heideggers. Lukács sagt nun, daß sich die Deutschen für den Unheilsweg entschieden hätten. Sie haben nicht den Heilsweg eingeschlagen, den ihnen Marx eröffnet hat, sondern sie haben sich für den Irrationalismus Schellings und Nietzsches entschieden.

Darin liegt für Lukács der Grund für das Emporkommen des nationalsozialistischen Sieges. In der Lukácsschen Interpretation ist der Nationalsozialismus im Grunde genommen ein philosophisches Ereignis gewesen. Ohne die Philosophie und ohne die Rolle, die die Philosophie bei der Welterklärung und der Auslegung der Geschichte gespielt hat, hätte es seiner Meinung nach überhaupt nicht zum Nationalsozialismus kommen können.

Nun macht Lukács einen interessanten Vorschlag, der in seinen Folgen bis zum heutigen Tag aktuell ist. Denn Lukács überlegt sich, welche Folgerungen die Deutschen und das deutsche Bürgertum aus dieser Fehlentwicklung des Irrationalismus ziehen müsste. Lukács konstruiert nun die Strategie des Antifaschismus. Der

Antifaschismus hat also seine Wurzel in Lukács' philosophischer Deutung der Gründe, die die Deutschen in das Verderben des Nationalsozialismus geführt hätten. Und welche Konsequenz mußte nun das deutsche Bürgertum, wenn es mit Lukács diese Fehlentwicklung und seine Gründe erkannt hat, ziehen? Es mußte sich mit allen fortschrittlichen und humanitären Kräften, seien sie sozialistisch, seien sie kommunistisch, seien sie auch liberal, in einem Bündnis vereinen und zur Überwindung des Irrationalismus den Kampf gegen den Faschismus und seine ständig drohende Wiederkehr führen.

Wer die Logik, die in dieser antifaschistischen Konzeption von Lukács enthalten ist, zu Ende denkt, der wird die Geschichte der Bundesrepublik begreifen. Denn dann wird jeder, der von Nation redet, als jemand behandelt, der dabei ist, ein neues Auschwitz vorzubereiten. Wer nicht auf der Seite der Mächte des Fortschritts steht, die Lukács von Marx her deutet, der setzt den Unheilsweg fort und bereitet neue Katastrophen vor. Diese Strategie des Antifaschismus verfolgen bis heute ein Großteil der Medien und die Protagonisten der Frankfurter Schule. Diese intellektuelle Führungsmacht tut, ob sie es nun weiß oder nicht, nichts anderes, als das, was sich Georg Lukács in Moskau in enger Zusammenarbeit mit Ernst Niekisch während des Zweiten Weltkrieges ausgedacht hat. Sie teilt den Bürgern täglich mit, wie sie optieren und sich verhalten müssen, wenn sie den Unheilsweg des Irrationalismus überwinden wollen. Die Kennzeichnung der gesamten philosophischen Entwicklung von Schelling über Nietzsche bis zu Heidegger, Max Weber und Carl Schmitt als irrationalistisch setzt dabei einen Begriff von Vernunft voraus, an dem gemessen diese Positionen als irrational disqualifiziert werden können.

Da aber Lukács seinen Vernunftbegriff nicht selber entwickelt hat, sondern sein Vernunftbegriff ein Produkt der Auslegung der Hegelschen Philosophie ist, kann auch die bürgerliche Antwort auf diese antifaschistische Strategie nur eine Frage der Auslegung von Hegel sein. Die Bürgerlichen wollen das aber bis heute nicht begreifen. Sie meinen, die Auslegung Hegels sei eine rein akademische Angelegenheit, die sie nicht zu kümmern braucht. Sie haben offenbar andere Sorgen, als darüber nachzudenken, welche Auslegung von Hegel nun die richtige ist. Nein, die Hegelauslegung ist bis zum heutigen Tag eine eminent politische Angelegenheit. Hegelinterpretation ist keine akademische Frage, sondern eine eminent politische Frage. Denn die Hegelinterpretation muß aufzeigen, was Hegel unter Vernunft verstanden hat. Wer aber den christlichen Vernunftbegriff Hegels aufweist, kann ohne Mühe nachweisen, daß der Vorwurf, den Lukács gegen die irrationale Linie von Schelling bis Hitler gerichtet hat, genauso gegen Karl Marx und den ganzen Sozialismus gerichtet werden kann. Lukács hat zwar recht, wenn er sagt, daß die Überwindung des Nationalsozialismus eine Frage der Philosophie im allgemeinen und der Interpretation der bürgerlichen Philosophie im besonderen ist. Aber vom Hegelschen Vernunftbegriff aus ist der marxistische Sozialismus, dem auch Lukács huldigt, genauso irrational und vernunftfeindlich, wie die Linie, die nach Lukács von Schelling zu Hitler verläuft.

Wir wollen an dieser Stelle diesem Problem der Vernunftbestimmung nicht weiter nachgehen. Wichtig ist nur, daß der große Sieg des philosophischen Marxismus an den deutschen Universitäten nach 1968 darin besteht, daß die marxistische Hegelinterpretation den Anhängern des Marxismus das Bewußtsein vermittelt hat, daß die Marxisten auf der Seite des Fortschritts, auf der Seite der Vernunft und auf der Seite der Logik der Geschichte stehen und daß sie sich dadurch erfolgreich vom Unrat des Faschismus gereinigt haben. Das ist der Grund, warum der Marxismus als Doktrin an den Universitäten der Bundesrepublik so erfolgreich war. Die liberalen und konservativen Kräfte haben nämlich nicht bemerkt, daß die Auseinandersetzung mit dem Phänomen des Nationalsozialismus eine philosophische Wurzel hat und daß dies auch eigene philosophische Anstrengungen erforderlich macht. Sie hätten mich ausgelacht, wenn ich ihnen gesagt hätte, daß die Entscheidung an der Hegelinterpretation hängt. Sie haben sich statt dessen unisono von Hegel verabschiedet, weil Hegel in den Augen von Karl Popper, auf den sie sich beriefen, selber bereits ein Irrationalist gewesen sei.[18] Es ist bis heute herrschende Lehre der CDU, daß die moderne Tradition in den Traditionen von Aristoteles bis Montesquieu stehe und daß das deutsche Verderben erst mit dem deutschen Idealismus begonnen habe. Hegel gilt ihnen ebenfalls als der Großvater aller Formen des Totalitarismus. Die CDU, vor allem Heiner Geißler und Kurt Biedenkopf, hat damit implizit, wenn auch spiegelverkehrt, die Lukácssche Sicht übernommen. Da Lukács die Verkündung der marxistischen Heilslinie mit Hegel in Verbindung gebracht hat, können nun diese ehemaligen Generalsekretäre der CDU im Umkehrschluß behaupten, Hegel sei mit Marx zusammen der Vater des linken Totalitarismus gewesen und man müsse sich darum nicht nur von Marx, sondern auch von Hegel distanzieren. Ich stieß darum im bürgerlichen Lager immer auf taube Ohren, als ich darlegte, daß es sich mit Hegel ganz anders verhalte. Ich erinnere mich noch, wie in bestimmten bürgerlichen Kreisen gesagt wurde, Rohrmoser sei im Grunde genommen ein Linker, weil er sich auf Hegel berufe. Sie wollten nie zur Kenntnis nehmen, daß Hegel der größte Philosoph des christlichen Freiheitsverständnisses ist und daß es daher für Christdemokraten und auch Katholiken keinen Grund gibt, ihn als den Vater des Totalitarismus auszugrenzen. Ich erläutere das nicht, um Anekdoten zu erzählen, sondern um zu zeigen, von welcher eminent praktischer Bedeutung Philosophie ist.

Man müßte sich nun im einzelnen sehr kritisch mit Lukács auseinandersetzen. Hier nur soviel: Lukács hat recht, wenn er sagt, daß ohne eine Vernunftphilosophie der Rückfall der Moderne in den politischen Irrationalismus nicht zu verhindern ist. Wenn man nämlich keine Vernunftphilosophie zur Verfügung hat, besitzt man auch keine Grundlage, um überhaupt Irrationales als solches erkennen zu können. Ohne Vernunft haben wir die berühmte Nacht, von der Hegel im Blick

[18] Dabei wurde vollkommen übersehen, daß Popper in seinem Buch „Die offene Gesellschaft und ihre Feinde" zugegeben hat, daß man auch an die Vernunft, die Popper selber in Anspruch nimmt, glauben müsse. Man müsse sich erst zu seinem Vernunftverständnis entschieden haben, um vernünftig zu sein. Die Vernunft Poppers war also selber irrational begründet. Rationalisten und Pragmatisten wie Helmut Schmidt haben aber nie bemerkt, daß sie – philosophisch gesehen – selber Irrationalisten sind und daß die Poppersche Philosophie nicht die Position sein konnte, um gegen den Rationalitätsanspruch des Marxismus etwas ausrichten zu können.

auf Schelling gesprochen hat, in der alle Kühe schwarz sind. Ohne Vernunftphilosophie kann man gegen jeden den Verdacht des Irrationalismus richten. Und daraus folgt – nach der Lukácschen Auslegung –, daß man die Irrationalisten als potentielle Faschisten verdächtigen kann. Dann kann man auch die Technokratie oder die Esoterik mit Faschismus gleichsetzen. Vom sozialistischen Vernunftbegriff aus gesehen, steht heute bereits jeder unter Faschismusverdacht, der die angeblich irrationale These vertritt, daß es Ungleichheiten oder Verschiedenheiten unter den Menschen gibt und daß dies auch in der Politik berücksichtigt werden müsse. Dagegen gilt als rational nur derjenige, der sagt, daß alle Menschen gleich sind und daß daher alle Menschen gleich behandelt werden müssen.

Die linke Inanspruchnahme von Vernunft muß noch nicht die Existenz dieser Vernunft bezeugen. Ohne eine Flankierung des erhobenen Vernunftanspruchs durch eine Vernunftphilosophie wäre es daher genauso legitim, die Vertreter dieses abstrakten Rationalismus unter Faschismusverdacht zu stellen. Daher dienten die Bemühungen von Jürgen Habermas dem Ziel, der modernen Gesellschaft die Methoden zur Verfügung zu stellen, auf die sich diese Gesellschaft dann im Blick auf ein gemeinsam geteiltes Verständnis von Vernunft einigen kann. Ob ihm das gelungen ist, lasse ich hier einmal dahingestellt sein. Ich bezweifle es. Die gesellschaftliche Wirklichkeit zeigt, daß Lukács auch über Habermas triumphiert hat. Der Sieg von Lukács besteht darin, daß heute jede Form von Irrationalismus, weil abweichend von der marxistischen Vernunft, als faschistisch disqualifiziert werden kann. Der heutige Kampf des Antifaschismus gegen den Faschismus ist eine Spätgeburt der Gedanken, die Lukács in den vierziger Jahren in Moskau angestellt hat. Alle kämpfen heute nur noch gegen den Faschismus. Der Faschismus wird dabei als real existierende Bedrohung vorausgesetzt. Diese geistig-politische Konstellation wird man ohne einen Disput über den Begriff von Vernunft, also ohne Vernunftphilosophie, nicht überwinden können. Es muß dabei darum gehen, nicht der Vernunft abzuschwören, sondern den Vernunftbegriff des Neomarxismus einer kritischen Prüfung zu unterziehen.

Die zweite These zur Deutung des Nationalsozialismus stammt von Helmuth Plessner. Der Nationalsozialismus ist für ihn eine Folge der Verspätung der deutschen Nation. Plessner lieferte damit bisher die vielleicht erfolgreichste philosophische Erklärung des Nationalsozialismus. Und zwar aus zwei Gründen: Einmal, weil ohne Zweifel an der These von der verspäteten Nation etwas dran ist. Die Deutschen sind nicht so früh und nicht so erfolgreich eine Nation geworden, wie das für die großen Nationen England und Frankreich zutrifft. Die Deutschen kamen mit ihrer Nationwerdung zu spät. Das ist die Kernthese Plessners. Die daran anschließende zweite These Plessners lautet, daß diese verspätete Nationwerdung die Liberalisierung der deutschen Gesellschaft und der deutschen Institutionen verhindert habe. Die Deutschen seien dadurch – drittens – auf einen Sonderweg abgedrängt worden. Von Plessner her ergibt sich daraus als politische Konsequenz das Programm der Liberalisierung Deutschlands zum Zwecke der Überwindung des Sonderweges der Deutschen. Deutschland sollte mit allen Konsequenzen ein Teil der westlichen Wertegemeinschaft werden. Teil der westlichen Wertegemeinschaft zu werden, heißt, dem Sieg der Liberalität auch in Deutschland zum Durchbruch zu verhelfen.

Das sind die Konsequenzen, die sich aus der Plessnerschen These ergeben. Man kann heute wohl mit guten Gründen behaupten, daß Plessners Theorie, wenn auch nur informell, die erfolgreichste, den Faschismus erklärende Theorie gewesen ist. Die Bundesrepublik hat Plessners Schlußfolgerungen in den letzten fünfzig Jahren befolgt. Die Deutschen haben den deutschen Sonderweg beendet und sie sind zu einem integralen Bestandteil der westlichen liberalen Kultur geworden. Politische Modernität ist für sie nunmehr gleichbedeutend mit Liberalität: Je liberaler die Gesellschaft, umso moderner und je moderner, umso mehr überwinden die Deutschen den Weg, der sie zum Faschismus geführt hat.

Die Thesen Plessners erforderten nun ebenfalls eine kritische Auseinandersetzung. Richtig an der Konstruktion Plessners ist – ohne daß hier auf Einzelheiten eingegangen werden kann – die Darstellung des geschichtlichen Verlaufs vom 18. bis zum Beginn des 20. Jahrhunderts. Die Deutschen haben sich in der Bewegung von Lessing bis Hegel tatsächlich nicht unverkürzt und mit allen Konsequenzen auf den Boden des neuzeitlichen Naturrechts gestellt. Das ist zweifellos wahr. Wenn man sich mit Plessner auseinandersetzen wollte, müßte man sich mit diesem geschichtlichen Vorgang auseinandersetzen.

Neuzeitliches Naturrecht heißt: die Substanz aller politischen Ordnungen ist das Individuum und alle Verpflichtungen sind Verpflichtungen, die das Individuum selber eingeht und anerkennt. Die einzig legitime Form der Assoziation dieser Individuen ist der Vertrag. Das sind die Prinzipien des neuzeitlichen Naturrechts. Nun muß man, um dieses neuzeitliche Naturrecht richtig zu verstehen, es in die Tradition des antik-mittelalterlichen Naturrechts stellen. Man müßte nun die Frage stellen, wodurch sich das neuzeitliche vom aristotelischen Naturrecht unterscheidet. Das sind nämlich zwei ganz verschiedene Naturrechtsvorstellungen, wenngleich es auch einen komplizierten Zusammenhang zwischen dem neuzeitlichen und antiken Naturrecht gibt. Aber das können wir in diesem Rahmen nicht behandeln.

Wir können aber festhalten, daß die deutsche Philosophie von Lessing bis Hegel eine – wie ich glaube – philosophisch fundierte Kritik an diesem neuzeitlichen Naturrechtsmodell geübt hat. Wer für die Übernahme der neuzeitlichen Naturrechtstradition ist, der muß sich mit dieser Kritik auseinandersetzen, die die deutsche Philosophie von Lessing bis Hegel an diesem neuzeitlichen Naturrechtsmodell geübt hat. Das ist leider nie geschehen. Die Anhänger der Plessnerschen Konstruktion haben sich einfach nur zum neuzeitlichen Naturrechtsverständnis bekannt, aber dieses nicht auf seine eigene Kohärenz hin untersucht. Es gibt bis heute leider keine Auseinandersetzung über die Frage, ob die deutsche Philosophie von Lessing bis Hegel mit ihrer Kritik am neuzeitlichen Naturrechtsdenken vielleicht Recht haben könnte und ob deren Kritik zutraf oder nicht zutraf. Es sei hier wenigstens der wichtigste Grund genannt, der die deutsche philosophische Bewegung zur Kritik an der neuzeitlichen Naturrechtstradition bewogen hat. Der entscheidenden Grund liegt in der Einsicht der deutschen Philosophie, daß eine radikale Anwendung des neuzeitlichen Naturrechtsgedankens zur inneren Auflösung der Gesellschaft und zum Umschlag in totalitäre Herrschaftssysteme führen würde. Das ist – geschichtlich gesehen – schon einmal der Fall gewesen. Ich erinnere nur an das Terrorregime von Robespierre. Ob und in welchen Formen sich das noch einmal wiederholt, müssen wir abwarten.

Mit der These des deutschen Idealismus überein zu stimmen, bedeutet nun nicht, daß die Feststellung, die Deutschen seien verspätet zur Nation geworden, keine Hypothek ist, an der die Deutschen zu tragen hatten. Die Verspätung der Nationwerdung impliziert in der Tat eine Hypothek im Verhältnis der Deutschen zu sich selbst als Nation. Ich möchte dennoch einige Gründe nennen, die verständlich machen, warum Deutschland nicht mit den anderen europäischen Staaten zusammen zu einem modernen, demokratischen Nationalstaat geworden ist. Es gibt vier entscheidende Gründe.

Der erste Grund liegt in der konfessionellen Spaltung. Es kann keinen Zweifel darüber geben, daß der Dreißigjährige Krieg, überhaupt die Konfessionsspaltung, der tiefste Grund dafür ist, daß die Deutschen ihr Schicksal nicht als ein gemeinsames begreifen konnten. Vielleicht ist erst heute, am Beginn des 21. Jahrhunderts, die Bedingung gegeben, in der die religiöse Differenz aufhört, politisch relevant zu sein. An der Basis der kirchlichen Gemeinden ist die Spaltung jedenfalls längst überwunden. Ob und inwieweit die Kirchenleitungen fähig sind, diesen Gemeinden zu folgen, muß man abwarten. Man kann jedenfalls die tragische Bedeutung, die die Spaltung der Christenheit in ihren auch sozialen und politischen Folgen in Deutschland zur Folge hatte, überhaupt nicht überschätzen. Man muß natürlich auf der anderen Seite auch sagen, daß die religiöse Spaltung auch der Grund für den unerhörten kulturellen Reichtum Deutschlands gewesen ist. Die konfessionelle Spaltung ist also nicht nur zu beklagen.

Der zweite Grund liegt darin, daß die Deutschen die Befreiungsbotschaft des demokratischen Nationalstaats in der Form der napoleonischen Eroberung erreicht hat. Es ist das zweite große tragische Ereignis der deutschen Geschichte, daß sich die Deutschen erst im Abwehrkampf gegen die napoleonische Invasion und damit gegen die geistigen Mächte der Französischen Revolution als Nation – nicht nur als Kulturnation, sondern auch als politisch-geschichtliche Einheit – konstituiert und empfunden haben. Wenn man den politischen, aber auch geistigen Sonderweg der Deutschen verstehen will, muß man sich an dieses Trauma zu Beginn des 19. Jahrhunderts erinnern: Napoleon, die Franzosen haben die Deutschen durch ihre imperiale Eroberungspolitik genötigt, sich als Nation gegen den Westen und damit gegen die Französische Revolution und gegen die neuzeitliche Naturrechtstradition zu konstituieren. Die Deutschen hatten auch hier das Pech, daß die Befreiungsbewegungen der modernen Welt sie als Folge von Niederlage, Eroberung oder gar Unterdrückung erreicht haben.

Der dritte Grund liegt in der Partikularisierung Deutschlands. Deutschland stellte in den Jahrhunderten der Moderne einen solchen Flickenteppich dar, daß Bismarck eben nicht von unten, sondern nur mit eiserner Hand, eben durch eine „Revolution von oben“, eine sehr fragwürdige politische Lösung für die deutsche Einheit gefunden hat.

Der vierte Grund liegt in dem ungünstigen Zeitpunkt, an dem die Deutschen durch Bismarck zur kleindeutschen Lösung gefunden haben. Der Zeitpunkt war darum ungünstig, weil die westlichen Mächte und Nationen bereits zu imperialistischen Kolonialisierungen aufgebrochen waren und weil den Deutschen dadurch das ganze Verhängnis ihrer Verspätung zu Bewußtsein gekommen ist. Daher meinten sie – ähnlich wie Rußland etwas später –, den Rückstand an Modernisierung in kurzer Zeit aufholen zu müssen. Um überhaupt noch im Konzert der großen Mächte eine Rolle spielen zu können, hielten sie es auch für nötig, sich wenigstens einige wenige Kolonien zuzulegen. Aber die Deutschen merkten, daß sie zu spät in den imperialistischen Konkurrenzkampf eingetreten sind und daß sie im Vergleich zu den anderen großen Nationen nur sehr beschränkte Ansprüche anmelden konnten.

Unter all diesen Bedingungen konnte eine moderne, liberale, aufgeklärte, den westlichen Demokratievorstellungen entsprechende politische Kultur in Deutschland nicht wachsen. Auch das ist eine geschichtlich überkommene Hypothek, welche die Deutschen auch nicht weg diskutieren und durch noch so kräftige Appelle überwinden können. Es gibt kein einfaches Rezept, um eine politische liberale Kultur, wie sie in anderen westlichen Demokratien gewachsen ist, nachzuholen. Ein solcher Prozeß hängt vor allem von der Gunst der Geschichte ab. Die Geschichte hat den Deutschen seit 1945 diese Gunst erwiesen. Sie konnten in einer Phase des Friedens und des Wirtschaftsaufschwunges an der Ausbildung der liberalen Kultur arbeiten. Deutschland war bei allen Unzulänglichkeiten und Defiziten auf gutem Wege hin zu einer liberalen politischen Kultur. Aber in der Mitte der sechziger Jahre kam es durch die studentische Revolte wiederum zu einer fundamentalen und radikalen Infragestellung der liberalen politischen Kultur. Da nagen wir heute noch daran. Denn von 1968 stammen die Schwierigkeiten her, die die Deutschen heute mit sich selbst und auch mit der liberalen Demokratie haben. Denn im Kampf gegen den vermeintlich wieder aufkeimenden Faschismus sind sie im Augenblick kräftig dabei, die ehernen Grundsätze einer liberalen Demokratie wieder einzuschränken. Politisch bedeutet die liberale Demokratie – ich zitiere den Satz von Rosa Luxemburg: „Die Freiheit ist immer Freiheit des anders Denkenden." Dieser Satz meint nicht nur, daß man geschehen läßt, was ein Anderer denkt – das allein wäre ein falscher Begriff von Toleranz –, sondern daß man den Anderen in seinem Andersdenken ernst nimmt und daß man sich mit seinem Denken und seinen Argumenten auseinandersetzt. Statt eine derartige liberale politische Kultur zu pflegen, läßt man sich aber heute auf Argumente kaum noch ein. Meist genügt der Nachweis, daß derjenige, der ein bestimmtes Argument gebraucht, meinetwegen vor zwanzig Jahren beobachtet wurde, wie er sich in einem Lokal mit einem Mann freundschaftlich unterhalten hat, der später ein „Republikaner" geworden ist. Dies genügt, um als Rechter moralisch abgestempelt und politisch ausgegrenzt zu werden. Auch in meinem Fall hat man sich nicht sachlich mit meinen Argumenten auseinandergesetzt, sondern man hat einfach darauf hingewiesen, daß dieser Mann im „Studienzentrum Weikersheim" aufgetreten ist und sich dort mit der finsteren Reaktion gemein gemacht hat. Wer in dieser Weise ausgrenzt, der darf nicht behaupten, er verteidige die liberale Demokratie. Er verteidigt sie nicht, sondern er zerstört sie. Denn es ist egal, wo jemand auftritt und wo jemand etwas veröffentlicht, sondern entscheidend ist, was jemand sagt. Man soll sich mit den Argumenten auseinandersetzen!

Die dritte Deutung des Nationalsozialismus/Faschismus stammt von Theodor W. Adorno und Max Horkheimer, niedergeschrieben in der „Dialektik der Aufklärung“. Die Plessnersche Theorie besagte, der Nationalsozialismus in Deutschland sei eine Folge der verweigerten Aufklärung gewesen. Die Deutschen seien nicht bereit gewesen, sich in ihrer politischen Kultur auf den Boden der Aufklärung zu stellen. Für Plessner ist daher die einzige demokratisch legitime Philosophie eine Philosophie, die in der Tradition der Aufklärung steht. Die Kernthese von Adorno und Horkheimer besagt nun im Gegensatz dazu, daß der Faschismus/Nationalsozialismus nicht eine Folge der verweigerten, sondern der konsequent zu ihrer Perfektion gebrachten Aufklärung gewesen ist. Der Nationalsozialismus ist in ihren Augen selber die Konsequenz und die Erfüllung des Prozesses der Aufklärung gewesen. Wenn das ein Konservativer gesagt hätte, wäre er als finsterer Gegenaufklärer tituliert worden. Es haben aber die beiden Promotoren des aufgeklärten Denkens in Deutschland nach 1945 diese Behauptung aufgestellt. Ihre These lautete: In dem Maße, in dem die Aufklärung jede geistige, religiöse, sittliche und zur Selbstkritik der Moderne fähige Kraft auflöst, bleibt die reine Technizität und die Unterwerfung des Menschen zu einem Objekt der technischen Manipulation übrig. Dies mit Perfektion praktiziert zu haben, mache den Nationalsozialismus zu einer Formation der Aufklärung.

Die Studenten haben diese unangenehme These der Dialektik der Aufklärung leider nie zur Kenntnis genommen. Es hat bis heute unter den Linken keine Diskussion darüber gegeben, daß Horkheimer und Adorno den Nationalsozialismus als Konsequenz der zur Vollendung gebrachten Aufklärung verstanden haben. Auch an dieser These ist aber etwas dran. Es wurde ja bereits erwähnt, daß während des Dritten Reichs der ernsthafteste Widerstand von den Teilen der Bevölkerung ausging, die noch am stärksten in traditionellen Lebensformen und Denkformen gelebt haben. Es waren katholische Bauern, die kaum vom Licht der Aufklärung erleuchtet waren, die sich aber dennoch verhältnismäßig immun sowohl gegenüber den Verführungen des Nationalsozialismus wie auch des Kommunismus erwiesen haben. Darum ist die Zerstörung des deutschen Bauerntums ein politisch folgenreicher Vorgang. Wenn die Bauern ihren naturwüchsigen Konservativismus nicht mehr in die Gesellschaft und in die politische Auseinandersetzung einbringen, wird das erhebliche Folgen haben. Dann ist der Manipulation Tür und Tor geöffnet.

Eine weitere Theorie stammt von Ernst Bloch. Dessen Theorie halte ich von den genannten Deutungen noch für die gescheiteste. Bloch sagt, der Nationalsozialismus sei das Produkt der Dialektik „gleichzeitiger Ungleichzeitigkeit“ gewesen. Was meint Bloch damit? „Gleichzeitige Ungleichzeitigkeit“ meint, daß in der modernen Gesellschaft Menschen leben, die die unterschiedlichen Bewußtseinsformen der gesamten Geschichte repräsentieren. Es gibt Menschen, die in den Kategorien der Antike oder in den Kategorien der Religion denken, und es gibt solche, die in den Kategorien des Feudalismus oder des frühbürgerlichen Liberalismus denken. Das Vergangene ist nicht einfach vergangen, sondern die alten Bewußtseinsstufen, die die europäische Geschichte durchschritten haben, sind alle gegenwärtig.

Das ist zum Teil sogar in soziologischen Gruppen zu lokalisieren. Die Arbeiterschaft repräsentiert einen anderen Bewußtseinszustand als die Handwerker, und der Mittelstand wiederum einen anderen als die Bauern. Und auch die Jugend hat einen eigenen Bewußtseinszustand. An dieser Pluralität und Ungleichzeitigkeit von Bewußtseinszuständen hat sich bis heute nicht viel geändert. Man findet auch heute in der Gesellschaft Menschen, die alle geschichtlich relevanten Bewußtseinsformen und Mentalitäten leben und repräsentieren. Was bedeutet das? Bloch hat damit klar erkannt, daß die marxistische Geschichtsphilosophie falsch ist. Zu glauben, daß sich mit den umgewälzten Produktionsverhältnissen auch das Bewußtsein umwälzt, ist ein reiner Irrtum des Marxismus. Denn in der Geschichte bleibt das Vergangene unaufgehoben gegenwärtig.

Was war dann der Nationalsozialismus? Der Nationalsozialismus war der Aufstand der unaufgehobenen Geschichte, die sich gegen ihre – durch die marxistische Revolution drohende Aufhebung – wehrt. Die Bauern, das Handwerk, der Mittelstand und auch die Jugend wußten damals, was für ein Schicksal sie im Bolschewismus zu erwarten hatten: nämlich ihr Verschwinden. Im Nationalsozialismus mobilisierte sich daher die unaufgehobene Geschichte gegen ihre drohende Aufhebung. Diese Geschichte wehrte sich gegen ihr Verschwinden durch den Marxismus und – so füge ich hinzu – auch durch den Liberalismus.

Es gibt wohl keine philosophische Theorie, die an die wirklichen Gründe des Nationalsozialismus so sehr herankommt, wie diese Theorie von Ernst Bloch. Womit hängt das zusammen? Wie konnte Bloch das erkennen? Weil er selber anfangs ein nationalkonservativer, revolutionärer Denker war. Ich saß zu vorgerückter Stunde mit Ernst Bloch im österreichischen Alpbach zusammen, als er mir sagte, er hätte sich 1933 genauso für den Nationalsozialismus entscheiden können, wie für den Sozialismus. Bloch trug alles, was dann in dieser NS-Bewegung kanalisiert wurde, selber in sich. Ihm schwebte damals selber eine Versöhnung und Synthese der konservativen, traditionellen, geschichtlichen Traditionen der Deutschen mit dem Sozialismus vor. Er wollte eine Philosophie entwerfen, in der beides zu seinem Recht käme. Daher stammt auch seine These, daß der Marxismus ohne Religion und ohne Theologie an seiner eigenen Banaliät zugrunde gehen werde.[19]

---

[19] Das ist ein deutscher Satz, wie nur irgend einer. Wer außer den Deutschen könnte sonst auf die Idee kommen, den Sozialismus zu fürchten, weil er meint, die dann aufziehende Banalität nicht mehr aushalten zu können. Vor dieser Sorge sind die Deutschen ja erst heute frei. Mit der Banalität kommen sie offensichtlich bestens zurecht. Je banaler, um so moderner und um so besser. Für die Deutschen nach dem Ersten Weltkrieg bis in die vierziger Jahre hinein war dagegen der leninistische Entwurf einer Zukunft, in der es nur noch Elektrizität und Sowjets geben sollte, eine grauenhafte Vorstellung. Und warum? Weil dort das ganze Dasein nur noch den Notwendigkeiten der Produktion und der Verwaltung unterworfen ist.

Bloch entdeckte, daß alle denkbaren Widerstandspotentiale gegen diesen grauenhaften Zug der Moderne und auch der Aufklärung aus der Substanz der vergangenen Geschichte lebt. Das ist wahr. Löscht man die Erinnerung an diese Geschichte aus, hat man nur noch eine beliebig manipulierbare Masse vor sich. Dann sind die Voraussetzungen gegeben, um für jede Wahnvorstellung Zustimmung erzeugen können. Es ist dann nur noch eine Frage der Technik. Auch das haben die Nationalsozialisten den anderen vorgemacht. Ernst Cassirer hat das erkannt, als er feststellte, daß der Nationalsozialismus nichts anderes gewesen sei, als eine Sozialtechnik, mit der man Mythen verbreitet und Mythen glaubhaft gemacht hat. Der Nationalsozialismus habe sich dieser Technik der Mythenproduktion und Mythenverbreitung bedient.

Zuletzt möchte ich noch an die fünfte Theorie von Eric Voegelin und Friedrich Gogarten erinnern, die in der Diskussion bisher eigentlich keine ernsthafte Rolle gespielt hat, die aber möglicherweise wichtiger ist, als alle anderen. Diese Theorie besagt, daß Phänomene wie der Nationalsozialismus nicht nur in Deutschland, sondern überall dort möglich sind, wo die Säkularisation weit fortgeschritten ist. Auch an dieser These ist bereits auf den ersten Blick etwas dran. Denn Säkularisation bedeutet fortschreitende Entchristlichung. Eine Politik, die die Lösung von Problemen in der Vernichtung und Ausrottung von ganzen Kollektiven sieht, ist in der Tat nur in einer Gesellschaft möglich, in der das Christentum aufgehört hat, geschichtswirksam zu existieren. Man kann der christlichen Geschichte sicherlich alle möglichen Grausamkeiten, auch alle möglichen Fehler zuschreiben, aber die physische Ausrottung ganzer Völkerkollektive war in der europäisch-christlichen Geschichte nicht denkbar. Das hat der große Heinrich Heine bereits ganz klar gesehen. Heine hat in seinem Buch „Philosophie und Religion in Deutschland" geschrieben: „Das Christentum – und das ist sein schönster Verdienst – hat jene brutale germanische Kampfeslust einigermaßen besänftigt, konnte sie jedoch nicht zerstören, und wenn der zähmende Talismann, das Kreuz, zerbricht, dann rasselt wieder empor die Wildheit der alten Kämpfer... Jener Talismann ist morsch, und kommen wird der Tag, wo er kläglich zusammenbricht."[20]

Das ist die hellsichtigste Antizipation des Nationalsozialismus, die wir überhaupt aus dem 19. Jahrhundert kennen. Heinrich Heine sagt nämlich, daß die Voraussetzung der zu erwartenden Barbarei darin liegt, daß der alte, zivilisierende Talismann, nämlich das Kreuz, zerbrochen wird. Denn dann werden sich die Deutschen in barbarischer Wut mit der rohen und wilden Natur vereinigen und das blinde Gesetz der Natur vollstrecken. „Doch noch schrecklicher als alles wären Naturphilosophen, die handelnd eingriffen in eine deutsche Revolution und sich mit dem Zerstörungswerk selbst identifizieren würden ... so wird der Naturphilosoph dadurch furchtbar sein, daß er mit den ursprünglichen Gewalten der Natur in Verbindung tritt, daß er die dämonischen Kräfte des altgermanischen Pantheismus beschwören kann, und alsdann in ihm jene Kampfeslust erwacht, die wir bei

[20] Heinrich Heine: Zur Geschichte der Religion und Philosophie in Deutschland, Stuttgart 1997, S. 142

den alten Deutschen finden, und die nicht kämpft um zu vernichten, noch zu siegen, sondern bloß um zu kämpfen."[21] „Es wird ein Stück aufgeführt werden in Deutschland, wogegen die französische Revolution nur wie eine harmlose Idylle erscheinen möchte."[22]

Dieses Kreuz haben nicht nur die Nationalsozialisten zerbrochen, sondern dieses Kreuz zerbrechen wir auch heute ständig. Das Christentum befindet sich deshalb im Zustand der Euthanasie, weil das Kreuz mit aller Konsequenz entfernt wird. Das Kreuz gilt heute nicht wenigen als ein Produkt eines sadomasochistischen männlichen Gottestyranns, der grausam ist, weil er seinen Sohn hinrichten ließ. Die wie auch immer begründete Entfernung des Kreuzes aus dem Christentum würde das Ende des Christentums bedeuten. Heine sagte zu Recht, das Kreuz sei der letzte Talismann, der uns vor dem Ausbruch des Schreckens und der barbarischen Gewalt bewahrt. Und heute meint man, man müsse sich von diesem Kreuz befreien, damit man endlich zur wahren Humanität, vor allem zur feministisch interpretierten Humanität durchdringt.

Meine These ist, daß alle fünf genannten Theorien diskutable bis unbezweifelbare Erkenntnisse enthalten. Aber sie alle reichen nicht aus. Ich meine, daß man den Nationalsozialismus wie den Faschismus nur als ein Phänomen postchristlicher Religionsgeschichte verstehen kann. Der Nationalsozialismus, wie in anderer Weise der Faschismus, war ein Versuch, das durch die fortgeschrittene Aufklärung geschaffene Vakuum an religiösem Sinn auszufüllen und politisch zu besetzen. Auf die Deutschen angewandt, bedeutete das, daß durch das Ende des Christentums und durch das Zurückdrängen der Institution der Kirche die religiösen Bedürfnisse, Sehnsüchte und Kräfte amorph und freischweifend wurden – ähnlich wie bei den Russen. Hitler hat es mit seinem Nationalsozialismus geschafft, diese vagabundierenden, diffusen, amorphen Sehnsüchte und Kräfte zu kanalisieren, zu instrumentalisieren und damit aus den Deutschen einzigartige Energien herauszuholen. In der tiefsten Dimension haben wir es im Nationalsozialismus mit einem religionsgeschichtlichen, postchristlichen Phänomen zu tun.

Mit postchristlichen Phänomenen haben wir es auch heute noch zu tun. Insofern hat sich an der Tiefendimension des Problems, das den Nationalsozialismus hervorgebracht hat, bis heute nichts geändert. Wenn auf einem großen Friedhof in Stuttgart von Satanisten vierzig Kreuze umgestoßen umgeworfen werden, dann ist das ein Symbol dafür, daß der Prozeß der Entchristlichung weiter voranschreitet. Sicherlich wird es den Nationalsozialismus in seiner geschichtlichen Form nie wieder geben, aber wer weiß, ob wir nicht im postchristlichen Zeitalter des 21. Jahrhunderts noch Erfahrungen machen werden, die zeigen, daß der Nationalsozialismus vielleicht nur das grausamste Vorspiel, aber noch nicht das Endspiel gewesen ist.

Diese Dimension des Problems ist der Grund, warum wir nun den Nationalsozialismus und Faschismus im Ausgang von Nietzsche, weitergehend über die Kultur-

---

[21] Heinrich Heine: Zur Geschichte der Religion und Philosophie in Deutschland, S. 141
[22] Heinrich Heine: Zur Geschichte der Religion und Philosophie in Deutschland, S. 143

philosophien von Oswald Spengler, Ernst Jünger bis hin zu Martin Heidegger verfolgen werden. Sie alle haben die neue postchristliche Lage analysiert. Sie haben die Kulturprobleme beschrieben, die damit verbunden sind, und sie haben die Motive geteilt, die in pervertierter Form im Faschismus und Nationalsozialismus zum Tragen gekommen sind. Wir werden uns vor allem mit Nietzsche und mit Heidegger beschäftigen, weil von ihnen aus die Konservative Revolution und das Phänomen des Faschismus am besten begriffen werden kann. Ohne den Rückgang auf Nietzsche und seine Dekadenz- und Nihilismusanalyse ist meines Erachtens die Epoche des Faschismus nicht zu begreifen. Man kann den Faschismus und in in gewisser Hinsicht auch den Nationalsozialismus nur verstehen, wenn man sie als einen Versuche versteht, eine Antwort zur Überwindung der Dekadenz zu geben. Der Nationalsozialismus und auch der Faschismus haben sich als Gesundungslehren bezeichnet. Darum ist es so wichtig, die „Krankheit" zu rekonstruieren, die da geheilt und überwunden werden sollte. Mit Nietzsche und auch mit Heidegger kann gezeigt werden, um welche Art von Krankheit es sich dabei handelt. Nietzsche sagte voraus, daß das 20. Jahrhundert das Jahrhundert der „großen Politik" sein werde und daß es um die Überwindung der Dekadenz und des Nihilismus gehen werde.

Die Ausführungen über Nietzsche, Spengler, Jünger und Heidegger dienen dem Zweck, zu verstehen und zu erklären, wie der deutsche Faschismus und die Zustimmung der Deutschen zu diesem Regime möglich geworden ist. Der Nationalsozialismus hatte geistesgeschichtliche, philosophischen und religionsgeschichtliche Voraussetzungen, aber es mußten die kontingenten Bedingungen, die in der Weimarer Republik und deren Entstehung angelegt waren und die in der Figur Hitlers kulminierten, dazu kommen, damit der Nationalsozialismus in seiner spezifischen Gestalt geschehen konnte. Ohne die kontingente Situation in der Weimarer Republik und ohne die schweren Unterlassungen und Fehler, die von den demokratischen Politikern der Weimarer Republik gemacht worden sind, hätte es niemals zu Hitlers Machtübernahme zu kommen brauchen. Die geistesgeschichtlichen Entwicklungen von Nietzsche zu Heidegger erzeugten zwar die Disposition zum Faschismus, der reale Nationalsozialismus ist aber dennoch wesentlich an die kontingente Lage am Ende der Weimarer Republik und vor allem an die Person Hitlers gebunden gewesen. Die These, daß die deutsche Geschichte, einschließlich der Weimarer Republik, mit Notwendigkeit zur Machtergreifung der Nationalsozialisten führen mußte, ist daher reine Geschichtsklitterung und Geschichtsmythologie und sie hat mit der geschichtlichen Wirklichkeit nichts zu tun.

10. Den Nationalsozialismus begreifen, nicht nur verstehen

Das Thema des Faschismus/Nationalsozialismus ist nach wie vor aktuell. Es gibt nun zwei Möglichkeiten, um dieses Phänomen zu verstehen.

Entweder versteht man es vom Ergebnis her, d.h. von der Ermordung von Millionen von Menschen und von der Zerstörung Deutschlands und Europas her. Daraus ergibt sich dann notwendig das Ziel, das Eintreten alles dessen zu verhindern, wozu der deutsche Nationalsozialismus geschichtlich angetreten war. Denn dieses Experiment – wenn man es einmal so nennen will – konnte gar nicht katastrophaler und verheerender enden. Das ist einfach ein Faktum. Wenn man dieses Ergebnis zum Ausgangspunkt des Verstehens des Nationalsozialismus macht, wenn man das Phänomen des Nationalsozialismus also vom Resultat her versteht, dann muß man zu derjenigen Form der Vergangenheitsbewältigung kommen, die Deutschland seit 50 Jahren praktiziert. Man muß dann zugleich von der Prämisse ausgehen, daß diejenigen, die Hitler 1933 an die Macht gebracht haben, entweder Idioten oder Verbrecher gewesen sein müssen. Solch eine Prämisse führt meines Erachtens aber nicht zu einem historischen Verstehen.

Oder man versucht den Faschismus/Nationalsozialismus aus der historischen Situation nach dem Ersten Weltkrieg und mit allem, was der Ausgang dieses Ersten Weltkrieges für Deutschland und Europa bedeutet hat, zu verstehen. Ich glaube, nur so kann man dieses Phänomen verstehen. Sonst versteht man überhaupt nichts. Man kann und muß natürlich ideologisch den Nationalsozialismus verurteilen, man kann und muß ihn auch moralisch verdammen. Aber verstehen kann man auch dieses Phänomen nur historisch. Man muß es historisch verstehen. Man muß unterstellen, daß das deutsche Volk bei allem Wahn auch nachvollziehbare Gründe hatte, als es sich mit der Machtübernahme des Nationalsozialismus arrangierte.

Man kann und darf das Phänomen des Nationalsozialismus auch nicht isoliert nur als ein deutsches Phänomen verstehen, sondern man muß es als ein europäisches Phänomen verstehen. Man muß die Wurzeln dessen, was man die faschistische oder nationalsozialistische Ideologie nennen kann, aus den Prozessen des 19. Jahrhunderts heraus verstehen. Es wird nur zu häufig übersehen, daß die Ideologeme, die der Nationalsozialismus für sich reklamiert hat, bereits im 19. Jahrhundert von anderen europäischen Mächten gelehrt, proklamiert und praktiziert worden sind. Man denke nur an den Imperialismus, den Rassegedanken, die Landeroberung oder an den Aggressionskrieg. Alles dies hatten die europäischen Nationen – England, Frankreich und andere Nationen – bereits im 19. Jahrhundert praktiziert. Die Teufelssaat des Faschismus ist kein spezifisch deutsches Produkt gewesen. Jeder Versuch, diesen Faschismus aus dem deutschen Charakter, aus der deutschen Geschichte heraus genealogisch zu verstehen, geht daher an der historischen Wirklichkeit vorbei. Erklärungsbedürftig ist vielmehr der Umstand, daß diese Ideologeme in Deutschland zu einem anderen und auch viel schlimmeren Ergebnis geführt haben, als noch im 19. Jahrhundert.

Wenn man die Frage stellt, warum der Nationalsozialismus in Deutschland und nicht woanders passiert ist, dann wird man feststellen, daß es an den kontingenten historischen Bedingungen liegt, die sich in Deutschland nach dem Ersten Weltkrieg entwickelt haben. Damit bin ich bei meinem eigentlichen Anliegen. Denn historisches Verstehen – ich stelle anheim, ob es mir im ersten Abschnitt des Buches gelungen ist, es wirklich zu verstehen – reicht natürlich nicht aus, um dieses Phänomen zu begreifen. Verstehen ist zwar ein Moment des Begreifens, aber wer versteht, der hat noch nicht begriffen. Man kann vielleicht aus den kontingenten historischen Prozessen heraus verstehen, warum dieses Phänomen sich unter diesen

Bedingungen entwickelt hat und manifest geworden ist, aber wenn man das verstanden hat, dann hat man es noch nicht begriffen. Um diesen Versuch des Begreifens soll es im Folgenden gehen. Was heißt aber Begreifen? Begreifen ist nicht mit historischen Verstehen identisch. Begreifen ist auch mehr als nur erklären.

Die Naturwissenschaften beispielsweise erklären uns die Natur, sie begreifen damit aber von der Natur selbst noch nichts. Man kann durchaus die Natur erklären, und man kann auf Grund dieser richtigen Erklärung dann auch die Natur fast für beliebige Zwecke bearbeiten oder gar manipulieren, aber man hat damit noch nicht die Natur begriffen. Für das Begreifen ist vielmehr das notwendig, was Hegel die „Anstrengung des Begriffes" genannt hat. Ohne eine Anstrengung des Begriffes begreift man nichts.

Eigentlich müßte man sogar, um mit dem Begriff begreifen zu können, den Begriff selber erst begreifen. Wir müßten dazu jetzt eigentlich eine Abhandlung über Hegel dazwischen schieben, aber das können wir hier nicht tun. Entscheidend ist nur, daß das Begreifen auch geschichtlicher Realitäten ohne Philosophie gar nicht möglich ist.

Man kann beispielsweise den Marxismus nicht ohne Marx begreifen. Selbst wenn man den Marxismus in seinen Transformationen oder auch Degenerationen begreifen will, muß man zuerst die Philosophie von Marx begriffen haben. Wer sich nicht auf die Theorie von Marx einläßt, versteht auch nicht, was bei dem Versuch der praktischen Umsetzung aus dem Sozialismus im 20. Jahrhundert geworden ist. Man müßte daher über die Frage diskutieren: Was hat der Stalinismus mit Marx zu tun? Darauf kann man zwei unterschiedliche Antworten geben. Die eine Antwort besagt, daß Stalin mit Marx überhaupt nichts zu tun habe. Was Stalin gemacht und gewollt habe, sei das Gegenteil dessen gewesen, was Karl Marx gedacht und gewollt hat. Das ist richtig. Auf der anderen Seite kann man aber auch in einem vermittelten und differenzierten Sinne sagen, daß es ohne Marx keinen Stalin gegeben hätte. Bei allem Mißverstehen bis Verdrehen ins Gegenteil, ist doch zu sagen, daß der in der Sowjetunion praktizierte Sozialismus, wie immer er sich selber zu Marx verhalten haben mag, ohne Marx nicht denkbar gewesen wäre.

Parallel dazu kann man nun die Frage stellen, mit welcher Philosophie denn der Nationalsozialismus/Faschismus etwas zu tun hat. Wenn man sich aber die kruden Lehrsätze des Nationalsozialismus ansieht und sich die Versuche einer nationalsozialistischen Philosophie vergegenwärtigt – von Paul Krannhals gab es immerhin das Buch „Das organische Weltbild. Grundlagen einer neuentstehenden deutschen Kultur", und von Alfred Baeumler gab es eine nationalsozialistisch interpretierte Nietzscheversion –, so wird man allerdings zu dem Ergebnis kommen, daß von einer nationalsozialistischen „Philosophie" eigentlich überhaupt keine Rede sein kann. Man darf den ehrwürdigen Namen der Philosophie nicht auf dieses krude Gemisch, das sich als ein Höllen- und Teufelsgemisch erwiesen hat, anwenden. Was Hitler in „Mein Kampf" entworfen hat, ist keine Philosophie, sondern ein Aktionsprogramm gewesen. Hitler hat darin klare politische Ziele definiert: er wollte die Groß- und die Weltmachtposition Deutschlands herstellen, er hat Eroberungskriege zur Lösung des Problems „Volk ohne Raum" geplant, und er hat die „rassische Reinigung der arischen Rasse von dem jüdischen Ferment der Zersetzung" – so hat er es in „Mein Kampf" genannt – anvisiert. Hitler lieferte Schlagworte, die sich um ein Aktionsprogramm kristallisiert haben, dessen letztes Ziel übrigens nicht ein nationales, sondern – auch daran wollen wir sofort erinnern – ein internationalistisches Programm gewesen ist. Hitler hat seine rassistische Politik als die Lösung eines internationalistischen Problems verstanden. Hitler wollte, wie der Sozialismus, eine neue Weltordnung schaffen. Und er wollte diesen Kampf um die neue Weltordnung auf rassistischer Grundlage führen. Alles sollte auf die Weltherrschaft des Teils der menschlichen Rasse hinauslaufen, von dem Hitler glaubte, daß er zu dieser Herrschaft berufen war. Hitlers Weltanschauung war ein trübes Gemisch von Wahnvorstellungen auf der Basis einer auf völliger Ignoranz beruhenden Einschätzung der geschichtlichen Lage.

Wir haben im ersten Abschnitt des Buches versucht, zu erklären, wieso dieses Gemisch so wirksam werden konnte und warum dieses Gemisch überhaupt wirksam werden konnte. Wenn man auch im Falle des Nationalsozialismus nicht von einer Philosophie reden kann, so kann man doch fragen, welche Philosophie man heranziehen kann, um das, was sich im Nationalsozialismus und Faschismus entwickelt hat, besser zu verstehen? Es kommt hier zunächst nur ein Philosoph in Frage: nämlich Nietzsche.

Und das aus zwei Gründen: Einmal, weil Georg von Lukács in seinem Buch die „Zerstörung der Vernunft" Nietzsche als den faschistischen Ideologen kat exochen bezeichnet hat. Lukács hatte Nietzsche geradezu zum offiziellen und authentischen Philosophen des Faschismus ernannt. Nietzsche steht bei Lukács für die ideologische Rechtfertigung des kapitalistischen Imperialismus. Nietzsche gilt ihm als ein Ideologe des Imperialismus auf biologistisch rassistischer Grundlage. Für Lukács steht fest: Wenn einer für den Nationalsozialismus und Faschismus philosophisch verantwortlich ist, dann ist es Nietzsche.

Für diese These sprechen durchaus gewisse Indizien. Wir wollen hier das Verhältnis Nietzsches zum Nationalsozialismus behandeln, damit wir uns nicht weiter davon irritieren lassen, daß einige Größen des Dritten Reiches, auch Hitler, Umgang mit Apologeten Nietzsches gepflegt haben. Man kennt das enge Verhältnis Hitlers zur Schwester Nietzsches, Elizabeth Förster. Der Führer ist selbst im Nietzsche-Archiv erschienen und hat dort den Gehstock Nietzsches von der Schwester überreicht bekommen.

Aber was steckt hinter dieser Verbindung? Es ist gar keine Frage, daß es Sätze im Denken Nietzsches gibt, die – aus ihrem Zusammenhang herausgegriffen – geradezu von einer klassischen faschistischen Pragnanz sind. Es wäre völlig falsch, zu leugnen, als gäbe es bei Nietzsche solche faschistisch zu verstehende und zu interpretierende Sätze nicht. Man denke nur an Nietzsches Unterscheidung von Sklaven- und Herrenmoral, wobei dem Stärkeren das Recht zugesprochen wird, Herrschaft über die Schwachen auszuüben. Oder denken wir an Nietzsches fürchterliche Sätze über die „blonde Bestie", die er geradezu verherrlicht hat. Erinnern wir uns auch an das unmissverständliche Gerede vom „Übermenschen". Was Nietzsches Rede vom Kampf gegen die Dekadenz angeht, verhält sich die Sache allerdings schon etwas komplizierter. Wir werden daher ausführlich auf Nietzsches Dekadenztheorie zu sprechen kommen.

Wie auch immer: Es gibt bei Nietzsche Sätze, die als Legitimation des Faschismus gelesen werden können. Daran kann es überhaupt keinen Zweifel geben. Die gegenwärtigen Auslegungen gewisser postmoderner Interpreten, die Nietzsche regelrecht reinwaschen wollen, sind daher untauglich, denn es gibt tatsächlich inhaltliche Übereinstimmungen zwischen dem Faschismus und Nietzsche. Die Frage ist nur, wie dies zu verstehen ist.

Denn es gibt allerdings auch genügend Sätze bei Nietzsche, die eindeutig gegen eine faschistische Interpretation und Rezeption Nietzsches sprechen. Um nur das Wichtigste herauszugreifen: Nietzsche war gegen den starken Staat, so wie er für den Faschismus obligatorisch war. Für Nietzsche war der Staat das größte aller Ungeheuer. Nietzsche hatte einen Staat vor Augen, der die Freiheit der Menschen beschränkt. Der Staat ist für Nietzsche ein Ungeheuer, das die letzten Reste der Freiheit austreibt. Nietzsche nimmt also eindeutig Position gegen den Etatismus.

Zweitens war Nietzsche kein Nationalist. Statt dessen ist die Verkündigung des wahren Europäers ein durchgehender Zug bei Nietzsche.

Nietzsche war – drittens – auch alles andere als ein Antisemit. Nietzsche empfand immer eine große Bewunderung für die Rolle, die die Juden in der Weltgeschichte und natürlich auch in der deutschen Geschichte gespielt haben. Er war immer der Meinung, daß Europa und die Deutschen sich einen Tort antun würden, wenn sie ihren intelligentesten Teil, nämlich die Juden, bekämpfen.

Und natürlich plädiert Nietzsche – viertens – keineswegs für einen biologisch verstandenen Rassismus als Grundlage von Politik.

Es gibt also hinsichtlich der zentralen Lehren Hitlers und des Nationalsozialismus keinen Zusammenhang zu Nietzsche. Man könnte geradezu die These aufstellen, daß Nietzsche mit dem Faschismus gar nichts zu tun hatte, sondern daß Nietzsche im Dritten Reich nur durch die verfälschende Interpretation des Nachlasses wirksam geworden ist, den die Schwester Nietzsches, Elizabeth Förster, zusammengestellt hatte. Das Gebräu, das der Faschismus für verwendbar hielt, stammt dann nicht von Nietzsche, sondern von dessen Schwester. Diese Elizabeth Nietzsche war mit dem Bernhard Förster verheiratet, und dieser Förster war im Zweiten Reich einer der größten Antisemiten, die es je in Deutschland gegeben hat.

Wenn wir nach dem Verhältnis Nietzsches zum Faschismus fragen, dann sollten wir uns daher nur an die Publikationen halten, die Nietzsche selber veröffentlicht hat. Denn über die Frage, was der authentische Nachlaß Nietzsches enthält, werden sich die Gelehrten noch lange streiten.

Wir halten fest: Es gibt faschistische Sätze bei Nietzsche, aber die antifaschistischen Elemente bei Nietzsche überwiegen. Wir werden sehen, daß Nietzsche kein Faschist oder gar Nationalsozialist war. Darüber sind sich die Gelehrten heute mehrheitlich einig. Aber die heute häufig vertretene entgegengesetzte Behauptung, Nietzsche hätte trotz einiger problematischer Aussagen letztlich gar nichts mit dem Faschismus zu tun, stimmt auch nicht.

Uns interessiert hier nicht die Frage, ob Nietzsche ein Präfaschist war oder nicht. Unsere Beschäftigung mit Nietzsche geht vielmehr von der Überlegung aus, daß ein wirkliches Begreifen des Faschismus ohne die Auseinandersetzung mit Nietzsche und dessen Kulturkritik überhaupt nicht möglich ist. Wenn man verstehen will, was das Phänomen des Faschismus geistes- und kulturgeschichtlich, sowie politisch bedeutet, dann ist der Schlüssel zum Begreifen dessen vor allem bei Nietzsche zu finden. Wir wollen diese These zugespitzt und etwas dogmatisch an den Anfang stellen.

Zuvor müssen wir noch eine kurze Überlegung anstellen. Kann Philosophie überhaupt für politische Entwicklungen und Formationen haftbar gemacht werden? Diese Frage stellt sich ja immer wieder. Man erinnere sich nur an die Untersuchungen zu den geistigen Ursachen des linken Terrorismus in den 70er Jahren. Oder denken wir an die gegenwärtige Diskussion über die „Schreibtischtäter", die für den rechten Terrorismus intellektuell verantwortlich gemacht werden. Hierzu ist grundsätzlich zu sagen, daß es ein Zeichen einer fehlgeleiteten politischen und intellektuellen Kultur ist, wenn man das Denken eines seriösen Denkers für die praktischen, politischen Konsequenzen verantwortlich macht, die andere daraus ziehen. Diese Art von Schuldzuweisung würde den Ruin der freiheitlichen politischen und geistigen Kultur bedeuten. Denn daraus entwickelt sich die Art Selbstzensur, die heute unter dem Begriff „political correctness" gefaßt wird. Wer sich in Zeiten der political correctness öffentlich äußert, ist dann immer gezwungen, sich zu überlegen, ob er etwas überhaupt sagen darf und welche politischen Folgen bei einer mißbräuchlichen Anwendung seiner Äußerungen eintreten könnten. Wer diese Art Selbstzensur gutheißt, muß wissen, daß dadurch das Denken korrumpiert wird. Diese Korruption des Denkens erweist sich in einer Situation als gefährlich, in der die moderne Gesellschaft mehr denn je darauf angewiesen ist, daß etwas Anderes und Neues gedacht wird. Selbstzensur des Denkens und Innovation schließen sich aus.

Es gibt heute kaum eine Diskussion über die geschichtliche Rolle des Christentums, in der nicht sofort das Argument geäußert wird, daß das Christentum Hexen verbrannt hat. Im Grunde braucht man sich anschließend gar nicht mehr weiter über das Christentum zu unterhalten, denn es ist dann für alle klar, daß das Christentum eine fürchterliche Religion sein muß. Jedes christliche Denken steht damit sofort unter dem Verdacht, die Menschen zur Ermordung und Unterdrückung von anderen Menschen anzustiften. Wenn man das Christentum als solches für die Hexenverfolgung verantwortlich macht, dann spricht man in letzter Konsequenz Jesus Christus die Verantwortung für die Ermordung von Tausenden von Frauen zu. Es ist aber Unsinn, zu sagen, für die Hexenverfolgung sei Jesus Christus verantwortlich. Jesus trägt dafür, daß in einer bestimmten Zeit und unter bestimmten Voraussetzungen Kirchenleute die Hexenverbrennung vorgenommen haben, überhaupt keine Verantwortung. Im Gegenteil: Es gibt keinen Geeigneteren, um diese Kirchenpolitik anzuprangern, als Jesus Christus selber.

Genauso ist es völliger Unsinn, zu sagen, die Theoretiker der Frankfurter Schule, Adorno und Marcuse, seien für den linken Terrorismus verantwortlich. Adorno hat aus bestimmten Prämissen denkerisch radikale Folgerungen gezogen, die man für richtig oder falsch halten kann, aber man kann ihn nicht für den Terrorismus verantwortlich machen. Auch Herbert Marcuse darf man nicht für den linken Terrorismus verantwortlich machen. Man kann höchstens Marcuse dafür verantwortlich machen, daß er Gewalt im Rahmen einer emanzipatorischen Politik gerechtfertigt hat, denn das haben in dieser Form weder Horkheimer und Adorno noch Habermas getan. Die These von Marcuse lautete damals, daß in der kapitalistischen Gesellschaft, in der „repressive Toleranz" herrscht, der Widerstand gegen Ungerechtigkeit auch das Mittel der Gewalt einschließen kann und muß. Trotzdem wäre es falsch, Marcuse für die terroristischen Taten der RAF verantwortlich zu machen. Und so ist es auch völliger Unsinn, daß jemand für Brandanschläge gegen Asylantenwohnheime verantwortlich gemacht wird, weil er über die nationale Identität nachdenkt und für eine solche eintritt.

Wenn die Philosophie also nicht unmittelbar für Politik haftbar gemacht werden darf, stellt sich natürlich die Frage, wie man dann das Verhältnis von Philosophie und ihren politischen Konsequenzen bestimmen kann. Denn daß es zwischen Philosophie und Politik eine Verbindung gibt, ist unbestreitbar. Ohne Philosophie gibt es sowenig eine Politik, wie es keine Politik ohne eine philosophische Dimension gibt.

Die Lösung besteht in folgendem dritten Weg: Man kann beispielsweise – und das wollen wir nun tun – Nietzsches Philosophie als Schlüssel zum Verständnis einer geistig kulturellen Gesamtlage nehmen, ohne deren Existenz der Faschismus selber wiederum nicht möglich wäre. Wir sagen daher nicht, daß Nietzsche für den Faschismus verantwortlich ist, wir sagen nicht einmal, daß Nietzsche selber eine Lage geschaffen hat, aus der dann der Faschismus hervorgegangen ist, sondern wir benutzen Nietzsche als einen Schlüssel zum Verständnis einer geistig-kulturellen Gesamtsituation Europas, die dann Phänomene wie den italienischen Faschismus und den deutschen Nationalsozialismus hervorgebracht hat. Das ist der Punkt, um den es geht. In *diesem* Sinne, so glaube ich, kommt man an Nietzsche nicht vorbei, wenn man den Faschismus/Nationalsozialismus begreifen will. Freilich muß man sofort hinzufügen, daß es eine Verengung der Wirkungsgeschichte Nietzsches bedeutet, wenn man Nietzsche nur unter dieser gerade erläuterten Fragestellung beleuchtet. Daher muß diese Fragestellung wenigstens ansatzweise in einen weiteren Horizont eingeordnet werden. Dieser weitere Horizont bezieht sich auf Nietzsches Wirkung auf die Kultur und die Politik des 20. Jahrhunderts im ganzen. Nietzsches Verhältnis zum Faschismus-Nationalsozialismus ist dann im Kontext dieser übergreifenden Fragestellung nur als eine spezielle Anwendung im Blick auf die 30er und 40er Jahre zu sehen.[23]

---

[23] Ich habe 1970, auf dem Höhepunkt der emanzipatorischen Bewegung, ein kleines Büchlein über Nietzsche unter dem Titel „Nietzsche und das Ende der Emanzipation" veröffentlicht. Das war leider zu früh. Ich hätte noch warten sollen. Vielleicht würde dieses Buch heute auf ein größeres Verständnis stoßen. Zum damaligen Zeitpunkt wurde es allein schon wegen des Titels abgelehnt und nicht zur Kenntnis genommen. Immerhin hat mir Karl Löwith, einer der besten Nietzschekenner, damals einen langen Brief geschrieben, in dem er mir dafür gedankt hat, daß Nietzsche nun in einem ganz neuem Lichte zu erscheinen beginnt. Aber das nur nebenbei.

Wie steht es um das Verhältnis Nietzsches zur Kultur des 20. Jahrhunderts im ganzen? Dieser Frage ging ich in dem jüngst erschienenen Buch „Nietzsche als Diagnostiker der Gegenwart“ nach. Hier nur soviel: Wenn man das 20. Jahrhundert im ganzen betrachtet, dann kommt man immer mehr zu dem Eindruck, daß dieses 20. Jahrhundert die Epoche der Nietzsche-Kultur war. Es gibt eigentlich keine große Philosophie, keine große Dichtung, keine große Literatur, keine kulturelle Erneuerungs- und Renaissancebewegung im 20. Jahrhundert, die sich nicht direkt oder indirekt auf Nietzsche bezogen hat und die sich nicht in irgendeiner Weise von Nietzsche hat inspirieren lassen.

Wenn man die Phasen der Nietzsche-Interpretation – grob vereinfachend – durchgeht, dann steht am Anfang die Entdeckung Nietzsches als des großen Theoretikers der modernen Dekadenz. Die Dekadenztheorie war das erste Moment, das von Nietzsche zur Kenntnis genommen und für beachtlich gehalten wurde. Es ist ein großer Mangel der neueren Nietzscheinterpretation, daß man die zentrale Bedeutung Nietzsches im Blick auf die Analyse und Interpretation der modernen Dekadenz nicht mehr angemessen berücksichtigt. Denn was wird von Nietzsche auf jeden Fall auch in Zukunft in Erinnerung bleiben? Nietzsche sagte von sich selber: ‚Ich bin ein Mann von morgen und übermorgen.‘ Vielleicht sind wir heute beim Übermorgen angelangt. Was immer man von Nietzsches Philosophie vergessen, ignorieren und negieren wird, Nietzsche wird jedenfalls immer als der große Theoretiker der bürgerlichen Dekadenz von Bedeutung bleiben. Es gibt bis zum heutigen Tage keinen Theoretiker dekadenter Entwicklungen, der nicht epigonal von Nietzsche lebt. Es gibt keinen, der Nietzsche darin wieder erreicht hat. Im Gegenteil, wir haben es heute mit postmodernen Interpretationen Nietzsches zu tun, in der die Dekadenzanalyse Nietzsches schlicht übergangen oder, was die Bewertung der Dekadenz angeht, ins Gegenteil gewendet wird.

Ich habe vor einigen Jahren in Köln mit drei deutschen Philosophen – Rüdiger Safranski, Christoph Türcke und Volker Gerhard – über die Aktualität Nietzsches diskutiert. Volker Gerhard, der als ein führender Nietzscheexperte der Gegenwart gilt, hat dabei unter Berufung auf Nietzsche alles das, was Nietzsche als dekadent bekämpft hat, als positive Momente der modernen Kultur herausgestellt und er hat Nietzsche als *den* Lehrer der Lebenskunst für den modernen Menschen gefeiert. Nietzsche tritt in Gerhards postmoderner Interpretation zwar als Theoretiker der Dekadenz auf, er wird aber bei ihnen gegen den Strich gelesen. Gerhard hält Nietzsche nur für aktuell, soweit er ein großer Ästhetiker des postmodernen Lebensgefühl war und er eine ästhetisch gelingende Lebensführung gelehrt hat. Alle andere Äußerungen Nietzsches sollten dagegen laut Gerhard in den Giftschrank gestellt und am besten gar nicht mehr erwähnt werden. Was bei Nietzsche nicht mit dem postmodernen Daseinsgefüge übereinstimmt, sollte man am besten gar nicht mehr zur Kenntnis nehmen.

Nietzsche hätte sich im Grabe umgedreht, wenn er erführe, daß sich heutige Philosophen in solch selektiver, ideologisch motivierter Art und Weise auf ihn berufen. Nein, wir müssen den ganzen Nietzsche zur Kenntnis nehmen, wir müssen überhaupt für die Freiheit des Denkens kämpfen, wenn wir eines Tages nicht alles verlieren wollen. Freiheiten können nur kämpfend bewahrt werden, sonst gehen sie verloren. Aber wer kämpft heute noch in Deutschland für die Freiheit des Denkens?

Für die marxistische Faschismustheorie ist der Faschismus das Produkt sozioökonomischer Bedingungen und politischer Herrschaft. Darum sind die Marxisten immer überzeugt gewesen, wenn man den Kapitalismus überwindet, dann gibt es auch keinen Faschismus mehr. So wie Horkheimer gesagt hat: ‚Wer vom Kapitalismus schweigen will, der darf auch nicht vom Faschismus reden.' Der Faschismus hatte in seinen Augen den Kapitalismus zur Voraussetzung, und der Faschismus wird erst dann überwunden sein, wenn es keinen Kapitalismus mehr gibt. Diese These hat sich als ein ganz großer Irrtum herausgestellt, obwohl ich nicht bestreiten will, daß es zwischen Faschismus und Kapitalismus Zusammenhänge gibt, auf die wir noch eingehen werden. Aber die Reduktion des Faschismus-Nationalsozialismus auf eine Variante des Kapitalismus ist einseitig und in dieser Weise falsch. Der Faschismus bezieht seine Antriebskraft nicht aus dem Kapitalismus, sondern – und hier stimmt der Faschismus mit den tiefsten Intentionen Nietzsches überein – aus dem Willen zur Überwindung der Dekadenz. In der Dekadenzanalyse liegt meines Erachtens die Schlüsselbedeutung Nietzsches für das Verständnis des Faschismus. Sowohl der Faschismus wie der Nationalsozialismus haben sich im Kern als Gesundungslehre zur Überwindung der Dekadenz verstanden. Es ging um eine biologische Gesundungstherapie zur Überwindung der Dekadenz.

Wenn eine Gesellschaft einen bestimmten Grad der Dekadenz erreicht hat und die Menschen darunter leiden, dann können auch gut meinende Menschen zu Faschisten werden. Dies ist auch deshalb möglich, weil der Marxismus zur Analyse und zur Überwindung der Dekadenz gar keine Mittel zur Verfügung hat. Der Stalinismus hat zwar auch die Dekadenz ausrotten wollen, aber soweit er das getan hat, ist hier gerade das faschistische Moment im Stalinismus selber zum Tragen gekommen.

Wir wollen festhalten: Der tiefste Impuls des Faschismus war auf die Überwindung der als unerträglich empfundenen Dekadenz gerichtet.[24] Nun ist aber Nietzsche im 20. Jahrhundert nicht nur als Theoretiker der Dekadenz rezipiert worden. Man denke nur an die Nietzsche-Rezeption der so genannten „Konservativen Revolution" aus den 20er und 30er Jahren. Sicherlich hat Armin Mohler in seinem Buch über die „Konservative Revolution" den Einfluß Nietzsches etwas übertrieben und einseitig dargestellt, aber es kann kein Zweifel darüber bestehen, daß zumindest ein zentraler Gedanke der „Konservativen Revolution" auf Nietzsche zu-

[24] In diesem Sinne ist auch die Antriebskraft des heutigen christlichen Fundamentalismus in den USA eine faschistische. Diese christlichen Fundamentalisten wollen den unmoralischen Sumpf austrocknen und die libertäre Dekadenz überwinden. Sie kämpfen gegen Pornographie, gegen Abtreibung, gegen die Absetzung der Autorität von Lehrern in den Schulen, und sie treten für die Rettung der Familie und der christlich-bürgerlichen Kultur ein. Diese Rettung der Kultur vor ihrem drohenden Verfall durch eine fortschreitende Dekadenz ist auch für Nietzsche ein entscheidendes Motiv gewesen.

rückgeht: Die Konservative Revolution hat mit Nietzsche die Absage an jede lineare und damit progressistisch auszulegende Geschichte geteilt. Die Konservative Revolution hat nicht nur Nietzsches Absage an den Fortschrittsgedanken übernommen, sondern sie hat die lineare Geschichtsauslegung überhaupt in Frage gestellt. Nietzsche steht in ihren Augen für den Versuch, die Linearität der Geschichte durch ein Geschichtsdenken zu ersetzen, das am Kreislaufmodell orientiert ist.

Bis zu Augustinus ist ja in der Antike niemand auf die Idee gekommen, die Geschichte linear, also als Progreß, zu deuten. Die Antike hat vielmehr zyklisch gedacht. Es herrschte die Logik der ewigen Wiederkehr des Gleichen. Man denke nur an die verschiedenen Verfassungen bei Platon, die kreislaufartig wiederkehren: Aus der Demokratie und aus dem Verfall des Freiheitsverständnisses ergibt sich die Tyrannei, die Tyrannei schlägt dann in die Monarchie und die Monarchie wiederum in die Aristokratie um. Es treten immer wieder entsprechende Entartungen auf, die zur nächsten Verfassung treiben. Aber im Kern kehrt alles kreislaufartig wieder. Der große Bruch mit diesem zyklischen Geschichtsverständnis geschieht erst bei Augustinus. Augustinus formuliert in „De civitate Dei" die These, daß mit dem Eintritt Gottes in die Geschichte zum ersten Mal in dieser Geschichte nicht nur etwas Einzigartiges und Einmaliges, sondern wirklich etwas Neues passiert ist. Nietzsche bricht nun mit diesem Fortschrittsmodell und darum ist die Orientierung an kreislaufförmig ablaufenden Verfallsprozessen ein von Nietzsche inspiriertes Element in der Theorie der Konservativen Revolution.

Die dritte Phase der Nietzscherezeption betrifft den Nationalsozialismus selber. Der vielleicht wichtigste Vertreter ist hier Alfred Baeumler gewesen. Baeumler hat die Philosophie Nietzsches auf die Lehre vom Willen zur Macht reduziert. Baeumler konnte auf diese Weise die faschistische Politik als Machtpolitik im Sinne des heroischen Nihilismus lehren. Wir werden sehen, daß Oswald Spengler als einer der Vorgänger dieser nationalsozialistischen, wiederum partiellen, Rezeption Nietzsches anzusehen ist. Auch Spenglers „Untergang des Abendlandes" ist eine Form des Nietzscheanismus gewesen, wobei nie vergessen werden darf, daß Nietzsche selber für die Propaganda und für die ideologische Diskussion im Dritten Reich de facto keine Rolle gespielt hat. Das ist kein Zufall, denn Nietzsches Denken ist mit der nationalsozialistischen Verklärung von Blut und Boden und mit der Huldigung des Bauerntums und der soliden bürgerlichen Familie völlig unvereinbar. Aufs Ganze gesehen kann man sagen, daß Nietzsche in der nationalsozialistischen Ideologie nur eine geringe Rolle gespielt hat. Nietzsche hat alle zentralen Elemente der nationalsozialistischen Ideologie bekämpft. Das gilt für den biologischen Rassismus ebenso, wie für den Antisemitismus und für den übersteigerten deutschnationalen Chauvinismus. Es gibt auch keinen wirklichen antisemitischen Satz im gesamten Werk Nietzsches. Er hat ganz im Gegenteil immer in den Juden eines der hochbegabten und für die Weltkultur produktivsten Völker gesehen. Nietzsche war der Meinung, es sei eigentlich das Beste, was den Europäern passieren könnte, wenn die Juden die Herrschaft ausübten. Nietzsche hat darum auch immer das Alte Testament bewundert. Nietzsche ist im übrigen Antinationalist gewesen. Er war ein großer Bewunderer – so steht es schon in der ersten „Unzeitgemäßen Betrachtung" – der französischen, wie auch der russischen Kultur. Nietzsches Denken war zwar in die deutsche Kultur von Luther über die Deutsche Klassik bis zum Deutschen Idealismus und die Deutsche Romantik verflochten, aber wirklich bewundert hat er nur die Franzosen und die Russen – vor allen Dingen von Dostojewski. Baeumlers Buch über Nietzsches Wille zur Macht rekurriert daher auf einen zurechtgestutzten Nietzsche. Baeumler hat Nietzsches Lehre von der Wiederkehr des ewig Gleichen als Unsinn abgetan und er hat Nietzsche in einem machtpragmatisch vordergründigen Sinn auf die Lehre vom Willen zur Macht reduziert.

Nietzsche war daher für die Ideologen des Dritten Reiches zu Recht ein Randphänomen. Es gab nur einen führenden faschistischen „Theoretiker", der entscheidend durch Nietzsche beeinflußt war: Mussolini. Mussolini ist ein Mann, der Nietzsche nicht nur gelesen, sondern der ihn auch in mancher Hinsicht verstanden hat. Der italienische Faschismus ist tatsächlich ein durch Mussolini interpretierter und angeeigneter Nietzscheanismus gewesen. Mussolini hat im Anschluß an Nietzsche den „Mythos" wieder zum Leben erweckt; und zwar in diesem Fall den Mythos von der nationalen Größe, den Mythos von der Wiedergeburt des römischen imperialen Gedankens, und den Mythos vom kämpferischen, um seine Selbstbehauptung bemühten Nationalstaates. Mussolini stand, wie Nietzsche, für eine Politik der Härte und der Eroberung. Da aber Nietzsche keine Handlungsanweisung gegeben hat, wie man alle diese mythischen Werte politisch umsetzen kann, kam es Mussolini vor allem darauf an, einen neuen politischen Stil zu kreieren. In diesem Sinne ist die Essenz des Faschismus in der Tat ästhetischer Natur gewesen. Walter Benjamin hatte schon Recht, als er sagte: Faschismus bedeutet die Ästhetisierung von Politik. Das kann man an Mussolini sehr gut belegen.

Die Nietzsche-Rezeption nach 1945 soll uns hier nicht interessieren. Nur soviel sei gesagt. Nach 1945 setzte sich zunächst Lukács weitgehend mit seiner Interpretation durch, wonach Nietzsche in die Geschichte des deutschen Irrationalismus gehöre und Nietzsche als Ideologe des kapitalistischen Imperialismus zu sehen sei. Die von Lukács konzipierte antifaschistische Volksfront identifizierte Nietzsche folgerichtig als ihren schärfsten Gegner.[25]

Obwohl Georg Lukács Nietzsche als Präfaschisten entlarven und in die philosophische Giftküche sperren wollte, kam es damals durch Karl Jaspers, Karl Löwith und Martin Heidegger zu einer philosophischen Nietzscherezeption. Nietzsche wurde nun erstmals als Philosoph ernst genommen. Karl Jaspers hat ein auch heute noch lesenswertes und bedeutendes Nietzschebuch geschrieben. Karl Löwith wollte zum Zeitpunkt des Höhepunkts der Moderne Nietzsche als Natur- und

[25] Die Gegnerschaft des Kommunismus gegen Nietzsche ging so weit, daß der DDR-Philosoph Wolfgang Harich dafür eingetreten ist, die Nietzschelektüre in der DDR überhaupt zu verbieten. Er hat in einem langen Brief an den Ministerpäsidenten Stoph den Kampf gegen jede Form des Nietzscheanismus damit begründet, daß der angeblich reaktionärste Philosoph der Bundesrepublik, Günter Rohrmoser, etwas Positives über Nietzsche geschrieben hätte.

Kosmosphilosoph im Sinne der Tradition der Stoa wieder entdecken. Und Heidegger sprach Nietzsche den gleichen philosophischen Rang zu wie Aristoteles. Heidegger hat Nietzsche auf eine philosophische Ebene hoch stilisiert, wonach er nur noch vergleichbar mit Aristoteles und mit Platon ist. Heidegger hat vorgeschlagen, man müsse Nietzsche – ähnlich wie Aristoteles – Satz für Satz interpretieren. Ich sage ganz offen, daß ich das, bei aller Bewunderung für die wirklich geniale Begabung Nietzsches, nicht für richtig halte. Ich glaube nicht, daß Nietzsche ein Philosoph vom Range eines Hegel, Aristoteles oder Kant gewesen ist. Nietzsche war im strengen Sinn überhaupt kein Philosoph, was nicht bedeutet, daß er nicht dennoch ein philosophisches Ereignis von weltgeschichtlicher Bedeutung ist.

Die letzte Phase der Nietzscherezeption erleben wir nun in der so genannten Postmoderne. Nietzsche wird hier für die Deutung der gegenwärtig herrschenden Kulturverhältnisse herangezogen. Und in der Tat: Wir können unsere Gegenwart ohne Nietzsche nicht mehr verstehen. Auch diejenigen, die keine Zeile Nietzsches gelesen haben, leben so, als folgten sie den Lebensanweisungen und Maximen Nietzsches. Wir sind jetzt unter dem irreführenden Namen der Postmoderne in das Zeitalter der Nietzsche-Kultur eingetreten. Das bedeutet natürlich nicht, daß Nietzsche die heutige Kultur gewollt hat. Im Gegenteil, Nietzsche hat diese Kultur für den Fall prognostiziert und antizipiert, daß sich die Prozesse der Dekadenz in der liberalen bürgerlichen Gesellschaft weiter fortsetzen. Gewollt hat Nietzsche das Gegenteil. Er wollte – ähnlich wie der Faschismus – eine Bewegung gegen die Dekadenz. Sein Ziel war auf die Überwindung der Dekadenz und des „letzten Menschen" gerichtet. Darum wird es von entscheidender Bedeutung sein, zu interpretieren, was Nietzsche eigentlich unter Dekadenz verstanden hat.

Die These, daß Nietzsche der Philosoph des Faschismus gewesen sei, und daß man also in ihm die philosophische Erklärung für den Faschismus und Nationalsozialismus findet, ist in dieser Form nicht haltbar. Wobei man hier allerdings zugeben muß, daß es bei Nietzsche Sätze gibt, die zweifellos zum Teil noch das übertreffen, was der Faschismus und der Nationalsozialismus an Brutalität von sich gegeben haben; das gilt zum Beispiel für den Satz Nietzsches, daß man das, was fällt, auch noch stoßen solle. Oder denken wir an Sätze zur Unterscheidung einer Sklaven- von einer Herrenmoral in der „Genealogie der Moral". Nietzsches Rechtfertigung von Herrschaft, die aus natürlicher Überlegenheit resultiert, ist auch eine These, die der Faschismus und der Nationalsozialismus begierig aufgegriffen haben. Aber es gibt allerdings auch unzählige andere Aussagen bei Nietzsche, die mit einer Auslegung Nietzsches als Präfaschist völlig unvereinbar sind. Die geistige Verantwortung oder gar Schuld für den Faschismus und Nationalsozialismus auf Nietzsche schieben zu wollen, ist daher völliger Unsinn. Sowenig Marx an Stalin schuld ist, sowenig ist Nietzsche an Hitler schuld. Nietzsche würde sich im Grabe umdrehen, wenn man von ihm sagte, daß der Nationalsozialismus/Faschismus die Verwirklichung seiner Ideen oder seiner Philosophie gewesen sei.

Aber bei allen diesen Einschränkungen muß man dennoch festhalten, daß der

Nationalsozialismus am Beginn des 19. Jahrhunderts in Deutschland völlig unvorstellbar gewesen wäre. In der Zeit zwischen Kant, Hegel und Fichte auf der einen Seite und Nietzsche auf der anderen Seite muß also etwas Entscheidendes geschehen sein. Dabei hätte man sich damals angesichts der Unterjochung Deutschlands durch Napoleon durchaus vorstellen können, daß damals bereits in Deutschland Ideen aufgekommen wären, die sich dann erst 100 Jahre später im Nationalsozialismus durchgesetzt haben. Dem ersten Anschein nach gab es sogar solche Ideen. Denn natürlich enthält die Fichtesche Philosophie im Ganzen, vor allem des frühen und des mittleren Fichte in seinen berühmten „Reden an die Deutsche Nation“ Aussagen, die heute gerne als eine Art Vorwegnahme des Nationalsozialismus interpretiert werden. Offenbar kann man Fichte auch so interpretieren, denn immerhin hat sich der Nationalsozialismus ja ständig – mehr noch als auf Nietzsche – immer wieder auf Fichte und auf dessen „Reden an die Deutsche Nation“ berufen. Wenn man allerdings diese, aus den Reden Fichtes aus dem Zusammenhang genommenen Aussagen in die Gesamtkonzeption Fichtes einordnet, dann hat Fichte natürlich überhaupt nichts mit dem Nationalsozialismus zu tun. Von einer Nähe Fichtes zum Nationalsozialismus kann gar keine Rede sein. Was Fichte versucht hat, ist eine Art Philosophie – ja man muß sagen – des Deutschtums. Fichte wollte den Deutschen mitteilen, welche geschichtliche und politische Aufgabe, ja Mission, sie unter den Bedingungen der napoleonischen Eroberung haben. Bei Fichte tauchte in der Tat eine – weit über das normale geschichtliche Selbstverständnis hinausgehende – Idee einer angeblichen deutschen Bestimmung und Mission auf. Nur war die geistige Grundlage, auf der Fichte sein Konzept entwickelt hat, eindeutig das Christentum. Fichte wollte ein Bündnis zwischen Christentum und Nation stiften. Das war die tiefste Absicht Fichtes. Sein Ziel war es, das in der Reformation aufgegangene Verständnis christlicher Freiheit und die mit der Reformation verbundene sittliche Bestimmung zur Substanz der deutschen Nation zu machen. Das hatte mit Nationalsozialismus und Faschismus überhaupt nichts zu tun. Allerdings gibt es auch Momente bei Fichte, etwa wenn man an seine nationalökonomischen Konzeption des wirtschaftlich autarken Nationalstaates denkt, oder an Fichtes Bestimmung des Staates, der ein Zwingherr zur Sittlichkeit sein sollte, die Affinitäten zum Faschismus/Nationalsozialismus zeigen, die man auch nicht ganz übersehen kann. Ich will das hier vorausschicken, damit man nicht glaubt, der Faschismus könne allein von Nietzsche her erklärt und plausibel verstanden werden.

Meine These lautet: Nietzsche kann nicht unmittelbar die theoretische Verantwortung für den Faschismus zugesprochen werden. Aber seine Philosophie ist Zeichen und Ausdruck einer seit dem Ende des 19. Jahrhunderts weltgeschichtlich veränderten geistig-kulturellen Situation, die man mit Nietzsche besser verstehen kann, als mit jedem anderen, und ohne die auch die Politik im 20. Jahrhundert im allgemeinen und die des Faschismus und des Nationalsozialismus im besonderen nicht zu verstehen ist.

Denn was heißt Politik im 20. Jahrhundert? Politik im 20. Jahrhundert bedeutet auf der einen Seite den Eintritt in den praktischen Vollzug der Postulate der Aufklärung, d.h. die Herstellung der Autonomie des Menschen und die soziale und materielle Befreiung breiter Bevölkerungsgeschichten. Politik im 20. Jahrhundert impliziert die Ausrichtung der Politik an einer humanistische Moral. Auf der anderen Seite steht die Politik im 20. Jahrhundert aber für eine Praxis, in der mehr Menschen zu Tode gekommen und in Lagern der Unterdrückung anheim gefallen sind, als je zuvor. Ganze Kategorien von Menschen wurden zur angeblichen Lösung von gesellschaftlichen Problemen ausgerottet. Diese Tötungspraxis war beileibe kein Spezifikum des Nationalsozialismus. Auch Stalin hat sieben bis vierzehn Millionen Kulaken ausgerottet. Die Konzentrationslager sind ebenfalls keine Spezialität des Nationalsozialismus gewesen, sondern auch im Kommunismus war es üblich, die politisch mißliebigen Individuen in Lager einzusperren. Soweit ich es übersehen kann, wurden in keiner Epoche der Geschichte so viele Menschen in Lager eingesperrt, wie zum Zeitpunkt des Triumphes der Humanität und der Moderne! Diesen Widerspruch muß man verstehen, und man kann diesen Widerspruch mit keinem besser verstehen lernen, als mit Nietzsche.

Nietzsche hat den entscheidenden Satz über die Politik im 20. Jahrhundert formuliert. Dieser Satz lautet: „Erst von mir an giebt es auf Erden grosse Politik".[26] Das nächste Jahrhundert wird also das Zeitalter der großen Politik sein. Wir werden fragen müssen, was Nietzsche unter „großer Politik" verstanden hat. Nietzsche fährt fort: „Der Begriff der Politik ist dann gänzlich in einen Geisterkrieg aufgegangen, alle Machtgebilde der alten Gesellschaft sind in die Luft gesprengt – sie ruhen allesamt auf der Lüge. Es wird Kriege geben, wie es noch keine auf Erden gab."

Nietzsche hat erkannt, daß in der Politik des 20. Jahrhunderts letzten Endes der Kampf zwischen unterschiedlichen philosophischen Interpretationen der Welt und der Geschichte ausgetragen werden. Er hat begriffen, daß es in der künftigen Politik um den Kampf zwischen verschiedenen philosophischen Grundkonzeptionen gehen wird. Dieser Kampf wird Nietzsche zufolge nach der Logik des „Willens zur Macht" geführt. Die Substanz der Politik des 20. Jahrhundert sei der Wille zur Macht. Aber die Politik, die durch den Willen zur Macht bestimmt ist, kämpft nicht nur um politische Macht im herkömmlichen Sinn, sondern sie kämpft auch um die geistige Macht. Nicht diejenige Macht wird aus der Sicht Nietzsches siegen, die am meisten politische, militärische oder ökonomische Macht auf sich vereinigt, sondern jene Macht, die ihre „Werte" durchsetzen kann. Politik im 20. Jahrhundert wird nach Nietzsche durch einen Wertekampf bestimmt sein. Die philosophische Grundkonzeptionen und Ideologien werden zur Substanz der Politik werden, und alle diese Lehren werden nur noch durch den funktionalen Wert bestimmt sein, den sie im Blick auf den zugrunde liegenden Willen zur Macht erfüllen. Hat nicht Nietzsche die Politik im 20. Jahrhundert besser erfaßt, als Marx? Hat nicht der Vater der Frankfurter Schule, Max Horkheimer, recht, wenn er kurz vor seinem Tode erklärte, Nietzsche sei im Vergleich zu Marx der tiefere Denker gewe-

[26] Friedrich Nietzsche: Ecce homo. Wie man wird, was man ist; Kritische Studienausgabe, hrsg. von G. Colli und M. Montinari, Bd. 6, München 1988, S. 366

sen? Ich denke, daß Nietzsche der tiefere Denker war. Er hat das innerste Wesen der Politik im 20. Jahrhundert besser erfaßt als Marx. Auch wenn die Parteien und vor allem die bürgerlichen Parteien es noch immer nicht begriffen haben, so steht doch fest, daß Politik im 20. Jahrhundert das Ergebnis eines Interpretationskampfes ist. Es setzt sich immer diejenige Politik durch, die zuvor ihre Interpretationen und „Werte" in der Gesellschaft durchsetzen kann. Jeder Politik geht ein Interpretationskampf voraus. Die Frage etwa, was sozial ist, beschäftigt uns nicht erst heute, sondern sie hat auch den Nationalsozialismus beschäftigt. Im 20. Jahrhundert gilt als demokratisch legitim nur eine Politik, die sich auch als sozial gerecht ausweisen kann. Eine Partei, die nicht in der Lage ist, zu interpretieren, was sozial ist, kann den politischen Machtkampf nicht gewinnen. Der Marxismus hat sich nicht deshalb immer wieder durchgesetzt, weil er wissenschaftlich wahr ist, – auch wenn der Marxismus immer von sich behauptet, er werde siegen, weil er wahr sei – sondern weil er im Blick auf den Begriff des Sozialen seine Wertsetzungen durchgesetzt hat. Der Marxismus konnte sich nach 1968 vorübergehend durchsetzen, weil der weit überwiegende Teil der westlichen Intelligenz ihn unterstützt hat. Die politische Macht fiel im 20. Jahrhundert immer dem zu, der seine Wertsetzungen und Wertinterpretationen durchgesetzt hat. Entscheidend ist nicht die krude Machtpolitik und der bloße Wille zur Macht, sondern die dahinter stehende geistige Macht im Sinne Nietzsches.

C. Nietzsche und die Krise der bürgerlichen Kultur

1. Nietzsches Prophezeiung des Zeitalters der großen Politik

Wir haben uns also ungefähr klar gemacht, welches die wichtigsten Stationen der Nietzscherezeption seit dem Beginn des 20. Jahrhunderts gewesen sind. Demnach wurde Nietzsche zuerst als Theoretiker der bürgerlichen Dekadenz, als Dekadenzdiagnostiker erkannt. Die „Konservativen Revolution" der 20er Jahre hat sich Nietzsches Kritik an der bürgerlichen Kultur angeeignet und sie hat damit den Weg in den Faschismus geebnet. Der Faschismus, auch der Nationalsozialismus, verstand sich sodann als eine Bewegung der Überwindung der Dekadenz. Viele Menschen litten an der Dekadenz der liberalen Gesellschaft und wurden so zu Faschisten.

Wenn wir uns hier mit Nietzsche auseinandersetzen, so kehren wir im Ablauf der Nietzscherezeption in Kontext unserer Fragestellung nach dem Verhältnis von Nietzsche zum Faschismus/Nationalsozialismus im Grunde genommen wieder an die Anfänge der Geschichte der Rezeption zurück. Denn damals galt Nietzsche als der große Analytiker der Dekadenz.

Was wir heute postmoderne Kultur nennen, ist eigentlich das, was Nietzsche als Dekadenz beschrieben hat. Die Postmoderne versucht allerdings, den Begriff der Dekadenz aller negativen und pejorativen Konnotationen zu entkleiden. Was Nietzsche als Dekadenz beschrieben hat, wird ganz im Gegenteil als Triumph postmoderner Freiheit gefeiert. Während Nietzsche noch um eine Überwindung der Dekadenz bemüht war, feiert die Postmoderne die Dekadenz. Zumindest nimmt sie die Dekadenz gelassen zur Kenntnis, weil sie glaubt, damit von allen totalitären Verführungen und von allen möglichen Freund-Feind-Verhältnissen in der Politik befreit zu sein.

Was das Verhältnis Nietzsches zur Politik angeht, haben wir bereits die entscheidenden Sätze Nietzsches erwähnt. Der erste Satz lautet: ‚Alles ist Wille zur Macht.' Mit diesem Satz werden wir uns noch zu beschäftigen haben, denn dieser Satz Nietzsches, „Alles ist Wille zur Macht", ist ein paradoxer Satz. Traditionell gesprochen, ist dieser Satz nämlich zunächst ein metaphysischer Satz. Es ist ein Satz, in dem nicht nur jede Form empirischer Machtpolitik gerechtfertigt wird, sondern in dem – mit Kant gesprochen – der Wille zur Macht als „Ding an sich" verstanden wird. Dieser Satz ist ein metaphysischer Satz, aber er ist auch ein antimetaphysischer Satz, insofern einer prinzipienlosen Macht gehuldigt wird. Die These vom Willen zur Macht enthält damit den Grundsatz, um die Politik des 20. Jahrhunderts verstehen zu können. Wenn man die Politik und auch die Kultur, nicht nur zu Zeiten des Faschismus, sondern im 20. Jahrhundert insgesamt, verstehen will, dann kann man das nicht ohne diesen Satz: ‚Alles ist an sich Wille zur Macht.' Dieser

Logik des „Willens zur Macht" gehorchten nicht nur die Politiker und die Militärstrategen, sondern auch sämtliche geistigen Auseinandersetzungen. Auch die kulturpolitischen Auseinandersetzungen der zwanziger Jahre und dreißiger Jahre sind durch solche Machtkämpfe gekennzeichnet. Soweit es um die Durchsetzung von philosophischen Positionen geht, kam keiner mehr auf den Gedanken, die schlichte Kinderfrage zu stellen, ob die jeweilige philosophische Positionen eigentlich „wahr" ist. Wenn jemand im 20. Jahrhundert diese Frage gestellt hätte, wäre er belächelt werden. Man hätte gesagt: Wie kann einer noch so naiv sein und nach der Wahrheit fragen? Die geistigen und intellektuellen Positionen unterliegen nach Nietzsche nicht mehr der Wahrheitsfrage, sondern sie folgen der Logik des Kampfes um die Macht. Intellektuelle stehen untereinander in Machtkonkurrenz. Immer kämpft eine bestimmte politisch-kulturelle Hegemonialposition, unter Einsatz aller Machtinstrumente, gegen eine konkurrierende Position. Die ungeheure Naivität der liberalen Zeitgenossen der zwanziger Jahre bestand darin, daß sie nicht sahen, daß die politischen Kämpfe nach der Logik von Machtgewinn, Machtbehauptung und Machtausbau geführt wurden. Faschisten und Sozialisten haben gleichermaßen und mit allen zur Verfügung stehenden Machtmitteln die bürgerlichen „Werte" bekämpft.

Der zweite zentrale Satz Nietzsches über die Politik im 20. Jahrhundert lautet: ‚Das 20. Jahrhundert wird das Zeitalter der großen Politik sein.' Nietzsche hat vorausgesehen, daß das 20. Jahrhundert durch den Kampf um die Erdherrschaft geprägt sein wird.[27]

Nietzsche hat völlig richtig gesehen, daß die politische Herrschaft im 20. Jahrhundert eine ganz andere Gestalt annehmen wird, als die politische Herrschaft in der bisherigen europäischen Tradition. Denn was wird nach Nietzsche den Kern der Herrschaft ausmachen? Herrschaft hängt nun nicht mehr davon ab, wie viele Panzer, Flugzeuge und Industrieproduktion jemand einbringt, sondern ob es gelingt, einen Typus von Mensch hervorzubringen, der dem Herrschaftsziel entspricht. Die Ausübung von politischer Herrschaft wird also von der Fähigkeit abhängen, kulturrevolutionäre Veränderungen herbeizuführen. Nietzsche hat damit entdeckt, daß der Kern auch der Machtpolitik im 20. Jahrhundert die Kulturrevolution ist. Jede Herrschaftsform muß erst den entsprechenden Typus von Men-

[27] Man glaube bloß nicht, daß dieser Kampf beendet ist, nachdem wir die beiden ersten Aspiranten der Erdherrschaft, Stalin und Hitler, hinter uns gelassen haben. Dieser Kampf geht, wenn auch in anderen Formen mit anderen Mitteln und Methoden, weiter. Heute dreht sich alles um den Kampf um den Weltmarkt. Die Frage der Wettbewerbsfähigkeit auf dem Weltmarkt ist keine Frage, die nur die Ökonomen und die Manager angeht. Sondern das ist ein politisches Problem kat exochen. Man braucht ja nur noch nach Ostasien zu blicken, um zu erkennen, daß die dortigen Staaten die ganze Gesellschaft auf die Mobilisierung der nationalen Energien zum Zwecke der Verbesserung der Wettbewerbsfähigkeit auf den Weltmärkten ansetzen.

schen – Nietzsche gebraucht hier das schreckliche Wort – „züchten“. Sie muß den Menschen erziehen, der dieser Herrschaftsform entspricht. Genau das haben die Nationalsozialisten versucht.

Die Substanz des nach der Logik des Willens zur Macht geführten Kampfes um die Erdherrschaft ist also bei Nietzsche von kulturrevolutionärer Art. Und was wird die Substanz der Kulturrevolution sein? Nietzsche hat vor weit über 100 Jahren gesehen, daß diese Kulturrevolution durch den Kampf um die Regeln des Sprachgebrauchs gekennzeichnet sein wird. Die Semantik wird den Kern des Kampfes um die kulturrevolutionäre Prägung des Menschen darstellen. Die zukünftigen Herrscher werden nach Nietzsche diejenigen sein, die den Sprachgebrauch verbindlich regeln. Wer den Sprachgebrauch einer Gesellschaft verbindlich regeln kann, der herrscht. Der Versuch einer Festlegung von Sprachregelungen wirkt sich dann gegebenenfalls in dem Phänomen aus, das wir heute political correctness nennen. Was heißt denn political correctness? Political correctness ist nichts anderes, als der Versuch, eine gewisse Sprachregelung verbindlich durchzusetzen. Und wenn es Widerstand gegen diese Sprachregelung gibt, dann erleben wir das Phänomen der political correctness. Auch das haben wir erstmalig im Faschismus und Kommunismus erfahren. Wer sich der faschistischen bzw. kommunistischen Sprachregelung nicht beugte, landete sehr schnell im Umerziehungslager oder gar im Konzentrationslager. Im Rahmen der Durchsetzung der Sprachregelungen tauchten damals sämtliche mittelalterlichen Verfahren und Instrumente, bis hin zur Exekution, wieder auf.[28]

Der Satz von der großen Politik führt Nietzsche dann zu der These, daß sich alle Politik in einem „Geisterkrieg“ auflösen wird. Es wird einen geistigen Kampf, einen geistigen Krieg geben. Nietzsche war immer der Meinung, daß der Wille zur Macht und der Kampf um diese Macht ein geistiger Kampf sein wird. Nietzsche hat damit die entscheidende Essenz aller Politik im 20. Jahrhunderts vorausgesagt. Wenn wir uns das 20. Jahrhundert, vor allen Dingen die Zeit von 1914–1945, ansehen, dann haben wir es damals mit dem Krieg der Ideologien zu tun gehabt Aber

---

[28] Am Phänomen des political correctness kann man erkennen, daß es heute nach wie vor um die Durchsetzung von Sprachregelungen geht. Die Semantik ist auch heute in der Politik entscheidend. Wenn es in den letzten Jahrzehnten einen Philosophen gegeben hat, der die in dieser Erkenntnis Nietzsches liegenden Möglichkeiten entwickelt hat, dann ist das kein anderer als Jürgen Habermas mit seiner Kommunikationstheorie gewesen. Die evolutionäre Veränderung der Gesellschaft geschieht bei Habermas im Wege einer Sprachphilosophie, in der er selber die Spielregeln des linksliberalen Sprachgebrauchs festlegt. Die sogenannten Bürgerlichen haben dagegen nie begriffen, was vom Sprachgebrauch abhängt. Die ganze Schwäche des bürgerlichen Lagers besteht im 20. Jahrhundert darin, daß es für diese intellektuellen Prozesse der Politik kein Organ hatte. Es wäre falsch zu sagen, daß sie zu dumm sind. Aber sie haben einfach kein Organ dafür. Lange Zeit reichte es, die Sprache des Kleinbürgers zu sprechen und eine gewisse Wärme zu vermitteln. In Zukunft wird das aber nicht mehr reichen.

was ist ein ideologischer Krieg? Ein ideologischer Krieg ist ein geistiger Krieg.[29] Diesem ideologischen Weltanschauungskampf zwischen Linken und Rechten hatte der Liberalismus auf Grund der Krise der bürgerlichen Kultur kaum mehr als Agnostizismus und Relativismus entgegenzusetzen.

Nietzsche hat diesen Zustand der bürgerlichen Kultur in den „Unzeitgemäßen Betrachtungen" analysiert. Daher wollen wir kurz die Thesen der „Unzeitgemäßen Betrachtungen" und der „Geburt der Tragödie aus dem Geist der Musik" zusammenfassen. Die „Unzeitgemäßen Betrachtungen" enthalten die ganze Kritik, die Nietzsche an der bürgerlichen Kultur geübt hat. Dort ist der Zustand der Gesellschaft beschrieben, auf dessen Boden der Faschismus erwachsen ist. Und die „Geburt der Tragödie" ist, analog zur kommunistischen Programmschrift, „Das Kommunistische Manifest" von Karl Marx und Friedrich Engels, die Schlüsselschrift, um die Intentionen des Faschismus zu verstehen, soweit Nietzsche die Krise der bürgerlichen Kultur zu überwinden trachtete. Es ist gar kein Zweifel, daß die „Geburt der Tragödie" die eigentlichen Quellen des Faschismus enthält. Darum werden wir diese Schrift besprechen.

Der Faschismus hat an Nietzsches Intentionen angeknüpft, nicht selten, ohne je eine Zeile von Nietzsche gelesen zu haben. Vergleichbar gab es auch Millionen Marxisten, die Marxisten waren, ohne je eine Zeile von Karl Marx gelesen zu haben. Das macht die Sache so aufregend. Wer den Zustand der spätbürgerlichen Gesellschaft, den der Faschismus vor Augen hatte, zur Kenntnis nehmen will, und wer zudem die Intentionen des Faschismus begreifen will, der muß sich mit Nietzsches Analyse der dekadenten bürgerlichen Kultur und mit seinen Intentionen beschäftigen. Nietzsche sollte daher ein Gegenstand größter akademischer Aufmerksamkeit sein, um den Faschismus erfassen zu können. Nietzsche zu studieren

---

[29] Nach dem Ende des ideologischen Kampfes haben sich nur die Fronten verlagert. Zwar haben sich die Ideologien erschöpft, aber der geistige Kampf besteht fort. An die Stelle des an traditionellen Ideologien ausgerichteten geistigen Kampfes ist inzwischen der Kulturkampf getreten. Der Kampf der feministischen oder auch grün-alternativen Bewegung ist solch ein Kulturkampf. Der Feminismus führt seinen Kampf gegen die bürgerlich-patriachalische Männergesellschaft, und vielleicht gelingt es dem Feminismus noch, die bürgerliche Kultur aus den Angeln zu heben. Die Atmosphäre war zwischenzeitlich derartig vergiftet, daß es nicht möglich war, auch nur einen kritischen Gedanken zum Feminismus zu äußern. Es gab nur noch Fronten. Man war entweder für den Feminismus oder man war dagegen. Eine Diskussion war kaum mehr möglich, und die meisten haben sich bereits damit abgefunden. Dabei gab es Millionen Hausfrauen, die nach wie vor am Herd standen, die ihren Mann versorgten und ihre Kinder erzogen und die mit diesem ganzen Feminismus überhaupt nichts im Sinne hatten. Sie hatten ganz andere Sorgen und sie waren auch nicht bereit, für die Quotenregelung zu kämpfen, weil sie nicht einsahen, daß sie auf die Straße gehen sollten, damit einige Funktionärinnen in politische Machtpositionen kommen. Entscheidend ist, daß diesen Millionen Frauen keine Sprache und keine Macht mehr zur Verfügung stand. Kein Politiker konnte es noch wagen, ein ernsthaft kritisches Wort zum Feminismus zu sagen, weil er dann als erledigt galt. Die Paradoxie besteht nun darin, daß man sich, während auf der einen Seite das ganze Arsenal der mittelalterlicher Gesinnungs- und Gedankenkontrolle praktiziert wurde, täglich versicherte, daß man auf diesem Wege der Vollendung der Demokratie näherkomme.

ist also durchaus eine Sache der Geschichtswissenschaft, aber die Geschichtswissenschaft verweigerte sich bisher Nietzsche.

Welche Tendenzen sind es nun, die sich – über die genannten hinaus – von Nietzsche her im Faschismus/Nationalsozialismus durchgesetzt haben? Wieso ist Nietzsche durch die Geschichte des 20. Jahrhunderts, vor allen Dingen durch den Faschismus, verifiziert worden? Wir denken hier als erstes an Nietzsches Destruktion des Glaubens an den Fortschritt. Nietzsches ist derjenige, der radikaler als jeder ihm Nachfolgende den Glauben an den Fortschritt destruiert hat.

Faschismus und Nationalsozialismus setzen beide diesen Verlust des Glaubens an den Fortschritt voraus. Für Hitler gab es in der geschichtlichen Realität keinen Fortschritt, sondern nur den – darwinistisch ausgelegten – ständigen Kampf um das nackte Überleben. Es herrscht ein Kampf um die Selbsterhaltung. Die Stärkeren werden siegen, und wenn sie siegen, siegen sie zu „Recht". Damit ist bei Hitler der letzte Rest Fortschrittsglauben getilgt. In dieser Verneinung des traditionellen Fortschrittsbegriffes liegt die essentielle Gemeinsamkeit zwischen Hitler auf der einen Seite und Nietzsche und der „Konservativen Revolution" auf der anderen Seite. In der radikalen Negation des Fortschritts ist auch Martin Heidegger ein Jünger Nietzsches gewesen, wie immer er auch sonst Nietzsche verstanden hat. Wenn man die Negation des Fortschrittsglaubens vor dem Hintergrund der Geschichte der letzten 200 Jahre sieht, dann wird hier das Fortschrittsmodell durch das Verfallsmodell abgelöst. Die ganze abendländisch europäische Geschichte ist – mit Nietzsche gesprochen – von Sokrates bis zum Kulturprotestantismus des 19. Jahrhunderts eine einzige Geschichte des Verfalls und der ideologischen Überdeckung des Verfalls gewesen. Nietzsche hat Sokrates und das Christentum für diese Verfallsgeschichte verantwortlich gemacht. Das Christentum ist für Nietzsche nicht die Quelle der Heilung einer Krankheit, sondern die Quelle der Erkrankung selber gewesen. Wie wir wissen, wollte sich auch der Faschismus/Nationalsozialismus vom Christentum „befreien", und sie taten es in dem Gefühl, sich vom Christentum wie von einer Krankheit zu befreien.[30]

Worin liegt der innere Zusammenhang zwischen dem Faschismus und Nietzsches These, daß die ganze europäische christliche Kultur eine kranke Kultur gewesen ist? Nietzsche und der Faschismus teilen gemeinsam den Willen, die „Gesundheit" zum Gegenstand der Politik zu machen. Der Zusammenhang zwischen dem Nationalsozialismus und Nietzsche besteht nicht darin, daß Nietzsche nationalsozialistische Ideologeme vertreten hat, sondern darin, daß die Nationalsozialisten wie die Faschisten mit Nietzsche den Willen teilten, eine „große Gesundung" herbeizuführen. Der Nationalsozialismus und der Faschismus verstanden sich vor dem Hintergrund von Dekadenz und Verfall als Gesundungslehren. Und das Christentum ist für den Nationalsozialismus wie für Nietzsche das Symptom der Krankheit.

[30] Heute gilt das hierarchisch-patriachalische, autoritär-repressive kirchliche Christentum wiederum als Quelle der Krankheit der Gesellschaft. Wer gesund werden will, so heißt es, muß sich vom Christentum befreien. Wer eines lustvollen Sexuallebens vom frühkindlichen Stadium bis zum Greisenalter teilhaftig werden will, der sieht sich der ständigen Aufforderung ausgesetzt, sich endlich vom Christentum zu befreien. Auch hier gibt es heute ein Parallele zu Nietzsche.

Hitler hat sich höchst erfolgreich von dieser Krankheit „befreit". Daher hatte er auch keinen Bedenken, Millionen Juden umzubringen. Da Hitler darüber hinaus und im Unterschied zu Nietzsche die irrwitzige Wahnvorstellung hatte, daß die Inkarnation der Krankheit der Menschheit weniger der Christ als sein Vorgänger, der Jude, sei, war er sogar überzeugt, der Menschheit ein dienliches Werk zu ihrer Gesundung zu tun, als er sich anschickte, die „jüdische Rasse" auszurotten.

An dieser Stelle will ich einmal provozieren: Wenn in Zeiten des postchristlichen Nihilismus, ähnlich wie in der Weimarer Republik, die Wertwahl frei ist und jedem die freie Wahl der Werte zugebilligt wird, dann gibt es kein fundamentales Recht mehr, dem Nationalsozialismus abzusprechen, eine Wertentscheidung getroffen zu haben. Auch Hitler hatte dann die Freiheit, seine Werte zu wählen, zu setzen und denen gemäß zu handeln. Das ist der Grund, warum man nicht nur liberal sein kann. Wer sich einmal klargemacht hat, daß die philosophische Substanz der spätmodernen Gesellschaft die absolute und autonome Wahlfreiheit der Werte impliziert, der kann die Wahl bestimmter Werte, auch wenn sie mit verabscheungswürdigen Konsequenzen verbunden sind, eigentlich nicht mehr verhindern. Vielleicht kann man diese Wahl noch politisch verhindern, philosophisch kann man es nicht mehr. Aber genau da liegt das Grundproblem der spätmodernen, von Nietzsche auf den Begriff gebrachten Kultur. Einfach zu sagen, Hitler sei die Inkarnation eines Monstrums gewesen, reicht da nicht mehr aus. Natürlich war Hitler ein Monstrum. Aber wir müssen erkennen, daß er seine Untaten nicht in dem Bewußtsein getan hat, etwas Böses zu tun, sondern einen Beitrag zur „Gesundung" der Menschheit zu leisten. Und da sind wir sofort wieder beim Problem. Denn der Begriff des Bösen ist völlig aus dem Sprachschatz der Spätmoderne entfernt worden.[31]

An dieser Stelle wird man an einer Entscheidung für oder gegen Nietzsche nicht vorbeikommen. Wer das totale Verdammungsurteil über das Christentum und dessen negativen Einfluß in der Geschichte mit Nietzsche teilt, sollte sich darüber im klaren sein, welche Konsequenzen sich daraus ergeben. Nietzsche wollte im Kampf gegen das Christentum eine Entscheidung in Sachen des Atheismus herbeiführen. Alles Problematische in seiner Philosophie hängt mit diesem Umstand zusammen. Darum ist der Kern des Nietzscheproblems die Auseinandersetzung mit seiner Christentumskritik, die wir aber an anderer Stelle vornehmen müssen.

Nietzsches Christentumskritik ist aber wiederum nur ein Moment der sich selbst aufhebenden radikalisierten Aufklärung. Meine These ist, daß Nietzsche der

---

[31] Diesen Begriff des Bösen haben wir erst durch die Erfahrung mit dem Nationalsozialismus wieder entdeckt. Wir kennen nun wieder eine Kategorie von Bösen: die rechtsextremistischen Menschen in braunen Uniformen und mit Hakenkreuzen versehen. Dort wittern wir das Böse. So löblich dieser Lernvorgang ist, so fatale Wirkungen kann dies haben. Denn wenn eine Gesellschaft meint, sie hätte das Böse identifiziert, dann ist es womöglich nur ein kleiner Schritt, daß man sich von dieser Kategorie der inkarnierten Bosheit auch mit allen Mitteln befreien will. Es kann dann vorkommen, daß diejenigen, die besonders eifrig das absolut Böse bekämpfen, sich allein darum schon für die Guten halten. Diesen Leuten sei gesagt, daß auch die Juden von den Nationalsozialisten zu vernichtenswerten Menschen erklärt wurden, weil man gemeint hat, sie seien die Inkarnation des Bösen.

eigentliche Vollender der Aufklärung ist. Nietzsche ist aber auch – über Hegel hinaus – der erste große Entdecker der Dialektik der Aufklärung. Nietzsche beginnt die Aufklärung gegen die Grundlagen und Voraussetzungen zu denken, von denen die Aufklärung selber ausgegangen ist. Er klärt mit der Aufklärung über das auf, wozu sich die Aufklärung bisher selber unaufgeklärt verhalten hat. Denn wie lautet das zentrale Dogma der Aufklärung? Es ist die These von der Güte der menschlichen Natur! Der Mensch, so meint die Aufklärung, ist gut, und allenfalls die gesellschaftlichen, politischen, ökonomischen Verhältnisse sind nicht so. Die Aufklärung hat immer vorausgesetzt, daß der Mensch an sich gut ist und daß nur die Herrschaft und die gesellschaftliche Verhältnisse den Menschen daran hindern, so gut zu sein, wie er an sich ist. Darum müsse der Mensch sich von den Zwängen der Gesellschaft befreien, damit er in Übereinstimmung mit der Güte seiner Natur leben kann. Nietzsche hinterfragt nun diesen Satz von der Güte der menschlichen Natur. Er hat in einer Art und Weise von der Natur des Menschen und ihrer geschichtlichen Wirklichkeit gesprochen, die von der Art, wie früher Theologen von der Erbsünde und deren Folgen gesprochen haben, gar nicht so sehr unterschieden ist. Auch im Wort „Dekadenz“ ist das Wort cadere (fallen, abfallen) enthalten. Dekadenz heißt Fall, Abfall. Wir werden sehen, daß Nietzsche der Sache nach unter dem Begriff der Dekadenz das behandelt, was die christliche Theologie unter dem Begriff der Erbsünde behandelt hat. Wenn Nietzsche von Dekadenz redet, redet er der Sache nach von dem Gleichen, von dem die Theologen und Christen gesprochen haben, als sie von Sünde redeten. Nietzsche teilt nicht den Glauben der modernen Theologen, die nicht mehr von Sünde sprechen, weil sie den Menschen – wie die Aufklärung auch – für gut halten. Zu glauben, daß die Welt, wenn man die Menschen nur ließe, im Lichte menschlicher Wohltaten und brüderlicher Eintracht und Verbundenheit erblüht, hält Nietzsche für ein unbegründetes Dogma.

Welches sind, zusammengefaßt, die Punkte, durch die Nietzsche in einem Verhältnis zum Faschismus begriffen werden kann? Ich will mich auf vier Dimensionen beziehen:

1. Nietzsches Kritik der Fortschrittstheorie und seine Anknüpfung an eine Verfallstheorie.
2. Nietzsches These, wonach der Verfall und die Erkrankung der Menschheit durch das Christentum bewirkt wurde.
3. Nietzsches radikale Aufklärung über die Aufklärung im Sinne der Selbstaufhebung der Aufklärung. Nietzsche zieht die Konsequenzen der auf sich selbst angewandten Aufklärung. In diesem Zusammenhang steht
4. Nietzsches Kritik der Moral. Nietzsche sieht aus einer solchen Geschichte der radikalisierten Aufklärung das Problem der Begründung von Moral hervorgehen. Nietzsche weiß, daß die Aufklärung ihre Moral nicht mehr begründen kann. Nietzsche sieht, daß Moralbegründung unter den eingetretenen Bedingungen der Krise der bürgerlichen Kultur unmöglich geworden ist.

Der Faschismus hat gezeigt, daß keine gemeinsame verbindliche Moral mehr existiert, die man noch begründen könnte. Daraus resultiert das Problem, dem sich Nietzsche sein Leben lang gestellt hat: Es geht darum, einen Menschen heranzuzüchten, der versprechen kann. Dieses „Versprechen können" kann man auch anders übersetzen. Es geht darum, einen Menschen hervorzubringen, der überhaupt gesellschaftsfähig ist. Nietzsche hat gesehen, daß es jenseits aller hergebrachten ideologischen Auslegungen im 20. Jahrhundert um die Frage geht, ob der moderne Mensch in Zeiten der „atomistischen Revolution" überhaupt noch fähig ist, eine Gesellschaft zu konstituieren und zusammenzuhalten. Nietzsche hat vorweggenommen, daß sich in den westlichen Demokratien und in der Weimarer Republik eine „atomistische Revolution" anbahnt. Die Gesellschaft löst sich dabei in ihre atomaren Grundbestandteile, also in Individuen und Gruppen, auf. Diesen Zustand nennt Nietzsche den Zustand der Dekadenz. In dieser Situation geht es im Kern darum, das Bild vom Menschen wieder aufzurichten und der Gesellschaft wieder eine Form zu geben.

2. Nietzsches Kampf gegen den letzten Menschen

Wir wollen nun die Frage beantworten, warum Nietzsche im 20. Jahrhundert nicht nur der geheime Philosoph der gesamten literarischen und zum Teil auch politischen Kultur gewesen ist, sondern warum er auch immer als eine ungeheure Bedrohung, Gefahr und Herausforderung empfunden wurde, so daß Viele Nietzsche am liebsten in den Giftschrank einsperren wollen. Es hat noch heute den Geruch des Skandalösen, sich ernsthaft auf Nietzsche einzulassen. Nietzsche ist nach wie vor das, was er von sich selbst behauptet hat, als er sagte: „Ich bin kein Mensch, ich bin Dynamit." Weiter heißt es: „Ich kenne mein Los. Es wird sich einmal an meinen Namen die Erinnerung an etwas Ungeheures anknüpfen, – an eine Krisis, wie es keine auf Erden gab, an die tiefste Gewissens-Collision, an eine Entscheidung heraufbeschworen gegen Alles, was bis dahin geglaubt, gefordert, geheiligt worden war."[32]

Der innere Widerstand, den Nietzsche immer wieder provoziert, hängt natürlich mit den politischen Konsequenzen zusammen, die Nietzsche und vor allem seine Anhänger aus der Analyse des Verfalls der bürgerlichen Kultur gezogen haben. Wir haben bereits angedeutet, welche Züge der Nietzscheschen Philosophie für die Erklärung des Faschismus bedeutend sind.

Wichtig ist in diesem Zusammenhang – erstens – Nietzsches Destruktion des Fortschrittsmythos. Alle Formen der Fortschrittskritik im 20. Jahrhundert, auch die des Faschismus, verhalten sich gemessen an der Radikalität, mit der Nietzsche den Fortschritt als Illusion, als Ideologie und als einen Mythos destruiert hat, rein epigonal. Das ist die Komponente von Nietzsche, die auch in der postfaschistischen Zeit – wobei wir nicht wissen können, ob wir nicht schon wieder in einer präfaschi-

[32] Friedrich Nietzsche: Ecce homo. Wie man wird, was man ist; Kritische Studienausgabe, hrsg. von G. Colli und M. Montinari, Bd. 6, München 1988, S. 365

stischen Zeit leben – fortexistiert. Hier überschneiden sich möglicherweise post- und präfaschistisch in der Ökologiebewegung, vor allen Dingen bei Heidegger. Heidegger ist in seiner ganzen Wendung gegen den Fortschritt, auch in seiner ganzen Kritik an der Aufklärung, zweifellos ein Jünger Nietzsches. Heidegger ist allerdings kein Epigone Nietzsches, da er versucht hat, von Nietzsche aus philosophisch etwas zu machen, woran Nietzsche selber nicht gedacht hat.

Aus dieser radikalen Destruktion des Fortschrittsdenkens resultiert die Nietzsche und den Faschismus verbindende Überzeugung, daß die ganze europäische Geschichte von Sokrates an bis zum 20. Jahrhundert eine einzige Geschichte des fortschreitenden Verfalls ist. Es mag vielleicht eine Fortschrittsgeschichte gewesen sein. Aber das, was in diesem Fortschritt fortschreitet, ist der Verfall. Dieser Verfall beginnt Nietzsche zufolge mit der Stiftung der abendländischen Metaphysik bei Sokrates-Platon. Das Christentum als „Platonismus fürs Volk" (Nietzsche) spielt in dieser Verfallsgeschichte eine besondere Rolle, wobei zu beachten ist, daß Nietzsche seinen Kampf im Grunde genommen nur gegen das Paulinische Christentum richtet. Nietzsche bekämpft nicht Christus, sondern Paulus.[33]

Allerdings darf man nicht vergessen, daß Nietzsche in einer bestimmten Hinsicht auch von Paulus fasziniert war. Denn Paulus war derjenige, der eigentlich die Herrschaft der Werte begründet hat, die Nietzsche nun bekämpft. Nietzsche hat sich daher die Rolle eines zweiten Paulus zugedacht. Die ganze Philosophie Nietzsches war auf das Ziel gerichtet, die von Paulus gegründete Wertordnung zu zerstören und eine neue zu schaffen, um dann, so wie es Paulus damals gelungen ist, eine neue Kultur und eine ganz neue Form des Menschseins zu schaffen. Selbst der Kampf gegen Paulus ist also bei Nietzsche noch an der Vorbildfunktion von Paulus orientiert. Es war der jüdische Religionsphilosoph Jakob Taubes, der zuerst erkannt hat, daß Nietzsche mit umgekehrtem Vorzeichen das wiederholen will, was Paulus geschaffen hat: nämlich eine neue, diesmal antipaulinische Kultur. Taubes hat auch deutlich gesehen, daß Nietzsches Kampf gegen Paulus nicht ein

---

[33] Der Kampf gegen Paulus ist heute ein Allgemeingut selbst innerhalb der Kirchen geworden. Sowohl Katholiken wie Eugen Drewermann wie auch die modernen Theologen der evangelischen Kirche kämpfen mit dem Mut der Verzweifelten gegen Paulus. Paulus gilt ihnen als der eigentliche Verderber des Christentums, weil er das, was Christus wollte, bereits in das Gegenteil pervertiert hätte. Sie fordern daher die Christen auf, sich vom Paulinischen Christentum zu befreien. Nietzsche kommt als Stifter dieses gegen das Paulinische Christentum gerichteten Denkens daher noch heute eine eminente Bedeutung zu. Wenn die Kirchen sich heute in ihrer diffusen Orientierung an der Moderne selbst begreifen wollen, dann müssen sie sich daher mit der Kritik Nietzsches an Paulus auseinandersetzen. Der Kampf, den Nietzsche gegen Paulus geführt hat, entspricht nun nicht nur dem Kampf, den das modernistische Christentum gegen Paulus führt, sondern auch dem Kampf, den der Nationalsozialismus gegen das Christentum geführt hat. Die verborgene geistige Kontinuität zwischen dem Nationalsozialismus und der Bundesrepublik von heute liegt darin, daß der Kampf, den Nietzsche gegen das Paulinische Christentum begonnen und der sich im Nationalsozialismus ausgewirkt hat, sich ungeachtet der Erfahrung mit dem Nationalsozialismus nach dem Zweiten Weltkrieg weiter fortgesetzt hat. Es gibt also, wenn man nur tief genug gräbt, durchaus auch Kontinuitäten, die über den Zusammenbruch des Nationalsozialismus hinaus fortbestehen.

Kampf gegen einen kontrovers zu diskutierenden Theologen gewesen ist, sondern ein Kampf gegen die ganze europäisch-abendländische Kultur.

Zweitens ist für die Genese des Faschismus Nietzsches Nihilismusthese von großer Bedeutung. Der Faschismus hat diese Nihilismusthese voll verifiziert. Mit dem Nihilismus geht auch das Denken in Werten einher. Auch der Faschismus dachte in Werten. Aber der Wertbegriff – und das kann man bei Nietzsche lernen – ist selber die Kompensationform des Nihilismus. Das Wertedenken ist selber ein Symptom der Reaktion auf den Nihilismus, und es setzt den Nihilismus voraus. Nur eine nihilistische Kultur denkt in Werten. So löst sich alle metaphysische und religiöse Substanz in das Postulat von Werten auf. Das Fatale am Wertbegriff ist, daß jeder Wert bestreitbar ist. Wenn man eine Verfassung und damit auch eine Gesellschaft aus dem Wertbegriff begründet, entfesselt man den permanenten und nicht zu beendenden Kampf um die Werte. Dann wird nur noch um die Werte gekämpft: Um das Neusetzen von Werten, um das Abwerten von Werten, um das Umwerten von Werten. Der Faschismus ist hierfür geradezu ein Paradebeispiel.

Wenn wir die eben genannten durchgehenden Züge im Denken Nietzsches zusammennehmen und das Verhältnis Nietzsches zum Faschismus im 20. Jahrhundert verstehen wollen, dann ergeben sich daraus zwei Schlüsse:

1. Die Affinität des Faschismus zu Nietzsche liegt nicht in der Übereinstimmung hinsichtlich bestimmter inhaltlicher Lehren. Das muß man ganz klar sagen. Nietzsche ist kein Antisemit, kein Nationalist und kein Etatist gewesen und Nietzsche war auch kein Rassist. Nietzsche hat groß von den Franzosen und den Russen gedacht und er verstand sich als Europäer. Nietzsche war der Meinung, der zukünftige Kampf um die Herrschaft in Europa werde ein Kampf zwischen den Juden und den Russen sein. Den Juden, weil sie die zäheste und die intelligenteste Rasse sind, und den Russen, weil die Slawen von einer unverwüstlichen Kraft und Vitalität sind, so daß die dekadenten Europäer sich entschließen müssen, entweder von den einen oder von den anderen beherrscht zu werden.

Wenn man auf dieser Ebene die Affinität zwischen dem Faschismus und Nietzsche sucht, dann wird man zu dem Schluß kommen müssen, daß Nietzsche eigentlich so gut wie nichts mit dem Nationalsozialismus und dem Faschismus zu tun hat. Wenn man dagegen die eben genannten Punkte nimmt, dann wird deutlich, daß der Faschismus und Nationalsozialismus mit Nietzsche den Grundwillen teilen, die Dekadenz zu überwinden, die angeblich durch Sokrates und das Christentum verursacht wurde. Nietzsche verstand sich als eine Art Gesundheitslehrer. Wie kann man das dekadent gewordene Europa wieder heilen? Das war seine Frage. Diese Frage ist auch für das Verständnis des Faschismus von entscheidender Bedeutung und viel wichtiger als alles, was die Marxisten über den Faschismus gesagt haben.

Die marxistische Faschismustheorie versteht den ganzen Faschismus nur als die Ideologie einer in die Krise geratenen spätkapitalistischen Gesellschaft: Die Marxisten sind der Meinung, daß die herrschenden Kapitalisten eigentlich von der Geschichte zum Abtreten verurteilt gewesen sind. Sie hätten sich aber geweigert, die beherrschende Rolle an den Sozialismus abzutreten. Daher hätten sie sich den Faschismus erfunden, um sich – gegen die Logik der Geschichte – weiter an der

Herrschaft zu halten. Sie schaffen, so die These des Marxismus, zu diesem Zweck die Demokratie und den Parlamentarismus ab und installieren eine faschistische Diktatur, die nun ihre Interessen vertreten soll. Das ist in kurzen Zügen der Gehalt der marxistischen Faschismustheorie. Daran mag sogar etwas dran sein, aber sie trifft nicht den Kern. Im Kern stimmt der Faschismus vielmehr mit der Intention Nietzsches überein, im Wege einer politischen Therapie die Gesundung einer kranken, dekadenten Kultur zu erreichen. Das Motiv der Gesundung und der Überwindung einer kranken Kultur ist auch für die Theoretiker der „Konservativen Revolution" ein zentrales Motiv gewesen. Den Linken dagegen fällt es bis heute schwer, zu begreifen, daß man sich aus Verzweiflung über die Dekadenz zu faschistischen Überlegungen getrieben sehen kann.

Die politische Manifestation dessen, was Nietzsche als kulturelle Dekadenz analysiert hat und wogegen auch der Faschismus angetreten ist, ist natürlich der Liberalismus. Faschismus/Nationalsozialismus und Nietzsche stimmen im Kampf gegen den Liberalismus überein.[34]

Nietzsche war kein liberaler Demokrat. Nietzsche ist sogar überhaupt Antidemokrat gewesen. Nietzsche hat somit die politische Religion des 20. Jahrhunderts, den Glauben an die Demokratie, nicht antizipiert. Dabei war er sich durchaus bewußt, daß die Rolle, die im Mittelalter das Christentum gespielt hat, im 20. Jahrhundert der Glaube an die Demokratie spielt. Im 20. Jahrhundert mußte sich noch jede politische Kraft, auch der Nationalsozialismus, demokratisch ausweisen und legitimieren. Das hat auch gute Gründe. Freilich setzt dies voraus, daß man sich einig ist, was unter einer Demokratie zu verstehen ist. Im Gegensatz zu heute hat es eine solche Einigkeit in den 20er und beginnenden 30er Jahren freilich nicht gegeben.

Nietzsche hat im Blick auf die Demokratie gar nicht an eine bestimmte Art von Verfassung gedacht, sondern er hat die Demokratie so verstanden, wie Alexis de Tocqueville sie auch verstanden hat: Demokratie ist ein geschichtlicher Prozeß, eine geschichtliche Bewegung. Nietzsche war – darin formal mit Tocqueville übereinstimmend – von zwei Dingen überzeugt:

Erstens ist die Durchsetzung der Demokratie ein unaufhaltsamer Prozeß. Nietzsche unterscheidet sich von anderen Antidemokraten dadurch, daß er von dem providentiellen Sieg der Demokratie und von der Unaufhaltsamkeit des ständig voranschreitenden Demokratisierungsprozesses überzeugt war. Im Sinne der Fundamentaldemokratisierung ist dieser Prozeß unabschließbar. Es ist also kein Zustand in der Gesellschaft vorstellbar, der nicht weitere Schritte auf dem Wege der Funda-

[34] Wir sind heute mit Joachim Fest davon überzeugt, daß der Liberalismus *die* providentielle politische Philosophie der Moderne sei. Das ist aber eine kühne These, für die, wenn man die Geschichte des 20. Jahrhunderts kennt, eigentlich nur wenig spricht. Im Sinne des klassischen Liberalismus ist nämlich im 20. Jahrhundert keine der aus der Französischen Revolution hervorgegangenen westlichen Gesellschaften gewesen. Der Liberalismus hatte sich im 19. Jahrhundert kaum etabliert, da erlebte Europa im totalitären 20. Jahrhundert die radikale Verneinung des Liberalismus. Auch wenn heute der Liberalismus wieder eine Renaissance erfährt, so muß doch gefragt werden, ob dieser Liberalismus tatsächlich aus eigener Kraft lebt, oder nicht viel mehr aus dem Schrecken, der von der Erfahrung des Totalitarismus ausgeht.

mentaldemokratisierung ermöglichte. Es wird immer einen Zustand geben, an dem Menschen auftreten und sagen, wir brauchen eine weitere Demokratisierung.

Nietzsche hat nun – zweitens – den Kern dieses geschichtlichen Prozesses der Demokratisierung im Verfall der Institutionen gesehen. Mit dem Fortschreiten des Demokratisierungsprozesses sei der Verfall und das Verschwinden der Institutionen, einschließlich des zugehörigen Ethos, verbunden.[35] Nietzsche ist darum der Meinung gewesen, daß aus dieser Demokratisierungsbewegung zwangsläufig der Sozialismus hervorgehen wird. Nietzsche hat klar gesehen, daß die modernen Massendemokratien fast zwangsläufig eine sozialistische Politik begünstigen. Wenn die Massen am demokratischen Entscheidungsprozeß beteiligt sind, müssen eben ihre Interessen in ihrem massenhaften Charakter berücksichtigt werden. In der modernen Gesellschaft bedeutet das, daß die Demokratie de facto immer auf eine quasisozialistische Politik hinausläuft. Diese Demokratisierung wird aus der Sicht Nietzsches sogar, über den Sozialismus hinaus, zum Anarchismus führen. Die Demokratisierung führt über die Auflösung sämtlicher Institutionen zum Anarchismus.

Nietzsche hat im Anarchismus das politische Endstadium der modernen Welt gesehen und er hat dieses Stadium interpretiert als Herrschaft des „letzten Menschen". Das ist aus der heutigen Perspektive eine skandalöse These: Nietzsche hält die Demokratisierung für einen Prozeß, der zum Sozialismus führt, und der Sozialismus wiederum führt zum letzten Menschen. Und was ist der letzte Mensch? Über den letzten Menschen macht Nietzsche folgende Aussagen: Der letzte Mensch ist der Mensch, der nicht mehr transzendiert; ein Mensch also, der sich also nicht mehr selbst überschreitet. Oder mit Jean-Paul Sartre formuliert: Der letzte Mensch ist derjenige, der nicht mehr im Einholen eines Entwurfes lebt, den er von sich selbst hat. Wenn der Mensch sich aber nicht mehr transzendiert, findet er – als ein bloßes Naturwesen – sein Genüge in der Befriedigung bestimmter biologischer Bedürfnisse. Der letzte Mensch ist – zugespitzt formuliert – derjenige Mensch, der sein Genüge und seinen Sinn in der Bedürfnisbefriedigung findet und der nur um der Befriedigung seiner Bedürfnisse willen lebt. Am Schluß gibt es dann nur noch Brot und Spiele. Nietzsche sagt, dieser letzte Mensch könne nur noch blinzeln. Er hat ein „Lüstchen für den Tag", ein „Lüstchen für die Nacht", er behauptet, er hätte das „Glück erfunden" und „blinzelt"[36].

Das Herausforderung Nietzsches besteht darin, daß er die Herrschaft dieses letzten Menschen heraufkommen sieht. Man kann die ganze Philosophie Nietzsches als eine einzige Anstrengung ansehen, die Heraufkunft der Herrschaft dieses letzten Menschen zu verhindern. Darum geht es Nietzsche. Nietzsche kritisiert die Demokratie und den letzten Menschen jedoch eher aus der Perspektive eines neuen Aristokratismus, denn aus der Perspektive des Faschismus. Dieser neue Ari-

---

[35] Übrigens lebt die Institutionenlehre von Arnold Gehlen aus dieser Einsicht Nietzsches. Denn eine fundamental durchgeführte Demokratisierung ist, wie wir mittlerweile auf Grund einiger Erfahrung wissen können, mit der Funktionsfähigkeit einer Institution auf die Dauer unvereinbar.

[36] Friedrich Nietzsche: Also sprach Zarathustra, Kritische Studienausgabe, hrsg. von G. Colli und M. Montinari, Bd. 4, München 1988, S. 19, 20

stokratismus hat seinen Niederschlag gefunden in Nietzsches Rede vom „Herrenmenschen“. Nietzsche war in seiner Verachtung der Massen antidemokratisch gesinnt. Er plädierte für die Herrschaft einer Elite. An die Stelle der Herrschaft der Demokratie sollte eine neue Art aristokratischer Herrschaft treten.

Der letzte Mensch ist für Nietzsche ein Mensch, der glaubt, das Glück erfunden zu haben, der aber tatsächlich nur noch blinzeln kann und sich nicht mehr transzendiert. Nun kann man natürlich die Frage stellen: Was hat Nietzsche gegen den letzten Menschen gehabt? Hat nicht auch der letzte Mensch das Recht, so zu leben, wie er will? Hat der Mensch nicht auch das Recht, der letzte Mensch zu sein? Nietzsche bestreitet dem letzten Menschen dieses Recht aus einem ganz bestimmten Grund. Nietzsche ging davon aus, daß die Menschheit künftig die Verantwortung für sich selbst und für die Erde selbst übernehmen muß. Die Menschen müßten damit die Rolle übernehmen, die in der Tradition Gott selbst eingenommen hatte oder die ihm zumindest zugesprochen worden war. Nietzsches war gegen den letzten Menschen, weil seiner Auffassung nach der letzte Mensch dieser Verantwortung nicht gewachsen ist. Im Gegenteil, der letzte Mensch ist nicht einmal bereit, diese Verantwortung zu übernehmen.

Wenn man heute die immer lauter werdenden Appelle vernimmt, in denen die Menschen beschworen werden, für ihr Leben, für die Demokratie, für die Dritte Welt und sogar für die Rettung des Planeten die Verantwortung zu übernehmen, und wenn man gleichzeitig sieht, daß diese Appelle an den meisten Menschen folgenlos abprallen, dann wird man vielleicht ein gewisses Verständnis für Nietzsches Sorge wegen des letzten Menschen haben. Der letzte Mensch könnte nämlich nicht nur das Ende der Idee des Menschen, sondern ganz konkret das Ende der Menschheit bedeuten.

Das Grundproblem Nietzsches, an dem er selber auch gescheitert ist, besteht damit bis heute fort: Wie kann man die Menschen in eine Verfassung bringen, damit er dieser universalen Verantwortung gerecht wird? Die Moderne tut sich schwer mit dieser Aufgabe, weil die Voraussetzung für die Übernahme einer solchen Verantwortung darin besteht, daß die Menschen sich selbst beherrschen können. Die Selbstbeherrschung ist Voraussetzung dafür, daß die Menschen Verantwortung für die Welt und für andere übernehmen können. Selbstbeherrschung erfordert es, daß die Menschen ihre eigene Natur unter Kontrolle bringen können. Sie dürfen nicht das Opfer der gerade zufällig sie bedrängenden Triebe und Bedürfnisse sein. Ein Mensch, der sich nicht selbst beherrschen kann, ist aber seinen Trieben ausgeliefert. Selbstbeherrschung heißt also Triebbeherrschung. Diese Praxis der Selbstbeherrschung ist 2000 Jahre lang Ethik genannt worden. Wie will man aber in einer Gesellschaft, die auf das Versprechen von Triebbefriedigung angelegt ist, eine Ethik begründen, damit die Menschen ihre Triebe und Bedürfnisse unter Kontrolle bringen und Verantwortung übernehmen können? Dieses Problem steht hinter der Absicht Nietzsches, einen Menschen hervorzubringen, der „versprechen kann.“

Die moderne Gesellschaft ist eine rational und utilitaristisch konstruierte Vertragsgesellschaft. Im Grunde beruhen alle zwischenmenschlichen Verbindungen auf Verträgen. Die Liberalen meinen, diese – nach rationaler Kalkulation im Eigeninteresse geschlossenen – Verträge seien eine hinreichende Basis für die Erhaltung der Gesellschaft. Sie übersehen dabei, daß die Fähigkeit, sich an einen Vertrag zu halten, auch an bestimmte ethische Fähigkeiten gebunden ist. Man muß die Verantwortung dafür übernehmen wollen und können, daß man für die Dauer des Vertrages und für die zu erbringenden Leistungen mit sich identisch bleibt. Es muß jemand die ethische Verantwortung für seine eigene Identität versprechen können, sonst kann er keinen Vertrag schließen.[37]

Nun ist die moderne Gesellschaft von dem von Nietzsche befürchteten Zustand noch weit entfernt, aber an den Rändern und, was Ehe und Familie angeht, auch in der Mitte der Gesellschaft kann man durchaus beobachten, was Nietzsche mit dem politischen Prozeß der Moderne heraufkommen sah. Und gegen alle diese Prozesse hat sich im 20. Jahrhundert am radikalsten der Faschismus/Nationalsozialismus gestemmt. Das ist der Zusammenhang.

Im folgenden wollen wir nun anhand der zusammenfassenden Erörterung der „Unzeitgemäßen Betrachtungen" Nietzsches Kritik an der bürgerlichen Kultur aufzeigen.[38] Denn die Selbstzerstörung der bürgerlichen Kultur war die entscheidende Voraussetzung für den Sieg des Faschismus/Nationalsozialismus. Die Selbstzerstörung der bürgerlichen Kultur ist die entscheidende Bedingung für den Sieg Hitlers gewesen. Diese Kritik an der bürgerlichen Kultur findet ihre Grundlegung und eigentlich auch ihr unerreichbares Vorbild in diesen vier „Unzeitgemäßen Betrachtungen".

---

[37] Daß die moderne liberale Gesellschaft kaum noch Verträge einhalten kann, sieht man daran, daß etwa die geschlossenen Eheverträge in immer kürzeren Zeiten aufgelöst werden. Nun könnte man natürlich sagen, die Menschen haben eben heute immer wieder andere Vorstellungen von Glück und daher kündigen sie eben den Ehevertrag, wenn ihre Erwartungen nicht mehr erfüllt werden. Das Fatale ist nur, daß die biologische und – wie wir wissen – auch soziale Reproduktion der Gesellschaft immer noch an die Ehe gebunden ist. Überspitzt gesagt: Der Staat braucht zwar nicht daran interessiert zu sein, wie die Menschen ihre ehelichen oder eheähnlichen Beziehungen regeln. Das ist in einem säkularen Staat durchaus die Sache der beiden Partner, die das selber regeln können. Aber wenn die biologische Reproduktion und die kulturelle Sozialisation und damit die Selbstreproduktion der Gesellschaft nicht mehr funktioniert, dann betrifft das nicht nur die Eheleute, sondern dann steht die Existenz der ganzen Gesellschaft auf dem Spiel. An dem Einhalten von Eheverträgen hängt daher ein Stück der Gesellschaftsfähigkeit des Menschen. Das hat Nietzsche gesehen. Er hat erkannt, daß der letzte Mensch keine Verträge mehr einhalten kann und will, und daß damit potentiell die Gesellschaftsfähigkeit des Menschen zur Disposition steht. Damit der einzelne Mensch das Individuum einer Gesellschaft sein kann, müssen seiner Auffassung nach daher bestimmte Bedingungen ethischer Art erfüllt werden, sonst kann am Ende weder das Individuum noch die Gesellschaft bestehen.

[38] Wir beschränken uns hier auf die Interpretation der „Unzeitgemässen Betrachtungen", insoweit sie für die Genese des Faschismus/Nationalsozialismus von Interesse ist. Eine umfassende Interpretation dieses Werkes findet sich in meinem Buch „Nietzsche als Diagnostiker der Gegenwart", München 2000

3. Das Ende des Christentums und der bürgerliche Widerspruch zwischen theoretischem Darwinismus und praktischem Humanismus

Wenn wir die Frage nach dem Verhältnis Nietzsches zur Politik im 20. Jahrhundert und – konkret – zum Faschismus und Nationalsozialismus stellen, dann müssen wir uns zunächst der Frage zuwenden, ob und, wenn ja, welche Rolle die Kultur- und Zivilisationskritik von Nietzsche als Nährboden für den Faschismus gespielt hat. Hier ist zunächst festzuhalten, daß die Kulturkritik, die Nietzsche in seinem Werk ausgeführt hat, das allgemeine Bewußtsein des 20. Jahrhunderts ganz wesentlich geprägt hat. Die Affirmation der Kulturkritik Nietzsches findet sich sowohl bei den Theoretikern der Konservativen Revolution der 20er Jahre wie, in anderer Hinsicht, bei den Vertretern der Frankfurter Schule in den 60er Jahren.

Auch die Philosophen und Theoretiker der Konservativen Revolution haben sich, wenn auch in umgekehrter Absicht, aus dem Arsenal der Nietzscheschen Kulturkritik bedient. Sie alle waren sich einig in der Übernahme der Verfallstheorie von Nietzsche. Im Unterschied zum Neomarxismus der Frankfurter Schule waren sie aber der Meinung, daß nicht die „falsche Herrschaft" den Untergang der deutschen Kultur in der Weimarer Republik bewirkt hat, sondern der Verfall der Herrschaft selber. Das ist die These, in der sich die Theoretiker der Konservativen Revolution von der Frankfurter Schule unterschieden. Drittens findet sich bei den Vertretern der Konservativen Revolution im Anschluß an Nietzsche nicht nur, wie in der Frankfurter Schule, die Analyse der Destruktion der Vernunft, sondern auch die explizite Absage an die Vernunft. Diese Absage an die Vernunft bedeutete den Bruch sowohl mit dem gesamten Deutschen Idealismus wie mit der Lehre von Karl Marx, die eben noch in einem engen Zusammenhang mit dem Deutschen Idealismus, vor allen Dingen mit Hegel, stand.[39]

Wenn wir den Faschismus als den Oberbegriff nehmen und den Nationalsozialismus als die deutsche Variante des Faschismus bezeichnen, dann muß man wissen, daß die Kritik an der bürgerlichen Kultur eine der wesentlichsten Quellen des Faschismus gewesen ist. Ohne die vorausgegangene radikale Kritik an der bürgerlichen Kultur wäre der Faschismus, was man an Mussolini sehr gut nachweisen könnte, überhaupt nicht denkbar gewesen. Denn eines der zentralen Motive für den Fa-

[39] Karl Marx ist bis heute philosophisch nur in den Elementen relevant, die er von Hegel in sein Denken aufgenommen hat. Die eigentliche Tragödie der bürgerlichen Kultur besteht darin, daß nicht Hegel, sondern Nietzsche und Marx im 20. Jahrhundert ihre großen Lehrer geworden sind. Die Tragödie der bürgerlichen Kultur besteht vor allem auch darin, daß Hegel nur durch Marx im 19. und vor allem im 20. Jahrhundert präsent geblieben ist. Und das Trauerspiel, das wir gegenwärtig in der Postmoderne erleben, besteht in der allgemeinen Überzeugung, daß mit dem Marxismus eben auch Hegel untergegangen ist, da er der geistig Verantwortliche für den ganzen Marxismus gewesen sei. Damit begräbt die bürgerliche Kultur zum wiederholten Male ihren größten Philosophen.

schismus lag im Willen zur politischen Überwindung der bürgerlichen Dekadenz. Dieses Ziel, die bürgerliche Dekadenz zu überwinden, führte den Faschismus in den radikalen Antiliberalismus. Wenn es ein Element gibt, in dem Faschismus und Nationalsozialismus übereinstimmen, dann ist es die Radikalität, mit der der Liberalismus als ein Verfallsphänomen und eben auch als politische Erscheinungsform der kulturellen Dekadenz der bürgerlichen Gesellschaft bekämpft wurde. Die Konservativen Revolution befürchtete beispielsweise den Untergang der Völker. Erinnern wir uns nur an die Kernthese von Arthur Moeller van den Bruck in seinem Buch „Das Dritte Reich": Der Liberalismus bedeutet den Tod der Völker.[40]

Alle Varianten der Konservativen Revolution und des Faschismus haben hinsichtlich der Kritik an der bürgerlichen Kultur Nietzsche zu ihrem geistigen Vater. Diese Kritik durchzieht das ganze Werk Nietzsches, aber die vielleicht seriöseste Form dieser Kulturkritik hat Nietzsche in den „Unzeitgemäßen Betrachtungen" und der „Geburt der Tragödie aus dem Geiste der Musik" vorgelegt. Darum wollen wir uns jetzt den „Unzeitmäßigen Betrachtungen" und der „Geburt der Tragödie" zuwenden.

Der Kulturbegriff, der Nietzsche als Maßstab der Kritik an der bürgerlichen Kultur zugrunde liegt, ist an der Erfahrung mit der griechischen Kultur gewonnen worden. Hier wird deutlich, wie sehr Nietzsche noch in einer inneren Übereinstimmung mit der Deutschen Klassik gestanden hat. Daß sich die Deutschen aus dem Unbehagen an der eigenen Kultur zurückwenden und zu den Griechen zurückgehen, ist ja ein Vorgang, der bereits mit Johann Joachim Winckelmann eingesetzt hat. Das ist ein einzigartiges Phänomen in der Kulturgeschichte der Völker und der gesamten Weltgeschichte. Von Winckelmann und Hölderlin bis zu Nietzsche und Heidegger waren die Deutschen immer um eine Symbiose, um die wechselseitige Durchdringung des deutschen und des griechischen Geistes bemüht. Die größten Deutschen hatten den Traum – und Hölderlin ist fast daran zugrunde gegangen –, in der deutschen Seele ein neues Griechenland zu schaffen. Die Geschichts- und Kulturphilosophie Hölderlins kreist um nichts anderes, als um eine neue Bestimmung des Verhältnisses der Deutschen zu den Griechen. Hölderlin spricht den Griechen die rationale und reelle Darstellung zu, und den Deutschen spricht er das Pathos zu. Und darum müsse man sich, um das Eigene zu erkennen, in der Begegnung mit den Griechen das Andere aneignen. Die Deutschen müßten sich, so Hölderlin, die reelle klare Darstellung aneignen. Die Deutschen sind der

---

[40] Das ist übrigens der Grund, warum sich Rußland heute so schwer mit dem Westen tut. Die Russen werden durch diese Art von Liberalismus in Angst und Schrecken versetzt, weil sie den Untergang der russischen Kultur und der kulturellen Tradition befürchten. Hier, und nicht nur im wuchernden Kapitalismus, liegt bis heute die Wurzel des russischen Kampfes gegen den Liberalismus. Rußland befürchtet bis heute den Import der westlichen Dekadenz, und darum lehnt es sich gegen den Westen und den westlichen Liberalismus auf. Ich verweise darauf, weil sich heute in Rußland die Konstellation wiederholt, die wir in den 20er Jahren in Deutschland erlebt haben. Genauso wie die Deutschen die Niederlage des Ersten Weltkrieges nicht akzeptiert haben, akzeptieren die Russen heute nicht, daß der Kommunismus untergegangen und das Prestige Rußlands beschädigt ist.

Klarheit und der Nüchternheit des Geistes bedürftig, und dies könnten sie nach der Meinung Hölderlins nur bei den Griechen lernen.[41]

Die Bewegung zurück zu den Anfängen, zu den Griechen, ist die Grundbewegung im ganzen Werk Nietzsches. Heraus aus der bürgerlichen Epoche und zurück zu dem großen Ursprung der Griechen, um von den Griechen aus die eigene Zeit zu überwinden und eine neue Zukunft zu gewinnen – das ist das durchgängige Motiv Nietzsches gewesen. Zurück zum Anfang, um mit der Kraft des Ursprungs gegen die eigene Zeit mit dem Ziel ihrer Überwindung zu wirken. Das ist es, was nachher auch für den Faschismus zum politischen Motor wurde, um die Überwindung des herrschenden Verfalls auf den Weg zu bringen. Ohne diesen Grundduktus wäre der Faschismus im 20. Jahrhundert überhaupt nicht vorstellbar gewesen, denn das war genau das, was Mussolini getan hat.

Was hat denn Mussolini dem liberalen, dekadenten Italien entgegengestellt? Die Erinnerung an die römische „virtu“ und an die imperiale Größe Roms! Mussolini ist als ein wiedergeborener römischer Imperator aufgetreten. Man muß sich das vorstellen. Das ist im 20. Jahrhundert passiert. Benito Mussolini ist – auf einem weißen Pferd sitzend – mit gezogenem Schwert unter dem Jubel der Massen, wie im alten Rom, in die Stadt eingezogen. Und sein Ziel war die Überwindung der eigenen Gegenwart und die Wiederherstellung der Größe des alten Roms.

Der Faschismus Italiens ist damit tatsächlich eine Gestalt des Nationalismus gewesen. Das kann man vom Nationalsozialismus so nicht sagen. Der Nationalsozialismus war vielmehr eine Gestalt des Internationalismus. Der Faschismus Mussolinis hätte sich, anders als der Nationalsozialismus, durchaus mit anderen Nationalstaaten in ein vernünftiges Verhältnis setzen können. Es ging Mussolini nur um die Größe Italiens. Er wollte nicht Europa oder gar die Welt erobern, sondern er wollte Italien vor dem Verfall retten. Wir wissen heute, daß Mussolini unter den faschistischen Diktatoren des 20. Jahrhunderts noch der Gebildetste war. Mussolini war im Unterschied zu Hitler sogar ein Intellektueller. Mussolini hat als marxistisch-leninistischer Sozialist begonnen und wurde erst später unter dem Einfluß von Georges Sorel Nationalist und Faschist. Er kannte eben beide ideologischen Welten. Der große konservative Denker Georges Sorel hat auch immer geschwankt, für wen er optieren soll: für Lenin oder für Mussolini, für den Sozialismus oder für den Faschismus. Für Sorel waren Mussolini und Lenin austauschbare Größen. Diese Unsicherheit kann es erst geben, wenn die Wahrheitsfrage überhaupt nicht

[41] Die dialektische Figur Hölderlins, wonach das Eigene nur über das Fremde als Eigenes entdeckt und angeeignet werden kann, ist ein Thema von eminenter Aktualität. Darum ist es ebenso falsch, die deutsche Identität abstrakt gegenüber einer mutmaßlichen Überfremdung verteidigen zu wollen, wie umgekehrt sie zugunsten der Fremden aufgeben zu wollen. Das sind doch die beiden Positionen: Die Selbstbehauptung des Eigenen in der Abgrenzung gegenüber dem Fremden, und das Aufgeben des Eigenen im Fremden. Beides sind falsche Wege. Vielmehr ist die Hölderlinsche, mit dem Deutschen Idealismus übereinstimmende, These richtig, wonach das Eigene in der Erfahrung und der Begegnung gerade mit dem Anderen als Eigenes überhaupt entdeckt und angeeignet werden kann. Das zeigt, wie sehr Hölderlin vom Nationalismus entfernt war, obwohl er dieses Gedicht gedichtet hat, „Dir, liebes Vaterland, ist keiner umsonst gefallen“.

mehr gestellt wird und wenn es nur noch darum geht, welcher Mythos möglicherweise der wirksamere ist: der Mythos des imperialen Sozialismus und der internationalen Solidarität oder der nationale Mythos.[42]

Die „Unzeitgemäßen Betrachtungen“ enthalten Nietzsches Auseinandersetzung mit dem Religions-, Geschichts-, Bildungs- und Kunstverständnis, also mit den bestimmenden Mächten der bürgerlichen Kultur. Darum kann man die „Unzeitgemäßen Betrachtungen“ unter dem Begriff der Kulturkritik subsumieren.[43] Nietzsche hat das entscheidende Problem der Moderne im Unterschied zu Karl Marx nicht im Sozialen, nicht im Antagonismus von Produktivkräften und Produktionsverhältnissen, gesehen, sondern im Kulturellen. Vereinfacht ausgedrückt: Nicht die Ökonomie, sondern die Kultur ist für Nietzsche das entscheidende Existenzproblem der Moderne.

Nun hat man bis vor einigen Jahren noch glauben können, daß Marx doch Recht behalten hat, wenn er immer gesagt hat, die soziale Frage und die sozioökonomischen Bedingungen seien das Entscheidende. Das wird man heute so nicht mehr sagen können. Denn allmählich setzt sich die Einsicht durch, daß sogar die Lösbarkeit von ökonomischen Problemen letztlich von der Kultur abhängt. Auch in diesem Punkt hat Nietzsche offenbar tiefer gesehen als Marx. Vielleicht hat Max Horkheimer auch aus diesem Grunde zugegeben, daß Nietzsche im Vergleich zu Marx der tiefere Denker gewesen sei. Wenn man vom Antisozialismus und Antidemokratismus Nietzsche weiß, wie das bei Horkheimer der Fall war, dann ist das doch eine erstaunliche Aussage eines Neomarxisten. Aber sie ist richtig. Wir wollen hier versuchen, deutlich zu machen, wieso Nietzsche im Vergleich zu Marx der größere und tiefere Denker gewesen ist.

Was versteht Nietzsche nun unter Kultur? An welchem normativen Begriff von

---

[42] Ich fürchte, dieser Kampf der Mythen ist bis heute nicht entschieden. Die Zeichen der Zeit sprechen aber dafür, daß sich wieder einmal der nationale Mythos gegen den sozialen durchsetzen wird. Es wird daher entscheidend sein, daß man die Energien, die der nationale Mythos offensichtlich immer wieder zu entfesseln vermag, nicht einfach unterdrückt, sondern unter Kontrolle und in ein Maß bringt, damit es nicht zu neuen Katastrophen kommt. Aber das setzt voraus, daß man die Kräfte versteht, aus denen der nationale Mythos lebt. Es hat keinen Sinn, das Nationale abstrakt mit einem Internationalismus zu bekämpfen, sondern man muß das Wahrheitsmoment des Nationalen erkennen. Man muß erkennen, was dem nationalen Mythos diese Kraft verleiht. Diese Kraft gibt es. Es ist doch nicht zu leugnen, daß in der ganzen Welt die Völker sich im Zeichen der nationalen Mythen wieder zu finden beginnen.

[43] Die Philosophie Nietzsches versteht sich im weiteren Sinne als Kulturphilosophie. Der Begriff „Cultur“, so wie wir auch heute immer wieder von Kultur reden, taucht erstmalig bei Nietzsche auf. Wenn man sich dagegen die Philosophie des Deutschen Idealismus ansieht, dann kommt dort der Begriff der Kultur entweder gar nicht vor oder spielt nur eine marginale Rolle. Das bedeutet aber nicht, daß der Deutsche Idealismus von Kant, Fichte, Schelling und Hegel der Kultur keine Aufmerksamkeit gewidmet haben. Der Unterschied besteht nur darin, daß das, was Nietzsche unter dem Begriff „Cultur“ behandelt, im Deutschen Idealismus unter dem Begriff des „objektiven Geistes“ behandelt wurde. Es wäre eine eigene Untersuchung wert, zu fragen, was es bedeutet, wenn Nietzsche nun nicht mehr vom objektiven Geist, sondern von „Cultur“ redet. Wir würden dann erkennen, daß dies nicht nur eine Veränderung des Namens, sondern auch eine Veränderung in der Sache bedeutet. Die Rede von der Cultur setzt nämlich immer schon den Nihilismus und das Ende von Kultur voraus.

Kultur mißt Nietzsche die Kulturverhältnisse der eigenen Zeit? Worin liegt das Prinzip seiner Kulturkritik? Das eigentlich Tragische an Nietzsche ist, daß sich diese Frage immer wieder bei Nietzsche stellt, daß er aber mit diesem philosophischen Problem nicht fertig geworden ist. Überspitzt formuliert: Nietzsche ist an der Frage der Normativität der Maßstäbe seiner Kritik philosophisch gescheitert. Sonst hätte Nietzsche Platoniker werden müssen, denn der Philosoph, der genau diese Frage zum Zentrum seiner ganzen politischen Philosophie gemacht hat, ist kein Anderer als Platon gewesen. Nietzsche dagegen ist an der Frage der Normativität der Maßstäbe, mit denen er kritisierte, gescheitert. Er ist, indem er diese Frage nicht wirklich lösen konnte, im Grunde genommen ein grandioser Sophist gewesen. Nietzsche ist, wenn auch auf der Basis einer sophistischen Ontologie, der wildeste Platoniker der abendländischen Philosophie gewesen. Nietzsche ist im der zügelloseste Platoniker, der nach Platon philosophiert hat. Auf eine akademische Formel gebracht: Nietzsche hat versucht, die Platonische Philosophie auf dem Boden der Sophistik zu wiederholen. Von Platon ausgesehen, ist Nietzsche ein reiner Sophist, aber das, was Nietzsche denkt, entspricht dem Ziele nach dem, was Platon gedacht hat. Wir wollen dieser Aporie Nietzsches aber hier nicht weiter nachgehen, denn es interessiert uns an dieser Stelle nur seine Wirkung auf den Faschismus.

Was ist der Gegenstand der ersten „Unzeitgemäßen Betrachtung“? Es ist David Friedrich Strauss und dessen für die bürgerliche Gesellschaft typisches Religionsverständnis. Nietzsche hat genau erkannt, daß David Friedrich Strauss eine Schicksalsfigur nicht nur der evangelischen Theologie, sondern der bürgerlichen Kultur im ganzen ist. David Friedrich Strauss hat die gewaltige theologische Arbeit eines halben Jahrhunderts zunichte gemacht, als er in dem Buch über das „Leben Jesu“ erklärte, das ganze Christentum beruhe auf einem „Mythos“, und die Auferstehung sei ein „welthistorischer Humbug“. David Friedrich Strauss hat es dabei nicht bewenden lassen, sondern er hat noch ein Buch über den alten und den neuen Glauben geschrieben. Mit diesem Buch „Der alte und der neue Glaube. Ein Bekenntnis.“ trat David Friedrich Strauss als eine Art moderner Religionsstifter auf. Der alte Glaube war – und das ist für Nietzsche und unsere Analyse der Genesis des Faschismus wichtig – fortan der christliche Glaube. Der christliche Glaube sei nun der alte Glaube, und als der alte Glaube sei er nun erledigt und überholt. Nun brauche man einen neuen Glauben. David Friedrich Strauss, Nietzsche und Hitler haben jeweils einen neuen Glauben präsentiert.[44]

[44] Auch daran hat sich seit über 100 Jahren überhaupt nichts geändert. Die Aktualität Nietzsches und die Frage, wie eigentlich diese bleibende Aktualität Nietzsches im 20. Jahrhundert zu begreifen ist, hängt damit zusammen, daß sich die geistig-kulturelle Konstellation, auf die Nietzsche reagiert hat, im wesentlichen überhaupt nicht geändert hat. Es gab zwar viele ökonomischen, sozialen, politischen, technischen und wissenschaftlichen Revolutionen, aber an der geistig-kulturellen Grundkonstellation, wie sie sich damals in der Mitte des 19. Jahrhunderts unter anderem mit David Friedrich Strauss abzeichnete, hat sich gar nichts geändert. Die Genialität Nietzsches besteht darin, daß er die in dieser neuen Konstellation liegenden Konsequenzen zu Ende gedacht hat. Mit dem zu Ende denken dessen, was in dieser Konstellation begründet ist, hat er den Faschismus ebenso vorweg genommen wie die Postmoderne. Die erste Theorie der Postmoderne findet man in dieser Abhandlung Nietzsches über David Friedrich Strauss.

Nietzsche nimmt David Friedrich Strauss und seine Thesen als ein Symptom der Verfassung der bürgerlichen Kultur im ganzen. Er stellt bereits in der Mitte des 19. Jahrhunderts fest, daß die bürgerliche Kultur, wie die Thesen des David Friedrich Strauss zum Christentum zeigen, zu einem Schein ihrer selbst geworden ist und die faktische Barbarei nur noch überdeckt. Und was macht das Wesen dieser Scheinkultur aus? Was macht die Barbarei aus? Nietzsche geht davon aus, daß Kultur „vor allem die Einheit des Stils in allen Lebensäusserungen eines Volkes" ist.[45] Zur Kultur gehört die Einheit des Stils eines Volkes, und zwar die Einheit in den künstlerischen Lebensäußerungen eines Volkes. Es ist die Einheit des Stils, die eine Kultur ausmacht aus. Gemessen an diesem Begriff liegt für Nietzsche in der realen bürgerlichen Kultur das Gegenteil vor. Die Einheit der Kultur habe sich in die Pluralität der Stile aufgelöst. Nietzsche spricht vom Chaos der Stile. An die Stelle der Einheit der Kultur ist in seinen Augen die chaotische Pluralität der Lebensstile und Lebensformen getreten. Die Pluralität der Lebensformen gelangt nirgends mehr zu einer Einheit.[46]

Zweitens stellt Nietzsche fest, daß diese Kultur kein sie tragendes Subjekt mehr hat. Denn Kultur ist die Einheit des Stils in allen künstlerischen Lebensäußerungen eines Volkes. Das Subjekt der Kultur ist für Nietzsche das „Volk" und nicht einzelne Schriftsteller oder Kulturschaffende. Nicht sie sind es, die die Kultur ermöglichen, sondern das Volk.

Der ganze Deutschen Idealismus von Herder über Hegel bis zu Hölderlin hat natürlich unter Volk etwas anderes verstanden, als der Nationalsozialismus. Volk

---

[45] Friedrich Nietzsche: Unzeitgemässe Betrachtungen. Erstes Stück: David Strauss der Bekenner und Schriftsteller, Kritische Studienausgabe, hrsg. von G. Colli und M. Montinari, Bd. 1, München 1988, S. 163

[46] Dieses Auseinanderfallen der Gesellschaft in die Pluralität der Lebensformen und Lebensstile könnte sich noch zu einem für die Demokratie bedrohlichen Maß auswachsen. Vor allem dann, wenn die Menschen keine gemeinsam geteilte Sprache mehr sprechen, in der sie sich über die sie angehenden Probleme verständigen können. Die Menschen befinden sich immer häufiger in verschiedenen Sprachwelten. Es herrscht allgemeine Kakophonie. Innere Einheit kann es aber auch in einer Demokratie nur geben, wenn man sich um den Sprachgebrauch kümmert und sich darauf einigt, was man für Vorstellungen mit welchen Begriffen verbindet. Das hat Konfuzius schon richtig gesagt: Das wichtigste Problem der Politik ist die Sorge um den Sprachgebrauch. Wenn die Begriffe nicht mehr stimmen, ist in einer Gesellschaft im Prinzip kein Problem mehr lösbar. Daran wird deutlich, daß auch die Demokratieproblematik letztlich ein Kulturproblem, ein Sprachproblem ist. Unter diesen Bedingungen ist es fast noch ein glücklicher Umstand, daß die Medien eine relativ einheitliche Sprache vorgeben, in der wir über unsere Verhältnisse sprechen können. Die Medien üben einen ungeheuren Einfluß auf die Lebensentwürfe und Lebensvorstellungen der Menschen aus und beeinflussen deren Vorstellung über erstrebenswerte Ziele. Damit ist der kulturelle Einfluß der Medien ungeheuer groß geworden. Ob das, was die Medien dann von der Wirklichkeit zeigen, etwas mit der Wirklichkeit zu tun hat, ist dabei eine ganz andere Frage. Das ist kraft des Mediums und seiner immanenten Gesetze eigentlich völlig ausgeschlossen, weil – wie Günther Anders richtig gesagt hat –, die Medien eine phantasmagorische Matrizenwelt erzeugen. Günther Anders meinte, daß eben diese Verwechslung der Medienrealität mit der Wirklichkeit die Menschen realitätsuntüchtig macht. Die Tragödie besteht nun darin, daß die Leute das, was den Leuten hier vorgeführt wird, für die Wirklichkeit halten. Auch das konnte man bereits im Nationalsozialismus beobachten.

war nichts Biologistisches, nichts Rassistisches, nicht Ethnisches, sondern etwas Kulturelles. Der spezifisch deutsche Beitrag zur Kulturdiskussion der Aufklärung des 18. Jahrhunderts besteht darin, daß die Deutschen am Volk als dem hervorbringenden Subjekt der Kultur festgehalten haben. Wenn wir die Frage stellen, woran es liegt, daß die Deutschen das Volk als das hervorbringende Subjekt der Kultur bestimmten, dann hängt das natürlich zentral mit der Reformation und der Rolle zusammen, die das Volk in der biblischen Überlieferung gespielt hat. Das ganze Alte Testament ist ja die Geschichte Gottes mit einem Volk. Es ist eine Folge von Bundesschlüssen, die Gott mit seinem Volk schließt. Dieses Volk ist durch Bundesschluß konstituiert. Hätte das liberale kulturprotestantische Bürgertum das Alte Testament nicht aus der biblischen Überlieferung eliminiert, hätte es allein aus diesem Grunde nie zu diesem nazistischen Antisemitismus kommen können. Leider hat aber Adolf von Harnack, der Hofprediger von Wilhelm II., behauptet, das Alte Testament gehöre nicht zur christlichen Verkündigung. Diese theologisch begründete Eliminierung des Alten Testamentes als einem zentralem Bestandteil des Christentums, und nicht der allgemeine christliche Antijudaismus, war eine der entscheidenden Voraussetzungen für den Antisemitismus der Nationalsozialisten. Den Deutschen wurde jahrhundertelang immer das Volk Gottes als Paradigma vor Augen geführt, so wie auch Augustinus die Kirche noch das „Volk Gottes" genannt hat. Es gibt also einen genuin biblischen, christlichen Volksbegriff, der in der deutschen Tradition seinen Niederschlag gefunden hat.

Das Volk ist das Subjekt der Kultur. Es nutzen daher die grandiosesten Kulturleistungen von Einzelnen überhaupt nichts, wenn das Volk in barbarischen Verhältnissen lebt. Es war der große Irrtum speziell der Deutschen Klassik gewesen, daß sie glaubte, daß einzelne Genies eine ganze Kultur schaffen könnten. Hier hat der Geniebegriff im Blick auf die Geschichte im 20. Jahrhundert eine unglückselige Rolle gespielt. Nein, die Kultur zeigt sich im Alltag des Volkes, sie zeigt sich darin, wie man miteinander umgeht.

Leider haben die Deutschen zwar eine große Sauberkeitskultur hervorgebracht, aber es waren wahrscheinlich die Räume gewöhnlich sauberer, als die Verhältnisse der Menschen. Es gibt oder gab ja kein Volk auf der Welt, das einen solchen Sauberkeitswahn besitzt, wie die Deutschen. Sie können daher sehr leicht zu kleinbürgerlichen Terroristen werden können, wenn sie bei den Nachbarn etwas finden, was ihren – auch geistigen und politischen – Sauberkeitsnormen nicht entspricht. Das ist furchtbar, denn das bedeutet, daß die Deutschen ein potentielles Volk von Blockwarten zumindest war. Die Sauberkeit ist durchaus auch ein Element der Alltagskultur, aber die Alltagskultur darf sich nicht darin erschöpfen.

Das dritte Element, das den Kulturbegriff bei Nietzsche ausmacht, ist die Produktivität. Gemessen an diesem, diesmal der Deutschen Klassik entstammenden normativen Kulturbegriff stellt Nietzsche fest, daß die gegenwärtige bürgerliche Kultur ihrem Charakter nach eine verschleierte „Barbarei" sei. Volk, künstlerische Einheit und Produktivität lösen sich auf, und für diesen Kulturzerfall ist in den Augen Nietzsches David Friedrich Strauss das Symptom. Nietzsche nennt David

Friedrich Strauss einen Philister, und die bürgerliche Kultur seiner Zeit nennt er eine Philisterkultur. Was hat Nietzsche gegen den Philister? Der Philister ist ein Parasit, und Philisterkultur ist eine parasitäre Kultur. Sie saugt der deutschen Klassik das Mark aus den Knochen, sie lebt überhaupt parasitär von den Klassikern. Und sie verfälscht die Klassiker, weil sie die Klassiker nicht als das sieht, was sie waren, nämlich als Suchende, sondern sie nimmt sie als solche, die sie nicht wahren, nämlich als solche, die gefunden haben. Die Philister nehmen sich das, was diese angeblich gefunden haben, und beuten es für den Kulturkonsum parasitär pervertierend aus. Das nennt Nietzsche einen Philister, und darum ist David Friedrich Strauss für Nietzsche ein Philister.

Nun aber zu dem bereits erwähnten Buch „Der alte und der neue Glaube". Welcher neue Glaube soll an die Stelle des alten Glaubens treten? Der Vorschlag von David Friedrich Strauss lautet, daß ein Konglomerat von modernen Ideen zum Inhalt und zur Substanz des neuen Glaubens werden soll. David Friedrich Strauss stellt nun in diesem Zusammenhang aus der Sicht Nietzsches vier ganz entscheidende Fragen. Die erste Frage lautet: Sind wir noch Christen? Die zweite Frage lautet: Haben wir noch Religion? Die dritte lautet: Wie begreifen wir die Welt? Und die letzte Frage lautet: Wie ordnen wir unser Leben? Nun ist es entscheidend, daß ein damals hoch renommierter evangelischer Theologe antwortet: Nein, wir sind keine Christen mehr! Nicht Nietzsche hat also die These in die Welt gesetzt, daß die Bürger keine Christen mehr sind, sondern die christliche Theologie selber. Nietzsche vernichtet nicht das Christentum, sondern er findet – und das ist im Blick auf die Genese des Nationalsozialismus entscheidend – das Christentum als ein von den Theologen Vernichtetes vor.

David Friedrich Strauss war nun nicht der Meinung, daß mit dem Ende des Christentums das Ende der Religion eintritt. Auch das ist im Blick auf den Nationalsozialismus sehr wichtig. Denn das bedeutet, daß trotz oder sogar wegen des Untergangs des Christentums die Geschichte der Religion weitergeht. An der Religiösität der Menschen in der Moderne hat sich für David Friedrich Strauss durch das verschwindende Christentum nichts geändert.[47]

Hitler hat den Deutschen im Nationalsozialismus eine Quasireligion angeboten. Das Nationale und das Soziale waren die beiden größten Mythen und damit

---

[47] Man kann geradezu sagen, daß die unlösbaren Probleme der modernen Welt aus dem Schwund des Christentums auf der einen Seite und aus der Fortexistenz der Religiosität der Menschen auf der anderen Seite resultieren. Heute liegt beispielsweise das stärkste Hindernis einer rationalen, pragmatischen Reform des Sozialstaates in der religiösen Besetzung des Sozialen. Wir kriegen keine rationale Reform des Sozialstaates hin, weil der Begriff des Sozialen quasi religiös besetzt ist. Natürlich ist gegen das Soziale als solches gar nichts zu sagen. Aber der Sozialstaatsproblematik liegt eine schlichte Wahrheit zu Grunde: Man kann niemanden etwas geben, ohne es einem anderen vorher zu nehmen. Das ist die harte Realität, die auf die Dauer kein Mythos verdecken kann. Jeder, der gibt, muß irgendwoher nehmen. Erst wenn wir wieder selber geben wollen, kann der Sozialstaat wieder funktionieren. Aber dann wären wir wieder Christen. Paradoxerweise zerstört aber der Sozialstaat als Wohlfahrtsstaat diese christliche caritas und die christliche Nächstenliebe.

Quasireligionen des 20. Jahrhunderts. Niemand konnte es damals wagen, sich diesen Mythen entgegenzustellen. Darum haben die Nazis gleich beide Mythen besetzt und sich eben „Nationalsozialisten" genannt. Sie wußten um die Kraft nicht nur des nationalen, sondern auch des sozialen Mythos.

Im Folgenden definiert nun David Friedrich Strauss, was die Religion des modernen Menschen ist: Er nennt es „Empfindung für das All". Empfindung für das Universum. Diese Definition ist außerordentlich wichtig. Denn das bedeutet erstens: Religion ist Empfindung.

Was hat das für Konsequenzen? Wenn Religion Empfindung ist, dann kann man über Religion mit niemanden vernünftig sprechen. Hegel hat daher in krasser Manier sagen können: Wenn Religion, wie es Friedrich Schleiermacher gelehrt hat, im „Gefühl der schlechthinnigen Abhängigkeit" besteht, dann sei der Hund der beste Christ. Wer die Religion und die Kultur in das Empfinden und in das Gefühl setze, der trete die Humanität mit Füßen. Denn dann kann es eigentlich nur Bekenntnisse und Ideologien geben. Und dann hat jeder seine eigene Empfindung, seine eigene Religion, und eben auch eine eigene Ideologie. Die moderne Welt erzeugt einen Zustand, in dem jeder in Form einer Privat- oder Kollektivreligion auch aus dem Christentum das herausholt, was seiner Empfindung oder Befindlichkeit gemäß ist.

Am Anfang dieser Entwicklung steht kein anderer als Goethes Faust. Denn Faust hat im entscheidenden Gespräch über die Religion den Logos abgesetzt. Religion ist bei ihm ein Gefühl, eine Stimmung. Das ist die Religionsdefinition, die Faust dem armen Gretchen aufschwatzen will, um dem klaren christlichen Bekenntnis zu entkommen. Dieses Gespräch über die Religion ist das Gespräch, das der Verführung voraus geht, in diesem Fall der Verführung Gretchens durch Faust. Goethe stellt Fausts Religionsdefinition in den Zusammenhang mit der Erörterung des Verführers.

Und wie begreift David Friedrich Strauss das All? Worin liegt die gegenständliche Bestimmung der Religion, wenn Religion Empfindung für das All ist? David Friedrich Strauss antwortet: Es sind die universalen Naturgesetze, die alle Erscheinungen des Universums miteinander verbinden. Der Gegenstand der Religion, die das Christentum ablöst, ist also die Naturwissenschaft. Die naturwissenschaftlich erklärte Welt ist nun der Gegenstand der religiösen Empfindung. David Friedrich Strauss will damit sagen, daß Naturwissenschaft und Technik längst an die Stelle dessen getreten sind, was einmal die christliche Religion war.[48]

Damit kommen wir zur dritten, im Blick auf die Genesis des Faschismus entscheidenden Frage: Wie begreifen wir die Welt? Mit einem Satz formuliert: David Friedrich Strauss empfiehlt, die Welt so zu begreifen wie der Darwinismus sie erklärt. Das ist die eigentliche Pointe. David Friedrich Strauss war Darwinist. Und die letzte Frage lautet: Wie ordnen wir unser Leben? Das ist die Frage nach der

[48] Auch Ludwig Feuerbach war der Überzeugung, daß die Religion in dem Moment überwunden war, als Wissenschaft und Technik den Menschen aus der Abhängigkeit von der Natur befreit haben. Denn nun brauchen die Menschen keine Furcht mehr von den Göttern zu haben.

Ethik. Ethisch handelt David Friedrich Strauss zufolge derjenige Mensch, der in Übereinstimmung mit der Bestimmung der Gattung handelt.

Wo liegt nun für Nietzsche das Problem? Wenn wir dieses Problem begriffen haben, dann haben wir in nuce den ganzen Nietzsche und die erste Antwort auf die Frage nach dem Zusammenhang zwischen Nietzsche und dem Faschismus verstanden. Denn Nietzsche entdeckt, daß die Antwort auf die Frage, wie wir die Welt begreifen, mit der Antwort auf die Frage, wie wir unser Leben ordnen, nicht vereinbar ist. Darwinistische Welterklärung und humanistische Praxis schließen sich für Nietzsche gegenseitig aus. Die naturwissenschaftliche, darwinistische Welterklärung und die ethische Praxis, die sich den Interessen der ganzen menschlichen Gattung unterordnet, sind unvereinbar. Denn damit fallen in der bürgerlichen Kultur Theorie und Praxis, Wissenschaft und Ethik, heillos und desperat auseinander.

Welche Antwort hätte David Friedrich Strauss in der Sicht Nietzsches geben müssen, wenn er die Frage ‚Wie ordnen wir unser Leben' in Übereinstimmung mit dem Darwinismus beantwortet hätte? David Friedrich Strauss hätte eine darwinistische Ethik fordern müssen. Wenn aber David Friedrich Strauss diese Antwort gegeben hätte, wäre der Faschismus vielleicht schon zum Ende des 19. Jahrhunderts eingetreten. Denn dann hätte sich jeder darum bemühen dürfen, zu den Stärkeren zu gehören und jeder hätte das Recht zugesprochen bekommen, den Schwächeren zu unterdrücken.

Diese Konsequenz hätte David Friedrich Strauss und mit ihm die moderne Gesellschaft in den Augen Nietzsches redlicherweise ziehen müssen. Statt dessen flüchtet sie sich in den Humanismus, wo jeder in Übereinstimmung mit der Bestimmung der Gattung handeln soll. Wissenschaftliches Wirklichkeitsverständnis und Ethik fallen damit aber in der bürgerlichen Kultur unvereinbar auseinander. Man denkt sich die Wirklichkeit im Sinne der Naturwissenschaft und denkt sich eine Ethik aus, die damit nichts zu tun haben soll. Dieser eingetretene Bruch zwischen Wissenschaft und Ethik kennzeichnet die moderne bürgerliche Gesellschaft bis heute. Nietzsche bestimmt das aus dieser Entzweiung hervorgehende Verhalten der Bürger als heuchlerisch. Der Bürger lebt schizophren; er erklärt die Wirklichkeit nach Gesetzen, von denen er meint, sich in seinem ethischen Handeln absolvieren zu können.

Nietzsche übt Kritik an der bürgerlichen Kultur, weil sie darwinistisch denkt und nach den Gesetzen des wirtschaftlichen und politischen Konkurrenzkampfes brutal darwinistisch handelt, aber am Sonntag Predigten über die universalen humanen Werte hält, zu denen sich die anständigen Menschen bekennen sollen. Genau diese konstitutionell gewordene Schizophrenie und Heuchelei hat nun Nietzsche bekämpft. Sie macht den Kern seiner Kulturkritik aus und hier verhält er sich in den Schlußfolgerungen in voller Übereinstimmung mit dem Faschismus.

Meine These ist, daß diese Konstellation, die Nietzsche in diesem ersten Essay zum Ausdruck bringt, eine entscheidende genetische Wurzeln zur Erklärung des Phänomens des Faschismus und Nationalsozialismus darstellt. Diese Konstellation erklärt, warum später in der bürgerlichen Gesellschaft eine solch barbarische Lehre wie die des Nationalsozialismus bei den Bürgern frenetische Zustimmung finden konnte. Das müssen wir verstehen, aber ohne Nietzsche geht das nicht.

4. Die Selbstvernichtung der bürgerlichen Kultur und der Sieg des Sozialdarwinismus

Nietzsche steht von Anfang in Auseinandersetzung mit dem Christentum. Genauso wie bei Marx am Anfang die Kritik an der Religion steht, so steht auch bei Nietzsche am Anfang die Kritik am Christentum, wobei wir aber wissen müssen, daß er das Christentum der zweiten Hälfte des 19. Jahrhunderts meint. Nietzsche hatte im Grunde genommen nicht das Christentum schlechthin im Blick, sondern das Christentum unter den Bedingungen des Verfalls der bürgerlichen Gesellschaft in der Mitte des 19. Jahrhunderts. David Friedrich Strauss ist für Nietzsche nicht um seiner selbst willen interessant, sondern als ein Symptom. Entscheidend sind dabei folgende Aussagen von David Friedrich Strauss: 1. Wir sind keine Christen mehr, aber religiös wollen wir doch bleiben. Und 2. Die Welt erklären wir uns mit dem Darwinismus, aber ethisch handeln wir nach den Bestimmungen der menschlichen Gattung. Nietzsche entdeckt die Diskrepanz von bürgerlicher Wissenschaft und bürgerlicher Ethik. Das Auseinanderfallen von Wissenschaft und Ethik bleibt ein – Nietzsche sein Leben lang bestimmendes – Problem.

Das zweite Moment, daß diesen Essay über David Friedrich Strauss so wichtig macht, liegt in Nietzsches Konzeption und Bestimmung von Kultur. Die Definition von Kultur, die hier für Nietzsche eine normative Bedeutung bekommt, lautet: „Die Kultur ist die Einheit des Stils in allen künstlerischen Lebensäußerungen eines Volkes." Von diesem Kulturbegriff geht Nietzsche in seiner folgenden Kulturkritik. Das Subjekt der Kultur ist also das „Volk". Zweitens ist für die Kultur der Begriff der „Einheit" maßgebend: Einheit des Stils und Einheit der Form. Drittens hat Kultur etwas mit Äußerung – idealistisch formuliert –, mit Objektivierung zu tun. Das sind die ersten drei konstituierenden Elemente bei Nietzsches Kulturbegriff.

Ausgehend von diesem Kulturbegriff, äußert Nietzsche an der damaligen bürgerlichen Kultur eine Kritik, die auch auf die heutigen postmodernen Verhältnisse der Gegenwart zutrifft. Denn Nietzsche stellt fest, daß an die Stelle der Einheit des Stils das Chaos getreten ist. Es gibt keine Einheit des Stils mehr, sondern Stilchaos.

Darüber hinaus wird bei Nietzsche deutlich, daß die damalige bürgerliche Kultur keine Kultur, sondern nur noch eine Konvention darstellt. Die bürgerliche Kultur ist ein Art Schein, der eine Wirklichkeit verhüllt, die aus ganz anderen Antrieben genährt wird. Nietzsche interpretiert die damalige kulturellen Wirklichkeit als Schein. Damit erweist sich auch Nietzsche als ein große Ideologiekritiker. Ähnlich wie Marx die bürgerliche Gesellschaft als einen Schein interpretiert hat, der die privatkapitalistische Wirklichkeit verstellt, interpretiert Nietzsche hier die bürgerliche, humanistische Kultur als einen Schein, hinter der sich der Darwinismus verbirgt.

Wir haben eigentlich im ersten Essay schon den ganzen Nietzsche vor uns. Es sind eigentlich alle für Nietzsche entscheidenden Themen hier schon angesprochen und bis zu seinem Ende durchgespielt. Der ganze Nietzsche ist – vielleicht von Anfang an – der verzweifelte und letztlich zum Scheitern verurteilte Versuch, auf dieses Problem des geschichtlichen Endes des Christentums und der aufbrechenden Dichotomie von bürgerlicher Erkenntnis und bürgerlicher Ethik eine Antwort zu geben. Es geht Nietzsche dabei um die Existenz von Kultur überhaupt. Er kritisiert nicht die ökonomischen Verhältnisse, sondern die Kulturverhältnisse der bürgerlichen Gesellschaft.[49]

Wenn man Nietzsche verstehen will, dann muß man wissen, auf welche Herausforderung er mit seiner Philosophie eine Antwort geben will. Es ist einer der wichtigsten hermeneutischen Grundsätze, daß man eine Philosophie nur dann versteht, wenn man verstanden hat, auf welche Frage sie die Antwort geben will. Wenn man nicht die Frage kennt, auf die ein Autor oder ein Text antwortet, versteht man den Text und den Autor nicht. In diesem Sinne finden wir die Frage, auf die Nietzsche eine Antwort zu geben versucht hat, in den „Unzeitgemäßen Betrachtungen". Die Herausforderung im Sinne von Toynbees „challenge and response" und das Problem, das Nietzsche dann zu lösen versucht, finden wir in den „Unzeitgemäßen Betrachtungen" formuliert.

Die Kritik der bürgerlichen Kultur ist der Grundgestus bei Nietzsche. Nietzsche geht dabei hinter den Beginn und Anfang der klassischen Philosophie bis auf die Vorsokratiker zurück. Nietzsche ist derjenige, der bereits Sokrates als den Ausgangspunkt des Verfalls bestimmt hat. Bestärkt durch das große Vorbild der Vorsokratiker, also der Philosophie im tragischen Zeitalter der Griechen, setzt Nietzsche dann zu seiner Fundamentalkritik der bürgerlichen Kultur an. Am Anfang Nietzsches steht die radikale Kritik an der bürgerlichen Kultur, wohlgemerkt, nicht der großen, klassischen bürgerlichen Kultur, sondern der bürgerlichen Kultur des Wilhelminischen Deutschland! Für Nietzsche bedeutete die Errichtung des Deutschen Reiches das Ende des Deutschen Geistes. Die Entstehung des Deutschen Reiches bedeutete für ihn die „Extirpation des deutschen Geistes"[50], und das, obwohl er als Kanonier am Krieg gegen Frankreich teilgenommen und damit selber an der Entstehung des Reiches mitgewirkt hat.

In Nietzsches radikaler Kritik an der bürgerlichen Kultur liegt bereits die zentrale Antwort auf die Frage, welches die geistigen und kulturellen Voraussetzungen sind, unter denen es dann unter historisch kontingenten Bedingungen zum Fa-

---

[49] Nietzsche ist aktuell geblieben oder möglicherweise sogar noch aktueller geworden, weil er schon im 19. Jahrhundert das Kulturproblem als das zentrale Thema der Zukunft bestimmt hat. Das dringt erst ganz allmählich in unser Bewußtsein ein. Heute gruppieren sich die wirklichen politischen Gegensätze nicht mehr nach ideologischen Differenzen, sondern sie differieren hinsichtlich der dahinterstehenden unterschiedlichen Lebensformen. Jede Gruppe will ihren eigentümlichen Lebensstil nun auch politisch sanktioniert haben. Damit ordnet sich inzwischen das Politische nach kulturellen Differenzierungen und Dispositionen völlig neu.

[50] Friedrich Nietzsche: Unzeitgemässe Betrachtungen. Erstes Stück: David Strauss der Bekenner und Schriftsteller, S. 160

schismus und zum Nationalsozialismus gekommen ist. Es gibt sicherlich unzählige Gründe, die dazu beigetragen haben, aber ohne die Selbstvernichtung der bürgerlichen Kultur wäre ein solches Phänomen wie der Faschismus und der Nationalsozialismus überhaupt nicht denkbar gewesen.

Die Kritik der bürgerlichen Kultur ist das Thema, von dem die Intellektuellen seit mehr als einhundert Jahren leben. Auch der Sozialismus ist mit dem Willen angetreten, die bürgerliche Kultur zu überwinden und eine neue, höhere Kultur an die Stelle der bürgerlichen Kultur zu setzen.

Wie versuchte nun Nietzsche, die eigene Zeit und damit die bürgerliche Kultur zu überwinden? Der junge Nietzsche griff ganz eindeutig auf einen Kulturbegriff zurück, der eine merkwürdige Verbindung zwischen der Kulturphilosophie der Deutschen Klassik und der Kultur des Anfangs bei den Vorsokratikern darstellte.

Dieser Kult des Anfangs ist ebenfalls keine spezifisch deutsche Eigenart, sondern er gehört zur Epoche der Aufklärung als solcher. Das geht im 18. Jahrhundert los, als die Kritik an der aufgeklärten Kultur mit dem Verweis auf die Vorbildfunktion der Chinesen für die europäische Kultur einher ging. Die Chinesen galten plötzlich als die vollkommenen Edelmenschen, an denen sich auch das aufgeklärte Europa des 18. Jahrhundert orientieren sollte. Im Kontext der modernen Geschichte war der Erfinder dieses Kultes vom Ursprung kein deutscher Romantiker, wie heute ständig dargestellt wird, sondern Jean-Jacques Rousseau. Rousseau ist derjenige gewesen, der diesen Kult der vorkulturellen Frühe erfunden hat. Rousseau erinnerte daran, wie die Menschen, jeder für sich, durch die Wälder und Felder schweiften, sich von den kargen Früchten des Waldes nährten, sich flüchtig begatteten und sofort wieder durch die Natur schweiften. Was bei Nietzsche am Ende der Moderne wieder aufscheint, ist das Idealbild, daß Rousseau vom vorgeschichtlichen Anfang gemalt hat.

Diese Wiederkehr des Archaischen macht auch die Grundstruktur und das Wesen des Faschismus und des Nationalsozialismus aus. Faschismus und Nationalsozialismus verkörpern, wie Nietzsche und seine Nachfolger, die Einheit von höchster Modernität und Archaik. Die absoluten Extreme und Gegensätze vermählen sich plötzlich zu einer Einheit. Und diese Züge der Vermählung des Modernsten mit dem Archaischen, setzen sich noch heute fort. Wir nehmen das nur nicht wahr. Auch Spengler hat eine Zukunft der Zivilisation gemalt, in der die Menschen wie die frühe Menschheit, als sie isoliert und einsam in ihren Höhlen gehaust hat, in ihren Häusern und Wohnungen wohnen werden.[51]

Nietzsche beschäftigt sich in den „Unzeitgemäßen Betrachtungen" mit den großen geistigen Mächten, welche die kulturelle Konstellation in der bürgerlichen Gesellschaft formiert haben. Es ist wichtig, sich klarzumachen, daß bei Nietzsche – wie bei Marx – am Anfang die Religionskritik steht. Marx sagte, die erste und fun-

[51] Das ist heute das millionenhafte Schicksal in den großen Städten. Jeder lebt isoliert in einer kleinen Wohnung und kennt den Nachbarn nicht. Wenn einer stirbt, liegt er manchmal tagelang unbemerkt in seiner Wohnung, ohne daß es jemand bemerkt. Wo das der Fall ist, befindet man sich nicht mehr in einem Zustand der sich auflösenden bürgerlichen Kultur, sondern bereits in einer postbürgerlichen Gesellschaft, in der sich das soziale Gewebe aufgelöst hat.

damentale Kritik, auf die alle anderen Formen der Kritik beruhen, ist die Kritik an der Religion.

Auch hier muß man wieder eine tiefe Verbeugung vor Karl Marx machen, weil er mit dieser These gezeigt hat, daß er begriffen hat, daß die bürgerliche Kultur zerstört wird oder sie sich selbst zerstört, wenn man die religiösen Fundamente der bürgerlichen Kultur zerstört. Dann bleibt in letzter Konsequenz kein Stein mehr auf dem anderen. Marx wußte noch, daß eine Politik, die nicht mehr mit einer gewissen religiösen oder quasireligiöen Verständigung der Gesellschaft rechnen kann, im Prinzip vor unlösbaren Problemen steht. Die beiden großen totalitären Bewegungen haben daher eine Quasireligion an die Stelle der destruierten geschichtlichen Religion gesetzt. Kommunismus und Nationalsozialismus haben alle äußeren Prinzipien einer Religion übernommen und praktiziert. Da gab es Hohepriester, Weihehandlungen, Riten, und da marschierten Millionen Sowjetmenschen am Grabe Lenins, der heiligsten Reliquie des Sowjetreiches, vorbei. Welch eine groteske Ironie der Geschichte. Die atheistische Bewegung des Kommunismus endete damit, daß der Reliquienkult, den die aufgeklärte Welt meinte, längst hinter sich gebracht zu haben, wieder eingeführt wurde. Ich wiederhole: Man versteht auch vom Nationalsozialismus überhaupt nichts, wenn man nicht sieht, daß Hitler die Rolle eines Heilsbringers und Retters gespielt hat. Hitler war der neue „soter", der neue Retter. Wenn man die Bilder sieht, wie die deutschen Frauen auf der Straße mit letzter Verzückung Adolf Hitler ihre Hände entgegenstreckten, dann weiß man, daß hier noch ganz andere Dinge im Spiel waren, als die, die Politologen und Historiker im allgemeinen diskutieren.

Der Totalitarismus in seiner nationalsozialistischen wie in seiner kommunistischen Variante hat uns nun gelehrt, daß die Probleme, die sich aus der Auflösung der hergebrachten Religion für die moderne Gesellschaft ergeben, Probleme sind, die eines gemeinsam haben: nämlich daß sie alle politisch nicht lösbar sind. Nun sind zwar die politischen Ersatzreligionen des Kommunismus und des Nationalsozialismus zusammengebrochen, aber die Politik wird – nach dem Zerfall der hergebrachten Religion und nach dem Scheitern der politischen Religionen – immer mehr mit Problemen konfrontiert, die sie politisch nicht mehr lösen kann.

Nietzsche interessierte sich für David Friedrich Strauss, weil er in Nietzsches Augen ein Symptom dafür ist, in welchem religiösen Zustand sich die bürgerliche Kultur im ganzen befindet. David Friedrich Strauss hat erklärt, daß das Christentum ein alter Glaube und damit von der Geschichte überholt sei und der Vergangenheit angehöre.[52]

Diese Einsicht steht am Anfang der Auseinandersetzung Nietzsches mit der bürgerlichen Kultur. Was aber ist die Substanz des neuen Glaubens, der den alten Glauben ablösen soll? Auch dafür ist David Friedrich Strauss in den Augen Nietz-

---

[52] An dieser Überzeugung hat sich im Kern bis zum heutigen Tag überhaupt nichts geändert. Was damals auf der höchsten Etage der theologischen Reflexion formuliert wurde, ist heute zur selbstverständlichen Einstellung der Massen geworden. Die Kirchen sind leer, weil sie eben den „alten Glauben" verkündigen. Wir aber verstehen uns als modern und aufgeklärt. Und ein moderner Mensch läßt sich doch auf einen solchen Mythos nicht mehr ein.

sches ein Symptom von höchster hermeneutischer Bedeutung: Der neue Glaube ist ein Gemisch der jeweiligen modernen Ideen. Was ist der Kern dieser von David Friedrich Strauss formulierten modernen Ideen? Auch die Antwort auf diese Frage ist für das gesamte Werk Nietzsches, wie für die Kulturkritik und die Genese des Faschismus von größter Bedeutung. Denn David Friedrich Strauss zufolge bleiben die Menschen auch in der Moderne noch religiös. Und welche Religion überlebt das historische Ende des Christentums? Hier gibt David Friedrich Strauss wiederum eine typische moderne Antwort: Religion ist Empfindung. Die Menschen haben auch nach dem Absterben der historischen und institutionellen Religion religiöse Empfindungen bzw. das Bedürfnis nach religiösen Empfindungen.

Der Mensch ist damit ein heillos religiöses Wesen. Ob man den Mensch immer als ein animale rationale bezeichnen kann, da kann man manchmal Zweifel bekommen, aber jedenfalls ist er heillos religiös.

Auf was ist die religiöse Empfindung nun gerichtet? Auf das All, auf das Universum. Neu ist nun, daß David Friedrich Strauss das All durch die Gesetze der Naturwissenschaft definiert. Die Einheit ist nicht mehr, wie bei Schleiermacher, das metaphysische Ganze, sondern das Universum, wie es von den Naturwissenschaften in seiner erscheinenden verknüpfenden Gesetzmäßigkeit erkannt wird. Was gibt es Moderneres? Die religiöse Empfindung richtet sich auf die Natur als dem Gegenstand der modernen Naturwissenschaften. Die Quelle, aus der allein dem Menschen Erkenntnis zuwächst, ist demnach die Naturwissenschaft.

In der dritten Frage von David Friedrich Strauss „Wie begreifen wir die Welt?“ machten wir nun den entscheidenden Schritt hin zum Faschismus. Denn David Friedrich Strauss sagt, daß wir die Welt nun so begreifen, wie der Darwinismus die Welt erklärt.

Was ist Darwinismus? Zunächst einmal ist auch der Darwinismus eine hypothetische Theorie, und zwar die Theorie der Gesetze, welche die natürliche Evolution bestimmen und steuern. Das wichtigste Gesetz behauptet eine Auslese der Stärksten, darwinistisch gesprochen, der am besten Angepaßten. Die sich am besten anpassen, sind zugleich die Stärksten. Der Darwinismus proklamiert das Prinzip, daß allein die Stärkeren zum Überleben geeignet und darum auch berechtigt sind, zu existieren. Die Stärkeren setzen sich im Kampf ums Überleben gegen die Schwächeren durch, und ihr Recht zu herrschen, ist allein schon in dem Faktum begründet, daß sie überlebt und gesiegt haben. Dieser Darwinismus, mit dem sich Nietzsche anläßlich der Darstellung des modernen Denkens von David Friedrich Strauss identifiziert, macht die Quintessenz des Faschismus und des Nationalsozialismus aus.

Der Nationalsozialismus ist – in rassistischer und antisemitischer Einkleidung, und übertragen auf die Auseinandersetzung der Völker und Nationen –, nichts anderes als Sozialdarwinismus gewesen. Was der Sozialdarwinismus des 19. Jahrhunderts als fundamentales Lebensgesetz der bürgerlichen Gesellschaft beschrieben hatte, das hat der Nationalsozialismus nun auf das Zusammenleben der Völker und der Staaten übertragen: Darum sollten eben die Deutschen die Stärksten sein, und daher waren sie dazu bestimmt, zu überleben und zu herrschen. Und sie mußten die anderen Völker unterwerfen und besiegen, wenn sie nicht von ihnen besiegt und unterworfen werden wollten.

David Friedrich Strauss hat dem Darwinismus damals noch eine Ethik des Humanismus entgegengestellt. Erst an dieser Stelle wendet sich Nietzsche nun gegen David Friedrich Strauss und gegen die bürgerliche Kultur, weil für Nietzsche die Antwort auf die dritte Frage (Wie begreifen wir die Welt?), und die Antwort auf die vierte Frage (Wie ordnen wir unser Leben?), inkompatibel sind. Wissen und Handeln, Wissenschaft und Ethik, sind nun in der bürgerlichen Gesellschaft in einen tödlichen Widerspruch zueinander geraten.

Formal gesehen, gibt es hier wiederum eine Parallele zu Marx, der ja auch die bürgerliche Gesellschaft auf ihre Widersprüche zurückgeführt hat und daraus die entsprechenden Konsequenzen ziehen wollte. Nur dachte Marx dabei an die Widersprüche in der Organisation der ökonomischen Produktivkräfte, während Nietzsche den Widerspruch im Fundament der bürgerlichen Kultur ausmacht. Denn die Art, wie die bürgerliche Kultur mit David Friedrich Strauss die Frage nach der Ethik beantwortet, verhält sich im Widerspruch zu der Antwort auf die Frage, wie sie die Welt begreift. Welche Antwort hätte David Friedrich Strauss und mit ihm die bürgerliche Kultur nach der Auffassung von Nietzsche geben müssen, wenn sie die konsequenten ethischen Folgerungen aus dem proklamierten Darwinismus gezogen hätten? Eine darwinistische Ethik, keine humanistische! Brutal formuliert, David Friedrich Strauss und die bürgerliche Kultur hätten sich bereits zum Faschismus bekennen müssen. Genau das haben die Nationalsozialisten getan. Sie haben konsequenterweise der darwinistischen Welterklärung eine darwinistische Ethik hinzugefügt.

Der Faschismus/Nationalsozialismus mag zwar erst 80 Jahre später Wirklichkeit geworden sein, geistig virulent ist er aber – wie diese Erörterung zeigt – bereits seit Mitte des 19. Jahrhunderts gewesen! Auch Nietzsche wollte diese bürgerliche Schizophrenie überwinden. Man kann sich in seinen Augen nicht zu einer humanistischen Ethik bekennen, in der die Menschen die Gattungsinteressen in ihren eigenen Willen aufnehmen, und gleichzeitig die Welt darwinistisch erklären, wonach der Stärkere den Schwächeren besiegen muß, wenn er selber überleben will. Das nennt Nietzsche dann die Heuchelei der bürgerlichen Kultur. Sonntags feierliche Reden zum Humanismus halten, und wochentags unter Ausgrenzung der Anderen sein Schäfchen ins Trockene bringen, das erachtete Nietzsche als unerträglich.

Ausgangspunkt der Kritik Nietzsches an der bürgerlichen Kultur, wie sie David Friedrich Strauss repräsentiert, ist also dieser Antagonismus von bürgerlicher Wissenschaft und bürgerlicher Ethik. Nietzsche entdeckt anläßlich der Auseinandersetzung mit David Friedrich Strauss, daß die „objektive", „wertneutrale" Wissenschaft die gesamte europäische Moral und die zu Grunde liegenden Ethosordnungen auflöst. Die kritische Wissenschaft kann zwar eine Moral auflösen, aber sie kann keine neue begründen. Die moderne Kultur hat zwar die wissenschaftliche Aufklärung über die hergebrachte Moral zur Kenntnis genommen und sie meint, nun modern und aufgeklärt geworden zu sein. Aber nun muß sie entdecken, daß die Aufklärung und die Wissenschaft zwar die hergebrachte Moral und das entsprechende Ethos vernichtet haben, aber selber keine neue Moral an deren Stelle setzen können. Denn man kann keinen moralischen Satz wissenschaftlich begründen. Max Horkheimer, der ja noch einiges von der bürgerlichen Kultur wußte, konnte darum sagen: ‚Rational und wissenschaftlich gibt es kein Argument gegen die Folter.' Wenn Wissenschaft und Aufklärung die einzigen Quelle der Erkenntnis sind, dann gäbe es kein Argument gegen die Folter. Der Erste, der das vor Horkheimer gesehen hat, war Nietzsche.

Damit sind wir beim zweiten Essay: „Der Nutzen und Nachteil der Historie für das Leben." Das ist auch ein außerordentliches aufregendes Thema, denn worum geht es? Es geht hier um Nietzsches Auseinandersetzung mit dem Historismus. Der Historismus ist die Konsequenz einer Kultur, die ihr Geschichtsverhältnis durch die historisch-kritische Wissenschaft definiert. Man kann es vielleicht zunächst einmal negativ formulieren: Wenn die Herrschaft der historisch kritischen Wissenschaften total wird, verschwindet ein anders Verhältnis der Kultur zur Geschichte. Dieses andere Verhältnis ist durch die Tradition bestimmt. Tradition und Wissenschaft stehen, was das Geschichtsverhältnis angeht, im Widerstreit zu einander. Der Sieg des Historismus bedeutet, daß die moderne Gesellschaft inzwischen eine Gesellschaft ohne jede Tradition geworden ist. Die Tradition ist außer Kraft gesetzt, weil man mit Tradition angeblich nichts mehr rational begründen kann. Das berühmte Argument der Tradition lautete bisher: ‚Ich mache das so, weil meine Eltern das schon so gemacht haben.' Man beruft sich also auf Tradition als eine Autorität. In diesem Sinne gibt es Tradition als Autorität zumindest in der öffentlichen Kultur nicht mehr. Es mag noch einige in ihrem privaten Leben geben, für die Tradition noch etwas bedeutet. Aber für die gesamte öffentliche Kultur ist Tradition kein Grund mehr. Man kann daher die moderne Gesellschaft als einen Prozeß progressiver Enttraditionalisierung verstehen. Die Gesellschaft ist um so moderner, je mehr die Traditionen außer Kraft gesetzt werden.

Wodurch unterscheidet sich ein durch Tradition definiertes Verhältnis zur Geschichte von einem durch Wissenschaft definiertes? Was ist Tradition? Tradition heißt: Gegenwart der Geschichte. Tradition ist die Art und Weise, in der die Geschichte gegenwärtig bleibt und gegenwärtig gehalten wird. Die historische Wissenschaft betreibt die Entaktualisierung von Geschichte, sie zielt auf die Entfernung und Auflösung der Geschichte als Gegenwart. Die Geschichte wird zu einem bloß Vergangenen, das losgelöst von der Gegenwart existiert. Die historische Wissenschaft löst die substantielle Gegenwart der Geschichte auf und hält das Entfernte allenfalls noch ästhetisch als Bild oder als Möglichkeit gegenwärtig. Die Enttraditionalisierung der Gegenwart, das Außerkraftsetzen der substantiellen Vergangenheit, impliziert damit den Vorgang der Entgrenzung. Damit einher geht ein Horizontverlust. Was bedeutet dieser Horizontverlust für die Kultur? Das ist die Frage, die Nietzsche hier stellt und der wir nun nachgehen wollen.

5. Die Zerstörung der Tradition und der Durchbruch zum Vitalismus

Womit setzt sich Nietzsche in der zweiten Unzeitgemäßen Betrachtung über „Nutzen und Nachteil der Historie für das Leben auseinander? Mit dem Historismus. Was heißt Historismus? Historismus heißt, daß alle Kultur und Politik ein Produkt der Geschichte, genauer, eines historischen Prozesses ist. Alles, was sich in der Geschichte objektiviert hat und hervorgetreten ist, ist ein durch die Zeitstelle innerhalb dieses historischen Prozesses bedingtes Phänomen und damit relativ. Historismus ist die Lehre von der totalen Bedingtheit und Relativität der als Prozeß interpretierten Geschichte. Zu diesem Historismus gehört ein Phänomen, aus dem Nietzsche die kulturzerstörerischen Konsequenzen des Historismus ableitet: nämlich der Relativismus. Etwas historisch erklären, heißt, es als relativ zu erklären. Wenn aber alles relativ ist, dann gilt eigentlich nichts absolut.

Das ist im Blick auf die Genesis des Faschismus in diesem Zusammenhang das entscheidende Phänomen. Denn der bürgerliche Historismus, wie ihn Nietzsche diagnostiziert, bedeutet die radikale Auflösung alles dessen, was Hegel mit dem Begriff des „absoluten Geistes“ gedacht hat. Wenn es aber nichts Absolutes gibt und alles relativ ist, dann muß man konsequenterweise sagen, daß es nichts gibt, was wahr ist. Es gibt auf der Basis der Philosophie des Historismus keine Wahrheit mehr. Wenn man den Begriff des Absoluten und die Erkennbarkeit des Absoluten oder absoluten Seins negiert, dann negiert man im Prinzip die Wahrheit. Historismus bedeutet: Alles ist relativ, es gibt nichts Absolutes. Wir können das auch ontologisch ausdrücken und sagen: Es gibt nichts, was dauert. Es gibt nichts Bleibendes. Denn natürlich gehörte zum bisherigen Wahrheitsbegriff, daß etwas unangesehen des sich verändernden Stroms der Geschichte und der Zeit gültig sein muß.

Nietzsche sieht mit diesem Historismus nun eine ungeheure Bedrohung und Gefahr für die Kultur verbunden. Nietzsche begreift die historische Bildung und den Historismus, welche den ganzen Stolz der bürgerliche Kultur darstellten, nun nicht mehr als einen Segen, sondern als einen Schaden. Die Herrschaft der historischen Wissenschaft und des Historismus erzeugt eine nihilistische, traditionslose Kultur. Andere sprechen in diesem Zusammenhang später auch von „Zivilisation“ statt von Kultur. Wenn es aber keine Tradition mehr gibt – und das können wir im Nationalsozialismus auch politisch feststellen –, dann ist alles möglich. Die Flexibilität, die Beweglichkeit des Nationalsozialismus war nur in einer Partei möglich ist, die kein Traditionsbewußtsein mehr hatte bzw. negierte.

Denn was heißt Tradition? Tradition heißt ja nichts anderes als: Vergangenes gegenwärtig halten. Tradition ist die Weise der Gegenwärtigkeit von Geschichte. Diesem, durch Tradition gestifteten Zugang zur Geschichte liegt ein ganz anderes Verständnis von Geschichte zu Grunde, als das durch die historischen Wissenschaften gestiftete. Denn für die historische Wissenschaft ist Geschichte qua Geschichte das Vergangene, und damit eigentlich abgetan und erledigt. Tradition ist dagegen die Gegenwart von Geschichte. Das historisch Vergangene kann über die Traditionsvermittlung in eminenter Weise eine Form geschichtlicher Gegenwart sein. Das Vergangene bestimmt dann nicht nur die Gegenwart, sondern auch die Zukunft.

Die gewaltige zivilisierende Bedeutung des Katholizismus hängt natürlich mit diesen Verhältnis zur Tradition zusammen. Der Katholizismus – jetzt nicht nur als kirchliches, sondern als geistiges und als kulturelles Gebilde betrachtet –, hatte deshalb eine solch ungeheure traditionsbildende und traditionserhaltende Kraft, weil er in der modernen katholischen Theologie die Tradition regelrecht zu einer Art Erkenntnisquelle erhoben hat. Es gibt keine Macht, die einmal traditionsbewahrender war, als der Katholizismus. Daher waren auch die katholisch geprägten Landstriche noch am ehesten immun gegen die Verführungen des Nationalsozialismus.

Was bedeutet es nun, wenn im Unterschied zum traditionalen Zugang der Kultur zu ihrer Geschichte dieselbe Kultur ihr Verhältnis zur Vergangenheit durch die historischen Wissenschaften vermittelt bekommt? Mit der Antwort auf diese Frage wird deutlich, warum Nietzsche zu dem Schluß kommt, daß der Einbruch dieser historischen Wissenschaften kulturvernichtende Folgen hat. Nietzsche zeigt, daß durch die historische Wissenschaft alle kulturellen Fundamente aufgelöst werden. Wieso löst die historische Wissenschaft, diese heiligste Kuh der deutschen Gelehrten, alle Fundamente auf? Die entscheidende „Leistung“ der historischen Wissenschaft besteht darin, daß sie den durch Tradition gestifteten und als Tradition gegenwärtig gehaltenen Bezug zur Geschichte auflöst! Die historische Wissenschaft löst die Tradition als eine Weise der unmittelbaren Gegenwärtigkeit von Geschichte auf. Sie bewirkt also einen Bruch zwischen Gegenwart und Vergangenheit. Auf diese Weise wird die Geschichtlichkeit der Gegenwart ausgeblendet. Die Tradition, die unmittelbare Form der Gegenwart der Vergangenheit wird zerstört und aufgelöst. Warum ist das so? Weil das die Geschichte auslegende oder erkennende Subjekt des Historikers der zu erforschenden Geschichte wie einem fernen Objekt begegnet, dem er distanziert und losgelöst von der eigenen Geschichtlichkeit gegenübertritt. Dadurch wird die Vergangenheit überhaupt erst zu Vergangenheit.

Die erste Konsequenz der historischen Wissenschaft ist also die Vernichtung des Traditionsverhältnisses zur Geschichte. Die Historiker destruieren dann jede Form von Tradition, die bisher als Mythos gegenwärtig war. Die Schweiz beispielsweise hat von Wilhelm Tell-Mythos gelebt und die Historiker haben ihn destruiert. Europa hat vom Mythos des Christentum gelebt und die Historiker sind dabei, auch dies als Mythos zu entlarven. Nietzsche fragt nun, wie sich dieses Verhältnis zur Geschichte auf ein Volk und eine Kultur auswirkt.

Nietzsche sah darin katastrophale Konsequenzen für die Kultur, und zwar für jede Kultur. Eine Kultur, die auf eine Religion gründet, vernichtet sich selbst, wenn sie die Historie auf sich selbst anwendet. Für den Historiker ist das, was im Neuen Testament steht, auf Grund des in der „voraussetzungslosen“ Methode unterstellten Verständnisses von Wirklichkeit apriori unmöglich. Der Einbruch von

Transzendenz in die Geschichte ist für ihn apriori ausgeschlossen, weil er bereits einen Begriff des geschichtlich Möglichen und des geschichtlich Unmöglichen mitbringt.

Für Nietzsche ist nun entscheidend, daß das durch die historische Wissenschaft vermittelnde Geschichtsverhältnis eine Dialektik in sich birgt: Die durch die historische Methode in die Vergangenheit gestoßene Geschichte wird nämlich durch das Bemühen des Historikers gleichzeitig wieder gegenwärtig gemacht. Die Vergangenheit als einer Wirklichkeit wird dabei allerdings in den Modus des Möglichen überführt. Für diese Vergegenwärtigung der Vergangenheit gibt es dabei kein Maß und keinen Horizont mehr. Alle Kulturen und Religionen aller Zeiten werden zunächst erforscht und entaktualisiert, und dann in den Zustand der virtuellen Gegenwärtigkeit versetzt. Der moderne Mensch der Gegenwart lebt dann im Anblick eines unendlichen Horizontes vergegenwärtigter Möglichkeiten.

Damit nähern wir uns dem Punkt, an dem auch dieser zweite Essay Nietzsche eine Antwort auf den Zusammenhang von Nietzsche auf den Nationalsozialismus geben wird. Denn wenn durch die Objektivierung der Geschichte jeder Horizont aufgelöst wird, dann tritt eine Entgrenzung ein. Indem aber alles als gleich gültig oder auch gleichgültig wird, weil es in den Zustand der virtuellen Präsenz versetzt wird, dann wird die Kultur in ihrer eigenen Produktivität nicht nur geschwächt, sondern sogar getötet. Aus der Betrachtung der Geschichte resultiert kein zukunftsbegründender Entschluß und keine Tat mehr. Für Nietzsche besteht die entscheidende Folge darin, daß der moderne Menschen eine ironische Existenz wird.

Der moderne Mensch versteht die Geschichte nun als einen anfang- und endlosen Strom eines ewigen Werdens. Es gibt, wie Nietzsche mit Heraklit sagt, kein Sein mehr, sondern nur noch Werden. Der geschichtliche Strom ist anfang- und endlos, und er ist darum unendlich. Alles, was einmal auftaucht, existiert eine Weile, und verschwindet dann wieder spurlos im unendlichen Strom des ewigen Werdens. Wenn man ein solches Bild von der Geschichte hat, dann wird, so Nietzsche, durch diesen Anblick die produktive Kraft des Menschen zerstört. Denn dieser Anblick impliziert ja letzten Endes nichts anderes, als daß alles sinnlos ist. Man kann aber nicht handeln, wenn man weiß, daß das, was vielleicht zustande kommt, nur eine ephemere Welle in einem anfangs- und endlosen Strom des ewigen Werdens ist. Das untergräbt, wie Nietzsche sagt, jeden Glauben – auch den Glauben einer Kultur an sich selbst. Darum entwickelt man statt eines ernsten ein ironisches Verhältnis zu sich.

Nietzsche hat damit zum ersten Mal das entdeckt, was er später das Problem des Nihilismus genannt hat. Der Historismus als Philosophie und Weltanschauung, also der totale Anspruch der historischen Methode auf die Auslegung des Verhältnisses der Kultur zur Geschichte, führt zu dem, was Nietzsche später das Problem des Nihilismus nennt.

Wie aber könnte die mögliche Therapie aussehen? Wessen bedarf es anläßlich der durch den Historismus bewirkten Erkrankung und Erschlaffung der

Kultur? Es bedarf – und da taucht der Begriff zum ersten Mal auf – einer „Gesundheitslehre". An der Stelle, wo der Historismus die eigene bürgerliche Kultur untergräbt, taucht bei Nietzsche die Forderung nach einer Gesundheitslehre auf. Ich erinnere daran, daß der ganze Faschismus nichts anderes, als eine politische Bewegung zur Gesundung sein wollte. Der Faschismus/Nationalsozialismus war sich seiner Sache und seines Weges so sicher, weil er meinte, für die Gesundheit eines erkrankten Volkes und einer dekadent gewordenen Kultur einzutreten.

Nietzsche stellt die Diagnose, daß die alleinige Herrschaft der historischen Wissenschaften und der Philosophie des Historismus für die Kultur tödlich sein muß, weil ihr nur noch eine relative Bedeutung und „Wahrheit" zugebilligt wird und damit der Weg in den Nihilismus vorgezeichnet ist. Im Angesicht eines solchen Nihilismus gibt es dann nur zwei Auswege. Der eine Ausweg ist der heroische Nihilismus des Standhaltens. Und der andere Ausweg, um vor dem Nihilismus gerettet zu werden, ist die Kunst. Die Kunst – das ist das dritte Motiv, in dem Nietzsche im 20. Jahrhundert im allgemeinen und vor allem im Faschismus aktuell geworden ist. Der heilende Schein der Kunst sollte sich wie Balsam auf die Seelen der Menschen legen und sie vor der Erfahrung des Todes und der Tragödie des Nihilismus retten. Mit dem jungen Nietzsche formuliert: Nur als ein ästhetisches Phänomen kann die Welt noch gerechtfertigt werden.[53] Hier nehme ich etwas vorweg, was bei Nietzsche in der „Geburt der Tragödie aus dem Geiste der Musik" thematisch werden sollte. Ich erwähne es hier, weil damit deutlich wird, daß hinter der Fragestellung dieses zweiten Essays bereits das Grundproblem sichtbar wird, mit dem sich Nietzsche sein Leben lang auseinander gesetzt hat und das über verschachtelte Wege zum Faschismus führen konnte.

Was enthält nun dieser Essay über den „Nutzen und Nachteil der Historie", um die geistig kulturelle Situation verständlich zu machen, in der dann das möglich wurde, was im Faschismus geschehen ist? Das ist ja unsere Frage. Wir brauchen diesen Essay hier nicht aller Gründlichkeit interpretieren, sondern wir wollen nur das Entscheidende herausgreifen. Das Entscheidende liegt zunächst einmal in der Fragestellung des Essays. Wenn man diese Fragestellung ganz allgemein formulieren will, dann geht es dort um die Frage nach dem Verhältnis von Wissenschaft und Leben.

Hier taucht gleich der entscheidende Begriff auf, der von Nietzsche beschworen wird, und der gerade in der deutschen Kultur und dann auch im Faschismus eine nicht unwesentliche Rolle gespielt hat, nämlich der Begriff des „Lebens". Mit dem Begriff „Leben" vollzieht sich die Ablösung des Geistbegriffes, der noch für den Deutschen Idealismus, vor allen Dingen für Hegel, tragende Bedeutung hatte. An die Stelle des Geistes, gerade des objektiven Geistes, tritt nun das „Leben". Wenn

---

[53] Friedrich Nietzsche: Die Geburt der Tragödie, Kritische Studienausgabe, hrsg. von G. Colli und M. Montinari, Bd. 1, München 1988, S. 17

man an der Zuordnung der Philosophie Nietzsches interessiert ist, dann müßte man sagen, daß Nietzsche den Durchbruch der Lebensphilosophie oder des Vitalismus darstellt.

Nun ist ja gar kein Zweifel, daß Faschismus und Nationalsozialismus, wenn man das akademisch ein bißchen verharmlosend formulieren will, Bewegungen des philosophischen Vitalismus gewesen sind. Es sind Ausbrüche dessen, was man Lebensphilosophie nennen kann. Der neue Maßstab, an dem die bürgerliche Kultur und ihre höchsten Errungenschaften gemessen werden, ist das Leben.

Nun haben wir ein ganz schwierige Frage vor uns. Denn was versteht Nietzsche in diesem Essay unter „Leben"? Der Begriff Leben ist dort vage und unbestimmt. Das hier beschworene Leben, an dem die bürgerliche Kultur und auch die Wissenschaft gemessen werden soll, ist etwas, was sich der begrifflichen Bestimmung entzieht. Es ist begrifflich nicht faßbar, definierbar und bestimmbar. Nietzsche spricht nur von der „Macht des Lebens". Das Leben ist offenbar mächtig. Zweitens wird von einer dunklen, geheimnisvollen, einer unersättlichen und einer begehrlichen Macht des Lebens gesprochen. Was das Leben will, kann man also nicht mehr unter Berufung auf ein Telos beantworten, sondern Leben will nichts anderes als Leben. Oder: Leben will nur immer mehr von dem sein und haben, was es ist: Es will noch mehr Leben. Und da dieses Leben immer auf seine Vermehrung aus ist, muß es die Vernichtung, das Vergehen und den Untergang als ein zu dieser dunkel beschworenen Macht des Lebens gehörenden Eigenart mit akzeptieren.

Mehr erfahren wir von Nietzsche eigentlich in der ganzen Abhandlung nicht darüber, was hier unter Leben verstanden wird. Es gibt allerdings einen Begriff, an dem das Leben etwas faßbar wird. Denn als Nietzsche über die desaströsen Konsequenzen einer durch die Wissenschaft bestimmten historischen Bildung spricht, redet er immer wieder von Instinkt. Die wissenschaftliche Aufklärung über die Geschichte zerstöre die Instinkte. Die Kultur werde in ihrer Naturbasis, die Nietzsche auch als Lebensinstinkt eines Volkes und einer Kultur anspricht, zerstört.

Nun stehen wir vor einer schwierigen Frage: Was ist eigentlich Instinkt? Eine angemessene Instinkttheorie gibt es eigentlich nur über tierisches Leben. Und was ist Instinkt im tierischen Leben? Es ist die von der Natur selbst übernommene und damit dem Tier abgenommene Regelung des Lebens des Tieres im Blick auf dessen Selbsterhaltung in einer feindlichen Umwelt. Es ist das automatische Eingelassensein des Tieres in seine Umwelt, und es ist der Automatismus, mit dem das Tier auf Bedrohungen seiner Selbsterhaltung reagiert. Dieser Umweltumschluß des Tieres ist durch Instinkte geregelt. Das Tier ist damit in seiner Lebenserhaltung von dem entlastet, was zum menschlichen Leben im Unterschied zum tierischen gehört, nämlich von der Notwendigkeit, sein Leben selbst zu führen oder – wie man sagt – sein Leben in die Hand zu nehmen. Wenn die Menschen im Unterschied zur tierischen Automatik ihr Leben selber führen müssen, dann kann das allerdings auch schiefgehen.

Dieser Vergleich mit dem Tier ist übrigens, geistesgeschichtlich und methodisch gesehen, ein hochbedeutsamer Vorgang, denn er zeigt, daß der Mensch offenbar nicht aus sich selbst definiert werden kann. Wenn man den Menschen in dem, was ihn zum Menschen macht, erfassen will, dann muß man ihn immer abhebend mit etwas vergleichen, was anders ist als der Mensch; sei es, daß dieses Andere mehr ist als ein Mensch oder daß es weniger ist als ein Mensch. In einer 2000jährigen Tradition ist das, wozu der Mensch vergleichend und abhebend in Beziehung gesetzt wurde, immer Gott oder das göttliche Sein gewesen. Es gibt in diesem Punkte keine Differenz zwischen der antiken und der christlichen Kultur. Auch die Griechen – also vom christlichen Standpunkt aus: die sogenannten Heiden – sind nie auf eine andere Idee gekommen, als die, den Menschen in seiner Eigenart im abhebenden Vergleich zu den Göttern zu erfassen.

Im Blick auf die Bestimmung des Menschen vergleicht Nietzsche den Menschen nun nicht mehr mit Gott, sondern mit dem Tier. Herder hat das in seiner Abhandlung über den Ursprung der Sprache auch getan, aber bei Nietzsche steht es gleich am Beginn seiner Überlegungen. Und was unterscheidet nun Nietzsche zufolge das Tier vom Menschen? Das Tier ist an den „Pflock des Augenblicks“ gefesselt.[54] Das Tier geht völlig im Augenblick auf und wird daher als glücklicher als der Mensch empfunden. Es ist ein unglaublicher Vorgang, daß Nietzsche hier vom Glück des Tieres spricht, das zeitvergessen an den Pflock des Augenblicks gebunden ist.

Wenn man nach dem geheimsten und tiefsten Zusammenhang Nietzsches mit dem Faschismus fragen will, dann hängt das mit dieser Wendung zusammen: Das Glück liegt im instinktgeregelten, in seiner Automatik geschützten und ganz im Augenblick sich selbst vergessenden Leben.[55]

Wenn man nach der normativen Quelle der Urteile fragt, die Nietzsche über die bürgerliche Kultur fällt, dann wird man erkennen, daß dieses Glück des Tieres für Nietzsche eine Art normative Leitfunktion übernimmt.

Für Nietzsche ist durch den Historismus das Leben und die produktive Kultur in Gefahr. Denn mit dieser Entgrenzung und Universalisierung des Horizontes löst sich die bestimmte Atmosphäre, die für Nietzsche zum Leben gehört, auf. Wenn diese Atmosphäre aber beseitigt wird, dann leiden darunter die Antriebe, die Instinkte des Lebens. Die Lebensinstinkte selber werden dann gebrochen.

---

[54] Friedrich Nietzsche: Unzeitgemässe Betrachtungen. Zweites Stück. Vom Nutzen und Nachtheil der Historie für das Leben, Kritische Studienausgabe, hrsg. von G. Colli und M. Montinari, Bd. 1, München 1988, S. 278

[55] Noch heute jagen die Massen, wenn sie das Glück erheischen wollen, nach dem Augenblick, an dem sie, wie an den Pflock des Augenblicks gefesselt, sich selbst vergessen können. Sexualität und Popkonzerte liefern dann das Glück, weil die Menschen selbstvergessen und ekstatisch sich an den Augenblick verlieren und in ihm aufgehen können. Dahinter steht letztlich das große Vorbild des tierischen Glücks.

Nietzsche sieht aus diesem Vorgang ein Problem hervorgehen. Nachdem nämlich alle geschichtlich gewordenen Grundlagen und Substanzen der Kultur durch die kritische Geschichtswissenschaft aufgelöst worden sind, muß nun der Mensch das Schaffen einer Kultur in die eigene Hand nehmen. Der Mensch findet die Kultur nicht mehr vor, sondern er muß die Kultur nun erst schaffen. Er eignet sich diese Kultur nicht mehr durch Erinnerung an, denn es gibt nichts mehr Gewordenes, womit der Mensch sich identifizieren und was er bejahen könnte, sondern er muß aus dem Anblick des universalen Werdens und Vergehens der Völker und ihrer Kulturen, den die historisch-kritische Wissenschaft vermittelt, die Bedingungen für eine neue Kultur schaffen. So wie die Marxisten glaubten, man könne die gerechte Gesellschaft schaffen, so glaubt Nietzsche nun, die Menschen könnten Kultur schaffen. Die diesem Produzieren von Kultur angemessene geistige Größe – hier taucht der für den Faschismus entscheidende Begriff auf – nennt Nietzsche den „Mythos". Die kulturermöglichende Kraft und Bedeutsamkeit des Mythos besteht darin, daß er das Leben in einen bestimmten Horizont einschließt. Der Mythos ist natürlich eine entscheidende genetische Quelle, um die Politik des 20. Jahrhundert, und vor allem den Faschismus, zu begreifen. Denn der Faschismus hat – gegen die verderbliche Wirkung der Wissenschaft für die Kultur – den Mythos beschworen.

Natürlich ist nicht nur der Nationalsozialismus mythenverpflichtet gewesen, weil er dieses triviale Buch von Alfred Rosenberg „Der Mythus des 20. Jahrhunderts" geschrieben hat, sondern alle Politik des 20. Jahrhunderts lebt von Mythen. Diejenigen Politiker sind am erfolgreichsten, die am erfolgreichsten Mythen produzieren und erfinden. Im Dritten Reich herrschte der Reichsmythos und der Rassenmythos, im Kommunismus der Mythos vom revolutionären Proletariat und heute ist es vielleicht der Mythos Europa. Die Inhalte haben gewechselt, aber die funktionelle Entsprechung des Mythos als einer politikermöglichenden Größe ist geblieben.

Das ist eine aufregende Sache. Denn was bedeutet es, wenn plötzlich auf dem Höhepunkt der Moderne, also immerhin vor 130 Jahren, der Mythos wiederkehrt? Das bedeutet, daß die Krise der Aufklärung mehr als 100 Jahre alt ist. Analog zu Nietzsche hat auch in Frankreich ein Kulturtheoretiker den Mythus wieder entdeckt. Georges Sorel hat dort den wissenschaftlichen Sozialismus verabschiedet und den Sozialismus als Mythos proklamiert. Sorel setzte in seiner Politik auf den „Mythos vom Generalstreik". Sorel hat da nicht an ein großes Blutbad gedacht, sondern an die Wirkung, die von dem Mythos ausgeht: „Und alle Räder stehen still, wenn dein starker Arm es will." Diesem Mythos, und nicht der wissenschaftlichen Erklärung von der Notwendigkeit des Sozialismus, hat er noch den Durchbruch zum Sozialismus zugetraut. Der Glaube an die Wissenschaft wird also durch den Glauben an den Mythos ersetzt. Das ist das Entscheidende. Dieser Georges Sorel war übrigens nicht nur der Ideengeber für Mussolini, sondern auch für Lenin. Sorel selber hat immer geschwankt, ob er für Mussolini oder für Lenin sein sollte. Lange Zeit war Sorel für Mussolini, dann für Lenin, und umgekehrt. Zum Schluß hat er dann doch für Lenin optiert. Sorel hat die funktionelle Identität, die der Mythos sowohl im Faschismus wie auch im leninistischen Sozialismus gespielt hat, völlig richtig erkannt. Sorel ist darum der große Konfusionsrat, weil er am Beginn aller großen Ideenentwicklungen des 20. Jahrhunderts steht und sie in sich vereinigt hat. Sorel ist alles gleichzeitig in seinem Leben gewesen, und er hat in seiner intellektuellen Autobiographie die politische Ideengeschichte des 20. Jahrhunderts vorweggenommen. Die Geschichte der ersten Hälfte des 20. Jahrhunderts verstehen, heißt, das zu verstehen. An Georges Sorel können wir sehen, daß nicht nur die Deutschen auf die Idee gekommen sind, Wissenschaft durch Mythos zu ersetzen. Das haben die Franzosen im Falle Sorels ganz genauso gemacht.

Das Problem der Wissenschaft und die Bedeutung des Mythos explifiziert Nietzsche an einem bestimmten Fall, und zwar am Christentum. Die These von Nietzsche lautet: Wenn ein geschichtliches Phänomen wissenschaftlich, also historisch-kritisch, erkannt ist, ist es tot. Wenn ein Phänomen in dieser Weise völlig erkannt ist, ist es tot. Daraus schließt Nietzsche: Wenn das Christentum rückhaltlos zum Gegenstand der historisch-kritischen Erforschung gemacht wird, dann bedeutet dies das Ende des Christentums. Denn, sagt Nietzsche, das Christentum lebt nicht aus der Wissenschaft, sondern aus dem Mythos. Zerstört man die Elemente des Mythos in der christlichen Überlieferung, dann vernichtet man das Christentum.[56]

Die Wirkung der radikalen Anwendung der Methoden der historisch kritischen Wissenschaft auf die Geschichte ist genau diese. Die Kultur zerstört sich selber und das Leben wird, wie Nietzsche sagt, „krank". Hier haben wir den Begriff: Das große Thema der Philosophie Nietzsches verbindet sich mit diesem Begriff der Krankheit. Später spricht er dann von „Dekadenz". Dekadenz heißt: Das Leben

[56] Diesen Vorgang könnte man exemplarisch an den jungen Theologen des 20. Jahrhunderts zeigen. Sie sind in der Regel in der Provinz aufgewachsen und in die Welt des pietistischen Mythos eingeführt worden. Da gab es Jesus Christus, den Herrn. Der Herr sei den Menschen begegnet und er habe sie zu einem neuem Leben gebracht. Und nun wollten diese Theologen die Verkündigung des neuen und wahren Lebens in die Welt hinaus tragen. Darum gingen sie an die theologische Fakultät, etwa der Universität Tübingen, und hörten sich die Vorlesungen über das Neue Testament an. Im Verlauf des Studiums bekamen diese jungen Theologen nun zu hören, daß das ganze Neue Testament keinen authentischen Satz von Jesus enthält und daß man außerordentlich skeptisch sein müsse, weil dies alles in der Wissenschaft noch offen ist und einer weiteren Erörterung bedürftig sei. Dann passierte genau das, was Nietzsche gesehen hat, nämlich daß diesen angehenden Theologen ihr Glaube zerstört wurde. Die Folge ist bis heute, daß sie sich als Spätlinge eines längst zerstörten Erbes empfinden. Sie können nicht mehr glauben, denn sie sind ja durch die Wissenschaft „aufgeklärt" worden. Dann ziehen sie sich entweder aus der Theologie zurück und werden, wie Nietzsche sagt, ironische bis zynische Existenzen, die, wenn sie dann in ihre Heimatgemeinden kommen, für den frommen Eifer ihrer Familienangehörigen vielleicht nur noch ein müdes, skeptisches Lächeln übrig haben; oder sie werden zu großen Feinden des Christentums und machen sich auf, diese als Mythos durchschaute christliche Religion im Namen der Aufklärung zu zerschlagen. Daher stammen seit einiger Zeit die krassesten Formen der Christentumskritik immer von den Theologen, weil sie meinen, sie hätten noch einen Nachholbedarf; oder sie werden in Anpassung an die Moderne, Sozialarbeiter und rufen dazu auf, den Armen und Unterdrückten der Dritten Welt zu helfen. Zuletzt machen sie dann den Europäern, die wie die Maden im Speck sitzen, ein schlechtes Gewissen und fordern – was viel mit der Aufklärung, aber wenig mit dem Christentum zu tun hat – eine weltumspannende Menschheitsmoral.

ist erkrankt, das Leben wird um seine Antriebe gebracht. Das Leben wird, wie Nietzsche sagt, in seinen Instinkte beschädigt. Es legt sich wie Mehltau das Gefühl auf die Gemüter, daß es sich nicht mehr lohnt, etwas zu schaffen, weil alles schon mal da gewesen ist und weil die historischen Wissenschaften ja gezeigt haben, daß alle Versuche letztlich umsonst und vergeblich waren.

Aus der scharfen Analysc des Zustandes der damaligen bürgerlichen Kultur sieht Nietzsche ein apokalyptisches Endzeitgefühl hervorgehen, verbunden mit einer auffälligen Sterilität. Denn, so Nietzsche, das Leben verliert seine Produktivität. Man ist nun weder zum Glauben noch zur Liebe befähigt. Ein solcher Mensch, der nichts mehr glauben und nichts mehr unbedingt lieben kann, der geht an seiner eigenen Sterilität zugrunde. Das ist für Nietzsche die Folge des Historismus, wonach es nichts Absolutes gibt. In der Geschichte, in der gesellschaftlichen Welt des Menschen überhaupt, gibt es nichts Absolutes, d.h., es gibt keine Wahrheit. Mit der Negation des Absoluten gibt es auch keine Wahrheit mehr, denn jede Wahrheitsbehauptung muß Absolutheit für sich in Anspruch nehmen, wenn sie sich nicht preisgeben will.[57] Das ist zusammengefaßt die Gefährdung, die Nietzsche

---

[57] Den klassische Fall erleben wir gegenwärtig in der Bundesrepublik, indem ein alles relativierender Liberalismus sich absolut setzt. Die These, daß alles relativ ist, wird dabei auf alles angewandt, nur nicht auf die These selbst. Denn der Satz: Alles ist relativ! ist ein unsinniger Satz. Zumindest ist er kein wahrheitskonformer Satz. Denn wenn dieser Satz Wahrheit für sich in Anspruch nähme, fiele er selbst unter dieses Urteil. Der Satz, daß alles relativ ist, müßte sich damit selber als ein relativ gültiger Satz verstehen. Aber das tun die Liberalen nicht. Sie setzen sich vielmehr absolut und behaupten, alles, was Andere denken, sei relativ, und nur man selber sei absolut. Hier liegt eine der Grundschwierigkeiten einer liberalen Demokratie, daß sie sich nur im Bruch mit ihrer eigenen Liberalität verteidigen kann, wenn die liberale Demokratie ernsthaft gefährdet ist. Das erleben wir jeden Tag, wenn es um die Ausschaltung von unerwünschten Meinungen und Auffassungen geht. Dabei müßte der konsequente Liberalismus den Leitsatz, daß alles relativ ist, auch auf sich selber anwenden. Dann aber müßte im Prinzip auch jede vom liberalem Grunddogma abweichende Meinung, wenn auch nur als relativ gültig, akzeptiert werden. Der Wunsch vieler Bürger, von der weiteren Einwanderung von Fremden verschont zu bleiben, wäre dann in Anwendung des Liberalismus auf sich selbst genauso zu akzeptieren, wie der Wunsch, daß wir gar nicht genug Einwanderer bekommen können. Statt dessen werden diejenigen, die von einem weiteren Zuzug an Ausländern nicht begeistert sind, tendenziell für krank erklärt. Man muß sich einmal die Implikationen einer solchen These vorstellen. Genau das haben die Totalitären auch gemacht, und am perfektesten die Kommunisten in der Sowjetunion. Sie haben diejenigen, die nicht von der allein seligmachenden Wahrheit des vom Politbüro interpretierten Marxismus-Leninismus überzeugt waren, für krank erklärt. Was soll man mit denen machen, die krank sind und offenbar auch nur schwer heilbar sind? Auch da sind die Kommunisten, aber auch die Nationalsozialisten perfekt gewesen: Sie haben sie in psychiatrische Anstalten eingewiesen und haben sie einer Gehirnwäsche ausgesetzt. Und was machen wir mit denen, die sich als unheilbar herausstellen? Wenn man hier zu Ende denkt, dann kommt man schnell zu der Einsicht, daß der Liberalismus potentiell sich selber gefährdet, wenn er die liberale Philosophie so versteht, daß für den wahren Liberalismus alles relativ ist, nur der Liberalismus selber nicht. Wenn dieser Liberalismus nicht bereit ist, seiner eigenen Relativität geständig zu sein, dann ist er sehr schnell auf dem Wege, quasi totalitär zu werden. Es ist eine unheimliche Sache, daß aus der Gegenposition zum Totalitarismus auf Grund einer mangelnden erkenntnistheoretischen Reflexion und auf Grund des Unvermögens zu einem dialektischen Denkens sich solch unerwünschte Konsequenzen ergeben können.

aus der totalen Herrschaft der historisch-kritischen Methode über das Geschichtsverhältnis einer Kultur erwachsen sieht.

Was macht man dagegen? Jetzt wird es interessant. Denn wie sieht die Therapie Nietzsches aus? Nietzsche sagt – erstens –, eine solche Kultur ist „aeternisierender Mächte“[58] bedürftig, d.h. geistiger Kräfte, die dem Wechsel nicht unterworfen sind und die eine bleibende Wahrheit verkünden. Es gibt für den frühen Nietzsche grundsätzlich nur zwei äternisierende Mächte, aus denen eine Kultur leben kann: die Kunst und die Religion. Mit der Zerstörung von Kunst und Religion sei dagegen jede Kultur dem Untergang geweiht. Der junge Nietzsche beschwört daher Kunst und Religion als Gegenkräfte gegen jene Auflösungsprozesse, die aus der kritischen Methode und ihrer Herrschaft über die Kultur und das Geschichtsverhältnis hervorgehen. Die Religion gibt Nietzsche selber preis, und es bleibt die Kunst übrig. Nietzsche beschwört die Kunst als die einzige Gegenmacht gegen Dekadenz und Auflösung. Und zwar mit dem Satz: Nur als ästhetisches Phänomen ist die Welt gerechtfertigt. Diesen Satz werden wir noch im Zusammenhang der Behandlung der „Geburt der Tragödie“ interpretieren.

Mit der zweiten Antwort Nietzsches finden wir den unmittelbaren Anschluß an die Fragestellung nach der Genesis des Faschismus. Denn Nietzsche beschwört am Ende dieses Essays die Jugend. Die Rettung soll von der Jugend kommen. Nietzsche ernennt die Jugend zum neuen revolutionären Subjekt. Nicht das Proletariat, wie Marx meint, sondern die Jugend ist nun in dieser kranken dekadenten Kultur das wahre revolutionäre Subjekt. Und warum ist allein die Jugend zur Rettung bzw. zur Schaffung einer neuen Kultur geeignet? Weil sie sich noch vom Wahn ergreifen läßt. Die Jugend brennt in der Ungebrochenheit ihrer Instinkte und in der Kraft ihrer vitalen Antriebe. Sie hat auch noch die Kraft, zu glauben und zu lieben – und darum auch zu schaffen.

Sehen wir uns den Faschismus im 20. Jahrhundert an. Wer ist denn das wahrhaft revolutionäre Subjekt gewesen? Nicht Marxens Proletariat, sondern Nietzsches Jugend. Nietzsche verspricht sich die große Rettung durch die Entfesselung einer Jugend, die sich von denjenigen Banden löst, die sie bisher an die bürgerliche, – marxistisch-sozialistisch gesprochen – bourgeoise Kultur gebunden hat.

Es ist ein ganz eigentümliches Phänomen, daß die Ausbildung der Moderne, und das mehr in Deutschland als in jedem anderem Land, von dem ständig sich erneuernden Willen der Jugend begleitet wurde, diese bürgerliche Gesellschaft zu überwinden. Diese Jugendrevolten beginnen ja nicht erst mit der Wendung zum 20. Jahrhundert, sondern sie beginnen im Grunde genommen bereits mit der „Sturm-und-Drang“-Bewegung. Alle Jugendbewegungen, auch die nationalsozia-

[58] Friedrich Nietzsche: Unzeitgemässe Betrachtungen. Zweites Stück. Vom Nutzen und Nachtheil der Historie für das Leben, S. 330

listische, traten mit dem Ziel an, das bürgerliche Leben zu überwinden. Rückblickend muß man sagen, daß sie damit eigentlich mehr Unglück als Segen angerichtet haben.[59]

Auch Nietzsche hat sich im Blick auf die Kulturproblematik der bürgerlichen Gesellschaft umgeschaut und gefragt, von woher die Rettung kommen kann. Sie kann Nietzsche zufolge nur von der Jugend kommen. Nietzsche hat daher in der zweiten Abhandlung „Vom Nutzen und Nachteil der Historie“ die Jugend als ein kulturrevolutionäres Subjekt entdeckt und eingesetzt. Warum kann die Rettung nur von der Jugend kommen? Weil nur die Jugend eine ungebrochene Vitalität mitbringt und mit einer – durch die bürgerliche Bildung noch nicht gebrochenen – Natur ausgestattet ist. Daher kann nur die Jugend die Quelle der Erneuerung sein.

Fast alle großen politischen revolutionären Bewegungen des 20. Jahrhunderts haben daher ihren Ausgang von den Jugendlichen und von den Studenten genommen. Man denke nur an die Jugendbewegung um die Jahrhundertwende, die die Hohe-Meißner-Formel geprägt hat. Auch diese Wandervogel-Bewegung zog aus der Stadt heraus in die Natur. Thomas Mann hat das übrigens großartig im „Doktor Faustus“ dargelegt, wie die mittelständische Jugend an den Wochenenden aus der Stadt aufbrach, sich bis zur Ermüdung durch die Natur bewegte, und abends, auf dem Bauernhof im Stroh liegend, die letzten Menschheitsfragen und die ganze Kulturproblematik der Zeit reflektierte. Und das Gespräch hätte dort endlos so weitergehen können, wenn Müller oder Meier nicht plötzlich in ein laut vernehmliches Schnarchen übergegangen wären. Das hat Thomas Mann einmalig schön gestaltet.

Ohne die Vorbereitung durch die „Jugendbewegung“ hätte sich der Nationalsozialismus, der im Grunde selber eine Bewegung von jungen Leuten war, nicht durchsetzen können. Der Nationalsozialismus war im Kern ebenso eine Jugendbewegung, wie der Neomarxismus im Kern eine Jugend- und studentische Bewegung gewesen ist. Hitler konnte den bereiteten Boden optimal für sich nutzen. Die Hitlerjugend-Führer der ersten Generation waren vorher alle Mitglied der Jugendbewegung. Und die meisten unter ihnen haben dann unter dem Namen der „Hitlerjugend“ eigentlich das weitergemacht, was sie auch vorher schon gemacht haben. Daß die bürgerliche Gesellschaft korrupt, verfault, steril ist und eine Depravationsform des Menschentums darstellt, das waren Überzeugungen, die die Nationalsozialisten diesen jungen Leuten nicht erst beizubringen brauchten. Diese Überzeugungen hatten sie bereits, nicht zuletzt, weil sie von Nietzsche inspiriert waren.

---

[59] Das letzte große Aufbäumen der Jugend gegen die „etablierte“ bürgerliche Gesellschaft war die Jugendrevolte der 68er Jahre. Diese Studentenrevolte hatte im Anschluß an den Marxismus den Bürger zu der weltgeschichtlichen apokalyptischen Figur des Bourgeois stilisiert.

Aber Nietzsche fährt nun fort und sagt, daß diese entfesselte Jugend selber krank ist. Diese Jugend ist selber krank. Wieso ist sie auch krank? Was ist, wenn die Jugend auch krank ist?[60]

Damit kommen wir zu dem dritten Essay, in dem Nietzsche entwickelt, was er nunmehr unter Philosophie versteht und was für eine Rolle seiner Meinung nach der Philosoph im 20. Jahrhundert spielen sollte. Denn er soll nun der „große Gesetzgeber" sein, der das Maß und Gewicht der Dinge nach neuen Wertmaßstäben festsetzt. Anders formuliert: Nietzsche setzt dort den Philosophen als den „Arzt der Cultur" ein. Diese Bestimmung des Philosophen als Arzt der Kultur stimmt in der Sache völlig mit dem Philosophiebegriff von Platon überein. Denn auch die Platonische Definition des Philosophen ist die „epimelaia". Dem Philosophen geht es um das Wohl der Polis. Der Philosoph ist derjenige, der die Polis heilen will. In diesem Sinne will auch Nietzsche die Kultur heilen.

6. Die Welt als Wille und Vorstellung

Die Kernthese Nietzsches im Essay „Der Nutzen und Nachteil der Historie für das Leben" besagt, daß die bürgerliche Wissenschaft nicht im Dienste des Lebens steht, sondern daß aus der Wissenschaft und ihrer Dominanz desaströse Konsequenzen für das Leben erwachsen.

Wie müßte eine historische Wissenschaft aufgefaßt werden, die im Dienst des Lebens steht? Auf diese Frage gibt Nietzsche eigentlich keine Antwort. Nietzsche beschwört statt dessen als die kulturschaffenden Mächte die äternisierenden Mächte. Er nennt die Kunst und die Religion, weil sie es nicht mit der Zeit, sondern mit dem Bleibenden und mit dem Ewigen zu tun haben. Das ist nur konsequent, denn die Frage nach der Einheit der Geschichtsbetrachtungen könnte er nur in der Metaphysik beantwortet finden. In einer Zeit ohne Metaphysik gibt es dagegen keine Antwort mehr darauf. Da gibt es nur das Unterworfensein unter dem Strom der alles verändernden Zeit. Dann wird die Zeit selbst die alles bestimmende Macht. Der Historismus ist ja nur ein Reflex dieses Vorganges.

Heidegger hat daraus die Konsequenzen gezogen, wenn er sagt: Der Horizont der Auslegung des Sinns von Sein ist die „Zeit". Das ist ein schwerer Satz, den ich auch jetzt gar nicht erläutern will. Nur soviel sei gesagt: Die Zeit stellt bei Heideg-

[60] Es könnte sich noch als unser Unglück erweisen, daß heute offenbar das kulturrevolutionäre Potential der Jugend erschöpft ist, und daß kein revolutionärer oder gar kulturrevolutionärer Antrieb mehr in ihr erkennbar ist. Die vielen Jugendlichen, die an den Universitäten mit kleinen Köfferchen in der Hand – vor allen Dingen in der wirtschaftswissenschaftlichen Fakultät – umherlaufen, denken lieber daran, mit welcher Pension sie nach ihrem erfolgreichen Wirken als Direktor eines großen Unternehmens das rettende Ufer der Pension erreichen werden.

ger den Horizont aller Entwürfe und Auslegungen des Seins dar. Die tiefste Dimension ist die Zeit. An der Stelle, an der in der Metaphysik 2000 Jahre lang Gott, der theos, gestanden hat, steht nun die Zeit.

Wir haben gesehen, daß Nietzsches die Abhandlung von „Nutzen und Nachteil der Historie für das Leben" mit der Beschwörung und der Einsetzung der Jugend als neues kulturrevolutionäres Subjekt beschließt. Hier liegt der Zusammenhang dieser Abhandlung Nietzsches mit der Politik des 20. Jahrhunderts und speziell mit dem Faschismus. Nietzsche knüpft alle revolutionären Hoffnungen nicht an das Proletariat, sondern an die Jugend.[61]

Warum ist den nach Nietzsche die Jugend ein prädestiniertes Revolutionssubjekt? Weil die Jugend noch etwas unbedingt glauben kann. Zwar ist im Zeitalter der Aufklärung und der kritischen Wissenschaften das unbedingt Geglaubte nach der Meinung Nietzsches von der Art des Wahns, aber ohne Wahn entsteht seiner Auffassung nach nichts Großes. Erst wenn man der Jugend den Glauben an Unbedingtes nimmt, ist sie zur Revolution nicht mehr fähig, da sie dann nicht mehr zur

---

[61] Das waren noch schöne Zeiten, als Nietzsche noch auf die revolutionäre Jugend setzen konnte. Dieses revolutionäre Feuer der Jugend scheint heute offensichtlich erloschen zu sein, und zwar aus dem schlichten Grunde, weil es nichts mehr zu entfesseln gibt. Es sind keine Fesseln mehr da, von denen sich die Jugend befreien müßte. Die Jugend ist im Grunde genommen durch die sexuelle Revolution korrumpiert worden. Die Sexualität ist das Letzte gewesen, was man der Jugend wie einen Köder unter die Nase gehalten hat. Und da hat sie zugeschnappt und sie hat das sogar für revolutionär gehalten. Die Transformation der politischen, kulturellen und sozialen Revolution in eine sexuelle Revolution bedeutet das Ende von Revolution überhaupt, weil damit die Revolutionfähigkeit des Subjektes zerstört wird. Heute zeigt sich, daß die Sexualität ein integrierter Industriezweig der modernen kapitalistischen Gesellschaft geworden ist. Diese Jugend ist nun nicht mehr zur Revolution fähig. Sie tanzt nur noch, vollgetankt mit Ekstasy stundenlang in der Disco herum. Diese Jugend will gar nicht mehr die Welt verändern, sie will auch nicht mehr sich selbst verändern, sondern sie will nur von sich selbst loskommen. Sie will sich in der Ekstase selbst vergessen. Es ist eines der subtilsten Manöver in der Geschichte der Revolutionen gewesen, die Jugend zur sexuellen Revolution zu stimulieren. Die Studentenrevolte hat nicht begriffen, daß sie damit die Jugend als revolutionäres Subjekt liquidiert hat. Übrig blieb dann das Paradigma des Playboys als das primitivste und erbärmlichste Produkt des Spätkapitalismus. Aber selbst damit holt man heute keinen Hund mehr hinter dem Ofen hervor. Denn mittlerweile ist auch der Eros getötet. Derjenige, der das genauso gesehen und befürchtet hat, war kein geringerer als Max Horkheimer. Es war seine größte Sorge, daß mit der Beseitigung der bürgerlichen Autorität und den Entsagungen, die der Vater der heranwachsenden Generation auferlegt, letzten Endes der Eros sterben wird. Wenn die Romantik verschwunden ist, so kann man das geistesgeschichtlich beschreiben, dann verschwindet auch der Eros. Was bleibt dann noch über? Ein physiologischer, somatischer Endladungs- und Entlastungsvorgang. Nachdem der Eros getötet wurde, ist man nun dabei, auch die Sexualität selber noch zu töten. Das Ganze wird damit enden, daß den Leuten die Sexualität zum Halse heraushängt. Es ist vielleicht als das einzig erfreuliche Symptom anzusehen, daß die Jugend an der Sexualität die Lust zu verlieren beginnt. Die bürgerliche Gesellschaft, soweit man davon noch reden kann, ist daher völlig falsch orientiert, wenn sie meint, mit moralischen Appellen der Jugend die Lust an der Sexualität austreiben zu können. Die moralische Strafpredigt ist im Gegenteil das Einzige, was noch Lust erzeugt. Dialektisch formuliert, müßte man die Jugend eher ermuntern, die Logik des Triebes zu vollziehen, denn dann sackt diese Bewegung von alleine in sich zusammen.

Askese und zum unbedingten Einsatz und zum Opfer bereit ist. Zu Askese, Einsatz und Opferbereitschaft gehört der Glaube an etwas Unbedingtes. Die Krämerseelen der bürgerlichen Gesellschaft kennen dagegen nur noch Geschäfte, sie werden daher in den Augen Nietzsches überhaupt nichts mehr zustande bringen. Aber die Jugend, die noch nicht in diese bürgerliche Gesellschaft integriert ist, ist noch verführbar und zum Glauben an Unbedingtes fähig. Und daher kann für Nietzsche das revolutionäre Subjekt nur die Jugend sein. Nietzsche fügt aber nun sofort hinzu: Auch diese entfesselte, potentiell revolutionäre Jugend ist krank.

Das ist ja das Problem einer jeder Revolution: Das Subjekt, daß eine Gesellschaft revolutionär verändern will, ist selbst ein Produkt der kranken Gesellschaft. Darum versagten regelmäßig die revolutionären Funktionärskader, sobald sie an der Macht waren. Und daher stellt sich am Anfang einer jeden Revolution die Frage: Wo kriegen wir den anderen oder gar den neuen Menschen her. Das ist die Frage der dritten „Unzeitgemäßen Betrachtung“: „Schopenhauer als Erzieher“.

Wir können hier zeigen, wie das Ereignis Schopenhauers die geistige Disposition der spätbürgerlichen Gesellschaft für den Faschismus und den Nationalsozialismus beeinflußt hat. Vielleicht läßt sich das quasimetaphysische Wesen des Nationalsozialismus an Schopenhauer noch besser erkennen als an Nietzsche. Denn das Hauptwerk von Schopenhauer trägt den Titel: „Die Welt als Wille und Vorstellung“.

Was ist denn der ganze Nationalsozialismus gewesen? Es gibt keine Formel, die die Essenz des Nationalsozialismus so exakt wiedergibt, wie diese Formel: Die Welt als Wille und Vorstellung. Der Nationalsozialismus stand für ein grenzenloses Vertrauen in die Macht des Willens. Nie zuvor gab es einen solch potenzierte Form der Macht des Willens. Die Nationalsozialisten glaubten in der Tat, daß etwas immer zu schaffen ist, wenn man nur den Willen dazu mitbringt. Und was *wollte* der Nationalsozialismus? Die Welt nach seiner *Vorstellung* einrichten. Der Nationalsozialismus wollte die Welt nicht nehmen, wie sie ist, sondern wie man sie sich vorstellt. Der Nationalsozialismus betrieb eine totale Mobilisierung aller Kräfte, um seine Vorstellung zu verwirklichen.

Wo findet sich der Gedanke von der Welt als Wille und der Glaube an die Tat vorgezeichnet? In Goethes „Faust“. Faust sagte: Am Anfang war die Tat. Damit ist, brutal formuliert, Faust der erste Faschist gewesen. Denn Faust hat sich mit der These: „Am Anfang war die Tat“ nicht nur vom Christentum, sondern von der ganzen Logos- und Vernunfttradition der abendländischen Metaphysik losgesagt. „Faust“ steht für die Ersetzung des Logos und des Wortes durch den Glauben an die Tat, er steht für die Absage an die Vernunft und für die Beschwörung der Tat. Insofern ist Faust der Anfang von allem Unglück gewesen.

Goethe hat das auch im zweiten Teil des „Faust“ aufgegriffen und verarbeitet. Dort geht Faust in der Durchsetzung seines expansionistischen imperialistischen Willens gnadenlos über den Tod der beiden Alten, Philemon und Baucis, hinweg. Es ist eine der ergreifendsten Szenen in der ganzen deutschen Dichtung, wie Goethe dieses alte Paar, Philemon und Baucis, die noch dem alten Gott vertrauten, beschreibt, und wie dieser Imperialist Faust gnadenlos über sie hinweg geht und ihre

Hütte, ihre kleine fromme behütete Welt, und zuletzt sie selber auslöscht.[62] Während Faust von der Vision des freien Volkes auf freien Boden spricht, hört er das Schaufeln und denkt, daß dem Meer das Land abgetrotzt wird. Was aber geschieht wirklich? Die Lemuren schaufeln sein Grab. Hier ist die ganze Geschichte des späteren Nationalsozialismus bereits vorweggenommen.

Der Wendepunkt in der bürgerlichen Kultur liegt nicht erst bei Nietzsche, sondern bereits bei Schopenhauer. Schopenhauer ist einer der zentralen Gestalten der deutschen Geistesgeschichte des 19. Jahrhunderts. Warum? Weil Schopenhauer der erste konsequente Atheist in der deutschen Geistesgeschichte gewesen ist. Das ist wichtig, denn Nietzsche ist – bei manchen Differenzen – Schopenhauer immer so weit verpflichtet geblieben, daß er die Frage des Atheismus mit Schopenhauer bereits als entschieden ansah. An diesem Atheismus hat Nietzsche im Prinzip nicht mehr gerüttelt. Zweitens – und da sind wir genau bei dem, was ich versucht habe, über Faust zu sagen – ersetzt Schopenhauer den Glauben an die Vernunft durch den Willen. Schopenhauer meint im Rekurs auf eine – falsche und unhaltbare – Kant-Interpretation sagen zu können, daß er das bei Kant als unerkennbar gesetzte „Ding an sich" erkannt habe. Dieses „Ding an sich", traditionell gesprochen, das Wesen alles Seienden, ist für Schopenhauer der Wille. An die Stelle der (göttlichen) Vernunft tritt der Wille. Was versteht Schopenhauer unter dem Willen? Wenn man genauer hinsieht, so meint er gar nicht den Willen, sondern das, was man herkömmlich Begehren bzw. Begierde nennt. Die Essenz der Welt ist für Schopenhauer die dunkle, endlose, nie zu befriedigende Begierde, die mit ihrer Befriedigung sich selbst verschlingt und zerstört. Nietzsches Lehre von der Wiederkehr des ewig Gleichen ist nichts anderes, als eine Art Ontologisierung der Wiederholungsstruktur, die Schopenhauer aus dem Wesen des Begehrens abgeleitet hat. Denn dieses Begehren kennt kein Telos, sondern es kennt nur die ewige Wiederkehr des Gleichen, es wird ruhelos und sinnlos umgetrieben und kennt nur den Wechsel von Begierde und Langeweile. Der Mensch wird von der Begierde angetrieben. Kaum daß eine momentane Befriedigung eintritt, wird das Begehren von Langeweile abgelöst.

Da berühren wir natürlich eine der Wurzeln der Vorgeschichte des 20. Jahrhunderts, nämlich die Langeweile. Wenn man den mentalen Zustand der Menschen vor dem Ersten Weltkrieg verstehen will, dann muß man Schopenhauer lesen. Rast- und sinnloses Begehren und Langeweile lösten sich damals wechselseitig ab. Die sinnlosen militärischen Abenteuer, in die man sich damals gestürzt hat, hatten nicht zuletzt darin ihren Grund, daß man die herrschende Langeweile als unerträglich fand. Die Deutschen sind 1914 mit Begeisterung in den Ersten Weltkrieg gezogen, weil man der Dumpfheit und Öde des frühkapitalistischen Alltags entrinnen wollte.

[62] Wer sich übrigens doch noch zu einer lebenslangen Ehe verführen lassen will, der lese diese Passagen über Philemon und Baucis. Nirgendwo ist das Glück des gemeinsamen Alters so gut dargestellt, wie bei Goethe. Was ist da schon der stürmische Drang der Jugend gegen zwei Eheleute, die gemeinsam alt geworden sind und die sich merkwürdigerweise bei aller Gegensätzlichkeit immer ähnlicher geworden sind?

Im Vergleich zu diesem dunklen, mit Begierde gleichgesetzten Willen, der das Wesen des Ganzen ausmacht, gibt es für Schopenhauer keine Vernunft. Es gibt nur den Verstand. Schopenhauer denkt diesen Verstand rein instrumentell: Der Verstand ist das Instrument, dessen sich die dunkle vernunftlose Begierde zur Verfolgung ihrer Ziele bedient.

Schopenhauer tritt radikal aus der abendländisch-europäischen, antik-christlichen Tradition heraus, wenn er behauptet, daß es keine Vernunft, sondern nur dunkles Begehren, das nur sinnlos um sich selbst kreist, gibt. Die Befriedigung animalischer Bedürfnisse ist bei Schopenhauer durch Sinnlosigkeit und Vergeblichkeit gekennzeichnet, weil sie ständig wiederkehrt. Alle Begierdeformen sind durch diese Kreislaufstruktur charakterisiert. Es läuft immer dasselbe ab, es gibt keinen Fortschritt. Es liegt darin die ständige Wiederholung des Gleichen. Am Ende ist alles Bemühen vergeblich. Ein Dasein, das sein Glück in die Befriedigung der Begierden setzt, ist für Schopenhauer ein sinnlos und vergeblich geführtes Dasein.

Auch für Nietzsche war die Vernunft nichts anderes, als ein instrumentell für andere Zwecke eingesetztes Mittel. Nietzsches These lautet: die Vernunft ist ein Mittel der Herrschaft. Nietzsche reflektiert nun in der Abhandlung „Schopenhauer als Erzieher" auf die Zerstörung des Menschenbildes in der Moderne. Er stellt hier fest, daß sich das Bild des Menschen in den Dualismus von mechanischer Starrheit und animalischer Triebhaftigkeit auflöst. Übrig bleibt der instrumentell eingesetzt Verstand auf der einen Seite, und die animalischen Triebe und Begierden auf der anderen Seite. Das ist das Menschenbild Schopenhauers.

Schopenhauer hat dieses Menschenbild allerdings nicht affirmiert, sondern er wollte diese Art Menschsein überwinden. Der Mensch sollte aus dieser Verfallenheit an den Trieb, der sich des Verstandes instrumentell bedient, befreit, ja erlöst werden. Schopenhauer hat, obwohl Atheist, wieder das Erlösungsmotiv in das Zentrum seiner Philosophie eingeführt. Er hat sogar bemerkt, daß diese nur durch dunkle machtvolle Triebe beherrschte Welt dem entspricht, was die Christen als die Erbsünde bezeichnet haben. Schopenhauer sah geradezu die größte Wahrheit des Christentums in dessen Lehre von der Erbsünde. Schopenhauer kannte nun zwei Formen der Erlösung: Die Erlösung durch die Kunst und die Erlösung durch den Heiligen. Die Kunst erlöst allerdings nur für einen Augenblick. Die Kunst erlöst und befreit den Menschen nur momentan von der „Zuchthausarbeit" des Willens. Wenn der Mensch dagegen auf Dauer und wirklich erlöst werden will, dann ist das für Schopenhauer nur möglich, wenn der „Wille sich selbst verneint". Der Heilige ist derjenige Mensch, der den Willen zum Leben verneint und der in das Nichts, in das Nirwana, eingeht.

Hier haben wir mit Schopenhauer die Konstellation heraus gearbeitet, die im Blick auf die deutsche Geistesgeschichte und die politische Geschichte, die zum Faschismus führte, entscheidend ist. Denn derjenige, der diese Gedanken Schopenhauers versucht hat, künstlerisch in Töne umzusetzen, ist Richard Wagner gewesen. Wagners Kunst ist die in Töne übersetzte Philosophie Schopenhauers. Man muß Wagner in diesem Zusammenhang nennen, weil die Begegnung mit Wagner für Nietzsche das größte Ereignis in seinem Leben darstellte. Wir werden darauf noch zurückkommen. „Richard Wagner in Bayreuth“ ist eine Apotheose an Wagner, die zugleich bereits alle Elemente einer fundamentalen Kritik an Wagner enthält, die er in dem Essay „Der Fall Wagner“ ausführt. Nietzsche formuliert beides: Kritik und Apotheose Wagners. Insofern er beides formuliert, formuliert Nietzsche, wie wir sehen werden, sowohl die Apotheose wie die radikale Kritik am Faschismus!

Nietzsche hat Schopenhauer nur in diesem einen Punkt widersprochen: Er war nicht bereit, mit Schopenhauer den Schluß zu ziehen, daß die einzige Erlösung in der Verneinung des Willens liegt. Denn das liefe darauf hinaus, daß nur der Tod der große Erlöser ist. Dem hat Nietzsche ganz grundsätzlich widersprochen. Man kann sogar das ganze Experiment der Philosophie Nietzsches als einen Versuch interpretieren, auf dem Boden der Axiome der Schopenhauerschen Philosophie der Konsequenz der Verneinung zu entgehen und Bejahung zu lehren! Das Dilemma Nietzsches besteht darin, daß er alle zentralen Theoreme der Schopenhauerschen Philosophie teilt, aber aus der Schopenhauerschen Verneinung zur Bejahung kommen will.

Hier stimmt Nietzsche wiederum voll mit dem Wesen des Faschismus und Nationalsozialismus überein, der ebenfalls den Nihilismus und Atheismus Schopenhauers antizipiert, aber auf diesem Boden des metaphysischen Nihilismus eine ungeheure Bewegung der Lebensbejahung erzeugen wollte. Wenn man hier bereits die Frage stellt, woran der Nationalsozialismus philosophisch gescheitert ist, dann kommt man zu dem Schluß, daß der ontologische Nihilismus, dem der Faschismus huldigte, mit einer auf dem Willen und der Tat aufbauenden Bewegung der Bejahung des Lebens völlig unvereinbar war! Das trifft aus vergleichbaren Gründen ja auch für die Bewegung des Marxismus-Leninismus zu. Atheismus und sozialistische Weltverbesserung passen auch da nur solange zusammen, wie der Atheismus sich von dem Feuer der Religion, genauer des Christentums, nährte.

Hier liegt nun das Grundproblem der spätmodernen Kultur: Entweder hat Schopenhauer recht, dann ist der Atheismus und der daraus folgende praktische Nihilismus die einzige Konsequenz, die das moderne Dasein ziehen kann. Dann ist es eigentlich das Beste, man bringt sich um. Oder aber man versucht unter diesen Bedingungen des Nihilismus und des Atheismus zu leben. Das geht aber letztlich nur im Vertrauen auf vitale Impulse. Die einzige Philosophie, die dann noch möglich ist, ist dann die Lebensphilosophie. Diese Lebensphilosophie kann im Sinne der Anforderungen der Logos-Tradition aber keine Auskunft mehr darüber geben, was denn eigentlich der Sinn des Daseins ist und wodurch das Dasein noch zu rechtfertigen ist. Dieser Aufgabe hat sich Nietzsche nun noch gestellt, während der Faschismus nur noch um die sinnlose Selbstbehauptung und Selbststeigerung bemüht war.

Nietzsche hat sich noch die – in christlicher Tradition stehende – Frage gestellt: Wie kann das Leben angesichts dieser von Schopenhauer aufgedeckten „Wahrheit“ des Nihilismus gerechtfertigt werden? Oder noch präziser gefragt: Was ist das Leben wert? Was ist das Ganze wert? Von der Antwort auf diese Frage hängt natürlich alles ab. Ist das Leben soviel wert, daß es lohnt, gelebt zu werden? Kann es so, wie es gelebt wird, sich selbst rechtfertigen?

Es ging im 20. Jahrhundert nicht mehr um die Frage, ob es vor Gott gerechtfertigt werden kann, sondern ob es vor sich selbst gerechtfertigt werden kann. Denn wenn ein Leben, so wie es geführt wird, vor sich selbst nicht gerechtfertigt werden kann, dann ist der Verlust der Selbstachtung die unvermeidliche Folge. Hier liegt übrigens die Genialität Dostojewskis, der die Quelle aller Gemeinheiten im Verlust der Selbstachtung gesehen hat. Wenn die Selbstachtung verschwunden ist, dann sind all die Gemeinheiten möglich, die Dostojewski sehr konkret in seinem Werk geschildert hat.

Also was ist das Ganze wert? Das ist nun im Angesicht des Schopenhauerschen spätmodernen Nihilismus Nietzsches Grundfrage. Hier wird deutlich, daß die zentrale Kategorie der Philosophie und auch der Politik im 20. Jahrhundert die Kategorie des Wertes ist. Nun taucht die entscheidende Frage auf: Wer setzt die Werte und wer rechtfertigt das Dasein? Wer gibt mit den gesetzten Werten dem Ganzen einen Sinn? Der Politiker? Oder doch der Philosoph?

Der Experte für Wert- und Sinnfragen ist für Nietzsche der Philosoph. Der Philosoph muß einer an sich sinnlosen Welt einen Sinn geben. Und wenn es keine Philosophen mehr gibt, dann gehen die Leute dort hin, wo etwas angeboten wird. Und dann taucht das Phänomen des Gurus oder auch des politischen Verführers auf. Nietzsche hat dem Philosophen die Rolle der Gesetzgebung zugesprochen. Der Philosoph ist der große Gesetzgeber, der dem Sinn- und Zwecklosen, dem Chaotischen, durch das Gesetz eine Ordnung zu geben vermag. Dem Philosoph wird damit eine Stifterrolle zugewiesen. Der Philosoph tritt damit natürlich an die Stelle des Gottes, wie ihn die Tradition bis dahin gelehrt hat. Jetzt gibt der Philosoph die Gesetze – und zwar auf Grund einer Interpretation des Ganzen der Welt und alles Seienden.

In einer solchen Kultursituation ist das entscheidende Problem nicht mehr das soziale Problem. Natürlich ist die soziale Frage nicht zufällig und mit innerer einsehbarer Notwendigkeit zu dem zentralen säkularen Rang avanciert. Auch der Nationalsozialismus mußte dem Rechnung tragen. Nietzsche hat aber bemerkt, daß es eine noch grundlegendere Frage gibt, nämlich die Frage nach der Bedeutung. Der Philosoph muß darum qua Interpretation dem Ganzen irgendeine Bedeutung geben. Die Menschen leiden an Krankheit, sie leiden vielleicht sogar an Hunger, aber noch mehr leiden sie in der Spätmoderne am Bewußtsein, ein bedeutungsloses Leben zu führen. Das hat Nietzsche entdeckt. Hier reicht Nietzsche tiefer als alle anderen, die über das 20. Jahrhundert nachgedacht haben. Darum besteht für Nietzsche – und das ist seine Antwort auf die Frage nach der Erziehung des Menschen zur Kultur – der wichtigste Kulturbeitrag, der in dieser Zeit von den Menschen geleistet werden muß, darin, der „Erzeugung des Genius" zu dienen.

Das ist ein unglaubliches Wort, denn hier kommt es heraus, daß Nietzsche ein Antidemokrat ist. Nietzsche wendet sich hier radikal gegen den demokratischen Sozialismus. Nietzsche schwört der Formel das größte Glück für die größte Zahl ab und setzt dem den Glauben an den Einzelnen als des Genius entgegen. Nietzsche entwickelt in der Tat einen elitären, antidemokratischen Kulturbegriff. Aber was motiviert Nietzsche dazu? Nietzsche zufolge wird unter diesen nihilistischen Bedingungen der Spätmoderne das Dasein erst ermöglicht, wenn zuvor Sinn und Bedeutung erzeugt werden. Das leisten aber nur die Philosophen und die Künstler. Sie sind es, die Sinn und Bedeutung erzeugen und damit erst Kultur schaffen. Nietzsche erwähnt hier die Priester und die religiösen Menschen schon nicht mehr. Vielmehr sei es vor allen Dingen der Philosoph, der durch die große Gesetzgebung dem Ganzen erst einen Sinn und damit Bedeutung gibt. Und nur dann, wenn das geschieht, können die Menschen überhaupt leben. Der Mensch hält nämlich den Anblick der völligen Bedeutungslosigkeit nicht aus, es sei denn, er sinkt unter das Maß des Menschen zurück. Dann aber ist der Mensch kein Mensch mehr, sondern er gehört nur noch einer zoologischen Gattung an. Ein Dasein, das ohne Sinn und Bedeutung lebt, so sagt man zu Recht, vegetiert nur noch.

Wie kommt Nietzsche dazu, den Sinn und Bedeutung erzeugenden Genius zu beschwören und an seiner Ermöglichung zu arbeiten? Hier wird wiederum die christliche Herkunft Nietzsches offenbar. Denn Nietzsche sucht einen Ersatz für Christus. Das ist die schlichte Wahrheit. Nietzsche sucht nach der Auflösung des Christentums einen Ersatz für Christus. Da das Christentum nicht mehr die Quelle von Sinn und Bedeutung ist, und die christliche Interpretation, wie Nietzsche meint, durch die Wissenschaft als unhaltbar widerlegt ist – daß die Wissenschaften die christliche Weltinterpretation widerlegt hätten, ist ein Vorurteil Nietzsches, das er aber mit dem Bürgertum geteilt hat –, muß nun der Genius erzeugt werden, der dem Ganzen erst Bedeutung und Sinn gibt. Nietzsche ist mit diesem Motiv aus dem Christentum nie wirklich herausgetreten. Nietzsche konnte sich, trotz verzweifelter Versuche, nie von den christlichen Wurzeln seiner Herkunft befreien. Das haben die Nationalsozialisten besser geschafft. Aber was daraus hervorgegangen ist, wird man nicht mehr Kultur nennen können, sondern Barbarei.

7. Nietzsche: „Alles dient der kommenden Barbarei“

Wir wollen nun den Verfallszustand der bürgerlichen Kultur, wie ihn Nietzsche zu seiner Zeit gesehen hat, kurz skizzieren und einige Zitate aus der dritten „Unzeitgemässen Betrachtung“ anführen.

„Wie sieht nun der Philosoph die Cultur in unserer Zeit an? Sehr anders freilich als jene in ihrem Staat vergnügten Philosophieprofessoren. Fast ist es ihm, als ob er die Symptome einer völligen Ausrottung und Entwurzelung der Kultur wahrnähme,...“[63]

Das ist der entscheidende Satz zu der Fragestellung, wieso eigentlich Nietzsches Philosophie die Manifestation einer Lage ist, aus der sowohl der Nationalsozialismus/Faschismus als auch die anderen Barbareien des 20. Jahrhunderts möglich geworden sind. Wobei man sehen muß, daß wir uns darin getäuscht haben, wenn wir geglaubt haben, daß mit 1945 das barbarische Zeitalter ein Ende genommen und

[63] Friedrich Nietzsche: Unzeitgemässe Betrachtungen. Drittes Stück. Schopenhauer als Erzieher, KSA Bd. 1, S. 366

nun das Zeitalter der demokratischen Sitten und der Bewahrung des zivilisatorischen Niveaus eingetreten sei. Nein, diese Geschichte der barbarischen Grausamkeiten geht auf der ganzen Welt, einschließlich Europas, weiter. Man denke nur an die ethnischen Säuberung in Bosnien, im Kosovo oder in Tschetschenien. Man denke aber auch an die millionenfache Abtreibung in Mitteleuropa. Die Geschichte der Barbarei des 20. Jahrhunderts hat keineswegs 1945 aufgehört. Wir müssen bereit sein, solche Wirklichkeiten in den Blick zu nehmen, sonst verstehen wir Nietzsches Kritik der bürgerlichen Kultur nicht.

Welches sind nun die entscheidenden, in der Entwicklung der bürgerlichen Kultur liegenden objektiven Veränderungen und Bedingungen, die den Faschismus und Nationalsozialismus möglich gemacht haben? Eine der entscheidenden Antworten finden wir in diesem Satz: „Fast ist es ihm, als ob er die Symptome einer völligen Ausrottung und Entwurzelung der Kultur wahrnähme, wenn er an die allgemeine Hast und zunehmende Fallgeschwindigkeit, an das Aufhören aller Beschaulichkeit und Simplicität denkt.“ – Das ist ein Satz, den Nietzsche nicht erst im 20. Jahrhundert, sondern auf dem Höhepunkt der bürgerlichen Kultur des 19. Jahrhunderts, allerdings nach der Abwendung vom sogenannten deutschen Idealismus, geäußert hat.

Es heißt immer wieder, der deutsche Idealismus sei zusammengebrochen. Nein, hier werden die Kausalitäten vertauscht. Von einem Zusammenbruch oder gar von einer Widerlegung des sogenannten deutschen Idealismus kann keine Rede sein. Es war nicht der deutsche Idealismus der Wirklichkeit der bürgerlichen Kultur nicht gewachsen, sondern die bürgerliche Kultur zeigte sich an einem bestimmten Punkt ihrer Entwicklung dem deutschen Idealismus nicht mehr gewachsen. Die bürgerliche Kultur versagte vor dem Niveau, das sie im deutschen Idealismus bereits erreicht hatte. Daher ist nach Abwendung vom deutschen Idealismus zwar die bürgerliche Gesellschaft, nicht aber der deutsche Idealismus zusammengebrochen. Der deutsche Idealismus wußte noch, was die Folge sein wird, wenn sich die bürgerliche Kultur von der Metaphysik, von der Religion und von der Sittlichkeit abwendet. Da gibt es zwischen Kant, Fichte, Schelling, von Hegel ganz zu schweigen, überhaupt keine Differenz. Wenn man die Kapitel in der „Phänomenologie des Geistes“ liest, in denen Hegel die Gründe des Terrors in der Französischen Revolution behandelt, dann findet man dort eine Situationsanalyse, die mit dieser zitierten Analyse Nietzsches völlig übereinstimmt. Hegel hatte im Blick auf den Verlauf der Französischen Revolution die kulturellen Auflösungsprozesse völlig klar vor Augen gehabt. Da ist kein Erkenntnisfortschritt festzustellen, sondern man muß vielmehr feststellen, daß die Geschichte nur die Erkenntnisse verifiziert hat, die die bürgerliche Kultur schon einmal gehabt hat.

Nietzsche spricht also der „Ausrottung und Entwurzelung von Kultur“, und er sagt auch, woraus sie resultiert. „Die Gewässer der Religion fluthen ab und lassen Sümpfe und Weiher zurück.“ Nietzsche sieht also aus dem Verschwinden der Religion nicht, wie die progressiven Geister des 19. Jahrhunderts, den Aufbruch des Menschen in die Freiheit hervorgehen, sondern er sieht Sümpfe daraus hervorgehen. Die „Nationen trennen sich wieder auf das feindseligste und begehren sich zu zerfleischen." Das ist ja dann auch während der ersten Hälfte des 20. Jahrhunderts bis hin zur sinnlosen Selbstzerstörung Europas geschehen. Wobei wichtig ist, daß Nietzsche diese Vernichtungskriege der europäischen Nationen als eine Folge der zurückgehenden, abflutenden Religion angesehen hatte. Der Vorgang der Entchristlichung auf der einen Seite und der Vernichtungskrieg der europäischen Nationen im 20. Jahrhundert sind für Nietzsche Kehrseiten der gleichen Medaille. Und die Materialschlachten des Ersten Weltkrieges stellten immerhin das Schlüsselereignis für die Genesis des Faschismus dar.

„Die Wissenschaften, ohne jedes Maass und im blindesten laisser faire betrieben, zersplittern und lösen alles Festgeglaubte auf." – Die Wissenschaften sind also maßlos geworden. Das meint Nietzsche ganz wörtlich. Die Wissenschaften unterstehen selber keinem Maßstab mehr, denn sie haben kein Kriterium für eine Selbstbegrenzung in sich. Mehr noch: Sie haben nicht nur keinen Maßstab, dem sie selber unterworfen sind, sondern sie zerstören sogar alle Maßstäbe.

Nietzsche ist der Meinung gewesen, daß die Gefahr für die Kultur von den Geisteswissenschaften ausgeht, und zwar von den Geisteswissenschaften, die der historisch-kritischen Methode folgen. Davon haben wir ja im Essay vom Nutzen und Nachteil der Historie für das Leben ausgiebig gesprochen. Eine Geisteswissenschaft, welche die historisch-kritische Methode zu Grunde legt, löst alles Substantielle und „Festgeglaubte" auf. Man lese nur die Geschichte der Leben-Jesu Forschung von Albert Schweitzer. Da wird man das Drama der Auflösung der Fundamente des Christentums aufgrund der Erforschung dieser Fundamente durch die historisch-kritische Methode beobachten können. Dort ist alles „Festgeglaubte" aufgelöst worden. Das trifft mittlerweile für sämtliche Traditionen zu. Die historisch-kritische Methode impliziert die Vernichtung aller Traditionen. Die Wissenschaften haben alles Festgeglaubte so erfolgreich aufgelöst, daß der Abschied von den Traditionen, damals noch auf die höheren Etagen der Intellektuellen beschränkt, heute zu einem Massenphänomen geworden ist.

Nachdem alles Festgeglaubte aufgelöst ist, kann man alles behaupten. Dann wird alles eine Sache der Meinungen und der Ideologien. Es ist als Ironie der Geschichte anzusehen, daß die Geisteswissenschaft auf Grund ihrer rational-kritischen Methode dafür gesorgt hat, daß die objektive Wahrheit in Frage gestellt wurde und statt dessen Fragen der Religion, der Sittlichkeit und der Kultur nur noch eine Sache der Meinungen und Ideologien geworden sind.

„Niemals war die Welt mehr Welt, nie ärmer an Liebe und Güte."

Wer hätte es für möglich gehalten, daß es einen solchen Satz bei Nietzsche gibt. Das war das ganze Glück, daß ich bei der Nietzschelektüre empfunden habe, als ich diesen Satz entdeckte. Denn wie muß eigentlich ein Mensch verfaßt sein, der einen solchen Satz formuliert? Das kann doch nur, vielleicht ohne es zu wissen, ein Christ sein. Man kann Nietzsche nur verstehen, wenn man begreift, daß es sich hier zum Teil um die Notschreie einer zutiefst verwundeten christlichen Seele handelt. So zu empfinden, daß die Welt immer weltlicher und noch nie so arm an Liebe und Güte war, kann nur ein Christ. Es ist also kein Zufall, daß Nietzsche aus einem evangelischen Pfarrhaus hervorgegangen ist. Das darf man nie vergessen.

Natürlich war Nietzsche ein Atheist, aber es ist der Atheismus des Sohnes eines evangelischen Pfarrhauses, dessen Unglück darin besteht, daß der Vater in ganz frühen Jahren gestorben ist und er seiner Mutter und, was viel schlimmer ist, seiner Schwester ausgeliefert war. Das Verhängnis Nietzsches besteht in dem Einfluß, den die Schwester auf ihren Bruder ausgeübt hat und in dem, was sie aus seinem Werk gemacht hat. Denn sie, Elizabeth Förster-Nietzsche, hat lange Zeit das Nietzschebild, auch das der Nationalsozialisten, geprägt. Nietzsche wird man aber nur gerecht, wenn man ernst nimmt, wenn er sagt, daß seine Philosophie Experimentalphilosophie gewesen ist. Nietzsche hat philosophisch experimentiert, und zwar nicht aus Lust am Experiment, sondern auf Grund des Satzes: „Wir sind das erste Geschlecht, das keine Antwort auf die Frage nach der Wahrheit hat." – Das ist das Zentrum und der Ausgangspunkt des ganzen Nietzsche.

„Die gelehrten Stände sind nicht mehr Leuchtthürme oder Asyle inmitten aller dieser Unruhe der Verweltlichung; sie selbst werden täglich unruhiger, gedanken- und liebeloser. Alles dient der kommenden Barbarei, die jetzige Kunst und Wissenschaft mit einbegriffen."

Diese Barbarei brach dann 1933 in ihrer massivsten Form aus. Aber sie fiel, wie wir hier lesen können, nicht vom Himmel. Hitler kam aus Braunau, und das Unglück und Verhängnis Hitlers besteht darin, daß er als ein halbgebildeter Dilettant die abgesunkenen Ideen des 19. Jahrhunderts wie ein Schwamm in sich aufgesogen und dann mit diesen Ideen blutig ernst gemacht hat. Hitler hat nur das umgesetzt, was aus dem Verfall der bürgerlichen Gesellschaft und ihrer Kultur im 19. Jahrhundert an Ideen hervorgetreten ist. Nur die Form der Judenvernichtung ist ein spezifisches Produkt Hitlers. Das hat sich im 19. Jahrhundert keiner vorstellen können. Und auch das deutsche Volk hat sich das 1933 nicht vorstellen können. Aber alles andere, was heute als spezifisch deutsch und damit als nationalsozialistisch deklariert wird, ist Gedankengut des 19. Jahrhunderts, das noch am wenigsten von den Deutschen, sondern meistens von den übrigen europäischen Nationen wie den Franzosen und Engländern produziert worden ist. Das gilt für den Imperialismus ebenso wie für den Rassismus. Hitler ist ein europäisches Ereignis, wenn auch die Deutschen auf Grund der kontingenten Geschichte und der kontingenten Struktur Hitlers daraus die radikalsten, bis ins Absurde umschlagenden Konsequenzen gezogen haben.

„Der Gebildete ist zum grössten Feind der Bildung abgeartet, denn er will die allgemeine Krankheit weglügen und ist den Ärzten hinderlich... Sie möchten gar zu gerne glauben machen, dass sie allen Jahrhunderten den Preis abgelaufen hätten und sie bewegen sich mit künstlicher Lustigkeit. Ihre Art, Glück zu heucheln, hat mitunter etwas Ergreifendes, weil ihr Glück so ganz unbegreiflich ist. Man möchte sie nicht einmal fragen, wie Tannhäuser den Biterolf fragt: „was hast du Ärmster denn genossen?" Denn ach, wir wissen es ja selber besser und anders. Es liegt ein Wintertag auf uns, und am hohen Gebirge wohnen wir, gefährlich und in Dürftigkeit."

Die bürgerlichen Intellektuellen wollten damals die allgemeine Krankheit weglügen. Dabei liegt ein „Wintertag" auf dieser Zeit. Das heißt für Nietzsche: Die bürgerliche Kultur geht auf einem Eis, das nicht mehr lange tragen wird. Später verdichtet sich diese These in dem berühmten Satz Nietzsches, daß die europäische Kultur sich mit einer immer größer werdenden Spannung auf eine Katastrophe zu bewegt.

„Aber schon schleichen die Nebel des frühen Abends, der Ton verklingt, der Schritt des Wanderers knirscht; soweit er noch sehen kann, sieht er nichts als das öde und grausame Antlitz der Natur."[64]

Der Nationalsozialismus ist diejenige Bewegung gewesen, die dieses öde, grausame Antlitz der Natur zum Fundament eines politischen Programms gemacht hat. Die Nationalsozialisten haben die Grausamkeiten, die sie begangen haben, unter Verweis auf die grausame Natur begründet. Hitler sprach daher dauernd von den „ehernen Gesetzen der Natur". Nur hat er an eine andere Natur gedacht, als heute die Ökologen und Feministinnen. Er dachte nicht an die Natur als die bergende Mutter, die uns alle behütend in ihrem Schoß aufnimmt, sondern an die grausame Natur, in der das Gesetz der Vernichtung des Schwächeren durch den Stärkeren herrscht.

Die Sicht auf das öde, grausame Antlitz der Natur stammt von der modernen Naturwissenschaft, und darin liegt auch ihre kulturdestruierende Konsequenz der Naturwissenschaften. Nietzsche hat darum auch die Naturwissenschaften zu Mächten der Zerstörung der Kultur gerechnet, weil die Naturwissenschaft den Glauben an jeden Sinn und jede Vernunft in der Natur destruiert. Wenn man sich an das herrschende Weltbild der Naturwissenschaften im 19. Jahrhundert erinnert, dann wird man feststellen, daß diese Naturwissenschaften nur noch Materie und Kausalität als die einzigen Prinzipien der Naturerkenntnis übrig gelassen haben. Und was ist dann der Status des Menschen? Der Mensch ist, wie Monod sagte, nur noch ein streunender Zigeuner am Rande eines sinnlosen Universums. Diese sinnlos gewordene Universum hat Nietzsche damals bereits vor sich gehabt.

Und er hat auch das Zeitalter des Nationalismus und die Kriege des 20. Jahrhunderts vorausgesehen. „Seit einem Jahrhundert sind wir auf lauter fundamentaler Erschütterungen vorbereitet; und wenn neuerdings versucht wird, diesem tiefsten modernen Hange, einzustürzen oder zu explodieren, die constitutive Kraft des sogenannten nationalen Staates entgegenzustellen, so ist doch für lange Zeiten hinaus auch er nur eine Vermehrung der allgemeinen Unsicherheit und Bedrohlichkeit."

Hier finden wir nun die klare Absage Nietzsches an das, was man unter Nationalismus versteht. Aber noch entscheidender ist die These Nietzsches, daß der Moderne der tiefste Hang innewohnt, „einzustürzen oder zu explodieren". Während die progressive Geschichtstheorie die Menschheit auf dem Weg in eine paradiesische Zukunft sah und das Erreichen dieses Paradieses davon abhängig machte, daß man zuvor mit aller Konsequenz die Traditionen der Geschichte vernichtet, bewertet Nietzsche den gleichen Prozeß genau umgekehrt. Nietzsche ist der eigentliche Begründer der modernen Verfallstheorie, denn er sieht in der Moderne den Hang hervorgehen, einzustürzen und zu explodieren.

---

[64] Schopenhauer als Erzieher, S. 367

„Wir leben die Periode der Atome, des atomistischen Chaos." – Das ist der Revolutionsbegriff von Nietzsches. Nietzsche sieht die Heraufkunft einer atomistischen Revolution. Diese atomistische Revolution ist für Nietzsche aber nicht das Ergebnis einer methodisch geplanten Praxis, sondern eines geschichtlichen Verlaufs. Für Nietzsche vollzieht sich die atomistische Revolution mit der gleichen Notwendigkeit, wie sich bei Marx die proletarische Revolution vollzieht. Aus dem Abfluten der Gewässer der Religion, die nur noch Sümpfe zurücklassen, resultiert für Nietzsche das atomistische Chaos. Das bedeutet, daß die Gesellschaft sich in ihre atomaren, also nicht weiter teilbaren Grundelemente auflöst. Das atomare Grundelement einer Gesellschaft ist das Individuum. Die atomistische Revolution ist die individualistische Revolution, die zum Verfall aller Formen des sozialen Ethos und der integrativen Kräfte führt.

Und was hat das mit dem Nationalsozialismus und mit dem Faschismus zu tun? Natürlich dies, daß durch diese Atomisierung die Gesellschaft den Charakter des Chaos annimmt. Dann rufen die Menschen nach der bändigenden und disziplinierenden Gewalt. Der tiefste Grund für den Sieg des Faschismus liegt in dem gesellschaftlichen Chaos der Weimarer Republik begründet. Denn daraus ging der Ruf nach der disziplinierenden, integrierenden Gewalt hervor. Es mußte offenbar eine Gewalt sein, weil eine andere Kraft gar nicht mehr ausreichte, um der chaotischen Lage Herr zu werden. Heute wissen wir, daß dieser Weg der Gewalt fatale Folgen hatte. Aber damals brachte die Verzweiflung über das gesellschaftliche Chaos den Faschismus hervor.

„Die feindseligen Kräfte wurden im Mittelalter durch die Kirche ungefähr zusammengehalten und durch den starken Druck, welchen sie ausübte, einigermaßen einander assimilirt. Als das Band zerreisst, der Druck nachläßt, empört sich eines wider das andre. Die Reformation erklärte viele Dinge für Adiaphora, für Gebiete, die nicht von dem religiösen Gedanken bestimmt werden sollten; dies war der Kaufpreis, um welchen sie selbst leben durfte: wie schon das Christenthum, gegen das viel religiösere Alterthum gehalten, um einen ähnlichen Preis seine Existenz behauptete. Von da an griff die Scheidung immer weiter um sich. Jetzt wird fast alles auf Erden nur noch durch die gröbsten und bösesten Kräfte bestimmt, ..."[65]

Als die Kirche nicht mehr zusammenhalten und keinen Druck mehr ausüben konnte, griff die Scheidung immer weiter um sich und jetzt wird die Welt durch die bösesten Kräfte bestimmt! Das ist die These Nietzsches, und wir brauchen dabei nur an die Epoche der Weltkriege zu denken.

„Jetzt wird fast alles auf Erden nur noch durch die gröbsten und bösesten Kräfte bestimmt, durch den Egoismus der Erwerbenden und die militärischen Gewaltherrscher. Der Staat in den Händen dieser letzteren, macht wohl, ebenso wie der Egoismus der Erwerbenden, den Versuch, alles aus sich heraus neu zu organisiren und Band und Druck für alle jene feindseligen Kräfte zu sein; das heisst, er wünscht dass die Menschen mit ihm denselben Götzendienst treiben möchten, den sie mit der Kirche getrieben haben."

---

[65] Schopenhauer als Erzieher, S. 367, 368

Die Erwerbenden und die Militärherrscher wollen also, nachdem nun die Kirche ihren Dienst nicht mehr leisten kann, daß nun mit dem Staat der gleiche Götzendienst getrieben wird. „Mit welchem Erfolg? Wir werden es noch erleben; jedenfalls befinden wir uns auch jetzt noch im eistreibenden Strome des Mittelalters; er ist aufgethaut und in gewaltig verheerende Bewegung geraten."

An dieser Stelle wird deutlich, warum Max Horkheimer Recht hatte, als er kurz vor seinem Tode erklärte, daß Nietzsche im Vergleich zu Marx der tiefere Denker war. Nietzsche nennt die sich vollziehende geschichtliche Bewegung eine atomistische Revolution. Und sein Denken stellt im Kern den Versuch dar, auf diese Situation und Herausforderung eine philosophische und kulturelle Antwort zu finden. Nietzsche hat die aus dieser atomistischen Revolution resultierende Problematik in der „Genealogie der Moral" in die Frage gefaßt: Wie kann man einen Menschen heranzüchten, der versprechen kann? Das ist die neue ethische Forderung, die aus der Analyse dieses sich geschichtlich vollziehenden Auflösungs- und Verfallsprozesses resultiert. Es ging ihm nicht mehr um die Frage, in welcher Gesellschaft die Menschen leben wollen oder sollen. Denn die Frage, ob die Menschen in einer sozialistischen, kapitalistischen oder auch katholisch hierarchischen Gesellschaft leben wollen, war für Nietzsche geschichtlich erledigt und überholt. Es ging ihm vielmehr um die viel fundamentalere Frage: Wie kann der Mensch überhaupt wieder gesellschaftsfähig werden? Nietzsche sieht einen modernen Menschen vor sich, der nicht mehr fähig ist, in einer Weise als ein Glied in der Gesellschaft zu leben, die mit den Erhaltungsbedingungen dieser Gesellschaft vereinbar ist. Der Verlust dieser Fähigkeit, die Bedingungen der Erhaltung einer Gesellschaft zu gewährleisten, das ist für Nietzsche das Wesen der Dekadenz. Darum fragt Nietzsche nun:

„Wer wird nun, bei solchen Gefahren unserer Periode, der Menschlichkeit, dem unantastbaren heiligen Tempelschatze, welche die verschiedensten Geschlechter allmählich angesammelt haben, seine Wächter- und Ritterdienste widmen? Wer wird das Bild des Menschen aufrichten, während Alle nur den selbstsüchtigen Wurm und die hündische Angst in sich fühlen und dergestalt von jenem Bilde abgefallen sind, hinab in´s Thierische oder gar in das starr Mechanische?"[66]

In diesen Sätzen hat Nietzsche die ganze Quintessenz des Nationalsozialismus vorweggenommen. Denn der Nationalsozialismus bedeutete die Zerstörung des ganzen Kapitals an Menschlichkeit, das in der Geschichte durch die Geschlechter hindurch angesammelt worden ist. Nietzsche sah, daß die bürgerliche Gesellschaft von einem humanen Kapital lebte, das sie nicht selbst geschaffen hat. Die ganze Moderne, ob Liberalismus oder Sozialismus, lebte von dem Kapital an Humanität und an Sittlichkeit, das in Europa in 2000 Jahren angesammelt worden ist. Und Nietzsche sorgt sich um diese Humanität. Wer wird, wie Nietzsche hier sagt, „dem unantastbaren heiligen Tempelschatze, welche die verschiedenen Geschlechter allmählich angesammelt haben, seine Wächter- und Ritterdienste widmen"?

Aus der Zerstörung dieses Kapitals an Humanität folgt das Zerbrechen der Einheit des Menschen. Die Einheit des Menschen fällt auseinander. Der Mensch

---

[66] Schopenhauer als Erzieher, S. 368

spaltet sich in „Starr-Mechanische“, also in den Verstand, und ins „Tierische“, also in den Trieb. Der Mensch zerfällt in Verstand und Trieb, wie es bereits Schopenhauer gesehen hat. Schopenhauer hat damit das Geheimnis dieser spätbürgerlichen Kultur ausgesprochen. An die Stelle der Vernunft tritt jetzt der Trieb. Schopenhauer nennt den Trieb fälschlicherweise „Wille“, aber er meint in Wirklichkeit den Trieb. Und dieser Trieb, den Nietzsche dann als Machttrieb begreift, nimmt den leeren formalen Verstand instrumentell in seinen Dienst.

War der Nationalsozialismus etwas anderes, als der instrumentelle Rückgriff auf das Prinzip der modernen Rationalität zu Zwecken der Organisation und Mobilisierung des Triebes, und zwar des Machttriebes? Der Nationalsozialismus war hier modern und archaisch zugleich. Er war modern, sogar noch moderner als wir es heute sind, weil er konsequent die kalte Rationalität genutzt hat. Er war aber gleichzeitig archaisch, weil er damit nur die Triebe der Massen und den eigenen Machttrieb mobilisiert hat.

Dieses Auseinanderfallen des Menschen, vereinfacht gesagt, in Trieb und Verstand, mußte passieren, als die bürgerliche Gesellschaft sich vom deutschen Idealismus abwandte. Derjenige, der von dieser Wechselwirkung von Trieb und Verstand ausgehend – wahrscheinlich sogar durch Nietzsche inspiriert – versucht hat, die kulturelle Katastrophe des Nationalsozialismus episch zu gestalten, ist natürlich Thomas Mann gewesen. Der „Doktor Faustus“-Roman entwickelt die ganzen, aus dieser schizophrenen Spaltung von Trieb und Verstand resultierenden Konsequenzen.

Thomas Mann hat den Nationalsozialismus als ein Ereignis beschrieben, in dem den Deutschen ihr Bestes zum größten Übel geworden sei. Was meinte er damit? Was hielt Thomas Mann für das Beste der Deutschen, durch das sie sich auch gegenüber anderen Völkern auszeichneten? Es ist das „Gemüt“.

„Gemüt“ ist ein Wort, das eigentlich nicht übersetzbar ist. Man kann es weder ins Romanische noch ins Englische übersetzen. Es ist auch wirklich schwer zu sagen, was Gemüt ist. Das Gemüt entspricht dem Herzen. Blaise Pascal sprach von der „Logik des Herzens“. Diese Rede vom „Herzen“ geht einmal mehr auf das Neue Testament zurück. Paulus hat gesagt: Wenn der Glaube nicht im Herzen ist, so existiert er gar nicht. Dann ist der Glaube nur der Gegenstand einer intellektuellen Diskussion. *Wirklich* wird der Glaube nur im Herzen. Und dieses Herz ist im Christentum die mittlere Kraft, welche Trieb und Verstand bändigt und übergreift. Das Herz ist gegenüber Trieb und Verstand das qualitativ Andere und Höhere und gleichzeitig das zwischen Trieb und Verstand Vermittelnde.

Das Tragische am Nationalsozialismus ist, daß er mit teuflischer List, so hat es Thomas Mann auch gesehen, diese Gemütskraft, diese Herzkraft, diese Mittelkraft der Deutschen für seine teuflischen Pläne ausgenutzt hat. Darin besteht die „Genialität“ der Nationalsozialisten, daß sie diese deutsche Gemütskraft in den Dienst ihrer diabolischen Pläne stellen konnten.

Man darf daher aus der Erfahrung mit dem Nationalsozialismus nicht den Schluß ziehen, daß immer das Gegenteil von dem, was der Nationalsozialismus getan und in Anspruch genommen hat, das absolut Richtige sei. Das stimmt eben nicht. Der Deutsche muß, wenn er selbst daran beteiligt sein soll, auch heute noch mit seinem Gemüt beteiligt sein. Das gilt auch für die Demokratie und den Rechtsstaat. Wenn dieses Gemüt nicht angesprochen und gepflegt wird, dann kann auf die Dauer auch die Demokratie und das zwischenmenschliche Leben nicht funktionieren. Dann herrscht nicht die Humanität, sondern die Kälte und vielleicht sogar die Grausamkeit. Die Grausamkeit ist das Ergebnis unvermittelter Triebbefriedigung – ohne die Vermittlungskraft von Gemüt und Herz.[67]

Nietzsche hat das ähnlich gesehen. Er war eben doch noch ein typisch deutscher Genius, der unter dem drohenden Verlust von alledem gelitten hat. Er sah für den Fall, daß die niedergehende bürgerlich-christliche Kultur nicht durch eine neue Kultur, die sich aus dem Geist der Antike nähren sollte, ersetzt wird, nicht die Humanität, sondern die Barbarei heraufkommen.

8. Singgebung des Sinnlosen

Wir werden nun bald die Interpretation der „Unzeitgemäßen Betrachtungen" abschließen und uns der „Geburt der Tragödie aus dem Geiste der Musik" zuwenden, weil diese Schrift die für unsere Fragestellung zentrale Schrift ist. Darin werden wir alles finden, was wir suchen und was wir brauchen, um den Faschismus zu verstehen. Aber es lohnt sich, zuvor noch einiges zu „Schopenhauer als Erzieher" und „Richard Wagner in Bayreuth" zu sagen. Entscheidend ist, daß in den Augen Nietzsches die bürgerliche Kultur bis in ihre Wurzeln hinein vernichtet ist und daß Nietzsche aus diesem Zusammenbruch der bürgerlichen und – implizit – der gesamten abendländisch-europäischen Kultur einige weitreichende, kühne, aber – wie wir heute wissen – zutreffende Prognosen über den zukünftigen Ablauf der Geschichte angestellt hat. Das gilt insbesondere für den vielleicht merkwürdigsten Satz in dieser Abhandlung:

„Ich gehe durch die neuen Strassen unserer Städte und denke wie von allen diesen greulichen Häusern, welche das Geschlecht der öffentlich Meinenden sich erbaut hat, in einem Jahrhundert nichts mehr steht und wie dann auch wohl die Meinungen dieser Häuserbauer umgefallen sein werden."[68] Nietzsche führt also die Vernichtung der Häuser nicht auf die Entwicklung und den Einsatz von Waffentechnik und Bomben zurück, sondern er sieht einen Zusammenhang zwischen der bevorstehenden Vernichtung der Städte und den Meinungen, die in öffentlicher Geltung sind.

[67] Darum hat einer der größten Autoren im 20. Jahrhundert, nämlich Robert Musil, einmal gesagt, daß die Sexualisierung der zwischenmenschlichen Verhältnisse die Kehrseite der Militarisierung der Gesellschaft sei. Musil hat die Entfesselung der Sexualität mit dem Dröhnen der Panzer in Verbindung gebracht. Es ist daher einer der großen Irrtümer, zu glauben, daß die Befriedigung der Sexualität ein Mittel zur Befriedung der Menschen ist. Nein, die freigesetzte und in den Dienst des Verstandes genommene Triebbefriedigung ist auch eine Form der Grausamkeit.

[68] Schopenhauer als Erzieher, S. 339

Nietzsche sieht – zweitens – sehr deutlich, daß dieser Kulturzerfall mit dem zusammenhängt, was wir heute die Entchristlichung der bürgerlichen Kultur nennen: „Die Gewässer der Religion fluthen ab und lassen Sümpfe oder Weiher zurück.“ Es gibt kaum ein Satz von Nietzsche, der sich so exakt erfüllt hat, wie dieser. Die Hoffnungen auf Humanität und Freiheit, die die Progressiven mit dem Ende der Herrschaft der christlichen Religion herauf dämmern sahen, haben sich, wie das Beispiel des Faschismus/Nationalsozialismus lehrt, eben nicht erfüllt.

Drittens führt Nietzsche diesen Kulturverfall in seiner tiefsten Dimension darauf zurück, daß der vereinzelte Mensch ratlos vor dem Anblick der gnadenlosen, grausamen, ewigen Gesetzen der Natur steht.

Nietzsche führt den Kulturverlust auf den Bedeutungsverlust des Menschen zurück. Wir würden heute vom Sinnverlust sprechen. Im Kontext der modernen Kosmologie ist das Leben der Menschen als bedeutungslos anzusehen.

Es kann kein Zweifel darüber bestehen, daß das 20. Jahrhundert und vor allem der Faschismus ein verzweifelter Kampf gegen diesen Bedeutsamkeitsverlust darstellte. Es ging in diesen Anstrengungen darum, wieder Sinn und Bedeutsamkeit in eine an sich bedeutungslose und sinnlose Wirklichkeit hinein zu bringen. Das wichtigste Organ bei der Wiederverzauberung der Welt ist dabei natürlich die Ästhetik gewesen. Die Ästhetik sollte den Dingen und den Verhältnissen den Schein einer Bedeutsamkeit verschaffen, den sie von sich selbst her nicht mehr hatten. Darum ist die ganze Substanz der Kultur im 20. Jahrhunderts, und vor allen Dingen des Faschismus, nicht die Religion, nicht das Christentum, nicht die Philosophie, auch nicht die Wissenschaft, sondern die Ästhetik. Daher konnte Walter Benjamin zu Recht sagen, daß der Faschismus nichts anderes als politisierte Ästhetik war. Der Kern des Faschismus, weniger vielleicht des Nationalsozialismus, ist die Ästhetik gewesen. Der Faschismus war der Versuch, aus der Substanz der Ästhetik heraus eine politische Revolution zustande zu bringen.

Nun müssen wir noch einen für unsere Fragestellung sehr wichtigen Punkt besprechen. Denn in dieser dritten „Unzeitgemässen Betrachtung“ wird zum ersten Mal der fundamentale Antidemokratismus Nietzsches deutlich. Darum ist der Umgang mit Nietzsche für so demokratische Zeiten wie den unseren potentiell so gefährlich. Denn es gibt gar keinen Zweifel, daß Nietzsche ein Gegner des demokratischen Sozialismus, ja der Demokratie überhaupt, gewesen ist.

Wie stellt sich dieses Unternehmen des demokratischen Sozialismus aus der Perspektive Nietzsches dar? Für Nietzsche ist demokratischer Sozialismus das Programm der Befreiung und der Beglückung der Massen. Damit beruht dieses Programm auf dem ehernen Felsen der Egalität. Auf den Zerfall von Autorität und Tradition reagiert die Demokratie – wir können heute Sozialismus weglassen – unter Etablierung des Prinzips der Egalität.

Es ist nun wichtig, zu sehen, was eigentlich das Motiv ist, das Nietzsche damals im letzten Drittel des 19. Jahrhunderts daran gehindert hat, diesem demokratischen Programm zu trauen und darin nicht eine Lösung der Kulturkrise zu betrachten. Im Gegenteil, Nietzsche interpretiert die demokratische Bewegung als einen weiteren Progreß im Verfall der Kultur. Das Grundmotiv Nietzsches ist nicht ein politisches oder ein soziales, sondern ein kulturelles gewesen. Nietzsche hat das demokratische Projekt daran gemessen, was er unter Kultur verstanden hat. Wir werden gleich darauf eingehen, was Nietzsche hier in dieser Schrift unter Kultur verstanden hat? Was ist für Nietzsche die aus dem Ende des Christentums sich ergebende Aufgabe? Es geht nun darum, wie dem Menschen wieder die Erfahrung von Bedeutung zurückgegeben werden kann. Das ist das Problem, dem sich Nietzsche stellte.

Übrigens sah sich nicht nur Nietzsche, sondern auch Ernst Bloch vor dieses Problem gestellt. Ernst Bloch hat dieses Motiv Nietzsches genau verstanden. Die größte Sorge Blochs bestand nicht darin, daß der Sozialismus nicht siegen könnte, sondern daß sich der Sozialismus in seinem quasireligiösen Programm nicht immer wieder erneuern ließe. Wenn der Sozialismus gesiegt hat und die Befriedigung der Bedürfnisse der Massen in Erfüllung gegangen ist, dann, so Bloch, könnte sich ein solches Gefühl der Banalität ausbreiten, daß dieser siegreiche Sozialismus an der selbst erzeugten geistigen Öde und Bedeutungslosigkeit zugrunde gehen könnte. Das war die Sorge Blochs. Das ist auch die Dimension, die Nietzsche im Zusammenhang der Demokratiebewegung und ihrer Erfüllung im Sozialismus gesehen hat. Wobei Nietzsche völlig klar gesehen hat, daß im Gefolge der Demokratisierung der Vormarsch des Sozialismus unaufhaltsam sein würde. Daher konnte auch der Faschismus, und vor allen Dingen der Nationalsozialismus, nur mit der Zustimmung der Massen rechnen, weil er sich auch als Sozialismus empfohlen hat.

Damit spreche ich wiederum ein Tabu an, denn nach 1945, und vor allem nach 1968, war man in intellektuellen Kreisen nicht mehr bereit, dem Nationalsozialismus den Ehrennamen des Sozialismus zuzubilligen. Man sprach nur noch von Faschismus. Aber der Nationalsozialismus hat sich nicht nur National*sozialismus* genannt, sondern er hat sich auch in einer ihm eigenen Weise darum bemüht, das zu erfüllen, was der Sozialismus versprochen hat: nämlich die Herstellung einer großen, freilich nationalen, Volksgemeinschaft, in der es nur noch Volksgenossen gibt. Es gab in der Außendarstellung der Nationalsozialisten keine Parteigenossen mehr, sondern nur noch Volksgenossen. Zwischen dem Generaldirektor und dem Pförtner sollte es hinsichtlich ihrer Zugehörigkeit zur Volksgenossenschaft keine Differenzen geben. Wie auch immer man das sozialistische Moment im Nationalsozialismus bewerten mag, es kann jedenfalls kein Zweifel darüber bestehen, daß der Nationalsozialismus ohne die Inanspruchnahme des Zieles, den wahren Sozialismus zu verwirklichen, nie die große Zustimmung der Deutschen bekommen hätte, die er dann nach 1933 tatsächlich erfahren hat. Eine antisozialistische Politik war unter den Bedingungen der fundamental sich demokratisierenden Gesellschaft im 20. Jahrhundert de facto nicht mehr möglich. Denn in einer Demokratie bekommt eine Regierung nur die Mehrheit, wenn sie die Zustimmung der Massen erreicht. In einer Demokratie muß jeder Politiker, der an die Macht kommen oder an der Macht bleiben will, die Befriedigung der Wünsche der Massen mindestens in Aussicht stellen, sonst hat er keine Chance.

Nietzsche geht es nun darum, dem entzauberten, profanen, banalen Leben in der modernen Gesellschaft wieder eine Bedeutung zurückzugeben, so daß die

Menschen wieder einen Sinn erfahren. Nietzsche war der Meinung, daß für den Menschen die Befriedigung der Sinnfrage noch wichtiger ist, als die Befriedigung seiner materiellen Bedürfnisse.

Auch eine materiell reiche Gesellschaft ist verloren, wenn die Menschen ihr Leben als sinnlos empfinden. Das hat sogar Marx noch irgendwie gewußt. Denn für ihn lebte nicht nur das Proletariat, sondern auch die kapitalistische Bourgeoisklasse in der Selbstentfremdung. Karl Marx hat daraus den Schluß gezogen, daß auch die Kapitalisten befreit werden sollten. Sie mögen sich zwar in ihrer Selbstentfremdung wohl fühlen, aber das ändert nichts daran, daß auch sie Entfremdete sind und daher der Befreiung von ihrer Selbstentfremdung bedürfen.

Daher besteht aus der Sicht Nietzsches das entscheidende Kulturproblem darin, wie man dem Leben in der modernen Welt wieder eine Bedeutung und einen Sinn geben kann. Nietzsche sieht die Unausweichlichkeit einer solchen Frage zwangsläufig mit der Entchristlichung verbunden. Nietzsche unterscheidet sich von den Progressiven darin, daß er nicht meint, daß das Ende des Christentums schon selber auf die große Freiheit hinauslaufe, sondern vielmehr die Barbarei drohe. Nietzsche sieht, daß wenn eine Gesellschaft oder ein Volk sich vom Christentum verabschiedet, es sich Gedanken darüber machen muß, was an dessen Stelle treten kann. Er hat nie daran gezweifelt, daß in der europäischen Geschichte das Christentum bisher die einzige Sinngebung gewesen ist. Das wußte Nietzsche, weil er ein Pastorensohn war. Wenn diese Sinngebung nun aber nicht mehr geglaubt wird, dann breitet sich dieses Gefühl der allgemeinen kollektiven Sinnlosigkeit aus. Darum sieht Nietzsche den modernen Menschen auf der permanenten Flucht. Die Arbeitshektik der modernen Gesellschaft, diese ruhelose und rastlose Umtriebigkeit, welche die moderne Welt erfüllt, hat Nietzsche als ein reines Fluchtphänomen verstanden. Der Mensch in der Moderne ist auf der Flucht vor sich selbst, weil er es mit sich selbst nicht aushalten kann. Die Arbeitssucht war daher für Nietzsche ein typisches Fluchtphänomen, um das nicht eintreten zu lassen, was Blaise Pascal bereits gesehen hat: Das ganze Elend in der Welt beruht darin, daß keiner es eine oder zwei Stunden allein mit sich selbst in einem Zimmer auf einem Stuhl aushalten kann. Das ist das, was Nietzsche sieht.

Darum ist das entscheidende Kulturproblem: Wer gibt dem durch den Untergang des Christentums sinnlos und bedeutungslos erscheinenden Leben in der modernen Gesellschaft wieder einen Sinn? Das ist die Fragestellung Nietzsches. Es ist völlig klar, daß der Faschismus und auch der Nationalsozialismus nicht primär gesiegt haben, weil sie die Arbeitslosigkeit beseitigt oder andere soziale Fortschritte erzielt haben, sondern weil Hitler erfolgreich mit dem Anspruch aufgetreten ist, den Deutschen wieder einen „Sinn" zu geben. Das zeigt, daß der Zustand grassierender Sinnlosigkeit hoch gefährlich ist. Denn wenn die Menschen es bei ihrer Sinnlosigkeit nicht aushalten, werden sie verführbar.

Damit sind wir auf die Antwort Nietzsches auf die Frage vorbereitet: Was bedeutet Kultur? Kultur ist alles, was auf die Förderung und Hervorbringung des Genius gerichtet ist. Kultur heißt für ihn Hingabe und Dienst an der Erzeugung des Genius. Und warum bedarf es der Förderung und Erzeugung des Genius?

Weil der Genius derjenige ist, der dem an sich sinnlosen Leben einen Sinn und eine Bedeutung gibt. Der Genius ist derjenige, wie Nietzsche es ausdrückt, der die Natur und ihre Produktivität vermehrt.

Nietzsches Kulturbegriff tritt hier in einen unausweichlichen Antagonismus zu den modernen Wissenschaften ein. Nietzsche entkoppelt Wissenschaft und Kultur. Diese Entkoppelung bedeutet für sich genommen bereits das Ende der Moderne, denn die moderne Kultur ist diejenige Kultur, in der die Wissenschaft an die Stelle der Religion getreten ist und die damit die Funktionen der klassischen Herkunftsreligion erfüllt hat. Am Portal der Freiburger Universität steht darum in goldenen Lettern geschrieben: „Die Wahrheit wird euch frei machen." Solange die Wissenschaft noch pathosfähig war, wie Hermann Lübbe das so schön nennt, solange war die Kultur eine moderne Kultur. Seit Nietzsche und nicht zuletzt durch Nietzsche wird diese Koalition zwischen der Wissenschaft und der modernen Kultur aufgelöst. Nietzsche hat gezeigt, daß die modernen Wissenschaften an der Zerstörung der Kultur wesentlichen Anteil haben.

Was soll nun, wenn die Wissenschaft nicht mehr Substanz und Substrat der Kultur ist, an deren Stelle treten? Sinn und Bedeutung werden von nun an nicht mehr, wie in Zeiten der klassischen Metaphysik, vernommen und erfahren, sondern sie müssen allererst „produziert" und „geschaffen" werden. Wie heißt noch die schöne Formel von Theodor Lessing? Die Moderne ist „Sinngebung des Sinnlosen". Bedeutung und Sinn muß der Mensch jetzt, nachdem das geschichtliche Christentum untergegangen ist, selber produzieren.

Damit wird für Nietzsche nun die Ästhetik im umfassendsten Sinne zur wichtigsten Macht der Kultur, da die Ästhetik die Produktion von Sinn und Bedeutung zum Ziel hat. Die Künstler produzieren Sinn und Bedeutung. Das war der Sinn und die weltgeschichtliche Mission der Kunst im 20. Jahrhundert. Es war Walter Benjamin, der in genialer Weise erkannt, daß die Ästhetik auch die Substanz des Faschismus gewesen ist. Der Faschismus lieferte keine Theorien und Inhalte mehr, sondern er bildete einen Stil und eine ästhetische Formensprache aus, in welchem das Leben sich darstellen konnte. Darum gehörte zum Faschismus und Nationalsozialismus die ständige rituelle Selbstinszenierung in Massenveranstaltungen. Und daher mußte es die Aufmärsche, Paraden und vor allem die Reichsparteitage geben, die in ihrer Art, also rein ästhetisch betrachtet, zu den größten ästhetischen Leistungen des 20. Jahrhunderts gehörten.

Leni Riefenstahl wird noch heute immer wieder gefragt, ob sie denn nicht gemerkt hätte, in wessen politischen Diensten sie gestanden hätte. Und ihre Antwort lautet bis heute, es sei ihr immer nur um Ästhetik gegangen. Es ging ihr nur um die Technik der ästhetischen Erzeugung, und zwar der Erzeugung des ästhetischen Scheins. Das Paradox besteht nun darin, daß Leni Riefenstahls Vorgehensweise und Selbstverständnis gar nicht widersprüchlich ist. Denn in dem Leni Riefenstahl dieser ästhetischen Absicht gefolgt ist und Ästhetik produziert hat, war sie selber politisch. Es brauchte diese Ästhetik nicht extra politisiert zu werden, sondern diese Ästhetik war a priori politisch. Diese Reichsparteitage waren gewaltige rituelle, kultische Selbstdarstellungen der Nationalsozialisten. Sie haben damit genau das getan, was Nietzsche als eine der zentralen Kulturaufgaben des 20. Jahrhunderts vor Augen gesehen hat, nämlich den Massen wieder zu dem Erlebnis eines Sinnes zu verhelfen. In diesen Zügen stimmt übrigens der Kommunismus mit dem Nationalsozialismus völlig überein. Es finden sich dort die gleichen Formen des rituellen Ausdrucks, um den Massen einen Sinn zu geben, wie im Faschismus. Das ist ja das Unheimliche, daß da etwas wiederkehrte, was die Ethnologen als Zeichen archaischer vorhistorischer Epochen verstanden haben. Damals war die Religion nichts anderes, als der Ritus, in dem eine kollektive Einheit hergestellt und zum Ausdruck gebracht wurde, und in dem das Kollektiv sich selbst gefeiert und angebetet hat.

Entscheidend ist nun, daß bei Nietzsche der Genius das Dasein der Menschen rechtfertigen soll. Wir lassen hier die Rolle des Genius jetzt einmal auf sich beruhen. Die ganze Genesis des Geniebegriffes wäre hier zwar ungeheurer aufschlußreich, aber wir können darauf jetzt nicht eingehen. Wichtig ist nur, daß für Nietzsche das Problem der Rechtfertigungsbedürftigkeit des Lebens auch nach dem Ende des Christentums bestehen bleibt. Nietzsche sucht denjenigen, der an die Stelle Christi die Rechtfertigung des Daseins und des Menschen übernimmt. In diesem Zusammenhang taucht für Nietzsche der Philosoph auf. Darum heißt diese Abhandlung „Schopenhauer als Erzieher". Der Begriff des Philosophen, von dem Nietzsche hier in dieser Schrift zum ersten Mal spricht ist der Begriff des „Gesetzgebers". Der Philosoph ist der Gesetzgeber, und der Philosoph ist, wie Nietzsche später sagen wird, der „Arzt der Kultur". Warum Gesetzgeber? Weil, wenn die Fundamente der bisherigen ethischen Ordnung wanken und die Maßstäbe nicht mehr gelten, es eines neuen Gesetzgebers bedarf.

Nietzsche stellt nun die entscheidende Frage: Was sind die Werte selber wert? Das Problem besteht nicht im Setzen und Verkünden von Werten, sondern in der Beantwortung der Frage: Was sind die Werte, die man setzt oder wählt, wert? Bedenken wir: Wenn diese Frage nicht beantwortet werden könnte, dann wäre alles, was im Nationalsozialismus und im Kommunismus geschehen ist, durch die Berufung auf „Werte" gerechtfertigt. Denn beide Ideologien haben „wertorientiert" gehandelt. Die Nationalsozialisten haben das, was sie getan haben, nicht etwa getan, weil sie etwas Böses tun wollten, sondern sie wollten ihre „Werte" verwirklichen. Die Nationalsozialisten wollten ihre Werte, wie die Deutschen das meistens tun, „konsequent" durchsetzen.

Wenn sie etwas inkonsequenter gewesen wären, hätten ja viel mehr Menschen überlebt. Darum ist der Faschismus in Italien eine im Vergleich zum Nationalsozialismus humanere Angelegenheit gewesen, weil die Deutschen im Unterschied zu den Italienern die humanisierende Kraft der Inkonsequenz, des Kompromisses, ja der Korruption, nicht anzuerkennen bereit waren. Die Existenz von ein wenig Korruption in der modernen Welt hat eben auch eine humanisierende Wirkung. Wenn in einer bürokratisch geregelten Welt ein Beamter im Blick auf einen konkreten Fall bereit ist, Regeln auch einmal nicht anzuwenden, dann sollte man das nicht einfach als Korruption abtun, sondern man sollte wenigstens auch das humane Moment zur Kenntnis nehmen. Denn das Schrecklichste auf der Welt ist die totale Konsequenz. Helmut Schmidt hat den Deutschen 20 Jahre lang zu erklären versucht, daß Demokratie Kompromiß bedeutet. Vielleicht hat sie die Botschaft mittlerweile erreicht.

Wer ist nun in den Augen Nietzsches für die Erarbeitung der Maßstäbe zuständig, nach denen der Wert der Werte ermittelt werden kann? Der Philosoph. Der Philosoph ist darum der „Gesetzgeber", weil er den Maßstab der Dinge erst festsetzt und das Koordinatennetz schafft, innerhalb dessen überhaupt die Wertung von Werten erfolgen kann. Insofern ist der Philosoph und nicht der Manager in der Moderne die entscheidende Figur.

Die moderne Welt befindet sich ständig im Kampf um die Interpretation von Werten. Das Zeitalter der Religion ist durch das der Werte abgelöst worden. Werte müssen aber interpretiert werden. Und der Boden und die Substanz dieses Interpretationskampfes um die Werte ist die Philosophie. Ausgerechnet die ohnmächtige, mißachtete und nicht selten verachtete Form des Geistes, nämlich die Philosophie, ist damit in der modernen Welt die wichtigste und die mächtigste Kraft. Denn die ganze Gesellschaft orientiert sich nach den Maßstäben und Gewichtungen, die letztlich von Philosophen vorgenommen wurden.

Nietzsche bestimmt den Philosophen als den großen Gesetzgeber. Nietzsche sieht das Zeitalter der „großen Politik" heraufkommen, in den große Einzelne den Massen die Gesetze geben und aufzwingen werden. Das gilt für Hitler und Mussolini ebenso wie für Mao Tse-tung. Sie alle waren große Einzelne, die der Masse eine Gestalt gaben und ihr eine Ordnung aufoktroyierten, weil sie sagen konnten, was wert und unwert ist, und ihnen die Massen darin gefolgt sind.[69]

Soviel zu „Schopenhauer als Erzieher". Wir müssen jetzt noch kurz auf die in ihrer Art wenig beachtete, aber hoch bedeutsame Abhandlung „Richard Wagner in Bayreuth" eingehen. Diese Abhandlung schließt unmittelbar an das an, was wir gerade gesagt haben, denn die Begegnung mit Wagner ist für Nietzsche die Begegnung mit dem Genius gewesen. Die Begegnung mit Wagner ist für Nietzsche darum regelrecht ein religiöses Initialerlebnis gewesen. Nietzsche stellte sich regelrecht in den Dienst von Wagners Werk. Später folgte dann allerdings eine wachsende Kritik an Wagner, und am Ende steht die totale Abwendung.

Die zentrale Aussage des jungen Nietzsche über Wagner lautet: Wagner ist eine der „größten Kulturgewalten" in unserer Zeit. Wenn man wissen will, welche Rolle der Wagnerkult und Bayreuth im Dritten Reich gespielt haben, dann muß man Nietzsches Schrift „Richard Wagner in Bayreuth" lesen. Nietzsches Interpretation Wagners ist der Schlüssel zum Verständnis des Wesens des Dritten Reichs. Wir

---

[69] Die Ausbildung von angehenden Politikwissenschaftlern ist falsch angelegt, wenn sie nicht durch eine philosophische Schulung begleitet wird. Demoskopische Forschung reicht da nicht aus. Die politische Geschichte des 20. Jahrhunderts lehrt, daß Politikwissenschaft ohne Philosophie Nonsens ist. Es gibt auch heute keine Politik, die nicht eine bewußte oder unbewußte Exekution von bestimmten philosophischen Interpretationen der Welt ist. Mein Buch, „Der Ernstfall. Die Krise der liberalen Republik", ist zwar nicht für den politischen Alltag geschrieben, aber es ist ein durch und durch politisches Buch. Aber das ist kein Gegensatz dazu, daß es sich zugleich um ein philosophisches Buch handelt.

müssen dazu vor allen Dingen verstehen, warum Nietzsche Wagner für eine der größten Kulturgewalten gehalten hat.

Im Gegensatz dazu hat Theodor Fontane in einem Brief seinen Besuch in Bayreuth so geschildert, daß ihm schon nach dem ersten Takt das Gewoge, das Gewabere und der Nebel so unerträglich wurde, daß er es nicht mehr aushalten konnte und – dem Ausgang zustrebend – nur noch rief: Luft! Mehr Luft! – Fontane ist eben ein nüchterner skeptischer Geist gewesen.

Wagner lieferte das Programm einer Kulturrevolution. Wagner wollte eine Kulturrevolution durch eine Revolutionierung des Theaters, und er wollte die Revolutionierung des Theaters durch die Schaffung eines neuen Typus von Gesamtkunstwerk bewerkstelligen. Hier sind wir nun bei dem entscheidenden Begriff angekommen. Denn Wagner ist ein Kulturrevolutionär gewesen. Wagner hat zum ersten Mal eine Kulturrevolution zum Programm erhoben, in deren Verlauf eine totale Umwälzung aller Verhältnisse und Bedingungen, einschließlich des Menschen, stattfinden sollte, um den Menschen vor dem Untergang in der Sinnlosigkeit der modernen Welt zu retten.

9. Nationalsozialismus und Wagners Kulturrevolution

Man kann nicht sagen, daß die Schrift „Richard Wagner in Bayreuth" nur eine eindeutige Apotheose Wagner durch Nietzsche gewesen sei. Auch die Kritik an Wagner und – aus heutiger Sicht – am Faschismus ist hier bereits angedeutet. Aber Nietzsche hat Wagner als das interpretiert, was er auch tatsächlich war und was er auch sein wollte, nämlich als einen Kulturrevolutionär. Wenn es – mindestens in bestimmten Aspekten – einen geistigen Vorläufer des Nationalsozialismus im 19. Jahrhundert gegeben hat, dann ist es Richard Wagner gewesen. Bei keinem findet man so viele Elemente, die dem kulturrevolutionären Willen und teilweise auch dem Charakter des Faschismus und vor allen Dingen des Nationalsozialismus so nahe gekommen sind, wie bei Wagner.

Da muß man vielleicht zwei Dinge kurz vorausschicken. In der Schrift „Die Kunst und die Revolution" formuliert Richard Wagner seine eigene Intention im Blick auf eine Kulturrevolution. Wagner wollte wirklich eine Revolution. Er hat sich sogar selber beim Aufstand von 1848 als Revolutionskämpfer engagiert und mußte daher nach Paris fliehen. Während er damals noch auf eine politische Revolution zielte, hat er aber später den Revolutionsbegriff erweitert. Jetzt ging es ihm um eine Revolutionierung der ganzen Gesellschaft, um eine totale Umwälzung aller Verhältnisse. Und wie sollte das geschehen? Durch die Veränderung der Kunst und der Stellung, welche die Kunst in der Kultur einnimmt. Der Maßstab der Kritik an den gegenwärtigen Verhältnissen der bürgerlichen Kultur – und das war der von Nietzsche mit Wagner geteilte Ausgangspunkt –, war das Kunstverständnis der Antike und die Stellung, die die Kunst in der Antike eingenommen hat.

Welche Stellung aber hatte die Kunst in der Antike? Zunächst einmal war sie selber nicht nur ein Teil, sondern eine Weise der Kultur. Kunst war noch eingebettet in den religiösen Kult. Und der Kult verkörperte die Mitte und die Substanz des athenischen Lebens und der Polis. Die Polis hat sich durch den Kult erst als Polis konstituiert und reproduziert. Die antike Tragödie ist selber eine Kulthandlung, ein Kultvollzug, gewesen. Sie offenbarte die Präsenz der Götter. Der Kult war der Ort der höchsten Aufgipfelung und Selbstdarstellung der Polis und der substanziellen Kräfte, aus denen heraus die Polis gelebt hat. Das war für Wagner das Idealmodell.

An diesem Modell gemessen, hat nun Wagner die Frage gestellt: Welchen Ort und welche Funktion hat die Kunst in der Moderne und in der spätbürgerlichen Gesellschaft? Die Kunst ist in der Moderne aus der Mitte sowohl des gemeinsamen wie auch des privaten Lebens heraus gedrängt, sie ist zu einer marginalen Bedeutung herabgesunken. Die Kunst ist an den Rand gedrängt worden. Und was ist an diejenige Stelle getreten, an der in der antiken Kultur der Kult gestanden hat? Was ist an die Stelle der antiken kultischen Vergegenwärtigung der Götter in der Moderne getreten? Das entscheidende Wort heißt: Arbeit. Der Lebensinhalt und der Sinn ist nicht mehr die Feier und das Fest, wie das für die antiken Kultur gegolten hat, sondern die Arbeit. Die Arbeit ist in der Moderne in die Mitte des Lebens gerückt. In der Analyse dieser modernen Verhältnisse gibt es übrigens einige Elemente, in denen sich Wagner in einer aufregenden Nähe zur Gesellschaftskritik des Marxismus befindet.

Was bedeutet Arbeit für den modernen Menschen und für dessen Lebenssinn? Es bedeutet Indienststellung des Lebens in die Beschaffung der Mittel zum Leben. Diese Transformation vom kultischen Vollzug in der Antike hin zur Arbeit als einer Gestalt der Absorbierung des Lebens in die Beschaffung der Mittel des Lebens impliziert natürlich, wenn man das am antiken Maßstab mißt, die Hervorbringung eines sinnlosen Lebens. Wenn man das Leben nicht lebt, sondern in den Dienst der Schaffung der Mittel des Lebens stellt, lebt der moderne Mensch ein sinnloses Leben. Der moderne Mensch wird damit – und das ist eine Logik, die aus der Industriegesellschaft als solcher hervorgeht – selber ein Mittel der gesellschaftlichen Produktion.

In dieser modernen Arbeitsgesellschaft gibt es, und das nicht erst durch Wagner, nur eine große Ausnahme, nämlich den Künstler. Der Künstler ist der einzige, bei dem Lebens- und Produktionsvollzug zusammenfallen. Nur bei ihm gibt es eine Einheit von Leben und Arbeiten. Wenn der Künstler das Kunstwerk schafft, dann verwirklicht er zugleich sich selbst. Was in der Antike noch eine Einheit bildete, findet sich in der Moderne nur noch in der Existenzform des Künstlers. Daher kommt der Ästhetik in der Moderne eine ganz neue normative Bedeutung zu.

Im Unterschied zu der Bedeutung, die die Kunst für die Griechen hatte, ist nun allerdings, so Wagner, die moderne Kunst zu einer marginalen Form herabgesunken. Sie dient nur noch der Befriedigung von Luxusbedürfnissen in einer Luxusgesellschaft. Die Kunst gehört damit für den modernen Menschen in den Bereich der Freizeit hinein. Sie hat keine substantielle Bedeutung mehr für das Leben. Der moderne Mensch kann auf die Kunst genauso gut verzichten, er braucht diese Kunst allenfalls zur Befriedigung von Luxusbedürfnissen.

Wagner will nun die Kunst wieder zur Mitte und Substanz des Lebens und der Kultur machen! Und das Instrument, mit dem er das versucht, ist das Theater. Wagner schafft im Blick auf diesen revolutionären Auftrag des Theaters eine ihm angemessen erscheinende Kunstform, nämlich das Gesamtkunstwerk. Das Gesamtkunstwerk dient dem Ziel, ausgehend vom Theater eine revolutionäre Veränderung aller gesellschaftlichen Verhältnisse und – letzten Endes – des Menschen selber herbeizuführen. Denn welche Funktion erfüllt die moderne Kunst, indem sie nur Luxusbedürfnisse in einer Luxusgesellschaft befriedigt. Diese Kunst hat nur noch entweder eine stimulierende oder eine kalmierende Wirkung. Diese Kunst ist nur dazu da, die leere Zeit in der modernen Gesellschaft auszufüllen. Diese leere Zeit ist bestimmt durch die Erfahrung der Langeweile. Der moderne Mensch braucht daher die Kunst zur Ausfüllung dieser leeren Zeit. Er braucht einerseits eine stimulierende Kunst, die den modernen Menschen aus der Trägheit herausholt; und er braucht eine kalmierende Kunst, die den Hysteriker in der modernen Welt zur Ruhe bringen kann. Die moderne Kunst hat also eine aufstachelnde und eine beruhigende Funktion. Aber in beiden Funktionen dient sie nur dem Zweck, die leere Zeit auszufüllen. Die moderne Kunst hat jedenfalls mit der substantiellen Lebenspraxis der Menschen nichts zu tun. Die moderne Kunst ist zwar immer wieder angetreten, diese Trennung von Kunst und Leben, zwischen Kunst und Praxis wieder aufzuheben. Aber es ist ihr mangels Substanz nie gelungen.

Was soll nun die Kunst bei Wagner leisten? Im Zusammenhang der Beantwortung dieser Frage führt Nietzsche nun den aufregenden Begriff der „unrichtigen Empfindung" ein. Die Menschen können ihre Not, so Nietzsche, nicht mehr sprachlich artikulieren.[70] Es ist ihnen die Sprache abhanden gekommen, denn die Sprache ist durch abstrakte Formeln verdorben. In dem Augenblick, in dem die Menschen das, was sie empfinden, sprachlich realisieren wollen, kommt die Konvention dazwischen und macht sie stumm; oder es kommt etwas heraus, was mit dem, was sie empfinden, gar nichts zu tun hat. Nietzsche formuliert hier eine tiefgreifende Sprachkritik. In seinen Augen ist dem Menschen in der modernen Welt die Sprache abhanden gekommen, in der er seine Empfindungen noch zum Ausdruck bringen kann. Es steht dem Volk keine Sprache mehr zur Verfügung, in der es sich über seine Not verständigen kann. Der Verderb der Sprache liegt für Wagner und Nietzsche in der Verbegrifflichung der Sprache.

Das ist etwas, was die Nationalsozialisten und vor allem Hitler sehr genau verstanden haben: Die moderne Sprache ist abstrakt geworden. Sie ist eine verbegrifflichte, eine intellektualisierte Sprache geworden. In dieser intellektualisierten, verbegrifflichten Sprache äußert sich der moderne Mensch nur noch in Allgemeinbegriffen. Mehr noch: Der moderne Mensch redet nicht nur in Abstraktio-

[70] Ein Volk ist übrigens bei Nietzsche im Anschluß an Wagner die Summe derer, die eine Not gemeinsam teilen. An diesem Punkt gähnt freilich ein Abgrund zwischen Nietzsche und dem Nationalsozialismus, hat doch der Nationalsozialismus einen ganz andern, nämlich biologistischen Volksbegriff.

nen, sondern er lebt auch in Abstraktionen. Und in dieser abstrakten Begriffs- und Sprachwelt kommt das „empfindende" Leben nicht mehr vor. Im Gegenteil, die abstrakte Sprache zerstört auch noch das empfindende Leben. Der moderne Mensch empfindet falsch. Er denkt nicht nur in Abstraktionen, sondern er empfindet auch abstrakt.

Hier liegt eine entscheidende Wurzel für die Kulturrevolution, die der Faschismus beabsichtigt hat. Denn der Faschismus erhob nun im Gefolge von Wagner und Nietzsche den Anspruch, die „unrichtige Empfindung" zu überwinden. Dazu sollte die Wagnersche Kunst dienen. Die Überwindung der Trennung zwischen kognitiver und affektiver Sprache war ein zentrales Problem der faschistischen und nationalsozialistischen Kulturrevolution. Die Wurzel der ganzen Wissenschafts- und Universitätskritik, die im Nationalsozialismus geübt wurde, war darauf gerichtet, die Abtrennung der Affektivität, also der empfindenden Subjektivität, von den Prozessen der objektivierenden Wissenschaft aufzuheben. Das war bereits die Intention des vorausgehenden Vitalismus, mit dem hier sowohl der Nationalsozialismus wie auch Nietzsche übereinstimmen.

Wir sehen, das ist bei Wagner und Nietzsche ein ganz anders gearteter revolutionärer Gedanke, als bei Marx. Es gibt eine Kulturrevolution, die auf der Linie von Wagner über Nietzsche zum Faschismus verläuft. Und es gibt eine soziale und politische Revolution, die von Feuerbach und Marx zu Lenin und zum Kommunismus verläuft. Der Marxismus hat die Wurzel allen Übels im Antagonismus von Produktionsverhältnissen und Produktionskräften, und im Leiden der Menschen an der Verdinglichung gesehen. Auch Nietzsche redet mit Wagner von der Verdinglichung. Aber der entscheidende Unterschied liegt darin, daß Nietzsche mit Wagner noch hinter die ökonomische und politische Form der Verdinglichung zurückgeht und die Auswirkungen der Verdinglichung bis in die Empfindung des Menschen, also bis in die natürliche Seite des Menschen zurückverfolgt. Empfinden ist für Nietzsche und Wagner die Form des unmittelbaren Naturverhältnisses des Menschen. Die entfremdende Verdinglichung ergreift daher auch das empfindende Seins des Menschen.

Nun ist der Begriff „falsche Empfindung" in sich ein höchst paradoxer Begriff, denn die falsche Empfindung ist nachdem, was 2000 Jahre lang in Europa sowohl in der antiken als auch in der christlichen Tradition gedacht und gelehrt wurde, eigentlich ein Unbegriff. Er ist zumindest ein paradoxer Begriff. Denn wie kann man sagen, daß jemand falsch empfindet? An welchem Begriff von wahrer Empfindung gemessen kann man eine Empfindung als falsch bezeichnen? Wir können auf diese ganzen Probleme nicht eingehen, weil das eine eigene Abhandlung erforderlich machen würde. Denn die Rede von der falschen Empfindung ist natürlich neutestamentlich-christlichen Ursprungs. Im Grunde genommen beruht die Rede vom neuen Menschen im Neuen Testament auf der Vorstellung, daß der neue Mensch nicht nur ein die Welt anders interpretierender, die Welt und die Dinge anders beurteilender, sondern auch ein anders empfindender Mensch ist. Das Anders-Sein des neuen Menschen wird vor allem auch ein „Anders-Empfinden" sein.

Wir müssen in diesem Zusammenhang noch einmal auf die Rolle zurückgreifen, die im Neuen Testament das „Herz“ gespielt hat. Für Paulus wie für Luther war klar, daß das Christentum abstrakt bleibt, wenn es nicht die Mitte der Person, also das Herz, erreicht und verwandelt. Denn daß aus einem hartherzigen, kaltherzigen Menschen ein warmherziger und barmherzig empfindender Mensch wird, ist ja das größte Wunder, das überhaupt auf Erden stattfinden kann. Die Kritiker des Christentums haben nie begriffen, daß die ungeheure Bedeutung des Christentums darin besteht, daß es durchaus immer wieder dieses Wunder zustande gebracht hat. Das Christentum hat es immer wieder geschafft, aus einem kalt- und hartherzigen einen warmherzigen und barmherzigen Menschen zu machen. Es bedarf eben göttlicher Kräfte, um das zustande zu bringen. Der Letzte, der das in großartigster Weise dichterisch gestaltet hat, ist Shakespeare gewesen. Die Verwandlung des Herzens ist das große christliche Wunder, das Shakespeare von den Frühwerken bis zu den Romanzen zur Darstellung bringt. Plötzlich zieht der Wärmestrom der Empfindung in ein kaltes Gemüt ein. Das ist Christentum. Wenn jemand Christ wird, passiert eben dieses Wunder.

Und um dieses Problem der Verwandlung des falsch empfindenden Menschen geht es auch Wagner und Nietzsche. Mit welcher Kraft und Gewalt glaubt nun Nietzsche, daß man die wahre Empfindung hervorbringen könnte? Diese Gewalt ist die Musik. Die Sprache, die den empfindenden Menschen erreicht und ihn zugleich verwandelt, ist nicht mehr die vorstellungsgebundene Poesie, die noch Hegel in der „Ästhetik“ als die höchste aller Künste angesehen hat, es ist auch nicht die Sprache des Wortes, schon gar nicht die Sprache der Begriffe, sondern die Musik. Und warum ausgerechnet die Musik? Weil die Musik begriffsunabhängig und mit unmittelbarer Gewalt auf das empfindende Sein des Menschen einwirken kann.

Worin besteht nun die Hoffnung, die Nietzsche mit dem Werk von Wagner verbunden hat? Mit Hilfe des Wagnerischen Gesamtkunstwerkes sollte das falsche Empfinden des modernen Menschen überwunden und die – durch die falsche Gesellschaft überdeckte und verdrängte – wahre, lebendige Natur wieder zur Sprache gebracht werden. Die kulturrevolutionäre Absicht war darauf gerichtet, eine Verwandlung des Menschen zu erreichen, in dem auf dem Höhepunkt der Zivilisation die verschütteten Ursprünge der Natur durch das Medium der Kunst den Menschen wieder ergreifen und von daher die ganze Kultur revolutionär verwandelt wird.

Das ist eine faszinierende Konzeption gewesen. Hier liegt einer der am wenigsten bedachten Gründe für den Erfolg des Faschismus und des Nationalsozialismus. Diese Bewegungen haben begriffen, daß man in der modernen Welt nur etwas verändern und erreichen kann, wenn man den Menschen selber verändert. Verändern kann man ihn aber nicht mit der Sprache – jedenfalls nicht mit der begrifflichen Sprache, sondern, wenn schon, nur mit der prophetisch-religiösen Sprache, der sich auch Hitler bedient hat – sondern mit der Musik. Das Absolute, das nicht mehr sprachlich und begrifflich auszusagen ist, spricht sich direkt und unmittelbar nunmehr in der Musik aus. Die Musik steht damit an der Stelle, an der ursprünglich die Religion gestanden hat. Bereits Schopenhauer hat der Musik die Aufgabe zugewiesen, an die Stelle der Religion zu treten.

Natürlich bedeutet dieses Revolutionsprogramm den radikalen Bruch mit dem Geist und der Philosophie der Aufklärung, denn im Glauben an die Begriffe besteht doch der erhabenste Glauben der Aufklärung. Es war ein großer ehrwürdiger Glaube, als man meinte, man könne die Menschen verändern, indem man ihnen die richtigen Begriffe beibringt: Haben die Menschen die richtigen Begriffe im Kopf, dann denken sie richtig, und denken sie richtig, dann handeln sie auch richtig. Das war der revolutionäre Glaube der Aufklärung. Es war Ernst Bloch, der in diesem Zusammenhang die richtige Frage gestellt hat: Warum siegten, kulturphilosophisch gesehen, 1933 die Nationalsozialisten und nicht die Sozialisten? Das ist ja die entscheidende Frage. Wie konnte es passieren, daß die „richtige", nämlich marxistische Theorie unterlag und die radikal falsche, faschistische Bewegung Erfolg hatte? Bloch beantwortete sich diese Frage selber: Weil der Marxismus nicht begriffen hat, daß er mit den Menschen in einer anderen als bloß begrifflichen Sprache sprechen muß. Man kann mit den intellektuellen Begriffen der Aufklärung niemanden in seinem Herzen erreichen. Die Grundproblematik der Neuzeit besteht darin, daß das kognitiv Abstrakte und das emotional Affektive auseinanderfallen. Diese Beziehungslosigkeit zwischen den abstrakten Begriffen auf der einen Seite und dem Empfinden und Fühlen der Menschen auf der anderen Seite gilt es seit jeher in der Moderne zu lösen. Man mußte daher das Organ im Menschen erreichen, durch das allein der Mensch in Bewegung gesetzt wird. Und dieses Organ betrifft den empfindenden und – wenn man so will – auch sinnlichen Teil der menschlichen Natur. In Erkenntnis dieses Umstandes konnte Ernst Bloch, einer der großen marxistischen Philosophen unseres Jahrhunderts, schon in den 20er Jahren des 20. Jahrhunderts seine ohne Zweifel geniale Theorie entwickeln, wonach der Faschismus das Ergebnis der „dialektischen Gleichzeitigkeit des Ungleichzeitigen" gewesen ist.

Was ist nun der Nationalsozialismus als Gestalt praktizierter Ästhetik gewesen? Der Nationalsozialismus war nichts anderes, als eine politische Ausgabe des Gedankens des Wagnerschen Gesamtkunstwerkes. Das war die eigentliche politische Substanz des Nationalsozialismus. Die Nationalsozialisten haben die Menschen in Bewegung gesetzt, indem sie sie nicht als Verstandeswesen, sondern als Leibwesen angesprochen haben. Da wurde gelaufen, gerannt, Fahnen geschwenkt, Marschmusik gespielt. Es war ein politisches Gesamtkunstwerk, das die Nationalsozialisten dort veranstaltet haben. Die Nationalsozialisten kämpften Tag und Nacht darum, den Menschen die gewünschte Empfindung zu verschaffen. Sie haben dazu die Musik mit subtiler Geschicklichkeit eingesetzt. Man denke nur an die Kundgebungen von Hitler oder an die Reichsparteitage. Hitler hat dieses Element kalkuliert, subtil und auch gekonnt eingesetzt. Dieser gescheiterte Künstler wußte eben, wie man im 20. Jahrhundert eine Kulturrevolution bewerkstelligte.

Es wird immer wieder gefragt, ob Hitler ein Verrückter, ein Verbrecher oder ein Genie gewesen ist. Die einfache Antwort lautet: Er ist alles drei zugleich gewesen. Er ist natürlich ein Verrückter und ein Verbrecher gewesen, das steht fest. Aber man muß, wenn man das Phänomen des Nationalsozialismus begreifen will, zugeben, daß er auch ein Genie gewesen ist. Und die tiefste Quelle der Eingebung in diese Zusammenhänge ist sein Verhältnis zu Wagner gewesen. Hitler hat sich den „Ring der Nibelungen" 20 oder 30 Mal angesehen. Die Geschichte ist ja aufregender, als sich das ein Science-fiction-Autor ausdenken kann. Denn Hitler hatte nicht nur ein gutes Verhältnis zum Hause Wahnfried in Bayreuth gehabt, sondern er hat in Bayreuth auch Houston Stewart Chamberlain getroffen. Wenn Hitler überhaupt einen Philosophen gekannt hat und sich dessen Denken zu eigen gemacht hat, dann ist das der Brite Houston Stewart Chamberlain mit seinem Buch „Die Grundlagen des 19. Jahrhunderts" gewesen. Chamberlain hat mit Hitler die Wagnerbegeisterung geteilt, und er hat ein bedeutendes Buch über Wagner geschrieben, das heute freilich im intellektuellen Giftschrank steht. Der genealogische Zusammenhang von Wagners Kulturrevolution zu Hitler verläuft also über Chamberlain und Bayreuth.

In Nietzsches Schrift „Richard Wagner in Bayreuth" taucht noch ein weiterer Schlüsselbegriff zum Verständnis des Nationalsozialismus und Faschismus auf. Denn Nietzsche sagt: Wir brauchen heute einen „Gegenalexander". Damit ist gemeint, daß nicht das Zerschlagen des Knotens nunmehr die kulturelle Aufgabe ist, sondern das Neuknüpfen des Knotens. Der Knoten darf nicht zerschlagen, sondern er muß neu verknüpft werden. Das Auseinanderfallende muß zusammengebunden werden. Wagner ist ein „Gegenalexander" im Sinne von Nietzsche, weil er das Auseinanderfallende wieder zusammengeknüpft hat. Denn im Gesamtkunstwerk als der Einheit von Wort, Ton, Tanz, Bewegung und Bühnenbild werden die Elemente, die zuvor auseinandergefallen sind, wieder zu einer Einheit zusammengeführt. Indem Nietzsche Wagner als den großen Gegenalexander bestimmt, nennt er ihn den großen „Vereinfacher". Die Grundthese Nietzsches lautet, daß wir den großen Vereinfacher brauchen, wenn wir den Kulturzerfall überwinden wollen.

Wir können das auch soziologisch ausdrücken. Nietzsche gibt im Blick auf Wagner die Losung aus: Komplexitätsreduktion ist das Einzige, was uns in dieser modernen Kultur überhaupt überleben läßt. Damit kommt die große Stunde der Vereinfacher. Das ist übrigens eine Sicht, die Nietzsche mit Jacob Burckhardt geteilt hat, denn auch Burckhardt sah im Zeitlater der Massen die „Simplificateurs" heraufkommen.

Das Geheimnis des Nationalsozialismus und Faschismus besteht in der großen Vereinfachung. Nationalsozialismus und Faschismus sind dadurch gekennzeichnet, daß sie die Vereinfachung ins Maßlose übertrieben haben. An allem waren die Bolschewisten, die Plutokraten – zusammengefaßt: die Juden – schuld.

Hitler und der Nationalsozialismus hatten nichts weniger als eine Kulturrevolution, ja sogar eine anthropologische Revolution im Sinne gehabt. Sie wollten die „Natur des Menschen" verändern. Sie wollten aus dem modernen Menschen einen anderen, auch anders empfindenden Menschen machen. Letzteres macht den radikalen Unterschied zwischen einer sozialistischen und einer faschistisch-nationalsozialistischen Kulturrevolution aus. Hier hat die Konzeption des kulturrevolutionären Gedankens, die von Nietzsche und Wagner zum Faschismus und Nationalsozialismus führt, zweifellos tiefer angesetzt als die proletarische Revolution des Marxismus.

Es dürfte wohl deutlich geworden sein, daß auch in dem Essay „Richard Wagner in Bayreuth" eine ganze Menge zu finden ist, was zur Erklärung des Nationalsozialismus von Bedeutung ist. Wir werden uns nun in der gleichen Absicht einem ganz zentralen Text zuwenden, nämlich der „Geburt der Tragödie". Das ist der Schlüsseltext zum Verständnis des Faschismus. Diese Schrift ist, geistesgeschichtlich gesehen, einer der wichtigsten Texte seit dem 18. Jahrhundert. Er steht im Blick auf das 20. Jahrhundert an der Stelle, an der im 19. Jahrhundert Hegels „Phänomenologie des Geistes" gestanden hat. Es ist als eines der großen Rätsel der modernen Geistesgeschichte anzusehen, daß ein einziges Jahrhundert diese zwei so verschiedenen Texte, nämlich Hegels „Phänomenologie des Geistes" und Nietzsches „Geburt der Tragödie aus dem Geiste der Musik", hervorbringen konnte. Was sich in diesen drei Generationen von Hegel bis zu Nietzsche an Kulturrevolution vollzogen hat, ist einfach unglaublich. Dieser Weg von Hegel zu einem in bestimmter Weise interpretierten Nietzsche markiert den Weg von der Blüte der bürgerlichen Kultur in Deutschland zum Faschismus. Im Grunde fehlen uns alle Begriffe, um diesen Weg wirklich verständlich zu machen, aber wir wollen uns dennoch darum bemühen. Mit diesem Schlüsseltext der „Geburt der Tragödie" treten wir in die entscheidende Vorgeschichte des Faschismus ein.

10. Wiederherstellung der menschlichen Natur

Fassen wir die Ergebnisse des Essays „Richard Wagner in Bayreuth" zusammen: Nietzsche entwickelt – erstens – in dieser Wagnerinterpretation das, was man unter einer Kulturrevolution versteht. Von dieser Konzeption der Kulturrevolution, wie Wagner sie gewollt und Nietzsche sie interpretiert hat, kann man am deutlichsten machen, daß der Nationalsozialismus wie der Faschismus im Kern Kulturrevolutionen war.

Wir haben überhaupt bisher übersehen, daß die ganze Moderne in ihren eigenen Zielsetzungen nichts anderes als eine Kulturrevolution ist, und daß seit dem Ende des 18. Jahrhunderts vor allem Deutschland wellenartig von aufeinander folgenden Kulturrevolutionen gekennzeichnet war. Die erste Kulturrevolution ist die Bewegung des „Sturm und Drang" gewesen, danach kam die deutsche Romantik, die Jugendbewegung und der Nationalsozialismus. Die letzte Kulturrevolution ist die Studentenrevolte von 1968 gewesen. Das Subjekt der Kulturrevolutionen ist dabei nie das Proletariat, sondern immer die Jugend gewesen. In der Moderne mußte das Subjekt der Revolution das Subjekt der Demokratie selber sein. In guter Rousseauistischer Tradition ist das Subjekt der Demokratie immer das Volk gewesen.

Diese Kulturrevolution war von Wagner – zweitens – als eine Kunstrevolution intendiert gewesen. Die Revolutionierung der Gesellschaft sollte über eine Revolutionierung der Kunst und des Theaters erfolgen. An die Kunst und die Ästhetik waren die Hoffnungen geknüpft, um zu einer totalen und radikalen Umwälzung aller bestehenden Verhältnisse zu kommen.

Auch dieser Ansatz ist im Blick auf die deutsche Geistesgeschichte gar nicht so überraschend. Denn die Intention einer revolutionären Veränderung des Ganzen ist der Entwicklung der Ästhetik in Deutschland von ihren Anfängen an immanent. Friedrich Schiller war hier der Erste, der die Ästhetik und die Kunst in den Zusammenhang mit einer politischen und gesellschaftlichen Revolution gebracht hat. Schiller hat mit den „Räubern" eine kleine Revolution inspirieren wollen. Schiller, aber auch Goethe, war ein Leben lang mit der Frage befaßt, wie man durch eine Reform des Theaters in die allgemein herrschenden kulturellen Verhältnisse eingreifen kann. Schillers Schrift „Über die ästhetische Erziehung des Menschen" enthielt im Ansatz nichts anderes, als den Entwurf der Herbeiführung einer revolutionären Veränderung der Gesellschaft. Schiller hat dann allerdings angesichts des Verlaufes, den die Französische Revolution genommen hat, resigniert. Diese Resignation teilt er aber mit allen deutschen Klassikern, die ursprünglich die Französische Revolution mit zum Teil emphatischer Begeisterung begrüßt haben. Die Einzigen, die der Französischen Revolution auch über ihr Scheitern hinaus treu geblieben ist, sind Kant und Hegel gewesen.

Warum bedarf die Kunst aus der Sicht Wagners und Nietzsches einer revolutionären Veränderung? Weil sie in der Moderne marginalisiert worden ist. Die Kunst und auch das Theater sind aus der Mitte des Volkes und der Kultur an den Rand gedrängt. Die Kunst ist für die modernen Menschen kein Lebensinhalt mehr, sie ist nicht mehr – wie die kultisch eingebundene Kunst bei den Griechen –, der Ausdruck der höchsten Steigerung der Substanz der Kultur bzw. Polis. Die Kunst hat vielmehr ihre substantielle Bedeutung verloren, sie ist, wie Nietzsche im Anschluß an Wagner sagt, ein Phänomen zur Befriedigung von Luxusbedürfnissen geworden. Die Kunst ist nun Unterhaltung und sonst gar nichts. Die Kunst muß nun entweder stimulieren oder kalmieren, d.h., sie scheucht entweder den modernen Menschen aus der Apathie auf und vermittelt ihm bestimmte Erregungszustände, oder sie hat stellt den modernen Menschen ruhig und holt ihn aus seiner Hysterie heraus. Das Grundgefühl des Menschen im Alltag der modernen Welt ist ja durch diesen merkwürdigen Wechsel von Apathie und Hysterie gekennzeichnet. Die Kunst dient damit im Kern dem durch die moderne Welt genährten Bedürfnis nach Eskapismus, da der Alltag in der Industriegesellschaft nicht mehr lebbar ist. Dieser Alltag ist nur auszuhalten, wenn der Mensch sich gegen ihn abstumpft, oder wenn er sich durch die Kunst von einem Erregungszustand in den andern versetzen läßt.

Der Nationalsozialismus hat es von Anfang an verstanden, diesem Bedürfnis der Massen nach Transzendierung der unerträglichen Alltagswirklichkeit ein Ventil zu schaffen. Der Nationalsozialismus ist darum eine riesengroße, karnevaleske, theatralische Inszenierung gewesen. Die Fähigkeit, die der Faschismus und der Nationalsozialismus entwickelten, um die Menschen sich selbst und ihre alltägliche Wirklichkeit vergessen zu lassen, um die Deutschen an einer großen stimulierenden Emotion teilnehmen zu lassen, und um sie in diese Masse einzuschmelzen und sie vom Leiden unter ihrer Individuation zu erlösen, ist schlichtweg genial gewesen.

Der Nationalsozialismus, wie auch der Kommunismus, mußte meines Erachtens dennoch scheitern, weil sie das entscheidende Selbstmißverständnis der Moderne teilten. Sie alle haben nämlich die Bedeutung der Religion verkannt. Alle diese in der Moderne produzierten Ideologien, Weltanschauungen und kulturrevolutionären Bewegungen haben übersehen, daß nach der Erfahrung der Menschheitsgeschichte bisher nur die Religion imstande war, den Menschen in seinem Alltagsleben zu verändern. Das Alltagsleben hat in der Geschichte der Menschheit bisher nur die Religion verändert. Alle diese modernen Bewegungen waren darum nur insoweit wirkungsvoll, als sie sich als Ersatzreligion dargestellt haben. Die alltagsverändernde Kraft, und darum geht es ja in der Kultur, hängt nach wie vor an der Religion. Nur die Religion hat die Menschen fähig gemacht, entweder ihren Alltag auszuhalten, oder sogar in ihrem alltäglichen Leben und Verhalten anders zu werden, als sie vorher waren. Das ist die gewaltige Kulturmacht, die von der Religion ausgeht. Hölderlin war vielleicht der Letzte, der das genau wußte. Darum hat Hölderlin ständig von den Göttern gesprochen, und er hat darum auch den Zustand der Abwesenheit der Götter als einen Zustand beschrieben, in dem die Menschen schwer keuchend in den Werkstätten arbeiten und sprachlos unter der Absenz der Götter leiden.

Die Wagnersche Kulturrevolution qua Kunst und Theater hatte das Ziel, die Gesellschaft und ihre Verhältnisse im Ganzen revolutionär zu verändern und eine Kultur hervorzubringen, in der die Kunst wieder in der Mitte des Lebens steht. Die Kunst sollte nicht zu einem Lebensmittel unter anderen degenerieren, so wie auch die Arbeit zu einem großen Lebensmittel ohne Sinn und Zweck geworden ist, sondern sie sollte den Zweck selber vergegenwärtigen. Wagner hatte in einer Marx verwandten Weise das Problem der modernen Kultur darin gesehen, daß die Menschen sich einer sinnlosen Arbeit hingeben müssen. Denn sie arbeiten, um sich die Mittel zum Leben zu verschaffen und nicht um zu leben. Das Leben des modernen Menschen erschöpft sich in der Beschaffung der Mittel zum Leben. Der moderne Mensch lebt nicht das Leben selber. Ein nur um die Mittelbeschaffung kreisendes Leben ist für Wagner wie für Nietzsche ein Leben ohne Sinn und Bedeutung. Das ist die Grundstruktur der Entfremdung, die Wagner im Leben des modernen Menschen aufzeigt.

Die große Hoffnung Wagners – eine Hoffnung, die Nietzsche zumindest während seiner frühen Phase, vielleicht aber auch sein ganzes Leben geteilt hat –, bestand darin, daß nur die Kunst dem an sich bedeutungs- und sinnlosen Leben in der Moderne Sinn und Bedeutung geben kann. Das meint Nietzsche, wenn er sagt, daß das Dasein allein ästhetisch gerechtfertigt werden kann.

In dieser Formulierung, wonach das Dasein allein ästhetisch gerechtfertigt ist, tritt übrigens der Charakter der Kunst als einer Kunstreligion sehr deutlich hervor, denn die Kunst tritt an die Stelle der Religion, weil sie das Dasein rechtfertigt.

Nietzsche und Wagner haben es der Kunst zugetraut, daß sie nach dem Ende des Christentums und mit dem einbrechenden sinnlosen und bedeutungslosen Dasein dem modernen Menschen wieder Sinn und Bedeutung zu geben vermag und dessen Leben überhaupt wieder lebbar macht.

Im Unterschied zu allen vorhergehenden Kunstrevolutionären war Nietzsche allerdings der Überzeugung, daß das Fundament dieser Revolution nicht mehr die Wahrheit, sondern ein selbst produzierter Schein ist. Durch die Kunst sollte das Dasein als ein anderes erscheinen, als es eigentlich ist. Insofern hat Nietzsche übrigens den Kernsatz der Platonischen Kunstkritik voll geteilt. Nietzsche lehrt in der Sache das Gleiche wie Platon, der gesagt hat, daß die Dichter Schein produzieren. Platon zog daraus nur einen anderen Schluß als Nietzsche. Platon zufolge sollten deshalb die Dichter aus der gerechten Polis verbannt werden. Platon wolle den Dichtern zwar Kränze aufsetzen, sie mit Öl balsamieren und ihnen ein festliches Geleit geben, aber sie sollten aus der Polis hinaus geleitet werden. Denn die Dichter lügen in den Augen Platons zuviel, etwa in dem Satz, daß die Götter nicht nur gut, sondern auch die Quelle des Bösen sind. Wer solche Geschichten über die Götter verbreitet, so Platon, der lügt und verbreitet Schein, und der muß daher aus der Polis hinaus geleitet werden. Nietzsche hat dagegen im Kern den Schein affirmiert, den Platon negiert und kritisiert hat.

Die Wagnersche Kunstrevolution hatte die Herstellung eines Gesamtkunstwerks zum Ziel, in dem alle Künste in ihrer bisherigen Form, verwandelt und zur Einheit des Gesamtkunstwerks umgeschmolzen werden sollen. Es ging um eine Einheit von Wort, Ton, Bewegung.

Die Nationalsozialisten waren daher immer dann am wirksamsten, wenn sie sich als ein einziges Gesamtkunstwerk dargestellt haben. Denken wir nur an die Olympiade von 1936. Leni Riefenstahl war darum die große Künstlerin des Dritten Reiches, weil sie das verstanden hat und diesen Gesamtkunstwerkcharakter des Nationalsozialismus mit den Möglichkeiten des Films komponiert und dargestellt hat.

Man muß diesen Gesamtkunstwerkcharakter des Nationalsozialismus verstehen, wenn man den Nationalsozialismus überhaupt verstehen will. In den Kategorien Nietzsches gesprochen: Wir verstehen am Nationalsozialismus bisher nur die dionysische, d.h. irrationale, böse, abgründige Seite, wir verstehen aber noch nicht die appollinische, d.h. die rationale, zumindest geschichtlich begründete Seite des Nationalsozialismus. Wir blenden damit aber eine ganze Realitätsschicht aus. Mehr noch: Wir achten wie die Wächter darauf, daß von der appollinischen Seite des Nationalsozialismus nie etwas zur Sprache kommt, weil man ständig befürchtet, es könnte dann wieder etwas von der Faszination des Faschismus lebendig werden, die man meint, durch Ausblenden verhindern zu können. Aber das sind Illusionen. Die Geschichte läßt sich auf die Dauer nicht manipulieren. Jede geschichtliche Wirklichkeit hat ihr „Recht“, und sie wird sich in irgendeiner Form auch immer wieder durchsetzen und wiederherstellen, bis diese Wirklichkeit begriffen worden ist. In diesem Punkt bin ich ein unverbesserlicher Hegelianer. Eine geschichtliche Wirklichkeit ist erst überwunden, wenn diese begriffen ist. In diesem Sinne wollen wir hier also den Nationalsozialismus und Faschismus begreifen, denn nur was begriffen ist, kann auch überwunden werden.

Welche Bedeutung kommt in der Sicht Nietzsches dem Kulturrevolutionär Wagner zu? Wagner ist eine „gewaltige Kulturmacht“, er ist ein „Gegenalexander“. Der Gegenalexander ist derjenige, der zusammenbindet. Es geht nun darum, das Auseinanderfallende und Zerfallende zu binden. Wir brauchen, sagt Nietzsche, „astringierende“ Kräfte, und Wagner ist eine solche astringierende Kraft.

Und nun kommt das entscheidende Wort: Wagner ist ein „großer Vereinfacher.“ Auch die Kommunisten waren große Vereinfacher. Ihre Losung lautete: Wenn wir die Kapitalisten beseitigen, dann erreichen wir das Endreich der Freiheit und der Gleichheit, und dann befinden wir uns in einer neuen Welt und in einem neuen Zustand der Menschheit. Dieses Wort ist aber auch ein Schlüssel zum Verständnis des Faschismus wie des gesamten 20. Jahrhunderts. Der Kommunismus und der Nationalsozialismus sind Produkte von großen Vereinfachern gewesen. Der Nationalsozialismus hat alle Probleme in einer einfachen Formel gefaßt. Die These lautete: „Wenn wir die Juden umbringen, dann heilen wir die Welt von allen Übeln.“ Die Nationalsozialisten haben die Juden für alle Leiden und Übel der Welt namhaft und dingfest gemacht. Eine fatalere Form der Vereinfachung kann man sich ja gar nicht vorstellen. Hitler verkündete nur Formeln der großen Vereinfachung. Er hat ein quasimythisches Gemälde gemalt, in dem er seinen eigenen Schicksalsgang mit dem des deutschen Volkes verknüpft hatte: „Als ich als einfacher Soldat und Gefreiter im Ersten Weltkrieg ...“ So beginnt sein Mythos. Dieser Mythos hatte natürlich eine enorme suggestive Kraft, denn es schien so, als erhebe sich in ihm als dem aus der Tiefe des Volkes kommenden Mann das Volk selbst. Die Deutschen haben nur darum mit Ausdauer und zum Teil mit Enthusiasmus gekämpft, weil sie die Erneuerungskräfte ihres Volkes in Hitler reinkarniert sahen. Hitler tat sein übriges dazu, weil er sich nur als Chiffre, als Symbol, ja sogar nur als Medium des Volkswillens ausgegeben hat. Hitler hat die gewaltigen rhetorischen Triumphe nur erringen können, weil er sich als Medium des Volkswillens stilisiert hatte. Er hat sich nicht als Herrscher und Diktator ausgegeben, sondern als charismatischer „Führer“. Dieser Führer hatte nur die Aufgabe, den Willen des Volkes zu bündeln und umzusetzen. Hitler konnte daher in der Massendemokratie nur in dem Maße die Macht erlangen, wie er die tiefsten Sehnsüchte und Gefühle der Menschen erfaßte und zu einem Mythos bündelte.

Worauf war die deutsche, aus dem Geist der Ästhetik gezeugte Kulturrevolution gerichtet?

Beim Marxismus war das ja klar. Es ging darum, den Antagonismus zwischen Produktivkräften und Produktionsverhältnissen aufzuheben. Aber das ist die Sprache von Seminaristen. Daher können nur Soziologen den Revolutionsgedanken des Marxismus deutlich machen. Es waren immer nur die Intellektuellen, nie aber das Volk vom Marxismus fasziniert. Ich schließe mich da selber mit ein. Ich saß jahrelang in der Marxismuskommision und fand es immer faszinierend, mit den Marxisten aus ganz Osteuropa über den Marxismus zu diskutieren. Man kann bis heute mit keinem Rechten oder Konservativen ein Gespräch auf einen solchen intellektuellen und theoretischen Niveau führen, wie mit Marxisten und Linken. Für die Intellektuellen ist der Marxismus immer faszinierend gewesen, aber er hat als Theorie die Massen nie erreicht. In dem Augenblick, in dem der Kommunismus die Massen für sich mobilisieren mußte, war von der ganzen marxistischen Theorie überhaupt nicht mehr die Rede. Dann folgte auch der Kommunismus der Logik der großen Vereinfachung.

Was war dagegen das Ziel der Wagnerschen Kulturrevolution? Warum ist diese Schrift „Richard Wagner in Bayreuth" im Blick auf unsere Frage nach der Genesis des Faschismus so wichtig? Weil die Analyse von Nietzsche besagt, daß der moderne Mensch falsch empfindet. Und warum bedarf es der Kunst, um den falsch empfindenden Menschen zum richtigen Empfinden zu bringen? Hier taucht ein ganz wichtiges Moment auf. Denn Nietzsche spricht vom Verderb und Verfall der Sprache. Nietzsche entdeckt, daß die Menschen in der begrifflichen Sprache sich nicht mehr über ihre wirklichen Nöte und ihr wirkliches Empfinden verständigen können. Die Intellektualisierung, die Verbegrifflichung, die Abstraktheit der Sprache und die daraus hervorgehende Instrumentalisierung der Sprache für andere Zwecke verhindert es, daß die Menschen sich noch über das zu verständigen können, was sie gemeinsam empfinden und worunter sie gemeinsam leiden. Darum lautet die Definition des Volkes bei Nietzsche: Das Volk sind diejenigen, die eine gemeinsame Not empfinden. In dem Augenblick, sagt Nietzsche, in dem die Menschen ihre Empfindungen sprachlich artikulieren wollen, schiebt sich wie eine Scheidewand die konventionelle Sprache dazwischen und das bringt den Menschen zum Verstummen. In dieser Situation bedarf es, so Nietzsche, an Stelle der begrifflichen Sprache des Mediums der Musik. Die Sprache des richtigen Empfindens, mehr noch, die Kraft der Herstellung des richtigen Empfindens ist an die Macht der Musik gebunden.

Was ist es, was in der Form der Musik den Menschen ergreift und erfaßt? Einen Hinweis darauf gibt Schopenhauer. Seine Antwort lautet: Die Musik ist die unmittelbare Sprache des Absoluten. Im Gegensatz zur Hegelschen Ästhetik glaubt Schopenhauer, daß die Musik die höchste Kunst ist, weil die Musik unmittelbar das Absolute zur Sprache bringt. Und was ist bei Schopenhauer das Absolute selber? Das ist der drängende, treibende Wille, der in allem Seienden das eigentliche Sein darstellt. Dieser Wille ist unabhängig vom vorstellenden Begriff, und er verhält sich nicht nach dem Leitfaden der Kausalität. Er ist befreit von Raum und Zeit und er sprengt die Grenzen der Individuation.

Sprengung der Grenzen der Individuation – das ist die Wurzel des Nationalsozialismus, zu finden in der Mitte der Schopenhauerschen Philosophie. Die Herstellung des unmittelbaren Bezugs zum Absoluten und die Sprengung der Grenzen der Individuation – genau so hat sich der Nationalsozialismus verstanden. Der Nationalsozialismus hat die Grenzen aufgelöst, innerhalb derer das Individuum eine einzelne, bestimmte Person war. Die Vermählung mit dem Absoluten des Volkes bedeutete Aufhebung der Individuation. „Du bist nichts, dein Volk ist alles".

Schopenhauer selber hat im Blick auf die Aufhebung der Individuation allerdings an den Buddhismus gedacht. Der Buddhismus bedeutet die Befreiung von dem, was Nietzsche den „Schrecken der Individualexistenz" nennt. Die Individuation wird als unerträglich empfunden, und der Buddhismus ermöglicht eine ekstatische Befreiung von der Last, ein Individuum zu sein.

Nietzsche übersetzt nun dieses Absolute mit dem Kennwort „Natur". Damit vollzieht Nietzsche den entscheidenden Schritt, der den Weg in den Faschismus gebahnt hat. Denn wie heißt es in der „Geburt der Tragödie": „Unter dem Zauber des Dionysischen schließt sich nicht nur der Bund zwischen Mensch und Mensch wieder zusammen: auch die entfremdete, feindliche oder unterjochte Natur feiert wider ihr Versöhnungsfest mit ihrem verlorenen Sohne, dem Menschen."[71]

Die dionysische Musik verwandelt das Empfinden des Menschen und stellt den Menschen in seiner Natur und Natürlichkeit wieder her. Die Sprache des richtigen Empfindens ist also die Sprache der nicht unterjochten, nicht beherrschten, nicht unterdrückten Natur, die sich wieder zurückmeldet. Die Menschen empfinden demnach falsch, solange sie nicht „natürlich" empfinden. Hier liegt nun Nietzsches Lösung des Problems der spätmodernen Kultur: In der Natur. Nietzsche hat im Anschluß an Wagner von der Kunst erhofft, daß der moderne Menschen von der falschen Empfindung befreit und dadurch in einen unmittelbaren kommunikativen Zusammenhang zu seinem natürlichen Ursprung gebracht und damit selber natürlich wird. Der Mensch soll wieder die Sprache der Natur vernehmen können.

Damit sind wir jetzt an der Wurzel der ganzen Zivilisationskritik angelangt, die den Faschismus/Nationalsozialismus hervorgebracht hat. Ich greife jetzt auf die „Geburt der Tragödie" vor. Die Zivilisation als solche entfremdet den Menschen von der Natur und vom wahren, ursprünglichen Leben. Die moderne industrielle Zivilisationswelt ist es, die dem Menschen seine Natur und Natürlichkeit verstellt. Hier liegt der Ursprung der „Blut- und Boden"-Ideologie der Nationalsozialisten. Die Kulturkritik nimmt daher bei Nietzsche nun die Gestalt einer Zivilisationskritik an. Auch der nationalsozialistische Kulturkampf in Deutschland nahm, vorbereitet durch Wagner und Nietzsche, die Form des Kampfes gegen die Zivilisation an. Deutsche Kultur statt westliche Zivilisation, so hieß das Motto.[72]

Was hat denn die Deutschen letztlich zu Nationalsozialisten gemacht? Nichts anderes, als das Gefühl, daß die westliche Zivilisation ihre religiöse und kulturelle, ja ihre natürliche Identität bedroht, gegen die sie meinten, sich verteidigen zu müssen.

An dieser Stelle ist es wichtig, zu erwähnen, daß man die Diskussion um den Nationalsozialismus entprovinzialisieren muß. Man muß erkennen, daß das, was

[71] Friedrich Nietzsche: Die Geburt der Tragödie, S. 29

[72] Es ist wichtig zu sehen, daß dies nicht nur ideologiespezifisch zu sehen ist. Linke und Rechte führen im 20. Jahrhundert den Kampf gegen die von der Natur entfremdende Macht der modernen Zivilisation. Die Linksterroristen haben diesen deutschen Kampf gegen die Zivilisation fortgeführt. Sie kämpften gegen die Metropolen des imperialistischen Kapitalismus, also gegen die Hauptstädte der Zivilisation. Dahinter steckte der Gedanke, daß eine neue Bauernrevolte zu mobilisieren sei. Warum haben sie denn alle die Mao-Bibel mit sich herumgetragen? Weil die maoistische Revolte eine Bauernrevolte war. Sie hofften, daß die Dritte Welt den Krieg gegen die Erste Welt führen wird.

sich im Nationalsozialismus in der deutschen radikalen Zuspitzung gezeigt hat, kein spezifisch deutsches Phänomen ist. Die Welt darf nicht glauben, das Problem sei gelöst, wenn die Deutschen es überwunden haben. Die Welt würde sich hier gewaltig täuschen. Sondern das Problem des Zweifels und des Kampfes gegen die Zivilisation kehrt heute im Weltmaßstab wieder. Man denke nur an die fundamentalistischen Bewegungen in sämtlichen großen Weltreligionen.

Der Kampf gegen die Zivilisation zieht sich durch den ganzen Nietzsche hindurch. Nietzsches Zarathustra lebt auf dem Berg und geht fluchend an den Stätten der babylonischen Dekadenz und Verkommenheit vorüber. Die große Geste Nietzsches ist die Geste des Vorbeigehens. Man läßt sich nicht auf etwas ein, sondern man geht vorbei.

Hegel wollte den Deutschen beibringen, daß dieses Vorbeigehen und die abstrakte Negation letzten Endes Affirmation bedeutet. Wer in abstrakter Negation an der modernen Zivilisation vorbeigeht, der ermöglicht erst die moderne Zivilisation. Denn er überläßt die Etablierung der modernen Kultur als Zivilisation den Anderen. Abstrakte Negation bedeutet Flucht und Affirmation zugleich. In dieser abstrakten Negation der Zivilisation lag die gefährlichste Heimsuchung der Deutschen. Die Deutschen hätten nicht abstrakt, sondern konkret negieren sollen. Denn das konkrete Negieren erkennt und anerkennt auch das Negierte in seiner Wahrheit, bewahrt es und hebt es auf einer höheren Stufe auf. Das hätten die Deutschen bei Hegel lernen können. Hegel, nicht Marx oder Nietzsche, hätte eigentlich der große Lehrmeister der Deutschen sein sollen. Er hätte ihnen die Vernunft und Disziplin beibringen können, der es im Umgang mit der modernen Welt bedurfte und bis heute bedarf. Aber die Deutschen sind nicht Hegel, sondern Marx und vor allem Nietzsche gefolgt. Der große Kulturrevolutionär der Deutschen ist Nietzsche gewesen.

Damit bin ich bei der Interpretation der „Geburt der Tragödie aus dem Geiste der Musik“ angelangt. Denn worin besteht die Bedeutung dieser Schrift? Was ist der erste entscheidende Punkt? Der entscheidende Punkt ist, daß Nietzsche zur Lösung des modernen Kulturproblems eine bisher nicht gekannte Seite der Antike entdeckt. Nietzsche beruft sich auf das vorklassische Altertum, er entdeckt das Griechentum, das der Zeit der Klassik von Sokrates, Platon und Aristoteles vorausgeht. Die „Geburt der Tragödie“ bringt dabei das gesamte Bild zum Einsturz, das sich die Deutschen seit Johann Winckelmann vom Griechentum gemacht hatten. Unter Berufung auf das Zeitalter der Vorsokratiker entdeckt Nietzsche die Bedeutung der Tragödie und des Mythos. Nietzsche sucht die kulturelle Erneuerung, in dem er hinter die ganze europäisch-abendländische, durch Sokrates und das Christentum bestimmte, Geschichte zurückgeht. In dieser Hinsicht ist Heidegger Nietzsche anstandslos mit der These gefolgt, daß die Wahrheit am Anfang stand. Auch Heidegger hat gesagt: Die Wahrheit ist am Ursprung und alles Nachfolgende verhält sich dann zu dieser ursprünglichen Wahrheit wie das Vergessen und wie der Verfall. Nietzsche sagt: Die vorsokratische Tragödie vermittelt die Wahrheit. Die sokratische Klassik, die nach der bisherigen Interpretation der Höhepunkt der antiken Kultur war, gilt ihm dagegen bereits als der Beginn des Verfalls. Der kulturelle Verfall beginnt nach Nietzsche mit Sokrates und Platon. Das Christentum ist nur ein Symptom und eine Manifestation in dieser Verfallsgeschichte, denn das Christentum ist für Nietzsche nur „Platonismus fürs Volk." Nietzsche sieht das Christentum nur vor dem griechischen Hintergrund und eben damit als ein Symptom des Verfallsprozesses, der mit dem Ende der Tragödie in der antiken Klassik beginnt.

Die Betrachtung der europäischen 2000-jährigen Geschichte unter dem Aspekt des fortschreitenden Verfalls ist vielleicht die wichtigste Voraussetzung, die Nietzsche für das Hochkommen des Faschismus und des Nationalsozialismus geliefert hat. Denn es war der Grundwille des Nationalsozialismus, hinter diese Epoche des Verfalls zu den Ursprüngen zurückzukehren. Auch der Nationalsozialismus wollte die klassische Antike einschließlich des Christentums und der Aufklärung als Stadien des Verfallsprozesses hinter sich zurückzulassen und überwinden. Und der Ursprung, mit dem man sich wieder versöhnen und vereinigen wollte, lautete ebenfalls „Natur", wenn auch diese Natur etwas anders verstanden wurde als bei Nietzsche, der in seinem Naturbegriff noch auf die Vorsokratiker rekurrierte.

Warum setzte in den Augen Nietzsches mit Sokrates der Verfall ein? Was war der Glaube des Sokrates, der sich für Nietzsche nun als ein Aberglaube herausstellt? Nietzsche rückt Sokrates in die Perspektive des Verfalls, weil er „Optimist" war. Dagegen gehört die von Nietzsche favorisierte vorsokratische Tragödie in die Geschichte des Pessimismus. Im Rückgriff auf die vorsokratische Tragödie begründet Nietzsche die in der Konservativen Revolution ausgebildete Haltung des heroischen Pessimismus.

Der Sündenfall, der Verfall, beginnt in den Augen Nietzsches bei Sokrates, weil Sokrates glaubt, man könne mit dem Logos, mit dem Begriff, also mit der Wissenschaft, das Sein ergründen und korrigieren. Der Grund und Anfang des Verfalls liegt also im Glauben an die Vernunft. Hier haben wir nun Nietzsches Absage an den Logos. Es ist die Absage an den Begriff, und es ist letzten Endes die Absage an die Wissenschaften. Darum kann Nietzsche in der „Geburt der Tragödie" sagen: „Was ich damals zu fassen bekam, etwas Furchtbares und Gefährliches, ein Problem mit Hörnern, nicht notwendig gerade ein Stier, jedenfalls ein neues Problem: heute würde ich sagen, daß es das Problem der Wissenschaft selbst war – Wissenschaft zum ersten Mal als problematisch, als fragwürdig."[73]

Im Glauben an die Vernunft liegt für Nietzsche der Grund des europäischen Verfalls. Die europäische Geschichte beruht für Nietzsche auf dem Glauben, der Mensch könne mit seinem Verstand das Sein ergründen und mit Hilfe der Wissenschaft auch korrigieren. Dieser Glaube ist für Nietzsche ein Aberglaube. Denn die Wissenschaft hat nicht die Wahrheit über die Wirklichkeit zu Tage gefördert, sondern sie hat selber einen Schein produziert. Nietzsche interpretierte auch die Wissenschaft als eine Art von poesis, also als eine Art von Kunst. Die Wissenschaft kann in der Sicht von Nietzsche mittels des Begriffs das Sein nicht ergründen, geschweige denn, das Sein korrigieren. Denn was entzieht sich der Wissenschaft, der

---

[73] Geburt der Tragödie, S. 13

Philosophie und der Vernunft? All diesen Instanzen bleibt nach Nietzsche die andere Seite des Daseins, die dionysische Seite, verborgen. Diese dionysische Realität entzieht sich prinzipiell der begrifflichen Erhellung und damit der Aufklärung. Aber diese dionysische Realität ist für Nietzsches die wahre Realität. Die wahre Realität nennt Nietzsche die dionysische. Was ist das für eine Realität, die Nietzsche hier in seiner Interpretation der Tragödie entdeckt? Wovon ist da die Rede? Wir werden es gleich sehen.

11. Ende der Aufklärung

Wir können nicht annähernd daran denken, die „Geburt der Tragödie aus dem Geiste der Musik" vollständig zu interpretieren, sondern wir wollen uns auf die Punkte beschränken, die für die Frage nach der Genesis des Faschismus wichtig sind. Da ist zunächst einmal ganz allgemein die Stellung dieser Schrift zur Aufklärung und zum Faschismus zu nennen. Diese Schrift ist eigentlich nur mit dem „Kommunistischen Manifest" von Marx und Engels vergleichbar. Im Blick auf die geistige und politische Entwicklung Deutschlands hin zum Faschismus kommt dieser Schrift die gleiche Bedeutung zu, wie das Kommunistische Manifest für die progressiven sozialistischen Kräfte.

Denn worin besteht die Bedeutung dieser Schrift? Negativ formuliert: Die „Geburt der Tragödie" enthält den radikalsten Angriff, der je gegen die Philosophie und gegen die Bewegung der Aufklärung geführt worden ist. Die Aufklärung ist von keinem so radikal und fundamental in Frage gestellt worden, wie von Nietzsche in der „Geburt der Tragödie".

Das Grundprinzip der Aufklärung ist das Postulat des autonomen Subjektes. Die Aufklärung impliziert den Glauben an das eigenständige, urteilsfähige, der eigenen Vernunft mächtige autonome Subjekt, das damit der eigentliche Träger des Fortschritts ist. Warum fürchten wir uns denn vor jeder Diskussion, die sich auf eine Frage nach einer möglichen Alternative zum Liberalismus einläßt? Aus dem einfachen Grunde, weil im Kommunismus nicht ideologisch, aber praktisch, und im Faschismus und Nationalsozialismus ideologisch und praktisch die radikalsten Strategien einer Gegenaufklärung entwickelt worden sind, die auf das Ziel der Beseitigung der autonomen Subjektivität gerichtet waren. Wir fürchten heute jede Diskussion um eine mögliche Alternative zum Liberalismus, da im Faschismus und Nationalsozialismus die radikalsten Strategien einer Gegenaufklärung, mit dem Ziel der Beseitigung der autonomen Subjektivität, entwickelt worden sind. Da diese „Experimente" so katastrophal ausgegangenen sind, lebt die Aufklärung heute vor allem von dem Hinweis auf die Wirklichkeit, die der Nationalsozialismus produziert hat. Darum wird auch der Holocaust und die Erinnerung an die KZs ein ständiger Begleiter sein, weil diese beiden Menetekel in Deutschland die Evidenz der These bezeugen sollen, daß jedes Abweichen vom Pfade der Aufklärung zu einer neuen Massenvernichtung führen muß. Vereinfacht ausgedrückt, läßt sich sagen: Wer vom Weg der Aufklärung abweicht, wer also das Postulat des autonomen Subjektes in Frage stellt, der befindet sich auf dem Weg zu einem neuen Auschwitz. Das ist natürlich eine Schlußfolgerung, die nur in Deutschland evident ist. Aber darin liegt der tiefe, nicht nur politisch-moralische, sondern auch der Aufklärung dienliche Sinn, den die ständige Erinnerung an Auschwitz und den Holocaust hat.

Es ist gar kein Zweifel, um das wenigstens anzudeuten, daß die Aufklärung in diesem zentralen Postulat der autonomen Subjektivität nur unter den Bedingungen des Christentums überhaupt vorstellbar ist. Es gibt in keiner nichtchristlichen oder nicht vom Christentum entscheidend beeinflußten Kultur diesen Glauben an die Autonomie des Subjektes. Es gibt in der Welt keine vergleichbare Anstrengung, über Jahrhunderte hinweg an der Veränderung der Welt mit dem Ziel zu arbeiten, daß das höchste Gut der Aufklärung Wirklichkeit wird – nämlich das autonome sich selbst bestimmende Subjekt.

In dieser Schrift „Die Geburt der Tragödie aus dem Geiste der Musik" hat Nietzsche nun nicht nur die autonome Subjektivität, sondern die Subjektivität als solche als Schein zu entlarven versucht. Er hat darüber hinaus die Auflösung des autonomen Subjekts zum Programm eines ganzen Kulturprogrammes gemacht. Nietzsche setzt hier in einer Tiefe zum Gegenangriff gegen die Aufklärung an, wie das vorher und im Grunde genommen auch nachher niemals der Fall war.

Nietzsche erkannte zweitens, daß die entscheidende Macht, die in der Moderne die freie autonome Subjektivität zur Voraussetzung hat, die Aufklärung und die Wissenschaft ist. Nietzsche formuliert daher – zweitens – in der „Geburt der Tragödie" eine über die „Unzeitgemäßen Betrachtungen" hinausgehende radikale Aufklärungs- und Wissenschaftskritik, die im Faschismus seinen Niederschlag finden sollte.

Die Wissenschaft ist für Nietzsche nun die größte Macht der Zerstörung der Kultur. Es sind nicht die technischen Anwendungsformen, welche die Kultur zerstören, sondern ihre Methoden. Die Wissenschaften vernichten die Kultur, weil sie jeden vorgegebenen Sinn kritisch-analytisch auflösen und zum Verschwinden bringen. Nietzsche ist diese zerstörerische Konsequenz der Wissenschaft an der Rolle deutlich geworden, welche die historisch-kritische Wissenschaft im Blick auf das Christentum gespielt hat. Denn die historisch-kritische Wissenschaft hat alle mythischen Fundamente des Christentums destruiert. Nietzsche wußte dagegen noch, daß eine Religion nur auf dem Fundament des Mythos leben kann. Mit der Zerstörung der mythischen Grundlagen der Religionen wird daher die Religion selber zerstört.

Nietzsche führt den Glauben an die Aufklärung und an die Wissenschaft auf einen bestimmten Typus des Menschen zurück. Diesen Menschen nennt er den „theoretischen Menschen". In der Aufklärung kommt seiner Auffassung nach der theoretische Mensch zur Herrschaft.

Auch das ist im Blick auf die Genesis des Faschismus sehr wichtig, denken wir nur an die Intellektuellenkritik der Nationalsozialisten. Der ungeheure Affekt, mit dem die Faschisten die Intellektuellen bekämpft haben, kam daher, daß den Intellektuellen Wurzellosigkeit unterstellt wurde. Intellektuelle standen für den Verlust von Boden und für den Verlust an Identität und Herkunftsbewußtsein. Die Juden waren für die Nationalsozialisten geradezu der Inbegriff der Intellektuellen. Die Herrschaft der (linken) Intellektuellen war für sie ein Ausdruck der Dominanz der Juden in der literarischen und sonstigen Kultur. Die jüdischen Intellektuellen galten den Nationalsozialisten als „Fermente der Dekomposition", also der Zersetzung. Ohne diesen Affekt gegen die „zersetzenden" Intellektuellen ist der Nationalsozialismus nicht zu verstehen. Intellektuelle sind Menschen ohne Herkunft und ohne Boden. Karl Mannheim sprach daher von den „freischwebenden Intellektuellen", die nirgendwo zu Hause sind, die sich kosmopolitisch und als Bürger keiner existierenden, sondern einer zukünftigen Welt gebärden. In der Welt der Intellektuellen ist die Geschichte ausgelöscht. Die Menschen verkehren nur noch als Menschen miteinander, denn es gibt keine Weißen, keine Schwarzen und auch keine Völker mehr, weil alle geschichtlichen, herkunftsbedingten Besonderheiten überwunden sind. In dieser Sichtweise liegt der Grund, warum die Völker, keineswegs nur in Deutschland oder in Italien, zu Zeiten des Faschismus die Intellektuellen als eine Gefahr empfunden haben.

Nietzsche entwickelt in der „Geburt der Tragödie" zum ersten Mal so etwas wie eine Genealogie des theoretischen Menschen, beginnend mit Sokrates bis hin zur Aufklärung. Er versucht die Prozesse aufzuzeigen, in denen die Wissenschaft mit kulturvernichtenden Folgen Herr über die Kultur geworden ist. Nietzsche bezieht dabei in diese Kritik der kulturvernichtenden Wissenschaft die ganze europäisch-abendländische Geschichte mit ein. Er hat begriffen, daß eine kritische Auseinandersetzung mit der Aufklärung, welche die Aufklärung selber zur Voraussetzung hätte, völlig vergeblich und unmöglich wäre. Er war darum der Meinung, daß man die Aufklärung nur verstehen und auch überwinden kann, wenn man noch hinter das 18. Jahrhundert und hinter das Christentum bis auf die Antike zurückgeht. Für Nietzsche war klar, daß man nur aus den griechischen Wurzeln heraus die Entwicklung, die er vor Augen hat und die er beklagt, verständlich machen kann. Nietzsche stellt damit das Ganze der europäisch-abendländischen Kultur zur Debatte. Er sieht die ganze Entwicklung der europäisch-abendländischen Kultur unter dem Vorzeichen des Verfalls. Der Fortschritt dieser 2000-jährigen Geschichte ist für ihn ein Fortschritt im Prozeß des Verfalls. Damit zerstört Nietzsche den Mythos vom Fortschritt. Die „Geburt der Tragödie" enthält eine radikale Absage an den Fortschrittsglauben.

Nietzsche interpretiert die europäisch-abendländische Geschichte als einen Prozeß des fortschreitenden Verfalls. Nun taucht natürlich die aufregende Frage auf: Wer ist Schuld an diesem Verfall? Schuld ist nicht erst Descartes, Voltaire oder Rousseau, sondern Sokrates. Man kann sagen, der ganze Nietzsche ist ein einziger Kampf gegen Sokrates. Denn Sokrates steht in den Augen Nietzsches für die Auflösung der griechischen Kultur.

Man kann sich heute gar nicht mehr vorstellen, was es bedeutete, daß Nietzsche im 19. Jahrhundert eine solch radikale Umwertung vornahm. Denn dazu müßte man wissen, welche Bedeutung die griechische Klassik seit Winkelmann für den deutschen Geist und die deutsche Bildung gespielt hat. Die griechische Klassik war damals der normative Grundbegriff, von dem her und auf den hin alle Anstrengungen zur Hervorbringung einer Kultur motiviert, dirigiert und normiert wurden. Diese Graecomanie mag man heute belächeln, aber die deutsche Kultur beabsichtigte im 18. und 19. Jahrhundert in der Tat eine Symbiose der Deutschen mit den Griechen. Alle großen Kulturgestalten waren der Meinung, daß die Normativität der griechischen Kultur aus der griechischen Klassik, also von Sokrates, Platon und Aristoteles, bezogen werden kann. Es ist auch gar keine Frage, daß die gesamte europäische Philosophie und Kultur, wenn auch in je unterschiedlichen Formen, in der Kontinuität mit diesem durch Sokrates und Platon gestifteten Anfang gestanden hat. Wie sagte noch Whitehead: „Philosophie is Plato and some remarks on Plato."

Hier nimmt nun Nietzsche die entscheidende Umkehrung vor. Er zerschlägt diese Vorstellung vom Griechentum. Worin man bisher die Normativität vermutet hat, glaubt nun Nietzsche, den Beginn des Verfalls entdecken zu können. Nietzsche bringt damit eine Kulturrevolution auf den Weg, die sich gegen das Ganze der europäisch-abendländischen Kultur richtete. Es gibt in der ersten Fassung dieser Schrift zwar noch keine ausdrückliche Abwendung Nietzsches vom Christentum, aber Nietzsche sagt in einer späteren Vorrede zur „Geburt der Tragödie", daß in dieser Schrift das Schweigen über das Christentum bemerkenswert sei. Nietzsche will damit sagen, daß er bei der Abfassung dieser Schrift das Christentum bereits für geschichtlich erledigt gehalten hat. Soweit Nietzsche nun auf das Christentum Bezug nimmt, ordnet er es diesem von Sokrates-Platon ausgehenden Verfallsprozeß ein. Das Christentum ist, wie Nietzsche später sagt, nichts anderes als eine Gestalt der Dekadenz, weil es eine einzige Durchfiguration des moralischen Themas ist. Nietzsche hat das Christentum mit der Moral identisch gesetzt, die es lehrt und verkündet. Das Christentum ist für Nietzsche nur der Inbegriff einer moralischen Religion, die aber an den Realitäten der Welt zerbricht. Eine andere Formel Nietzsches lautet: „Christentum ist Platonismus fürs Volk." Das Christentum bedeutete für ihn nur noch die Herrschaft einer Verfallsmoral, weil sie die Sklavenmoral der Schwachen verkörpert und nicht die Herrenmoral der Starken.[74]

Wenn man alle maßgebenden Urteile, die in dieser Schrift zu finden sind, zusammenfaßt, dann hat man die entscheidende geistesgeschichtliche Disposition für das Phänomen des Faschismus und des Nationalsozialismus vor Augen. Denn der Nationalsozialismus/Faschismus war in seiner Essenz ein Kampf gegen die Aufklärung, ein Kampf gegen den Fortschritt, und auch ein Kampf gegen die Wissenschaft – zumindest soweit mit der Wissenschaft ein bestimmter Typus von

---

[74] Die Urteile Nietzsches über das Christentum sind der schwächste und trübste Teil des ganzen Œuevres von Nietzsche. Diese Urteile zeugen zum Teil von einer solchen Ignoranz, daß man sich manchmal schämen muß, was der große Nietzsche über das Christentum sagt. Aber er wußte es nicht besser. Weder die Kirchen noch die Theologen haben Nietzsche zu einem besseren Verständnis verholfen. Man darf sich nicht daran stören, daß Nietzsche diesen fanatischen Kampf gegen das Christentum geführt hat. Denn er hat das moralisch interpretierte Christentum bekämpft, das er von Schopenhauer her kannte und das auch im 19. Jahrhundert von den kulturprotestantischen Theologen verkündet wurde.

Mensch, nämlich der theoretische Mensch, zur Herrschaft gekommen ist. Der Nationalsozialismus/Faschismus war darüber hinaus gekennzeichnet durch den Kampf gegen das Christentum und gegen die christliche Moral, und schließlich stand er auch im Kampf gegen die griechische Klassik als einer Anfangsform des Verfalls.

Hier wurden also die geistige Dispositionen geschaffen, die existieren mußten, ehe dann in Verbindung mit bestimmten kontingenten historischen Umständen der Faschismus zur Herrschaft gelangen konnte.

Die große Nähe zwischen Nietzsche und dem Faschismus ist hier zu finden. Wir dürfen aber nicht vergessen, daß es auch eine entscheidende Differenz zwischen Nietzsche und dem Faschismus gibt. Denn Nietzsche forderte nicht, daß wir die Griechen einfach dem Vergessen anheim stellen sollten. Ganz im Gegenteil. Die Fähigkeit, von den Griechen zu lernen, war nach Nietzsche ein Ausweis des Ranges eines Volkes und einer Kultur. Nietzsche meint damit aber nun nicht mehr die griechische Klassik von Sokrates, Platon und Aristoteles, sondern er orientiert sich an der Periode der Vorsokratiker. Nietzsche geht auf die Zeit zurück, in der in Griechenland die Tragödie entstanden ist. „Philosophie im tragischen Zeitalter der Griechen“ und die „Geburt der Tragödie“, so lauten die wichtigen Schriften Nietzsches. Was also setzt Nietzsche der christlichen Moral, dem theoretischen Menschen und dem Glauben an Wissenschaft, Fortschritt und Aufklärung entgegen? Das tragische Bewußtsein! Im Blick auf die Zukunft der Deutschen richtete Nietzsche seine ganze Hoffnung auf die Wiedergeburt der Tragödie.

Bei aller Kritik, die man vielleicht nicht an seiner Analyse der spätbürgerlichen Kultur, aber an vielen einzelnen Folgerungen Nietzsches üben kann und muß, sollte man doch diese geniale Entdeckung Nietzsches anerkennen. Nietzsche sah sich umgeben von einem fortschrittstrunkenen und selbstgefälligen Geschlecht. Während die Progressiven das Herannahen des Paradieses auf Erden, die Befreiung des Individuums in Freiheit und Gleichheit, und eine Welt der materiellen Fülle vor sich sahen, entdeckte Nietzsche, daß hinter dieser Fassade Niedergang und Verfall lauert. Nietzsche sah da, wo die meisten bis zum heutigen Tag Fortschritt und Blüte sehen, den Verfall.

Woran wird dieser Verfall sichtbar? Das Kernwort bei Nietzsche lautet: „Pessimismus der Schwäche“. Hinter der offiziellen, laut verkündeten optimistischen Ideologie, verbirgt sich nach Nietzsche ein „Pessimismus der Schwäche“. Pessimismus der Schwäche heißt, daß dieser Pessimismus ein Ausdruck der Ermüdung, des Vergehens von Produktivität ist. Es ist diese taumelnde Bewegung, in der sich die Menschen fatalistisch dem Ablauf der Dinge unterwerfen. Es herrscht Resignation und fatalistische Einfügung in das scheinbar Unvermeidbare. Nietzsche spricht davon, daß die bürgerliche Kultur dabei ist, das siechende Christentum durch den Buddhismus zu ersetzen. Es kommt die Eroberung Europas durch den Buddhismus, weil die Religionen Asiens den Menschen befähigen, sich willenlos und passiv in das Unvermeidliche zu fügen und zu unterwerfen. Nietzsche meinte daher, daß die Zukunft Europas nicht durch den Sieg der Aufklärung, sondern durch das Einströmen des Buddhismus bestimmt sein wird.

Der Verfall manifestiert sich für Nietzsche im „Pessimismus der Schwäche". Was will Nietzsche diesem „Pessimismus der Schwäche", aus dem er Niedergang und Verfall hervorgehen sieht, entgegensetzen? Hier führt Nietzsche nun einen Begriff ein, der auch ein Schlüsselbegriff zum Verständnis vor allem des italienischen Faschismus, aber auch des Nationalsozialismus ist: Nietzsche fordert einen „Pessimismus der Stärke". Das ist Nietzsches Antwort.

Nietzsche hat damit das Schlüsselwort für alle Formen des revolutionären Konservativismus im ersten Drittel des 20. Jahrhunderts gegeben. Alle diese konservativen Positionen sind Positionen des „Pessimismus aus Stärke". Das ist der zentrale Begriff für alle nicht progressiven Bewegungen des 20. Jahrhunderts gewesen. Was ist „Pessimismus der Stärke"? Was kennzeichnet den „Pessimismus der Stärke"? Das tragische Bewußtsein. Nietzsche fordert zur Ermöglichung des Pessimismus der Stärke die Wiedergeburt des tragischen Bewußtseins. Er war der Meinung, daß dieses tragische Bewußtsein die Überlebensbedingung der Menschheit sein wird. Nur das tragische Bewußtsein könne die Menschheit noch retten. Nicht der Wahn und optimistische Illusionen können den modernen Menschen retten, sondern das tragische Bewußtsein, das den Blick auf die Wirklichkeit, die durch Aufklärung und Wissenschaft verstellt worden ist, wieder öffnet. Denn das tragische Bewußtsein vermittelt die Kraft, die Sicht auf die Wirklichkeit zu ertragen und auszuhalten.[75]

Welche Wirklichkeit meint Nietzsche? Welche Wirklichkeit wird durch Wahn, Optimismus, Aufklärung und Wissenschaft verstellt? Nietzsche bestimmt die Wirklichkeit in drei Aspekten: Es gibt die „Vernichtung in der Geschichte", es gibt die „Grausamkeit der Natur", und es gibt den „Schrecken der Individualexistenz". Nietzsche sieht die Wirklichkeit also durch den Schrecken charakterisiert. Übrigens hat auch der junge Schelling vom Schrecken der objektiven Wirklichkeit gesprochen.

Die Vernichtung in der Geschichte, die Grausamkeit der Natur, der Schrecken der Individualexistenz, das sind die Realitäten. Und diese Realitäten – das wußte Nietzsche noch – sind auch mit dem Ende des Christentums nicht verschwunden. Am Ende eines jeden Lebens steht weiterhin die Katastrophe des Todes. Und das Leben selber ist ein einziger Prozeß des Sterbens. Der Verfall schreitet ständig voran, und es gibt nur eine Gewißheit: die Endkatastrophe des Todes. Das ist mit dem „Schrecken der Individualexistenz" gemeint. Und wer das nicht sieht, belügt sich selbst.[76]

---

[75] Das Merkwürdige ist: Etwas Christlicheres kann man überhaupt nicht formulieren. Wenn ich formulieren müßte, was denn christlich ist, dann würde ich es genauso formulieren, wie Nietzsche es im Blick auf die Tragödie getan hat. Christlich ist, den Blick auf die Wirklichkeit zu eröffnen und die Kraft zu vermitteln, diese Wirklichkeit zu ertragen. Denn der tiefste Grund der Krise der Moderne liegt in dieser Verstellung des Blicks auf die Wirklichkeit und in der fehlenden Kraft, diese Wirklichkeit zu ertragen.

[76] Darum pumpen wir heute Milliarden DM in die Unterhaltungsindustrie, damit die Menschen die Schrecken der Individualexistenz nicht wahrnehmen.

Dieser Pessimismus ist in der Tat die Grundstimmung der 20er Jahre gewesen. Nietzsches Grundfrage lautete: Wie können die Menschen diese schreckliche Wirklichkeit noch annehmen und sie aushalten, wenn das Christentum tot ist? Nietzsche unterscheidet sich von den nachchristlichen Theoretikern der Moderne dadurch, daß er noch darüber nachgedacht hat, welches die Konsequenzen des Endes des Christentums sein könnten. Er war nicht der Meinung, daß man das Christentum einfach ersatzlos streichen und durch ein bißchen Moral ersetzen könne. Er hat daher nach dem Untergang des Christentums die Frage nach den Bedingungen der Selbsterhaltung und der Selbststeigerung des Menschen stellen müssen: Was ist in dieser Situation des Nihilismus für das Leben gedeihlich und förderlich? Was ist geeignet, den Menschen am Leben zu halten, ihn mit dem Leben zu versöhnen? Was ist geeignet, die Kräfte zu wecken, deren es bedarf, um mit der schrecklichen Wirklichkeit fertig zu werden? Das sind die Grundfragen Nietzsches gewesen. Er selber hat sie im Rückgriff auf den vorsokratischen Naturalismus und die vorsokratische Tragödie beantwortet.

Diese Frage hat sich in vulgarisierter Form auch der Faschismus gestellt. Aber er hat den „Pessimismus der Stärke“ sozialdarwinistisch und nicht – wie Nietzsche – vorsokratisch interpretiert.

12. Dekadenz oder die Flucht vor der Wirklichkeit

Wir müssen uns nun ganz präzise vor Augen führen, was Nietzsche mit Dekadenz gemeint hat. Denn bisher haben wir ja im Zusammenhang mit Nietzsches Analyse der spätbürgerlichen Kultur nur von „Sterilität“, von „Ermüdung“, „Schwäche“ und von „Verfall“ gesprochen, nicht aber von „Dekadenz“. Wir müssen möglichst präzise die Frage beantworten, was hat Nietzsche unter Dekadenz verstanden hat, worauf er die Dekadenz zurückgeführt und wie Nietzsche selber sich die Überwindung der Dekadenz vorgestellt hat. Von da aus können wir dann die Frage stellen, ob der revolutionäre Konservativismus Nietzsche eigentlich richtig verstanden hat. Wir werden diese Frage verneinen, aber das ändert nichts daran, daß eine bestimmte Nietzsche-Interpretation in das Selbstverständnis des revolutionären Konservativismus Eingang gefunden und sich geschichtlich im Faschismus niedergeschlagen hat. Von Nietzsche ging in ihrer Sicht ein Dekadenzverständnis aus, das Dekadenz als vitale Schwäche, als hypersensible Nervenschwäche interpretiert. Dekadenz ist in den Augen des revolutionären Konservativismus gleichbedeutend mit dem Zusammenbruch der zur Lebensbehauptung nötigen Vitalität. In der Antike wurde der Verfall der Sitten mit dem Begriff der Dekadenz umschrieben, aber nicht mit der Schwächung der Vitalität. Es gibt bei Nietzsche durchaus Aussagen, die es nahelegen, seinen Dekadenzbegriff im Sinne eines vitalen Schwächung zu interpretieren, aber meine These ist, daß die Theorie der Dekadenz bei Nietzsche nicht darin aufgeht. Nietzsche meinte mit Dekadenz bei aller Nähe zu den revolutionären Konservativen und zum Faschismus noch einmal etwas anderes, als die Faschisten meinten, aus Nietzsche herauslesen zu können.

Was hat also nun Nietzsche genau unter Dekadenz verstanden? Wenden wir uns dazu einigen zentralen Aussagen Nietzsches zum Begriff der Dekadenz zu. Vorweg ist der merkwürdige Umstand festzuhalten, daß auch innerhalb der gegenwärtigen Auslegung Nietzsches dessen Dekadenztheorie gar keine bzw. bestenfalls eine völlig untergeordnete Rolle spielt. Das ist darum so erstaunlich, weil dies völlig vom Nietzscheschen Selbstverständnis abweicht. Denn Nietzsche selber räumt im Vorwort zu der späten Schrift „Der Fall Wagner" ein: „Was mich am tiefsten beschäftigt hat, das ist in der That das Problem der dekadence – ich habe Gründe dazu gehabt."[77]

Diese Aussage Nietzsches läßt keinen Zweifel zu. Dennoch beschäftigt das Problem, das für Nietzsche selber entscheidend war, die heutige Nietzsche-Interpretation so gut wie gar nicht. Auch in der späten Schrift „Ecce homo", in der Nietzsche über sein Selbstverständnis resümierend Auskunft gibt, heißt es: „Das Glück meines Daseins, seine Einzigkeit vielleicht, liegt in seinem Verhängniss: ich bin, um es in Räthselform auszudrücken, als mein Vater bereits gestorben, als meine Mutter lebe ich noch und werde alt. Diese doppelte Herkunft, gleichsam aus der obersten und der untersten Sprosse an der Leiter des Lebens, decadent zugleich und Anfang – dies, wenn irgend Etwas, erklärt jene Neutralität, jene Freiheit von Partei im Verhältniss zum Gesammtprobleme des Lebens, die mich vielleicht auszeichnet."

Nietzsche bezeichnet sich hier selber als dekadent. Er wußte um seine eigene Dekadenz. Weil er aber um seine eigene Dekadenz wußte, wußte er auch, daß er noch etwas anderes ist, als nur dekadent. Und das nennt er hier ‚Anfang'. „Ich habe für die Zeichen von Aufgang und Niedergang eine feinere Witterung als je ein Mensch gehabt hat, ich bin der Lehrer par excellence hierfür, – ich kenne Beides, ich bin Beides."[78]

Hier wird ganz deutlich, daß Nietzsche Dekadenz mit Niedergang gleichsetzt. Nietzsche befragt die Kultur in allen ihren Ausprägungen und Erscheinungen darauf hin, ob die Erscheinungen Zeichen für Aufgang oder für Niedergang sind. Das ist die zentrale Fragestellung des ganzen Nietzsche: Steht eine Erscheinung für ein aufsteigendes oder für ein niedergehendes Leben? Haben wir es in den Phänomenen der Kultur mit Symptomen für niedergehendes oder aufsteigendes Lebens zu tun? Das ist es, was Nietzsche interessiert.

„Was mich am tiefsten beschäftigt hat, das ist in der That das Problem der decadence – ich habe Gründe dazu gehabt. ‚Gute und Böse' ist nur eine Spielart jenes Problems. Hat man sich für die Abzeichen des Niederganges ein Auge gemacht, so versteht man auch die Moral, – man versteht, was sich unter ihrem heiligsten Namen und Werthformen versteckt: das verarmte Leben, der Wille zum Ende, die große Müdigkeit."[79]

Was ist für Nietzsche also dekadentes Leben? Die erste, zentrale Bedeutung des Begriffs Dekadenz ist bei Nietzsche ‚das verarmte Leben'. Zugespitzt gesagt:

---

[77] Friedrich Nietzsche: Der Fall Wagner. Ein Musikanten-Problem, KSA Bd. 6, S. 11
[78] Friedrich Nietzsche: Ecce homo, S. 264
[79] Friedrich Nietzsche: Der Fall Wagner, S. 11, 12

das Leben, das nicht mehr lebt. Adorno sprach in ähnlicher Terminologie vom ‚beschädigten' Leben. Und was versteht Nietzsche unter ‚verarmtem Leben'? Verarmtes Leben ist für Nietzsche ein Leben, in dem der „Wille zum Ende" und „die grosse Müdigkeit" waltet.[80]

„Moral verneint das Leben ... Zu einer solchen Aufgabe war mir eine Selbstdisciplin von Nöthen: – Partei zu nehmen gegen alles Kranke an mir, eingerechnet Wagner, eingerechnet Schopenhauer, eingerechnet die ganze moderne ‚Menschlichkeit'."[81]

Wagner und Schopenhauer sind für den mittleren Nietzsche nun keine Hoffnungsträger mehr, sondern Symptome der Krankheit und auch der moderne Menschlichkeit. Warum wendet sich Nietzsche hier von Schopenhauer ab? Nietzsche interpretiert Schopenhauer nicht in der Weise, wie Philosophiehistoriker und auch Horkheimer es getan haben, sondern er interpretiert Schopenhauer auf das hin, was sich in dessen Philosophie über den Grad der Stärke und der Schwäche des Lebens ausspricht. Nietzsche nimmt Schopenhauer nicht als einen Philosophen, der eine metaphysische oder ontologische Aussage über das Sein gemacht hat, sondern er interpretiert die Art des Lebens, die sich in dessen Philosophie manifestiert und ausspricht. Die Quintessenz Schopenhauers zielt aber auf Verneinung, auf das Nein zu aller Realität. Vergleichbares gilt nun auch für Wagner.

„Mein grösstes Erlebnis war eine Genesung. Wagner gehört bloss zu meinen Krankheiten."[82]

Was bedeutet nun Wagner für Nietzsche? Hier muß man wissen, daß sich Nietzsches Bewertung Wagners nun grundlegend geändert hat. Indem sich Nietzsche nach anfänglicher Begeisterung von Wagner distanziert und ihn geradezu bekämpft, nimmt er Wagner nun – und das ist für unsere Fragestellung von größter Bedeutung –, als die grandioseste Manifestation der Modernität und ihrer Dekadenz überhaupt war. Die nun folgende Auseinandersetzung mit Wagner enthält in konzentrierter Form das, was Nietzsche unter Dekadenz und unter der Gleichsetzung der Dekadenz mit der Moderne verstanden hat.

„Nicht dass ich gegen diese Krankheit undankbar sein möchte. Wenn ich mit dieser Schrift den Satz aufrecht halte, daß Wagner schädlich ist, so will ich nicht weniger aufrecht halten, wem er trotzdem unentbehrlich ist – dem Philosophen."

Also auch der von Nietzsche als modern, dekadent, als krank, als schädlich eingeschätzte Wagner bleibt nichts desto weniger nützlich für den Philosophen. Der Philosoph brauche Wagner. Warum?

„Sonst kann man vielleicht ohne Wagner auskommen: dem Philosophen aber steht es nicht frei, Wagner´s zu entrathen. Er hat das schlechte Gewissen seiner Zeit zu sein, – dazu muss er deren bestes Wissen haben."

---

[80] Man denkt hier unwilkürlich an den Roman über die Müdigkeit von Peter Handke. Es ist kein Zufall, daß Handke diese meditativ gehaltene literarische Schrift unter dem Titel ‚Müdigkeit' veröffentlicht hat.

[81] Friedrich Nietzsche: Der Fall Wagner, S. 12

[82] Friedrich Nietzsche: Der Fall Wagner, S. 12

Um zum schlechten Gewissen seiner Zeit werden zu können, muß der Philosoph deren bestes Wissen haben. Und das Wissen über die Moderne und über ihre Dekadenz verdankt Nietzsche, wie er selber sagt, Wagner. Darum ist er trotz der neuerlichen Feindschaft zu Wagner diesem zu Dank verpflichtet.

„Aber wo fände er für das Labyrinth der modernen Seele einen eingeweihteren Führer, einen beredteren Seelenkünder als Wagner? Durch Wagner redet die Modernität ihre intimste Sprache: sie verbirgt weder ihr Gutes, noch ihr Böses, sie hat alle Scham vor sich verlernt. Und umgekehrt: man hat beinahe eine Abrechnung über den Werth des Modernen gemacht, wenn man über Gut und Böse bei Wagner mit sich im Klaren ist. – Ich verstehe es vollkommen, wenn heute ein Musiker sagt „ich hasse Wagner, aber ich halte keine andere Musik mehr aus“. Ich würde aber auch einen Philosophen verstehn, der erklärte: „Wagner resümirt die Modernität. Es hilft nichts, man muß erst Wagnerianer sein ...“

Wagner wird nun für Nietzsche geradezu zur Inkarnation der modernen Kultur und dessen, was Nietzsche unter Dekadenz verstanden hat.

Das ist für die Begründung der Rolle, die Wagner im Nationalsozialismus gespielt hat, außerordentlich aufschlußreich. Man denke nur an die Wagner-Festspiele und an den Wagner-Kult im Dritten Reich. Nietzsche hat hier lange vor der Existenz des Nationalsozialismus Hitler durchschaut, der in Wagner die höchste Einweihung in die letzten Geheimnisse des Seins gesucht, erlebt und gefeiert hat.

Die Frage nach dem Verhältnis Nietzsches zum Nationalsozialismus kann an dessen Verhältnis zu Wagner entschlüsselt werden. Ein entscheidender Schlüssel zur Beantwortung dieser Frage findet sich im sich wandelnden Verhältnis Nietzsches zu Wagner. Vereinfacht ausgedrückt: Der frühe Wagner-Kult Nietzsches kann im weiteren Sinn als Vorbereitung der faschistischen Kulturrevoltion gedeutet werden. Die Abwendung von Wagner enthält nun einerseits die Radikalisierung des Faschismus bei Nietzsche und andererseits die Abrechnung mit dem realen Faschismus, der nunmehr selber als modernes und dekadentes Phänomen durchschaut wird!

Wagner ist für Nietzsche nun der „Künstler der Decadence“. Und warum hat Nietzsche Wagner als Manifestation der Dekadenz der Moderne verstanden? „Ich bin ferne davon, harmlos zuzuschauen, wie dieser decadent uns die Gesundheit verdirbt – und die Musik dazu! Ist Wagner überhaupt ein Mensch? Ist er nicht eher eine Krankheit? Er macht alles krank, woran er rührt, – er hat die Musik krank gemacht – Ein typischer decadent, der sich nothwendig in seinem verderbten Geschmacke fühlt, der mit ihm einen höheren Geschmack in Anspruch nimmt, der seine Verderbniss als Gesetz, als Fortschritt, als Erfüllung in Geltung zu bringen weiss. Und man wehrt sich nicht. Seine Verführungskraft steigt in's Ungeheure, es qualmt um ihn von Weihrauch. Das Missverständniss über ihn heisst sich ‚Evangelium‘ – er hat durchaus nicht bloss die Armen des Geistes zu sich überredet! Ich habe Lust, ein wenig die Fenster aufzumachen. Luft! Mehr Luft! – Daß man sich in Deutschland über Wagner betrügt, befremdet mich nicht. Das Gegenteil würde mich befremden.“[83]

---

[83] Friedrich Nietzsche: Der Fall Wagner, S. 21

In Wagner weiß sich, so Nietzsche, die Dekadenz und die Verderbnis als Fortschritt und als Erfüllung in Geltung zu bringen. Dekadenz ist für Nietzsche nicht nur Niedergang, sondern Krankheit. Dekadentes Leben ist krankes Leben. Dekadente Zustände sind Hinweise und Zeichen für eine Erkrankung der Kultur oder eines Volkes.

„Wagners Kunst ist krank. Die Probleme, die er auf die Bühne bringt – lauter Hysteriker-Probleme –, das Convulsivische seines Affekts, seine überreizte Sensibilität, sein Geschmack, der nach immer schärfern Würzen verlangte, seine Instabilität, die er zu Principien verkleidete, nicht am wenigsten die Wahl seiner Helden und Heldinnen, diese als physiologische Typen betrachtet (– eine Kranken-Galerie! –): Alles zusammen stellt ein Krankheitsbild dar, das keinen Zweifel läßt."[84]

Diese Aussagen Nietzsches über Wagners Kunst sind als Aussagen über die moderne Kultur und damit als Aussagen über die Beschaffenheit des Menschen zu verstehen, der sich in dieser Kultur manifestiert. Entscheidend ist das Konvulsivische seines Affekts, die überreizte Sensibilität und der Geschmack, der nach immer schärferen Würzen verlangt, sowie die Instabilität, die er zu Prinzipien verkleidet.

„Nichts ist vielleicht heute besser bekannt, Nichts jedenfalls besser studirt als der Proteus-Charakter der Degenerescenz, der hier sich als Kunst und Künstler verpuppt. Unsere Aerzte und Physiologen haben in Wagner ihren interessantesten Fall, zum Mindesten einen sehr vollständigen. Gerade, weil Nichts moderner ist als diese Gesammterkrankung, diese Spätheit und Überreiztheit der nervösen Maschinerie, ist Wagner der moderne Künstler par excellence, der Cagliostro der Modernität. In seiner Kunst ist auf die verführerischeste Art gemischt, was heute alle Welt am nötighsten hat, – die drei grossen Stimulanzia der Erschöpften, das Brutale, das Künstliche und das Unschuldige (Idiotische)."[85]

Damit ist ausgesprochen, was Nietzsche unter Dekadenz versteht: einen Zustand der Erschöpfung, der immer stärkere Dosen und Stimulanzien braucht und der auf die drei großen Stimulanzia des Eschöpften angewiesen ist: das Brutale, das Künstliche und das Unschuldige bzw. Idiotische.

Nietzsche sieht den inneren Zustand der modernen Dekadenz durch die Wechselwirkung von erlebter Öde und der Flucht in den großen Rausch gekennzeichnet. Verarmung des Lebens heißt Verödung, Abstumpfung. Verarmtes Leben ist dasjenige Leben, das eigentlich nicht mehr lebt und das deswegen auf immer stärkere, äußere Stimulanzien angewiesen ist und das in Erfahrung der Unerträglichkeit der öden Zustände des öffentlichen und kulturellen Lebens zwischen Apathie auf der einen Seite und dem großen Rausch auf der anderen Seite hin und her getrieben wird. Wobei der Rausch einerseits die einzige Möglichkeit ist, wenigstens für einen Augenblick von dem Leiden an der Verödung erlöst zu werden, zugleich aber den Blick für eben dieses Leiden an der Verödung verkümmern läßt. Wenn

[84] Friedrich Nietzsche: Der Fall Wagner, S. 22
[85] Friedrich Nietzsche: Der Fall Wagner, S. 22, 23

man zwei psychiatrische Kategorien gebrauchen will, dann ist das moderne, dekadente Leben durch den Wechsel von Apathie und Hysterie bestimmt.

Wenn Nietzsche hier zeigt, wie die modernen Menschen Wagners Musik als ein Opiat wahrnehmen, wie sie in der Nebelwelt seiner Töne versinken und für Stunden von dem Leiden der Individuation befreit werden, dann wird hier deutlich, daß diese Befreiung als Freiwerden von der alltäglichen Wirklichkeit der modernen Welt zu verstehen ist. Diese Art der Befreiung von der Wirklichkeit hat Nietzsche als Dekadenz verstanden. Eine Kultur ist dekadent, wenn sie es in der von ihr selbst erzeugten Realität nicht mehr aushält und sich die Menschen auf die Flucht begeben.

Das betrifft dann nicht nur die Moderne, sondern auch den Nationalsozialismus. Was war denn der Nationalsozialismus? Er war doch nichts anderes als ein ins Politische transponiertes und ritualisiertes Wagnersches Gesamtkunstwerk, das den Menschen die politisch so noch nie dagewesene Möglichkeit bot, immer wieder aus der Öde des Alltags herausgerissen zu werden. Man braucht sich nur an die jährlichen Weihefestspiele in Nürnberg zu erinnern, oder an das Projekt „Kraft durch Freude". Das Geniale an Hitler bestand darin, daß er wie kein Anderer immer neue Reize, Effekte und Opiaten erfunden und den Menschen diese pseudoekstatische Flucht aus der als unerträglich empfundenen Realität angeboten hatte. Es ist gar kein Zweifel, daß die Realität im Deutschland der Weimarer Republik tatsächlich von den Deutschen als unerträglich empfunden wurde.

Nietzsche setzt sich nun mit Fragen des modernen Stils auseinander und untersucht, worin denn die literarische Dekadenz besteht. Wohlgemerkt, wenn Nietzsche nun von „literarischer Dekadenz" redet, dann spricht er nicht von der Literatur selber, sondern er nimmt auch die Literatur und das Phänomen des literarischen Stils als Symptom und Zeichen für die innere Beschaffenheit der Kultur und im Blick auf die aufsteigende bzw. verfallende Tendenz des Lebens. Der wahrscheinlich zentrale Schlüsselsatz zum Verständnis dessen, was Nietzsche mit Dekadenz gemeint hat, lautet:

„Womit kennzeichnet sich jede litterarische decadence? Damit, daß das Leben nicht mehr im Ganzen wohnt."[86]

Dies meint Nietzsche mit Dekadenz. Nietzsche meint damit nicht das, was nachher – wenn auch legitimiert durch bestimmte Äußerungen Nietzsches selber –, die biologistische Interpretation aus dem Dekadenzbegriff gemacht hat. Nietzsche versteht unter dekadentem Leben ein Leben, das „nicht mehr im Ganzen wohnt". Dieses trifft nicht nur für literarische Erscheinungen zu, sondern genauso auf die Wirklichkeit der modernen Gesellschaft.

„Das Wort wird souverain und springt aus dem Satz hinaus, der Satz greift über und verdunkelt den Sinn der Seite, die Seite gewinnt Leben auf Unkosten des Ganzen – das Ganze ist kein Ganzes mehr."

In diesen wenigen Zeilen beschreibt Nietzsche nicht nur den künstlerischen Zustand der Epoche des Expressionismus und Surrealismus, sondern auch das, was die postmoderne Kultur von heute sich zugute hält: Das einzelne Leben wird

---

[86] Friedrich Nietzsche: Der Fall Wagner, S. 27

auf Unkosten des Ganzen gelebt, und das Ganze ist kein Ganzes mehr. Dazu sagt Nietzsche: „Aber das ist das Gleichnis für jeden Stil der decadence: jedes Mal Anarchie der Atome.“ Dieser Begriff „Anarchie der Atome“ ist ein Begriff, der zum ersten Mal in der zweiten unzeitgemäßen Betrachtung „Über Nutzen und Nachteil der Historie für das Leben“ geäußert wurde, in der Nietzsche die moderne Revolution als „atomistische Revolution“ bestimmt hat. Atomistische Revolution heißt, daß die Gesellschaft sich in ihren letzten, selber nicht mehr weiter teilbaren Elemente auflöst. Diese Atome der Gesellschaft sind die Individuen. Was Nietzsche atomistische Revolution genannt hat, könnte man genausogut auch individualistische Revolution nennen.

„Jedes Mal Anarchie der Atome, Disgregation des Willens.“

Disgregation des Willens heißt, daß die Einheit des Willens zerfällt. Es tritt also nicht nur die Auflösung aller sozialen Kontexte und Zusammenhänge ein, sondern auch die „Disgregation des Willens“, also der Zerfall der Einheit des Willens. Wenn Dekadenz die Auflösung der Einheit des Willens bedeutet, dann besteht für Nietzsche die tiefste Form der Dekadenz bzw. der Erkrankung der modernen Kultur darin, daß sie nicht mehr wollen kann. Die Menschen können nicht mehr wollen. Denn wenn sie etwas wollen, wollen sie immer auch das Gegenteil. Diesen Verlust an Willenskraft hat Nietzsche unter Dekadenz verstanden.

Wenn man sich diesen Punkt einmal verdeutlicht, dann wird völlig klar, was der Faschismus gewesen ist. Der Faschismus ist zwar keine von Nietzsche legitimierte und nahegelegte Konsequenz, aber das ändert nichts daran, das sich der Faschismus als Bewegung des Willens verstanden hat. Es ging ihm nicht um Aufklärung und um Theorie, sondern um die Aufrichtung eines Willens. Der Begriff des „Willens“ war der zentrale Begriff des ganzen Faschismus. Man denke nur an den Parteitag in Nürnberg, der unter dem Motto stand: „Triumph des Willens“. Warum hat sich denn Hitler 1933 und auch danach durchsetzen können? Weil er den Eindruck vermittelte, daß er etwas ganz genau und mit letzter Konsequenz wollte. Der Faschismus war also, von Nietzsche aus gesehen, der Entschluß, die „Disgregation des Willens“ zu beenden und eine neue Einheit und Konsequenz des Willens zu schaffen. Aber kann der Wille sich selbst wollen? Und was ist der Inhalt dieses Willens? Der Nationalsozialismus ist gekennzeichnet durch den sich selbst wollenden Willen. Er ist der Wille, der sich selber will. Der Wille aber, der sich nur selber will, der will damit überhaupt nichts Bestimmtes.

Darin liegt die entscheidende Schwäche des ganzen revolutionären Konservativismus und des Faschismus, weil sie eigentlich nur den Willen wollten. Das, was gewollt wurde, war demgegenüber völlig sekundär. Der erste, der das begriffen und auch ausgesprochen hatte, war Ernst Jünger. Auch der Satz von Carl Schmitt „Das Beste auf der Welt ist ein Befehl“ – und zwar ganz egal, wer da befiehlt und welchen Inhalt der Befehl hat – gehört zu dem faschistischen Stil, den Armin Mohler ganz richtig charakterisiert hat. Diesen faschistischen, heroischen Stil kann man selber aber nur verstehen, wenn man ihn als Ausdruck des inhaltsleeren Willens zum Willen begreift.

Man macht es sich zu leicht, wenn man sagt, der Faschismus sei – im Gegensatz zum rationalistischen Sozialismus – eine Gestalt des Irrationalismus. Wer das so sieht, der hat nichts verstanden. Der Faschismus ist vielmehr der Versuch gewesen, das, was Nietzsche „Anarchie der Atome“ und „Disgregation des Willens“ nennt, dadurch zu überwinden, daß der Wille sich selber will. Der sich selbst wollende Wille war gerade die innerste Substanz sowohl des Faschismus als auch bestimmter Ausprägungen des revolutionären Konservativismus. Die Frage, was denn das vom Willen Gewollte oder zu Wollende ist, war für sie sekundär und abgeleitet, und es hatte nur eine Vehikelfunktion. Es ging um den Willen und um Bewegung als solche. Die Inhalte waren dagegen, übertrieben formuliert, völlig gleichgültig.

Daher gibt es auch im Faschismus keine vergleichbare Ideologie und Theorie, wie sie die linke, sozialistische Tradition gehabt hat. Und daher ist der Faschismus weder theorie-, noch philosophiefähig. Aber dieses Phänomen ist nichtsdestoweniger einer philosophischen Deutung bedürftig und auch fähig!

Für Hitler gilt Ähnliches. Für ihn waren Theorien und Programme völlig gleichgültig. Er hat zum Beispiel Alfred Rosenbergs „Mythus des 20. Jahrhunderts“ nie gelesen oder gar zur Grundlage seines Wirkens gemacht. Natürlich hatte auch Hitler bestimmte Ziele, er hat sie auch in „Mein Kampf“ niedergelegt. Aber für Fragen der Theorie oder gar der Philosophie hatte er keinen Sinn. Wenn schon, dann waren Theorien selber das Problem, aber nicht die Lösung. Hitlers Intention war vielmehr auf die Überwindung von Dekadenz gerichtet. Es ging ihm um die Überwindung eines Zustandes der Willensschwäche, der Disgregration des Willens, des Zerfalls des Willens in miteinander unvereinbare Antriebe. Das war der innerste und letzte Impuls.

Der Faschismus und Nationalsozialismus hatten nicht das, was die Linken Theorie oder gar Philosophie nennen. Darin liegt zwar eine ungeheure Schwäche, aber das ändert nichts daran, daß es offensichtlich geschichtliche Situationen geben kann, in denen diese Schwäche politisch eine ungeheure Stärke sein kann. Diese Situation, welche die sich zu Inhalten und Theorien indifferent verhaltende politische Position stark werden läßt, tritt dann ein, wenn die Menschen aufgehört haben, an Inhalte und Ideen zu glauben. Und das war natürlich in der Weimarer Republik der Fall und man kann sich manchmal fragen, ob diese Situation in anderer Hinsicht nicht heute wieder gegeben ist.

Nietzsche faßt nun seine Dekadenzanalyse zusammen: „Aber das ist das Gleichniss für jeden Stil der decadence: jedes Mal Anarchie der Atome, Disgregation des Willens, „Freiheit des Individuums“, moralisch geredet, – zu einer politischen Theorie erweitert „gleiche Rechte für alle“. Das Leben, die gleiche Lebendigkeit, die Vibration und Exuberanz des Lebens in die kleinsten Gebilde zurückgedrängt, der Rest arm an Leben. Überall Lähmung, Mühsal, Erstarrung oder Feindschaft und Chaos: beides immer mehr in die Augen springend, in je höhere Formen der Organisation man aufsteigt. Das Ganze lebt überhaupt nicht mehr: es ist zusammengesetzt, gerechnet, künstlich, ein Artefakt.“[87]

---

[87] Friedrich Nietzsche: Der Fall Wagner, S. 27

Damit kommen wir zu einer der wichtigsten Stellen im gesamten Werk Nietzsches überhaupt. Denn dort gibt Nietzsche Auskunft darüber, was er konkret mit Armut bzw. Überfülle des Lebens, mit sinkendem und aufsteigendem Leben meint. Diese Stelle ist zu finden in der Spätschrift „Nietzsche contra Wagner" in dem Kapitel „Wir Antipoden". Das ist die zentrale Stelle, in der Nietzsche in konzentrierter Form ein Resumée seiner ganzen Philosophie liefert.

Welches ist bei Nietzsche das Kriterium, anhand dessen man zwischen aufsteigendem und absteigendem Leben unterscheiden kann? Nietzsche muß ja einen Maßstab haben, um hier unterschieden zu können. Nietzsches Antwort lautet: Je mehr Wirklichkeit ein Leben ertragen kann, desto stärker ist es, und je weniger Wirklichkeit man ertragen kann bzw. je mehr Eskapismus und Ablenkung ein Leben von der Wirklichkeit braucht, desto dekadenter, ärmer und schwächer ist es. Und welchen Begriff von Wirklichkeit unterstellt Nietzsche, wenn er den Grad des Lebens messen und beurteilen will? Ich nehme auch hier das Ergebnis vorweg, um anzudeuten, worum es geht: Für Nietzsche ist ein Leben dann dekadent, wenn es die Bedingungen, aufgrund deren es selber lebt, nicht mehr ertragen kann und wenn es sich gegen die Bedingungen seiner selbst wendet.[88]

13. Starkes Leben und der Wille zur Macht

Wir wollen zuvor noch den Aphorismus 23 „Die Anzeichen der Korruption" aus Nietzsches „Die fröhliche Wissenschaft" interpretieren. Nietzsche fragt dort nach den Anzeichen einer korrupten Gesellschaft. Auch hier geht Nietzsche wieder von Symptomen aus. Er fragt nach „Anzeichen", die darauf hindeuten, daß eine Gesellschaft korrupt ist.

„Sobald irgend wo die Corruption eintritt, nimmt ein bunter Aberglaube überhand und der bisherige Gesammtglaube eines Volkes wird blaß und ohnmächtig dagegen".[89]

Das ist eine ganz überraschende Feststellung. Eine korrupte Gesellschaft ist demnach daran zu erkennen, daß der hergebrachte Glauben blaß und ohnmächtig geworden ist, wohingegen sich der Aberglauben immer weiter ausbreitet und überhand nimmt. Nietzsche bringt damit den Zustand der Korruption eindeutig in den Zusammenhang der Auflösung einer überkommenen Herkunftsreligion. Der

[88] Es ist die Frage, ob diese Situation 1933 gegeben war. 1933 konnte man daher vielleicht noch Faschist werden. Nachdem, was wir erlebt haben, kann die Antwort heute nicht mehr Faschismus lauten. Wenn es aber trotzdem noch Dekadenz gibt, und wenn die geschichtliche Antwort des Faschismus nur verheerende Wirkungen hatte, was kann aber dann die Antwort sein? Das ist doch das Problem, vor dem eines Tages auch der Liberalismus stehen könnte. Was macht denn der fortgeschrittene Liberalismus, wenn er die bürgerliche Moral zerstört hat, aber nicht in der Lage ist, eine andere Moral an seine Stelle zu setzen, um seine Selbstbehauptung zu sichern?

[89] Friedrich Nietzsche: Die fröhliche Wissenschaft, KSA Bd. 3, S. 395

bisherige Glaube eines Volkes wird blaß und ohnmächtig gegenüber dem aufkommenden Aberglauben.

Der „Aberglaube ist nämlich die Freigeisterei zweiten Ranges, – wer sich ihm ergiebt, wählt gewisse ihm zusagende Formen und Formeln aus und erlaubt sich ein Recht der Wahl."

Das ist ein ganz wichtiger Satz. Solange sich ein Volk dem überkommenen religiösen Glaubens verpflichtet weiß, ist es durch die Tradition bestimmt und es nimmt sich nicht das Recht zur freien Wahl heraus. Wenn aber der Glaube durch den Aberglauben abgelöst wird, dann wählt sich jeder am Ende seinen individuellen Aberglauben aus. Man wählt zwischen verschiedenen konkurrierenden Formen des „Aberglaubens" aus. Der Einzelne wählt dann das, was er glauben will.

„Der Abergläubische ist, im Vergleich mit dem Religiösen, immer viel mehr „Person", als dieser, und eine abergläubische Gesellschaft wird eine solche sein, in der es schon viele Individuen und Lust am Individuellen giebt."

Nietzsche bringt also – zweitens – den korrupten Zustand in Zusammenhang mit der zunehmenden Individualisierung der Gesellschaft. Der Aberglaube geht einher mit der von Nietzsche so bezeichneten „atomistischen Revolution". „Von diesem Standpuncte aus gesehen, erscheint der Aberglaube immer als ein Fortschritt gegen den Glauben und als ein Zeichen dafür, daß der Intellect unabhängiger wird und sein Recht haben will. Ueber Corruption klagen dann die Verehrer der alten Religion und Religiosität, – sie haben bisher auch den Sprachgebrauch bestimmt und dem Aberglauben eine üble Nachrede selbst bei den freiesten Geistern gemacht. Lernen wir, daß es ein Symptom der Aufklärung ist."

Nietzsche stellt hier einen Zusammenhang zwischen dem aufkommenden Aberglauben und der herrschenden Epoche der Aufklärung her. Denn in der liberalen Aufklärung wird der Intellekt unabhängiger und will sein Recht haben. Nietzsche bezeichnet denjenigen gesellschaftlichen Zustand als korrupt bzw. dekadent, der durch einen solchen Prozeß der fortschreitenden Aufklärung gekennzeichnet ist. Indem der Intellekt sich emanzipiert und unabhängig wird, wird auch der Glauben eine Angelegenheit der freien Wahl des Individuums. Aber ein solcher Glauben nimmt damit den Charakter des Aberglaubens an. Insofern gehört für Nietzsche der Aberglaube in den Prozeß der Aufklärung.

„Zweitens beschuldigt man eine Gesellschaft, in der die Corruption Platz greift, der Erschlaffung: und ersichtlich nimmt in ihr die Schätzung des Krieges und die Lust am Kriege ab, und die Bequemlichkeiten des Lebens werden jetzt ebenso heiss erstrebt, wie ehedem die kriegerischen und gymnastischen Ehren."[90]

Das erste Merkmal der korrupten Gesellschaft ist demnach die Unabhängigkeit des individuellen Intellektes und die Freiheit der Wahl, und das zweite Merkmal ist die Erschlaffung. Der Genuß der Annehmlichkeiten und Bequemlichkeiten des Lebens wird darin den kriegerischen Anstrengungen vorgezogen.

Für Nietzsche ist dieses neue Zeitalter gekennzeichnet durch „Erschlaffung". Dieses Zeitalter geht einher mit dem Ende des kriegerischen Zeitalters. Nietzsche

---

[90] Friedrich Nietzsche: Die fröhliche Wissenschaft, KSA Bd. 3, S. 395, 396

geht hier konform mit dem Glauben der Soziologie, vor allen Dingen der angelsächsischen Soziologie in der zweiten Hälfte des 19. Jahrhunderts. Herbert Spencer hatte damals gelehrt, daß die evolutionäre gesellschaftliche Entwicklung dazu führen wird, daß der Krieg verschwinden und daß an die Stelle des heldischen, kriegerischen Zeitalters das Zeitalter des humanitären Umgangs und des Welthandel zur Förderung des materiellen Wohlstandes treten wird. Es ist gar keine Frage, daß die Ideologie der Intellektuellen von heute nichts anderes ist als die aufgewärmte Ideologie des Herbert Spencer aus dem 19. Jahrhundert.

Es ist ein antiker Gedanke, der die ganze alte Philosophie bis hin zu Hegel erfüllt hat, daß im Blick auf die Ambivalenz der Wirkungen, die von einem Krieg ausgehen, im Krieg auch immer das Moment der Rettung vor der Dekadenz gesehen wurde. Der Krieg sollte ein großes Gemeinschaftserlebnis ermöglichen. Eine Gesellschaft, deren Mitglieder sich in der Verfolgung rein egoistischer Daseinsziele und Zwecke ergehen, sollte im Kriege aus diesem privaten Sumpf herausgerissen werden. Der Krieg wurde darum von Platon bis Hegel immer auch als eine Stätte der Revitalisierung der moralischen und der sittlichen Energien eines Volkes interpretiert.

Diese Auffassung wurde das letzte Mal in den ersten beiden Jahren des Ersten Weltkrieges bestätigt. Man lese einmal Thomas Manns „Zauberberg" oder Robert Musils „Mann ohne Eigenschaften". In beiden Romanen ist die sittliche und kulturelle Situation Europas vor dem Ausbruch des Ersten Weltkrieges dargestellt. Es wird gezeigt, daß man damals den Krieg geradezu als Erlösung und Rettung vor der völligen Versumpfung und totalen geistigen und intellektuellen Ratlosigkeit Europas empfunden hat. Man hat damals den Krieg geradezu sehnlichst erwartet. Man kann man sich heute überhaupt nicht mehr vorstellen, von welch einem Enthusiasmus auch die Deutschen damals erfüllt waren und wie die ganzen sozialen Spannungen und Klassengegensätze plötzlich verschwunden waren. Wilhelm II. erklärte damals: ‚Ich kenne keine Klassen mehr, sondern nur noch Deutsche!' Der Kaiser hatte damit nicht nur eine pathetische Formel geprägt, sondern er hat wahrscheinlich eine Realität wiedergegeben. Angesichts des Zustandes der Dekadenz wurde damals der Krieg und die Weckung der nationalen moralischen Energien als Erlösung empfunden.

Nietzsche gehört in diesem Sinne zweifellos zu Alteuropa, wenn er die Erschlaffung mit dem Verlust der Lust am Kriege gleichsetzte. Weiter heißt es:

„Aber man pflegt zu übersehen, dass jene alte Volks-Energie und Volks-Leidenschaft, welche durch den Krieg und die Kampfspiele eine prachtvolle Sichtbarkeit bekam, jetzt sich in unzählige Privat-Leidenschaften umgesetzt hat und nur weniger sichtbar geworden ist."[91]

Das ist wieder ein aufregender Gedanke Nietzsches. Was einst in den gymnastischen Wettkämpfen oder später im Krieg sichtbar wird, nämlich die alte Volksenergie und Volksleidenschaft, verschwindet nun nicht, sondern sie wird nur weniger deutlich. Diese Volksenergie und Volksleidenschaft verlieren mit dem Krieg

---

[91] Friedrich Nietzsche: Die fröhliche Wissenschaft, KSA Bd. 3, S. 396

ihre Sichtbarkeit, aber sie verschwinden nicht. Die Volksenergie und Volksleidenschaft werden jetzt in unzählige Privatleidenschaften umgesetzt und damit weniger sichtbar. Wenn die ehemaligen Feindbilder des Krieges verschwinden, dann bedeutet das nicht, daß die Feindbilder der liberalen Gesellschaft überhaupt verschwinden, sondern daß sie nur weniger sichtbar sind und daß sie an anderen Orten, in anderen Zusammenhängen und in anderen Formen fortbestehen.

„Und so sind gerade die Zeiten der „Erschlaffung", wo die Tragödie durch die Häuser und Gassen läuft, wo die grosse Liebe und der grosse Hass geboren werden, und die Flamme der Erkenntnis lichterloh zum Himmel aufschlägt. – Drittens pflegt man, gleichsam zur Entschädigung für den Tadel des Aberglaubens und der Erschlaffung, solchen Zeiten der Corruption nachzusagen, dass sie milder seien und daß jetzt die Grausamkeit, gegen die ältere gläubigere und stärkere Zeit gerechnet, sehr im Abnahme komme. Aber auch dem Lobe kann ich nicht beipflichten, ebensowenig als jenem Tadel: nur so viel gebe ich zu, daß jetzt die Grausamkeit sich verfeinert, und dass ihre ältere Formen von nun an wider den Geschmack gehen."

Nietzsche erkennt durchaus an, daß die bürgerliche Gesellschaft in der zweiten Hälfte des 19. Jahrhunderts die humanste, mildeste, toleranteste und gerechteste Gesellschaft gewesen ist, die es je in der in der Geschichte gegeben hat.

Auch Sir Karl Popper konnte noch vor einigen Jahren mit einem gewissen Recht sagen, daß wir heute in der humansten, der sozial gerechtesten und tolerantesten und damit in der besten Gesellschaft aller Zeiten leben. Wir haben, gemessen an bestimmten Standards und Maßstäben, inzwischen nur den Blick dafür verloren. Dabei bräuchten wir nur einmal einen Blick in die Vergangenheit zurückzuwerfen. Ich denke dabei vor allem an die Antike, weniger an das Mittelalter. Die mittelalterliche Gesellschaft ist bei aller Härte des Lebens eine der lebensfrohesten Gesellschaften gewesen. Im Mittelalter hat es pro Jahr rund 180 Fest- und Feiertage gegeben. Wir können es uns heute nicht mehr vorstellen, daß der Hauptinhalt der mittelalterlichen Gesellschaft das permanente Fest gewesen ist. Es kann also vom „finsteren Mittelalter" überhaupt keine Rede sein. Wenn man sich dagegen die Antike ansieht, dann wird man feststellen, daß die deutsche Klassik mit ihrem Bild von der humanen Antike einen Mythos in die Welt gesetzt haben. Aufgrund von Jacob Burkhardts neuer Sicht auf die antike Kultur wissen wir, daß die antike Polis eine der härtesten und grausamsten Gesellschaften in der Geschichte war. Das gilt nicht nur für Sparta. Krieg, Ausmerzung und Vernichtung des Feindes – sei es der Männer, der Frauen oder der Kinder –, galt als völlig normal und selbstverständlich. Aus dem berühmten Melier-Dialog bei Thukydides geht hervor, daß der Stärkere im Krieg selbstverständlich das Recht in Anspruch nahm, die feindliche Polis total zu vernichten oder auch, aus Zweckmäßigkeitsgründen, Sklaven mitzunehmen. Von den asiatischen Despotien wollen wir in diesem Zusammenhang ganz schweigen. Wir haben heute einfach nicht genug Phantasie, um ermessen zu können, welch ein Grad der Humanität im 19. Jahrhundert in der bürgerlichen Gesellschaft und auch in Deutschland erreicht wurde.

Nietzsche sieht diese Entwicklung, aber er läßt sich dadurch nicht den Sinn dafür trüben, daß die Moderne dennoch nicht die Überwindung der Grausamkeit mit sich gebracht hat. Die Grausamkeit besteht fort, sie hat nur die Formen geändert, in denen sie sich äußert. Für Nietzsche haben sich die Formen der Grausamkeit nur „verfeinert". Und er fügt hinzu:

„Jetzt erst wird die Bosheit geschaffen und die Lust an der Bosheit."

Nietzsche hat hier vorausgesehen, zu welchen Formen und Ausmaßen der Grausamkeit und Bosheit die neue Epoche imstande sein wird. Man denke nur an den Ersten Weltkrieg oder an die Praxis des Nationalsozialismus.

„Wenn „die Sitten verfallen", so tauchen zuerst jene Wesen auf, welche man Tyrannen nennt: es sind Vorläufer und gleichsam die frühreifen Erstlinge der Individuen. Noch eine kleine Weile: und diese Frucht der Früchte hängt reif und gelb am Baume eines Volkes, – und nur um dieser Früchte willen gar es diesen Baum! Ist der Verfall auf seine Höhe gekommen und der Kampf aller Art Tyrannen ebenfalls, so kommt dann immer der Cäsar, der Schluss-Tyrann, der dem ermüdeten Ringen um Alleinherrschaft ein Ende macht, indem er die Müdigkeit für sich arbeiten läßt."[92]

Nietzsche setzt die Korruption mit Verfall gleich. Hier taucht nun der klassische Topos auf, daß die Korruption mit dem „Verfall der Sitten" verbunden ist. Nietzsche entwickelt hier in geradezu seherischer Manier die Vision, daß sich die Demokratie am Ende in der Tyrannei selber aufheben und zur Herrschaft eines Cäsaren führen wird. Das ist eine Sichtweise, die auch für den revolutionären Konservativismus der dreißiger Jahre des 20. Jahrhunderts eine zentrale Rolle spielen sollte. Denn es gehört zu den zentralen Prognosen Oswald Spenglers, daß die neue Epoche in die Herrschaft der Cäsaren münden wird. Die Massendemokratie werde zu einem Verfall der Sitten und zu einem Zustand des Kampfes aller gegen alle führen. Aus diesem Kampf werde dann der neue Tyrann, der neue Cäsar, hervorgehen. Nietzsche hat damit bereits vor Spengler Hitlers Herrschaft vorausgesehen.

Das „Bedürfnis, sich irgendwie gegen die furchtbaren Schwankungen des Glückes sicherzustellen, öffnet auch edlere Hände, sobald ein Mächtiger und Reicher sich bereit zeigt, Gold in sie zu schütten. Es giebt jetzt so wenig sichere Zukunft."[93]

Hier taucht das zentrale Lebensmotiv dieser von Nietzsche als korrupt und dekadent dargestellten Zeit auf: die Sehnsucht nach Sicherheit. Angesichts der durch den inneren Auflösungs- und Verfallsprozeß hervorgehenden Grad der Unsicherheit und angesichts des Schwankens aller sozialen und kulturellen Verhältnisse wird das Sicherheitsmotiv in dieser Gesellschaft übermächtig.

„Es giebt jetzt so wenig sichere Zukunft: da lebt man für heute: ein Zustand der Seele, bei dem alle Verführer ein leichtes Spiel spielen..." Die Individuen „knüpfen sich gerne an Gewaltmenschen an, weil sie sich Handlungen und Auskünfte

[92] Friedrich Nietzsche: Die fröhliche Wissenschaft, KSA Bd. 3, S. 396, 397
[93] Friedrich Nietzsche: Die fröhliche Wissenschaft, KSA Bd. 3, S. 397

zutrauen, die bei der Menge weder auf Verständnis noch auf Gnade rechnen können, – aber der Tyrann oder Cäsar versteht das Recht des Individuums auch in seiner Ausschreitung und hat ein Interesse daran, einer kühneren Privatmoral das Wort zu reden und selbst die Hand zu bieten. Denn er denkt von sich und will über sich gedacht haben, was Napoleon einmal in seiner classischen Art und Weise ausgesprochen hat: „ich habe das Recht, auf Alles, worüber man gegen mich Klage führt, durch ein ewiges „Das-bin-ich!" zu antworten. Ich bin abseits von aller Welt, ich nehme von Niemandem Bedingungen an. Ich will, daß man sich auch meinen Phantasieen unterwerfe ..."[94]

Es ist nun klar geworden, welches Bild Nietzsche von einer korrupten, im Stadium der Dekadenz befindlichen Gesellschaft hatte. Nietzsche sieht alle diese Phänomene – und das ist die entscheidende generelle Aussage – als Produkte der erfolgreich sich durchsetzenden Aufklärungsprozesse hervorgehen. Das ist eine ganz wichtige Feststellung, denn nur so ist zu verstehen, warum der revolutionäre Konservativismus der 20er Jahre sich als eine Revolution gegen die Aufklärung und, politisch ausgedrückt, als eine Revolution gegen die Französische Revolution verstanden hat. Die innerste politische Tendenz des revolutionären Konservativismus und des Faschismus war gegen die Französische Revolution und ihren Geist gerichtet. In dieser Hinsicht sind alle konservativ-revolutionären und faschistischen Bewegungen, die Nietzsche gezeitigt hat, Bewegungen gegen die Moderne gewesen. Sie alle wollten keine revolutionäre Vollendung der Moderne, sondern eine Revolution gegen die Moderne. Hier liegt, bei aller Ähnlichkeit in den Ergebnissen, auch der entscheidende Unterschied dieser konservativ-revolutionären Bewegungen, einschließlich des Faschismus, zum Sozialismus im Unterschied zum Sozialismus begründet.

Nietzsche sieht sehr deutlich, daß die Auflösung des traditionellen Herkunftsglaubens am Anfang dieser Prozesse steht. Voraussetzung war, daß die Kraft, die bis zur Aufklärung und – in Deutschland – weit über die Epoche der Aufklärung hinaus das Kollektiv innerlich integriert und gebunden hat, nämlich die Religion, zerfallen ist. Die Erosion der Herkunftsreligion und der zugehörigen Traditionen und Autoritäten führt laut Nietzsche zu einer Freisetzung des Individuums und zu einer Emanzipation des Intellektes. An die Stelle des traditionellen Glaubens tritt damit der Aberglaube. Nietzsche hat völlig klar gesehen, daß die Aufklärung nicht mit der Aufhebung des Glaubens und der Ersetzung des Glaubens durch aufgeklärte Vernunft enden wird, sondern daß der Aberglaube kommt, wenn der hergebrachte religiöse Glaube weicht. Wenn die Menschen die geschichtlich gewachsene traditionelle Religion preisgeben, fallen sie ohnmächtig und hilflos dem Aberglauben bzw. den Ideologien anheim.

Hitler hat ihnen einen solchen „Aberglauben" präsentiert, heute leistet dies die Astrologie. Es hat noch nie einen Zustand in der Entwicklung der modernen Gesellschaft gegeben, in dem der Aberglaube oder auch die Ideologie eine solche übermächtige Kraft im Leben der Menschen des Volkes gespielt hat wie im

---

[94] Friedrich Nietzsche: Die fröhliche Wissenschaft, KSA Bd. 3, S. 397, 398

20. Jahrhundert. Das ist kein Zufall, denn die Menschen müssen an irgend etwas glauben, wenn sie sich nicht der völligen Rätselhaftigkeit und Unbegreiflichkeit ihrer individuellen Schicksale überantworten wollen. Mit Hilfe der Erklärungs- und Deutungskraft des Aberglaubens finden diese Menschen Trost und Halt. Das sinnlose Schicksal wird ihnen erst erträglich, wenn sie es auf das geheimnisvolle Walten der Sterne zurückführen können, die irgendwo am Werke sind. Freilich ist der astrologische Aberglaube nur eine Ausprägung des Aberglaubens. Die Ideologien sind andere Formen. Man könnte durchaus zeigen, daß auch alle diejenigen, die sich angeblich von jedem Glauben befreit wähnen, sich in den Aberglauben geflüchtet haben. Wie heißt es so schön bei Wilhelm Raabe: „Meine tägliche Illusion gib mir heute." Das waren noch ehrliche spätbürgerliche Zeiten, in denen die Menschen noch wußten, daß sie sich Illusionen hingaben, wenn sie sich auch zynisch dazu bekannt haben. Ich finde, das ist immerhin noch eine anständige Haltung. An die Stelle des freimütigen, auch zynischen Bekenntnisses zur täglichen Illusion ist nun der Aberglaube getreten.

Konsequenterweise kann diese auch zum Teufelsglauben führen. Es ist ein unheimliches Phänomen, daß die Menschen an den Teufel zu glauben beginnen, wenn sie den Gottesglauben verloren haben. Sie glauben dann an den Teufel! Hitler war ein solcher Dämon. Den Teufelskult kann es aber auch in ganz anderen Formen geben. Die Aufklärung hat den mündigen und autonomen Menschen prophezeit. Statt dessen sind die modernen Menschen, vor allen Dingen im 20. Jahrhundert, dem Dämonen- und dem Teufelsglauben zum Opfer gefallen. Die Auseinandersetzung mit Hitler folgt der Logik der Auseinandersetzung mit dem Teufel. Die teuflische Wirklichkeit der Jahre 1933 bis 1945 wird nach der Logik des mythischen Zeitalters im Rückgriff auf die Dämonie bewältigt. Es ist eben absurd, wenn die Aufklärer meinen, man könne diese Wirklichkeit rational bewältigen. Als gelte es, eine rationale Erklärung dafür zu geben, warum Hitler Hitler und Stalin Stalin gewesen ist. Es gibt kein rationales Erklärungsschema, in dem diese Phänomene auflösbar wären.

Nun noch einmal zu der Frage, die uns im letzten Kapitel beschäftigt hat. Das ist im Grunde genommen die schwierigste Frage der ganzen Nietzscheinterpretation: Was meint Nietzsche eigentlich, wenn er den Zustand Dekadenz als Ausdruck des verarmten Lebens beschreibt? Grundsätzlicher gefragt: Was versteht Nietzsche überhaupt unter Leben? Diese Frage kann man nun relativ einfach beantworten. Nietzsche sagt: Leben ist „der Wille zur Macht und nichts außerdem"! Wenn Nietzsche vom Leben redet, dann denkt er nicht an ein unergründliches, unbestimmbares, sich jedem Begriff entziehendes Mysterium, sondern Leben ist für ihn gang präzise „Wille zur Macht und nichts außerdem". Aber damit ist natürlich noch nicht die viel entscheidendere Frage beantwortet, woher Nietzsche nach der Negation der von Platon her begründeten Metaphysik den Maßstab bezieht, um innerhalb des Lebens zwischen dem aufsteigendem und dem untergehenden, zwischen dem verarmendem und dem reichen, zwischen dem schwachen und dem starken Leben zu unterscheiden. Das ist die Grundfrage überhaupt, und es ist zugleich die schwierigste und, wenn ich das recht sehe, bis heute nicht wirklich befriedigend beantwortete Frage.

Ich glaube, daß alle Mißverständnisse im Blick auf das Verhältnis Nietzsches zum Faschismus und zum revolutionären Konservativismus darauf zurückzuführen sind, daß beide Bewegungen Nietzsche eine Interpretation von Leben unterstellen, für die es bei Nietzsche zwar einzelne Belege gibt oder zu geben scheint, die aber nicht das getroffen haben, was Nietzsche selber meinte, wenn er von schwachem und starkem Leben geredet hat. Denn die Deutung des Lebens, durch die Nietzsche im 20. Jahrhundert politisch wirksam geworden ist, ist biologistischer Natur. Aber war Nietzsche ein Biologist?

Der Lebensbegriff kommt ohne Zweifel aus der Biologie. Die Biologie versteht sich als Wissenschaft vom bios, also als Wissenschaft vom Leben. Seit Aristoteles ist die Biologie die theoretische Instanz, die darüber Auskunft gibt, was Leben ist. Im 20. Jahrhundert ist an die Stelle des sozialistischen Materialismus, der seine Wurzel und seinen unlöslichen Zusammenhang in den modernen Naturwissenschaften im allgemeinen hatte, das biologische Zeitalter getreten. Der Faschismus und der revolutionäre Konservativismus konnten diese große Durchschlagskraft und Evidenz nur entwickeln, weil sie gemeinsam der Überzeugung waren, daß die Biologie als die Wissenschaft vom Leben entscheidend ist. Die konservative Revolution und auch der Faschismus haben dabei Nietzsches Lebensbegriff biologistisch interpretiert.

An dieser Stelle muß man nun fragen, welche Vorstellung Nietzsche von der modernen Biologie hatte. Was hatte Nietzsche vor Augen, wenn er sich im Blick auf den Menschen an der Wissenschaft vom Leben orientierte? Der für Nietzsche maßgebende Interpret der Biologie war Charles Darwin. Die Bedeutung Darwins für Nietzsches Philosophie kann tatsächlich gar nicht überschätzt werden. Das wird in der Regel überhaupt nicht gesehen. In all den von Heidegger herkommenden metaphysischen Nietzscheinterpretationen wird weder die Bedeutung Schopenhauers noch die Darwins für Nietzsche gesehen. Nietzsche ist aber ohne Darwin überhaupt nicht zu verstehen. Darwin ist für Nietzsche von ganz zentraler Bedeutung. Von Darwin aus läßt sich nun eine erste Antwort auf die Frage geben, wie sich starkes Leben von schwachem unterscheidet. Denn der Darwinismus beantwortet diese Frage dahingehend, daß der Stärkste zugleich der Fitteste ist. Wer sich erfolgreich den wechselnden Umständen anpassen kann, der ist der Stärkste. Wer dagegen hinsichtlich der Anpassungsschnelligkeit und -fähigkeit hinter dem Starken zurückbleibt, der ist dann nicht nur schwach, sondern sogar lebensunfähig. Darwin lieferte das Kriterium zur Unterscheidung von schwachem und starkem Leben: Stark ist das Leben, das sich behauptet, schwach ist das Leben, das sich nicht behaupten kann.

Und was ist der Faschismus gewesen? Der Faschismus ist in allen seinen Ausprägungen, einschließlich des Nationalsozialismus, nichts anderes als ein auf die Gesellschaft angewandter Darwinismus gewesen. Faschismus ist eine Form des so genannten Sozialdarwinismus. Der Faschismus ist damit eine Gestalt, die aus dem Darwinismus die politischen, geschichtlichen und sozialen Konsequenzen gezogen hat. Der Faschismus ist nichts anderes als angewandter Darwinismus gewesen.[95]

Wo liegt nun die Differenz zwischen Nietzsche und dem Darwinismus? Nietzsche hat den Darwinismus zwar grundsätzlich akzeptiert. Er hat nicht versucht, den Darwinismus theoretisch zu widerlegen. Nietzsche ist davon ausgegangen, daß der Darwinismus die am besten bewährte wissenschaftliche Hypothese ist, um das Wesen und den Charakter des Lebens zu verstehen. Und doch ist Nietzsche zuletzt kein Darwinist gewesen. Ich will versuchen, diese These am Aphorismus „Was ist Romantik?“ aus der „Fröhlichen Wissenschaft 370 zu belegen. Dieser Aphorismus ist auch insofern wichtig, als viele Interpreten Nietzsche als Romantiker interpretieren. Dort heißt es: „Man erinnert sich vielleicht, zum Mindesten unter meinen Freunden, daß ich Anfangs mit einigen dicken Irrthümern und Ueberschätzungen und jedenfalls als Hoffender auf diese moderne Welt losgegangen bin.“[96]

Wir haben ja gesehen, daß Nietzsche in den „Unzeitgemäßen Betrachtungen mit Hoffnung auf die moderne Welt zugegangen ist. Es waren Wagner und Schopenhauer, die ihn zu dieser Hoffnung veranlaßt haben. Was hat ihn damals zur Hoffnung veranlaßt?

„Ich verstand – wer weiss, auf welche persönlichen Erfahrungen hin? – den philosophischen Pessimismus des neunzehnten Jahrhunderts, wie als ob er das Symptom von höherer Kraft des Gedankens, von verwegenerer Tapferkeit, von siegreicherer Fülle des Lebens sei, als diese dem achtzehnten Jahrhundert, dem Zeitalter Hume's, Kant's, Condillac's und der Sensualisten, zu eigen gewesen sind: so dass mir die tragische Erkenntnis wie der eigentliche Luxus unserer Kultur erschien, als deren kostbarste, vornehmste, gefährlichste Art Verschwendung, aber immerhin auf Grund ihres Ueberreichtums, als ihr erlaubter Luxus.“[97]

Warum also ging Nietzsche zunächst als Hoffender auf die moderne Welt los? Was ihn hoffen ließ, was der „philosophische Pessimismus“. Nietzsche hatte sich also von Anfang an vom Optimismus der Aufklärung und der Philosophie des 18. Jahrhunderts abgewandt. Diese Abkehr ist immer Nietzsches emotionales Apriori geblieben. Und worauf verwies das Symptom des philosophischen Pessimismus des 19. Jahrhunderts? Auf eine „höhere Kraft“.

Nietzsche nahm den philosophischen Pessimismus als Symptom für eine siegreichere Fülle des Lebens als sie dem Zeitalter der Aufklärung, also dem Zeitalter Humes, Kants, Condillacs und der Sensualisten, zu eigen gewesen sei. Und zu welcher Leistung befähigte der philosophische Pessimismus des 19. Jahrhunderts im Unterschied zur Aufklärung? Zur „tragischen Erkenntnis“. Das ist der entscheidende Punkt. Nietzsche nahm den philosophischen Pessimismus des 19. Jahrhun-

---

[95] So ist das bis zum heutigen Tag. Die wichtigste Tugend in der heutigen Industriegesellschaft ist es, fit zu sein. Zwischen dem Faschismus und der Praxis einer kapitalistischen Gesellschaft ist eigentlich keine Differenz. Wer nicht mitkommt, ist erledigt. Und er wird erleben, wie grausam – wenn auch kaschiert durch soziale caritative Mildtätigkeit – auch die liberale Gesellschaft ist. Auch die liberale Gesellschaft ist völlig erbarmungslos mit jedem, der nicht erfolgreich mithält.

[96] Friedrich Nietzsche: Die fröhliche Wissenschaft, KSA Bd. 3, S. 619

[97] Friedrich Nietzsche: Die fröhliche Wissenschaft, KSA Bd. 3, S. 619, 620

derts als Ausdruck tragischer Erkenntnis. Die Befähigung zur tragischen Erkenntnis ist für Nietzsche nicht etwa ein Zeichen der Schwäche, sondern gerade der Stärke des Lebens. Darum war für Nietzsche die griechische Kultur in Gestalt der griechischen Tragödie – man muß sich immer wieder vergegenwärtigen, daß Nietzsche Altphilologe war – der Kulminationspunkt von Kultur schlechthin. Tragische Erkenntnis bedeutet für Nictzsche nicht Erlahmung, Erschlaffung, dekadente Abwendung vom Leben, sondern sie ist Ausdruck der Fülle von Leben. Umgekehrt ist für Nietzsche ein nicht zur tragischen Erkenntnis fähiges Leben ein schwaches Leben.

Der Letzte, der noch wußte, was die Tragödie verlangt, war Goethe. Goethe hat nie eine Tragödie geschrieben und er konnte, wie er selber sagte, auch keine schreiben. Denn, so Goethe, wenn er versucht hätte, eine Tragödie zu schreiben, wäre er daran zugrunde gegangen. Das ist genau der Zusammenhang, in dem Nietzsche die tragische Erkenntnis sieht: Um einer tragischen Erkenntnis stand zu halten, braucht es Kraft. Denn es gibt Menschen, die unter der Last, die ihnen eine tragische Erkenntnis in den Charakter und das Wesen des Lebens und der Welt zumutet, zusammenbrechen.

Die Befähigung zur tragischen Erkenntnis ist die erste und unzweideutige Antwort Nietzsches auf die Frage nach dem Kriterium von Stärke und Schwäche des Lebens. Stärke und Schwäche entscheiden sich nicht auf dem auf dem Schlachtfeld oder anhand der biologischen Rasse und Vitalität, sondern Nietzsche – das muß man sich einhämmern, sonst versteht man den ganzen Nietzsche nicht – bestimmt Stärke und Schwäche in ihrem Verhältnis zu einer Erkenntnis und nicht im Blick auf irgendeine vitale Gegebenheit. Für Nietzsche ist dasjenige Leben am stärksten, daß zur tragischen Erkenntnis fähig ist!

Was erkennt nun die tragische Erkenntnis? Hier müssen wir uns mit einem Hinweis begnügen: Die tragische Erkenntnis erkennt die unauflösliche Gegensätzlichkeit und Widersprüchlichkeit, die dem Leben als solchem immanent ist. Sie erkennt den unauflösbaren Antagonismus und Grundwiderspruch, der mit der Tatsache des Lebens als bewußtem Leben gesetzt ist. Die tragische Erkenntnis ist für Nietzsche daher die wahre Erkenntnis. Wenn man die Wahrheit über die letzte Beschaffenheit des Lebens dieser Welt erkennen will, dann bedarf es dazu der tragischen Erkenntnis. Diese Erkenntnis ist von einer Art, zu der es Stärke bedarf, um sie sich zumuten, um sie aushalten und um ihr standhalten zu können.

Damit steht diese Erkenntnis der ganzen Aufklärung diametral und konträr entgegen. Denn die Aufklärung und die aufgeklärte Erkenntnis, wie Nietzsche sie interpretiert hat, behauptet genau das Gegenteil: Die Aufklärung glaubt an die unendliche natürliche Güte des Menschen und sie glaubt an dessen unendliche Perfektibilität. Die Aufklärung ist eine Form der untragischen Erkenntnis, denn sie geht davon aus, daß alle Menschen von Natur gut sind, daß die Welt ist auf eine unendliche Perfektibilität angelegt ist, und daß mit gutem Willen und guter Einsicht das Paradies auf Erden am Ende wiederhergestellt werden kann. Das ist der zentrale Glaube der Aufklärung, und Nietzsche sagt dazu: Nein, so ist es nicht!

Auch das ist ein wichtiger Punkt, denn natürlich gehen auch der revolutionäre Konservativismus und der Faschismus von einer tief pessimistischen und, im Sinne Nietzsches, tragischen Sicht der Dinge aus. Allerdings haben sie beide – wie wir sehen werden – diese Erkenntnis in einen neuen biologischen Optimismus verfälscht. Wenn man die Stelle bestimmen will, an welcher der Faschismus und der Nationalsozialismus – allerdings von Nietzsche selber in einem näher zu skizzierenden Sinne inspiriert – Nietzsche verraten haben und von Nietzsche abgefallen sind, dann ist es diese Stelle, in der sie die tragische Erkenntnis nicht ausgehalten und einen biologisch begründeten Optimismus – man denke nur an das Programm „Kraft durch Freude" – an dessen Stelle gesetzt haben. Als die Nationalsozialisten „Kraft und Freude" initiierten, machten sie genau das, was Nietzsche gerade nicht als Ausdruck der Stärke, sondern als Ausdruck von Dekadenz bestimmt hat. In der Sicht Nietzsches waren der Faschismus und der Nationalsozialismus nicht Formen der Überwindung der Dekadenz, sondern sie waren selber noch Erscheinungsformen der Dekadenz.

„Insgleichen deutete ich mir die deutsche Musik zurecht zum Ausdruck einer dionysischen Mächtigkeit der deutschen Seele: in ihr glaubte ich das Erdbeben zu hören, mit dem eine von Alters her aufgestaute Urkraft sich endlich Luft macht – gleichgültig dagegen, ob Alles, was sonst Cultur heisst, dabei in's Zittern gerät. Man sieht, ich verkannte damals, sowohl am philosophischen Pessimismus wie an der deutschen Musik, das was ihren eigentlichen Charakter ausmacht – ihre Romantik."[98]

Hier wendet sich Nietzsche von seinem Jugendglauben ab. Nietzsche nahm damals noch an, Wagners Musik sei Ausdruck einer dionysischen Mächtigkeit der deutschen Seele, sie sei ein Ausdruck eines Überreichtums an Lebensfülle. Nietzsche gesteht nun ein, daß er sich hier geirrt hat. Denn in Wirklichkeit handelte es sich bei Wagners Musik noch um Romantik. Was aber ist Romantik?

„Was ist Romantik? Jede Kunst, jede Philosophie darf als Heil- und Hilfsmittel des wachsenden, kämpfenden Lebens angesehen werden."

Philosophie ist für Nietzsche Heil- und Hilfsmittel. Sie ist nicht eine absolute, selbstzweckhafte Erkenntnis um der Erkenntnis selber willen, sie ist nicht vom Leben, von den realen Problemen und von der Praxis des Lebens losgelöst, sondern sie ist „Heil- und Hilfsmittel". Philosophie hat also keine autonome, sondern eine dienende Funktion. Philosophie steht für Nietzsche im Dienste des Lebens. Philosophie ist Heil- und Hilfsmittel im Dienste des Lebens.

Nietzsche versteht hier, in moderner Sprache aktualisiert, unter Philosophie genau das, was Platon unter Philosophie verstanden hatte. Die Definition, Philosophie sei Hilfs- und Heilmittel im Dienste des Lebens, könnte auch von Platon stammen. Was ist für Platon Philosophie? Therapie, „therapeia". Was therapiert die Philosophie? Die „psyche". Philosophie ist Therapie der Seele. Und was ist die Seele bei Platon? Die Seele ist von allem, was lebt, das Lebendigste. Denn die See-

[98] Friedrich Nietzsche: Die fröhliche Wissenschaft, KSA Bd. 3, S. 620

le und das seelische Leben unterscheidet sich von allem anderen Leben, daß es den Anfang des Lebens in und durch sich selbst hat.

So wie Platon die Philosophie als Therapie der Seele verstanden hat, so spricht nun Nietzsche davon, daß die Philosophie Heil- und Hilfsmittel im Dienste des Lebens, und zwar „des wachsenden, kämpfenden Lebens“ ist. Platon hat diesen Vorgang in unvergleichlicher Weise im Bild des Höhlengleichnisses festgehalten: Der Mensch wächst und steigt aus der Höhle empor. Ohne diesen platonischen Hintergrund versteht man hier nicht, was Nietzsche mit wachsendem, steigendem Leben meint. Nun kommt bei Nietzsche etwas hinzu, was Platon nicht so stark akzentuiert, aber möglicherweise auch gedacht hat. Nietzsche spricht nämlich auch vom „kämpfenden“ Leben.

Der revolutionäre Konservativismus und der Faschismus gingen von der Unveränderbarkeit des Kampfcharakters des Lebens aus. Leben ist für sie Kampf.

Wenn Nietzsche vom kämpfenden Leben spricht, so ist das nicht primär militaristisch zu verstehen. Nietzsche übersetzt hier nur den Begriff des „agon“, der aus der griechischen Kultur stammt, mit dem Begriff des Kampfes. Der griechische Begriff von Kultur geht davon aus, daß Kultur „agon“ ist. Wir übersetzen das heute mit dem Wort „Wettkampf“. Die Griechen bejahten den Wettkampf. Der Wettkampf war den Griechen so wichtig, weil nur im Wettkampf zu ermitteln ist, wie es in Wahrheit um jeden steht. Im Wettkampf zeigt sich erst, was in einem steckt; dort kommt heraus, wie jeder in Wahrheit ist und wie es um ihn bestellt ist. Man braucht in diesem Zusammenhang nicht an physisches Zuschlagen zu denken, sondern der Wettkampf ist von den Griechen primär geistig verstanden worden. Denken wir nur an die Blüte der griechischen Dichtung und Kultur, nämlich die Tragödie: Die Tragödie ist das Produkt eines agons, indem die konkurrierenden Tragödiendichter miteinander darum rangen, den großen Preis von der griechischen Polis, also vom Volk erteilt zu bekommen. Jeder wollte der Beste sein! Und dennoch hat der alte Aischylos einen Grabstein hinterlassen, in dem nicht von seinen Tragödien die Rede ist, sondern davon, daß er sich in der Schlacht bei Marathon an vorderster Front als ein guter Bürger im Kampfe bewährt habe. Der vielleicht größte Tragödiendichter der Menschheitsgeschichte gedenkt auf seinem Grabstein nicht seines Werkes, sondern seiner Leistungen im Kampf für die Polis. Das war ihm offensichtlich noch wichtiger als alle seine Tragödien.

Nun kommt ein ganz wichtiger Satz: „Sie“, also Kunst und Philosophie – setzen immer Leiden und Leidende voraus.“

Wenn es Erkenntnisse gibt, die Nietzsche mit dem Christentum gemeinsam hat, dann sind es die, daß zu jedem Leben der Kampf und vor allen Dingen das Leiden gehört. Mit den Worten Nietzsches ausgedrückt: Ohne Leiden keine Kunst und keine Philosophie.

Für Nietzsche gehört das Leiden unaufhebbar zum Leben, weil zu jedem Leben – einfach gesagt – der Tod und das Sterben gehört. Die Unaufhebbarkeit und Unausweichlichkeit des mit dem Leben gegebenen Leidens ist darin begründet, daß das Leben Sterben bedeutet. Auch das ist eigentlich nichts Neues. In Platons „Phaidon“ heißt es, daß das Leben ein dauerndes Sterben ist. Man mag das noch so erfolgreich verdrängen, aber irgendwann merkt das jeder. Im Folgenden erfahren wir nun, nach welchem Kriterium Nietzsche zwischen starkem und schwachem Leben unterscheidet. „Aber es giebt zweierlei Leidende, einmal die an der Überfülle des Lebens Leidenden, welche eine dionysische Kunst wollen und ebenso eine tragische Ansicht und Einsicht in das Leben, – und sodann die an der Verarmung des Lebens Leidenden, die Ruhe, Stille, glattes Meer, Erlösung von sich durch die Kunst und Erkenntnis suchen, oder aber den Rausch, den Krampf, die Betäubung, den Wahnsinn.“ [99]

Vorhin hat Nietzsche Starke und Schwache in ihrem Verhältnis zu einer Erkenntnis, nämlich der tragischen Erkenntnis, bestimmt. Hier konkretisiert Nietzsche diesen Gedanken. Er bestimmt nun stark und schwach hinsichtlich deren Verhältnis zum Leiden.

Das ist festzuhalten, damit jede Verwechslung Nietzsches mit dem Faschismus ausgeschlossen werden kann. Stark und schwach sind für Nietzsche keine biologischen Kategorien, sondern Starke und Schwache erweisen sich als solche durch ihr Verhältnis zu dieser Grundgegebenheit des Lebens, nämlich dem Leiden. Die an der „Überfülle des Lebens Leidenden, welche eine dionysische Kunst wollen und ebenso eine tragische Ansicht und Einsicht in das Leben“ haben, das sind für Nietzsche die Starken. Starkes Leben ist dasjenige, daß sich die Erkenntnis des Tragischen des Lebens zumuten kann und das Leiden bejahen kann. Die Anerkennung und Bejahung der Tragik des Lebens und des Leidens leistet die dionysische Kunst. Stark sind also diejenigen, die an der „Überfülle des Lebens“ leiden. Schwach hingegen sind diejenigen, die „an der Verarmung des Lebens“ leiden, „die Ruhe, Stille, glattes Meer, Erlösung von sich durch die Kunst und Erkenntnis suchen“. Die Schwachen sind für Nietzsche diejenigen, die weder eine tragische Erkenntnis haben noch das Leiden bejahen, sondern von beidem erlöst werden wollen. Um es noch deutlicher zu sagen: die Schwachen sind diejenigen, die der Tragik und dem Leiden nicht standhalten, sondern die davor flüchten. Sie erwarten von der Kunst und der Erkenntnis, daß sie ihnen das Leiden unsichtbar und damit erträglich machen. Kunst und Erkenntnis sollen sie von dieser Wirklichkeit befreien.

Vielleicht ist das die treffendste Definition dessen, was Nietzsche unter Dekadenz verstanden hat: die Flucht vor der Wirklichkeit. Es gibt für Nietzsche drei Möglichkeiten, um vor der tragischen Wirklichkeit und vor dem Leiden zu flüchten: einmal den indischen Buddhismus, der die Erlösung von der Wirklichkeit im Nichts findet; zum zweiten das Christentum, das in den Augen Nietzsches die Erlösung von der Wirklichkeit im Jenseits findet.

Nietzsche hält das Christentum für dekadent und nihilistisch, weil er das Christentum als eine Jenseitsreligion interpretiert. Wenn diese Interpretation zuträfe, dann hätte Nietzsche mit allem recht, was er kritisch über das Christentum gesagt hat. Aber Nietzsche irrt hier.

Drittens verweist Nietzsche auf die Jesuiten, Humanitaristen und Sozialisten. Nietzsche meint damit die humanitäre Ideenwelt, die vor der Wirklichkeit in Mo-

[99] Friedrich Nietzsche: Die fröhliche Wissenschaft, KSA Bd. 3, S. 620

ral und in Wünschbarkeiten flüchtet. Nietzsche behauptet hier einen genealogischen Zusammenhang zwischen dem Christentum und den zur Dekadenz führenden modernen Ideen. In diesen Zusammenhang der modernen Flucht vor der Wirklichkeit gehören in den Augen Nietzsches auch diejenigen, die in den Schein flüchten: Diese Schwachen, die an der „Verarmung des Lebens Leidenden", suchen „die Ruhe, Stille, glattes Meer, Erlösung von sich durch die Kunst und Erkenntnis", oder sie suchen – jetzt kommt der entscheidende Punkt, „den Rausch, den Krampf, die Betäubung, den Wahnsinn".

Die Flucht in Rausch, Krampf und Wahnsinn ist für Nietzsche kein Ausdruck des starken, sondern des schwachen Lebens. Es kann kein Zweifel darüber bestehen, daß Nietzsche daher den Faschismus in allen seinen Varianten ebenfalls als Erscheinungsformen der Dekadenz wahrgenommen hätte. Denn der Faschismus war nichts anderes als das arme Leben, das die Flucht in Betäubung, Krampf und Rausch gesucht hat.

„Dem Doppel-Bedürfnisse der Letzteren", also dem Bedürfnis nach Ruhe und Stille bzw. nach Rausch, Krampf, Betäubung und Wahnsinn „entspricht alle Romantik in Künsten und Erkenntnissen, ihnen entsprach (und entspricht) ebenso Schopenhauer als Richard Wagner, um jene berühmtesten und ausdrücklichsten Romantiker zu nennen, die damals von mir mißverstanden wurden."[100]

Nietzsche, der selber immer wieder als Romantiker bezeichnet wird, kritisiert hier die Romantik mit der gleichen Radikalität und Unerbittlichkeit, wie das bereits Kierkegaard vor ihm getan hat. Man kann daher bezweifeln, ob es berechtigt ist, Nietzsche als Romantiker zu interpretieren. Wer eine solche harte Form der Romantikkritik vorlegt, der kann kein Romantiker gewesen sein. Nietzsche hat damit das deutsche Grundübel der Romantik aufgedeckt und zugleich kritisiert. Die Deutschen neigen seit jeher dazu, sich von der Wirklichkeit abzumelden und sich dem Krampf, dem Rausch, der Betäubung und – wie wir nun nach der Erfahrung mit dem Nationalsozialismus wissen – manchmal sogar dem Wahnsinn hinzugeben. Derjenige, der diese Neigung der Deutschen übrigens am besten erkannt hat, ist Thomas Mann.

Nietzsche setzt die Romantik, als deren wichtigste Vertreter er nun auch Schopenhauer und Wagner ansieht, mit Dekadenz und mit verarmtem Leben gleich. Denn Schopenhauer und Wagner suchten entweder die Stille oder den Rausch, und sie schwankten unentwegt zwischen Apathie und Hysterie. Schopenhauer und Richard Wagner sind für Nietzsche nun romantische Dekadente, weil sie beide die Erlösung im Nichts gesucht haben.

Der „Parsifal" – musikalisch gesehen, vielleicht das Genialste, was je geschaffen worden ist –, wie überhaupt das Spätwerk Richard Wagners, stellt in seiner Essenz die Amalgamierung von Christentum und Buddhismus dar. Hier muß man wissen, daß Richard Wagner, beeinflußt von Schopenhauer, den Charakter des Buddhismus und des Christentum darin gesehen hat, daß sie beide die Erlösung im Nichts

[100] Friedrich Nietzsche: Die fröhliche Wissenschaft, KSA Bd. 3, S. 620

suchten. Das schwache, die Wirklichkeit nicht ertragende Leben erlöst sich von dieser Wirklichkeit und von sich selbst in der Apotheose des Nichts.

Jetzt sollte uns deutlich geworden sein, warum Nietzsche Wagner als den „Cagliostro der Moderne“ und als die Inkarnation der dekadenten Moderne interpretiert hat. Wagner ist der „Cagliostro der Moderne“, weil er die geheimste und tiefste Sehnsucht und Tendenz der Moderne ausgedrückt hat, nämlich, von der Realität in das brünstige Mysterium des Nichts zu flüchten und sich im Nichts zu erlösen. Ausgehend von dieser Erlösungssehnsucht der Moderne war Nietzsche daher der Meinung, daß der Weg der Moderne ein Weg der Selbstvernichtung ist. Die Moderne werde an der eigenen Dekadenz zugrunde gehen.

14. Tragisches oder romantisches Bewußtsein?

Ich fasse noch einmal zusammen, was Nietzsche im Aphorismus 370, „Was ist Romantik?“, der „Fröhlichen Wissenschaft“ gesagt hat. Nietzsche erinnert hier daran, daß er ursprünglich als Hoffender auf die moderne Welt zugegangen sei, und daß er den philosophischen Pessimismus des 19. Jahrhunderts, also den von Schopenhauer und Wagner, als Symptom einer höheren Kraft und Zeichen einer siegreichen Fülle des Lebens interpretiert hat. Diese Einschätzung durchschaut Nietzsche nun als einen Irrtum. Diese Fehleinschätzung des philosophischen Pessimismus als Symptom eines überreichen Lebens sei zustande gekommen, weil sie von einer falschen Deutung der deutschen Musik begleitet gewesen sei. Nietzsche hatte diese Musik damals noch als Ausdruck einer dionysischen Mächtigkeit der deutschen Seele interpretiert. In dieser Musik glaubte der junge Nietzsche „das Erdbeben zu hören, mit dem eine von Alters her aufgestaute Urkraft sich endlich Luft macht – gleichgültig dagegen, ob Alles, was sonst Cultur heißt, dabei in´s Zittern gerät. Man sieht, ich verkannte damals, sowohl am philosophischen Pessimismus, wie an der deutschen Musik, was ihren eigentlichen Charakter ausmacht – ihre Romantik.“

Schopenhauers Philosophie, Wagners Musik, und der philosophische Pessimismus des 19. Jahrhunderts im ganzen, sind für Nietzsche nunmehr kein Ausdruck einer dionysischen Mächtigkeit der deutschen Seele mehr, sondern sie sind Ausdruck von Romantik.

Kunst und Philosophie sind für Nietzsche Heilmittel im Dienste des Lebens, und zwar des wachsenden, kämpfenden Lebens. Kunst und Philosophie setzt dabei immer Leiden und Leidende voraus. Das ist der Aspekt, der bei Nietzsche häufig überhaupt nicht gesehen oder unterschlagen wird: Nietzsche hat den „homo patiens“ wieder entdeckt. Nietzsche entdeckt – gegen die cartesische Tradition der Aufklärung – das Leiden als Grundbefindlichkeit allen Lebens, das im Menschen seiner bewußt wird. Daher ist für Nietzsche die griechische Tragödie das Paradigma gewesen, an dem er seinen eigenen Begriff des Dionysischen entdeckt und entwickelt hat.

Warum ist das Leiden für Nietzsche der Grundtatbestand des Lebens? Warum ist der Tatbestand des Leidens so fundamental und letztlich unüberwindbar? Diese Einsicht in die fundamentale Bedeutung des Leidens ist es, die Nietzsche im Kern und in der Tiefe von der ganzen Moderne trennt.[101] Nietzsche ist der Überzeugung, daß das Leiden als der radikale, fundamentale Grundbestand des menschlichen In-der-Welt-seins nicht überwunden und behoben werden kann. Darin steckt nicht nur die radikalste Absage an den Sozialismus, sondern an den Glauben der Aufklärung und der Moderne im ganzen. Denn das ganze Projekt der Moderne ergibt doch nur dann einen Sinn, wenn man davon überzeugt ist, daß die Menschen durch eine progressive Verbesserung der menschlichen Lebensumstände sukzessive vom Leiden erlöst werden. Das ist die geheimste Intention, welche die Moderne zu ihrer Rechtfertigung in Anspruch genommen hat und an der sie dann letztlich auch gemessen werden muß. Gemessen an diesem Anspruch muß geprüft werden, ob und inwieweit es der Moderne gelungen ist, diesen skandalösen Tatbestand des Leidens abzuschaffen.

Warum hat denn die Moderne fast mit religiösen Energien den Kampf gegen die Religion geführt? Warum hat die atheistische Aufklärung des 19. Jahrhunderts, warum hat der revolutionäre Sozialismus bis hin zur Psychoanalyse Sigmund Freuds diesen leidenschaftlichen Kampf gegen die Religionen geführt? Sie haben diesen Kampf nicht in erster Linie geführt, weil sie glaubten, daß die zu beseitigenden Herrschaftsverhältnisse letzten Endes durch die Religion sanktioniert, befestigt und gerechtfertigt werden; sondern sie haben die Religion bekämpft, weil sie den Menschen auf diesen Grundtatbestand des Leidens anspricht und an diesem Tatbestand festhält. Das ist der entscheidende Grund. Eine Religion, die das nicht mehr tut, hört in der Tat auf, eine Religion zu sein.

Das Festhalten am Leiden ist keineswegs nur für das Christentum charakteristisch, sondern es trifft für alle Religionen zu. Das ist auch der Grund, warum die Menschen im größten Teil der Menschheitsgeschichte religiös waren, denn die Menschen waren von Leiden betroffen und sie waren darauf ansprechbar. Wenn man fragt, warum Religionen existieren, dann gibt es dazu unzählige Antworten. Es gibt natürlich theologische und religiöse Antworten, aber wir wollen hier einmal von diesen theologischen Antworten absehen, weil uns diese Antworten weitgehend unzugänglich geworden sind. Die einzige mir einleuchtende anthropologische Antwort auf die Frage, warum Religion ein anthropologischer, universaler Grundtatbestand ist, besagt, daß dies mit der Universalität und Konstanz der menschlichen Leiden zu tun hat. Religionen konvergieren mit dem Leiden der Menschen. Das ist zwar keine hinlängliche Antwort auf die Frage, warum es Religion gibt, aber wenn wir uns einmal auf anthropologische Argumente beschränken, dann scheint mir diese These richtig zu sein.

Nietzsche entdeckt nun auf dem Höhepunkt des selbstgefälligen bürgerlichen 19. Jahrhunderts diesen elementaren Grundbestand des Leidens wieder. Nietzsche entdeckt die authentische Quelle, aus der alle Religion hervorgeht und aus der sie

---

[101] Nietzsches Verhältnis zum Leiden muß uns hier interessieren, um den Unterschied zu dem Leidensbegriff, der den Faschismus/Nationalsozialismus zu einer Apologie des Opfes veranlaßt hat, zeigen zu können.

gespeist wird und ihre Evidenz bekommt. Und worin ist für Nietzsche die Unausweichlichkeit und Unveränderbarkeit des Leidens begründet? Nietzsche sieht den Tatbestand des Leidens mit dem Leben selbst gegeben. Nietzsche hat dieses Leben als „Werden“ interpretiert. Wenn aber Leben „Werden“ ist, dann bedeutet jedes Werden auch vergehen. Es kann nichts werden, was nicht gleichzeitig die Dimension des Vergehens in sich einschließt. Wer anerkennt, daß Leben Werden ist, der muß auch anerkennen, daß zu jedem Werden ein Vergehen gehört. Zugespitzter formuliert: zu jedem Leben gehört ein Tod, zu jedem Aufgang ein Untergang; zu jedem sonnigen Tag eine dunkle Nacht.

Wenn man einmal die philosophische Frage stellt, wann denn dieser Wirklichkeitsaspekt des Werdens und des Vergehens zum ersten Mal entdeckt wurde, dann wird man auf die Philosophie der Vorsokratiker stoßen. Und in der Tat hatte das Studium der Vorsokratiker, vor allen Dingen Heraklits, für Nietzsche eine ungeheure Bedeutung. Nietzsches Philosophie bedeutet, nach Hölderlin und nach Hegel, die dritte große Erneuerung des Heraklitismus auf dem Boden der modernen Welt.

Dieser unentrinnbare Umschlag des Werdens in ein Vergehen, des Lebens in ein Sterben, des Aufgangs in einen Untergang, das macht für Nietzsche den mit dem Leben selbst gegebenen Tatbestand des Leidens aus. Nietzsche faßt diese entgegengesetzten Erfahrungsaspekte als einen unausgleichbaren Gegensatz, Antagonismus auf. Das Leiden bedeutet, daß der Mensch diesem – den Kern alles Wirklichen ausmachenden – Grundwiderspruch von Werden und Vergehen, an dem das individuierte Selbst zugrunde geht, ausgesetzt ist. Darum ist Schopenhauer für Nietzsche ein religionsgeschichtliches Ereignis. Denn die Schopenhauersche Lehre besagt, daß dieser Grundaspekt der Wirklichkeit für das individuierte Selbst nicht auszuhalten ist. Er kann das, so Schopenhauer, nur aushalten, indem er sich selber als Individuum abschafft. Das Individuum als ein selbstbewußtes Wesen geht zugrunde, wenn es unvermittelt dieser Wirklichkeit ausgesetzt wird.

Umgekehrt können wir sagen, daß der Mensch nur solange ein individuiertes und selbstbewußtes Selbst bleibt, solange er diese Leidenserfahrung macht. Luther hat genial wie kein Anderer erfaßt, daß die Individualität erst in der Konfrontation mit dem Tod entsteht. Luther sah sich in seiner großen Rede auf der Wartburg damit konfrontiert, daß sich die ganze Gemeinde in einen einzigen Saustall aufgelöst hatte, weil die Menschen meinten, Luther hätte sie vom „Gesetz“ befreit und nun könnten sie huren, fressen und zechen. Das Unglaubliche ist, daß sich Luther zu diesen Tatbeständen überhaupt nicht äußerte. Er hat sich jedenfalls nicht moralisierend dazu geäußert, obwohl er um den morbiden Zustand der Gemeinde wußte. „Säue“ und „Schweine“ waren durchgehend gebrauchte Vokabeln bei Luther. Der Tenor in Luthers Rede geht vielmehr in eine ganz andere Richtung. Das kommt gleich im ersten Satz zur Sprache. ‚Es ist jeder zum Tode gefordert und dort wird jeder allein sein.‘ In dieser prekären gesellschaftlichen Situation redet Luther nicht vom Sittenverfall, sondern vom Tod und davon, daß jeder dann allein sein wird. Das heißt: das Todesbewußtsein als die Zusammenfassung dieses, zu aller Wirklichkeit gehörenden Leidensaspektes ist das, was aus dem Menschen überhaupt ein individuiertes Selbst macht. Wenn die Leidenserfahrung und, darin eingeschlossen, das Todesbewußtsein verschwindet, versinkt der Mensch in eine vorbewußte, vorindividuierte anonyme Realität zurück. Das kann die Natur sein, das kann aber auch eine mythisch ausgelegte Wirklichkeit sein. Ein solcher Mythos behauptet dann die Kreislaufstruktur allen Daseins.

Weil sich die christliche Religion in dem besagten Zustand befindet, spricht Nietzsche hier nicht mehr von der Religion, sondern von der Kunst und der Philosophie. Ohne die Leidenserfahrung und ohne das Leidensbewußtsein gibt es aber für Nietzsche keine Kultur. Dann werden die Menschen eben so, wie es die großen Dichter im 19. Jahrhundert gesehen haben: sie versinken im Hedonismus und Materialismus.

„Aber es gibt zweierlei Leiden, einmal die an der Überfülle des Lebens Leidenden, welche eine dionysische Kunst wollen und ebenso eine tragische Ansicht und Einsicht in das Leben..."

Die Starken, die an der „Überfülle des Lebens" leiden, wollen eine dionysische Kunst, eine tragische Ansicht und Einsicht in das Leben. Was erkennt diese tragische Ansicht? Nietzsche hat dies einmal in der „Geburt der Tragödie" auf den Nenner gebracht: Es ist, wie wir gesehen haben, die Sicht auf die empfindungslose „Grausamkeit der Natur", auf den „Vernichtungsaspekt aller geschichtlichen Existenz des Menschen" und der Blick auf den „Schrecken der Individualexistenz". Mit letzterem meint Nietzsche die ungeheure Vereinsamung, der die Menschen nach dem Zerbrechen der Sitten ausgesetzt sind.

Wer sich dieser dreifachen Erfahrung aussetzt – der Grausamkeit der Natur, dem Vernichtungsaspekt der Geschichte und dem Schrecken der Individualexistenz – der hat Nietzsche zufolge eine tragische Ansicht von der Wirklichkeit. Die aufgeklärte Moderne ist aus der Sicht Nietzsches dadurch bestimmt, daß sie diese Wirklichkeiten entweder abblendet oder auf veränderbare Bedingungen und Faktoren zurückführt. Man glaubt, man könne dies mit etwas gutem Willen und in gemeinsamer Anstrengung dann ändern. Hier wird deutlich, daß keiner zu der Moderne eine so radikale Gegenposition bezogen hat, wie Nietzsche.

Für Nietzsche gibt es nun aber nicht nur ein Leiden an der Überfülle des Lebens, sondern auch „die an der Verarmung des Lebens Leidenden". Hier ist das Problem ausgesprochen, das Nietzsche lösen will. Nietzsche setzt nun Romantik mit Dekadenz gleich. Dekadenz ist ein Zeichen für Verarmung des Lebens. Und auch an der Verarmung des Lebens kann man leiden. Die an der Verarmung des Lebens Leidenden brauchen „die Ruhe, Stille, glattes Meer, Erlösung von sich durch die Kunst." Es gibt aber noch eine andere Reaktion auf die Verarmung des Lebens, nämlich die Flucht in den „Rausch, den Krampf, die Betäubung, den Wahnsinn".

Es ist natürlich völlig klar, daß Nietzsche, allein wenn man diese Stelle sieht, den Nationalsozialismus radikal bekämpft hätte. Nietzsche hätte spätestens jetzt erkannt, daß der Nationalsozialismus und alle anderen Formen des Faschismus nicht ein Produkt der Überfülle, sondern der Verarmung des Lebens waren. Den Rausch, die Betäubung und den Wahnsinn, dem der Faschismus und der Nationalsozialismus gehuldigt haben, hätte Nietzsche nun als Dekadenzphänomene wahrgenommen. Nietzsche hätte den Nationalsozialismus und Faschismus keineswegs als Gestalten der Überwindung der Dekadenz, sondern als Formen der Romantik interpretiert.

Für Nietzsche sind alle romantischen Künste und Erkenntnisse Produkte der Verarmung des Lebens. Das gilt nun auch für Schopenhauer und Wagner.

Nietzsche konkretisiert nun im folgenden, was er unter einem starken, nicht dekadenten Leben versteht. „Der Reichste an Lebensfülle, der dionysische Gott und Mensch, kann sich nicht nur den Anblick des Fürchterlichen und Fragwürdigen gönnen, sondern selbst die fürchterliche That und jeden Luxus von Zerstörung, Zersetzung, Verneinung; bei ihm erscheint das Böse, Unsinnige und Hässliche gleichsam erlaubt, infolge eines Überschusses von zeugenden, befruchtenden Kräften, welcher aus jeder Wüste noch ein üppiges Fruchtland zu schaffen imstande ist."[102]

Das meint Nietzsche also mit Stärke. Wenn wir diese Definition auf die Dialektik der Moderne anwenden, dann bedeutet starkes, nicht dekadentes Leben ein Leben, das den Anblick des tragischen Aspektes der Wirklichkeit, also des Zerstörungs- und des Vernichtungsaspektes, erträgt und nicht vor ihm fliehen muß. Starkes Leben ist ein Leben, das sich vor diesem Anblick der Zerstörung nicht abwendet, sondern selbst noch zum Bösen fähig ist. Wobei dieses Böse nicht, wie beim Nationalsozialismus, aus dem Ressentiment entsteht, sondern, wie Nietzsche es hier sagt, aus dem „Überschuß von zeugenden, befruchtenden Kräften" hervorgeht, der „aus jeder Wüste noch ein üppiges Fruchtland zu schaffen imstande ist." Romantiker und Christen sind dazu laut Nietzsche nicht imstande, denn sie ertragen nur optimistische Horizonte.

„Umgekehrt würde der Leidendste, Lebensärmste am meisten die Milde, Friedlichkeit, Güte nöthig haben, im Denken und im Handeln, womöglich einen Gott, der ganz eigentlich ein Gott für Kranke, ein „Heiland" wäre; ebenso auch die Logik, die begriffliche Verständlichkeit des Daseins – denn die Logik beruhigt, giebt Vertrauen –, kurz eine gewisse warme, furchtabwehrende Enge und Einschließung in optimistische Horizonte."[103]

Wenn Nietzsche hier auch das Christentum in den Zusammenhang mit der dekadenten Romantik stellt, dann irrt er. Nietzsche übersieht, daß im Mittelpunkt des Christentums diese grauenhafte Wirklichkeit des Sterbens am Kreuz steht. Wenn es eine Religion gibt, die den Menschen mit dieser Realität konfrontiert und ihn bei dieser Wirklichkeit festhält, dann ist es die christliche. Luther ist nur darum als Reformator in Erscheinung getreten, weil er genau diese, im Mittelalter verdrängte, Wirklichkeit wieder erschlossen hat. In der mittelalterlichen christlichen Theologie war in seinen Augen allzuviel vom Herrscher Christus und vom großen Gottkönig, der majestätisch triumphiert, die Rede. Die Augenblicke christlicher Erkenntnis des Tragischen des Lebens sind daher in der Tat selten gewesen,

---

102 Friedrich Nietzsche: Die fröhliche Wissenschaft, KSA Bd. 3, S. 620

103 Friedrich Nietzsche: Die fröhliche Wissenschaft, KSA Bd. 3, S. 620, 621

und sie sind weitgehend mit dem Namen Luthers verbunden. Es ist nun als paradox anzusehen, daß ausgerechnet Nietzsche diesen von der Aufklärung ausgeblendeten und in der modernen Theologie unterbelichteten Aspekt des Grauens, wenn auch im Anschluß an die griechische Tragödie, wieder entdeckt.

Die Lebensärmsten haben Nietzsche zufolge das Bedürfnis nach Milde, Friede, Güte, womöglich sogar nach einem Gott, der eigentlich ein „Gott für Kranke" sei. Hier wird das ganze Christentum als eine Trostgestalt des dekadenten, verarmten, kranken Lebens diffamiert. Das Gleiche gilt für die Logik, also für die gesamte europäische Philosophie von Aristoteles an, denn die Logik beruhigt und gibt Vertrauen, wo es für Nietzsche nichts zu beruhigen und zu vertrauen gibt. Die Logik meint beruhigen zu können, weil sie eine begriffliche Verständlichkeit des Daseins behauptet. Für Nietzsche ist dagegen die Logik ein Zeichen von armem Leben, weil es nur eine Weltsicht erträgt, in der alle Rätsel rational lösbar sind.

In den Augen Nietzsches erträgt sowohl das Christentum wie die Tradition der Logik nur noch „optimistische Horizonte". Ein Leben aber, das in die Enge optimistischer Horizonte eingeschlossen ist, ist für Nietzsche ein dekadentes Leben. Schopenhauer hat in diesem Sinne einmal vom „ruchlosen Optimismus" gesprochen. Ein solches Leben ist dekadent, weil es mit der Verfälschung des wirklichen Lebens einher geht. Aber diese Verfälschung braucht das schwache, an seiner Armut leidende Leben, um überhaupt leben zu können. Die moderne Welt kann nur noch optimistische Horizonte ertragen, und darum verdrängt sie alle Katastrophen des Lebens, einschließlich des Todes.

„Dergestalt lernte ich allmählich Epikur begreifen, den Gegensatz eines dionysischen Pessimismus, ebenfalls den „Christen", der in der That nur eine Art Epikureer und, gleich jenem, wesentlich Romantiker ist, – und mein Blick schärfte sich immer mehr für jene schwierigste und verfänglichste Form des Rückschlusses, in der die meisten Fehler gemacht werden – des Rückschlusses vom Werk auf den Urheber, von der Tat auf den Täter, vom Ideal auf den, der es nötig hat, von jeder Denk- und Wertungsweise auf das dahinter kommandierende Bedürfnis."[104]

Es ist gar kein Zweifel, daß, an dieser Selbstaussage Nietzsches gemessen, die neuere Nietzsche-Interpretation weitgehend fehl geht, denn hier zeigt sich nochmals, daß Nietzsche ein Analytiker der Dekadenz gewesen ist. Nietzsche befragt sämtliche Lebensformen danach, ob sie ein Produkt des schwachen, dekadenten oder des wachsenden, starken Lebens sind. „In Hinsicht auf alle ästhetischen Werte bediene ich mich jetzt dieser Hauptunterscheidung: ich frage, in jedem einzelnen Falle, ist hier der Hunger oder der Überfluß schöpferisch geworden?"

Auch der Hunger kann demnach für Nietzsche schöpferisch sein. Nietzsche stellt nicht mehr die Wahrheitsfrage, sondern er fragt nur noch nach dem lebensförderlichen bzw. lebensschwächenden, dekadenten Bewußtsein.

Nietzsche war nun der Meinung, daß die bürgerliche Lebensform und damit die Moderne insgesamt zum Untergang verurteilt ist. Die bürgerliche Lebensform gehört für ihn auf die Seite des dekadenten, verarmten Lebens, weil sie vor der tragi-

---

[104] Friedrich Nietzsche: Die fröhliche Wissenschaft, KSA Bd. 3, S. 621

schen Wirklichkeit entweder in die „Stille, Ruhe“, also in den Nihilismus, oder in „Krampf“, „Rausch“, „Betäubung“ und letzten Endes in den „Wahnsinn“ flüchtet.

Während die Nationalsozialisten und Faschisten immer gleich daran gegangen sind, diejenigen, die sie für dekadent gehalten hatten, auszugrenzen oder gar physisch auszurotten, wußte Nietzsche von der Unausrottbarkeit der Dekadenz. Dekadenz gehört für ihn, bei aller Kritik daran, zum Leben selber. Nietzsche hält die Dekadenz für eine Erscheinungs- und Ausdrucksform des Lebens selbst. So wie zu jedem aufsteigenden Leben das niedergehende gehört, so gehört zu allem Leben auch die Dekadenz. Der Faschismus hat im Unterschied zu Nietzsche dagegen geglaubt, man könne die Dekadenz ausrotten oder überwinden. Für Nietzsche dagegen ist die Dekadenz unausrottbar, sie gehört zum Leben selber dazu. Ihn interessierte nur die Frage, welche Lebensformen im Angesicht der Wirklichkeit sich durchsetzen und welche untergehen. Stark ist für Nietzsche das Leben, das aus der Überfülle schöpferisch wird, und schwach ist das Leben, das aus Hunger schöpferisch wird.

Nietzsche richtet sein „Augenmerk darauf, ob das Verlangen nach Starrmachen, Verewigen, nach Sein die Ursache des Schaffens ist oder aber das Verlangen nach Zerstörung, nach Wechsel, nach Neuem, nach Zukunft, nach Werden.“

Für Nietzsche gehört zum Willen zum „Werden“ auch der Wille zur Zerstörung. Wer das Neue will, der muß auch den Mut und die Kraft zur Zerstörung des hinderlichen Alten haben. es ist für Nietzsche allerdings entscheidend, aus welchen Motiven die Zerstörung erfolgt.

„Das Verlangen nach Zerstörung, Wechsel, Werden kann der Ausdruck der übervollen, zukunftsschwangeren Kraft sein (mein terminus ist dafür, wie man weiß, das Wort „dionysisch“), aber es kann auch der Haß des Mißrathenen, Entbehrenden, Schlechtweggekommenen sein, der zerstört, zerstören muß, weil ihn das Bestehende, ja alles Bestehn, alles Sein selbst empört und aufreizt.“[105]

Nietzsche plädierte durchaus für die Bereitschaft zur Zerstörung, aber er wandte sich gegen die Zerstörung, insoweit sie aus dem Haß resultierte. Hier liegt die entscheidende Differenz zwischen Nietzsche und dem Nationalsozialismus. Aus diesem Haß der „Schlechtweggekommenen“ heraus haben die Anarchisten und Sozialisten zerstört. Und aus diesem Haß, den Nietzsche später „Ressentiment“ nennt, haben auch die Nationalsozialisten ihr Zerstörungswerk vollbracht. Man hat Nietzsche erst verstanden, wenn man begriffen hat, daß er eigentlich nichts anderes gewollt hat als das authentische Christentum auch. Nietzsche wollte nämlich, wie das authentische Christentum auch, die Annahme des Leidens, sprich: des Kreuzes. Er wollte, bei Anerkennung der Tragik des Lebens, zur Bejahung durchstoßen. Zumindest der mittlere Nietzsche hat bei aller Kritik am Christentum auch selber gewußt, daß dies das Christentum einst auch geleistet hatte. Die Kritik am moralischen Christentum darf nicht darüber hinwegtäuschen, daß Nietzsche das gleiche Anliegen hat wie das authentische Christentum. Nietzsche lehnte zwar

[105] Friedrich Nietzsche: Die fröhliche Wissenschaft, KSA Bd. 3, S. 621

den Moralismus des (verbürgerlichten) Christentums ab, aber er wollte, wie das Christentum auch, die Annahme des Leidens, sprich: des Kreuzes. Er wollte bei aller Tragik des Lebens zur Bejahung durchstoßen. Die Annahme des Neins ist im Christentum lebendig in der Annahme des Kreuzes. Man kann sagen, daß für den Christen die Annahme des Kreuzes nichts anderes ist, als die Hineinnahme des Neins in das Ja, wie Nietzsche es einmal ausgedrückt hat. Wie konnte aber Nietzsche zu der Meinung kommen, daß das Kreuz das zusammenfassende Symbol der Verneinung gewesen ist, wo es doch nach dem Selbstverständnis des authentischen Christentums genau das Gegenteil gewesen ist? Das konnte nur passieren, weil Nietzsche bei der Interpretation des Christentums nicht das Christentum selber, sondern den Kulturprotestantismus seiner Zeit vor Augen hatte. Nietzsche hat im Blick auf die Aufklärung und das Christentums seiner Zeit gesehen, daß das Kreuz aus dem Selbstverständnis und des Glaubensverständnisses des Christentums in der Moderne eliminiert worden ist.

Für Nietzsche ist Kultur nichts anderes, als eine Konzeption, die dem Leiden einen Sinn gibt. Für Nietzsche baut alle Kultur auf dieser Sinnantwort auf. Das ist der Kern und die Mitte jeder Kultur, und darum gibt es für Nietzsche im Grunde genommen keine areligiöse Kultur. Nietzsche hat daher, als er dem moralisierten Christentum nicht mehr zutraute, dem Leiden noch einen Sinn geben zu können, begonnen, an neuen Göttern zu dichten. Nietzsche hat sich nie eine Kultur ohne einen Gott vorstellen können. Wenn alle bisherigen Götter, einschließlich des moralischen, dekadenten christlichen Gottes, tot sind, dann muß man eben an neuen Göttern dichten. Der ganze späte Nietzsche hat darum nichts anderes getan, als einen solchen neuen Gott zu dichten. Und er meint, ihn schließlich in „Dionysos" gefunden zu haben. Der so genannte Atheist Nietzsche hat sich also eine Kultur ohne einen Gott überhaupt nicht hat vorstellen können. Denn der Verzicht auf eine Gottesgestalt hätte bedeutet, auf eine Antwort auf die Frage nach dem Sinn des Leidens verzichten zu müssen. Gibt es eine Antwort auf die Frage nach dem Sinn des Leidens nicht, dann ist es nur konsequent, daß der Mensch in eine solchen Dumpfheit zurückfällt und sich als menschliche Gestalt abschafft. Diese Möglichkeit sah Nietzsche unmittelbar vor sich, als er von der „Verkleinerung des Menschen" und später vom „letzten Menschen" sprach. Nietzsche sah diesen „letzten Menschen" als Konsequenz des teleologischen Ganges der Moderne vor sich. Er hat den Kampf gegen die Moderne geführt, weil der Mensch mit der Vollendung der Moderne unter sein Maß herabsinkt und in eine vegetative, präreflexive, sich auf die Befriedigung der animalischen Bedürfnisse beschränkende Existenz zurückfällt. In „Also sprach Zarathustra" heißt es über den „letzten Menschen", er habe ein „Lüstchen für den Tag", ein „Lüstchen für die Nacht". Und dieser Mensch behaupte sogar noch von sich, er hätte das Glück erfunden, dabei könne er nur noch blinzeln. Dieser Mensch empfinde auch keine Liebe und keine Sehnsucht mehr.[106]

In der Reduktion auf die Befriedigung animalischer Triebe und Bedürfnisse ebnen sich die Differenzen zwischen den Menschen ein und es löst sich die individu-

---

[106] Friedrich Nietzsche: Also sprach Zarathustra, KSA 4, S. 4, 19, 20

ierte Gestalt in der ewigen Wiederkehr des ewig Gleichen auf. Der Gedanke an einen solchen Menschen erfüllte Nietzsche mit Schrecken. Wer wissen will, wogegen Nietzsche sich auflehnte, wird es hier finden. Nietzsche befürchtete eine Entwicklung, die auf die Degradation des Menschen hinaus läuft. Er wußte, daß dieser „letzte Mensch" im Zurücksinken in die vorbewußte Animalität auch das Leiden nicht mehr erfährt.

15. Warum Nietzsche dennoch kein Faschist war

Ich fasse zusammen: Es gibt sicherlich Äußerungen Nietzsches – die zweifellos Nietzsche unter seinem Niveau zeigen –, in denen man seinen Dekadenzbegriff so verstehen kann, wie der Faschismus und manche Nietzsche-Jünger des Konservativen Revolution ihn verstanden haben. Aber die zitierten Aphorismen zeigen, daß Nietzsche offensichtlich etwas ganz anderes unter Dekadenz verstanden hat, als der Faschismus. Bei aller Nähe gibt es eine entscheidende Differenz zwischen Nietzsche und den Faschisten, die sich im Sinne des Vitalismus, Biologismus und Naturalismus auf ihn bezogen haben. Der Faschismus hat eine eindeutige Naturalisierung und Biologisierung des Nietzscheschen Dekadenzverständnisses vorgenommen. Das gilt selbstverständlich auch für den Faschismus in seiner primitivsten und pervertiertesten Gestalt im Nationalsozialismus. Die Faschisten aller Coleur hatten einen Dekadenzbegriff, der ausschließlich von der biologisch interpretierten Vitalität bestimmt war. Die biologisch Starken sollten die Schwachen verdrängen.

Einen solchen vitalistischen Begriff von Dekadenz hatte übrigens auch Thomas Mann im Auge. Vielleicht können wir es anhand von Thomas Manns Schriften am deutlichsten zeigen, wie diese Differenz zwischen Nietzsche und dem Vitalismus im gebildeten konservative Bürgertum der ersten Hälfte des 20. Jahrhunderts völlig außer Blick geraten war. Ich erinnere an die „Buddenbrooks", aber im „Tonio Kröger" kommt es noch deutlicher heraus.

Was Schwächung der Vitalität im biologioschen Sinne bedeutet, wird zum ersten Mal in der literarischen Darstellung der Dekadenz im 20. Jahrhundert deutlich. Ich will es nochmals kurz anhand der „Buddenbrooks" von Thomas Mann andeuten. Denn der große künstlerische Darsteller der Dekadenz der spätbürgerlichen Gesellschaft war ja kein anderer, als Thomas Mann. Und das größte Werk, das Thomas Mann geschrieben hat, war wahrscheinlich doch die „Buddenbrooks". Die „Buddenbrooks" haben den Verfall einer bürgerlichen Familie zum Thema, symbolisch stellvertretend für den Verfall der bürgerlichen Gesellschaft. In den „Buddenbrooks" geht es um ein Handelshaus, das über Generationen hinweg im Besitz von Senatoren der Stadt Lübeck gewesen ist. Es handelt sich um die hoch angesehene, erfolgreich wirtschaftende Familie Buddenbrook. In den „Buddenbrooks" wird gezeigt, wie über die Folge von drei Generationen das blühende Kaufmannshaus der Buddenbrooks in Lübeck an einem bourgoisen Neureichen verschleudert werden muß, weil die Vitalität der Familie von Generation zu Generation immer schwächer wird. Als der Vater dem Sohn Hanno das Familienbuch vorlegt, in das jeder Ankömmling einer neuen Generation seinen Namen eintragen soll, trägt Hanno seinen Namen ein und macht unter seinen Namen einen dicken Strich. Der Vater, Thomas Buddenbrook, fragt ganz empört: Aber Hanno, was tust Du denn da? Hanno stottert: Ich dachte, jetzt käme nichts mehr. Nach ihm kommt das Nihil, der Nihilismus.

Es war der starke Großvater, der dieses Handelshaus zum Erfolg geführt hat. „Stark" heißt, nicht nur zu wollen, sondern auch zu können, was der Aufstieg des Handelshauses verlangt. Stark ist – nicht nur im Bereich der Ökonomie – derjenige, der es schafft, sich unter den jeweiligen Bedingungen zu behaupten. Er vermag sich durchzusetzen, um der Stärkste und der Erste zu sein. Dieses Verständnis von Stärke bringt auch Thomas Mann mit. Thomas Mann zeichnet nun den Vitalitätsschwund nach, wie er sich in der Generationenfolge dieses Geschlecht zeigt. Thomas Mann tut das in einer Weise, daß man sagen kann, daß „Die Buddenbrooks" der größte und unerreichte deutsche Roman über die Dekadenz der spätbürgerlichen Gesellschaft ist. Bereits der Sohn ist den harten Herausforderungen nicht mehr gewachsen. Das gilt für die Behauptung des Geschäftes, für das Ansehen in der Stadt, und für all das, was eben zu Macht und Reichtum gehört. An dieser Stelle wird nun die Sache rätselhaft. Denn auf die Frage, warum er den harten Herausforderungen nicht mehr gewachsen ist, gibt es bei Thomas Mann keine Antwort. Diese Dekadenz, der Schwund an vitaler Kraft zur Selbstbehauptung, wird vielmehr als ein biologisches Schicksal interpretiert. Es gibt bei Thomas Mann keine über die Immanenz des Biologischen hinaus weisende Antwort. Thomas Mann hat zwar gesehen, daß zu Zeiten des Großvaters noch aus Luthers „Katechismus" vorgelesen wurde, und selbstverständlich glaubte man damals noch, was die Kirche von einem anständigen Bürger verlangt. Und dennoch liefert Thomas Mann keine Antwort auf die Frage nach den Gründen der schwindenden Vitalität. Dieser Schwund an Vitalität wird aber als Dekadenzprozeß dargestellt. Der Dekadenzprozeß dieses Geschlechts wird mit dem biologischen Schicksal gleichgesetzt, wird aber nicht weiter erklärt.

Thomas Mann zeigt immerhin, daß dem Schwund an biologischer Vitalität auf der einen Seite ein Prozeß der geistigen Sublimierung und Sensibilisierung auf der anderen Seite entspricht. Als Thomas Buddenbrook eines Tages, als der Konkurs droht, nicht mehr weiß, wie er den Verpflichtungen nachkommen soll, wendet er sich dem Geistigen zu. Während unten der Senator Thomas Buddenbrook sitzt, sitzt seine schöne Frau Gerda im oberen Stübchen mit dem Klavierlehrer zusammen und musiziert. Und was passiert? Plötzlich hört das Musizieren hört, es gibt eine lange Pause, bis es wieder einsetzt. Den wirtschaftlichen Konkurs vor sich, die erotische Kapitulation der Frau über sich, einen schwächlichen Sohn – dem keine lange Lebensdauer mehr gegeben wird und dem Thomas Buddenbrook auch die Übernahme des Geschäftes nicht zutraut –, neben sich, geht der Senator ins Gartenhäuschen und vergißt alles um sich herum: den ökonomische Konkurs, die erotische Tragödie, das Aussterben des Geschlechtes. Und was liest er dort? Schopenhauer! Er verläßt die reale Welt und interpretiert sie mit Schopenhauer als ein

Diese Erörterungen sollten nur deutlich machen, von welch einer entscheidenden Bedeutung es ist, zu erkennen, daß es zwar bei Nietzsche eine Vielzahl von Stellen gibt, die eine solche vitalistisch biologische Interpretation des Dekadenzbegriffes zulassen, daß aber, wenn man Nietzsches Philosophie genauer ansieht, das gerade nicht gemeint hat. Nietzsche stellte sich letztlich immer die Frage: Was kann an die Stelle des Christentums treten, nachdem sich in der bürgerlichen Gesellschaft mit der Aufklärung der christliche Glaube, im Sinne des Kreuzesglaubens, aufgelöst und damit das Christentum die Fähigkeit verloren hat, dem Leiden noch einen Sinn zu geben? Das Problem und die Kriterien Nietzsches sind rein religionsphilosophischer Natur, und dies ist nur aus der Herkunft Nietzsches verständlich zu machen. Nietzsche hat sich unter Benutzung der Kategorie der Dekadenz dem Problem wieder angenommen, das in der christlichen Geschichte durch die Kategorie des „peccatum originale", also der sogenannten Ur- oder Personalsünde, bestimmt worden ist. Hinter Nietzsches Kategorie der Dekadenz steht nicht die These, daß die vitalen, biologischen Kräfte von bestimmten Rassen oder im Fortgang der Generationen schwinden. Nietzsches Dekadenzbegriff ist nicht faschistisch gemeint gewesen.

Es ist eine ganz tiefe Einsicht Nietzsches, daß die Angleichung und Anpassung des Christentums an die Moderne mit der Eliminierung der Kategorie Sünde einher gegangen ist. Das Christentum ist dann vollkommen modern, wenn es nicht mehr weiß, wovon bei der Sünde eigentlich die Rede ist. Dieses totale Unverständnis für die Sünde (peccatum) hängt aufs Engste mit der Eliminierung des Kreuzesglaubens zusammen. Nietzsches Kampf gegen das modernisierte Christentum hatte das positive Resultat, daß er in der Realität selber das wieder entdeckt hat, was in der christlichen Tradition mit peccatum gemeint war. Nietzsche hat dieses Phänomen zwar nicht peccatum genannt, sondern er hat es mit dem Begriff der Dekadenz umschrieben, aber der Sache nach redet er von dem Gleichem wie das Christentum, als es ursprünglich die Kategorie des peccatum gebrauchte. Wenn man diese Dinge so interpretiert, dann zeigt sich übrigens auch, daß in der Bestimmung des Grundproblems der modernen Welt die Differenz zwischen Dostojewski und Nietzsche ganz gering ist. Denn auch für Dostojewski geht es darum, die ungeheure Positivität des Leidens zu erkennen und das Leiden anzunehmen. Nietzsche und Dostojewski waren davon überzeugt, daß an der Annahme des Leidens überhaupt die Menschlichkeit des Menschen hängt. Der Mensch, der nicht mehr leidensfähig ist, ist kein Mensch mehr. Die Entmenschung des Menschen hängt mit dem Verlust der Sensibilität für das Leiden und mit der Unfähigkeit zum Leiden zusammen. Wäre sonst zu verstehen, warum die Menschen in der Epoche des Faschismus und des Stalinismus zu den ungeheuerlichsten Verbrechen fähig waren? Offenbar war diesen Verbrechen der Verlust der Sensibilität für das Leiden vorausgegangen.

Wir werden nun fragen, wie die revolutionären Konservativen die Dekadenz im Unterschied zu Nietzsche gedacht haben. Wir werden sehen, daß die Differenz im Dekadenzverständnis zwischen Nietzsche auf der einen Seite und den konservativen Revolutionären und vor allem den Faschisten auf der anderen Seite einen ganz wichtigen Punkt betrifft. Denn in dem Augenblick, indem das Dekadenzphänomen biologisiert und als ein Phänomen vitaler Schwäche interpretiert wird, ist bereits die Unlösbarkeit des Dekadenzproblems und das Scheitern des Faschismus impliziert. Denn dann gibt es weder eine philosophische, noch eine theologische, noch eine politische Lösung für das Dekadenzproblem. Man kann den ganzen Faschismus, und auch den Nationalsozialismus, von dem Anspruch her verstehen, diese vitale Dekadenz durch den Stil einer heroischen männlichen Härte (Faschismus) bzw. durch Rassenzüchtung (Nationalsozialismus) zu überwinden. Der Faschismus hat der männlichen Härte und dem Rassegedanke einen herausgehobenen politischen und kulturellen Stellenwert zugewiesen. Aber das kann man nur auf dem Hintergrund der Uminterpretation des Nietzscheschen Dekadenzbegriffs zu einem Phänomen der biologischen Deformation und Schwäche begreifen.

16. Von Nietzsche zur Konservativen Revolution

Das große Thema Nietzsches ist die Dekadenz gewesen und nicht seine Lehren vom Übermenschen, von der ewigen Wiederkehr des ewig Gleichen und vom neuen Gott Dionysos. Was Nietzsche – neben Marx und, wie wir jetzt erkennen können, auch vor Marx – zu diesem umstürzenden geistigen Ereignis gemacht hat, ist diese Thematisierung der Dekadenz. Thomas Mann nannte Nietzsche darum den großen Psychologen der Dekadenz. Auch die „Konservative Revolution", die sich nach dem Ersten Weltkrieg gebildet hat, bezieht ihr Thema aus dem, was man die moderne Dekadenz nennen kann. Wenn wir nun dem Zusammenhang zwischen Nietzsches Dekadenzthese und dem revolutionären Konservativismus nachgehen, dann tun wir das in der Absicht, die von Nietzsche herkommende revolutionäre Linie zu verfolgen, die zum Faschismus geführt hat.

In den letzten Jahrzehnten hat sich die Forschung ständig mit der großen revolutionären Linie beschäftigt, die mit dem Namen von Karl Marx verbunden ist. Die politische Geistes- und Kulturgeschichte der vergangenen 200 Jahre wurde unter den verschiedensten marxistischen Gesichtspunkten behandelt, aber spätestens seit 1989, seit dem Zusammenbruch des realen Sozialismus, ist es angezeigt, auch die von Nietzsche herkommende revolutionäre Linie ernster zu nehmen. Denn nach 1989 erlebten wir die Selbstaufhebung dieser großen revolutionären Tradition, die von Marx herkommt, und die man bisher mit dem Namen Sozialismus verbunden hat. Mit dem realen Sozialismus ist nun nicht eine beliebige Revolution in der Sowjetunion und im Ostblock durch die Geschichte dementiert und widerlegt worden, sondern ein revolutionäres Experiment, dem mehrere Generationen ihren Glauben geschenkt und dem Hekatomben von Menschen geopfert worden sind. Dieses revolutionäre Experiment des Sozialismus ist die äußerste, in der gesamten Moderne angelegte Revolution gewesen. Der Sozialismus bildete eigentlich die Religion der Moderne schlechthin. Wenn man sich einmal klar gemacht hat, aus welchen inneren Antrieben, Motiven und mit welchen ungeheuren

Opfern und Leiden dieses sozialistsiche Experiment unternommen worden ist, dann muß man, über das übliche Moralisieren und über das ideologische Abrechnen hinaus, doch ein Gefühl für die tragische Dimension haben, die dieser Vorgang hat. Gerade die Deutschen sollten dafür ein gewisses Verständnis mitbringen, denn sie haben im Nationalsozialismus eine Gegenrevolution zu dieser marxistischen Revolution organisiert, die mit ähnlicher Glaubensintensität, mit vergleichbarer Radikalität und auch mit ähnlichen Opfern unternommen wurde, wie das die Russen mit dem Kommunismus getan haben.

Die großen Konservativen des 19. Jahrhunderts, und zum Teil auch des 20. Jahrhunderts, haben genau den gesellschaftlichen Verfallszustand als das Produkt der progressiven, emanzipatorischen, letztlich sozialistischen Logik als unausweichlich prognostiziert, den wir heute in den ehemals sozialistischen Ländern erleben. Sören Kierkegaard, Donoso Cortes, Alexis de Tocqueville, Bruno Bauer und auch Carl Schmitt haben den Verfall der Gesellschaft als das in der Entwicklung der Moderne angelegte zwangsläufige Endprodukt des Sozialismus bzw. des Liberalismus vorhergesehen. Auch Nietzsche hat unter Dekadenz nichts anderes verstanden, als die Herrschaft von Wertprinzipien, die zur Auflösung der modernen Gesellschaft führen würden.

Sicherlich hat es Verfallstheorien seit dem Anfang der europäischen antiken Geschichte gegeben. Die Rede von Verfall oder von Dekadenz ist keine Sache, die auf Nietzsche und die Konservative Revolution beschränkt ist. Aber die Verfallstheorie hat im Anschluß an Nietzsche zu Beginn des 20. Jahrhunderts doch einen anderen Charakter angenommen. Wenn man an die literarisch-ästhetische Ausprägung der Dekadenztheorie, die in der modernen Kunst am Anfang des 20. Jahrhunderts zum Ausdruck kam und die – unter dem Eindruck Nietzsches – sich sogar selber als dekadent deklariert hat, die Frage stellt, was sie unter Dekadenz verstanden hat, dann lautet die neue Antwort: Dekadenz ist vitale Schwäche und nervliche Zerrüttung. Dekadent ist danach ein vital schwaches und nervlich zerrüttetes Individuum, das den praktischen Anforderungen des Lebens nicht mehr gewachsen ist.

In den Augen dieser progressiven Kunstbewegung war diese Dekadenz nicht negativ behaftet, sondern sie galt als etwas eminent Positives, da sie die Bedingung einer geistigen Verfeinerung war. Diese Kunst- und Literaturperiode hat geradezu ihre Rechtfertigung daraus bezogen, daß sie dekadent war. Denn vitale Schwächung bedeutet für sie vor allem auch die Stärkung und Verfeinerung des Geistes.

Die Konservativen haben diese Dekadenz dagegen anders interpretiert. Bevor wir diese Frage beantworten, wollen wir kurz einen Blick darauf werfen, was die Konservativen früherer Zeiten unter Dekadenz verstanden haben. Die abendländische Tradition hat in diesem Zusammenhang immer vom „sittlichen Verfall" gesprochen. In den Dokumenten der europäischen Kultur ist immer wieder die Klage zu hören: Es ist nicht mehr so wie es früher war, und es wird alles immer schlechter. Die Klage, wonach jeweils die Älteren im Blick auf die Sitten und Gebräuche der Jüngeren den Eindruck haben, daß es schlechter wird, ist beinahe ein durchgängiger Topos.

Bereits in Platons „Philebos“ heißt es, daß die Alten mächtiger und stärker waren, weil sie den Göttern und dem göttlichen Ursprung noch näher waren. Die Zeitgenossen dagegen würden in dem Maße, in dem sie sich von den Göttern entfernen, immer schwächer, kleiner und unbedeutender. Hesiod hat lange vor Platon zu Beginn der europäischen Tradition die berühmte Zeitalter-Lehre entwickelt. Hesiod hat das erste Zeitalter das goldene genannt, darauf folgte das silberne und schließlich das eiserne Zeitalter. Hesiod hat diese Abfolge vom goldenen zum silbernen und dann zum eisernen Zeitalter als eine Entwicklung des Niedergangs verstanden. Innerhalb der griechischen Entwicklung war es außer Hesiod vor allem Platon, der eigentlich zum ersten Mal eine Theorie des Verfalls, auch des kulturellen und politischen Verfalls, entwickelt hat. Im achten Buch der „Politeia“ findet sich die berühmte, auch in der römischen Tradition von Polybios aufgenommene und weiterentwickelte Lehre vom Umschlag der Verfassungen, wobei nicht nur die politische Verfassung, sondern auch und gerade die innere Verfaßtheit der Bürger in der Polis gemeint war. Heute würde man in diesem Zusammenhang vom inneren moralischen und sittlichen Verfall sprechen. Platon meinte, daß die Formen der inneren wie auch der äußeren politischen Verfaßtheit in ihrem Wandel einer bestimmten Gesetzmäßigkeit gehorchen. Er macht deutlich, daß die verschiedenen Verfassungen, also die Monarchie, die Aristokratie, die Oligarchie und auch die Demokratie jeweils ihre Verfallsformen haben. Dem Wandel der Verfassungen entsprechen dabei bestimmte innere Befindlichkeiten und Verfaßtheiten des menschlichen Daseins. Platon meint beispielsweise, daß sich an die Demokratie die Verfallsform der Anarchie anschließt. Anarchie heißt im weitesten Sinne: Gesetzlosigkeit, Verlust jeder Verfaßtheit. Platon denkt hier nicht nur an den Verfall der politischen Institutionen, sondern auch an den Verfall von Sittlichkeit und Ethos. Mehr noch: Es verfallen nicht nur die Sitten, sondern auch das, was die Sitten erst ermöglicht hat. Mit der inneren sittlichen Verfaßtheit löst sich jede Form von Verfaßtheit auf. Übrig bleibt der Zustand, den Platon die „pleonaxia“(Mehrhaben-Wollen) genannt hat, der Zustand der Unersättlichkeit der Begierden. Anarchie herrscht dann, wenn alle ethischen Ordnungen und alle Gesetze verfallen sind und unersättliche, nie zu befriedigende natürliche Bedürfnisse freigesetzt werden. Platon war nun der Meinung, daß dieser Wandel der Verfaßtheiten einer gewissen Gesetzmäßigkeit folgt, und daß dieser Zustand der Anarchie seinerseits eines Tages in Tyrannei, also in den schlimmsten Zustand überhaupt, umschlägt. Aber was bewirkt den Wandel, in diesem Falle den Übergang von einem auch sittlich wohlgeordneten Zustand der Seele und der Stadt in einen schlechteren Zustand? Platon gibt auf diese Frage eigentlich keine Antwort. Die Antworten, die Platon zu geben versucht hat, sind im Grunde genommen mythologischer Natur: Sei es, daß der Verfall in der Natur der Dinge selbst liegt, sei es, daß es irgendwelche Unregelmäßigkeiten bei der Erzeugung einer neuen Generation gegeben hat, etwa wenn bestimmte astrologische Konstellationen vorhanden waren. Daher muß der Mensch in Platons Musterstaat die politischen und gesellschaftlichen Verhältnisse selber in die Hand nehmen, damit zum richtigen Zeitpunkt die Richtigen an die Herrschaft kommen und eine wohlgeordnete Polis daraus hervorgehen kann. Wichtig ist, daß es bei Platon eine rationale Begründung für den Wandel der Verfassungen nicht gibt.

Dieser Sinn für den Verfall der Ordnungen findet sich auch im alten Rom. Es gehört zum römischen Lebensgefühl – und das ist ein Zeichen der Humanität der Römer –, daß Scipio auf dem Höhepunkt seines größten Sieges, nämlich des Sieges über Carthago, auf den Trümmern Carthagos stehend von dem wehmütigen Gefühl heimgesucht wird, daß dieses Schicksal Carthagos eines Tages auch Rom ereilen wird. Wenn es etwas gibt, was das moderne Geschichtsgefühl von dem antiken unterscheidet, dann ist es eine solche Sicht. Denn in der Antike war man von der Gebrechlichkeit und Vergänglichkeit aller irdischen Reiche und aller irdischen Größe noch zutiefst überzeugt. Ich glaube, daß dieses Gefühl das wesentlichste Element der antiken Humanität überhaupt gewesen ist.

Wir haben ja heute kaum noch eine Vorstellung von dem, was Rom war. Rom war ja nicht nur ein Imperium in einem bestimmten Teil der Welt, sondern Rom beherrschte die ganze Welt. Die Völker lebten durch die ungeheuren pazifierenden Leistungen Roms im Frieden. Dieser Friede wurde allerdings erst über grausame Kriege hergestellt. Das war der Preis, der zu zahlen war, damit die Menschen zum ersten Mal so etwas wie zivilisatorischen Errungenschaften teilhaftig werden konnten. Man muß bedenken, daß das Geheimnis der Größe Roms darin lag, daß die Besiegten nicht versklavt wurden, sondern daß sie zu Bürgern Roms gemacht wurden. Das war das ganze Geheimnis im Unterschied zum barbarischen Orient, wo die Unterlegenen einfach hingeschlachtet wurden.

Faktum ist dennoch, daß dieses Rom an Dekadenz zugrunde gegangen ist. Auch Völker, Reiche, Staaten, Nationen und Kulturen können an Dekadenz zugrunde gehen. Welches waren die Ursachen und Gründe des römischen Niedergangs? Dazu hat es viele Theorien gegeben. Eine der intelligentesten Antworten auf die Frage nach den Gründen für den Untergang Roms hat Max Weber gegeben. Max Weber hat dargestellt, daß eine ökonomisch bedingte Krise ausbrach, nachdem Rom die Ökumene pazifiziert hatte und dann keine Arbeitskräfte für die Bewirtschaftung der Latifundien mehr rekrutieren konnte. Diese ökonomische Krise habe dann das ganze Imperium in den Abgrund gezogen.

Wir wollen uns auf diese Frage nun nicht weiter einlassen. Wichtig ist nur, daß der britische Historiker Gibbon nicht erst im 19. Jahrhundert oder im 20. Jahrhundert, sondern bereits auf dem auf dem Höhepunkt der Aufklärung im 18. Jahrhundert die Frage nach dem Niedergang und der Dekadenz Roms gestellt hat. Auch die Epoche der Aufklärung hat, von der Renaissance vorbereitet, auf dem Höhepunkt ihrer Entwicklung im 18. Jahrhundert das große Thema des Verfalls und der Dekadenz diskutiert. Entzündet hat sich diese Diskussion an der Frage, woran denn Rom zugrunde gegangen ist. Edward Gibbon, im 18. Jahrhundert einer der größten Historiker, hat damals das Aufsehen erregende Buch „The History of the Decline and Fall of the Roman Empire“ geschrieben.

In dieser Tradition der Reflexion auf die Dekadenz der bürgerlichen Kultur stehen auch Nietzsche und Marx. Es gibt im 20. Jahrhundert daher nicht nur eine revolutionäre Linie im Ausgang von Marx, sondern auch eine, die von Nietzsche herkommt. Die gängige historische Interpretation hat dies meines Erachtens noch viel zu wenig zur Kenntnis genommen. Das Bild vom Gang der Geschichte im 20. Jahrhundert ist solange verzerrt und einseitig, solange wir glauben, daß es nur die revolutionäre Tradition des Marxismus gegeben habe. Es wird dabei übersehen, daß es geschichtlich gleichzeitig zu der progressiv marxistisch revolutionären Linie eine für die Geschichte des 20. Jahrhunderts mindestens gleich bedeutsame revolutionäre Linie gibt, die von Nietzsche herkommt. Es gibt eben zwei Revolutionen im 20. Jahrhundert. Es gibt die marxistische Revolution, und es gibt die konservative Revolution. Natürlich ist die schockierendste Entfaltung des revolutionären Potentials, das Nietzsche in sich birgt, der Faschismus. Ich sage bewußt „Faschismus", weil die Beziehungen des Nationalsozialismus zu Nietzsche komplizierter sind. Darauf werden wir noch zu sprechen kommen. Der Faschismus hingegen ist überhaupt nicht zu begreifen, wenn man ihn nicht als eine Antwort auf die von Nietzsche diagnostizierte Lage versteht. Der Faschismus ist, von Nietzsche selber provoziert und initiiert, der im 20. Jahrhundert unternommene größte Versuch, im Wege einer politischen Revolution die Dekadenz der spätbürgerlichen Kultur zu überwinden.

Was war, philosophisch formuliert, dagegen das Thema der progressiven, marxistischen revolutionären Bewegung? Karl Marx hat das Problem der modernen Gesellschaft in der „Selbstentfremdung des Menschen" gesehen. Er beabsichtigte, diese Selbstentfremdung durch eine revolutionäre Veränderung der bürgerlich-kapitalistischen Gesellschaft aufzuheben. Alle vom Marxismus inspirierten Bewegungen sind an dem Ziel orientiert gewesen, die Selbstentfremdung des Menschen in der modernen Gesellschaft aufzuheben. Und alle konservativ revolutionären Bewegungen des 20. Jahrhunderts, einschließlich des Faschismus, sind – analog dazu – auf das Ziel gerichtet gewesen, die Dekadenz der spätbürgerlichen Gesellschaft aufzuheben und zu überwinden. Das trifft – wie wir sehen werden – am stärksten für die Phänomene zu, die wir zur „Konservativen Revolution" der Weimarer Republik rechnen. Die konservativen Revolutionäre der Weimarer Republik hatten eine innere Affinität weniger zum Nationalsozialismus als zum Faschismus.

Es wird unser ganzes Geschichtsbild verstellt, wenn wir etwa Martin Heidegger, Oswald Spengler und Ernst Jünger daraufhin reduzieren, den Nationalsozialismus vorbereitet und ermöglicht zu haben. Diese Figuren, ebenso auch Carl Schmitt, Arnold Gehlen und Gottfried Benn, hatten, philosophisch gesehen, aber eine unbezweifelbare Affinität zum Faschismus und zu Mussolini. Die meisten von ihnen haben sich mit Abscheu von dem kleinbürgerlichen Plebejer Hitler abgewandt. Man kann das auch biographisch nachweisen. Hitler kam Anfang der zwanziger Jahre, von Freunden arrangiert, mit Oswald Spengler zusammen. Hitler redete mehrere Stunden auf Spengler ein und versuchte, Spengler für die NS-Bewegung zu gewinnen. Auch Carl Schmitt fühlte sich nicht zu Hitler, sondern zu Mussolini hingezogen. Und es ist völlig klar, daß auch Ernst Jünger sich voller Entsetzen von Hitler und dem Hitlerismus abgewendet hat und daß Jünger in den frühen Werken geradezu den klassischen „faschistischen Stil" in Deutschland kreiert und entwickelt hat.

Der Faschismus und alle konservativ revolutionären Ansätze sind so, wie die progressiv-marxistischen auf die Aufhebung und Überwindung der Selbstentfremdung gerichtet sind, auf die Überwindung der Dekadenz gerichtet gewesen.

Ehe wir auf diese konservativ-revolutionäre Tradition eingehen, müssen wir zunächst einmal in aller Nüchternheit feststellen – und das soll unser Ausgangspunkt sein –, daß im 20. Jahrhunderts alle konservativ-revolutionär bzw. faschistischen Versuche, die Dekadenz aufzuheben, genauso gescheitert sind, wie die marxistischen und neomarxistischen Versuche, die Selbstentfremdung des Menschen aufzuheben. Beide Ansätze sind gescheitert. Die Frage, woran und warum der Marxismus gescheitert ist, ist oft gestellt worden und es gibt unzählige, mittlerweile auch befriedigende Antworten darauf. Zwar gibt es auch Antworten auf die Frage, warum der Faschismus gescheitert ist. Aber – wenn ich das recht sehe – es gibt noch keine befriedigende Antwort. Es gibt jedenfalls keine Antwort auf die Frage, warum der Versuch des revolutionären Konservativismus, die Dekadenz zu überwinden, gescheitert ist, die auf einem vergleichbaren theoretischen Niveau wäre, wie die Antworten, die auf die Frage gegeben wurden, warum die marxistische Revolution mit der Überwindung der Selbstentfremdung des Menschen gescheitert ist. Die einzige plausible Antwort, die heute gegeben wird, ist historischer Art. Der Faschismus gilt allein schon deshalb als gescheitert, weil er eine militärische Niederlage erlitten hat. Man empfindet daher gar kein Bedürfnis, die Frage nach den Ursachen des Scheiterns mit einer vergleichbaren intellektuellen Anstrengung zu stellen, weil die Niederlage des Faschismus evident ist.

Der Faschismus ist im Zweiten Weltkrieg militärisch besiegt worden. Das ist richtig. Aber vielleicht war dies nicht mehr als ein Zufall. Wir wollen einmal konstruieren: Wenn Hitler und Mussolini nicht so total irrsinnig und verbrecherisch gewesen wären, wie sie es tatsächlich waren, dann wäre es genauso denkbar gewesen, daß der Faschismus gesiegt hätte. Die Antwort „militärisch besiegt" ist, philosophisch gesehen, daher überhaupt keine Antwort; und zwar aus dem ganz schlichten Grunde, weil man „Ideen" nicht militärisch besiegen kann. Selbst wenn man alle Faschisten und konservativen Revolutionäre physisch ausgerottet hätte, wäre womöglich ihr Anliegen noch nicht widerlegt und besiegt.

Meine These ist, daß sich nach dem Zusammenbruch des Sozialismus die Wurzeln, aus denen der Faschismus und der revolutionäre Konservativismus hervorgegangen sind, durchaus wieder regen können, weil wir bisher keine theoretische intellektuelle Anstrengung auf diese Frage gerichtet haben. Wir sind bereits heute Zeugen, wie sich in Deutschland und Frankreich aus diesen Quellen erneut intellektuelle Bewegungen formieren, die an diese Traditionslinie der Konservativen Revolution anknüpfen. Der Nationalsozialismus ist zwar geschichtlich erledigt, aber es ist durchaus offen, ob die konservativ-revolutionäre Tradition, gerade nach dem Zusammenbruch des Sozialismus, noch eine ganz neue geschichtliche Chance bekommt. Diese Konstellation ist für Linke und Liberale außerordentlich beunruhigend, aber es ist durchaus möglich, daß wir es in den nächsten Jahren mit objektiven Entwicklungen der modernen Gesellschaft zu tun haben werden, die solche konservativ-revolutionären oder gar faschistischen Tendenzen befördern könnten.

Bereits heute wird nicht nur Ost-, sondern auch Westeuropa von einer Welle der Renationalisierung erfaßt. Die westlichen Nationen wollen sich nicht in Europa als Nationen aufgeben, sondern sie wollen ihre nationale Selbstbehauptung sichern. Durch die Zuwanderung aus nichteuropäischen Teilen der Welt wird man in den nächsten 20 bis 30 Jahren damit rechnen können, daß die Fragen der nationalen Identität noch stärker gestellt und auch politisch virulent werden. Man denke nur an die Erfolge der FPÖ in Österreich oder der rechten Parteien in Italien, Frankreich, Holland und Dänemark. Dies einfach moralisch zu mißbilligen und zum Kampf gegen rechts aufzurufen, wird nicht ausreichen, falls es objektive Ursachen für den Rechtsruck in Europa geben sollte.

Bisher fehlt aber eine theoretische Antwort auf diese Herausforderung. Wir wollen uns daher hier dieser ernsthaften philosophischen Frage stellen und sie im Horizont der Diskussion um die Genese und Wirklichkeit des Faschismus in der ersten Hälfte des 20. Jahrhunderts beantworten.

Was die Konservative Revolution der zwanziger und dreißiger Jahre angeht, gibt es unter deutschen Politologen bisher zwei Versuche, die mit theoretischem Anspruch eine Antwort auf dieses Problem zu finden versuchten. Der erste Versuch stammt von Martin Greiffenhagen[107] und der zweite von Kurt Lenk[108], einem Zögling der Frankfurter Schule. So weit ich sehe, sind das die seriösesten Versuche, die Frage nach dem Konservativismus, weniger die nach der Konservativen Revolution, zu stellen. Vielleicht könnte man auch noch Panajotis Kondylis nennen. Greiffenhagen schildert einfach die konservativen Positionen und hält ihnen ihre Widersprüche vor. Greiffenhagen beschränkt den Konservativismus ganz allgemein darauf, eine Reaktion gegen die Moderne darzustellen. Da die Moderne von Greiffenhagen mit der Herrschaft der Rationalität und des Rationalismus gleichgesetzt wird, ist der Konservativismus per se eine reaktionäre Gestalt, die durch Irrationalismus gekennzeichnet sei. Daraus folgt dann die Hauptthese Greiffenhagens, daß sich der Konservativismus in unlösbare Schwierigkeiten verstrickt, weil er mit den Mitteln des Gegners, nämlich mit rationaler Argumentation, eine prärationale Position zu begründen und zu verteidigen versucht. Damit ist der Konservativismus für Greiffenhagen in sich gebrochen und wegen dieser Aporie per se zum Scheitern verurteilt. Greiffenhagens Argument lautet: Der sich als Opposition gegen die Moderne formierende Konservativismus muß das Instrument des Gegners, nämlich die rationale Argumentation, einsetzen, um etwas Prärationales bzw. Irrationales zu verteidigen. Durch diese rationale Argumentation könne der Gegenstand des Konservativismus aber nicht verteidigt, sondern selber nur zerstört werden. Wenn der Konservativismus etwa den Wert der Treue, der Ehe, des Volkes, der Tradition und der Autorität rational rechtfertigen will, dann läuft dic rationale Rechtfertigung auf die Rechtfertigung nicht deren Substanz, sondern deren Funktion hinaus. Wenn man aber etwas funktionalisiert betrachtet, dann habe man es aber damit bereits substantiell zerstört.

[107] Martin Greiffenhagen: Das Dilemma des Konservatismus, Frankfurt 1970
[108] Kurt Lenk: Deutscher Konservatismus, Frankfurt/New York 1989

Das ist das alte Argument, das auch in der modernen Religionskritik immer wiederkehrt: Man mag vielleicht vom Nutzen des religiösen Glaubens überzeugt sein, aber das rationale Argument, das für den Nutzen des Glaubens spricht, widerspricht dem Wesen des Glaubens, ja, es ist eher geeignet, den Glauben als naiven „präreflexiven" Glauben zu zerstören.

Nun ist nicht zu bezweifeln, daß Greiffenhagen hier ein Problem des Konservativismus richtig gesehen hat, aber damit ist noch nicht die entscheidende Frage beantwortet, warum der schon so oft für tot erklärte Konservativismus in der Weimarer Republik wieder auferstanden ist und in der ersten Hälfte des 20. Jahrhunderts sogar revolutionären und faschistischen Charakter angenommen hat. Von Greifenhagen aus hätten diese intelligenten Konservativen doch schlicht begreifen müssen, daß der konservative Spuk, weil in sich widersprüchlich, nun eine Ende haben muß. Statt dessen erlebte der Konservativismus damals eine neuerliche, wenn auch andersgeartete Renaissance. Mit Greiffenhagens Ansatz kann man also die Überlebenskraft und auch die Regeneration des Konservativismus nicht erklären.

Kurt Lenk hat es sich noch einfacher gemacht, als Greiffenhagen. Er hat einfach eine linke Position vorausgesetzt und von dort her die Theoretiker und Theorien des Konservativismus nebeneinander gestellt. Er hat sie zum Teil auch richtig dargestellt und etwa darauf hingewiesen, daß die konservativen Revolutionäre der Weimarer Republik mit dem Mythos und mit bestimmten Appellen an die Irrationalität operierten. Lenk liefert durchaus richtige Beschreibungen, aber man hat nach der Lektüre auch hier nicht verstanden, warum denn im 20. Jahrhundert die Remythisierung des Politischen von neuem auftauchen konnte. Man kann das von Lenk her eigentlich nicht verstehen. Und philosophisch ist dieses Phänomen dort schon gar nicht begriffen.

Wir wollen daher hier den vielleicht ersten Versuch machen, die Frage zu beantworten, erstens, wieso dieser revolutionäre Konservativismus hochkommen konnte, und zweitens, woran es denn liegt, daß dieser Konservativismus an seinem politischen Ziel, Dekadenz zu überwinden, genauso gescheitert ist, wie der Marxismus an seinem Versuch, die menschliche Selbstentfremdung aufzuheben. Diese konservativ-revolutionären Versuche, auf die wir im einzelnen eingehen werden, sind genauso zentral von Nietzsche bestimmt, wie die sozialistischen Versuche von Marx. Nietzsche ist also mindestens von gleicher geschichtlicher Bedeutung wie Marx. Was ist für diesen konservativ-revolutionären Ansatz, der von Nietzsche ausgeht, typisch? Wie ist dort Nietzsche rezipiert und aufgenommen worden?

Ich nehme einmal eine wichtige Hypothese vorweg: Was sich von Nietzsche her in allen Formen des revolutionären Konservativismus durchgesetzt hat, ist dessen Kritik am Christentum. Alle Formen des revolutionären Konservativismus, einschließlich des Faschismus, sind – bei allen sonstigen Unterschieden – essentiell antichristlich motiviert. Sie gehen alle davon aus, daß Nietzsche nachgewiesen habe, daß das Christentum die entscheidende genetische Quelle für die moderne Dekadenz sei. Wir werden hier nur am Rande untersuchen und fragen, ob und inwieweit diese These richtig ist. Hier nur soviel: Wenn man sich das Christentum der spätbürgerlichen Epoche ansieht, dann mag dieses Urteil weitgehend zutreffen.

Grundsätzlich trifft es jedoch nicht zu! Wie auch immer der Zusammenhang zwischen Dekadenz und Christentum sein mag, entscheidend ist, daß die konservativ-revolutionäre Traditionslinie, die sich von Nietzsche her begründet, genauso essentiell antichristlich ist, wie die von Marx herstammende progressive revolutionäre Linie. Das ist ein wichtiger Punkt.

Wie ist es möglich, daß der Dissens zwischen den Progressiven und den Anhängern Nietzsches so tiefgreifend ist, daß die einen die Geschichte als den Fortschritt in der Realisierung von glückverheißenden Zuständen und die anderen die gleiche Geschichte als Verfallsgeschichte und als Geschichte der fortschreitenden Dekadenz interpretieren? Wo Marx die Vollendung der Moderne im Kommunismus prophezeit, da skizziert Nietzsche eben diese sich vollendende Moderne als Periode der Dekadenz. Noch zugespitzter formuliert: die Moderne selber ist bei Nietzsche gekennzeichnet durch die Dekadenz. Wenn die Moderne ihren Ideen und Werten folgt und diese Ideen und Werte realisiert, dann wird sie Nietzsche zufolge in der Dekadenz enden. Das ist das Problem, das der revolutionäre Konservativismus und der Faschismus im 20. Jahrhundert vor Augen hatte. Die These, mit der sich Nietzsche und der Faschismus gemeinsam auseinandersetzten, lautet: Moderne gleich Dekadenz.

Wenn sich aus dieser Gleichsetzung der Moderne mit Dekadenz ein neuer Konservativismus formieren sollte, dann ist dieser Konservativismus etwas qualitativ anderes, als der Konservativismus vor Nietzsche. Es ärgert mich daher immer an den linken Konservativismusforschern, daß sie nicht sehen, daß mit Nietzsche auch innerhalb der Geschichte des Konservativismus ein qualitativer Bruch eingetreten ist.

Wenn Nietzsche auch im strengen Sinne kein Faschist war, so hat er dem Faschismus dennoch entscheidend vorgearbeitet. Denn Nietzsche hat aus seiner Analyse den Schluß gezogen, daß die vergehende, morbide, zum Schein ihrer selbst gewordene bürgerliche Kultur mit Stumpf und Stiel ausgerottet werden müsse. Er wollte mit der bürgerlichen Kultur das gesamte europäisch-abendländische Kulturerbe destruieren und überwinden. Es sollte tabula rasa gemacht werden. Was fällt, so Nietzsche, sollte auch noch gestoßen werden. Diesen Gestus hat sich der italienische Faschismus bereits Anfang der 20er Jahre angeeignet und auch artikuliert. Dieser Gestus der radikalen Verneinung der bürgerlichen Kultur hat aber auch, wie wir sehen werden, den jungen Ernst Jünger beherrscht. Man lese nur einmal „Das abenteuerliche Herz“ von Ernst Jünger. Sie alle wollten die bürgerliche Kultur und ihre Reste regelrecht in die Luft jagen. Wie lautete noch der ordinäre Satz eines NS-Kulturwalters: ‚Wenn ich das Wort Kultur höre, entsichere ich den Revolver in meiner Tasche.‘ Diesen Satz muß man vor diesem geistesgeschichtlichen Hintergrund, der von Nietzsche ausging, sehen. Denn das war der Gestus Nietzsches: Was faul, morbide und dekadent ist, muß zerstört werden! Nietzsche meinte damit nicht nur das Bürgerliche, sondern auch all das, was die Voraussetzung dieser bürgerlichen Kultur darstellte – also auch die griechische Klassik und das Christentum.

Seit Nietzsche wird daher der Konservativismus revolutionär. Damit etwas ganz Neues entstehen konnte, mußte alles Bisherige vernichtet werden. Wer nicht das Faule, Kranke, Morbide, Dekadente vernichten kann, so Nietzsche, der wird nur noch die Dekadenz potenzieren und letztlich daran zugrunde gehen und ersticken. Genau an diesem Punkte ist übrigens die Antwort von Jacob Burckhardt der Nietzscheschen Antwort genau entgegengesetzt. Burckhardt ging es nicht darum – und deshalb erwähne ich ihn überhaupt –, die bürgerliche Kultur vollends zu vernichten, sondern es ging ihm darum, von ihr zu retten, was noch zu retten ist. Die Motive Burckhardts waren, wie er selbst einmal bekundet hat, auf die Rettung der alteuropäischen Bildung und der Freiheit des Einzelnen gerichtet, und es ging ihm darum, den Geist vor dem Anheimfall an den „Stoff" zu retten. Das sind die drei Grundmaximen des gesamten Werkes von Burckhardt: die Rettung der Bildung Alteuropas, die Rettung des Einzelnen durch historische Bildung, und die Rettung des Geistes vor einer dem Stoff anheimfallenden Welt. Das sind die drei Motive des klassischen Konservativismus, und ich vermag nicht zu erkennen, daß sich an der Aktualität dieser Motive auch nach 100 Jahren etwas geändert hat.

Ich erwähne Burckhardt im Zusammenhang unserer Fragestellung nur deshalb, weil an ihm deutlich wird, worin sich der klassische Konservativismus von dem revolutionären Konservativismus unterscheidet, der von Nietzsche über Spengler, Ernst Jünger und Martin Heidegger in den Faschismus führt. Der klassische Konservativismus à la Burckhardt hat sich damals leider vom politischen Geschehen zurückgezogen und das Feld den Anderen, den Radikalen, überlassen. Man muß sich klar machen, daß Burckhardts Entschluß zur asketisch-mönchischen Lebensform für den klassischen Konservativismus paradigmatisch war. Burckhardt hat damals mit diesem Entschluß die Ohnmacht einer solchen Position bestätigt. Burckhardt war davon überzeugt, daß es für die Verwirklichung dieser drei Ziele keine politische Möglichkeit mehr geben wird. Das Politische unterliege nunmehr immanenten Gesetzmäßigkeiten, die jede Teilnahme am Politischen – vielleicht sogar mit dem Versuch, diese drei Ziele zu verwirklichen –, nicht nur zum Scheitern verurteile, sondern auch zum Verrat der konservativen Ziele führen müsse. Die Politik war für Burckhardt keine Instanz mehr, um diese Ziele zu verwirklichen. Daher sein Rückzug aus der Politik.

Der Konservativismus nimmt daher nach Nietzsche zum ersten Mal den Charakter eines revolutionären Konservativismus an. Das Aufregende ist, daß sich dieses Phänomen des revolutionären Konservativismus, unabhängig von Nietzsche und beinahe gleichzeitig mit Nietzsche, auch in Frankreich gezeigt hat, und zwar bei Georges Sorel.

Der Faschismus ist sicherlich die extremste und radikalste Ausprägung dieses revolutionären Konservativismus im 20. Jahrhundert. Der Faschismus stellt in diesem Sinne den Versuch einer revolutionären Aufhebung der Dekadenz dar. Auch der Nationalsozialismus, der im Vergleich zu anderen Formen des Faschismus unvergleichlich primitiver und in manchen Zügen unmoderner war, hat natürlich einen großen Teil seiner Antriebskraft und seiner Evidenz von dem Versprechen her bezogen, Dekadenz zu überwinden.

Was heißt nun „revolutionärer Konservativismus“? An sich ist dies ja eine paradoxe Formulierung. Wie kann der Konservativismus revolutionär sein? Arthur Moeller van den Bruck hat den revolutionären Konservativismus einmal folgendermaßen definiert: Revolutionärer Konservativismus ist der Versuch, erst Dinge zu schaffen, die es wert sind, konserviert zu werden. Diese Definition setzt natürlich voraus, daß es in der gesellschaftlichen Wirklichkeit nichts mehr gibt, was verdient, konserviert zu werden. Wenn der revolutionäre Konservativismus aber davon ausgeht, daß es in der Wirklichkeit nichts mehr gibt, was wert ist, konserviert zu werden, dann antizipiert er das, was Nietzsche den „Nihilismus“ genannt hat. Für Nietzsche ist Dekadenz ja letztlich nichts anderes, als die Herrschaft des Nihilismus. Wenn ein revolutionärer Konservativismus daher Dekadenz erfolgreich überwinden will, dann muß er damit auch den Nihilismus überwinden. Der Versuch der Überwindung der Dekadenz impliziert damit den paradoxen Versuch, unter Anerkennung des Nihilismus den Nihilismus zu überwinden. Vielleicht ist in dieser Paradoxie bereits das Scheitern des revolutionären Konservativismus angelegt gewesen. Im Blick auf die erste Hälfte des 20. Jahrhunderts kann man jedenfalls feststellen, daß dieser Versuch des revolutionären Konservativismus auch tatsächlich gescheitert ist.

Der Konservativismus, soweit er nach 1945 noch eine Renaissance erfahren hat, stand daher nicht mehr in der Traditionslinie von Nietzsche. Der christliche, genauer katholisch-abendländische Konservativismus und der technokratische Konservativismus, hatten mit diesem, für die 20er und 30er Jahre typischen revolutionären Konservativismus nichts mehr zu tun. Im Gegenteil, die nach 1945 erfolgende Abwendung der Christdemokratie von der Nietzschetradition stellte geradezu den Versuch dar, den durch den im Nationalsozialismus offenbar gewordenen Nihilismus zu überwinden. Die konservativen Christdemokraten wollten den Nationalsozialismus als Produkt des Nihilismus überwinden. Das ist der Christdemokratie auch gelungen. Es wurde allerdings fälschlicherweise vorausgesetzt, daß sich erst durch den Nationalsozialismus der Einbruch des Nihilismus in die moderne Geschichte vollzogen habe. Die Christdemokratie konnte darum glauben, man könne den Nihilismus einfach durch den Rückgang auf christliche Traditions- und Glaubensmächte überwinden. Die Christdemokratie bedeutet daher, ideologiegeschichtlich gesehen, einen Rückfall in den Konservativismus der ersten Hälfte des 19. Jahrhunderts, der noch in naiver Weise glaubte, auf Tradition und Glauben setzen zu können.

Ob diese christdemokratische Antwort ausreicht, scheint mir zweifelhaft. Es gibt Anzeichen, daß auch der sich auf traditionelle geschichtliche Traditions- und Glaubensmächte besinnende Konservativismus, insoweit er – wie die Christdemokratie – mit dem Anspruch angetreten ist, den im Nationalsozialismus offenbar gewordenen Nihilismus zu überwinden, bereits gescheitert ist. Es ist hier nicht der Ort, die Probleme der Christdemokratie zu erörtern, aber es fällt doch auf, daß das Christentum, was die Theologie angeht, doch auf schwachen Füßen steht. Das war in dieser Weise in den 20er Jahren zweifellos noch nicht der Fall. Im Gegenteil, in den 20er Jahren hat es als Antwort auf den verlorenen Ersten Weltkrieg durchaus nochmals eine Zeit großer klassischer Theologie gegeben. Damals hat es – mindestens, was den Protestantismus angeht –, wie selten in der Geschichte der christlichen Theologie zuvor, eine ganze Reihe bedeutender Theologen wie Karl Barth, Rudolf Bultmann und Friedrich Gogarten gegeben. Solche Theologen hat es schon nach 1945 nicht mehr gegeben, und solche Theologen gibt es heute erst recht nicht.

Wir können im Blick auf das Ganze des 20. Jahrhunderts sagen, daß nicht nur der revolutionäre Sozialismus, sondern auch der revolutionäre Konservativismus augenscheinlich gescheitert ist. Das Scheitern des Sozialismus fällt heute mit dem offenbar gewordenen Scheitern aller konservativen Versuche, die von Nietzsche diagnostizierte Dekadenz bzw. den Nihilismus zu überwinden, zusammen. Das ist unsere Lage am Beginn des 21. Jahrhunderts. Es gibt heute keinen – auch keinen christlichen –Konservativismus mehr, dem man ernsthaft eine Überwindung des Nihilismus oder dessen, was Nietzsche als Dekadenz bezeichnet hat, zutrauen könnte. Es gibt aber auch keine sozialistische Kraft mehr, der man zutrauen könnte, die Marxsche Utopie einer herrschafts- und klassenlosen Gesellschaft herzustellen. Beides ist offenbar zu Ende.

Die uns hier interessierende Frage ist nun folgende: Nachdem man häufig genug erörtert hat, woran eigentlich der Marxismus gescheitert ist, wollen wir nun die Frage zu stellen, woran denn der Konservativismus, und hier vor allem der revolutionäre Konservativismus, gescheitert ist.

Der eigentliche Kern aller geistigen, kulturellen und politischen Auseinandersetzungen der 20er und 30er Jahre des 20. Jahrhunderts kreiste um die Geschichtsinterpretation der modernen Gesellschaft. Wenn man das traditionelle Schema von konservativ und progressiv, von rechts und links, auf den harten geschichtsphilosophischen Kern zurückführt, dann ging es damals um die nun in der Tat völlig unvereinbare Antithetik in der Einschätzung dessen, worauf die Moderne in ihrem geschichtlichen Prozeß denn hin tendiert. Es war damals kein größerer Gegensatz zwischen Progressiven und Konservativen denkbar. Die einen sagten, wir eilen der Verwirklichung des Reiches Gottes in dieser Welt entgegen, wo alle Menschen des Glückes teilhaftig werden, das die Menschen bisher immer nur erhofft und erträumt haben und um das sie in den Religionen und Philosophien betrogen worden sind. Und die anderen formulierten die These, daß die Moderne selber die Epoche der Dekadenz sei.

Für die kulturellen, politischen und ideologischen Auseinandersetzungen gab es keine andere Zeit im 20. Jahrhundert, in der diese Thematik von solch großer Aktualität und Brisanz gewesen ist. Diese Thematik war damals auch aufs engste mit der Frage verknüpft, wie sich die Deutschen zu dieser sich progressiv und emanzipatorisch verstehenden Moderne verhalten sollten. Alles, was sich hinter der Vermutung des katastrophalen deutschen Sonderweges verbirgt, hängt, wie man anhand von Thomas Manns „Betrachtungen eines Unpolitischen“ zeigen könnte, mit dieser Thematik zusammen.

Läßt man eine gewisse, im Kern nicht falsche, Vereinfachung zu, so ist es das große Anliegen und die große Aufgabe des Sozialismus, vor allen Dingen des von

Marx inspirierten Sozialismus gewesen, die Selbstentfremdung des Menschen in der Moderne zu überwinden und aufzuheben. Es ist allerdings nicht allen, die sich in die marxistische Front eingereiht haben, zu Bewußtsein gekommen, daß sich auch der sich revolutionär verstehende Konservativismus von damals einem ähnlichen Problem gegenübergestellt sah. Denn man kann wohl ohne jede Einschränkung sagen, daß es in dem, was man den Faschismus nennt – wobei das Problem, wie der Nationalsozialismus sich zum Faschismus verhält, eine Sonderfrage ist – im Kern darum ging, die Dekadenz zu überwinden.

Stimmt man dieser Sichtweise zu, dann könnte das zu einer gewissen Entmoralisierung und Entkrampfung des Gegensatzes zwischen Rechten und Linken und zwischen Progressiven und Konservativen führen. Wenn man akzeptieren und erkennen würde, daß die Dekadenz ein wirkliches Problem der modernen Gesellschaft ausmacht, würde dies bedeuten, daß, wenn schon nicht der Faschismus, so doch der revolutionäre Konservativismus der Zwischenkriegszeit in der Sache vergleichbar begründet wäre, wie der Versuch des revolutionären Marxismus, die Selbstentfremdung des Menschen zu überwinden. So gesehen wäre die interessanteste Frage von allen die, wie sich im Kern die These von der Selbstentfremdung des Menschen zur These von der Dekadenz der Moderne verhält. Sind das zwei unvereinbare Deutungen des gleichen Tatbestandes oder liegen diesen Deutungen zwei ganz unvereinbare Tatbestände und Sachverhalte zugrunde, die gar nichts miteinander zu tun haben?

Wenn ich es richtig sehe, ist dies eine Frage, die in dieser Weise bisher noch nie gestellt worden ist. Das Begreifen des links-rechts- bzw. progressiv-konservativ-Antagonismus im 20. Jahrhundert entscheidet sich an der Kernfrage, ob sich beide Ideologien auf das gleiche Phänomen beziehen und es nur, durch unterschiedliche Traditionen bedingt, verschieden deuten, oder ob diesen unterschiedlichen Deutungen der modernen Gesellschaft – einmal als Selbstentfremdung, im anderen Fall als Dekadenz – zwei unvereinbare Sachverhalte zugrunde liegen, die gar nichts miteinander zu tun haben. Das ist die Frage, die ständig im Hintergrund unserer Erörtung stehen wird.

Der Begriff der Selbstentfremdung hat dabei gegenüber dem der Dekadenz den Vorzug, daß das, was mit dem Begriff der Selbstentfremdung gemeint ist, so alt ist, wie die Menschheitsgeschichte selber. Er ist ein klassischer Begriff der gesamten europäisch-christlichen Kultur und es besteht überhaupt kein Zweifel, daß dieser Begriff der Selbstentfremdung ebenso philosophische wie theologische Wurzeln hat, die nicht nur dem Christentum entstammen, sondern die auch auf bestimmte Ansichten der antiken Philosophie, ja sogar Mythologie, zurückgehen. Der Begriff der Selbstentfremdung ist nicht so neu und nicht so an die Moderne gebunden, wie man gemeinhin denkt. Wir haben allerdings gezeigt, daß auch die Rede von der Dekadenz in den Begriffen des Niederganges und des Verfalls die ganze europäische Geschichte von ihren Anfängen an begleitet hat.

Wie verhalten sich diese beiden Begriffe „Dekadenz“ und „Selbstentfremdung“ zueinander? Was ist die gemeinsame Wurzel, aus denen beide Begriffe herkommen? Was ist das theologische und das philosophische Äquivalent für das, was dann im 19. Jahrhundert im einen Falle, aus der klassischen deutschen Philosophie herkommend, unter Selbtsentfremdung, und was im andern Fall, von Nietzsche herkommend, unter Dekadenz verstanden wurde? Das sind die offenen und ungeklärten Fragen, deren Beantwortung wir im folgenden anstreben.

Das Erstaunliche ist zunächst, daß diese zentralen Kategorien, die hinter den politischen Gegensätzen von rechts und links, konservativ und progressiv standen, in der Gegenwart kaum mehr eine Rolle spielen. Aus der Sozialismusdiskussion ist der Begriff der Selbstentfremdung ebenso verschwunden, wie der Begriff der Dekadenz aus dem Bewußtsein der Konservativen. Warum der Begriff der Selbtsentfremdung aus dem Selbstbewußtsein und aus der Selbstartikulation des marxistischen Sozialismus verschwunden ist, ist völlig klar. Das hängt mit dem Untergang der ganzen progressiven Ideologie selber zusammen. Wenn jemand behauptet hätte, daß in der ehemaligen Sowjetunion oder in einem anderen sozialistisch organisierten Staat auch nur die geringsten Schritte in Richtung der Aufhebung der Selbstentfremdung des Menschen unternommen worden sind, dann hätte er sich spätestens seit dem „Prager Frühling" nur noch lächerlich gemacht. Es gibt heute keinen Menschen mehr, der behaupten würde, daß der real existierende Sozialismus in der revolutionären Umgestaltung der Gesellschaft und des Menschen auch nur einen Schritt in Richtung auf Aufhebung der Selbstentfremdung des Menschen gemacht hätte. Es war unmittelbar nach 1989 völlig klar, daß gemessen an den Formen der Selbstentfremdung, die durch den damaligen Sozialismus selber geschaffen worden sind, die Zustände des Kapitalismus geradezu als menschlich zu bezeichnen sind. Man kann des ganzen Ausmaßes der geschichtlichen Tragödie des Sozialismus erst dann ansichtig werden, wenn man sich klarmacht, welch zahlreiche Opfer bei dem Versuch der Aufhebung der menschlichen Selbstentfremdung gebracht worden sind. Wenn man sieht, welch unendliches Leiden allein das russische Volk in den letzten siebzig Jahren erfahren hat, muß man sagen, daß, gemessen an der ursprünglichen Zielsetzung, diese Leiden eigentlich alles sinnlos gewesen sind. Leider bemerken wir den Charakter dieser Tragödie nicht mehr, weil wir meinen, den Zusammenbruch des Sozialismus mit ein wenig liberaler Wirtschaftstheorie und Ideologie und mit einem bißchen Moral zurecht legen zu können. Wir glauben, wenn der Ostblock sich nur rechtzeitig von den Segnungen der Marktwirtschaft hätte überzeugen lassen, dann hätte es dort ein blühendes wirtschaftliches Leben gegeben; und wenn sie dort nicht ganz so ideologisch gewesen wären, dann wären vielleicht auch weniger Opfer zu beklagen gewesen. Das ist das Niveau, auf dem wir diese Geschichtstragödie diskutieren.

Hegel hatte im Gegensatz dazu nicht nur das geschichtliche Ereignis, sondern auch die Tragödie der Französichen Revolution interpretiert. Er hatte sowohl zu begreifen versucht, welchen Sinn und welchen Fortschritt die Französische Revolution gebracht hat, als auch, welcher mögliche Rückfall mit ihr verbunden war. Unser Problem besteht darin, daß es eine vergleichbare philosophische Theorie über die großen Revolutionen des 20. Jahrhunderts, also des Kommunismus *und* des Faschismus, nicht gibt.

Hier liegt eine der entscheidenden Ursachen dafür, daß die Philosophie heute eine so uninteressante Disziplin an den Universitäten und in unserer Kultur geworden ist. Die Philosophie traut sich nicht mehr an die Fragen, die die Wirklichkeit selber stellt, heran. Dann bleibt aber von der Philosophie eben nur ein Minimum an Sprach- und Wissenschaftsphilosophie, ergänzt durch ein bißchen formal-abstrakte Ethik, übrig. Was heute in der Philosophie angeboten wird, steht in einer schreienden Diskrepanz zu der Deutungsbedürftigkeit der Wirklichkeit. Leider kommt auch in der Theologie und in der Kirche kulturelle Wirklichkeit kaum noch vor. Was man heute in der Kirche häufig an Predigten zu hören bekommt, sind lediglich leicht modifizierte Leitartikel der linksliberalen Tageszeitungen. Es wird von dem sozialen Elend gesprochen, das noch in der Welt anzutreffen ist, aber sonst scheint alles in Ordnung und auf dem besten Wege zu sein.

Es ist eine schwierig zu beantwortende Frage, woran es denn eigentlich liegt, daß die ungeheuren Wirklichkeiten des 20. Jahrhunderts kaum mehr philosophisch und theologisch interpretiert und reflektiert werden. Nach dem Ersten Weltkrieg war dies noch völlig anders. Der Erste Weltkrieg hatte noch grundlegende Veränderungen in der philosophischen und theologischen Debatte der zwanziger Jahre herbeigeführt. So stellte die „Dialektische Theologie" von Karl Barth selber eine theologische Revolution dar. Die „Dialektische Theologie" verstand sich als Antwort auf den totalen Zusammenbruch des Humanitätsbegriffes der bürgerlichen Gesellschaft und des ganzen Kulturprotestantismus', der sich in der Erfahrung mit dem Ersten Weltkrieg gezeigt hatte. In der Philosophie konnte man damals Vergleichbares beobachten. Wir werden sehen, daß die ganze Heideggersche Philosphie in ihren innersten Wurzeln und Impulsen aus der Erfahrung des Ersten Weltkrieges und des Unterganges der bürgerlichen Gesellschaft in der Weimarer Republik herrührt.

Wenn wir genau hinsehen, sind wir seitdem über diese großen Ansätze und Fragestellungen der zwanziger Jahre philosophisch und auch theologisch nicht hinaus gekommen. Vielleicht sind wir sogar hinter den damaligen Stand der Diskussion zurückgefallen. Alle damals noch unter dem Eindruck des Ersten Weltkrieges gestellten theologischen und philosophischen Fragen sind nämlich seit 1933 verschüttet und verdrängt worden. Diese Fragen kehrten zwar unbeantwortet nach dem Zweiten Weltkrieg wieder, aber das große Rätsel besteht darin, daß dann weder der Faschismus, noch der Zweite Weltkrieg, noch der Zusammenbruch des Sozialismus in seiner Bedeutung theoretisch begriffen worden ist. Alle diese Erfahrungen haben keine erkennbare Auswirkung auf die Art und Weise des Philosophie- und Theologietreibens in unserer Zeit gefunden. Das ist sehr merkwürdig. Man käme der Antwort auf diese Frage näher, wenn man einmal fragen würde, warum der für den revolutionären Konservativismus der zwanziger Jahre zentrale Begriff der Dekadenz heute nicht mehr virulent ist. Man redet nicht mehr von Dekadenz, weil der Dekadenzbegriff ohne den Hintergrund eines normativen Kulturverständnisses sinnlos ist. Daher ist auch auf seiten der Linken mit dem Verlust der theoretischen, normativen Grundlagen der zentrale Begriff der Selbstentfremdung ortlos und funktionslos geworden. Und so ist auch nach dem Zweiten Weltkrieg die den revolutionären Konservativismus tragende Kategorie der Dekadenz verschwunden, weil der Konservativismus nach 1945 und vor allem nach 1968 keinen adäquaten Kulturbegriff und keine Kulturkonzeption mehr hatte, an denen gemessen er bestimmte kulturelle und gesellschaftliche Zustände überhaupt bewerten könnte.[109]

Es bleibt festzuhalten, daß sowohl die zentrale linke Kategorie der Selbstentfremdung, als auch die konservativ-revolutionäre Kategorie der Dekadenz aus der gegenwärtigen gesellschaftlichen Diskussion verschwunden ist. Aber dieser Umstand besagt, für sich genommen, noch gar nichts. Denn daß über ein Thema oder einen Sachverhalt nicht mehr gesprochen wird, bedeutet noch nicht, daß das in den entsprechenden Begriffen Gemeinte und Ausgesagte ebenfalls aus der Realität verschwunden ist. Es könnte noch fortexistieren, auch wenn die entsprechenden Sprachregelungen und Sprachweisen sich geändert haben.

---

[109] Nur so ist zu verstehen, daß der frühere Generalsekretär und stellvertretende Vorsitzende der CDU, Heiner Geißler, seit Jahren die Meinung vertritt, es sei die wichtigste Aufgabe geistiger und politischer Führung in der Bundesrepublik, die Deutschen auf die Unvermeidlichkeit einer Entwicklung hin zu einer multikuturellen Gesellschaft vorzubereiten. Geißler versteht die Multikulturalität hier als eine geschichtliche Zwangsläufigkeit. Es sei geradezu ein geschichtsprovidentieller Vorgang, daß Deutschland sich auf eine multikulturelle Gesellschaft hinbewegt und daher müßte die politische und geistige Führung der Bundesrepublik die Bevölkerung darauf vorbereiten. Das ist allerdings das Eingeständnis, daß auch in Teilen der Christdemokraten eine Idee von Kultur mit normativem Anspruch überhaupt nicht mehr vorhanden ist. Im Gegenteil, gemessen am traditionellen Verständnis von Kultur wird hier die Liquidation der eigenen Kultur geradezu als notwendig unterstellt und als politisches Programm gefordert.

D. Die Konservative Revolution: Das Denken von Oswald Spengler, Ernst Jünger und Martin Heidegger

1. Oswald Spengler – Die Wiederkehr des Schicksals

Im Folgenden werden wir uns nun Oswald Spengler zuzuwenden, der für den ganzen revolutionären Konservativismus bzw. „Jungkonservativismus" (Habermas) der Weimarer Republik *die* zentrale Figur gewesen ist und der sich selber als einen Jünger Nietzsches bezeichnet hat. Wir werden dann kurz auf den jungen Ernst Jünger eingehen und dann sehr ausführlich die konservativ-revolutionäre Philosophie Martin Heideggers behandeln.

Spengler hat bereits Anfang der 20er Jahren zwei mehrstündige Gespräche mit Hitler gehabt. Beide Gespräche sind angeblich unglücklich verlaufen, und Spengler soll danach gesagt haben: ‚Der Kerl ist zu dumm, der versteht nichts.' Spengler hat Hitler und dessen nationalsozialistische Bewegung verachtet. Er hat die Nationalsozialisten als primitiv und pöbelhaft empfunden. Er hat darum nicht im Traum daran gedacht, sich mit ihnen ernsthaft einzulassen. In dem Buch „Jahre der Entscheidung" hat Spengler darum eine sehr kritische und distanzierte Stellungnahme zu der nationalsozialistischen Bewegung abgegeben. Der einzige, der, wenn auch am Rande, etwas gewürdigt wird, ist Mussolini. Spengler hatte ohne Zweifel zu Mussolini eine viel größere Affinität. Wichtig ist, daß Spengler 1933 sowohl den Nationalsozialismus, als auch den Faschismus als ein Übergangsphänomen verstanden hat. Beide Phänomene waren für ihn Ausdruck einer Zwischenphase. Spengler war der Überzeugung, daß die Bewegungen des Faschismus und des Nationalsozialismus nicht zur Lösung der Probleme führen würden, die Spengler vor Augen hatte. Wir werden darauf eingehen, wie er selber die Probleme bestimmt hat.

Dennoch wird man sagen müssen, daß der Erfolg der Nationalsozialisten bei der bürgerlich gebildeten Intelligenz in diesem Ausmaße wahrscheinlich nicht ohne die Wirkung möglich gewesen wäre, die von Spengler ausgegangen ist. Karl Löwith hatte schon Recht, als er sagte, daß Spengler ein Klima mit geschaffen hat, ohne das möglicherweise der Nationalsozialismus nicht denkbar gewesen wäre. Das betrifft vor allen Dingen die bürgerlich Gebildeten, soweit sie sich selber als konservativ empfunden und verstanden haben. Spengler ist damit sicherlich eine Art Schicksalsfigur in der politischen Geschichte und der Geistesgeschichte der ersten Hälfte des 20. Jahrhunderts.

Über die Frage, ob Spengler ein großer Philosoph gewesen ist und ob es berechtigt ist, ihn in einem Atemzug mit Nietzsche oder gar mit Hegel zu nennen, kann man sehr geteilter Meinung sein. Ich halte es für indiskutabel, ihn in eine solche Reihe zu stellen. Spengler ist nicht mit Nietzsche, geschweige denn mit Hegel zu vergleichen. Aber daß Spengler für sich genommen ein zum Teil genial begabter Mann gewesen ist, daran kann es auch keinen Zweifel geben. Er war unglaublich belesen und mit einem unwahrscheinlichen Schatz an Wissen ausgestattet. Abgesehen davon macht seine Art der Darstellung und des Schreibens ihn zu einem der großen, wirkungsvollen Publizisten, von denen es in der deutschen Geschichte nur wenige gegeben hat. Das gilt vor allem für das Werk „Untergang des Abendlandes".

Worin besteht nun die Bedeutung Oswald Spenglers? Zunächst einmal setzt sich Spengler, wie Nietzsche, mit der Geschichte auseinander. Wenn ich es recht sehe, so ist Oswald Spengler nach Hegel, wenn man das epigonale Verhältnis Toynbees zu Spengler in Rechnung stellt, der letzte gewesen, der Weltgeschichte geschrieben und Weltgeschichte gedacht hat. Spengler hat die Geschichte nicht als partikulare Geschichte, sondern als Weltgeschichte bzw. als Universalgeschichte dargestellt und gedacht. Er hat damit in gewisser Weise an die Tradition von Leopold Ranke angeknüpft. Ranke war zuvor der letzte gewesen, der in Deutschland ein Werk geschrieben hat, daß den Begriff „Weltgeschichte" im Titel hatte. Spengler hat nun durch die Art und Weise, wie er Geschichte gedacht hat – und darin liegt meines Erachtens seine entscheidende, auch häufig unterschätzte bis verkannte Bedeutung –, das Bild, das sich die bürgerliche Kultur von der Weltgeschichte und den Gesetzen, die den Gang der Weltgeschichte bestimmen, gemacht hat, revolutionär verändert. Insofern gehört Spengler doch zu den ganz Großen. Spengler hat die Sichtweise, Weltgeschichte zu sehen und zu denken, revolutioniert.

Worin besteht nun das Revolutionäre oder – vorsichtig gesagt – das Spezifische der Spenglerschen Sicht von der Geschichte? Spengler hat – und das ist das erste Moment, in dem er ganz in der Nachfolge Nietzsches steht – zunächst einmal den Gedanken von der Einheit der Weltgeschichte destruiert. Für Spengler gibt es kein einheitliches Subjekt der Weltgeschichte mehr.

Für die weltgeschichtlichen Betrachtungen von Augustin über die Aufklärung bis zu Hegel war es dagegen typisch und wichtig, daß das „genus humanum", also die Menschheit, als das Subjekt der Weltgeschichte bestimmt wurde. Die Weltgeschichte ist von Augustin bis Hegel immer als die *eine* Geschichte der Menschheit konzipiert worden.

Dieser Ansatz wäre übrigens ohne das Christentum so nicht denkbar gewesen. Weltgeschichte als die universale einheitliche Geschichte der Menschheit zu denken, ist überhaupt erst durch das Christentum denkbar geworden. Das hat so keine andere Kultur und keine andere Religion getan.

Spengler bricht nun in der Nachfolge Nietzsches mit der gesamten europäisch-abendländischen, christlichen Tradition des weltgeschichtlichen Denkens. Entscheidend ist nun, daß der Weltgeschichte in den Augen Spenglers nicht nur *ein* Subjekt zugrunde liegt, sondern eine Pluralität von Subjekten. Spenglers Bild von der Weltgeschichte ist damit durch Pluralität bestimmt: er erteilt dem Gedanken der Universalität und auch dem – dieser Universalität entsprechenden – Einheitssubjekt ein klare Absage. Das ist ganz wichtig. Denn in dieser Wendung gegen das universale Einheitssubjekt der Weltgeschichte wird schon deutlich, daß sich Spengler hier ganz radikal und entschieden nicht nur gegen die christliche, sondern auch gegen die Aufklärungstradition wendet.

Wie bestimmt nun Spengler diese Subjekte, die in der Weltgeschichte ihre Geschichte haben? Spengler spricht nun nicht vom Staat oder von der Nation, er spricht auch nicht von Völkern, sondern – jetzt kommt das Entscheidende – er spricht von „Kulturen". Wir wollen nun nicht diese Kulturen im Einzelnen aufzuzählen. Man kann auch darüber streiten, ob er denn nun alle wichtigen aufgezählt hat. Immerhin hat Toynbee noch viel mehr Kulturen ausfindig gemacht. Das ist alles durchaus strittig. Entscheidend ist die These von der Pluralität der Kulturen.

Spengler hat nun diese Pluralität von Kulturen in einer ganz bestimmten Absicht dargestellt; nämlich in der Absicht, den zukünftigen Gang der Weltgeschichte vorherzusagen und vorauszubestimmen. Spengler hat sich der Erforschung und Darstellung der Geschichte dieser Pluralität von Kulturen in einer ganz bestimmten Absicht zugewandt. Er wollte herausfinden, wie die Zukunft der abendländischen Kultur aussieht. Spengler hat – und da war er gar nicht kleinlich – für sich in Anspruch genommen, daß er zum ersten Mal die Geschichte vorhergesehen und vorausbestimmt hätte.

Wie ist aber eine solche Vorhersehbarkeit und Vorausbestimmung des zukünftigen Ablaufs von Geschichte, in diesem Fall der abendländischen Geschichte, überhaupt möglich? Das ist natürlich nur möglich, wenn alle Kulturen – und das ist in der Tat auch die Meinung von Spengler gewesen –, in ihrem Entstehen, in ihrer Entfaltung und in ihrer Entwicklung einem bestimmten Gesetz folgen. Welchen Gesetzesbegriff wendet hier Spengler an? Es ist auf jeden Fall nicht das Kausalitätsgesetz der Naturwissenschaft. Spengler entwickelt vielmehr einen eigenen Gesetzesbegriff und spricht von „Schicksalskausalität". Alle Kulturen folgen einem Schicksal, sie folgen einer schicksalhaft gegebenen Entwicklung.

Woher hat Spengler diesen Ansatz? Bei Spengler liegt eindeutig eine Biologisierung der Geschichtsinterpretation vor. Denn er hat die Kulturen als große Organismen verstanden. Er stellt eine Analogie zwischen den Kulturen und den Organismen her. Diese Analogie – Max Weber hat Spengler einmal in einer Diskussion als großen „Zauberer der Analogien" bezeichnet – sind geschichtswissenschaftlich nicht zu halten, aber dieser Einwand würde Spengler nicht stören. Solche Einwände hielten ihn nicht davon ab, die Kulturen mit Organismen zu vergleichen. Spengler ist nun der Meinung, daß diesen kulturellen Organismen von ihrem Ursprung her eine innere Teleologie, also eine Art Idee, eingestiftet sei. Und diese Idee bestimmt entelechisch das Gesetz des Werdens, der Entfaltung und des Vergehens der Kulturen.

Spengler hat immer behauptet, er habe diesen Ansatz von Goethe übernommen. Und in der Tat: Die beiden wichtigsten Autoren Spenglers waren Nietzsche und Goethe. Was Spenglers Begrifflichkeit angeht, gilt dies für Goethe vielleicht sogar noch mehr, als für Nietzsche.

Diese entelechische Gesetzlichkeit, die schicksalhaft vorherbestimmt ist, bewirkt, daß eine Kultur entsteht, reift, ihren Kulminationspunkt erreicht und daß sie zuletzt verfällt und vergeht. Alle Kulturen unterliegen dieser schicksalhaften Gesetzmäßigkeit.

Hier müssen wir noch einen weiteren Gedanken einfügen, der, ideologisch gesehen, von gar nicht zu überschätzender Bedeutung ist. Spengler ist nämlich der Meinung, daß sich diese sechs Kulturen, die er auf ihr schicksalhaftes Werden und Vergehen untersucht, wie Monaden entwickeln. Es gibt für Spengler keine Einwirkung einer Kultur auf eine andere Kultur, sondern die Kulturen folgen – und hier spielt auch die Leibniz' Rede von den „Monaden" eine gewisse Rolle – einem eigenen inneren Gesetz, das nicht durch den Austausch mit anderen Kulturen beeinflußt oder gar behindert werden kann.

Spengler vergleicht nun die anderen Kulturen mit dem Gang, den die europäische Kultur hinter sich gebracht hat. Auf Grund dieses analogischen Vergleichs versucht er dann zu bestimmen, welches künftige Schicksal der abendländischen Kultur bevorsteht. Auf der Basis eines solchen Vergleichs und der Gesetzmäßigkeit, der alle Kulturen folgen, kommt er zu dem Schluß, daß die europäisch-abendländische Kultur in eine Spätphase eingetreten ist, die dem Verlöschen und dem Ende dieser Kultur vorausgeht.

An dieser Stelle sind wir wieder beim Thema von Nietzsche angelangt, der ja auch das Gefühl hatte, einer Spätzeit, möglicherweise sogar Endzeit, anzugehören. Zivilisation ist die Phase, in der sich die Kultur auflöst und an ihre Stelle das tritt, was Spengler Zivilisation nennt. Was Nietzsche noch „Nihilismus" genannt hat, nennt Spengler nun „Zivilisation". Auf Grund dieses Vergleiches, den Spengler anstellt, meint nun, Spengler genau sagen zu können, welches zukünftige Schicksal der europäisch-abendländischen Kultur in der Endphase der Zivilisation bevorsteht.

Es ist völlig klar, daß kaum ein Begriffsschema die deutsche Diskussion der zwanziger und dreißiger Jahre so nachhaltig bestimmt hat wie diese Unterscheidung von „Kultur" und „Zivilisation". Man kann sich heute gar nicht mehr vorstellen, was es für die deutschen Konservativen, ja für das deutsche Bewußtsein überhaupt, bedeutet hat, daß sie durch Spengler das Gefühl vermittelt bekamen, nicht mehr in einer „Kultur", sondern in der „Zivilisation" zu leben. Es gibt keine andere Nation, in der dieser polare Gegensatz „Kultur" und „Zivilisation" eine so entscheidende Rolle gespielt hat, wie bei den Deutschen. Auch Thomas Manns „Betrachtung eines Unpolitischen" machen deutlich, wie das gebildete konservative Bewußtsein – und in diesem Sinne war das gebildete deutsche Bewußtsein in der Weimarer Republik weitgehend konservativ – entscheidend durch die Überzeugung vom unversöhnlichen Gegensatz von Kultur und Zivilisation geprägt war. Thomas Mann hat in dem 600 Seiten umfassenden meditativen Werk einen einzigen Kampf gegen seinen Bruder Heinrich Mann geführt, den er als eine Inkarnation des „Zivilisationsliteraten" gesehen hat. Heinrich Mann war für ihn kein Dichter, sondern ein Literat. Und der Literat ist jemand, der es nicht mit Kultur, sondern mit Zivilisation zu tun hat. Die Tragweite dieser Unterscheidung von „Kultur" und „Zivilisation" kann man sich gar nicht groß genug vorstellen. Diese Unterscheidung ist dem Werk von Spengler zu „verdanken".

Warum hatte nun Spenglers Buch „Der Untergang des Abendlandes“ in den zwanziger Jahren einen solchen Erfolg? Der Erfolg dieses Werkes ist nicht zu verstehen, wenn man es nicht im Horizont der vorausgegangenen Ersten Weltkriegs sieht. Dieser Erfolg beruht zunächst einmal auf dem Mißverstehen dessen, was Spengler eigentlich gemeint hat. Die im Ersten Weltkrieg besiegten Deutschen meinten nämlich, sich über ihre Niederlage mit dem Gedanken hinweg trösten zu können, daß nicht nur sie besiegt worden sind, sondern das Abendland. Die Niederlage sei mit einem viel bedeutsameren Vorgang einher gegangen, nämlich mit dem Untergang des Abendlandes. Die Deutschen meinten nun, daß Spengler ihnen genau das sagen wollte. Spengler selber war dagegen nur der Meinung, daß die Kultur nun in die Spät- und Endphase eintritt: Die Zeit der Kultur ist nun vorbei, jetzt treten wir in die Phase der Zivilisation ein. Dieser Vorgang ist von Spengler nicht so dramatisch und negativ gemeint gewesen, wie es von den Deutschen aufgefaßt wurde. Spengler hat den „Untergang“ nicht in dem Sinne verstanden, wie seine deutschen Leser. Er wollte nur – und da spielt bei Spengler ganz sicher eine pädagogische Leidenschaft hinein –, die Deutschen umerziehen und sie daran gewöhnen, sich nicht mehr an den Begriffen und Kategorien der Kultur, sondern an denen der Zivilisation zu orientieren. Es gibt den berühmt gewordenen Satz von Spengler, wo er sagt, daß derjenige junge Mann ihn richtig verstanden hätte, der aus der Lektüre des Buches „Untergang des Abendlandes“ den Schluß zieht, nicht mehr Philosophie, sondern Naturwissenschaften zu studieren, und der sich nicht mehr der Lyrik und der Dichtung, sondern der Marine und der Technik zuwendet.

Für Spengler war die neue Zeit durch die Naturwissenschaft und die Technik bestimmt, und das Gesetz, nach dem jetzt die Geschichte ablaufen wird, ist das Gesetz der Macht und der Machtbehauptung. Spengler wollte die Deutschen dazu bringen, dieses Gesetz der zivilisatorischen Phase zu erkennen und auch anzunehmen. In diesem Zusammenhang taucht ein Begriff auf, der die neue geforderte Haltung zum Ausdruck bringt. Die Deutschen sollten sich in die Haltung des „heroischen Realismus“ eingewöhnen.

Es wird uns noch sehr beschäftigen, was heroischer Realismus konkret bedeutet. Es ist jedoch völlig klar, daß das, was die Deutschen während der Zeit des Nationalsozialismus den Krieg überstehen ließ, nicht die absurden Ideen von Hitler oder von Alfred Rosenberg gewesen sind, sondern genau diese Haltung des heroischen Realismus, welche die jungkonservativen Denker wie Oswald Spengler und Ernst Jünger formuliert haben. Der Begriff des heroischen Realismus ist also ein zentraler Begriff, ohne den man das ganze Phänomen des Nationalsozialismus nicht verstehen und die Frage, wieso er sich mit Zustimmung der Gebildeten in Deutschland hat durchsetzen können, überhaupt nicht beantworten kann.

Spengler wollte die Deutschen dahingehend erziehen, daß sie nicht die alte Kultur nostalgisch verklären, sondern die Wirklichkeit und die neuen Gesetze der Zivilisation anerkennen und annehmen statt sich romantische Flausen in den Kopf zu setzen.

Spengler sah im Gang der Kulturen und im Eintritt der abendländischen Kultur in die Phase der Zivilisation keinen Gott mehr walten, sondern – und das ist der entscheidende Begriff – das „Schicksal". Der Schicksalsbegriff ist für Spengler ein Schlüsselbegriff. Mit Spengler hat sich in der Weimarer Republik in Deutschland eine Art Schicksalsglauben durchgesetzt. Spengler kommt mit diesem Schicksalsbegriff im Kontext der Geschichte des postchristlichen Zeitalters eine Bedeutung zu, die man überhaupt nicht überschätzen kann. Wobei zu beachten ist, daß der Begriff des Schicksals einer der schwierigsten Begriffe überhaupt ist.

Die Deutschen meinten nun, daß ihre Handlungen und ihr Erleiden durch keine Vernunft mehr zu erklären und zu begründen waren. Sie sahen sich keinem Gott und keiner Vernunft mehr ausgesetzt, sondern dem Schicksal. Bis in die letzte Phase des Zweiten Weltkrieges hinein – und daran kann ich mich selbst noch entsinnen – herrschte das Gefühl, daß sich hier ein Schicksal ereignet und vollzieht. Man sah sich nicht als Opfer von eigenen Fehlern oder Irrtümern, die man hätte vermeiden oder noch hätte korrigieren können, sondern man hatte das Gefühl, einem Schicksal unterworfen zu sein.

Ich selber war damals 15 bzw. 16 Jahre alt, als ich mit anderen Jugendlichen zusammen mit der Panzerfaust in die letzte Phase des Krieges gezogen bin. Es wird mir immer unvergeßlich sein, daß meine Gruppe, die sich bereits mit der Niederlage konfrontiert sah, von der Frage bewegt wurde, worin denn der Sinn des Krieges und des Lebens liege. Das Erstaunliche war, daß diese Gruppe sich dann am Nibelungenmythos aufgerichtet hat. Der Mythos der Nibelungen war die Folie, anhand der sie ihre Erlebnisse als die Erfüllung eines Schicksals interpretiert hat.

Schicksal ist eine Kategorie, die auch bei Hitler eine entscheidende Rolle gespielt hat, allerdings nicht unter dem Namen des Schicksals, sondern unter dem der „Vorsehung". Wenn Hitler von der „göttlichen Vorsehung" sprach, dann meinte er im Grunde genommen genau das, was Spengler als Schicksal bezeichnet hatte.

Worin besteht nun die Kausalität des Schicksals bei Spengler? Spengler bestimmt den Charakter der Schicksalkausalität in Analogie zu der Gesetzlichkeit, in der ein pflanzlicher Organismus entelechisch heranreift, bis er schließlich zugrunde geht. In der Sicht Spenglers verhält sich das Schicksal der Geschichte in Analogie zu diesem Schicksal der Natur. Da gibt es auch kein Entrinnen. Spengler wollte, daß sich die Deutschen endlich entschließen, dieses Schicksal zu erkennen und auch zu bejahen. Spengler hat sich allerdings nie die Frage gestellt – geschweige denn, daß er imstande gewesen wäre, darauf eine Antwort zu geben –, warum man eigentlich dieses Schicksal bejahen und annehmen soll. Spengler gibt darauf keine Antwort. Das ist dann bei ihm offensichtlich auch noch Schicksal gewesen.

Natürlich sind die philosophischen Grundlagen und Kategorien des Spenglerschen Weltbildes so brüchig, wie die meisten Analogien, die er herstellt. Auch seine Thesen, daß jede Kultur monadenhaft in sich verschlossen ist, und daß es keine Renaissance von Kulturen gibt, sind unhaltbar. Denn natürlich stehen verschiedene Kulturen miteinander im Austausch, und es gab in der Geschichte immer wieder auch Renaissancen. In dem Gespräch, das Max Weber mit Spengler geführt hat, ist es Max Weber daher auch gelungen, Spengler viele Fehler und Irrtümer nachzuweisen. Falls Spengler den Anspruch erhoben haben sollte, einen Beitrag zur Geschichtswissenschaft geleistet zu haben, so brach dieser Anspruch hier kläglich in sich zusammen. Aber Spengler hat sich eben nicht als Geschichtswissenschaftler verstanden. Spengler sagte nachher, er hätte sich gar nicht als Historiker im Sinne der Geschichtswissenschaft verstanden, sondern – und nun kommt das erstaunliche Wort – er hätte sich als „Dichter" verstanden – als Dichter und nicht als Wissenschaftler. Als Dichter konnte er freilich sämtliche Grenzen der modernen Geschichtswissenschaft hemmungslos und kühn überschreiten.

Spengler ist damit, vielleicht von Toynbee abgesehen, der Letzte gewesen, der das geliefert hat, was eine jede „Kultur" braucht, nämlich ein universales Bild der Geschichte. Es ist daher kein Zufall, daß die Historiker mit ihrer philologischen Akribie niemals eine solch gewaltige geschichtliche und politische Wirkung gehabt haben, wie Spengler.

Die Schwächen der Spenglerschen Philosophie brauchen uns an dieser Stelle nicht zu interessieren. Entscheidend ist vielmehr, was Spengler bei allem, was man kritisch gegen ihn einwenden kann, richtig gesehen hat. Spengler hat durchaus vieles richtig gesehen, und darauf baute auch seine Wirkung auf. Wir werden noch sehen, wodurch er eigentlich gewirkt hat.

Wir werden nun, immer im Blick auf die Genese des Faschismus, der Frage nachgehen, wie denn Spengler den Untergang des Abendlandes konkret verstanden hat.

2. Untergang des Abendlandes – Epoche des Cäsarismus

Wir fragen in dieser Abhandlung in philosophiegeschichtlicher und geistesgeschichtlicher Hinsicht nicht zuletzt nach der Herkunft des „deutschen Irrationalismus", wie er im Nationalsozialismus manifest geworden ist. Im Zusammenhang dieser Fragestellung ist Oswald Spengler ebenfalls als eine Schlüsselfigur anzusehen. Oswald Spengler interessiert uns daher hier nicht als Geschichtsphilosoph, sondern als eine Gestalt des so genannten Jungkonservativismus bzw. revolutionären Konservativismus.

Die Frage nach dem Wahrheitsgehalt seiner weltgeschichtlichen Konstruktion, ist eine Frage für Historiker. Soweit die Historiker sich damit beschäftigten, haben sie Spengler ohnehin in allen zentralen Grundannahmen, von denen er in seinem Geschichtsbild ausgegangen ist, korrigiert oder gar widerlegt. Es macht daher wenig Sinn, sich ernsthaft darauf einzulassen und zu versuchen, davon etwas zu retten. Spenglers Thesen sind hier allesamt als brüchig entlarvt worden. Das gilt auch für die These, daß die sich die Kulturen aus einer bestimmten Kulturseele heraus nach einer organischen Kausalität entwickelt hätten, und daß zum naturnotwendigen Entwicklungsprozeß dieser Kulturen der Aufstieg, die Blütezeit und der Niedergang gehörten.

Spengler sah sich durch diese geschichtswissenschaftlichen Einwände nicht betroffen, weil er sich, wie schon erwähnt, gar nicht als Wissenschaftler oder gar als Philosoph, sondern als Dichter verstanden hat. Wir müssen daher interpretieren, warum sich Spengler Anfang der 20er Jahre unter dem Eindruck des gewaltigen

Erfolges und der Wirkung, die er mit dem Buch „Untergang des Abendlandes“ erzielt hatte, als ein Dichter verstanden hat. Was bedeutet es für die Moderne und für eine sich durch Wissenschaft definierende Kultur, daß ein Mann wie Spengler den wissenschaftlichen Anspruch fallen ließ? Und wie ist es zu erklären, daß Spengler im Bruch mit der gesamten wissenschaftlichen Historie dennoch mit seinem neuen geschichtlichen Weltbild eine solch gewaltige politische Wirkung haben konnte? Das ist die eigentlich interessante Frage. Diese Frage können wir beantworten, wenn wir uns an Nietzsche erinnern. Denn Spengler zieht eine der möglichen Konsequenzen, die man aus Nietzsches, im Essay „Vom Nutzen und Nachteil der Historie für das Leben“ vorgetragenen, Kritik an der historischen Wissenschaft ziehen kann. Nietzsche hat damals nämlich den Weg frei gemacht für die Legitimation eines geschichtlichen Weltbildes, das sich nicht mehr durch die Wissenschaft zu legitimieren braucht. Spenglers Geschichtsbild ist daher nicht zufällig entstanden. Sein Geschichtsbild ist durch den Gang, den die historischen Wissenschaften genommen haben, geradezu erzwungen worden. Denn die historische Wissenschaft ist im 19. Jahrhundert den Weg der radikalen Spezialisierung gegangen. Die modernen historischen Wissenschaften haben dabei in einer Weise über die Geschichte aufgeklärt, daß jeder universale Zusammenhang und jedes „Bild“ von der Geschichte zerfallen ist. Wenn ein Historiker nach den Maßstäben seiner eigenen Wissenschaft redlich bleiben wollte, dann konnte er nur über partikulare Zusammenhänge der Geschichte etwas aussagen, aber er konnte nichts mehr über die Geschichte im Ganzen sagen, geschweige denn, daß er fähig gewesen wäre, sich die Weltgeschichte in ihrer Einheit und Universalität noch vorzustellen und zu vergegenwärtigen. Der Gang der historischen Wissenschaft bedeutete damit die Destruktion dessen, was einmal die Geschichtsphilosophie geleistet hatte. Ein Bild oder einen Begriff von der Geschichte in ihrer Einheit und Universalität zu entwickeln, das war noch der große Anspruch der Geschichtsphilosophie, wie er sich im 18. Jahrhundert aus der Aufklärung heraus entwickelt und in Hegel vollendet hatte. Diese Geschichtsphilosophie hat aber der so genannte Historismus zerstört. Der Historismus vermag keine Aussage mehr über die Geschichte im Ganzen zu machen.

Nun muß man, wenn man Spengler gerecht werden will, die Frage stellen, worin denn das Bedürfnis, Auskunft über die Geschichte im Ganzen – ihren Ursprung, ihre Einheit und möglicherweise ihren Ausgang – zu bekommen, eigentlich begründet ist? Offenbar brauchen die Menschen, wenn die Geschichte – mit Nietzsche gesprochen – ins „Leben“ eintreten soll, wenn also Geschichte wirksam werden und die menschlichen Herzen und Geister ergreifen soll, das, was man ein synthetisches Gesamtbild der Geschichte nennen kann. Solche Synthesen, die den Anspruch auf Universalität und Einheit des Geschichtsbildes erheben, sind per se durch die Wissenschaft nicht gedeckt, sondern sie übernehmen in der Tat die Funktion eines Mythos.

Es ist gar kein Zweifel, daß Spengler mit dem Anspruch, ein Bild von der Totalität der Geschichte gegeben zu haben, so etwas wie einen Geschichtsmythos gedichtet und gestiftet hat. Das ist, wenn man sich den Charakter des Historismus klar gemacht hat, kein Zufall, sondern es ist eine der Bedingungen, unter denen allein Geschichte zu einer bewegenden Kraft der Geschichte werden kann. Die Historiker kommen dagegen nie über den Anspruch des Hypothetischen hinaus. Jede historisch-kritische These über die Geschichte ist immer nur ein Diskussionsbeitrag für die historische Wissenschaft selber. Wenn das Geschichtsverständnis allein durch diese historische Wissenschaft begründet würde, dann würde sich die historische Wissenschaft vielleicht als Gestalt der Aufklärung verstehen können – so wie das die Historiker im „Historikerstreit" von 1988 auch getan haben –, aber sie könnte nicht aus sich selber heraus als geschichtliche Kraft wirksam werden.

Es ist zwar unbestritten, daß die Historie auch eine aufklärende Funktion hat und in diesem Sinne als kritische Wissenschaft auch notwendig ist. Ich will hier kein Plädoyer gegen den Sinn, die Notwendigkeit und das Recht der modernen kritischen Geschichtswissenschaften halten. Aber, um es ganz simpel zu sagen: Völker können ohne ein Bild vom Ganzen der Geschichte nicht leben und schon gar nicht handeln. Diese Synthese wird aber nicht durch Historiker hergestellt. Alle Völker sind darum jenseits der historischen Wissenschaft darum bemüht, ein – wie man heute sagt – konsensfähiges Bild von ihrer Geschichte im Ganzen zu bekommen. Alle Völker, ob Schweizer, Franzosen, Briten oder Amerikaner, ja sogar die Italiener, sind daher Völker, die ihre eigenen Geschichtsmythen und auch Geschichtslegenden haben. Die mythische Form ist offenbar die einzige Form, die geeignet ist, erinnerte, vergegenwärtigte Geschichte selber zu einer geschichtlichen Kraft werden zu lassen.

Dies ist der Grund, warum der Geschichtsmythos, von dem Spengler selber gesagt hat, daß er ihn gedichtet habe, damals so ungeheuer wirksam geworden ist. Warum und in welcher Situation war der Geschichtsmythos wirksam geworden? Dieser Geschichtsmythos wurde am Ende des Ersten Weltkrieges wirksam. Der „Untergang des Abendlandes" ist von Spengler noch während des Ersten Weltkrieges in der Absicht geschrieben worden, die er im Vorwort zum Ausdruck gebracht hat: „Ich habe nur den Wunsch beizufügen, daß dies Buch neben den militärischen Leistungen Deutschlands nicht ganz unwürdig dastehen möge."[110]

Spengler verstand dieses Buch demnach als seinen Beitrag zu den kriegerischen Anstrengungen des deutschen Volkes. Es sollte nicht im Vergleich zu den Leistungen, die die Deutschen auf dem Schlachtfeld erbracht haben, als unwürdig beurteilt werden. Nun war es Zufall, daß dieses Werk nicht mehr während des Ersten Weltkrieges, sondern erst nach dem Ende des Krieges, also nach der deutschen Niederlage, erschienen ist. Die Veröffentlichung kam genau zu dem Zeitpunkt, als die Deutschen wegen dieser Niederlage tief bewegt, aufgewühlt und erregt waren. Im Unterschied zu der Situation nach dem Zweiten Weltkrieg waren die Deutschen damals nicht bereit, diese Niederlage mit Gelassenheit hinzunehmen. Der Ausgang des Ersten Weltkrieges und der damalige Zusammenbruch Deutschlands hat vielmehr die Nation auf das Tiefste erregt und bewegt.

---

[110] Oswald Spengler: Untergang des Abendlandes. Umrisse einer Morphologie der Weltgeschichte. München 1972, Vorwort S. 11

In diesem Zusammenhang muß man sich daran erinnern, worin denn der Ausgangspunkt des Konfliktes der Deutschen mit der westlichen Welt gelegen hat. Ich will jetzt nicht die Frage beantworten, ob die Deutschen, wie Fritz Fischer meinte, die Alleinschuld am Ersten Weltkrieg tragen. Das ist nicht unsere Frage. Uns interessiert eine andere Frage: Wie haben die Deutschen anfänglich den Ersten Weltkrieg interpretiert? Anders gefragt: Worin lag für die Deutschen eigentlich der geistige Sinn des Ersten Weltkrieges?

Die Deutschen waren damals – machtpragmatisch gesehen – der Meinung, daß die westlichen Mächte mit ihrem Imperialismus den Deutschen zuvor gekommen waren und sich alles, was man sich an Kolonien aneignen konnte, bereits angeeignet hatten. Die Deutschen meinten nun, daß sich der Westen gegen das Emporkommen der Deutschen sträubte. Sie haben daher den Krieg als einen Machtkonflikt zwischen den erfolgreichen imperialistischen Staaten des Westens und den zu spät gekommenen Deutschen verstanden. Die Deutschen wollten nun auch etwas von dem Kuchen haben, während die westlichen Nationen den potentiellen oder auch faktischen Konkurrenten ausschalten wollten. So sahen es die Deutschen. Die Deutschen hatten daher zunächst gar kein Bedürfnis nach einer tiefergehenden philosophischen oder weltanschaulichen Ausdeutung des Krieges. Es waren vielmehr die Westmächte – also die Franzosen und Engländer –, die unter dem Eindruck des deutschen Einmarsches in Belgien und angesichts der relativ schnellen Siege, die die Deutschen in Frankreich errungen hatten, begannen, diesem Krieg eine ideologische Ausdeutung und Rechtfertigung zu geben. Und mit welcher These haben die Westmächte damals versucht, diesen Krieg, den die Deutschen als einen normalen Machtkonflikt zwischen Nationalstaaten mit imperialistischen Ambitionen interpretierten, einen neuen Sinn zu geben? Der Westen rechtfertigte den Krieg mit der These, daß dieser Krieg im Namen der „Zivilisation" gegen die deutsche „Barbarei" geführt wird. Es sollten die wahren universalen Menschheitsinteressen gegen ihre barbarische Infragestellung und Zerstörung verteidigt werden. Die friedliche, westliche Welt wandte sich daher gegen den deutschen Militarismus und gegen dessen archaische, vormoderne Aggressivität.[111]

Ich behaupte, daß die Frage, wie der Nationalsozialismus in Deutschland möglich wurde, ohne diese ideologische Kriegserklärung der damaligen westlichen Mächte gegen das Deutsche schlechthin nicht beantwortet werden kann. Der Westen hatte nicht nur bestimmten Meinungen und Lebensformen der Deutschen den Krieg erklärt, sondern er hat – übertrieben formuliert – die Deutschen überhaupt zum Menschheitsfeind erklärt. Dahinter stand die These, daß der Weg der um Humanität, Gleichheit, Freiheit und Frieden bemühten Menschheit nur erfolgreich verlaufen könne, wenn zuvor die Deutschen niedergerungen sind. Das ist ein

[111] Diese These des Westens ist eine der entscheidenden Quellen für Carl Schmitts Kampf gegen den Westen gewesen. Carl Schmitt empfand diese These während der Weimarer Republik als unerträglich, und daher war seine ganze Absicht darauf gerichtet, diese Selbstlegitimierung des Westens als Lüge zu entlarven.

in seiner geschichtlichen Bedeutung und Tragweite überhaupt noch nicht erkannter Vorgang.

Nun muß man sich vorstellen, was es vor diesem Hintergrund für die Deutschen bedeutete, daß der Erste Weltkrieg verlorengegangen ist. Damit war nun auch aus der Sicht der Deutschen nicht irgendein Machtkonflikt verlorengegangen, sondern sie fühlten sich in ihrer nationalen Existenz überhaupt in Frage gestellt. Die Deutschen sahen nun den ganzen Sinn, den sie bisher mit ihrer nationalen Existenz verbunden hatten, in Frage gestellt. Sie gerieten in eine geradezu existentielle Krise des Selbstzweifels. Und sie mußten sich die Frage stellen, wie sie den Sieg der Westmächte interpretieren konnten, den jene mit der Auslegung „Zivilisation gegen Barbarei" geführt hatten.

Und wie haben sich die Deutschen nun verhalten? Die Deutschen haben sich gegen diese Zumutung der westlichen Auslegung zunächst einmal immunisiert, indem sie nicht zugeben wollten, überhaupt besiegt worden zu sein. Dahinter stand die Überlegung, daß die Deutschen sich in ihrer nationalen Eigenart und Existenz hätten preisgeben müssen, wenn sie akzeptiert hätten, daß sie nicht nur faktisch, sondern auch legitimerweise besiegt worden sind. Dazu waren sie nicht bereit. So kam es zur so genannten „Dolchstoßlegende": ‚Auf dem Feld unbesiegt, aber von der Heimat verraten'. Die „Dolchstoßlegende" ist demnach als Akt des Selbstschutzes zu verstehen. Natürlich kann man auch diesen Vorgang im Sinne der Anklage vortragen, aber wir wollen hier nicht anklagen, sondern versuchen, zu verstehen. Wir bemühen uns, all dies nicht mehr nur moralisch zu verurteilen, sondern zu verstehen. Wir wollen, ehe wir urteilen, verstehen!

Und so versuche ich auch deutlich zu machen, warum die Deutschen nicht bereit waren, diesen Akt der geistigen Selbstbezichtigung zu vollziehen. Die Niederlage bedeutete dennoch eine solch große Krise, daß sie dringend der Deutung bedurfte. Die Deutschen hielten nach einer Art von Deutung Ausschau, die es ihnen gestattete, trotz dieser Niederlage mit einem Minimum an Selbstachtung weiter zu existieren. Meine These ist nun, daß der säkulare Erfolg des Buches „Untergangs des Abendlandes" darin begründet ist, daß Spenglers Geschichtsdeutung genau diese Bedingung erfüllte. Spengler hat der Niederlage einen Sinn gegeben, den die Deutschen akzeptieren konnten, ohne sich dabei als Nation fundamental in Frage gestellt zu fühlen.

Wie lautete Spenglers These? Die These ist ganz einfach: Im Ersten Weltkrieg ist nicht der imperialistische Anspruch der Deutschen untergegangen, sondern das „Abendland". Diese Niederlage ist innergeschichtlich determiniert, sie ist – und jetzt kommt das entscheidende Wort – durch ein „Schicksal" verfügt und verhängt worden. Noch gröber und noch einfacher gesagt: Nicht die Franzosen, die Engländer und die Amerikaner haben die Deutschen besiegt, sondern die Deutschen sind vom „Schicksal" geschlagen worden. Die Deutschen sind dabei nicht nur die Opfer dieses Schicksals, sondern sie sind auch dessen Vollzugsagenten.

Hier wird klar, warum die Untergangsthese, die Spengler in einem ganz anderen Kontext und mit ganz anderen Absichten konzipiert hat, plötzlich diese ungeheure Resonanz gefunden hat. Spengler hat mit dieser These die Weichen der Weimarer Republik gestellt. Spenglers Buch ist daher ein Schlüsselereignis zum Verständnis der Geschichte der Weimarer Republik und der Rolle, welche die revolutionären Konservativen und Nationalisten gespielt haben. Hitler konnte Spenglers Thesen schließlich für seine Zwecke ausgebeuten. Das betrifft vor allem die zweite Kernthese Spenglers, wonach die Deutschen als die Vertreter der Kultur von den Westmächten als den Vertretern des Endes der Kultur besiegt worden sind. Die ursprüngliche, kriegspsychologisch gemeinte, Formel des Westens, der Krieg werde im Namen der „Zivilisation" gegen die barbarischen Deutschen geführt, wird nun von Spengler und dem Nationalsozialismus umgedreht: Die Deutschen verteidigten die „Kultur" gegen die „Zivilisation".

Wohlgemerkt: Der Gegensatz „Zivilisation gegen Barbarei" stammte nicht von den Deutschen, sondern von den Westmächten. Spengler nimmt diesen Gegensatz nur auf und verändert die Vorzeichen. Spengler sagt: Jawohl, wir leben heute in der „Zivilisation", aber es wurde nicht die „Barbarei", sondern die „Kultur" auf dem Felde besiegt. Gesiegt hat also etwas geistig Niederes, Minderwertiges. Gesiegt hat die „Zivilisation", die in Spenglers Deutung die letale Phase einer jeden Kultur ausmacht.

Das hat Thomas Mann in den „Die Betrachtungen eines Unpolitischen" nicht anders gesehen. Thomas Mann hat, genau in diesem Schema argumentierend, den Anspruch der Deutschen, Träger der „Kultur" zu sein, gegenüber der westlichen „Zivilisation" verteidigt. Thomas Mann meinte, daß ihm die westliche Zivilisation als dem letalen Endzustand einer Kultur in Gestalt seines eigenen Bruders Heinrich Mann bewußt geworden ist. Das Buch „Betrachtungen eines Unpolitischen" ist darum Ausdruck eines Bruderkrieges. Thomas Mann führte darin gegen seinen eigenen Bruder Heinrich, den er den „Zivilisationsliteraten" nennt, Krieg.

Für die Deutschen ging natürlich von Spenglers Buch eine ungeheuer befreiende Wirkung aus. Die Deutschen konnten nun glauben, daß sie als das letzte Volk der „Kultur" von den Mächten der „Zivilisation" bezwungen worden sind, und daß sich dies auf Grund eines schicksalhaften Verhängnisses, das jede Kultur erfaßt, vollzogen hat.

Damit ist wohl einleuchtend erklärt, wie die ungeheure Resonanz und Wirkung des Buches „Untergang des Abendlandes" zu verstehen ist. Man kann sich natürlich – wie Hermann Lübbe es getan hat – über Oswald Spengler lächerlich machen, indem man seine zum Teil absurden Analogien und Assoziationsketten, die er von Karl dem Großen über Luther bis Bismarck herstellt, hinterfragt. Aber das ändert nichts an der ungeheuren Wirkung Spenglers. Diese Wirkung hat auch noch mit einem anderen Umstand zu tun. Denn wodurch unterscheidet sich für Spengler die „Kultur", also die Aufstiegs- und Reifephase einer Kultur von ihrer Endphase, also der „Zivilisation"? Bei der Beantwortung dieser Frage wird deutlich, daß hier eine weitere wesentliche Übereinstimmung Spenglers mit Nietzsche vorliegt. Denn was Nietzsche den „Nihilismus" genannt hat, das nennt Oswald Spengler nun „Zivilisation".

Übrigens sollte man auch einmal darüber nachdenken, was es religionsgeschichtlich bedeutet, daß Spengler die Kategorie des „Schicksals" wieder eingeführt hat. Wer von „Schicksal“ spricht, kehrt in die tragische Welt des vorklassischen Griechentums zurück. Homer sprach, wenn er vom Schicksal sprach, von der „ananke“. Für das Geschichtsdenken Spenglers ist das Christentum nun keine geschichtsrelevante Größe mehr. Es ist ganz wichtig, sich klar zu machen, daß das im „Untergang des Abendlandes“ formulierte Geschichtsbild das erste, radikal entchristlichte Geschichtsbild ist. Das Christentum hört bei Spengler auf, eine geschichtlich bedeutsame Macht zu sein. Diese Sichtweise hat also nicht erst Hitler populär gemacht, sondern sie entstammt der damaligen Situation. Übrigens hat der große Ernst Troeltsch aus diesem Grunde seinen leidenschaftlichen Kampf gegen den inhumanen und nihilistischen Spengler geführt. Im „Geschichtsbild“ Spenglers spielt das Christentum überhaupt keine Rolle mehr. Es gibt zwar einige Nebensätze, in denen er – wie Nietzsche – zwischen dem, was das Christentum an sich ist, und dem, wie es gewirkt hat, differenziert. Aber das ändert nichts daran, daß für ihn die christliche Theologie die Großmutter des Bolschewismus war. Spengler hat auch mit dieser These auf den späteren Nationalsozialismus eingewirkt. Der Antibolschewismus der Nationalsozialisten ist aus Wurzeln hervorgegangen, die zunächst einmal mit der biologistischen und rassistischen Ideologie, wie sie die Nationalsozialisten vertreten haben, gar nichts zu tun haben.

Was ist nun das Kennzeichen von „Zivilisation“? Was hat Spengler unter „Zivilisation“ verstanden? Zivilisation ist in den Augen Spenglers nicht etwas, was erst durch die Zäsur des Weltkriegs bewirkt wurde. Die Heraufkunft der Zivilisation ist vielmehr als geschichtlicher Prozeß seit langem im Gang. Spengler läßt diesen Prozeß des Zerfalls der Kultur und der Heraufkunft der Zivilisation mit dem 18. Jahrhundert, also mit der Aufklärung, beginnen. Die Aufklärung ist für Spengler der geschichtliche Ort, wo der innere Zerfall der Kultur akut wird. Mit der Aufklärung beginnt die Zivilisationsphase, also die Phase des Zerfalls der Kultur.

„Diese Revolution von der Dauer eines Jahrhunderts hat im tiefsten Grunde mit „Wirtschaft“ überhaupt nichts zu tun.“ Spengler meint hier den Prozeß, der mit der Aufklärung in Gang gekommen ist. „Sie ist eine lange Zeit der Zersetzung des gesamten Lebens einer Kultur, die Kultur selbst als lebendiger Leib begriffen. Die innere Form des Lebens zerfällt und damit die Kraft, ihr durch schöpferische Werke, deren Gesamtheit die Geschichte der Staaten, Religionen, Künste bildet, nach außen hin Ausdruck zu geben, nachdem sie bis zur äußersten Höhe ihrer Möglichkeiten gereift war. Der einzelne Mensch mit seinem privaten Dasein folgt dem Zuge des Ganzen. Sein Ton, Sichverhalten, Wollen, Denken, Erleben bilden mit Notwendigkeit ein wenn auch noch so geringes Element in dieser Entwicklung. Wenn er das mit bloßen Wirtschaftsfragen verwechselt, so ist das schon ein Zeichen des Verfalls, der auch in ihm vor sich geht, ob er das nun fühlt und erkennt oder nicht.“[112]

In dieser Gleichsetzung der Aufklärung mit dem Zerfall der Kultur liegt übrigens der Grund, warum Spengler auf konservative und auch auf lutherische Theologen einen ungeheuren Eindruck gemacht hat.

---

[112] Oswald Spengler: Jahre der Entscheidung. Deutschland und die weltgeschichtliche Entwicklung, München 1961, S. 96

Spengler bekämpft also nicht nur das Christentum, sondern – damit verbunden – auch die Aufklärung. Auch das ist ein Erbe Nietzsches bei Spengler. Spenglers Geschichtsbild ist gleichermaßen gegen das Christentum, wie gegen die Aufklärung gerichtet. Die Aufklärung ist für ihn diejenige geistige Macht, die für den Zerfall der Kultur und damit implizit auch für die deutsche Tragödie und Niederlage verantwortlich gemacht wird.

Wir müssen gerade bei diesem Punkt noch etwas verweilen, weil er in der Tat für den deutschen Geist von ausschlaggebender Bedeutung ist. Ich weiß sehr wohl, wie problematisch die Thematisierung dieses Sachverhaltes ist, aber es muß sein. Sonst versteht man die erste Hälfte des 20. Jahrhunderts nicht. Sonst verstehen wir nicht, daß der ganze Nationalsozialismus, seiner krudesten und primitivsten Intention nach, eine Revolution gegen die Aufklärung gewesen ist.

Auch Nietzsche hat ja, wie wir gesehen haben, seinen ganzen Kampf gegen die bisherige Bewußtseinsform der Aufklärung geführt. Ob dieser Kampf Nietzsches dabei nicht letzten Endes einer neuen, viel tieferen und universaleren Aufklärung dienen sollte, lassen wir hier einmal dahingestellt.

Wichtig ist, daß erst mit Spengler der Kampf gegen die Aufklärung, den die Deutschen in gewissem Sinn seit der Romantik geführt haben, unter dem Eindruck des verlorenen Ersten Weltkrieges die Gestalt eines geistig politischen Kampfes angenommen hat. Die Deutschen waren bis dahin zwar im Rahmen ihrer Kultur aufklärungsskeptisch gestimmt – die Skepsis richtete sich vor allem gegen die französische Ausprägung der Aufklärung –, aber einen geistig-politischen Kampf gegen die Aufklärung haben sie in dieser Form eigentlich erst nach dem verlorenen Ersten Weltkrieg geführt. Auch dies hat etwas mit der Auslegung des Sieges durch den Westen zu tun. Da die westlichen Mächte damals den Sieg über die Deutschen auf den Schlachtfeldern als einen Sieg der Aufklärung über die zurückgebliebenen deutschen „Barbaren" interpretiert haben, war es unter diesen Umständen zumindest nachvollziehbar, daß die Deutschen sich nicht gerade in die Aufklärung verliebt hatten.

Die Deutschen haben nun in einer Weise auf diese Erfahrung reagiert, wie sie nicht nur für Spengler, sondern auch für Ernst Jünger von entscheidender Bedeutung ist. Im Blick auf die grausame Realität des Ersten Weltkrieges sagten sich die Deutschen: Wenn das Kriegsverhalten der Alliierten auf den Schlachtfeldern Ausdruck der westlichen Humanität und der zivilisierten aufgeklärten Menschheit sein soll, dann muß die „Aufklärung" und „Humanität" ein riesengroßer Schwindel sein.

Man lese dazu einmal die Kriegsschriften des jungen Ernst Jünger. Dort wird man Zeuge einer Desillusionierung, die dann in der Weimarer Republik und danach wirksam geworden ist: Jünger verlor in der Erfahrung der Grabenkriege des Ersten Weltkrieges den Glauben an die aufgeklärte Humanität und damit den Glauben an die bürgerliche Gesellschaft insgesamt. Die ideologieinduzierende Bedeutung der Frühschriften von Ernst Jünger besteht darin, daß er versucht hat, dieses organisierte Massenmorden als Manifestation und Enthüllung des „Willens zur Macht" zu deuten, der in Wahrheit hinter dem Anspruch der aufgeklärten zivilisierten, toleranten, angeblich durch Friedensliebe gekennzeichneten westlichen Zivilisation steht. Daß die Deutschen den Glauben an die universalen menschheitserlösenden Ideen der Aufklärung verloren haben, ist also nicht eine Sache von irgendwelchen deutschen Gelehrten und Unholden gewesen, die sich etwas Böses über die Aufklärung ausgedacht haben. Nein, dieser Glaube ist an den Realitäten des maschinellen Massenmordes und des Grabenkrieges zusammengebrochen. Wir fragen immer, wie es passieren konnte, daß die Deutschen diesen Glauben an die universalen menschheitsverbindenden Ideen verlieren konnten. Es war die geschichtliche Realität selber, die ihnen den Glauben genommen hat!

Spengler meint nun, daß all das, was sich zu Beginn des 20. Jahrhundert vollzogen hat und weiter vollziehen wird, Phasen eines weltrevolutionären Bürgerkrieges darstellen, der bereits im 18. Jahrhundert mit der Französischen Revolution begonnen hat. Für Spengler war dieser Weltbürgerkrieg mit dem Ersten Weltkrieg noch nicht zu Ende. Der Weltbürgerkrieg wird weitergehen, und er wird das weitere Schicksal der europäischen Kultur, ja der Menschheit überhaupt, bestimmen. Spengler war der Überzeugung, daß sich die Demokratie selber auflösen und durch eine Phase des Cäsarismus abgelöst werden wird. Der Klassenkampf werde im 21. Jahrhundert durch den Rassenkampf abgelöst, und erst mit diesem Rassenkampf werde die mit der Französischen Revolution einsetzende Phase der Zivilisation – mit Nietzsche gesprochen: des Nihilismus – und des Weltbürgerkrieges sein Ende finden.

Spengler hat es als dekadent angesehen, sich diesem Unvermeidlichen auszuliefern und sich hemmungslos dem Verfall der deutschen, ja europäischen Kultur auszuliefern.[113]

„Denn Kultur ist ein Gewächs. Je vollkommener eine Nation die Kultur repräsentiert, zu deren vornehmsten Schöpfungen immer die Kulturvölker selbst gehören, je entschiedener sie im Stile echter Kultur geprägt und gestaltet ist, desto reicher ist ihr Wuchs gegliedert nach Stand und Rang, mit ehrfurchtgebietenden Distanzen vom wurzelhaften Bauerntum bis hinauf in die führenden Schichten der städtischen Gesellschaft. Hier bedeuten Höhe der Form, der Tradition, Zucht und Sitte, angeborene Überlegenheit der leitenden Geschlechter, Kreise und Persönlichkeiten das Leben, das Schicksal des Ganzen“[114]

Diese Sichtweise ist voll in die Überzeugungen der Nationalsozialisten eingegangen. Spengler meint, daß der Bauernstand der eigentliche Boden und die Wurzel der Kultur ist. Er plädiert zweitens dafür, daß eine Gesellschaft organisch gegliedert und hierarchisch strukturiert sein müsse. Spengler, insoweit ein Reaktionär, tritt in seinem Gesellschaftsmodell ganz eindeutig für eine ständisch

[113] Theodor W. Adorno, der unbestritten ein großes Sensorium für diese Dinge hatte, hat später in seinem Aufsatz „Oswald Spenglers Untergang des Abendlandes wiedergelesen“ zugegeben, daß Oswald Spengler mit seiner Prognose über den Zerfallsprozeß der Kultur und ihren Übergang in die Zivilisation recht gehabt hätte. Dieser Prozeß hätte sich allerdings bereits so weit vollzogen, daß wir Spengler aus diesem Grunde bereits wieder vergessen könnten. Das ist immerhin die These von Adorno gewesen.

[114] Oswald Spengler: Jahre der Entscheidung, S. 97

geordnete und gegliederte Gesellschaft und auch für Tradition und Autorität ein. Spengler hatte ein volkstümliches Verständnis von Kultur. Wenn man einmal die Frage stellt, was eigentlich Spengler zu einem Konservativen ausmacht, dann findet man hier die Antwort: Spenglers Gesellschaftsmodell orientierte sich an der Feudalordnung, die ihre Wurzeln im Bauernstand hat. Diese Gesellschaft ist ständisch gegliedert und hierarchisch strukturiert. Und in dieser Gesellschaft gibt es Autoritäten, Traditionen und Sitten.

„‚Gesellschaft' aber bedeutet Kultur haben, Form haben bis in den kleinsten Zug der Haltung und des Denkens hinein, Form, die durch eine lange Zucht von ganzen Geschlechtern herangebildet worden ist, strenge Sitte und Lebensauffassung, welche das gesamte Sein mit tausend nie ausgesprochenen und nur selten ins Bewußtsein tretenden Pflichten und Bindungen durchdringt, damit aber alle Menschen, die dazugehören, zu einer lebendigen Einheit macht, oft weit über die Grenzen einzelner Nationen hinaus wie den Adel der Kreuzzüge und des 18. Jahrhunderts."[115]

Bildung, Sitte, Pflichten, nicht Rechte – das sind die Stichworte. Spengler hat versucht, dem materialistischen und marxistischen Sozialismus einen „preußischen Sozialismus" entgegenzustellen. Im Spenglers preußischem Sozialismus bedeutet soziales Verhalten der freiwillig gewählte und erfüllte Dienst des einzelnen am Ganzen.

Spengler sieht, daß an die Stelle des durch bäuerliche Traditionen und Brauchtum geprägten Volkes die moderne entwurzelte Massengesellschaft getreten ist, eine Gesellschaft, in der die Mächtigen leichtes Spiel haben.

„Denn, es sei noch einmal gesagt, der Gegensatz von vornehm ist nicht arm, sondern gemein. Das niedrige Denken und Empfinden dieser Unterwelt bedient sich der entwurzelten, in allen ihren Instinkten unsicher gewordenen Masse der große Städte, um seine eigenen Ziele und Genüsse der Rache und Zerstörung zu erreichen. Deshalb wird dieser ratlosen Menge ein „Klassenbewußtsein" und „Klassenhaß" durch ununterbrochenes Reden und Schreiben eingeimpft, deshalb werden ihr die führenden Schichten, die „Reichen", die „Mächtigen", in gerader Umkehrung ihrer wirklichen Bedeutung als Verbrecher und Ausbeuter gezeichnet, und endlich bietet man sich ihr als Retter und Führer an. Alle „Volksrechte", die oben aus krankem Gewissen und haltlosem Denken rationalistisch beschwatzt wurden, werden nun als selbstverständlich von unten, von den „Enterbten" gefordert, niemals für das Volk, denn sie sind immer denen gegeben worden, die gar nicht daran gedacht hatten sie zu verlangen und die damit nichts anzufangen wußten. Sie sollten das auch gar nicht, denn diese Rechte waren nicht für das „Volk" bestimmt, sondern für die Hefe der sich selbst ernennenden „Volksvertreter", aus der sich nun ein radikaler Parteiklüngel bildet, der den Kampf gegen die gestaltenden Mächte der Kultur als Gewerbe betreibt und die Massen durch das Wahlrecht, die Pressefreiheit und den Terror entmündigt."[116]

---

[115] Oswald Spengler: Jahre der Entscheidung, S. 98
[116] Oswald Spengler: Jahre der Entscheidung, S. 102

Für Spengler ist die ganze bürgerliche parlamentarische Parteiendemokratie ein einziger Schwindel gewesen. In der Parteiendemokratie bedient sich die neue Klasse der Parteibürokraten der Apparate, um das zur Masse degradierte Volk um der eigenen Machtbehauptung willen in seine Abhängigkeit zu bringen.

Es kann kein Zweifel darüber bestehen, daß die Nationalsozialisten ohne ein solches, von Spengler geliefertes Bild von der Demokratie mit ihrer Forderung nach Ablösung der parlamentarischen Demokratie nie hätten Erfolg haben können. Das gilt auch für eine weitere These, die Spengler im zweiten Band des „Untergangs des Abendlandes" entwickelt. Danach geht der Übergang von der „Kultur" zur „Zivilisation" einher mit der Auflösung des landschaftsgebundenen Bauerntums und der Heraufkunft des großstädtischen Lebens. Die große Stadt, die Weltstadt, ist für Spengler der Träger der „Zivilisation". Spengler arbeitet hier den inneren Zusammenhang zwischen den städtischen Weltmetropolen auf der einen Seite und der Vermassung der Menschen auf der anderen Seite heraus. Spengler sieht hier ganz deutlich, daß mit der Ausweitung des städtischen Lebens das Schicksal der Isolierung und Vereinsamung der einzelnen verbunden ist. Die Menschen werden nicht mehr von ihrem „Instinkt" geleitet, sondern – hier taucht der wichtige Begriff auf – durch die „bodenlose Intelligenz". Die Menschen fristen in diesen großen Weltmetropolen schließlich die Existenz von Nomaden. So wie die Menschen einst, in archaischer Vorgeschichte, wie Nomaden in ihren Höhlen saßen, so leben die modernen Menschen isoliert und beziehungslos wie Nomaden in ihrer Stadt und es tritt das ein, was Spengler „Fellachisierung" nennt.

Das ist ein wichtiger Begriff, den merkwürdigerweise auch Max Weber in der Schilderung der modernen Gesellschaft übernommen hat. In diesem Punkt stimmt Max Weber mit Spenglers Zukunftsprognose völlig überein. Fellachisierung ist das Schicksal, das den Menschen nach dem Ende der Kultur in der Zivilisation bevorsteht.

Spengler hat darüber hinaus in genialer Weise die Rolle der Presse im 20. Jahrhundert antizipiert. Spengler weist in mehreren prägnanten und einleuchtenden Analysen nach, daß die Mächte, welche die Pressefreiheit für sich in Anspruch nehmen, darauf abzielen, die Denkkraft des einzelnen abzuschaffen. Oswald Spengler ist gar der Meinung, daß ein wahrer Demokrat nicht die Pressefreiheit, sondern ihre Abschaffung verlangen müßte. Er müßte die Abschaffung der Pressefreiheit verlangen, weil die in bestimmtem Kapitalbesitz befindlichen großen Presseorgane Mittel der bewußten Lenkung und Manipulation der Massen sind. Für Spengler sind die Journalisten sozusagen die Offiziere und die Leser sind die willigen Soldaten, die sich auf jeden Wink und auf jede Regung der „Offiziere" hin anzupassen bereit sind. Auf diese Weise führt die Presse- und Medienfreiheit unter den Bedingungen der zivilisatorischen großstädtischen Massengesellschaft in der Sicht Spenglers zur Abschaffung der Denkkraft und zur Zerstörung der Urteilskraft des einzelnen.

„So entsteht der Nihilismus, der abgründige Haß des Proleten gegen die überlegene Form jeder Art, gegen die Kultur als deren Inbegriff, gegen die Gesellschaft als deren Träger und geschichtliches Ergebnis. Daß jemand Form hat, sie beherrscht, sich in ihr wohl fühlt, während der gemeine Mensch sie als Fessel empfindet, in der er sich nie frei bewegen wird, daß Takt, Geschmack, Sinn für Tradition Dinge sind, die zum Erbgut hoher Kultur gehören und Erziehung voraussetzen, daß es Kreise gibt, in denen Pflichtgefühl und Entsagung nicht lächerlich sind, sondern auszeichnen, das erfüllt ihn mit einer dumpfen Wut, die in früheren Zeiten sich in die Winkel verkroch und dort nach Art der Thersites geiferte, heute aber breit und gemein als Weltanschauung über allen weißen Völkern liegt."[117]

Hier stoßen wir zum Kern des reaktionären und antidemokratischen Gesellschaftsbildes von Spengler vor. Spengler geht im Unterschied zur demokratischen Tradition von der Ungleichheit der Menschen aus. Spenglers Kritik der Zivilisation und der modernen Massendemokratie, einschließlich der Pressefreiheit, versucht die These, daß alle Menschen gleich sind, als Lüge zu entlarven. Spengler akzeptiert die moderne These von der Gleichheit der Menschen nicht, weil er an der aristokratischen Differenz zwischen „vornehm" und „gemein" festhält. Bekanntlich hat ja auch Nietzsche den Begriff der „Vornehmheit" gegen den der „Gemeinheit" gestellt. Spengler kritisiert die Französische Revolution, weil der von ihr ausgehende Prozeß der Demokratisierung zu einem Zustand tendiert, in dem jeder Rangunterschied zwischen den Menschen nivelliert wird. Das hat zur Folge, daß sich, wie Spengler sich ausdrückt, zuletzt die Werte des „Pöbels" durchsetzen. Für Spengler war der Rangunterschied noch an die Befähigung und Bereitschaft zur „Form" gebunden. Die „Vornehmen" seien im Unterschied zu den „Gemeinen" gewillt und fähig, sich und die Gesellschaft in eine „Form" zu bringen, wohingegen der Pöbel eine formlose Existenz friste.

Diese Thesen klingen heute fremdartig und seltsam in unseren Ohren, aber wer diese Sicht Spenglers nicht zur Kenntnis nimmt, kann nie verstehen, warum die Nationalsozialisten die Macht übernehmen konnten. Die Nationalsozialisten haben Spenglers These von den Rangunterschieden zwischen den Menschen aufgegriffen und, noch deutlicher als Spengler, ins Biologische gewendet.

3. Der Weg in den heroischen Nihilismus

Wir müssen nun fragen, wie sich Spengler in die Linie des von Nietzsche herkommenden revolutionären Konservativismus einordnet und welche Realitäten Spengler möglicherweise zur Sprache gebracht hat, wobei wir einmal ganz davon absehen wollen, wie er diese Realitäten bewertet hat.

Inwiefern ordnet sich Spengler in die von Nietzsche ausgehende geistesgeschichtliche und philosophische Tradition ein? Die Antwort liegt auf der Hand: Spengler gehört wie Nietzsche zur Tradition der Gegenaufklärung. Der entscheidende geistespolitischen Feind, gegen den Spengler wie Nietzsche angetreten sind, ist die aus dem 18. Jahrhundert hervorgegangene Aufklärung bzw. der Rationalismus. Spengler und Nietzsche setzten die Bewegung der Aufklärung und des Rationalismus aus dem 18. Jahrhundert mit Verfall und Niedergang gleich.

---

[117] Oswald Spengler: Jahre der Entscheidung, S. 103

Und welche Kräfte mobilisiert nun Spengler gegen die Aufklärung? Was ist die geistig-kulturelle Substanz seiner gegenaufklärerischen Aufklärung? Spengler ordnet sich auch hier, zumindest auf den ersten Blick, in die von Nietzsche ausgehende Bewegung ein. Denn Spengler spricht im Namen des „Lebens". Spengler mobilisiert das Leben gegen die Ratio. Das ist, wie wir gesehen haben, auch ein durchgehender Zug bei Nietzsche gewesen.

Spengler hat nun eindeutig den Lebensbegriff, den er zum einen Teil von Goethe und zum anderen Teil von Nietzsche bezogen hat, biologisiert. Es ist ein ganz wichtiger Punkt, daß Spengler das Leben, das sich gegen die nihilististischen und zerstörerischen Tendenzen der Rationalisierung wenden soll, biologisiert. Es ist gar kein Zweifel, daß erst mit Spengler und nicht bereits mit Nietzsche der eigentliche Abfall ins primitive, undifferenzierte, biologische Leben stattfindet.

Denn was kennzeichnet für Spengler das „Leben"? Spengler spricht von „Rasse" und von „Instinkt". Er rehabilitiert die Idee der „Rasse" und des „Instinktes" gegen den abstrakten Verstand der Aufklärung und des Rationalismus. Und indem Spengler das „Leben" gegen den „Verstand" setzt, gehört er in den geistesgeschichtlichen Trend des revolutionären Konservativismus hinein. Spenglers Nähe zum Faschismus hängt dann davon ab, was er konkret mit „Instinkt" und „Rasse" gemeint hat, die er dieser Bewegung des Rationalismus entgegengestellt hat.

Bevor wir die Frage beantworten, müssen wir noch kurz auf die politische Konkretion des Rationalismus zu sprechen kommen. Die politische Konkretion dieses Geschichtsprozesses nennt Spengler „Revolution". Spengler stimmt hier – antithetisch und komplementär – mit Marx überein, daß die Revolution nicht ein einzelner Akt oder ein datierbares Ereignis innerhalb des geschichtlichen Gesamtprozesses ist, sondern der moderne geschichtliche Prozeß als solcher eine Revolution ist. Auch Jakob Burckhardt hat in der Aufklärung den revolutionären Prozeß der Aufhebung der Kultur und der Bildung Alteuropas gesehen.

Welche Revolution ist es nun, die in den Augen Spenglers seit 200 Jahren, also seit der Aufklärung, im Gange ist? Spengler spricht in der Schrift „Jahre der Entscheidung" von der „weißen Revolution". Für Spengler ist also das europäische Menschentum das Subjekt dieser Revolution. Zu diesem europäischen Menschentum gehören alle westlichen Länder, also Frankreich, England und Amerika, aber auch Rußland. Zu dieser „weißen Revolution" konnte es nach Spengler gekommen, weil Europa durch eine „faustische" Entelechie, also durch das Streben nach dem Unendlichen, geprägt ist.

Diese Rede vom faustischen Charakter Europas ist ein Element der Spenglerschen Dichtung, auf die ich mich nicht weiter beziehen will. Entscheidend ist vielmehr Spenglers – geschichtlich verifizierbare – Aussage, daß mit der Aufklärung und mit der Französischen Revolution die Geschichte die Gestalt eines permanenten, sich beschleunigenden revolutionären Prozesses angenommen hat. Diese These stammt ja nicht originär von Spengler. Denn den revolutionären Charakter der Moderne haben vor ihm bereits Nietzsche und Burckhardt, aber auch Karl Marx gesehen.

Spengler spricht nun aber von der „weißen Revolution". Was ist in dieser weißen Revolution der letzten 200 Jahre passiert? Hier ist nun wichtig, daß Spengler die Intention und das Ergebnis dieser Revolution negativ bestimmt. Er bestimmt diesen revolutionären Prozeß als einen Verfallsprozeß und nicht – wie Marx – als einen Fortschrittsprozeß. Spengler gehört damit in die, komplementär auf den Fortschritt bezogene, Tradition der Verfallstheorie. Was geschieht in dieser Revolution? Es vollzieht sich darin die Auflösung der Kultur und ihre Transformation in Zivilisation. Und was versteht Spengler unter Kultur? Spengler setzt Kultur letztlich gleich mit den Zuständen im ancien régime, also mit der vorrevolutionären, feudalistischen Gesellschaft des 18. Jahrhunderts.

Das normative Paradigma, an dem Spengler die Auflösung von Kultur in Zivilisation mißt, ist die vorrevolutionäre, feudalistische Kultur. Dazu gehört – erstens – ein positives Verständnis von „Autorität". Kultur gibt es für Spengler nur dort, wo es eine institutionalisierte und anerkannte Autorität gibt. Zweitens – und das hängt eng mit diesem Postulat der Autorität zusammen –, gehört zu jeder Kultur ein Begriff von „Tradition". Eine Kultur lebt in und auf Grund von Tradition. Für Spengler gehören Tradition und Autorität komplementär zusammen. Der dritte, für Spenglers Kulturverständis konstituierende Begriff ist der Begriff der „Hierarchie." Zur Kultur gehört Spengler zufolge auch eine hierarchisch gegliederte ständische Gesellschaft, in der es Oben und Unten, Gemeine und Vornehme, Befehl und Gehorsam gibt. Eine hierarchisch gegliederte, durch Autorität geleitete und durch Tradition legitimierte Gesellschaft – das nennt Spengler Kultur.

Welche Macht hat nun in der Sicht Spenglers die Zerstörung dieser Kultur bewirkt? Es ist die Macht der Rationalität. Der rationale Mensch glaubt, daß man eine Gesellschaft nach ausgedachten Programmen und mit utopischen Idealen verändern kann. Spengler hält dies für einen Irrglauben. In seinen Augen waltet hier nicht die Vernunft, sondern ein lebensfeindlicher Intellekt.

Der Faschismus hat auch diese Spenglersche Rede vom lebensfeindlichen Intellekt in sein Repertoir übernommen. Spengler war – wie später der Fachismus – der Überzeugung, daß der Intellekt bzw. der Geist nur zerstören, aber nichts erhalten und aufbauen kann. Spengler setzt an die Stelle des Glaubens an Begriffe und Theorien den Glauben an die „Tatsachen": Man müsse diese Tatsachen sehen, denn die tatsächliche Wirklichkeit hat mit dem, was sich der Intellekt in Theorie und Begriff ausdenkt, nichts zu tun.

Spengler hat seine eigene politische Aufgabe darin gesehen, die Deutschen dazu zu erziehen, endlich diese unumgänglichen Tatsachen zur Kenntnis zu nehmen. Spengler erfuhr in der Weimarer Republik große Unterstützung, weil er, wie er sich ausdrückte, dieses ganze Literatengeschwätz und Intellektuellengespinst mit einer herrischen Bewegung vom Tisch fegte und weil er als jemand auftrat, der die Menschen über die neuen Tatsachen belehrte. Spengler meinte damit die großen Tatsachen, die über den Gang der Weltgeschichte im Ganzen und die über den schicksalhaften Gang der eigenen Kultur entscheiden.

Ich lasse einmal dahingestellt, ob man Spenglers Position als Positivismus bezeichnen kann. Wichtig ist nur Spenglers Glaube, daß man in dieser Welt überhaupt nichts bewirken kann, wenn man den Tatsachen nicht ins Auge sehen kann. Politiker und Staatsmänner, wie sie Spengler verstanden hat, sind diejenigen, die einen Blick für die Tatsachen haben. Übrigens gibt es in diesem Pathos der Anerkennung von Tatsachen wiederum eine Gemeinsamkeit zwischen Spengler und Max Weber. Dies gilt auch, darin eingeschlossen, für Spenglers Bekenntnis zu einem heroischen Nihilismus.

Im Vorwort des Buches „Untergang des Abendlandes" empfiehlt Spengler den Deutschen, sich jetzt mit Technik statt mit Lyrik zu beschäftigen, sie sollten zur Marine gehen statt Philosophie zu studieren. Spengler verkörpert hier innerhalb der deutschen Geistesgeschichte eine Revolution, denn er hat alles das, was das deutsche Bildungsbürgertum für die Welt des Höheren gehalten hat, als Hirngespinst abgetan. Das Bildungsbürgertum sei durch Lyrik und Philosophie derart benebelt gewesen, daß es unfähig wurde, überhaupt noch Tatsachen zur Kenntnis zu nehmen.

Welche konkreten Mächte sind es nun, die sich in diesem kulturzerstörenden Prozeß der weißen Revolution durchgesetzt haben? Es ist der Liberalismus und der Bolschewismus. Spengler nimmt eine Gleichsetzung von Liberalismus und Bolschewismus vor. Mit dieser Gleichsetzung hat Spengler vielleicht mehr als mit allem anderen den Nationalsozialismus ermöglicht. Das deutsche Bürgertum hat diese Gleichsetzung von Liberalismus und Bolschewismus im Verlauf der Weimarer Republik bruchlos nachvollzogen. Man interpretierte den Liberalismus schließlich als eine Art Kulturbolschewismus.

Wenn man verstehen will, warum damals aus der Bolschewismuskritik auch der Kampf gegen den Liberalismus resultierte, dann liegt dies in dieser Spenglerschen Gleichsetzung von Liberalismus und Bolschewismus begriffen. Zugespitzt formuliert, war Spengler der Meinung, daß die eigentliche und wahre Natur des kulturzerstörenden Liberalismus der Bolschewismus war. Der Liberalismus hat danach nicht nur de facto die bolschewistische Zerstörung der Kultur vorbereitet, sondern er hatte dieses Zerstörungspotential geistig bereits in sich selber.

Spengler ist nun der Meinung, daß im Anschluß an den 200-jährigen kulturrevolutionären Prozeß der Herrschaft des Rationalismus mit dem Ersten Weltkrieg das eingetreten ist, was von Anfang an bereits darin enthalten war: der Nihilismus. Der Nihilismus ist das Produkt dieses geschichtlichen Prozesses und der Mächte des Liberalismus und des Bolschewismus. Das Stadium der Zivilisation ist nach dem Untergang der Kultur gleichbedeutend mit dem Zustand des Nihilismus. Wohlgemerkt: Im Spenglerschen Kontext war der Erste Weltkrieg und damit die Niederlage der Deutschen nur der Zeitpunkt innerhalb dieses geschichtsphilosophisch interpretierten Ablaufs der Moderne, an dem die nihilistische Konsequenz dieses Prozesses offenbar wurde, er hat diese Tendenz nicht erst bewirkt.

Diese These war für den inneren Zustand der politischen Kultur und des politischen Denkens auf Seiten der Konservativen und Rechten in der Weimarer Republik ganz entscheidend. Wir müssen uns immer klarmachen, daß der revolutionäre Konservativismus sich von Nietzsche und Spengler her als Gegenbewegung zum Nihilismus verstanden hat. Die politische Aufgabe, die zu lösen sich der von Nietzsche auf den Weg gebrachte revolutionäre Konservativismus vorgenommen hat, ist auf die Überwindung des Nihilismus gerichtet gewesen. Wir kommen auf diesen Punkt später noch einmal zurück, denn es ist für die Bewertung und Beurteilung des revolutionären Konservativismus von entscheidender Bedeutung, ob man ihn in konservativ-revolutionärer Weise, ja, ob man den Nihilismus überhaupt politisch überwinden kann.

Wenn man in der Logik des Spenglerschen Gedankens bliebe, hätte sich angesichts dieses offenbar gewordenen Nihilismus der formierende Konservativismus zum Ziel setzen müssen, diejenige Kultur wiederherzustellen, die in diesen Prozeß zerstört worden war. Die politische Konsequenz hätte von Spengler aus gesehen auf das reaktionäre Programm einer Wiederherstellung der feudalistischen Kultur hinauslaufen müssen. Dazu gehörte dann die Wiederherstellung von Autorität, von Tradition, von Ordnung, von Hierarchie, und vor allen Dingen von Disziplin. Wir werden sehen, daß Spengler diesen Weg jedoch nicht geht, sondern daß er eine Konsequenz daraus zieht, die nicht auf die Wiederherstellung des Feudalismus, sondern die viel eher mit dem Nationalsozialismus vereinbar ist.

Spengler selber spricht allerdings aus guten Gründen nicht von Nationalsozialismus, sondern vom „preußischen Sozialismus". Spengler hat sich mit dem Nationalsozialismus nicht identifiziert. Ganz im Gegenteil, er hat den Nationalsozialismus, wie auch den Faschismus, von Anfang an als einen zum Scheitern verurteilten Versuch angesehen, die Probleme der Spätmoderne zu lösen. Aber warum hat sich Spengler, von diesen Prämissen ausgehend, nicht rückhaltlos mit dem Nationalsozialismus oder mit dem Faschismus identifiziert? Wenn er das getan hätte, dann wäre der Konnex zwischen dem revolutionären Konservativismus und dem Faschismus noch klarer. Aber Spengler hat den Nationalsozialismus/Faschismus nicht unterstützt, sondern abgelehnt. Er hat immer die These vertreten, daß der Faschismus nicht die Lösung, sondern selber nur ein Übergangs- und Krisenphänomen sei.

Spengler hat diesen Übergangscharakter des Faschismus in einer hoch interessanten Weise begründet. Nämlich damit, daß der Faschismus selber noch ein Produkt der liberalen Demokratie und damit im weitesten Sinne ein Produkt des Demokratisierungsprozesses der Aufklärung ist. Der Faschismus mag sich zwar gegen bestimmte Ausprägungen der Demokratie, etwa gegen die parlamentarische Demokratie, ausgesprochen haben. Aber das ändert für Spengler nichts daran, daß er selber dennoch zur inneren Logik der modernen Demokratie gehört. Spengler war aber der Meinung, daß das Problem der Zerstörung der Kultur nur gelöst werden kann, wenn die Demokratie überhaupt überwunden wird. Diese Zerstörung der Demokratie bedürfe nun aber keines feindlichen Angriffs von außen, sondern Spengler war der Meinung, daß sich die Demokratie unter den Bedingungen des Nihilismus, des Zerfalls jeder Autorität, der Auflösung jeder Tradition, der nivellierenden Einebnung jeder Rangunterschiede zwischen den Menschen, kraft einer ihr innewohnenden Logik selber auflösen und aufheben wird.

Spengler hat in der Demokratie grundsätzlich eine Fassade gesehen, hinter der sich eine Art parasitärer Herrschaft verbirgt; und zwar die Herrschaft der Literaten und der Intellektuellen, die mit Hilfe der Presse und der öffentlichen Medien über eine konturlose Masse herrschen. Spengler sah in der Demokratie eine Herrschaftsform, in der die Massen in einer unkontrollierten, anonymen Weise durch Ideologen, die über die Instrumente der Massenmedien verfügen, manipulativ beherrscht werden.

Welche Phase löst Spengler zufolge die Phase der sich selbst zerstörenden Demokratie ab? Spengler formuliert in diesem Zusammenhang die Prognose, um deretwillen wir Spengler überhaupt behandeln. Denn Spengler nennt sie die Phase des „Cäsarismus". Spengler war der Meinung, daß im Blick auf das sich unter diesen Bedingungen entstehende Chaos keine andere Lösung bleibt, als daß große Staatsmänner eine militärische Diktatur ausüben, um die Gesellschaft in eine – zwar nicht der Logik der Kultur, aber der Logik der Zivilisation entsprechende – Form zu bringen. Das ist Spenglers Ziel. Faschismus und Nationalsozialismus gehörten für Spengler dagegen noch zur Epoche der Demokratie. Sie sind für ihn noch Produkte der modernen Demokratie gewesen.

Was setzt Spengler also dem Verfallsprozeß entgegen? In der Antwort auf diese Frage offenbart sich die ganze Schwäche des revolutionären Konservativismus, der sich auf dem Boden der Nihilismusthese von Nietzsche mit dem Ziel formiert hat, den Nihilismus zu überwinden und die Kultur zu retten. Spengler sieht nämlich in dem Buch „Jahre der Entscheidung" die rettende Kraft in dem, was er „preußischen Sozialismus" nennt. Spengler plädiert also weder für den alten Feudalismus noch eigentlich für den Nationalsozialismus, sondern er vertraut auf einen, aus der preußischen Tradition hervorgegangenen Sozialismus als der letzten geistigen Kraft, die man überhaupt noch mobilisieren kann, um den Nihilismus aufzuhalten. Dabei ist zu beachten, daß Spenglers Sozialismusbegriff im Grunde genommen identisch ist mit der Verwirklichung des Preußentums, wie er es vor Augen hatte. Das Preußentum ist der Dreh- und Angelpunkt aller Hoffnungen von Spengler. Er setzt dem Prozeß der Zivilisation alle Spezifika gegenüber, die er im Preußentum verwirklicht sah.

Der Kern des Spenglerschen Verständnisses von Preußen, und da fügt sich Spengler ganz in die Theorie des deutschen Sonderwegs ein, bezieht sich auf das spezifische Freiheitsverständnis des Preußentums. Preußen hat unter Freiheit zunächst einmal Selbstbeherrschung verstanden. Frei ist ein Leben, das sich in den Dienst eines dem Ganzen verpflichteten Daseins stellt. Spengler rekurriert hier auf das klassische, von Fichte bestimmte, deutsche Freiheitsverständnis, das nicht auf individuelle Interessenverfolgung und Bedürfnisbefriedigung abzielt, sondern das Freiheit mit Selbstbeherrschung und mit dem Dienst am Ganzen in Verbindung bringt. Es geht dort um die freiwillige Anerkennung einer Autorität und um die Unterwerfung unter eine Notwendigkeit, wie sie die geschichtliche Situation gebietet.

Wenn Spengler von Preußen spricht, dann meint er nicht das historische Preußen, sondern einen bestimmten Menschentypus, den es grundsätzlich überall geben kann. Zu dieser Art Preußentum sind aus der Sicht Spenglers grundsätzlich viele Menschen und Kulturen fähig. Im Prinzip könne jedes Mitglied der „weißen Rasse“ Preuße sein oder Preuße werden. Spengler knüpft mit dieser These an die historische Tatsache an, daß das Preußentum das Ergebnis eines begründeten Entschlusses war. Man kann sich vielleicht nicht dazu entschließen, Engländer, Franzose oder Deutscher zu sein, aber man kann sich entschließen, Preuße zu werden.

Allerdings ist Spengler der Meinung, daß sich dieser Menschentypus in Deutschland noch am ausgeprägtesten erhalten hat. Angesichts der Herausforderung der Zukunft schreibt daher Spengler den Deutschen die Mission und den geschichtlichen Auftrag zu, die weiße Menschheit vor der Bedrohung durch die farbige Menschheit zu bewahren und zu retten.

Dieser Gedanke Spenglers findet nun bei Nietzsche keinen Rückhalt mehr. Nietzsche hatte im Blick auf die Zukunft kein Interesse daran, eine aus der Romantik herkommende Tradition zu erneuern oder gar politisch ins Spiel zu bringen. Hier kann sich der revolutionäre Konservativismus der Weimarer Republik nicht auf Nietzsche berufen. Es ist vielmehr das Denken Spenglers, das hier in krudester Form in den Nationalsozialismus eingeflossen ist. Die Nationalsozialisten gingen ebenfalls davon aus, daß sich die Deutschen bisher gegenüber dem Kulturbolschewismus des Liberalismus noch am resistentesten erwiesen haben und daß die Deutschen die Menschheit vor dem Kulturbolschewismus bewahren müssten.

Spengler sah den Ablauf und das Schicksal einer Kultur dadurch bestimmt, daß ein ursprünglicher Kulturzustand aufgehoben wird. Dieser Anfangszustand war ein Zustand, in dem die Kultur noch in vorrationaler Weise mit der Landschaft verbunden war. Dieser ursprüngliche Zustand der Kultur – und das ist für Spengler wichtig – war daher durch das Bauerntum geprägt gewesen. Die bäuerliche Kultur war in die Landschaft eingelassen, und sie war aus der Einsicht in die eigenen Erhaltungs- und Reproduktionsbedingungen durch die Lebensinstinkte geleitet. Diese Kultur, in der eine unmittelbare Entsprechung zwischen der „Kulturseele“ und der Landschaft gegeben war, stellt für Spengler das Paradigma von Kultur dar. Kultur ist für Spengler nun nichts anderes, als das In-Form-Sein einer solchen kollektiven Seele bzw., wie er sich ausdrückt, „Rassenseele“. Für Spengler ist Kultur nicht, wie in der Aufklärung, das Produkt einer Theorie. Theoriegeleitete, rationale Kultur mündet vielmehr in seinen Augen letzten Endes immer in Nihilismus und Realitätsverlust. Kultur bzw. Rasse ist vielmehr das Ergebnis eines Menschentums, das sich eine „Form“ zu geben vermag.

Spenglers Begriff der „Rasse“ hat hier noch nichts mit dem biologistischen Rassebegriff der Nationalsozialisten zu tun, aber er bereitet dieses Verständnis vor. Spengler hat von „Rasse“ in dem Sinne gesprochen, wie man etwa sagt, ein Pferd sei ein „Rassepferd“. Mit Rassepferd ist ein Pferd gemeint, das in einer idealtypischen Weise die Eigenschaften hat, die ein Pferd auszeichnen: edel, gespannt, vital. Ein Mensch von Rasse ist für ihn entsprechend ein Mensch, der instinktiv, und nicht durch den Verstand vermittelt, das Formgesetz der Kultur repräsentiert und verwirklicht. Letzten Endes stellt damit Spengler die Kraft des Instinktes gegen den Nihilismus, der aus dem modernen Rationalismus resultiert.

Es gibt für Spengler Menschen, die in diesem Sinne in „Form“ sind und „Rasse“ haben, weil ihr Instinkt noch nicht aufgelöst und durch den Intellekt verbogen worden ist. Diese Menschen sind noch im Stande, Tatsachen zu erkennen und ihnen zu entsprechen.

Wenn man in dieser Weise den Geist auf Rationalität verkürzt, und wenn man diesem Rationalismus das „Leben“ in seiner vitalen instinktgeleiteten Unmittelbarkeit entgegenstellt, dann ist der Weg zum Faschismus und Nationalsozialismus nicht mehr weit. Der Nationalsozialismus hat sich ja auch einer grundsätzlichen Geistfeindschaft hingegeben. Ein geistiger Mensch gilt dort per se als instinktverlassen und unfähig, die Tatsachen dieser Welt überhaupt wahrzunehmen. Hitler hat ein solches instinktgeleitetes vitales Wesen, das sich in Form bringt, gefordert. Wie lautete noch seine Formel? „Seid hart wie Kruppstahl und flink wie die Windhunde“. Der Nationalsozialismus war – über Spengler hinaus – von dem Glauben geleitet, man könnte einen solchen Typus Mensch durch biologische Rassezüchtung erzeugen. Man muß dann nur noch die richtigen Typen miteinander paaren, um kraft staatlich organisierter Züchtung den richtigen, nämlich vitalen, instinktstarken Typus Mensch zu bekommen. In diesem Sinne stellt der Nationalsozialismus die trivialisierte und vollends ins Biologische gewendete Anwendung des Spenglerschen Denkens dar.

Spengler selber ging es noch nicht um die Züchtung eines Menschen, sondern darum, die schicksalhaft verhängte Tatsache der Zivilisation anzuerkennen. Wer diese schicksalhafte Notwendigkeit anerkennt und wer unter dieser schicksalhaften Notwendigkeit nicht zusammenbricht, sondern sich diesem Schicksal zu stellen vermag, – um es sogar zu erfüllen, auch wenn er weiß, daß das den Untergang der Kultur bedeutet –, der erfüllt für Spengler das Kriterium des geforderten Menschentypus. Spengler plädierte also nicht für ein rassistisches Züchtungsprogramm, sondern für die Haltung des heroischen Realismus bzw. Nihilismus. Spenglers Philosophie ist eine Philosophie des verlorenen Postens. Spengler proklamiert eine heroische Haltung, die, den Untergang sehend, sich ihm zu stellen und standzuhalten vermag. Spengler forderte die Deutschen dazu auf, vor dem Schicksal nicht in die Knie zu gehen und in romantische Nostalgie auszuweichen, sondern sich dem Schicksal der Zivilisation zu stellen, auch wenn es den eigenen Untergang bedeuten sollte.

Wir werden sehen, daß Ernst Jünger an dieser Stelle an Spengler anknüpft und noch einen Schritt weiter geht. Jünger mythisiert geradezu den auf verlorenen Posten befindlichen Soldaten, der in aussichtsloser Situation das Gesetz, nach dem er angetreten ist, erfüllt.

Wir haben nun versucht, in Spengler eine der entscheidende geistige und psychische Quelle freizulegen, von der aus das Schicksal der Weimarer Republik und der Sieg der völkisch-faschistischen Bewegung zu verstehen ist. Ich behaupte, daß man von der wirklichen Genese des Nationalsozialismus nichts versteht, wenn man den gedanklichen Komplex, den Spengler hier entwickelt hat, nicht begreift.

4. Ernst Jünger – Der Triumph der Technik über den Geist des Humanismus

Wir haben nicht den gesamten Oswald Spengler angesehen, sondern nur seine Geschichtsdeutung, soweit sie für die revolutionär konservative Position innerhalb der Weimarer Republik wichtig ist. Ehe wir auf Ernst Jünger zu sprechen kommen, wollen wir kurz die Ergebnisse zu Oswald Spengler zusammenfassen.

Spengler ist für die ganze konservative Theorie der zwanziger und dreißiger Jahre so wichtig, weil er erstmalig die Dichotomie, also den Gegensatz, von Kultur und Zivilisation eingeführt hat. Die damalige deutsche Kulturtheorie ist wesentlich von diesem Gegensatz bestimmt gewesen.

Das war damals ein spezifisch deutsches Phänomen. In Frankreich würde auch heute noch keiner auf die Idee kommen, zwischen Kultur und Zivilisation so streng zu unterscheiden, wie das seinerzeit in Deutschland der Fall war. Die Franzosen wissen, daß für eine Kultur die Kultur des Wasserklosetts genauso wichtig ist wie der Stand der esoterischen Lyrik. In Deutschland würde man sich aber wohl heute noch schwer tun, solche Errungenschaften unter Kultur zu fassen.

Zweitens steht Spengler für die These, daß die Phase der Kultur hinter uns liegt und daß wir nunmehr in die Phase der Zivilisation eingetreten sind. Wir haben uns klar gemacht, daß Oswald Spengler der Sache nach unter Zivilisation das verstanden hat, was Nietzsche mit Nihilismus gemeint hat.

Der ganzen Spenglerischen Geschichts- und Kulturtheorie liegt – drittens – die radikale Negation der gesamten Kulturtradition der letzten 2000 Jahre, von den Griechen bis zum deutschen Idealismus, zugrunde. Spengler negiert das gesamte überlieferte, christlich humanistische Geschichts- und Kulturverständnis genauso radikal, wie Nietzsche das getan hat.

Es ist es nun – viertens – von großer Bedeutung, daß Spengler eine Primitivisierung des Nietzscheschen Denkens vornimmt, indem er an die Stelle des rationalen Geistes, ja des Geistes überhaupt, das biologisch interpretierte „Leben“ setzte. Natürlich finden sich auch bei Nietzsche Aussagen und Sätze, die eine biologistische, vielleicht sogar rassistische Deutung zulassen, aber es wäre – wie wir gezeigt haben – doch eine zu einseitige und zu oberflächliche Interpretation des Nietzscheschen Wirklichkeitsbegriffes, wenn man Nietzsche auf eine biologistisch-rassistische Ebene reduzieren würde. Die Spenglersche Kultur- und Geschichtsdeutung gehört dagegen eindeutig in die Bewegung des Vitalismus und der Lebensphilosophie hinein. Oswald Spengler gab in seiner Lebensphilosophie dem Gedanken des Lebens eine biologistische Wendung und Deutung. Das bedeutet allerdings noch nicht, daß Spengler die rassistische Theorie des Nationalsozialismus geteilt hätte. Spengler führt zwar die Kategorie der Rasse ein, aber Spengler ist im nationalsozialistischen Sinne trotzdem noch kein Rassist gewesen. Der Nationalsozialismus hat über Oswald Spengler hinaus durchaus eine weitere Vergröberung und Primitivisierung des Rassegedankens vorgenommen, indem er den spezifisch biologischen Akzent in die Tradition der Lebensphilosophie hineingebracht hat.

Fünftens ist Spengler auch noch deshalb von entscheidender Bedeutung, weil er jeden Gedanken an einen in der Geschichte erreichten oder erreichbaren Fortschritt radikal destruiert und an die Stelle der modernen Fortschrittstheorie den Gedanken des Fatums, der „ananke", des Schicksals, gesetzt hat. Das ist ein Vorgang, auf den wir im Zusammenhang der Behandlung von Heidegger noch einmal zurückkommen werden, denn hier gibt es natürlich eine ganz große innere Affinität zwischen Heidegger und Spengler. Beide sind der Meinung, daß in der Geschichte kein Gott und auch keine Vernunft, die man im Sinne der Fortschrittskonzeption interpretieren könnte, waltet, sondern das Schicksal. In der Geschichte waltet das vorplatonische, letztlich dem Mythos entstammende Schicksal, also jene unerkennbare, unerhellbare, dunkle Fügung, die über alles Sein der menschlichen Kultur verfügt. Diese Verfügung wirkt in einem fatalistischen Prozeß, d.h. als unabwendbares Verhängnis auf den Menschen ein. Vielleicht ist diese Rede vom Schicksal die ausgeprägteste antichristliche Komponente bei Spengler.

Auch der sechste Gedanke ist für das revolutionär-konservative Denken in der Weimarer Republik von ganz zentraler Bedeutung gewesen: Spengler hat, auch hier übrigens im Anschluß an Nietzsche, den Gedanken der Einheit der Menschheit aufgegeben. Während in der christlichen und auch aufgeklärten Geschichtsdeutung immer der Gedanke der einen universalen Menschheit maßgebend gewesen ist, hat Nietzsche die Menschheit in zwei antagonistische Ausprägungen des Menschen unterteilt. Nietzsche sprach vom Herren- und vom Sklavenmenschen. Spengler hat auch diesen Gedanken von Nietzsche aufgenommen und konkretisiert. Das revolutionär-konservative Denken spricht daher seit Spengler nicht mehr von der universalen Einheit der Menschheit, sondern von der „Pluralität der Kulturen". Diesen Kulturen liegen ganz heterogene, miteinander unvereinbare und unversöhnbare Prägungen des Menschentums zugrunde; Menschentümer, die jeweils einer bestimmten „Kulturseele" mit eigenem „Stil" zugeordnet sind, und die sich, Spengler zufolge, so heterogen zueinander verhalten, daß zwischen diesen Kulturen letztlich keine Verständigung möglich ist. Spengler meinte, daß die Idee einer Verständigung der Kulturen nur ein Trugbild sei. Selbst wenn in den diversen Kulturen die gleichen Begriffe und die gleichen Worte gebraucht werden, verbinden die einzelnen Kulturen damit einen ganz anderen Sinn und eine ganz andere Bedeutung. Spengler wendet sich hier gegen den Glauben der Aufklärung, daß man abgesehen von den kulturellen Prägungen planetarisch einen rationalen Diskurs organisieren könne.[118]

Die These von der Unvermittelbarkeit und Unversöhnbarkeit der Kulturen ist nicht nur für das konservativ-revolutionäre Denken eine ganz wichtige Prämisse. Bis heute scheint es so zu sein, als könne es keine Vermittlung und Versöhnung zwischen dem in der Tradition des Christentums und der Aufklärung entstandenen

---

118 Spenglers Aussage, daß es zwischen den unterschiedlichen Kulturen keine wirkliche Verständigung gibt, ist sicherlich nicht richtig, sie ist aber auch nicht ganz falsch. Die Differenz zwischen den Kulturen stellt durchaus ein Problem dar, über welches das aufgeklärte Denken oft all zu leichtfüßig hinweg geht.

Gedanken der universalen Einheit der Menschheit auf der einen Seite und der partikularen Identität der unterschiedlichen Kulturen auf der anderen Seite geben. Während damals allerdings die traditionale „Kultur“ gegen die aufgeklärte „Zivilisation“ revoltierte, haben sich heute die Vorzeichen umgekehrt. Der harte ideologische Kern, der heute der Differenzierung zwischen konservativ und progressiv zugrunde liegt, ist darin zu sehen, daß die Progressiven den Gedanken der universalen Einheit der Menschheit gegen diejenigen Konservativen verteidigen, die in ihrer mutmaßlichen Borniertheit regionale, nationale oder sonstige partikulare kulturelle Identitäten zu bewahren versuchen. Diese konservative Position gerät sehr schnell unter Faschismusverdacht, wenn sie nationale oder kulturelle Partikularitäten gegen den in der Aufklärung entstandenen Gedanken der universalen Zugehörigkeit aller Menschen zur *einen* Menschheit ausspielt. In der Tat ist es dem Konservativismus in der Zeit nach Herder und Hegel nicht mehr gelungen, beides, nämlich den Partikularismus und den Universalismus, zu vermitteln. In der von Augustin über Herder bis zu Hegel reichenden christlichen Geschichtstheorie hat es dieses Problem des Antagonismus von Universalität und Partikularität dagegen noch nicht gegeben. Es muß der Auseinandersetzung mit der Geschichtstheologie, der Geschichtsphilosophie und mit dem Historismus vorbehalten bleiben, einmal zu untersuchen, wie es überhaupt zu der merkwürdigen Vorstellung kommen konnte, daß Universalismus und Partikularismus miteinander unvermittelbar und unversöhnbar seien. Die Bedeutung von Spengler in diesem Zusammenhang besteht jedenfalls darin, daß er den Glauben an deren Unvermittelbarkeit und Unversöhnbarkeit dogmatisch befestigt und als schicksalhaftes Verhängnis ausgegeben hat.

Damit kommen wir, siebtens, zu einem ganz eigentümlichen Zug des konservativ-revolutionären Geschichtsdenkens. Ich meine damit den Umstand, daß im Geschichtskosmos von Oswald Spengler die sogenannte Realgeschichte völlig ausgeblendet wird. Zugespitzt formuliert: Spengler blendet genau das aus, was in der marxistischen Geschichtsbetrachtung Thema war. Die realen Gehalte der Geschichte, also politische, ökonomische und soziale Wirklichkeiten, sind für Spengler nur Ausdruck und Symbol einer kulturellen „Form“. Spengler nimmt das geschichtliche Geschehen nicht in seiner Wirklichkeit und Faktizität zur Kenntnis, sondern er nimmt es als Vehikel zur symbolischen Deutung von Kulturseelen und ihrer eigentümlichen Formen. Spengler betreibt eine physignomisch deutende symbolistische Geschichtsbetrachtung, in der die Geschichte als eine Formensprache, in der sich eine Vielzahl von kulturellen Formen ausdrücken und darstellen, verstanden wird. Spengler hatte geradezu ein ästhetistisches Geschichtsbild. Auch das ist nicht ganz neu. Die Kategorien der symbolischen Ausdrucksforschung und – bei Ernst Jünger – der Gestalttheorie stammen aus der deutschen Romantik und auch von Goethe.

Wir haben immer wieder auf die Bedeutung Nietzsches für Spengler hingewiesen, aber hinsichtlich Spenglers Methode und Verfahren ist nicht Nietzsche das Vorbild, sondern Goethe. Spengler hat sich in einer eigentümliche Weise die Goethesche Symboldeutung und Gestalttheorie zu eigen gemacht hat. Das ist für den revolutionären Konservativismus gerade der Weimarer Republik sehr wichtig. Indem Spengler nur die gestalthaften Ausprägungen und Ausdrucksweisen, in denen eine entelechische Form wirksam wird, in den Blick nimmt, ist er eigentlich nur an Formen und Typen interessiert. Zwar spielt der Begriff des Typus bei Spengler keine ausdrückliche Rolle, aber de facto zielt seine Lehre des symbolischen kulturellen Ausdrucks darauf ab, die großen Typen herauszuarbeiten. Dementsprechend nimmt Spengler auch jedes welthistorische Individuum nicht in seiner individuellen Faktizität, sondern nur als Repräsentation einer typischen gestalthaften Ausprägung einer bestimmten Kulturseele in einer bestimmten Phase des schicksalhaft vorgeschriebenen Entwicklungsweges zur Kenntnis. Wir werden gleich noch darauf zurückkommen, was das eigentlich für die Wahrnehmung von Geschichte bedeutet.

Achtens haben wir untersucht, was die Spenglersche Interpretation, wonach wir nach dem Verfall der Kultur in das Zeitalter der Zivilisation eingetreten sind, konkret politisch bedeutet hat. Spengler interpretiert hier das Ereignis des Ersten Weltkrieges und seiner Konsequenzen als Ausdruck des weltrevolutionären Bürgerkrieges, der seit dem Ende des 18. Jahrhunderts den Gang der modernen Geschichte bestimmt hat. Spengler folgert aus dem Ablauf dieses weltrevolutionären Bürgerkrieges, daß es zur Selbstzerstörung der Demokratie kommen wird.

Auch diese These ist für das Bewußtsein der Konservativen in der Weimarer Republik von immenser politischer Bedeutung gewesen. Spengler stand damit völlig konträr zum Selbstverständnis des Westens: Die großen westlichen Demokratien hatten damals den Ausgang des Ersten Weltkriegs als großen Triumph der Demokratie über das letzte, dieser Demokratie Widerstand leistende und von imperialistischen und militaristischen Komplexen beherrschte deutsche Regime interpretiert. Man glaubte, daß nun der letzte Feind, der dem Endsieg der Demokratie noch im Wege stand, besiegt sei. Die tiefe Erschütterung der Deutschen zeigt, daß sie das offenbar selber ganz ähnlich empfunden haben. Daher hatten sie das Gefühl, daß sie im Ersten Weltkrieg nicht nur eine militärische Niederlage erlitten, sondern in ihrer ganzen kulturellen und auch geistigen Existenz in Frage gestellt worden sind.

In dieser Situation kam nun Spengler und bot den Deutschen eine entgegengesetzte Deutung an: Dieser Weltkrieg bedeutet nicht den Triumph, sondern den Anfang vom Ende der Demokratie: Die Demokratie ist weltgeschichtlich zum Scheitern verurteilt, und aus dieser zerstörten Demokratie wird das Zeitalter des „Cäsarismus“ hervorgehen. Einzelne Staatsmänner, ausgestattet mit dem Blick für Tatsachen, werden mit Hilfe von Berufsheeren die Macht ergreifen und die Demokratie liquidieren.

Auch dies ist eine Prognose, die sich in weiten Teilen Europas im Faschismus tatsächlich erfüllt hat. Spengler hätte sich durch den Gang der Geschichte sicherlich bestätigt gefühlt. Spengler prophezeite auch, daß in Zukunft der Klassenkampf, der über den Liberalismus und den Bolschewismus zur Zerstörung der Kultur geführt habe, durch den Rassenkampf abgelöst wird. Angesichts dieser Gefahr hat, Spengler zufolge, die „weiße Rasse“ nur noch eine Chance, wenn die Deutschen, die den Weg vom Liberalismus zum Bolschewismus noch am wenigstens mitgegangen sind, die Kraft entwickeln, diesen schicksalhaften Herausforderungen und Verhängnissen gewachsen zu sein. Spengler glaubte, daß sich die Deutschen die dazu erforderliche innere Vitalität noch am meisten erhalten haben. Spengler hoffte darauf, daß die Deutschen die „weiße Rasse" vor dem Untergang bewahren werden.

Spengler spricht den Deutschen allerdings keine Menschheitsmission mehr zu, wie das die Deutschen in der Deutschen Klassik noch getan haben. Während im Humanitätsgedanken der deutschen Klassik, wenn auch völlig apolitisch konzipiert, den Deutschen eine kulturelle Menschheitsvision zudacht wurde, spricht Spengler den Deutschen nur noch den vom Schicksal verhängten Auftrag zu, im bevorstehenden Endkampf der Rassen um die Erdherrschaft wenigstens noch das Schicksal der weißen Rasse zu retten.

Und welcher konkreten geistigen Kraft der Deutschen traute Spengler dies zu? Hier gibt Spengler nun nicht die Antwort, die man eigentlich erwarten sollte. Denn Spengler denkt nicht an Adolf Hitler und den Nationalsozialismus. Spengler ordnet den Nationalsozialismus, mit einigen Einschränkungen den Faschismus überhaupt, vielmehr noch der Endphase der Demokratie zu. Nationalsozialismus und Faschismus sind für ihn keine Kräfte, die den Herausforderungen der Zukunft gewachsen sind. Spengler sah den ganzen Nationalismus noch ganz in der Geschichte der Demokratie und ihres Verfalls verortet. Er hat darum dem Nationalsozialismus nicht zugetraut, anstelle der verfaulten, kapitalistisch-liberalen, bürgerlichen Ordnung eine neue Ordnung zu schaffen.

Wir wollen doch zu Spenglers Ehren sagen, daß er den Nationalsozialismus von Anfang an kritisch bis ablehnend gegenübergestanden und daß er statt dessen auf den „preußischen Sozialismus" gesetzt hat. Für Spengler repräsentierte das Preußentum von seinen Anfängen an die wahre Form des sozialistischen Gedankens. Im Vergleich zu diesem wahren Sozialismus, den das Preußentum entwickelt und auch gelebt hat, sei der marxistische Sozialismus nur eine, durch die bürgerliche Verfallskultur bestimmte, Verfallsform des Sozialismus gewesen.

Was war denn an Preußen so sozialistisch? Hier ist zunächst zu sagen, daß Preußen den aus der Französischen Revolution hervorgegangenen individuellen Freiheitsgedanken nicht geteilt hat. Preußen hat vielmehr von Anfang an der westlichen Aufklärung einen eigenen Freiheitsgedanken entgegengestellt. Und zwar einen Freiheitsgedanken, der den Gedanken der Verantwortung und des Dienstes in sich einschloß. Freiheit war für Preußen nichts anders, als die entsagungsvolle Pflichterfüllung im Dienste der im Staat politisch organisierten Gemeinschaft. Wir dürfen nie vergessen, daß Marx dagegen noch in der Kontinuität des liberalen, letzten Endes anarchistischen Erbes der bürgerlichen Gesellschaft gestanden hat, während der Freiheitsbegriff Preußens den Dienst und die Verantwortung vor der politisch organisierten Gemeinschaft impliziert hat. Dieser Gedanke der Freiheit, der sich im Dienst und in der sittlichen Hingabe gegenüber einem größeren Ganzen erfüllt, ist zweifellos ein Freiheitsgedanke, der sich im Rahmen der alten Sozialdemokratie gegenüber dem marxistischen Sozialismus durchaus als konkurrenzfähig erwiesen hat.

Spengler war der Meinung, daß in Preußen noch am meisten von der alten Kultur enthalten war, insofern hier noch eine Autorität existierte und insofern die aus der Autorität hervorgehende Disziplin nicht als repressive, sondern als frei gewollte und bejahte Unterordnung der individuellen Bedürfnisse unter das Allgemeinwohl in Erscheinung trat. Es ist also nicht abwegig, daß Spengler seine Hoffnungen auf den preußischen Sozialismus gesetzt hat, zumal dieses Preußentum den Gang vom „Liberalismus" zum „Kulturbolschewismus" in diesem Sinne tatsächlich nicht mitgegangen ist. Diese Hoffnung wurde auch dadurch genährt, daß Spengler wußte, daß man als Preuße nicht geboren sein muß, sondern sich jederzeit und überall dazu entschließen kann, ein Preuße zu sein. Es ist sehr wichtig, daß Spengler im Blick auf die künftige Gesellschaftsordnung jede rassische oder völkische Abhängigkeit bzw. Bedingtheit ausgeschlossen hat.

Obwohl vom geschichtlichen Ablauf aus gesehen, jetzt eigentlich Thomas Manns „Betrachtungen eines Unpolitischen" interpretiert werden müßte, gehe ich nun auf Ernst Jünger ein, weil sein Denken von Spengler aus besser und eher verständlich gemacht werden kann. Wir werden uns damit einem seriöseren Buch zuwenden, nämlich dem Buch „Der Arbeiter". Die Lektüre dieses Buches macht noch deutlicher, was unter „heroischem Nihilismus" zu verstehen ist. Jünger nimmt dort gegenüber Spengler eine entscheidende Akzentverschiebung vor, die im Blick auf den Nationalsozialismus von noch größerer Bedeutung ist. Ernst Jünger unternimmt nämlich den Versuch, die moderne Welt in mythischer Weise als eine technische Welt zu interpretieren. Ernst Jünger ist es in diesem Buch gelungen, einen geschichtsmächtigen Mythos von der modernen technischen Welt zu dichten. In diesem Sinne ist „Der Arbeiter" ein geniales Buch. Heidegger hat daher, als dieses Buch erschien, ein ganzes Seminar darüber veranstaltet.

Für die Nationalsozialisten und ihr weltanschauliches Verständnis hat dieses Buch zwar keine Rolle gespielt. Die Nationalsozialisten sind irritiert davor gestanden und haben es als ästhetisches Phänomen zurückgewiesen. Es ist wichtig, zu sehen, daß „Der Arbeiter" nie von den Nationalsozialisten rezipiert worden ist. Gleichwohl hat Jünger gerade in diesem Buch einen entscheidenden Zug des Nationalsozialismus, und noch mehr des Faschismus, erkannt und vorweggenommen. Nämlich den Zug, daß es sich hierbei um eine so in der Geschichte noch nie da gewesene Synthese von Technik und Mythos handelte. Der Nationalsozialismus stellte eine ganz merkwürdige Synthese von Technik und Mythos dar. Der Nationalsozialismus wollte das selber nie zugeben, aber Jünger hat es antizipiert.[119]

[119] Nebenbei bemerkt, sind wir zu Beginn des 21. Jahrhunderts in geistesgeschichtlicher Hinsicht wieder genau an dem Punkt angelangt, wo sich Technik und Mythos in einer ganz neuen Weise miteinander verschränken. Ernst Jünger war nicht zufällig der Lieblingsautor von François Mitterrand und er gehört heute in Frankreich ohne Zweifel zu den größten Autoren des 20. Jahrhunderts. Frankreich setzt sich ganz unvoreingenommen mit Jünger auseinander, während er in Deutschland in einer Weise für den Nationalsozialismus verantwortlich gemacht wird, als ob es den Nationalsozialismus ohne Ernst Jünger nicht gegeben hätte. Die Deutschen nehmen ihn daher sehr unwillig zur Kenntnis. Allerdings gibt es auch in Deutschland nach wie vor eine kleine Jünger-Gemeinde.

Ich meine, daß man das Phänomen Ernst Jünger philosophisch gar nicht ernst genug nehmen kann, denn ohne Jünger kommt man an die wirklichen Quellen des Phänomens des Nationalsozialismus gar nicht heran. Jünger nimmt allerdings im Zusammenhang unserer Überlegungen eine Sonderstellung ein, weil der frühe Jünger mit dem alten Konservativismus gar nichts mehr am Hut hatte. Das Buch „Der Arbeiter" hat mit Konservativismus nun überhaupt nichts zu tun. Jünger hat sich erst unter dem Eindruck der Erfahrung mit der nationalsozialistischen Terrorherrschaft zu einem Konservativen entwickelt.[120]

Ernst Jünger gehört ohne Zweifel zu den symptomatischen geistigen Figuren der Geistesgeschichte und der politischen Geschichte, nicht nur der ersten Hälfte, sondern des 20. Jahrhunderts überhaupt. Es kann an seinem geschichtlichen Rang eigentlich keinen Zweifel geben. Im Blick auf die Genese des Nationalsozialismus ist für uns vor allem der junge Ernst Jünger interessant, der das Erlebnis des Ersten Weltkriegs verarbeitet hat. Die literarische Gestaltung der Wirklichkeit des Ersten Weltkrieges ist vielleicht die größte dichterische Leistung Jüngers gewesen. Ich glaube nicht, daß es eine vergleichbare Leistung gibt, wenn auch Erich Maria Remarque damals auf der linken Seite des politischen Spektrums die gleiche Rolle gespielt hat, die Ernst Jünger auf der rechten Seite gespielt hat. Dieses Weltkriegserlebnis ist für das Verständnis des gesamten Werkes von Ernst Jünger der eigentliche Schlüssel. Jünger wollte in seinem Buch „Der Arbeiter" das denken und gestalten, was dieser Weltkrieg als epochales revolutionäres Ereignis geschichtlich konkret bedeutet hat. Das Buch ist allerdings erst im Jahre 1932, also kurz vor der Machtübernahme der Nationalsozialisten, erschienen.

Wer sich mit Ernst Jünger beschäftigt, muß wissen, daß auch Jünger in der Rezeption gemeinhin als ein Präfaschist oder gar als Faschist angesehen wird. Christian Graf von Krockow etwa hat vor einigen Jahren ein Buch über die „Die Deutschen in ihrem Jahrhundert 1890–1990" geschrieben, in dem er Ernst Jünger, Carl Schmitt und Adolf Hitler auf gleicher Ebene nebeneinandergestellt hat, und in dem Jünger als geistiger Totengräber der Weimarer Demokratie dargestellt wird. Wir fassen also wiederum ein heißes Eisen an. Wir bräuchten eigentlich eine Zange, um Jünger überhaupt anfassen zu können, denn er steht nicht zuletzt wegen dieses Buches „Der Arbeiter" im Geruch, ein Präfaschist bzw. ein Faschist zu sein. Ich will auch sofort sagen, daß diese Zuordnung nicht von ungefähr ist. Allerdings müssen wir auch hier wieder festhalten, daß er nie Mitglied der NSDAP gewesen ist, und daß er – das geht aus seinen Tagebüchern hervor – zum Nationalsozialismus und auch zu Hitler immer auf Distanz gestanden hat. Während des Zweiten Weltkrieges hat er außerdem unter dem Titel „Auf den Mamorklippen" ein Buch veröffentlicht, das nicht zu Unrecht als Beitrag zum inneren geistigen Widerstand gegen das Dritte Reich verstanden wurde. Jünger hat – wie übrigens auch Gottfried Benn – überdies seine Zugehörigkeit zur Wehrmacht als Teil dieser inneren

---

[120] Der späte Jünger, der diese konservative Wendung vollzieht, hätte übrigens einer der geistigen Protagonisten der grünen Bewegung sein können. Denn wenn einer die tiefsten Impulse und Motive dieser Bewegung vorweggenommen hat, dann ist es Ernst Jünger.

Emigration verstanden. Und er hat sich im übrigen in seinem Spätwerk nicht nur vom Nationalsozialismus, sondern auch von diesem Buch „Der Arbeiter“, weit entfernt.

Die konkrete Zuordnung Jüngers zum Nationalsozialismus ist also, was die Biographie und auch sein Werk während des Nationalsozialismus, während des Krieges und nach dem Kriege angeht, eigentlich durch nichts zu begründen. Dennoch gab es einen riesengroßen Aufschrei, als Jünger den „Friedenspreis des Deutschen Buchhandels“ in Frankfurt verliehen bekam. Man hielt es für ungeheuerlich, daß einem solchen Faschisten der Friedenspreis zugesprochen wurde.

Die Zuordnung Jüngers zum Faschismus wird vielleicht noch am ehesten durch dieses Buch, „Der Arbeiter“, verständlich. Bei der Interpretation dieses Buches wird deutlich, wieso man auf die Idee kommen kann, in Jünger einen faschistischen Schriftsteller zu sehen. Ich spreche hier ganz bewußt nicht vom nationalsozialistischen, sondern vom „faschistischen“ Schriftsteller, denn wenn man die Begriffe präzise gebraucht, kann man Ernst Jünger nicht ernsthaft mit dem Nationalsozialismus in eine geistige Verbindung bringen. Aber die Frage muß erlaubt sein, ob Jünger nicht der große intellektuelle Repräsentant des *Faschismus* war.

Das Urteil, wonach Jünger der intellektuelle Repräsentant des Faschismus war, ist, wenn man sich den „Arbeiter“ ansieht, aus zwei Gründen berechtigt: Erstens, weil Jünger dort den Ersten Weltkrieg nicht mehr als eine kriegerische Auseinandersetzung zwischen souveränen Nationalstaaten begreift, sondern als Zeichen und Ausdruck einer Revolution. Und zwar einer Revolution, die, wie er selber sagt, von einer tieferen Bedeutung und von einer größeren Wirkung ist, als die Reformation und der 30jährige Krieg. Jünger deutet den Ersten Weltkrieg als Ausdruck einer sich vollziehenden Revolution von weltgeschichtlicher Bedeutung. Im „Arbeiter“ versucht Jünger immer wieder, zu interpretieren, warum er das meint.

Was bedeutet es, den Ersten Weltkrieg als Manifestation und Ausdruck einer Revolution zu deuten? Das heißt zunächst einmal, daß für Jünger in den Schlachten des Ersten Weltkrieges, vor allen Dingen des Stellungskrieges in Frankreich, die alte Weltordnung zugrunde gegangen ist. Welche alte Weltordnung ist gemeint? Die Weltordnung der bürgerlichen Kultur. Für Jünger ist das Zeitalter des Individuums und der liberalen Demokratie beendet.

Es ist natürlich von gar nicht zu überschätzender Bedeutung, wenn Jünger den Ersten Weltkrieg in diesem Sinne als das revolutionäre Ende der alten bürgerlichen, liberalen, demokratischen Weltordnung und des an diese Weltordnung gebundenen Humanitätsbegriffes interpretiert. Keiner hat mit solch kaltem Zynismus alles das abserviert, was die bürgerliche Gesellschaft unter Individualismus und Humanität verstanden hat, wie Jünger. Wenn man die zynische Sprache – und Jünger ist in der Tat ein reiner Zyniker –, in der er den bürgerlichen Humanismus abserviert, zur Grundlage nimmt, dann muß man sagen, daß der junge Jünger tatsächlich Faschist gewesen ist. Wer so über diese bürgerliche Kultur redet, der muß ein Faschist sein. Das ist richtig, aber es ist dennoch zu kurz gegriffen. Denn Jünger behauptet nicht, daß er die bürgerliche Humanität zerstört habe oder zerstören wolle, sondern er behauptet, daß diese liberale, demokratische, bürgerliche

Ordnung und diese Humanität im Ersten Weltkrieg selber zusammengebrochen sei. Jünger meint, dieser Zusammenbruch hätte sich real in der Erfahrung dieses Krieges vollzogen. Dies zu sagen, ist doch noch etwas anderes, als wenn jemand meint, die bürgerliche Humanität zerstören zu wollen.

Wir müssen heute gerechterweise sagen, daß die Art und Weise, wie die europäischen Nationen im Ersten Weltkrieg übereinander hergefallen sind, ein Vorgang von völliger Sinnlosigkeit war. Der Erste Weltkrieg ist nachträglich gar nicht anders, denn als ein Akt der Selbstzerstörung der europäischen Kultur und der sie bildenden und tragenden Nationen zu verstehen.

Jünger hat auf die Besonderheit dieses Krieges reflektiert. Und was ist – wiederum in einer mehr physignomisch symbolischen Deutung vorgetragen – für Jünger das Besondere dieses Krieges gewesen? Das Besondere ist die Rolle der Technik gewesen. Die Technik, die Maschine, hat damals eine solche Macht entwickelt, daß der menschliche Geist zur völligen Ohnmacht verurteilt worden ist. Jünger stellt fest, daß der Geist des Opfers und der Hingabe, mit dem die idealistisch gestimmte und in bürgerlicher Tradition erzogene junge Generation angetreten ist, zuschanden ging, als der junge Soldat mit einem Maschinengewehr moderner Bauart konfrontiert worden ist. Jünger konstatiert die absolute Ohnmacht des Geistes, welche die Menschen angesichts der durch die Technik entfesselten Mächte erfüllt hat. Das ist der erste, ganz entscheidende Punkt.

Zweitens machte diese junge Generation die Erfahrung der absoluten Sinnlosigkeit des andauernden Massentötens. Jünger beschreibt den über zwei Jahre sich hinziehenden Stellungs- und Bruderkrieg, in dem die Soldaten einander gegenüberliegen und keinen Zentimeter Bodens gewinnen. Die Massentötung wurde geradezu zum Selbstzweck.

Man muß diese Wurzel, diese Initialzündung des Ersten Weltkrieges, rekonstruieren, um Jünger zu verstehen. Natürlich war Jünger ein Feind der bürgerlichen Humanität, aber man muß diese reale und konkrete Erfahrung des Krieges im Auge haben, wenn man nach dem Grund seiner Feindschaft fragt. Jünger zieht im „Arbeiter" eigentlich nur die Konsequenzen aus dem, was durch diesen revolutionären kriegerischen Akt der Selbstzerstörung der bürgerlich europäischen Zivilisation freigesetzt worden ist. Jünger stimmt im Resultat völlig mit Nietzsche überein, wenn er sagt, daß dieser Krieg die sukzessive Auflösung der bürgerlichen Welt bedeutete.

Jünger gibt nun dem konservativen Gedanken eine ganz neue Wendung. Er setzt diesem Verfallsprozeß nun kein Programm, keine Theorie, und auch kein Postulat mehr entgegen. Jünger postuliert weder, wie Nietzsche, die Überwindung des Nihilismus, noch setzt er, wie Spengler, auf den preußischen Sozialismus. Alles dies macht Jünger nicht, sondern er zeichnet nur einen Vorgang nach. Jünger formuliert weder eine Philosophie noch liefert er eine literarische Darlegung, sondern er gibt vor, etwas zu „sehen". In diesem Punkt besteht übrigens eine große Nähe zu Carl Schmitt. Jünger sieht, wie sich in dieser anarchisch, amorph, chaotisch vollziehenden Bewegung eine andere und neue Wirklichkeit abzeichnet. Jünger sieht nicht einfach das Ende, den Nihilismus, dem er dann irgendwelche Wünsche, Postulate,

Programme oder Theorien entgegensetzt, sondern er sieht, wie in diesem Prozeß der Auflösung die Formen einer neuen Wirklichkeit sichtbar werden.

Übrigens hat Jünger sein Verfahren in diesem Buch so charakterisiert: Er hätte versucht, das, was in der Marxschen Hegelinterpretation von Hegel ausgeblendet worden sei, wieder zurück- und einzuholen. Jünger wollte also der marxistischen Geschichtsdeutung eine eigene entgegenzusetzen. Und zwar eine Geschichtsdeutung, die den Marxismus nicht einfach negiert, sondern die ihm überlegen ist, weil sie der Wirklichkeit gerechter wird als das, was Marx im 19. Jahrhundert gelehrt hat.

Diese Wirklichkeit, die Jünger heraufkommen sieht, nennt er den „Arbeiter". Nun kann man lange darüber streiten, ob Jünger nicht selber zum Mißverstehen seines Buches beigetragen hat, als er diese Wirklichkeit „Arbeiter" nannte. Entscheidend ist nur, daß Jünger diese Wirklichkeit in der Gestalt des Arbeiters repräsentiert sieht. Die Wirklichkeit bringt eine neue Gestalt, einen neuen Typus von Mensch, hervor: den Arbeiter. Jünger sieht im Arbeiter den Dreh- und Angelpunkt der neuen Wirklichkeit. Im Rückgriff auf die Kategorie des Arbeiters tritt er damit in eine theoretische Konkurrenz zu Marx' Rede vom Proletariat ein und versucht, dessen Deutung zu überbieten. Der Arbeiter unterscheidet sich vom Proletarier dadurch, daß er wesensmäßig durch die Technik bestimmt ist. Jünger definiert also die neue Gestalt des Menschen durch die Mittel, deren sich diese neue Gestalt bedient.

Es ist ein Charakteristikum von Ernst Jünger, daß er die Rolle der Technik als ein neues weltgeschichtliches Prinzip und als „Symbol" einer neuen Wirklichkeit gesehen hat. Wenn wir uns das klarmachen, zeigt sich, daß Jünger längst nicht überholt ist. Denn damit sind für Jünger auch alle Ideologien erledigt. Die neue Wirklichkeit, in der sich das bürgerliche, liberale, demokratische und individualistische Zeitalter auflöst, wird von ihm im Blick auf die neue Rolle und Funktion der Technik bestimmt. Jünger bestimmt die Technik als das Medium und als das Mittel, das dieser neu aufkommenden Gestalt des Arbeiters zugeordnet ist, und mit dem der Arbeiter die Welt mobilisiert. Das sind die drei Kategorien, die bei Jünger in eine ganz bestimmte Relation zueinander gebracht werden: Die neue Gestalt des Menschseins ist der „Arbeiter"; dieser Arbeiter ist durch die Rolle definiert, welche die „Technik" für sein Menschentum spielt; und der Arbeiter bedient sich der Technik, um das zu verwirklichen, was Jünger in Aufnahme eines früheren Begriffes die totale „Mobilisierung" genannt hat.

Jünger sieht, daß durch diese Neuzuordnung von Arbeiter und Technik alle Ideologien, einschließlich des Nationalismus und des Sozialismus, erledigt sind, und daß diese Gestalt des Arbeiters nun planetarische Dimensionen annehmen wird. Durch diese Wirklichkeit des Arbeiters und der Technik sind sowohl der Nationalismus wie der Sozialismus historisch überholte Ideologien. Man muß einfach einmal zur Kenntnis nehmen, daß Jünger 1932 die beiden großen Ideologien des 19. Jahrhunderts, nämlich den Sozialismus und den Nationalismus, für erledigt gehalten hat.

Und was ersetzt die Ideologien? Der zentrale Begriff seines Traktates bzw. seiner meditativen Abhandlung lautet in diesem Zusammenhang: die „organische

Konstruktion". Die Ideologien werden durch das abgelöst, was Jünger die „organische Konstruktion" nennt. An dieser Stelle nimmt der Jüngersche Konservativismus eine spezifisch revolutionäre Wendung. Jünger ist damit der erste Konservative, der die Aufgabe des Konservativismus darin sieht, erst das zu schaffen, was wert ist, erhalten zu werden. Es ist für ihn nichts mehr da, was im konservativen Sinne erhaltenswert wäre. Nun wird es spannend. Denn was versteht Jünger unter „organischer Konstruktion"? Darüber hat man lange gerätselt, denn eine klare begriffliche Auslegung dieses Begriffes gibt es bei Jünger nicht. Dennoch wage ich eine Hypothese: Jünger möchte, daß in Zukunft die Technik das Menschentum in einer Weise trägt, wie in der mythischen Kultur der Kult das damalige Leben der Menschen getragen hat. Menschsein und Technik sollen in dieselbe Relation gebracht werden, in der in der mythischen, vorgeschichtlichen Kultur Kultus und Leben gestanden haben. Daraus soll dann die organische Einheit, die gestalthafte Totalität in Form einer neuen Herrschaft hervorgehen.

Jünger ist damit der erste, der die revolutionierende, alle hergebrachte Geschichte hinter sich lassende Kraft der Technik erkennt, und der gleichzeitig versucht, das Verhältnis des Menschen zur Technik in Analogie zur Logik des Mythos zu denken. Meine These ist, daß Ernst Jünger im „Arbeiter" tatsächlich versucht, der marxistisch-rationalistischen und der bürgerlich-liberalen Deutung des Arbeiters eine mythische entgegenzusetzen. Das Aufregende bei Jünger ist, daß er Technik und Mythos in eine ganz neue Relation gebracht hat. Ernst Jüngers mythischer Entwurf ist darauf gerichtet, Menschsein und Technik in eine neue Gestalt zu überführen. Diese Gestalt ist dann in ihren Zügen im Faschismus und Nationalsozialismus, vielleicht aber noch mehr im Stalinismus wirksam geworden. Das schließt aber nicht aus, daß die hier gezeichnete Konstellation von Technik und Mythos überhaupt nicht erledigt ist und noch in ganz anderen Formen in Erscheinung treten kann.

Entscheidend ist für Jünger, daß diese technische Gestalt, in antichristlicher Stoßrichtung, einen Menschentypus hervorbringt, den es vorher in der Geschichte noch nie gegeben hat. Jünger sagt, wenn die ewige Flamme durch elektrischen Strom ersetzt wird, dann geschieht damit etwas qualitativ Neues. Und wenn an die Stelle des unmittelbaren Wortes des Priesters derselbe Priester an das Mikrophon tritt und sich dieses technischen Mittels bedient, um die Menschen zu erreichen, dann geschieht auch hier etwas qualitativ Anderes, das alle bisherige Geschichte sprengt und transzendiert. Diesem Neuen geht Jünger in seinem Werk nach.

5. Die totale Mobilmachung

Das Buch „Der Arbeiter" von Ernst Jünger ist eines der großen Dokumente der politischen und der geistigen Geschichte des 20. Jahrhunderts. Es ist erst 1932 erschienen, also kurz vor der Machtübernahme der Nationalsozialisten. Die Nationalsozialisten haben aber mit diesem Buch nichts anfangen können, weil Jünger das nationale Thema noch als ein Phänomen der bürgerlichen Gesellschaft interpretiert hat. Für ihn war der Nationalismus an die bürgerliche Gesellschaft gebunden und nicht davon zu trennen. Aus dem gleichen Grunde hat dieses Buch übrigens auch in der sozialistischen Auseinandersetzung keine Rolle gespielt. Jünger war nämlich der Meinung, daß zwar der Sozialismus ein Produkt der Krise der bürgerlichen Gesellschaft ist, daß aber, und sei es in der Negation, auch der Sozialismus immer noch zur bürgerlichen Gesellschaft gehört. Wenn man nämlich etwas negiert, dann bleibt man durch das bestimmt, was man negiert. Die Sozialisten haben seiner Auffassung nach nicht bemerkt, daß sie keineswegs aus dem Horizont der bürgerlichen Gesellschaft herausgetreten sind, wenn sie die bürgerliche Gesellschaft abstrakt negieren.

Jünger war der Meinung, daß die Gestalt des Arbeiters eine planetarische Gestalt sein wird. Diese Gestalt ist für ihn eine alle bisherigen Geschichtsräume, alle ideologischen und nationalen Grenzen sprengende Erscheinung. Darum haben sich die beiden zentralen Ideologien eigentlich mit diesem Buch nicht näher beschäftigt.

Heidegger hat in den 30er Jahren in Freiburg ein Seminar über den „Arbeiter" gehalten. In der Heideggerschen Technikphilosophie spielt, wie wir sehen werden, die Auseinandersetzung mit Jünger sogar eine entscheidende Rolle. Jünger hat also Wirkungen bei Heidegger hinterlassen. Umgekehrt hat der „Arbeiter" bewirkt, daß auch Jünger ein enges Verhältnis zum Denken Heideggers entwickelte.

Dieses Buch ist – und darum gehen wir im Zusammenhang unserer Fragestellung darauf ein – vor allem im Blick auf die Mutation des konservativen Gedankens seit Nietzsche von Bedeutung. Im Zusammenhang der Genese des technokratischen Konservativismus im 20. Jahrhundert kommt Ernst Jüngers Schrift „Der Arbeiter" eine Schlüsselbedeutung zu.

Der Vorwurf, Jünger sei ein Präfaschist, ist zu Recht immer wieder unter Hinweis auf den „Arbeiter" begründet worden. Wer eine intellektuell niveauvolle Repräsentation, nicht des Nationalsozialismus oder des völkischen Nationalismus, sondern des Faschismus kennenlernen will, der muß sich in der Tat mit dieser Schrift Ernst Jüngers beschäftigen. Es wird dann auch verständlich, daß der Faschismus womöglich geschichtlich noch nicht erledigt ist. Dieses Buch trägt insofern einen faschistischen Charakter, als sich Jünger kritisch mit der bürgerlichen Gesellschaft und ihren Ideologien auseinandersetzt. Nirgends ist, vielleicht von Oswald Spengler und Nietzsche abgesehen, so radikal mit der bürgerlichen Gesellschaft abgerechnet worden, wie in Jüngers „Arbeiter". Sämtliche liberalen, an die Idee der Menschenrechte gebundenen Humanitätsvorstellungen werden hier von Jünger radikal negiert.

Und von welchem Motiv war Jünger dabei getragen? Hier gibt es bei genauerem Hinsehen eine erstaunliche Parallelität zwischen Jünger und Adorno. Beide diskreditieren das bürgerliche Leben als ein „falsches Leben". Der Bürger ist für beide eine entstellte Form des Menschseins. Inwiefern führt der Bürger ein falsches Leben? Um das zu verstehen, muß man einen kurzen Blick auf das 19. Jahrhundert richten. Denn die Kritik am Bürgertum hat ja nicht erst im 20. Jahrhundert begonnen, sondern der Kampf gegen den Bürger als einer deformierten, verkürzten, verzerrten oder sogar falschen Gestalt des Menschen ist fast so alt wie die bürgerliche Gesellschaft selber.

Die Kritik am Bürger fällt mit dem Zeitpunkt zusammen, an dem – marxistisch formuliert – aus dem Bürger als einem citoyen der bourgeois zu werden beginnt. Der Bürger ist im 19. Jahrhundert für viele zum Feind geworden, weil er ein bourgeois geworden ist. Mit dem gleichen Haß wie die Marxisten haben daher auch die Künstler in die Kritik an der bürgerlichen Lebensform eingestimmt. Beginnend mit der deutschen Romantik war für die Künstler der Bürger der Feind schlechthin. Die Kritik am Bürger zieht sich daher wie ein roter Faden durch die Kunst des 19. und 20. Jahrhunderts hindurch. Der Bürger war zunächst der kulturelle Feind, dann der moralische Feind und schließlich sogar der politische Feind. Auch für Jünger ist der Bürger der politische Feind schlechthin.

Die letzte große Figur, die diesen Kampf im eigenen Werk ausgetragen und abgeschlossen hat, ist natürlich Thomas Mann gewesen. Thomas Mann wußte, daß er selber ein Bürger war und daß er in gewisser Weise auch ein Bürger sein wollte. Gleichwohl hat er den Bürger, in ästhetischer Perspektive, immer einer vernichtenden Kritik unterzogen. Thomas Mann ist in seinem Verhältnis zum Bürger darum immer in der Unentschiedenheit verharrt. Thomas Manns Werk enthält den Versuch, die Kritik der bürgerlichen Lebensform mit der Sympathie für die bürgerliche Lebensform zu versöhnen. Die Methode, durch die Thomas Mann die Versöhnung von Kritik und Sympathie gelungen ist, ist das Verfahren der Ironie gewesen. Die Kritik am Bürger findet sich auch in der französischen Kunst. Stendhal hat den Kampf in Frankreich eröffnet, und er hat bei Balzac seinen Höhepunkt erreicht. Balzac hat im bourgeois geradezu die Gegengestalt zum wahren Menschsein gesehen.

Die Kritik am Bürger hat also eine lange Geschichte. Man kann also nicht sagen, daß diese Kritik apriori faschistisch sei. Überhaupt ist das Verhältnis des Faschismus zum Bürgertum sehr schwierig und ambivalent. Allerdings ist nicht zu leugnen, daß die intellektuellen Vertreter des Faschismus den Bürger viel radikaler in Frage gestellt und bekämpft haben, als die Vertreter des völkischen Nationalismus oder gar des Nationalsozialismus.

Warum hat nun Jünger die bürgerliche Lebensform und Lebenseinstellung abgelehnt? Der zentrale Begriff in Jüngers Kritik lautet „Sicherheit". Jünger kritisierte, ja verachtete die Sekuritätsideologie des Bürgertums. Hierin besteht die große Übereinstimmung zwischen Jünger und dem Faschismus. Jünger meinte, daß der Bürger letztlich in der Sicherheit das höchste Gut in dieser Welt erkennt, ein Gut, das er allen anderen Gütern vorzieht und dem er sein ganzes Leben unterwirft. Der Bürger sei bestimmt durch das Bedürfnis nach Sicherheit.

Das hat bereits Thomas Hobbes so gesehen. Hobbes ist der große Philosoph der bürgerlichen Gesellschaft gewesen, weil er begriffen hat, daß die Lebenseinstellung des Bürgers im Kern durch das Bedürfnis nach Sicherheit bestimmt ist.

Jünger selber hat diese Kritik am Sekuritätsdenken von der deutschen Romantik übernommen. Die Romantiker haben der Sekuritätswelt des Bürgers eine magisch-surrealistische Gegenwelt gegenübergestellt. Die Romantik erzeugte in der Kunst die Gegenwelt zu dem bloß um Sicherheit bemühten bürgerlichen Leben.

Das exzessive Bedürfnis der Bürger nach Sicherheit und die bürgerliche Illusion, diese Sicherheit auch erreichen zu können, ist Jünger während des Ersten Weltkrieges bewußt geworden. Jünger hatte noch nicht einmal das Abitur gemacht, als er sein Elternhaus verlassen hat und in die Fremdenlegion eingetreten ist. Jünger wurde dazu durch Abenteuerlust getrieben. Das große Thema Jüngers ist das Abenteuer.

Diese Sehnsucht nach Abenteuer, die Suche nach Gegenwelten, begleitete die bürgerliche Gesellschaft seit ihrem Beginn. Immer ging es dabei um den Ausbruch aus der bürgerlichen Gesellschaft. Das ist ein großes Thema der Kunst im 19. Jahrhundert gewesen. Man denke nur an Gauguin, der bis nach Tahiti in die Südsee gesegelt ist, um der geistig entleerten, verödeten, nur um materielle Absicherung bemühten bürgerlichen Daseinsform, die nie zum Leben kommt, zu entkommen. Die Paradoxie der bürgerlichen Lebensform besteht für Jünger darin, daß man sich ständig um die Sicherung eines Lebens bemüht, das dann selber nie Ereignis wird. Immer ist man um die Sicherung des Lebens bemüht, aber zum Leben kommt man nicht. Darum ist für die Künstler die bürgerliche Welt das schlechthin Unerträgliche. Da hilft dann nur der Ausbruch aus der bürgerlichen Lebensform. Die Künstler ließen sich im Extremfall eher zur Glorifizierung von Wahnsinn und Verbrechen hinreißen, als sich dem schnöden bürgerlichen Leben hinzugeben. Das große Thema der ganzen Literatur im 19. und 20. Jahrhundert sind daher die Grenzphänomene. Immer geht es um den Ausbruch aus der bürgerlichen Gesellschaft, sei es, um der bürgerlichen Gesellschaft einen Spiegel vorzuhalten, sei es, um sie radikal zu negieren. Die Bürger haben dagegen nie begriffen, warum es in der Literatur dieser Künstler zur ästhetischen Affirmation von Wahnsinn und Verbrechen gekommen ist.

Ich finde im Gegensatz zur romantischen Sichtweise, daß das historisch Einzigartige und Große der bürgerlichen Gesellschaft darin besteht, daß es keine vergleichbare Gesellschaft gibt, welche die Kritik, ja Negation, so sehr zugelassen, ja sogar aus sich selber produziert hat. Diese Leistung wird dadurch kaum geschmälert, daß sie diese Kritik in der Regel schlecht ertragen hat. Wenn man wissen will, warum es die bürgerliche Gesellschaft heute noch gibt, dann darum, weil sie mehr als jede andere Gesellschaft die Kritik an sich selbst nicht nur zugelassen, sondern sogar selber hervorgebracht hat. Sie hat diese Kritik letzten Endes auch ertragen und sie hat immer wieder versucht, dieser Kritik bzw. Selbstkritik Rechnung zu tragen. Das ist das Unglaubliche an der bürgerlichen Gesellschaft. Diese Leistung ist uns heute so selbstverständlich geworden, daß wir uns gar nicht mehr klarmachen, wie ungewöhnlich das ist. Das Ungewöhnliche und Großartige der bürgerlichen Gesellschaft wurde vielen erst klar, als der Faschismus, der Nationalsozialismus, und auch der Kommunismus die bürgerliche Gesellschaftsform liquidierten. Die Künstler haben sich damals nie klargemacht, daß eine sehr reale Konsequenz der ästhetischen Negation der bürgerlichen Gesellschaft die Gestalt annehmen könnte, daß die Menschen und auch sie selber ins Zuchthaus, ins Konzentrationslager gesteckt oder schlicht ermordet werden. Die große Tragödie der Kunst in der ersten Hälfte des 20. Jahrhunderts besteht darin, daß die gegen die bürgerliche Gesellschaft protestierenden, aus ihr ausbrechenden, sie ästhetisch in Gegenwelten spiegelnden und sie ästhetisch real negierenden Künstler von eben der Gesellschaft und von der Haltung derjenigen Gesellschaft lebten, die sie in Frage stellten. Als dann die Negation der bürgerlichen Gesellschaft Realität wurde und das Ende der bürgerlichen Gesellschaft kam, war es mit dieser künstlerischen Freiheit und Kritik sehr schnell vorbei. Das ist ein eigenes tragisches Kapitel des 20. Jahrhunderts, das noch nicht hinreichend begriffen worden ist.

Dies alles hat durchaus etwas mit der Beantwortung der Frage zu tun, was der Faschismus im 20. Jahrhundert hinsichtlich seiner geschichtlichen Substanz gewesen ist und wie er überhaupt entstehen konnte. Ich spreche in diesem Zusammenhang absichtlich nicht vom Nationalsozialismus, der noch viel schwieriger zu verstehen ist und bei dem noch andere Komponenten und Faktoren eine Rolle spielen. Der Faschismus dagegen ist nichts anderes als der Versuch, die ästhetische Kritik und Negation der bürgerlichen Gesellschaft politisch zu exekutieren. Die faschistische Revolution lebte aus dieser ästhetischen Tradition heraus. Der Faschismus stellte den Versuch dar, auf politischem Wege die ästhetische Aufhebung der bürgerlichen Gesellschaft zu erreichen. Wenn man sich das, was ich eben angedeutet habe, konkret vor Augen führen will, dann braucht man nur das Leben und Werk von D'Annunzio zu studieren. D'Annunzio wurde von Mussolini zum Senator in Rom ernannt, was D'Annunzio allerdings ablehnte. In D'Annunzio ist dennoch der ästhetisch-politische Charakter des Faschismus geradezu mit Händen zu greifen. Wenn man so will, ist Ernst Jünger der „deutsche D'Annunzio" gewesen. Die Substanz, die Jüngers politischen Optionen zugrunde lag, ist nämlich nie etwas anderes gewesen als Ästhetik.

Warum ist die bürgerliche Existenzform in den Augen Jüngers unwahr? Sie ist unwahr, weil sie das ausspart, was Jünger das „Elementare" nennt. Das „Elementare" ist für Jünger das Synonym für alles, was Angst macht: Grausamkeit, Gefährdung, Bedrohung. Das „Elementare" ist im Unterschied zum Geordneten das Chaotische. Jünger bezeichnet diese, vom Bürgertum verdrängte Seite der Realität mit dem Begriff des „Elementaren". Jünger steht hier in einem bestimmten Zusammenhang zu Nietzsche und zur Romantik. Aber erst in der Gestalt Ernst Jüngers wird die Romantik politisch aggressiv. Die Romantik reagierte auf die Wirklichkeit der bürgerlichen Gesellschaft als Flucht und aus dieser Flucht wird nun der Angriff. Im „Arbeiter" heißt es: „Dem Schritt vom romantischen Protest zur Aktion, den Kennzeichen nun nicht mehr die Flucht, sondern der Angriff ist, entspricht die Verwandlung des romantischen in den elementaren Raum."[121]

Jünger will das Urmeter der bürgerlichen Zivilisation in die Luft sprengen. Die aggressive Wendung gegen die bürgerliche Humanität zielte darauf ab, die im bürgerlichen Bewußtsein und die in der bürgerlichen Realität ausgegrenzte dämonische Seite der Wirklichkeit zur Sprache und zum Bewußtsein zu bringen. Jünger hat es daher immer wieder mit dem „Dämon" zu tun.

---

[121] Ernst Jünger: Der Arbeiter. Herrschaft und Gestalt, Stuttgart 1982, S. 57

Möglicherweise kommt hier bei Jünger ein religionsgeschichtlich außerordentlich bedeutsamer Aspekt wieder zur Sprache. Alles das, was Luther mit dem deus irratus, also in der Erfahrung mit dem irrationalen, gewalttätigen, bösen Gott gemeint hat, wird hier bei Jünger unter dem Begriff des „Elementaren“ zur Sprache gebracht.

Die Akzeptanz dieser Gegenwelt impliziert freilich die Negation des bürgerlichen Humanitäts- und Vernunftverständnisses. Schlicht formuliert: Jünger glaubte nicht mehr daran, daß man die großen Probleme der menschlichen Existenz mit Moral und Vernunft lösen kann. Jünger steht damit in der Tradition der Gegenaufklärung, so wie sich auch der ganze Faschismus in die Gegenaufklärung einfügt.

Welche konkrete Erfahrung ist es nun, die Jünger von dem illusionären Charakter des bürgerlichen Sekuritätsgefühls überzeugt hat? Wir haben schon darauf hingewiesen, daß für das Verständnis des „Arbeiters“ Jüngers Erfahrungen im Ersten Weltkrieges von ausschlaggebender Bedeutung sind. Diese Erfahrung ist auch der Schlüssel zum Verständnis dessen, was Ernst Jünger mit dem Arbeiter als der neuen epochalen Gestalt meint. Jünger hat alles das, was er während des Ersten Weltkrieges erlebt hat, in dieses mythische Bild vom Arbeiter als der neuen epochalen Gestalt projiziert. Er hat im Krieg erfahren, daß die Formen und Traditionen der Humanität in den Schützengräben des Ersten Weltkrieges zusammengebrochen waren. Für Jünger bedeutet nun dieser Krieg den Zusammenbruch des bürgerlichen Sekuritätswahns. An Stelle der vom Bürger ersehnten Sicherheit gab es die permanente akute Bedrohung. Mehr noch: In den Augen Jüngers ist im Ersten Weltkrieg das bürgerliche Individuum und der an dieses Individuum gebundene Individualismus untergegangen. Denn der sogenannte „unbekannte Soldat“ als der eigentliche heroische Vertreter des Weltkrieges war kein Individuum mehr, sondern ein Typus. Der Soldat war völlig auswechselbar. Der einzelne Soldat war als Individuum völlig gleichgültig. In diesem Krieg zählten nicht die mitgebrachten ethischen Tugenden und Werte oder das nationale Empfinden der Soldaten, sondern allein die Technik und ihre Zerstörungskraft. Der Soldat und die Technik sind in diesem Kriege sozusagen eins geworden, sie stellten eine völlig neue Synthese dar. Der Soldat definiert sich fortan durch den Umgang mit der Technik, und umgekehrt definiert die Zerstörungstechnik den Soldaten, der sie bedient. Was Jünger dort am Soldaten bemerkt hat, projiziert er nun auf den Arbeiter als Gestalt.

Jünger schreibt über die Bedeutung des Krieges: „Der Krieg ist deshalb ein Beispiel ersten Ranges, weil er den der Technik innewohnenden Machtcharakter unter Ausschluß aller wirtschaftlichen und fortschrittlichen Elemente enthüllt.“[122]

Jünger deutet also die Technik mit der Kategorie der Macht. Die moderne Technik bedeutet eine qualitative Entgrenzung der dem Menschen bisher in der Geschichte zur Verfügung stehenden Macht. Dieser Machtcharakter schließt im Kriege alle wirtschaftlichen und fortschrittlichen Elemente aus. Die Machtentfaltung qua Technik hat mit Wirtschaft und Fortschritt nichts mehr zu tun. Die Technik wird auf ihren essentiellen Kern, nämlich die reine Macht, reduziert.

---

[122] Ernst Jünger: Der Arbeiter. Herrschaft und Gestalt, S. 165

„Man darf sich hier nicht durch das Mißverhältnis beirren lassen, das zwischen dem riesigen Aufwand an Mitteln und den Ergebnissen besteht. Schon die Formulierung der verschiedenen Kriegsziele muß erkennen, daß an keinem Punkte der Welt ein der Härte dieser Mittel angemessener Wille lebendig war." Jünger will damit sagen, daß das in bürgerlichen Vorstellungen und Kategorien befangene Individuum dem Charakter der Technik und der ihr inhärenten Macht nicht gewachsen war. Jüngers These lautet: Die Deutschen haben den Ersten Weltkrieg verloren, weil sie nicht in der Lage waren, die in diesem Mittel der Technik liegende Möglichkeit konsequent zu entfalten und einzusetzen. Vereinfacht ausgedrückt: Die Deutschen sind durch – von Jünger für überholt gehaltene – geschichtliche Humanitätsvorstellungen daran gehindert worden, den letzten Einsatz der Waffentechnik einzusetzen.

„Dieses unsichtbare Ergebnis besteht in der Mobilisierung der Welt durch die Gestalt des Arbeiters."[123]

Das ist überhaupt der zentrale Gedanke, den Jünger in dieser Schrift über den Arbeiter äußert: Im Ersten Weltkrieg zeichnete sich ab, daß die Technik das Medium ist, anhand dessen der „Arbeiter" die Welt „mobilisiert". Jünger gebrauchte diesen Begriff der „Mobilisierung" zuvor bereits in der Schrift „Die totale Mobilmachung". Jünger subsumiert nun den Ersten Weltkrieg, zumindest in seiner zweiten Phase, unter diesem Begriff der „totalen Mobilmachung". Jünger hält es für ein Epochenphänomen, daß der Arbeiter im Rückgriff auf die Technik die Welt verwandelt und mobilisiert. Mobilisierung mit Hilfe der Technik und durch die Gestalt des Arbeiters geschieht nicht nur im Ersten Weltkrieg oder während der Weimarer Republik, sondern sie wird nach Jünger eine ganze Epoche bestimmen.

Was heißt Mobilisierung? Mobilisierung heißt zunächst einmal, daß etwas Ruhendes in Bewegung gesetzt wird. Für Jünger ist die gesamte Moderne seit der Französischen Revolution durch Bewegung bestimmt. Diese Bewegung ist nun durch das Ereignis des Ersten Weltkrieges in ein akutes Stadium getreten. Diese Bewegung ist doppelseitig bestimmt: Zum einen ist die Moderne bestimmt durch einen kontinuierlichen, sich beschleunigenden Schwundprozeß. Alle geschichtlich überkommenen Ordnungen und Gestalten des Menschen werden in diesem Schwundprozeß aufgelöst. Der Bauer, der Soldat, der Gelehrte, der Pfarrer, der Seelsorger, alle diese geschichtlich gewachsenen Lebensgestalten verschwinden. Der bodenständige Bauer wird Leiter eines modernen Agrarindustriebetriebes, und der Bauer als Gestalt verschwindet. Der Leiter des Agrobetriebes ist nicht nur den Zwängen der ökonomischen Kalkulation unterworfen, sondern er ist auch zur exzessiven Ausschöpfung der in der Agrartechnologie liegenden Möglichkeiten gezwungen. Der neue Agrarier kann sich ein Denken in bäuerlichen Kategorien, also in den Kategorien der Tradition, der Religion und des organischen Wachstums bei Strafe des Untergangs nicht mehr leisten. Jünger entwickelt eine ungeheure Sensibilität, wenn es darum geht, solche Schwundprozesse aufzuzeigen. Aber man kann diesen geschichtlichen Prozeß – im Sinne Jüngers – auch positiv

---

[123] Ernst Jünger: Der Arbeiter. Herrschaft und Gestalt, S. 165

interpretieren und sagen, daß sich in diesem Prozeß die Verwandlung von Substanz bzw. von Materie in Energie vollzieht. Dem Schwund steht die Verwandlung von Substanz in Energie gegenüber. Das versteht Jünger unter Mobilisierung.

Diese Mobilisierung, in deren Verlauf die Welt den Charakter einer Werkstätten- und Industrielandschaft annimmt, vollzieht sich nach Jünger völlig unabhängig von Ideologien und von geschichtlichen Erfahrungen. Die Technik ist für Jünger das Medium, in dem sich diese, alle Weltbestände erfassende Transformation von Substanz in Energie vollzieht. Das betrifft die mikromolekulare Welt ebenso, wie die sozialen Verhältnisse. Auch die Arbeit, die Freizeit, die Liebe und der Haß wird von dieser Transformation erfaßt. Der Lebensrhythmus insgesamt, ja sogar die Physiognomie des Menschen paßt sich diesen Prozessen und den von ihnen ausgehenden Zwängen an, so daß Jünger sagen kann, daß man den modernen Menschen nicht mehr daran erkennt, welche Zeitung er liest, sondern an der Art der Bewegung, wie er eine Zeitung öffnet. Es ist die eigentümliche Kunst der Physiognomik, in allen Gesten und Lebensäußerungen der Menschen diesen Vorgang aufzuzeichnen.

„Die Technik ist also keineswegs eine neutrale Macht, kein Reservoir von wirksamen und bequemen Mitteln, aus dem jede beliebige der überkommenen Kräfte nach Gutdünken zu schöpfen vermag. Gerade hinter dem Anschein dieser Neutralität versteckt sich vielmehr die geheimnisvolle und verführerische Logik, mit der die Technik sich dem Menschen anzubieten versteht. Diese Logik wird immer einleuchtender und unwiderstehlicher in demselben Maße, in dem der Arbeitsraum an Totalität gewinnt. In dem selben Maße auch schwächt sich der Instinkt der Betroffenen. Instinkt besaß die Kirche, als sie ein Wissen zerstören wollte, das die Erde als einen Trabanten der Sonne sah. Instinkt besaß der Ritter, der die Gewehre verachtete, der Weber, der die Maschinen zerbrach, der Chinese, der ihre Einfuhr verbot. Sie alle aber haben ihren Frieden geschlossen, jene Art von Frieden, die den Unterlegenen verrät. Die Konsequenzen stellen sich mit immer größerer Beschleunigung, mit immer rücksichtsloserer Selbstverständlichkeit ein … Wir nehmen hier teil an einem der letzten Angriffe gegen ständische Verhältnisse … Es findet also für den, der sich der eigentümlichen technischen Mittel bedient, ein Verlust an Freiheit, eine Schwächung seines Lebensgesetzes statt, die ins Kleine und Große geht. Der Mann, der sich einen elektrischen Anschluß legen läßt, verfügt vielleicht über größere Bequemlichkeit, sicher aber über geringere Unabhängigkeit als der, der seine Lampe brennt.“[124]

In der These, daß die Technik nicht neutral ist, stimmt Jünger, wie wir sehen werden, essentiell mit Heidegger überein. Konservative haben immer gewußt, daß die Technik kein neutrales Instrument ist, sondern daß man sie für beliebige, also für wohltätige wie für grausame Zwecke gleichermaßen einsetzen kann. Wichtiger noch ist für Jünger, daß sich der moderne Mensch im Blick auf die Aufrechterhaltung der elementarsten Lebensfunktionen in eine völlige Abhängigkeit von der Technik und von Apparaten begibt. Die Abhängigkeit bedeutet damit auch Frei-

---

[124] Ernst Jünger: Der Arbeiter. Herrschaft und Gestalt, S. 166, 167, 168

heitsverlust. Allein aus diesem Grunde ist für ihn eine Revolution des alten Stils überhaupt nicht mehr möglich. Auf der anderen Seite stellt freilich die Technik kraft der von ihr geschaffenen Abhängigkeiten eine Macht dar, die Diktatoren für sich nutzen können.

„Ein Bauernstand oder ein farbiges Volk, das sich Maschinen, Ingenieure oder Spezialarbeiter bestellt, tritt in ein sichtbares oder unsichtbares Tributverhältnis ein, das seine gewohnten Bindungen wie mit Dynamit zersprengt."[125]

Gemessen an diesem Gesetz der Technik sind die sozialen, ja sogar die ökonomischen Verhältnisse akzidentell. Man kann darüber streiten, ob die These Jüngers richtig ist, daß selbst die Veränderung der wirtschaftlichen Ordnungen am technischen Charakter der Epoche nichts ändern würde. Jünger leitet jedenfalls aus dieser These den Anspruch ab, daß er gegenüber Marx die umfassendere Sicht der Wirklichkeit habe.

„Der Siegeszug der Technik läßt eine breite Spur von zerstörten Symbolen zurück."

Jünger spricht hier von der „Zerstörung der Symbole". Wir stoßen hier auf einen Punkt, an dem man zeigen kann, worin die ästhetische Kritik an der modernen Welt, je mehr sie durch Technik bestimmt ist, begründet ist: nämlich in der ungeheuren Zerstörung des Symbolgehaltes und der symbolischen Bedeutung der Dinge. Ein beliebiger Gegenstand, der bisher in bestimmten geschichtlich gewordenen Lebensverhältnissen stand, verliert seinen Symbolgehalt, wenn er in technische Zusammenhänge eintritt und nur noch funktionale Bedeutung hat. Daher rührt der lang andauernde und letzten Endes bis heute nicht geschlichtete Konflikt und Streit zwischen Ästhetik und technischer Welt. Das Paradox besteht darin, das je mehr die Technik alle symbolische Bedeutung der Dinge zerstört, diese Welt immer mehr auf Kunst angewiesen ist. Einerseits kann dann nur die Kunst symbolische Bedeutungen schaffen, andererseits löst die Technik die Quellen der künstlerischen Produktivität auf, weil die Kunst selber unter das Bewegungsgesetz der technischen Welt gerät. Dann tritt das ein, was Adorno in einer eigenwilligen Interpretation Hegels als das Ende der Kunst bezeichnet hat.

„Der ‚Siegeszug der Technik' läßt eine breite Spur von zerstörten Symbolen zurück. Unausbleibliches Ergebnis ist die Anarchie. Eine Anarchie, die die Lebenseinheiten in ihre Atome zerreißt. Die zerstörerische Seite dieses Vorgangs ist erkannt."[126]

Jünger sieht eine atomistische Revolution heraufziehen. Hier folgt er Nietzsche, der aber im Unterschied zu Jünger allerdings nicht die Technik für die atomistische Revolution verantwortlich gemacht hat. Für Jünger dagegen ist die Anarchie die Konsequenz der Technik. Diese Anarchisierung impliziert einen Zerstörungsprozeß, denn Jünger als bekannt unterstellt.

Jünger begnügt sich aber nicht mit der Aufdeckung der Zerstörungen, ihm ist es um eine positive Würdigung dieses Prozesses zu tun. Und was ist für Jünger das

[125] Ernst Jünger: Der Arbeiter. Herrschaft und Gestalt, S. 168
[126] Ernst Jünger: Der Arbeiter. Herrschaft und Gestalt, S. 168

Positive? Dieses Positive zu erkennen ist sehr wichtig, denn Jünger hat das Buch um dieses Positiven willen geschrieben. Jüngers Schlüsselsatz dazu lautet:

„Seine positive Seite liegt darin, daß die Technik selbst kultischen Ursprungs ist, daß sie über eigentümliche Symbole verfügt, und daß hinter ihren Prozessen ein Kampf zwischen Gestalten sich verbirgt. Ihr Wesen scheint deshalb nihilistischer Natur, weil ihr Angriff sich auf die Summe der Verhältnisse erstreckt, und weil kein Wert ihr Widerstand zu leisten vermag."

Jünger sieht die positive Seite der Technik darin, daß die Technik selbst „kultischen Ursprungs" ist. Die Technik ist nicht nihilistisch, sie erscheint nur so. Das ist das Neue der Jüngerschen Sichtweise. Heidegger übernimmt diese Sichtweise von Jünger, wenn er sagt, daß die Technik selbst ein metaphysisches Wesen und eine metaphysischer Herkunft habe.

„Diese Tatsache aber ist es gerade, die stutzig machen muß und die verrät, daß sie, obgleich selbst ohne Wert und scheinbar neutral, in Diensten steht."[127]

Ernst Jünger verfolgt im „Arbeiter" das Ziel, zu zeigen, in wessen Diensten die Technik steht und wie sich unter den modernen Bedingungen das kultische Wesen der Technik durchsetzt. Jünger will zeigen, daß aus der Zerstörung der bürgerlichen Gesellschaft Prozesse freigesetzt werden, in deren Verlauf sich im Blick auf das Verhältnis von Technik und Mensch wieder archaische Strukturen durchsetzen. Das ist Jüngers Ziel im „Arbeiter". Diese archaischen Strukturen auf dem Höhepunkt der Moderne sind es auch, die dann im Faschismus und Nationalsozialismus wirksam geworden sind. Das ist der Grund, warum wir uns an dieser Stelle mit Ernst Jünger befaßt haben.

Wir wollen nun zu Martin Heidegger übergehen, der seine frühe Philosophie nicht zuletzt in Auseinandersetzung mit Ernst Jünger entwickelt hat, und der im Unterschied zu Jünger und Spengler unmittelbar am Nationalsozialismus mitgewirkt hat. Wir werden sehen, daß im Rahmen des politisch-philosophischen Programms, das Heidegger entworfen hat, die Beschäftigung mit Jünger und dessen Schriften „Die totale Mobilmachung" und „Der Arbeiter" von ganz zentraler Bedeutung ist.

6. Heidegger – der Philosoph des deutschen Faschismus

Kein deutscher Philosoph hat seit den Tagen von Hegel und Marx eine solch große Aufmerksamkeit erregt, wie Heidegger. Vor einigen Jahren fanden fast gleichzeitig große Heidegger-Kongresse in Moskau und in New York statt. Deutlicher kann man das weltweite Interesse an Heidegger nicht zeigen. Es wäre ein Zeichen von Provinzialität, wenn uns dieser Umstand nicht zu der Frage veranlassen würde, wie denn dieses Phänomen „Heidegger" zu verstehen und zu begreifen ist. Immerhin gibt es zu Heidegger heute bereits eine unübersehbare Literatur, die Ausdruck einer seit Jahrzehnten geführten internationalen Heideggerdiskussion ist.

[127] Ernst Jünger: Der Arbeiter. Herrschaft und Gestalt, S. 168

Trotz dieser umfassenden Beschäftigung mit Heidegger ist die Frage, was es denn nun eigentlich mit Heidegger auf sich hat und ob er ein Scharlatan oder ein großer Philosoph gewesen ist, nach wie vor offen und völlig unbeantwortet. Aber damit steht Heidegger ja nicht allein.

Es gibt namhafte Philosophen, die selbst Platon und Hegel für Scharlatene halten und die keine Gelegenheit auslassen, Totalverdikte über diese Denker zu verhängen. Wir brauchen ja nur an Karl Popper zu denken. Popper hat noch kurz vor seinem Tode gesagt, das Unglück der deutschen Intellektuellen bestünde in einem verhängnisvollen Tiefsinn, der identisch sei mit Unsinn. Unsinn und Tiefsinn seien in diesem Falle gar nicht zu unterscheiden. Hegel sei derjenige Verwirrer und Sophist gewesen, der diesen Ungeist in die Welt gesetzt hätte. Und dieser Ungeist hätte sich unglücklicherweise bis Heidegger fortgesetzt. Popper war in diesem Zusammenhang stolz darauf, daß er in seinem Leben noch keine fünf Zeilen über Heidegger geschrieben hatte.

Sir Karl Popper, der Promotor und Vater des kritischen Rationalismus, hat also ein vernichtendes Verdikt über Heidegger formuliert. Heidegger gilt ihm als Scharlatan, Magier und Verwirrer von der übelsten Art. Auf der anderen Seite gibt es freilich ebenfalls sehr ernst zu nehmende Leute, die Heidegger für den größten Philosophen des 20. Jahrhunderts halten. Selbst Jürgen Habermas hat, bei allen Bedenken gegen Heidegger, nie daran gezweifelt, daß Heidegger mit „Sein und Zeit“ nach Hegels „Phänomenologie des Geistes“ das wichtigste philosophische Werk der Moderne geschrieben hat. Habermas läßt keinen Zweifel darüber aufkommen, daß Heidegger mit diesem Buch die bedeutendste philosophische Leistung des 20. Jahrhunderts vollbracht hat. Auch Emmanuel Levinas, einer der führenden Denker Frankreichs, teilt dieses Urteil über „Sein und Zeit“. Ja er ist sogar der Meinung, daß Heidegger mit „Sein und Zeit“ eines der fünf wichtigsten Bücher in der gesamten Geschichte der Philosophie geschrieben habe. Und George Steiner hält Heidegger für einen der größten Philosophen überhaupt. Heidegger könne seinem Range nach nur noch mit Platon, Kant, Hegel, Leibniz und Nietzsche verglichen werden.

Die Urteile über Heidegger können also gar nicht krasser voneinander abweichen: Für die einen ist er der größte Philosoph des 20. Jahrhunderts, für die anderen ein Scharlatan, Sophist und Magier, der nur Verderben und Verwirrung gestiftet habe. Es wäre sehr reizvoll, die Frage zu stellen, was an dem einem oder anderen Urteil dran sein könnte, und wie es zu verstehen ist, daß es zu solchen einander völlig widersprechenden Urteilen über Heideggers Philosophie kommen kann. Wenn man diesen Fragen nachginge, würde man feststellen, daß eine Beschäftigung etwa mit der Ökologiekrise, soweit sie rein ökonomische und technologische Fragen übersteigt, ohne Heidegger überhaupt nicht möglich ist. Wer an die tieferen, geistigen Zusammenhänge herankommen will, die mit der Ökologiekrise verbunden sind, der kommt an Heidegger nicht vorbei. Da das Ökologieproblem vielleicht *das* entscheidende politische Problem des neuen Jahrhunderts darstellt, bleibt Heidegger damit ohne Zweifel aktuell. Im neuen Jahrhundert wird der Marxismus nur noch eine Reminiszenz in historischen Werken der Ideologiegeschichte und der Geschichte der ökonomischen Theorie des 19. Jahrhunderts und ihrer Folgen für das 20. Jahrhundert sein, aber Heidegger wird aktuell bleiben. Der Marxismus reicht nämlich an die Realität, die sich heute in der Ökologiekrise abzeichnet, nicht mehr heran und darum wird die Geschichte über ihn hinweg gehen. Die ökologische Frage wird eine solche Dominanz und Priorität bekommen, daß man vielleicht von Heidegger, aber nicht von Karl Marx her an die Wurzeln dieser Problematik herankommen kann. Heidegger ist vielleicht der bisher größte Philosoph, der versucht hat, die ganze Philosophie im Lichte dieser neuen Erfahrung zu revolutionieren. Heidegger hat nämlich versucht, eine Veränderung und Wendung der philosophischen – mit Kant gesprochen – „Denkungsart" einzuleiten. Die Geschichte der Auslegung Heideggers liegt daher nicht hinter uns, sondern sie beginnt erst. Noch sind wir mit postsozialistischen Emanzipationsproblemen beschäftigt, aber das wird sich im Zusammenhang mit der sich weiter verschärfenden Ökologiekrise ändern.

Im Zusammenhang unserer Fragestellung kommt Heidegger allerdings eine ganz andere Bedeutung zu. Uns interessiert Heidegger hier nicht als Denker der Ökologiekrise, sondern als konservativer Revolutionär im Umfeld des Nationalsozialismus. Heidegger ist im Blick auf die Ökologieproblematik eine epochale philosophische Figur, aber er ist gleichzeitig – und das mag durchaus miteinander zusammenhängen – derjenige Philosoph, der mehr als jeder andere das gedacht und vorbereitet hat, was wir heute mit dem Nationalsozialismus verbinden.

Mittlerweile ist ja bekannt geworden, in welch einem Ausmaße und wie lange Heidegger mit dem Nationalsozialismus verbunden bzw. in ihn verstrickt war. Das geht heute so weit, daß man sich für Heidegger de facto nur noch im Blick auf sein Verhältnis zum Nationalsozialismus interessiert. Seitdem der Chilene Victor Farías sein Buch in Frankreich über „Heidegger und der Nationalsozialismus"(Frankfurt 1989) veröffentlicht hat, gibt es eine neue Welle der Diskussion um Heidegger. In Frankreich hat das Buch von Farías wie ein Erdbeben gewirkt. Das intellektuelle Frankreich ist durch die Enthüllungen über Heidegger auf das Tiefste erschüttert und bewegt worden, da sich ein Großteil der Nachkriegsphilosophie in Frankreich im Umfeld des Heideggerschen Denkens bewegt. Diese intellektuelle Erschütterung hat die Bundesrepublik mit einer gewissen Zeitverspätung und etwas geminderter Intensität erfaßt. Das Buch ist kurze Zeit später ins Deutsche übersetzt worden, versehen mit einem überaus fairen, intelligenten und noblen Vorwort von Jürgen Habermas. Habermas ist allerdings weit davon entfernt, sich mit den Thesen von Farías zu identifizieren.

Philosophisch interessant wäre die Frage, ob die Bedeutung Heideggers als Philosoph der Ökologiekrise mit dem Umstand, daß Heidegger sich als Philosoph des Nationalsozialismus verstanden hat, möglicherweise etwas zu tun haben könnte. Ist es ein Zufall, daß Heidegger der Denker der nationalen Revolution und gleichzeitig der Philosoph des ökologischen Zeitalters ist? Was hat die Heideggersche Philosophie, die im Umkreis der nationalen Revolution des Nationalsozialismus gestanden hat, mit der Aktualität Heideggers im Blick auf die Ökologiekrise zu tun? Diese Frage ist ja nicht völlig abwegig. Ich erinnere daran, daß Rudolf Bahro, ehe er sich von den Grünen abgewandt hatte, eben diesen Zusammenhang von Ökologiebewegung und Nationalsozialismus behauptet und hergestellt hat. Bahro hat in den achtziger Jahren die provokante These formuliert, daß die Grünen es in abgewandelter Form den Nationalsozialisten nachmachen sollten, wenn sie Erfolg haben wollten. Die Grünen müßten sich als „Bewegung" verstehen und mit den gleichen parlamentarischen und antiparlamentarischen Mitteln vorgehen wie die Nationalsozialisten. Und die Grünen müßten sich im Blick auf den Nationalsozialismus auch der Gemeinsamkeit der geschichtlichen Konstellation wie der geistigen Wurzeln bewußt werden. Diese Thesen haben natürlich einen großen Aufschrei ausgelöst und Bahros Zeit bei den Grünen war damit auch sehr schnell beendet.

Bahros Hypothese trifft gleichwohl den Kern des Problems. Denn wie hat Bahro seine These begründet? Für Bahro ist der Nationalsozialismus die erste große, wenn auch gescheiterte Revolution gegen die Moderne gewesen. Es seien zwar ungeheure Fehler gemacht und Verbrechen begangen worden, aber aus diesen Fehlern und Verbrechen müssten die Grünen lernen. Die grün-alternative Bewegung sollte nun in die Kontinuität mit diesem ersten großen, wenn auch gescheiterten Versuch eintreten und dieses Projekt einer Revolution gegen die Moderne aufgreifen und fortsetzen. Revolution gegen die Moderne im Namen der Natur – hier liegt die Gemeinsamkeit zwischen dem Nationalsozialismus und der ursprünglichen grün-alternativen Bewegung. Natürlich sind ihre Antworten im Detail sehr verschieden: Die einen sind rassistisch, die anderen rousseauistisch, die einen sind führerdemokratisch, die anderen fundamentaldemokratisch, die einen militaristisch, die anderen sanft-anarchistisch ausgerichtet. Es gibt also gewaltige Differenzen, die – oberflächlich betrachtet – nicht den Gedanken aufkommen lassen, als könnten Nationalsozialismus und grün-alternative Bewegung etwas miteinander zu tun haben. Selbstverständlich verkörpern die Grünen in fast jeder Hinsicht die Antithese zum Nationalsozialismus. Der Antifaschismus ist geradezu das Programm der Grünen schlechthin. Und doch gibt es eine gewisse Nähe zwischen den Grünen und Heidegger.

Der eigentliche Kern der politischen Herausforderung, welches das Denken von Heidegger darstellt, besteht darin, daß sich im 20. Jahrhundert zwei Ausprägungen einer Revolution gegen die Moderne gegenüberstehen. Man könnte nun die Frage stellen, ob und wie weit der frühe Heidegger, der zur nationalen Revolution tendierte, mit dem späten Heidegger, dem Vordenker des ökologischen Zeitalters, etwas zu tun hat. Wenn es da Verbindungen gäbe und Heidegger sowohl in einer essentiellen Nähe zur nationalen wie zur ökologischen Revolution stünde, dann wäre Heidegger auch in politischer Hinsicht der revolutionärste Denker des 20. Jahrhunderts gewesen. Denn der Faschismus und die Ökologiebewegung waren die beiden großen, neuen revolutionären Phänomene im 20. Jahrhundert.

Wir werden allerdings den Schwerpunkt auf den frühen Heidegger, also auf denjenigen Heidegger legen, der den Nationalsozialismus vorbereitet, begleitet und verarbeitet hat. Das Verhältnis Heideggers zum Ökologieproblem wird dagegen hier nur am Rande mit einbezogen.

Wie werden wir vorgehen? Im Blick auf das Verhältnis Heideggers zum Nationalsozialismus ist zunächst die Interpretation von „Sein und Zeit", vor allem der darin enthaltenen Kultur- und Gesellschaftskritik unverzichtbar. Wichtig ist auch die zentrale Vorlesung „Einführung in die Metaphysik" von 1933, in der Heidegger von der Größe der nationalsozialistischen Bewegung gesprochen hat. Heidegger hat dort die geschichtliche Größe dieser Bewegung in der Auseinandersetzung und Begegnung des Menschen mit dem technisch-planetarischen Zeitalter gesehen. Heidegger interpretierte den Nationalsozialismus als eine Gestalt der Auseinandersetzung des modernen Menschen mit dem technisch planetarischen Zeitalter, und er hat genau darin die Größe der nationalsozialistischen Bewegung gesehen.

Zum Verhältnis Heideggers zur Politik gibt es eigentlich nur ein gutes Buch, nämlich das von Alexander Schwan.[128] Schwan hat das Schwergewicht auf die Vorlesung „Einführung in die Metaphysik" gelegt und darüber hinaus noch einiges zu Heideggers Nietzsche-Interpretation und zu Heideggers Thesen zum Ursprung des Kunstwerkes gesagt, aber er hat „Sein und Zeit" nicht behandelt. Das Denken Heideggers in „Sein und Zeit" kommt bei Schwan nicht vor, und er hat auch nicht die Hölderlin-Vorlesung, die für das politische Denken bei Heidegger eine große Bedeutung zukommt, berücksichtigt. Die eigentliche philosophische Antwort, die der späte Heidegger auf die Erfahrung mit dem Nationalsozialismus formuliert hat, findet sich aber nicht in der Nietzsche-Vorlesung, sondern in der großen Hölderlin-Vorlesung.

Aber ehe wir die frühen Schriften Heideggers interpretieren, müssen wir natürlich von den Fakten ausgehen. Wie sieht das Verhältnis Heideggers zum Nationalsozialismus aus? Wie hat er sein Engagement begründet? Wie haben die Nationalsozialisten darauf reagiert? Und wie haben damals die Liberalen darauf reagiert? Dazu empfehle ich dringend das Buch von Hugo Ott: „Martin Heidegger. Unterwegs zu seiner Biographie"(Frankfurt/New York 1988). Dieses Buch scheint mir der bisher sachlichste, fairste und ausgewogenste Versuch einer politischen Biographie von Martin Heidegger zu sein. Allerdings stellt auch diese Biographie noch nicht das definitive Ende der Heidegger-Forschung dar. Ott selber nennt ja – wie ich glaube, zu Recht – seine Biographie „unterwegs zu Heideggers Biographie". Was Ott in diesem Buch darlegt, sind also auch vorläufige Resultate. Das abschließende Urteil muß man noch der weiteren Forschung und Diskussion überlassen. Dennoch ermöglicht es diese Biographie, einige wesentliche Punkte für geklärt zu erachten. Das betrifft zum Beispiel die Selbstinterpretation Heideggers.

Was hat denn Hugo Ott veranlaßt, die Biographie Heideggers zu schreiben? Es ist der von Ott, wie ich glaube, zu Recht empfundene und nachgewiesene Widerspruch zwischen der Selbstinterpretation Heideggers auf der einen Seite und dem tatsächlichen historischen Befund der Wirklichkeit des Nationalsozialismus auf der anderen Seite. Um diesen Widerspruch aufzeigen zu können, müssen wir zu-

[128] Alexander Schwan: Politische Philosophie im Denken Heideggers, Köln-Opladen, 1965

nächst einmal von der Selbstinterpretation Heideggers ausgehen. Daher werden wir als Erstes die Schrift „Die Selbstbehauptung der deutschen Universität" interpretieren, die Heidegger im Rahmen seiner Rektoratszeit 1933/34 vorgetragen hat und die mit einem Anhang unter dem Titel „Das Rektorat 1933/34. Tatsachen und Gedanken" veröffentlicht wurde. Diese Schrift stellt zusammen mit dem Interview, das Heidegger dem „Spiegel"[129] gegeben hat, die Selbstinterpretation Heideggers im Blick auf den Nationalsozialismus dar. Dieses ausführliche Interview hat Heidegger zehn Jahre vor seinem Tode Rudolf Augstein gegeben und er hat angeordnet, daß es erst nach seinem Tode veröffentlicht werden dürfte. Wir werden also darauf eingehen müssen, wie Heidegger seine politischen Rolle im Nationalsozialismus gesehen hat.

Wir müssen dann die Frage stellen, wie es sich, wenn wir Ott trauen dürfen, in Wirklichkeit um das Verhältnis Heideggers zum Nationalsozialismus verhalten hat. Obwohl Heidegger zweimal dazu Stellung genommen hat, müssen wir, wenn wir die Resultate von Hugo Ott zur Kenntnis nehmen, leider feststellen, daß Heidegger nicht die ganze Wahrheit gesagt hat. Heidegger neigte dazu, seine Rolle im Verhältnis zum Nationalsozialismus zu bagatellisieren und herunterzuspielen. Außerdem versuchte er immer wieder den Eindruck zu vermitteln, als hätten die Motive, die ihn zum NS-Engagement bewogen haben, letzten Endes nichts mit dem Nationalsozialismus und dessen Ideologie zu tun gehabt.

In diesem Zusammenhang stellt sich natürlich eine ganz grundsätzliche Frage: Wie geht man mit einem Denker adäquat um, der ganz offensichtlich in den Nationalsozialismus verwickelt war? Man muß deutlich sagen, daß es für dieses Problem wahrscheinlich überhaupt keine Lösung gibt. Die Bundesrepublik Deutschland kann jedenfalls nicht den Anspruch erheben, dieses Problem gelöst zu haben. Moralisch gesehen, mag der Fall klar sein: Wer sich der freiheitlichen Demokratie und rechtsstaatlicher Verhältnisse erfreuen darf, der wird auf der Basis der darauf gründenden Werte sowohl das nationalsozialistische, wie auch das kommunistische System schlicht als ein menschenfeindliches, ja menschenverachtendes und kriminelles System beurteilen. Vom Bekenntnis zur freiheitlichen rechtsstaatlichen Demokratie ausgehend, wird man sehr leicht zeigen können, daß das nationalsozialistische System große Verbrechen begangen hat, ja, daß dieses System als solches bereits verbrecherisch war. Damit stehen freilich alle diejenigen, die sich in dieses System ohne Widerstand eingefügt haben, unter dem Verdacht der Mitläuferschaft oder gar der Mittäterschaft.

Aber diese Form der Etikettierung ist doch als sehr problematisch anzusehen. Zumindest müßte doch zuvor geklärt werden, wie weit dem Einzelnen konkret Verantwortung zugerechnet werden kann. Dazu müßte man der Frage nachgehen, wer denn tatsächlich Verbrechen angeordnet bzw. begangen hat und wer sie damit zu verantworten hat? Wer die Frage so stellt, der stößt auf ein beinahe unlösbares Problem. Denn wer will schon, um ein anderes Beispiel zu nennen, entscheiden, wie weit die Verantwortung oder gar Schuld der einzelnen Bürger im Blick auf die in

[129] Der Spiegel, Nr. 23, 30. Jahrgang, 31. Mai 1976

der DDR geschehenen Verbrechen reicht? Wer ist in welchem Ausmaß schuldig geworden? Welche Kriterien haben wir, um Ausmaß und Größe der Schuld zu beurteilen? Und wie sollen dann die Verbrechen und die Schuld geahndet werden? Wenn man von einigen wenigen Entscheidungsträgern, denen man durchaus Verantwortung und Schuld zurechnen kann, absieht, wird man feststellen, daß dies beinahe unbeantwortbare Fragen sind. Natürlich haben die Führungsfiguren in Verwaltung, Wirtschaft und Kirche das System getragen, aber sind sie damit auch schuldig für die Verbrechen geworden? Wie also will man mit einem solchen Problem fertigwerden? Es gibt hier letzten Endes weder objektive Maßstäbe und Kriterien noch rechtsstaatlich einwandfreie Verfahren, um dieses Problem zu lösen. Das mag man im Blick auf den Nationalsozialismus und den Sozialismus als furchtbar empfinden, aber der Rechtsstaat kann eine Diktatur eben nur bedingt aufarbeiten.

Und so ist natürlich auch die Frage nach der Schuld und der Verantwortung von Martin Heidegger ganz komplexer Natur. Allerdings ist in der Praxis wenig von dieser Komplexität zu bemerken. Heidegger sieht sich seit 50 Jahren einem immer wieder neu eröffneten inquisitorischen Verfahren ausgesetzt. Dieses Verfahren verfolgt das Ziel, jede Lebensäußerung, die Heidegger in den Jahren nach 1933, ja, in seinem Leben überhaupt, getan hat, auf die Nähe und Ferne zum verbrecherischen nationalsozialistischen Regime hin zu untersuchen. Vor diesem Hintergrund kann es dann nur noch eine Aburteilung Heideggers geben. Aber das ist ungeschichtlich gedacht und gehandelt.

Das Urteil über Heidegger fällt dagegen schwerer, wenn man sich der Frage aussetzt, wie und unter welchem Umständen es überhaupt zu einer solchen Situation tiefgreifendster moralischer Verwirrung und Zerrüttung kommen konnte, die dann Heidegger und andere meinten, nicht mehr moralisch adäquat und noch weniger rechtsstaatlich lösen zu können. Wenn man von Nietzsches Kulturdiagnose ausgeht, also geistes- und kulturgeschichtlich, die Frage der Schuld stellt, dann kommt man jedenfalls zu einem anderen Ergebnis, als wenn man in völlig ungeschichtlicher Weise die Kriterien der Menschenwürde, der Naturrechtstradition, des moralischen Universalismus und des Rechtsstaates zugrunde legt. Wenn man die Sache geistesgeschichtlich und philosophisch betrachtet, und nicht nur auf der Basis einer liberalen Ideologie, kommt man zu ganz anderen Schlüssen.

Wie steht es nun um das Verhältnis Heideggers zum Nationalsozialismus? Objektiver Befund ist, daß Heidegger sich 1933 zum Rektor der Universität Freiburg hat wählen lassen. Heidegger selber sagte später, er sei dazu gedrängt worden. Die Dokumente beweisen aber, daß er das Amt ganz bewußt angenommen hat. Es ist eine Tatsache, daß Heidegger kurz nach der Übernahme des Rektoramtes der Universität Freiburg in einem demonstrativen öffentlichen Akt Mitglied der NSDAP geworden ist. Heidegger ist der Partei also nicht heimlich beigetreten, sondern er hat diesen Akt öffentlich und demonstrativ vollzogen. Faktum ist aber auch, daß Heidegger nach knapp einem Jahr freiwillig von dem Amt des Rektors der Universität Freiburg zurückgetreten ist und daß er diese Amtszeit dann als ein Scheitern interpretiert und verstanden hat.

Nun galt bis vor wenigen Jahren die Version, daß Heidegger sich seit 1935, spätestens seit 1936, innerlich vom Nationalsozialismus abgewandt und daß er in einer Art innerer Emigration, wenn nicht gar im Widerstand zum NS-System gelebt habe. Heidegger habe seitdem in seinen Vorlesungen bis zur äußersten Grenze des Möglichen sogar versucht, Kritik an der nationalsozialistischen Ideologie und Weltanschauung zu üben. Das ist auch die Version, die Heidegger selber verbreitet hat. Diese Version läßt sich nun aber in bestimmten Hinsichten nicht mehr aufrechterhalten:

Heidegger hat im Jahre 1937 in Rom einen Vortrag über „Hölderlin und das Wesen der Dichtung" gehalten und er ist dort Karl Löwith begegnet. Löwith berichtete später, daß Heidegger dort das NS-Parteiabzeichen am Revers getragen habe. Löwith führte in Rom mit Heidegger ein Gespräch, aus dem hervorgeht, daß Heidegger zwar über Fehlentwicklungen des Systems tief bekümmert war, daß er aber prinzipiell am Glauben an den geschichtlichen Sinn der NS-Bewegung und an Hitler als der großen Führerfigur festgehalten hat. Wir müssen also davon ausgehen, daß von einer inneren Abwendung Heideggers noch 1937 keine Rede sein kann. Heidegger hat auch zu diesem Zeitpunkt noch die NS-Bewegung als die große national-völkische Revolution verstanden.

Das alles ist schon irritierend genug. Das intellektuelle Nachkriegsdeutschland zeigte sich aber vor allen Dingen darüber schockiert, daß sich Heidegger auch nach 1945 nicht öffentlich entschuldigt, keine öffentliche Reue und Buße gezeigt und auch nicht sein wahres Verhältnis zu dieser NS-Bewegung rückhaltlos offengelegt hat. Ja, er hat nicht einmal – und das ist nun vollends unverständlich – Auschwitz beklagt und angeklagt. Auch das ist ein Faktum, an das Habermas erinnert hat. Auch wer Heidegger gegenüber wohlwollender eingestellt ist, steht doch fassungslos vor der Tatsache, daß Heidegger jede Reue und auch moralische Verwerfung von Auschwitz vermissen ließ. Es kann daher kein Zweifel darüber bestehen, daß Heidegger in gewisser Hinsicht sein Leben lang, wenn auch aus wechselnden Gründen während und nach dem Dritten Reich, am Glauben an den geschichtlichen Sinn dieser Revolution festgehalten hat.

Was Heidegger letzten Endes daran gehindert hat, dazu Stellung zu nehmen, ist sehr schwer zu beantworten. Wir wissen jedenfalls aus bestimmten Zeugnissen, z.B. aus einem Brief an Karl Jaspers, daß Heidegger offen zugegeben hat, daß er sich seines Engagements am Nationalsozialismus geschämt hat. Heidegger hat aber diese Scham niemals öffentlich, sondern nur in einem privaten, freundschaftlich gemeinten, Brief an Karl Jaspers geäußert. Und warum hat Heidegger das nicht öffentlich getan? Diese Frage ist in dem Briefwechsel thematisch geworden, den Heidegger mit seinem Schüler Herbert Marcuse geführt hat.

Es mag einige erstaunen, aber Herbert Marcuse hat tatsächlich mit Heidegger Briefe gewechselt. Das ist allerdings gar nicht so erstaunlich, wenn man weiß, daß Herbert Marcuse selber ein Heideggerschüler war. Herbert Marcuse hat im Rahmen der Kritischen Theorie nichts anderes formuliert, als die Position eines Heideggermarxismus. Das Buch „Der eindimensionale Mensch", das in der studentischen Revolte von 1968 eine so große Rolle gespielt hat, war im Grunde genommen eine Anwendung der Heideggerschen Philosophie auf das Gesellschaftsproblem.

Herbert Marcuse war in seiner Art nun wirklich eine großartige Figur, denn er hat Heidegger zu einem frühen Zeitpunkt der Nachkriegszeit, als die Deutschen noch hungern mußten, ein großes Lebensmittelpaket zugeschickt. Marcuse hat in einem seiner Briefe erwähnt, daß seine Freunde ihn deswegen bezichtigt hätten, weil er einem Menschen wie Heidegger, der doch Mitverantwortung am millionenfachen Mord an den Juden trage, Lebensmittel geschickt hat. Heidegger antwortete daraufhin Marcuse in einem interessanten Brief. Heidegger erklärte, er hätte das von Marcuse geschickte Paket nicht für sich in Anspruch genommen, sondern an seine Freunde und Schüler verteilt, um die Freunde Marcuses aus ihren Gewissensnöten zu befreien. In diesem Zusammenhang ging nun Heidegger auch auf die Frage nach Auschwitz ein. Das ist die einzige, mir bekannte Stelle im Werk von Heidegger, in der er politisch zu Auschwitz Stellung nimmt. Und was sagte nun Heidegger? Er verweist – erstens – auf die zwei Millionen Deutschen, die nach Ende des Zweiten Weltkriegs in Lagern und im Rahmen der Vertreibung totgeschlagen und ermordet wurden. Und zweitens weist er darauf hin, daß Hitler immer bemüht gewesen sei, den Deutschen seine Verbrechen zu verbergen.

Es wird hier deutlich, daß sich Heidegger in diesen moralischen Fragen so verhalten hat, wie ein großer, wenn nicht überwältigender Teil des deutschen Volkes auch. Hinsichtlich der politischen Stellungnahmen gibt es zwischen Heidegger und großen Teilen der Bevölkerung eine verblüffende Übereinstimmung. Das gilt auch, wie wir sehen werden, für die Zeit des Nationalsozialismus.

Damit sind wir beim Thema. Was hat Heidegger letzten Endes unter Nationalsozialismus verstanden? Und wie verhält sich der Nationalismus der Nationalsozialisten zu dem Nationalismus, den Heidegger gewollt hat? Denn da gibt es einen Unterschied. Ich beziehe mich hier wiederum auf eine authentische Quelle, nämlich auf eine Aussage von Karl Jaspers. Karl Jaspers hat einmal gesagt, daß sich Heidegger seinen privaten Nationalsozialismus zurechtgemacht habe. Heidegger hat sich seinen privaten Nationalsozialismus sozusagen ausgedacht. Für diese Sicht spricht übrigens auch die Stellungnahme des Gauleiters, der sich nach Heideggers Rektoratsrede an Heidegger wandte und erklärte, daß das, was Heidegger in seiner Rede von sich gegeben habe, mit dem wirklichen Nationalsozialismus nichts zu tun habe! Und in der Tat: Heideggers Vorstellung von der nationalsozialistischen Bewegung hat, wenn ich das recht sehe, mit dem, was der Nationalsozialismus wirklich war und wie er sich verstanden hat, zu keinem Zeitpunkt im Leben Heideggers etwas zu tun gehabt. Die Motive, die Heidegger zum Engagement für die NS-Bewegung bewogen haben, waren vielmehr ganz anderer Art. Das hat ihm übrigens später auch der Bereinigungsausschuß der Universität Freiburg bestätigt, als Heidegger am Ende des Krieges aus der Universität Freiburg ausgeschlossen wurde.

Was hat nun Heidegger bewogen, sich für den Nationalsozialismus zu engagieren? Heidegger plädierte für eine nationale Revolution. Horribile dictu, einer der größten Philosophen des 20. Jahrhunderts war ein Nationalist. Heidegger ist Nationalist gewesen. Es ist vor allem für die westdeutschen Intellektuellen geradezu eine apokalyptische Vorstellung, daß dieser große, weltweit wirksame Philosoph ein deutscher Nationalist gewesen ist. Daran geht aber kein Weg vorbei. Wir können das zur Kenntnis nehmen und müssen die Frage stellen, warum er Nationalist war und wie er dazu geworden ist. Die eigentlich wissenschaftliche Frage lautet dann: Was versteht Heidegger unter Nation und wie ist er Nationalist geworden?

Zweitens kommen wir an der Feststellung nicht vorbei, daß Heidegger ein Antidemokrat war. Heidegger hat den Glauben an die liberale Demokratie nie geteilt. Auch hier müssen wir die Frage stellen: Warum war Heidegger Antidemokrat? Warum hat Heidegger der Demokratie keine wirkliche Lösung der großen Probleme des 20. Jahrhunderts zugetraut?

Drittens hat sich Heidegger – und so formulierte es auch der besagte Bereinigungsausschuß der Universität Freiburg – für eine „geistige Erneuerung des deutschen Volkes" eingesetzt. Auch das ist für liberale Demokraten von heute eine furchtbare Vorstellung. Daran hat sich auch nichts geändert, als kein Geringerer als Vaclav Havel 1990 anläßlich des Papstbesuches unter großem Beifall auch der linken Intelligenz die Notwendigkeit einer geistigen Erneuerung der Tschechoslowakei proklamiert hat.

Viertens ist Heidegger im Rahmen der beabsichtigten geistigen Erneuerung des deutschen Volkes dafür eingetreten, daß ein starker Staat das deutsche Volk zur geschichtlichen Selbstbehauptung befähigen soll. Heidegger ist also auch ein Etatist gewesen. Heidegger hat sich als die geschichtliche Existenzform des Volkes nur den Staat vorstellen können.

Wenn man genau hinsieht, ist der Nationalstaat auch heute noch die geschichtliche Existenzform der Völker. Seit der Entkolonialisierung Afrikas und Asiens und seit der Wiedervereinigung Deutschlands sind Dutzende neue Nationalstaaten entstanden. Der Nationalstaat stellt sich vor unseren Augen wieder her, aber in der öffentlichen Diskussion kommt diese Tatsache überhaupt nicht zur Sprache. Die Politiker reden viel lieber von Europa und die Intellektuellen reden von der multikulturellen Gesellschaft

Fünftens: Heidegger war Antikommunist. Heidegger war der Meinung, daß eine nationale Revolution zur geistigen Erneuerung des Volkes und daß die Begründung eines zur geschichtlichen Selbstbehauptung befähigten Staates notwendig seien, weil das deutsche Volk durch den Bolschewismus bedroht werde.

Das sind die von diesem Bereinigungsausschuß ermittelten Motive gewesen, die Heidegger bewogen haben, sich damals für die NS-Bewegung zu engagieren. Ich kann das nicht wissenschaftlich beweisen, aber ich bin fest davon überzeugt, daß die Mehrheit der Deutschen 1933 sich genau aus diesen und keinen anderen Motiven für den Nationalsozialismus entschieden haben. Ich darf daran erinnern, daß dies nicht nur die Auffassung der Mehrheit des damaligen deutschen Volkes war, sondern auch der überwältigenden Mehrheit der Professoren, Studenten und Intellektuellen in Deutschland. Auch die Studenten waren damals revolutionär und völkisch-national gesinnt.

Das sind also die Motive, die Heidegger zu seinem NS-Engagement bewogen haben. Im folgenden wollen wir diesen Befund konkretisieren. Wir interpretieren dazu zunächst die Antrittsrede zur „Selbstbehauptung der deutschen Universität", die der neu gewählte Rektor Martin Heidegger 1933 an der Universität Freiburg gehalten hat. Heidegger hat zwar seine Einschätzung des Nationalsozialismus später geändert, aber es gibt im gesamten Leben Heideggers keine radikale Abwendung und keinen Bruch in seiner Überzeugung, daß das, was damals als revolutionäre Bewegung auf den Weg gekommen war, geschichtlich notwendig und letzten Endes der geschichtlichen Herausforderung entsprechend war. Hierin liegt der eigentliche Skandal im Denken Heideggers, und nicht in der politischen Verwicklung in den Jahren 1933/34.

Heidegger hielt immer an der Überzeugung von der geschichtlichen Notwendigkeit einer solchen Revolution fest, aber er hat sich dennoch spätestens Anfang der vierziger Jahre vom Nationalsozialismus abgewandt. Heidegger ist darum sehr bald und aus guten Gründen von den thesaurischen Verwaltern der nationalsozialistischen Ideologie auf das Schärfste bekämpft worden. Man darf nicht übersehen, daß der Rassenkundler Jentsch aus Marburg in der übelsten Weise gegen Heidegger gehetzt hat, übrigens mit der These, Heidegger sei von einem judaistisch-talmudischen Geist erfüllt. Heidegger wurde ebenso von den ideologischen Wortführern des „Amtes Rosenberg" bekämpft. Alfred Baeumler hat Heidegger dabei noch am relativ fairsten beurteilt. Heidegger wurde nicht zuletzt vom obersten wissenschaftlichen Pädagogen des Dritten Reiches aufs schärfste abgelehnt, und zwar interessanterweise mit drei Begründungen: Heideggers Philosophie sei talmüdisch-judaistischen Geistes, zweitens sei sie katholisch-scholastischen Geistes, und drittens stelle Heideggers Philosophie selber ein Zerfallsprodukt der Weimarer Republik dar und sei aus deren Nährboden gewachsen.

Heidegger ist also von den Nationalsozialisten bekämpft worden. Die nationalsozialistischen Ideologen wollten von Heidegger letztlich ebensowenig wissen wie die nationalsozialistischen Machthaber. Heideggers Angebot, den Nationalsozialisten eine Philosophie oder wenigstens eine philosophische Grundlage zu geben, ist von ihnen schnöde, entschieden und konsequent zurückgewiesen worden, weil seine Philosophie einem falschen, eben nicht nazistischen Geist entstamme. Und in der Tat: Wenn man im Blick auf das Heideggersche Denken nach einer Übereinstimmung mit der spezifisch nazistischen Ideologie des Rassismus und des Antisemitismus fragt, dann wird man in seiner Philosophie nichts davon finden. Heideggers Philosophie ist weder rassistisch noch antisemitisch orientiert gewesen. Es gibt bei Heidegger zwar einzelne antisemitische Bemerkungen, aber dem steht gegenüber, daß Heidegger zum Teil auf das Engste mit Juden befreundet war und daß er eine ganze Reihe von Juden unter seinen Schülern hatte, die er sehr selbstlos und großzügig gefördert hat. Die Legende vom Antisemitismus Heideggers wird immer damit begründet, daß Heidegger in einer späteren Auflage von „Sein und Zeit" die Widmung an Husserl entfernt habe, weil der Verleger sonst keine Genehmigung gegeben hätte, das Werk noch einmal aufzulegen, wenn die Widmung an den „Juden" Husserl im Vorspann nicht entfernt worden wäre. Es wird dabei übersehen, daß in diesem Buch, und darauf hat Heidegger bestanden, der Satz stehen blieb, daß er dem Denken von Husserl Entscheidendes zu verdanken habe und daß er ihm in Verehrung und Dankbarkeit verbunden bleibe. Es gibt zwar im Verhältnis Heideggers zu Husserl eine böse Entwicklung, aber die hat, glaube ich, nichts mit dem Umstand zu tun, daß Husserl Jude war. Das hängt wohl vielmehr mit den in der Tat sehr problematischen Seiten des Heideggerschen Charakters zusammen. Es spiegelt sich darin auch der Prozeß der Rivalität, der Konkurrenz und der Loslösung von dem übermächtigen Lehrer wider.

Wir wollen nun die Motive und die Zielsetzung, die Heidegger 1933 zu seinem NS-Engagement geführt haben, auf Grund des Textes über die „Selbstbehauptung der Universität" besprechen. Diese Rektoratsrede von Heidegger zielt darauf ab, im Rahmen einer inneren geistigen Revolutionierung der Universität die erneuerte Universität zum Zentrum und Organ der geistigen Erneuerung des „deutschen Daseins" zu machen.

7. „Den Führer führen"

Heidegger hatte 1933/34 keinerlei verantwortliche Position in Staat und Partei gehabt. Wenn man genauer nachfragt, was denn der kriminelle Gehalt im Verhalten von Heidegger war, dann muß man zugeben, daß es einen solchen nicht gab. Sein Verhalten war allerdings moralisch bedenklich. Moralisch bedenklich waren etwa zwei von Heidegger verfaßte Gutachten. Den Begutachteten ist ein Schaden erwachsen, weil Heidegger ihnen keine Zuverlässigkeit im Sinne der damals herrschenden Weltanschauung bescheinigt hat. Heidegger war im Ausstellen solcher Gutachten etwas naiv, wie uns einer seiner Schüler, Max Müller, berichtet hat. Max Müller selber konnte sich nur habilitieren, wenn Heidegger ihm vorher ein qualifizierendes Gutachten schrieb. Heidegger sagte zu Max Müller: ‚Selbstverständlich sind Sie fachlich hervorragend geeignet, Sie sind ein hochbegabter Philosoph, von dem Großes zu erwarten ist. Aber im Sinne der jetzt vom Staat geforderten Einstellung und Gesinnung sind Sie natürlich nicht zuverlässig.' Max Müller entgegnete Heidegger: ‚Wenn Sie das schreiben, bin ich erledigt.' Heidegger daraufhin: ‚Aber Sie können doch von mir nicht verlangen, daß ich lüge. Sie wissen doch selber, daß Sie im Sinne dessen, was der nationalsozialistische Staat jetzt verlangt, nicht zuverlässig sind; und als katholischer Christ können Sie doch unmöglich von mir verlangen, daß ich lüge.' Natürlich war Max Müller im Sinne der geforderten Kriterien nicht zuverlässig, aber die Argumentation, die Heidegger hier vornimmt, macht doch überdeutlich, daß Heidegger in einem Ausmaß unpolitisch war, wie man das im Grunde genommen nur den Philosophen zubilligt. Auch Hannah Arendt, die Heidegger nun wirklich kannte, hat Heideggers NS-Engagement später immer unter Verweis auf Heideggers Weltfremdheit und Ahnungslosigkeit dem Politischen gegenüber entschuldigt. Ich teile diese Meinung nicht, aber immerhin ist es die Meinung einer sehr intimen Kennerin Heideggers und der politischen Zusammenhänge gewesen.

Etwas näher kommt man meines Erachtens dem Phänomen, wenn man sich an die Anekdote in Erinnerung ruft, die Wolfgang Schadewald überliefert hat. Schadewald, der bekanntlich im Dritten Reich ein strammerer Nazi als Heidegger war, wurde nach dem Kriege der bedeutendste deutsche Vertreter der griechischen Philologie. Schadewald erzählte, daß er Heidegger nach dessen Rücktritt vom Rektoramt 1934 in der Straßenbahn getroffen und ihn gefragt habe: ‚Sind Sie, Herr Heidegger, schon zurück von Dionysos?'

Damit sind wir bereits am Kern der Dinge angelangt, denn man muß das politische Abenteuer Heideggers ähnlich bewerten und beurteilen, wie den Versuch des großen Philosophen Platon, den Tyrannen Dionysos von Syrakus durch die Philosophie zu bekehren, um ihn zu einem tauglichen Führer seiner Polis zu machen. Bekanntlich ist es dem armen Platon dabei schrecklich ergangen. Denn bei dem Versuch, den Tyrannen durch philosophische Belehrung für die Führung der Staatsgeschäfte tauglicher zu machen, ist er zweimal beinahe ums Leben gekommen.

Der Wahrheit noch näher kommt Karl Jaspers, der von einer unsinnigen, abenteuerlichen und kindlichen Vorstellung Heideggers gesprochen hat, weil er versucht habe, den „Führer führen zu wollen". Heidegger konnte, wie so mancher Philosoph, nicht der Verführung widerstehen, die Mächtigen beeinflussen zu wollen. Heidegger wollte den Führer führen. Die geheimste Intention von Heidegger geht sogar noch weiter. Wenn ich alles berücksichtige, was ich inzwischen von Heidegger selber und von seiner Philosophie weiß, dann komme ich zu dem Schluß, daß er nichts Geringeres werden wollte, als der Philosoph des nationalsozialistischen Staates zu sein. Heidegger wollte in der Tat eine Art Chefdenker des Nationalsozialismus werden. Heidegger sah – und dazu gehörte kein besonderer Scharfblick –, daß das, was die Nationalsozialisten anzubieten hatten, mit Philosophie gar nichts zu tun hatte. Heidegger hat darum versucht, den Nationalsozialisten eine Art Philosophie zu vermitteln. Er wollte ihnen eine philosophische Grundlage geben, um die Bewegung mit Hilfe dieser Philosophie auf den Boden und auf den Weg zu zwingen, der seinen Vorstellungen, die wir noch interpretieren müssen, entsprochen hätte.

Es gab ja damals nicht wenige, die den Ehrgeiz hatten, Chefdenker der Nationalsozialisten zu werden. Ich bin ziemlich sicher, daß auch Arnold Gehlen kein anderes Ziel hatte. Auch Gehlen hat in den Jahren um 1933 versucht, den Nationalsozialisten eine Philosophie zu vermitteln und sie gleichzeitig mit Hilfe dieser Philosophie in ihrem Willen und ihrem Charakter zu verändern. Aber auch er ist damit einem schweren Irrtum erlegen.

Heidegger hat sich schwer geirrt. Vielleicht muß man sogar sagen, daß es einem Philosophen von der Bedeutung Heideggers nicht erlaubt ist, sich in einer solchen Frage so fundamental zu irren. Aber ich mahne hier zur Vorsicht: Keiner, der heute gegen Heidegger wegen dessen schwerwiegendem politischen Irrtum den Finger erhebt, ist allein schon durch die bekundete moralische Empörung davor gefeit, selber einem großen Irrtum zu erliegen.

Die Sache mit dem Irrtum ist ja eine schwierige Sache. Denn wie steht es mit dem Irren? Und welche Rolle spielt der Irrtum in der Politik? Hierzu ist Folgendes festzuhalten: Einem Menschen, ganz gleich in welchen Lebenszusammenhängen er steht, nicht das moralische Recht auf Irrtum zuzubilligen, ist inhuman. Nur wenn der Mensch meint, er sei Gott – und heute führen sich ja viele wie kleine Götter auf – kann man auf den Gedanken kommen, jemandem das Recht auf Irrtum abzusprechen. Wer aber weiß, daß der Mensch kein Gott, sondern ein Mensch ist, der muß natürlich zugeben, daß der Mensch irren kann und auch tatsächlich irrt. Goethe sagt: ‚Der Mensch irrt, solange er strebt.' Erst wenn der Mensch aufhören würde, zu streben, würde er auch aufhören, zu irren. Goethe hat eine grandiose Apologie des Irrens geliefert. Für Goethe ist der Irrtum der einzige Weg, durch den der Mensch überhaupt etwas lernen kann. Wer sich nicht irrt oder den Irrtum zu umgehen versucht, der lernt auch nichts mehr. Wer sich immer aus allem heraus hält, der kann natürlich nie in die Gefahr kommen, einem politischen Irrtum zu unterliegen und eines Tages für diesen Irrtum gerade stehen zu müssen. Es ist also unmenschlich, dem Menschen nicht das Recht auf Irrtum zuzubilligen. Das Recht auf Irrtum muß grundsätzlich für die Mitläufer des Nationalsozialismus ebenso gelten wie für die Anhänger des Sozialismus in der DDR. Denn in dem Augenblick, in dem man überhaupt einen Gedanken wagt, gerät man automatisch in die Zone des möglichen Irrtums.

Dieses Wissen um die Möglichkeit des Irrtums gehört übrigens zum Grundbestand des politischen Liberalismus. Denn worin liegt der Kern des klassischen politischen Liberalismus? Der Kern des politischen Liberalismus besteht darin, daß es in der Politik überhaupt keine Wahrheit gibt. Der Liberalismus setzt an die Stelle der Wahrheit den Irrtum und geht eigentlich davon aus, daß man sich in der Politik nur irren kann. Keine politische Position darf für sich in Anspruch nehmen, die Wahrheit zu sein oder auch nur der Wahrheit näher zu sein als irgend eine andere Position. Darum müßten eigentlich die Liberalen das größtmögliche Verständnis für den Irrtum Heideggers haben. Sie müßten von ihren eigenen Prämissen aus nicht nur Heidegger, sondern alle diejenigen verteidigen, die Opfer eines Irrtums geworden sind und keine Verbrechen begangen haben. Leider kann davon in der politischen Praxis gar keine Rede sein.

Ein Beispiel dazu: Karl Jaspers war ursprünglich ein enger Freund von Heidegger. Im Grunde genommen bestand diese Freundschaft als ein Haßliebe-Verhältnis sogar bis zum Lebensende fort. Dennoch hat Jaspers damals das entscheidende Gutachten für die Freiburger Fakultät geschrieben, das zur Entfernung Heideggers aus dem Dienst der Universität Freiburg und damit aus dem Staatsdienst geführt hat. Darin weist Jaspers darauf hin, daß er wisse, daß Heidegger irgendwann einmal über einen jungen Wissenschaftler ein negatives Gutachten geschrieben hatte. Heidegger sollte daher nicht länger als Lehrer der Jugend auftreten dürfen. Warum berichte ich von diesem Vorgang? Weil dieses Gutachten von Jaspers von der gleichen Art ist wie diejenigen Gutachten, die er Heidegger vorwirft und um deretwillen er Heidegger aus dem Universitätsdienst entfernt sehen wollte. Jaspers selber formuliert – wie einst Heidegger – ein eindeutig negatives Gutachten über einen Kollegen, mit schwerwiegenden rufschädigenden und existenzgefährdenden Folgen für ihn. Ich will Jaspers deswegen nicht anklagen, aber ich will darauf hinweisen, daß wir auch heute selbstverständlich richtige Gesinnungen einfordern und Abweichler in ein moralisch fragwürdiges Licht stellen.

Nun wollen wir uns den Fall Heideggers doch einmal genauer ansehen. Denn es stellt sich natürlich die Frage: Was hat Heidegger eigentlich politisch gewollt? Wie hat Heidegger sein Engagement selber begründet?

Diese Abhandlung dient nicht dem Zwecke, einmal mehr den Grad und das Ausmaß der Verwicklung Heideggers in den Nationalsozialismus aufzudecken, sondern sie dient dem Zweck, eine metapolitische Frage zu beantworten. Wir wollen nicht bestimmte Sätze, die Heidegger geäußert hat, mit der damaligen Politik des Nationalsozialismus parallelisieren, sondern wir wollen die politischen Implikationen der Philosophie des jungen Heidegger interpretieren. Die Frage lautet: Was bedeutet eigentlich Heideggers Philosophie politisch, wenn man sie von ihren eigenen Voraussetzungen und Intentionen aus immanent interpretiert?

Man kommt an dieser Frage schon deshalb nicht vorbei, weil Philosophie immer auch von politischer Bedeutung ist. Es gibt keine politisch unschuldige Philosophie. Jede Philosophie – egal, ob der Philosoph seine Philosophie politisch oder unpolitisch versteht – ist politisch relevant. Philosophie, wie übrigens auch die Literatur, ist von höchster metapolitischer Bedeutung.

Wir beschäftigen uns hier nicht mit Heidegger, um Licht in seine Biographie zu bringen. Offen gestanden, interessiert mich gar nicht, was Heidegger persönlich sich bei seinem politischen Engagement gedacht hat, ob er also Chefdenker werden wollte oder ob er eine Machtposition angestrebt hat. Das sind wichtige Fragen, aber sie interessieren uns hier nicht. Wir interpretieren Heideggers Philosophie vielmehr, um die geschichtliche Realität zu verstehen, aus welcher der Nationalsozialismus hervorgegangen ist. Heideggers frühe Philosophie ist zeitgleich mit dem Nationalsozialismus. Allein schon diese Zeitgleichheit, noch dazu ihre Intention, macht die Heideggersche Philosophie zu einer Quelle der Einsicht in die tiefer liegenden Motive der sich national-völkisch nennenden Bewegung. Insofern versteht sich diese Abhandlung als ein Beitrag zu der Frage: Wie war es wirklich?

Diese Frage ist ja auch heute von einer ungeheuren politischen Realität. Wer die Politik Nachkriegsdeutschlands verstehen will, muß wissen, daß sie bis heute von einer bestimmten, vielleicht immer wieder geänderten Interpretation der Wirklichkeit des Nationalsozialismus ihren Ausgang nimmt. Die Interpretation der Vergangenheit ist also keine Frage nur für Historiker und Politologen, sondern sie ist auch von einer eminenten politischen Relevanz. Die heutige politische Gestaltung des Verhältnisses zu Polen, Frankreich und Israel, die Europapolitik, die innerdeutsche Einigungspolitik – alles dies beruht auf einer bestimmten Interpretation der Vergangenheit, konkret der nationalsozialistischen Vergangenheit der Deutschen. Die deutsche Politik nach 1945 wäre völlig unbegreiflich, wenn man sie nicht vor dem Hintergrund der unabgeschlossenen Vergangenheitsbewältigung diskutierte.

Wobei natürlich gleich hinzugefügt werden muß, daß man Vergangenheit im Grunde genommen nicht bewältigen kann. Man kann keinen Toten wieder aus dem Grabe hervorholen. In diesem Sinne kann man Vergangenheit nicht bewältigen. Die christliche Form der Vergangenheitsbewältigung war die Buße, die Reue, die Bitte um göttliche Vergebung. Ohne die christliche Form der Vergangenheitsbewältigung wird sich Deutschland entweder bis zum jüngsten Tag vergeblich um eine Vergangenheitsbewältigung bemühen, oder es wird morgen, wenn es die jüngeren Generationen für opportun halten, diese Vergangenheit vergessen. Denn ohne die christliche Form der Vergangenheitsbewältigung kann die Vergangenheit im allgemeinen, und die deutsche Vergangenheit im besonderen, eine solche Last werden, daß sie die Zukunft verbaut. Das gilt nicht nur für die Zukunft der Deutschen oder anderer Völker, sondern das gilt auch für den einzelnen Menschen. Es kann ein Mensch an der Last seiner Vergangenheit, etwa an einer zerstörten Beziehung, zu Grunde gehen. Die Vergangenheit hat daher wegen ihrer Unveränderbarkeit nicht nur eine Gegenwartsbedeutung, sondern sie hat auch eine Zukunftsbedeutung. Man kann letztlich zwischen Vergangenheit und Zukunft überhaupt nicht trennen. Über die Zukunft entscheidet immer auch unser Verhältnis zur Vergangenheit. Das könnte man übrigens auch anhand der Heideggerschen Zeitphilosophie zeigen.

Meines Erachtens ist die entscheidende Frage: Wie war es möglich? Trotz vieler einleuchtender, zum Teil großartiger Untersuchungen, ist diese Frage bisher so unbeantwortet wie eh und je. Sicherlich, wir wissen eine ganze Menge über den konkreten Ablauf des Nationalsozialismus. Sämtliche ideologischen Lager haben auch Interpretationen vorgelegt, die über die Gründe des Nationalsozialismus Auskunft geben. Jede Ideologie versuchte aufzuzeigen, wie der Nationalsozialismus möglich geworden ist. Die Marxisten haben eine andere Antwort als die Liberalen gegeben, und die Liberalen legten wieder eine andere Antwort vor, als die Christen. Jede Denkrichtung setzte den Akzent etwas anders. Wenn man aber die Frage so stellt, wie sie unmittelbar nach 1945 gestellt wurde, dann habe ich nicht den Eindruck, daß wir bisher eine befriedigende Antwort gefunden haben. Denn diese Frage lautete: Wie ist der Nationalsozialismus in einem Volk möglich gewesen, das man einmal das „Volk der Dichter und Denker" genannt hat? Wie ist der Nationalsozialismus in einem Volk möglich gewesen, das einmal eines der christlichsten Völker der Welt gewesen ist? – Wenn wir uns die Frage so radikal stellen, dann wird jeder zugeben müssen, daß die Antwort noch aussteht.

Ich vermute, daß Heidegger möglicherweise eine ganz hervorragende Quelle ist, um der Antwort auf diese offenen Fragen ein bißchen näherzukommen. Wie steigen wir nun ein? Wir müssen zunächst einmal die grundsätzliche metapolitische Fragestellung auf die Frage einengen: Was hatte denn Heidegger mit seinem NS-Engagement im Sinn gehabt? Wie hat Heidegger sich selber und die damalige Bewegung gesehen und interpretiert, so daß er sich in einem noch näher zu differenzierenden Sinne mit bestimmten Erwartungen und Hoffnungen, aber auch mit bestimmten Einsichten und Überzeugungen der Nationalsozialisten identifizieren konnte? Das ist die erste Frage.

Übrigens hat diese Frage erstmalig der in seiner Art großartige Jakob Taubes gestellt. Der gläubige Jude Jakob Taubes, lange Jahre Inhaber eines Lehrstuhles für philosophische Hermeneutik in Berlin, ging von der Überlegung aus, daß der Nationalsozialismus von einer solch unerträglichen, intellektuellen Primitivität gewesen ist, daß ihm das NS-Engagement von bestimmten Intellektuellen völlig unverständlich war. Jakob Taubes hat die wirklich bedenkenswerte Frage gestellt, wie es zu verstehen ist, daß – wie er sagte – die zwei klügsten Denker des 20. Jahrhunderts, nämlich Carl Schmitt und Heidegger, mit diesen Nationalsozialisten etwas gemein haben konnten? Die Sache wäre ja so einfach, wenn die beiden Denker mit einer mangelnden intellektuellen Fähigkeit ausgestattet gewesen wären. Aber das ist eben nicht wahr. Selbst Ernst Bloch hat einmal davon gesprochen, daß Carl Schmitt überhaupt der Gescheiteste im 20. Jahrhundert gewesen sei. Oder denken wir an einen noch neutraleren Zeugen, nämlich den großen Alexandre Kojève. Kojève, ursprünglich Marxist, ja sogar Stalinist, hatte im französischen Außenministerium eine wichtige Funktion. Als Kojève einmal in Deutschland zu Besuch war, sagte er: „Ich fahre nach Plettenberg, denn dort lebt der einzige Mann in Deutschland mit dem zu reden es sich lohnt, nämlich Carl Schmitt." Dieser Jude, Stalinist und geistige Ziehvater einer ganzen Philosophengeneration in Frankreich sagte: Es gibt in Deutschland nur einen, mit dem zu reden sich lohnt, und das ist Carl Schmitt.

Darum ist diese Frage so wichtig: Was hat Heidegger dazu motiviert? Um dies zu klären, wenden wir uns nun Heideggers Rektoratsrede über die „Die Selbstbehauptung der deutschen Universität" zu. Heidegger erwähnt selber den Kontext dieser Rede und verweist auf zwei weitere Vorträge zu den Themen „Was ist Metaphysik?" und „Vom Wesen der Wahrheit". Wir werden uns neben der Rektoratsrede mit der Vorlesung „Die Grundfragen der Philosophie" von 1933 auseinandersetzen, um dahinter zu kommen, was denn nun Heidegger eigentlich im Sinne gehabt hat, als er sich für den Nationalsozialismus engagierte. Wichtig ist vor allem die Rektoratsrede „Die Selbstbehauptung der Universität". In einer Neuauflage hat Heidegger der ursprünglichen Rede Gedanken hinzugefügt, die seine Motivlage verdeutlichen. Es liegt also eine Interpretation dieser Rede „Die Selbstbehauptung der deutschen Universität" aus der Sicht Heideggers vor.

Wenn man sich nun die Rede „Die Selbstbehauptung der deutschen Universität" ansieht, dann wird man bemerken, daß die Sprache, in der Heidegger seine Thesen formuliert, in unseren Ohren archaisch klingt. Aber wir wollen uns dadurch nicht irritieren lassen, denn wir wollen ja herausbekommen, was Heidegger eigentlich bezweckt hat.

Gleich der erste Satz ist schockierend: „Die Übernahme des Rektorates ist die Verpflichtung zur *geistigen* Führung dieser hohen Schule".[130]

Heidegger fügt sich damit gleich in den damaligen Geist der Zeit ein. Heidegger denkt bei der Übernahme des Rektorates nicht an die Selbstverwaltung der Universität, er verweist auch nicht auf die bürokratische bzw. technokratische Funktion dieses Amtes, sondern Heidegger meint, daß der Rektor eine Verpflichtung zur „geistigen Führung" der Universität habe.

---

[130] Martin Heidegger: Die Selbstbehauptung der Universität. Das Rektorat 1933/34, Frankfurt a.M 1983, S. 9

Wir werden sehen, daß dieses Wort „geistige Führung" ein durchgehend gebrauchter Begriff bei Heidegger ist. Es zeigt sich bereits hier, daß Heidegger kein Demokrat, sondern ein Antiliberaler war. Heidegger war vom Führungsprinzip fasziniert. An die Stelle der demokratischen Organisation der Herrschaftsverhältnisse sollte das Prinzip der Führung treten. Daher kommt auch Heideggers Faszination für den „Führer".

Welche Assoziation stellt sich ein, wenn man heute so etwas Schockierendes zur Kenntnis nimmt? Hier muß man nun zur Kenntnis nehmen, daß die Deutschen in ihrer Geschichte in der Tat ein anderes Verhältnis zur Führung, auch zur geistig-geistlichen Führung, gehabt haben als andere Völker. Das geht bereits mit Luther und der Reformation los. Die Rolle Luthers hat sich den Deutschen tief und unvergeßlich eingeprägt. Luther wurde als Nationalheros wahrgenommen und mythologisch überhöht, weil in und mit Luthers Reformation eine die Weltgeschichte verändernde Revolution in Gang gesetzt worden ist, und weil diese Revolution in diesem einen Mann ihren Ausgangspunkt und ihren Träger gefunden hatte. Ohne diesen einzelnen Mann wäre die weltrevolutionäre Veränderung, welche die Reformation bewirkt hat, nie zustande gekommen. Luther ist durch lange innere Gewissenskämpfe zu diesem Entschluß gekommen. Die Reformation war die Frucht des geistigen Ringens dieses Mannes mit sich selbst und mit seinem Gewissen. Ohne diesen einen Menschen wäre die deutsche Revolution, wie ich die Reformation nennen möchte, überhaupt nicht vorstellbar gewesen.

Darum haben die Deutschen – zweitens – auch ein ganz anderes Verhältnis zum gesprochenen Wort. Die Deutschen wissen um die geschichtsverändernde Kraft des Wortes. Sie haben ein ganz anderes, eben gläubigeres, Verhältnis zur Macht des Wortes als andere Völker. Dieses eher religiöse Verhältnis zum Wort ist nicht zu verwechseln mit dem eher ästhetischen Verhältnis, das in der Rhetorik zum Ausdruck kommt. Die Italiener etwa haben kein besonderes Verhältnis zum Wort, sondern zur Rhetorik. Dagegen ist der Glaube, man könne durch die Kraft des Wortes Realitäten verändern, das zweite Moment, das den Deutschen von Luther her zu eigen ist.

Mit Luther hat es – drittens – auch zu tun, daß die Deutschen dem großen Einzelnen eine solche Bedeutung zusprechen. Die Geschichtstheologie Luthers besagt, daß in einer schwierigen, katastrophenumwitterten geschichtlichen Situation die Rettung nur vom großen Einzelnen, den Gott schickt, zu erwarten ist. Diese großen geschichtsbewegenden Einzelnen sind, wie Luther sagt, die „Masken Gottes". Es mag eine unerträgliche Verzweiflung über die bestehende Situation existieren und die Überzeugung von der Notwendigkeit einer Veränderung vorherrschen, aber es bewegt sich nach Luther nichts, solange nicht der große Einzelne auftritt.

Der Marxismus glaubte dagegen immer, es seien die Verhältnisse, welche die Geschichte bewegen, und die Einzelnen seien nur „Charaktermasken" dieser Verhältnisse. Mao Tse-tung, Hitler, Churchill und zuletzt Gorbatschow widerlegen diese These allerdings eindringlich. Man muß sich die Geschichte nur genau ansehen, dann wird man erkennen, daß dem Einzelnen wirklich eine reale Bedeutung zukommt. Die Verhältnisse sind wichtig, aber entscheidend sind die handelnden Personen, die noch Hegel in seiner „Geschichtsphilosophie“ die „weltgeschichtlichen Individuen“ genannt hat. Auch Fichte war während der napoleonischen Besetzung Preußens zu der Meinung gekommen, daß die Rettung nur aus einer nationalen Erneuerung kommen könne, und daß diese nationale Erneuerung nur die Frucht eines großen Predigers sein könne. Fichte war davon überzeugt, daß er selber der richtige Mann sei.

Die Figur des geistigen und auch politischen Führers, der eine krisenhafte Situation bewältigt, hat also eine lange Tradition. Zuletzt sprach noch Max Weber von der so genannten „charismatischen Herrschaft“. An diese Tradition muß man sich erinnern, wenn Heidegger von „geistiger Führung“ redet.

Zweitens ist Heidegger der Meinung, daß die Universität der Ort einer geistigen Führung und einer geistigen Erneuerung des Volkes sein müsse. Die Universität ist für Heidegger der institutionelle Ort, wo die Kräfte der geistigen Erneuerung des Volkes erwachsen.

Es leuchtet sofort ein, daß auch das eine spezifisch deutsche Vorstellung ist. Man braucht ja nur an die Rolle der Humboldt-Universität in der damaligen preußischen Befreiungsbewegung und überhaupt an die Rolle, die die Universität seit der Gründung der Universität Halle gespielt hat, denken, um den Ursprung dieses Heideggerschen Gedankens zu erfassen. Wir machen uns ja viel zu selten klar, daß die deutsche Universität, die aus der Humboldtschen Reform hervorgegangen ist, ein einzigartiges Phänomen in der Kulturgeschichte der Menschheit ist. Daran knüpft Heidegger, wenn auch in neuer Zielsetzung, an.

Aus der Sicht Heideggers muß nun aber die damalige Universität grundlegend verändert werden, wenn sie ihre ureigene Funktion, nämlich eine geistige Erneuerung des Volkes zu bewirken, erfüllen will. Da die zeitgenössischen Universitäten in den Augen Heideggers zu Stätten des geistlosen, routinierten Stumpfsinns verkommen sind, müßten sie aber erst wieder von einem philosophischen Geist erfüllt werden, damit sie sich selber erneuern und so das Organ einer geistigen nationalen Erneuerung werden können.

Diese geistige Erneuerung der Universität ist für Heidegger – drittens – nicht denkbar ohne eine Erneuerung der Wissenschaft. Heidegger hält geradezu eine Revolutionierung der Wissenschaft für notwendig. Heidegger will eine neue Leidenschaft für die Wissenschaften entfachen. Und woher soll diese Leidenschaft für die Wissenschaft herkommen? Nicht aus der Wissenschaft selber! Denn das kann die Wissenschaft gar nicht. Wenn überhaupt, so kann die Leidenschaft für die Wissenschaft und die Erneuerung der Wissenschaft nur aus der Philosophie kommen. Die Wissenschaften müssen daher Heidegger zufolge wieder ihren philosophischen Boden zurückgewinnen. Ohne diese Philosophie sind die Wissenschaften bodenlos, „entwurzelt“. Denn die Wissenschaften haben in der Emanzipation von der Philosophie ihren eigenen Mutterboden, aus dem sie bisher ihre innersten Impulse und Antriebskräfte entwickeln konnten, verloren.

Heidegger fordert also eine aus dem Geist der Philosophie erneuerte Wissenschaft, die in einem ersten Schritt zu einer Erneuerung der Universität führen und dann die geistige Erneuerung des Volkes bewirken soll. Heidegger verkündet damit nicht weniger als eine Kulturrevolution. „Die Selbstbehauptung der Universität“ ist der Programmtext einer Kulturrevolution.

Nun taucht natürlich sofort eine weiterführende Frage auf. Wo nimmt man diese Philosophie her, welche die Wissenschaften zu einem Boden verhelfen und aus der die Leidenschaft für die Wissenschaft erwachsen kann? Welche Philosophie soll denn die Quelle der geistigen Erneuerung der Universität und des Volkes sein? Natürlich Heideggers eigene Philosophie. Heidegger selber erhebt den Anspruch, daß seine Philosophie den Boden sowohl für die Erneuerung der Wissenschaft, wie für die Erneuerung der Universität, wie auch für die Erneuerung des Volkes bereitstellt. Das ist nicht gerade wenig, was sich Heidegger da vornimmt. Daß sich ein Philosoph so etwas zutraut, das gibt es wohl auch nur in Deutschland.

8. Die Überwindung des Nihilismus aus dem Geist der Griechen

Heideggers Absicht einer Kulturrevolution zu verstehen ist nur möglich, wenn muß man die Situation am Ende der Weimarer Republik möglichst unvoreingenommen zur Kenntnis nimmt.

Man darf diese Kulturrevolution und den Nationalsozialismus nicht vom Ende und vom Resultat her beurteilen. Die ganze historische, philosophische und politologische Diskussion um den Nationalsozialismus krankt ja daran, daß wir den Nationalsozialismus *nur* von seinem Resultat aus beurteilen. Damit wird man aber dem deutschen Volk nicht gerecht. Die überwältigende Mehrheit derjenigen, die zum Zeitpunkt des Endes der Weimarer Republik vielleicht noch nicht einmal den Nationalsozialismus, sondern die völkische Nationalbewegung unterstützt und dann Hitler an die Macht verholfen hat, traf diese Entscheidung nicht im Blick auf den Judenmord und auch nicht im Blick auf einen zu führenden imperialistischen Krieg, sondern weil sie eine nationale Erneuerung Deutschlands wünschten. Sie sahen im Nationalsozialismus allenfalls die vielleicht extremste und auch vulgärste Ausprägung der national-völkischen Bewegungen, wie sie in Europa damals häufiger zu finden waren. Die Deutschen haben damals, ihrem subjektiven Bewußtsein nach, für ganz etwas anderes optiert, als später daraus geworden ist. Der Grundimpuls, der die Mehrheit der Deutschen damals bewogen hat, für Hitler zu votieren, ist im wesentlichen durch vier Faktoren bestimmt.

Da ist zum einen die Überzeugung, daß man im Ersten Weltkrieg nicht wirklich besiegt, sondern verraten worden ist. Die so genannte „Dolchstoßlegende“ hat im Bewußtsein der Nationalgesinnten – und dazu zählten sich damals sehr viele, und zwar in allen Parteien – eine ganz entscheidende Rolle gespielt. Die Deutschen haben damals die Niederlage im Ersten Weltkrieg innerlich nicht angenommen. Das ist von ganz entscheidender Bedeutung.

Zweitens haben die Deutschen die „Novemberrevolution“ nicht als die große deutsche Revolution, die mit großer historischer Verzögerung nun möglich geworden ist, akzeptiert, sondern sie haben sie als eine Ausgeburt der nationalen Not und der nationalen Schande empfunden.

Drittens befand sich die liberale Demokratie damals in Weimar in einer schweren Krise. Die Weimarer Republik ist tatsächlich eine „Demokratie ohne Demokraten" gewesen ist. Der Weimarer Demokratie ist es nicht gelungen, sich eine Mehrheitsbasis im Volke zu verschaffen. Die Demokratie war nicht im Bewußtsein der Massen verankert. Die Deutschen sahen sich mit der Erfahrung konfrontiert, daß die Demokratie nicht in der Lage war, mit den großen Herausforderungen und mit den katastrophalen Entwicklungen in der Weimarer Republik fertigzuwerden. Die Menschen kamen daher – aus zumindest nachvollziehbaren Gründen – zu dem Schluß, daß die liberale Demokratie nicht zur Führung der Nation und zur Lösung ihrer Probleme in der Lage ist. In ihren Augen hatte die Demokratie versagt.

Wir sind ja auf die konkret politischen Faktoren im Zusammenhang der Abhandlung über die Wirklichkeit des Nationalsozialismus ausführlich eingegangen. Dazu gibt es auch ganzen Bibliotheken, die das genau analysiert haben.

Viertens – und hier wird nun die Untersuchung der Rede über „Die Selbstbehauptung der deutschen Universität" interessant – muß man die geistige Gesamtlage in der Weimarer Republik zur Kenntnis nehmen, um das politische Schicksal der Weimarer Republik verstehen zu können. Wir müssen uns darüber im klaren sein, daß letzten Endes auch alle politischen Entwicklungen entscheidend von der geistig-kulturellen Situation, in der sich ein Volk, eine Gesellschaft befinden, bestimmt sind. Ohne die Einsicht in diese geistigen kulturellen Hintergründe und Zusammenhänge kann man überhaupt nicht zu einer realistischen Beurteilung der damaligen politischen Situation kommen.

Daher die Frage: Was hat Heidegger bewogen, sich zum Rektor der Universität Freiburg wählen zu lassen und dort die programmatische Rede über „Die Selbstbehauptung der deutschen Universität" zu halten? Welche Intention und Zielsetzung hat Heidegger damit verfolgt?

Zunächst einmal, ich habe bereits darauf hingewiesen, ist Heidegger am Schicksal der Universität interessiert gewesen. Heidegger war der Meinung, daß die Universität, wie sie in der deutschen Geschichte des 19. Jahrhunderts begründet worden ist, nicht mehr besteht. Heidegger wußte auch, daß die preußische Befreiungs- und Reformbewegung ohne die Universität überhaupt nicht denkbar gewesen wäre. In der Tat: Eines der größten Phänomene in der sonst so traurigen und unglücklichen deutschen Geschichte, nämlich die große preußische Befreiungs- und Reformbewegung, wäre ohne die erneuerte Universität überhaupt nicht denkbar gewesen. Diese preußischen Reformer haben die Universität aus dem Geist der Philosophie erneuert. Die Philosophie bekam damals eine einzigartige Stellung im Aufbau der Universität zugesprochen. Die Philosophie hat damals den Geist der Wissenschaft inspiriert.

Heidegger war nun der Meinung, daß die Universität im Blick auf den eingetretenen inneren Zerfall der Wissenschaften erneuert werden müsse. Die Wissenschaften sind in seinen Augen bodenlos, wesenlos geworden. Die Wissenschaften litten an einer geistigen Verödung und Auszehrung. Der äußeren und inneren Struktur nach ist zwar die Universität durch die liberale Selbstverwaltung bestimmt, ihrem Charakter nach ist sie aber für Heidegger durch Beliebigkeit, Gleichgültigkeit und Bedeutungslosigkeit gekennzeichnet.

Heidegger sah völlig richtig, daß nur dann an eine Erneuerung der Universität zu denken ist, wenn zuvor die Wissenschaften erneuert werden. Heidegger ruft daher die Universität auf, sich aus dem echten Geist der Philosophie als Institution der Wissenschaften zu erneuern. Der Wille zur Wissenschaft ist das große Pathos, das Heidegger nicht nur in dieser Phase seiner Entwicklung, sondern auch später erfüllt hat. Diese „echte" Leidenschaft zur Wissenschaft und zum „Wissenwollen" zu entfachen, darum ging es Heidegger. Die Verödung, Gleichgültigkeit und Beliebigkeit sowie die Funktionalisierung des Wissens zu Zwecken der arbeitsteiligen Gesellschaft sollte überwunden werden, um die Wissenschaft zu ihrer Authentizität, zu ihrem Wesen zurückzuführen. Vor allem aber sollte wieder eine Leidenschaft zur Wissenschaft und zum Wissen entfacht werden.

Heideggers Wissenschafts- und Universitätskritik kann man nur verstehen, wenn man den ganzen Ansatz des Heideggerschen Denkens und vor allem seine Herkunft aus der Phänomenologie mit bedenkt. Heidegger war der Meinung, daß die Wissenschaften nur in dem Maße wissenschaftlich sind, indem sie auch philosophisch sind und philosophisch betrieben werden. Das klingt im ersten Moment sehr sonderbar, aber Heidegger steht damit – wir werden das gleich erläutern – in der überlieferten philosophischen Tradition. Denn für die Griechen, von denen Heidegger gleich reden wird, waren die Wissenschaften ursprünglich allesamt Momente und Teile der Philosophie. Am Anfang gab es nur die Philosophie. Und ohne die Philosophie wäre es nie zu den europäischen Wissenschaften gekommen. Aristoteles hat daher von der ersten, zweiten und dritten Philosophie gesprochen. Die gesamte geschichtliche Entwicklung ist nun gekennzeichnet durch einen über die Epochen hinweg verlaufenden Prozeß der Ausgliederung der Wissenschaften aus der Philosophie heraus. Vor allem die Neuzeit ist durch den Prozeß der zunehmenden Verselbständigung der Wissenschaft gegenüber der Philosophie und auch gegenüber den eigenen philosophischen Grundlagen und Voraussetzungen gekennzeichnet. Dieser Prozeß hat nun in der Sicht Heideggers seinen Kulminationspunkt erreicht. Wenn die Wissenschaften nun nur noch instrumentell gesehen und wenn sie nur noch in den Dienst der arbeitsteilig organisierten Gesellschaft gestellt werden, dann ist für Heidegger der letzte Rest der philosophischen Herkunft und der philosophischen Gründe, aus denen die Wissenschaften selber hervorgingen, verdampft. Diesen Endzustand im Prozeß der Verselbständigung der Wissenschaften gegenüber ihrer philosophischen Herkunft nennt Heidegger „Technik". Die vollends von der Philosophie emanzipierten Wissenschaften werden dann zu reinen Techniken. Das trifft dann nicht mehr nur für die Naturwissenschaften, sondern auch für die Geisteswissenschaften zu. Auch die Politologie eignet sich dann nur noch gewisse Techniken an, mit denen sie an das wissenschaftliche Material herangeht.

Hierzu will ich doch eine ketzerische Nebenbemerkung machen: In diesem Sinne darf die Politologie nicht einmal beanspruchen, eine selbständige Wissenschaft zu sein. Die Politologen haben nämlich auf die Frage, was denn nun eigentlich die Methode ist, die der Politologie ihren Wissenschaftscharakter garantiert, noch keine Antwort gefunden. Es gibt zwar verschiedene mehr oder weniger plausible operative Verfahrensweisen, aber eine, den Wissenschaftscharakter der Politologie verbürgende Methode gibt es nicht. Und was gibt es dann statt dessen? Ideologien. Es gibt ein unendliches Maß an Informationen, das jeder Politologe je nach subjektiver und ideologischer Herkunft und Neigung aufbereitet. Die Ergebnisse dieser Reflexion werden dann als politologische Wissenschaft ausgegeben. Wer Politologie studiert, muß daher immer genau die ideologische Ausrichtung des Doktorvaters kennen, damit er nicht in Schwierigkeiten kommt. Es sei denn, der Doktorvater ist ein liberaler großzügiger Mensch, der, wenn nur ordentlich gearbeitet worden ist, bereit ist, auch Ergebnisse zu tolerieren, die seinem mitgebrachten ideologischen Standpunkt nicht entsprechen.

Heidegger hat unter anderem Phänomene dieser Art im Blick, als er seine Wissenschaftskritik formulierte. Er strebt daher die Erneuerung der Universität qua Philosophie an. Heidegger meint, daß die so erneuerte Wissenschaft – und das ist jetzt der eigentliche politisch relevante Punkt –, nur dann einen Sinn hat, wenn sie jemandem oder einer Sache dient, die selber nicht Wissenschaft ist. Die Wissenschaft soll also, wenn sie aus dem Geist der Philosophie erneuert worden ist, einen Auftrag erfüllen. Die Wissenschaft soll einer Sache dienen. Diese Zumutung, daß die Wissenschaft einem anderen Zweck dienen soll als dem wissenschaftlichen Fortschritt, impliziert natürlich die Gefahr, daß hier eine Funktionalisierung oder Politisierung der Wissenschaft angestrebt wird.

Die liberale Ordnung meint ja, diesem Problem der Idelogisierung und Funktionalisierung der Wissenschaft dadurch zu entrinnen, indem man die Wertneutralität und Zweckfreiheit der Wissenschaft verkündet. Die Wissenschaft habe nur sich selbst zum Zweck. De facto ist das natürlich völlig anders. Die Wissenschaften sind in der liberalen Ordnung funktional in das arbeitsteilige System der modernen Gesellschaft integriert und verklammert. Sie sollen dem gesellschaftlichen Nutzen und natürlich auch der liberalen Ordnung selber dienen. Wie immer man den Nutzen definiert, de facto ist auch die Wissenschaft in einer liberalen Ordnung auf eine arbeitsteilige Gesellschaft und ihre Zwecke ausgerichtet. Die liberale Theorie will das nur nicht wahrhaben, weil es mit der liberalen Ideologie nicht zu vereinbaren ist.

Welche Versuche gab es, der Wissenschaft ein ihr selbst transzendentes Ziel zu geben? Den größten Versuch in dieser Richtung hat natürlich der Marxismus unternommen. Für den Marxismus ist es völlig klar, daß Wissenschaft keine selbstzweckhafte Praxis ist. Das zu glauben, haben die Marxisten immer als bürgerliche Ideologie bezeichnet. Was eine – im marxistischen Sinne – politisierte, in den Dienst der Verwirklichung eines ideologischen Zieles gestellte Wissenschaft bedeutet, das hat man im real existierenden Sozialismus beobachten und studieren können. Dort war die Wissenschaft mit letzter Konsequenz in den Dienst politisch motivierter ideologischer Ziele gestellt worden.

Heidegger wird nun vorgeworfen, daß er in seiner Rede „Die Selbstbehauptung der Universität" selber verlangt hätte, daß die Wissenschaften politisiert werden sollten. Denn sie hätten in den Dienst der völkisch nationalen Revolution zu treten. Diese Kritiker verweisen darauf, daß Heidegger in seiner Rede gefordert habe, die Universität nach dem Prinzip „Führer und Gefolgschaft" zu organisieren. Außerdem habe er die Studenten dazu aufgefordert, ihre Pflicht im „Arbeitsdienst", im „Wehrdienst" und im „Wissensdienst" zu erfüllen. Heidegger rief in der Tat die Studenten auf, sich dem Arbeitsdienst, dem Wissensdienst und dem Wehrdienst hinzugeben. Die Kritiker meinen nun, daß Heidegger mit diesen Forderungen gezeigt habe, daß er sich mit der nationalsozialistischen Bewegung identifiziert hat, und daß er darum wenigstens für diese Phase uneingeschränkt als ein Nationalsozialist anzusehen ist.

Aber war Heidegger damals wirklich ein Nationalsozialist? Wie hat Heidegger sich selber verstanden, und wie hat Heidegger sein Engagement für die NS-Bewegung begründet? Heidegger hat sich ohne Zweifel für die NS-Bewegung engagiert, und er hat sich in gewisser Weise auch mit ihr identifiziert. Daran kann es, wenn wir uns nur den Schluß dieses Referates zu Gemüte führen, keinen Zweifel geben. Es heißt dort: „Die Herrlichkeit aber und die Größe dieses Aufbruchs verstehen wir dann erst ganz, wenn wir in uns jene tiefe und weite Besonnenheit tragen, aus der die alte griechische Weisheit das Wort gesprochen hat: ‚Alles Große steht im Sturm.'"[131]

Heidegger spricht hier von der Herrlichkeit und der Größe dieses Aufbruchs. In der später gehaltenen Vorlesung „Einführung in die Metaphysik" sprach er sogar von der weltgeschichtlichen Größe dieser nationalsozialistischen Bewegung.

Aber an welche geistigen Inhalte hat Heidegger gedacht, als er hier die Forderung stellte, daß die Universität sich in den Dienst des deutschen Volkes stellen sollte? Hat er an die nationalsozialistischen Ideologeme gedacht?

Hier muß man nun gerechterweise sagen, daß es, wenn ich das richtig sehe, nur ein oder zwei Adverbien in dem ganzen Referat gibt, von denen man sagen könnte, das sie der nazionalsozialistischen Ideologie entstammen könnten. Heidegger spricht einmal von den „erd- und bluthaften Kräften"[132], die gestaltet und entfacht werden müssten. Abgesehen von dieser Wendung von den „blut- und erdhaften Kräften" gibt es in dieser Rede keine Aussage, die eindeutig in das Arsenal der nationalsozialistischen Ideologie gehört. Der anwesende NS-Gauleiter konnte daher nach der Rede auf Heidegger zugehen und sagen: ‚Herr Heidegger, was Sie in dieser Rede vorgetragen haben, ist nicht der wirkliche Nationalsozialismus. Sie haben sich eine Art privaten Nationalsozialismus zurecht gemacht.' Dieser Gauleiter monierte beispielsweise, daß der Rassegedanke gefehlt hätte. Das ist ein ganz wichtiger Punkt, daß in der ganzen veröffentlichen Philosophie Heideggers keine Aussage zu finden ist, aus der man entnehmen könnte, daß Heidegger etwas mit dem Rassismus zu tun gehabt hätte. Eine Ideologie ohne Rassismus kann aber

[131] Martin Heidegger: Die Selbstbehauptung der Universität. Das Rektorat 1933/34, S. 19
[132] Martin Heidegger: Die Selbstbehauptung der Universität. Das Rektorat 1933/34, S. 14

nicht mehr als nationalsozialistische Ideologie angesehen werden. Im gesamten Werk Heideggers gibt es, bis auf einen kurzen Abschnitt in der Vorlesung über Schellings Abhandlung „Über die Freiheit“, keinen Antisemitismus. Es gibt also – das muß man feststellen – bei Heidegger keinen Rassismus und es gibt keinen Antisemitismus. Und es gibt auch, was ganz eindeutig ist, keinerlei imperialistische, das Lebensrecht anderer Nationen verneinende Auslassungen. Ich glaube daher, daß dieser Gauleiter den Kern richtig getroffen hat, wenn er im Falle Heideggers von einem privaten Nationalsozialismus spricht, den Heideggers sich zurecht gelegt habe.

Aus welchen geistigen Quellen soll nun aber Heidegger zufolge die Universität und die aus dem Geist der Philosophie erneuerte Wissenschaft schöpfen? Wie hat Heidegger die damalige geistig-kulturelle Situation eingeschätzt, zu deren Überwindung die Erneuerung der Universität und die völkisch nationale Bewegung notwendig sei? Da lesen wir nun den Schlüsselsatz, durch den wir Heidegger auch hinsichtlich seines politischen Engagements verstehen können:

„Und wenn gar unser eigenstes Dasein selbst vor einer großen Wandlung steht, wenn es wahr ist, was der leidenschaftlich den Gott suchende letzte deutsche Philosoph, Friedrich Nietzsche, sagte: „Gott ist tot“ –, wenn wir Ernst machen müssen mit dieser Verlassenheit des heutigen Menschen inmitten des Seienden, wie steht es dann mit der Wissenschaft?“[133]

Man überlege sich heute, ob man auf diese Frage eine Antwort weiß. Man überlege auch, ob sich an dieser Bestimmung der geistigen Situation seitdem irgend etwas geändert hat. Heidegger stellte damals die Frage, wie es mit der Wissenschaft angesichts der Verlassenheit des Menschen steht, wenn Nietzsche mit seiner These Recht hat, daß Gott tot ist. Das ist doch eine ernsthafte Frage. Wenn man Heidegger verstehen und gerecht werden will, dann muß man das, was er in der Rektoratsrede sagt, als Antwort auf diese, so von ihm bestimmte Situation interpretieren.

Die Antwort, die die Menschen heute angesichts der Verlassenheit des menschlichen Seienden nach dem Tode Gottes geben, heißt New-Age. Die New-Age-Bewegung bedeutet aber den restlosen Bruch mit der Wissenschaft. Die Wissenschaft gilt dieser Bewegung als Totengräber von Kultur und Natur. Sie sucht die Quellen der Rettung überall, nur nicht in und mit der Wissenschaft. Heidegger hat dagegen versucht, angesichts der Verlassenheit des Menschen nach dem Todes Gottes die Quelle der Rettung in der philosophisch erneuerten Wissenschaft zu suchen. Heidegger sucht den Ausweg nicht in der Flucht vor der Wissenschaft, nicht in ihrer Zerstörung, nicht in asiatischen Formen der Meditation, sondern Heidegger hat gemeint, daß angesichts dieser durch die Geschichte gestellten Frage und angesichts des Verfalls der Wissenschaft in Technik und Routine die Quelle der Rettung nur in der aus der Philosophie erneuerten Wissenschaft gefunden werden kann.

Das bedeutet, daß Heidegger – was immer er im einzelnen in Anpassung an den damaligen Sprachjargon gesagt haben mag –, im Ansatz eine völlige konträre Posi-

---

[133] Martin Heidegger: Die Selbstbehauptung der Universität. Das Rektorat 1933/34, S. 13

tion zum Nationalsozialismus und dessen Ideologie eingenommen hat. Denn die Nationalsozialisten haben ja nicht die Erneuerung von Universität, Wissenschaft, Volk und Staat aus dem Geist der Philosophie gefordert, sondern sie haben eine nationalsozialistische Wissenschaft gewollt. Sie haben den völlig aberwitzigen Versuch unternommen, anhand einiger Abfälle aus der Rassenkunde und der Biologie die Wissenschaften zu einer nationalsozialistischen Wissenschaft zu transformieren.

Dieser Versuch ist übrigens völlig mißglückt. Die Nationalsozialisten waren nicht imstande, auch nur annähernd den Wissenschaftsbetrieb der Universität so zu durchdringen, wie das den Marxisten im real existierenden Sozialismus gelungen ist. An den deutschen Universität gab es zwar einige Professoren, die stramme SA-Mitglieder waren und die ihre Vorlesung mit dem Heil-Hitler-Gruß begannen, aber die überwältigende Mehrheit der Wissenschaftler im Dritten Reich hat den bürgerlichen Wissenschaftsbetrieb so fortgesetzt, wie sie es in besseren bürgerlichen Zeiten auch getan haben. Die Nationalsozialisten hatten nämlich intellektuell gar nichts auf die Waage zu bringen, um eine nationalsozialistische Wissenschaft hervorzubringen. Hier lag freilich der Grund der unvergleichlichen Stärke des Marxismus, denn die Marxisten waren durchaus imstande, eine marxistische Wissenschaft zu prägen: den Marxismus-Leninismus. Ohne den Rückgriff auf die deutsche Philosophie von Kant bis Hegel wäre allerdings der Marxismus dazu auch nicht in der Lage gewesen. Das ist ja ein Teil der Tragödie der bürgerlichen Kultur, daß sie die im 19. Jahrhundert entstandene große bürgerliche Philosophie ihren Todfeinden überlassen und ausgeliefert hat. Das geht so weit, daß man heute gemeinhin in Hegel den Urvater des Totalitarismus zu entdecken glaubt.

Wir müssen also zunächst einmal festhalten, daß Heidegger auf die Wissenschaft gesetzt hat. Heidegger will wieder die Leidenschaft zum wissenschaftlichen Wissen wecken. Denn wenn diese Leidenschaft zur Wissenschaft stirbt, dann ist die Universität tot. Dann ist die Universität nur noch ein wissenorganisierender Betrieb, in dem sich jeder das aneignet, was er braucht, um sich ökonomisch und ideologisch behaupten zu können.

Und auf welche Tradition und Quelle geht Heidegger nun zurück? Heidegger geht zurück auf den großen Anfang der Wissenschaft und der Philosophie, nämlich zu den Griechen. Wenn die Frage gestellt wird, aus welchen Quellen diese Erneuerung gespeist werden soll, dann geht Heideggers Blick nicht nach vorne, sondern zurück. Heidegger entwirft keine Utopie, sondern er blickt zurück zum Ursprung und zum Anfang.

Bisher war die ideologische Auseinandersetzung dadurch bestimmt, daß die Progressiven eine Zukunftsutopie entwarfen und die Welt daraufhin verändern wollten, während demgegenüber die authentischen Konservativen eine bestimmte geschichtliche Tradition und ein in der Geschichte bereits akkumuliertes Erbe retten wollten. Der revolutionäre Konservativismus von Heidegger unterscheidet sich, philosophisch gesehen, von dem traditionellen Konservativismus des 19. Jahrhunderts darin, daß er die Gegenwartskritik nicht mehr von einer bestimmten geschichtlichen Tradition und auch nicht von einem bestimmten Erbe, das es in der Geschichte noch gibt, her formuliert, sondern daß er überhaupt zum Ursprung zurückkehren will. Der revolutionäre Konservativismus eines Heidegger will nicht die Bewahrung einer akkumulierten Tradition, sondern den Rückgang zum Ursprung. Heidegger stellt daher im Kern das Paradox eines kulturkonservativen Revolutionärs dar.

Das Neue der konservativen Revolution der 20er und 30er Jahre besteht darin, daß dort nicht mehr auf eine bestimmte Tradition zurückgegangen wurde. Man hätte ja auf die preußische Reform- und Freiheitsbewegung oder auch auf die Reformation als den großen Epochen der deutschen Geschichte zurückgehen können. Aber das haben die revolutionären Konservativen eben nicht getan, sie haben entweder die Tradition überhaupt preisgeben, wie in radikalster Weise Ernst Jünger, oder sie haben sich zurückgewandt an den Ursprung. Das Motto Heideggers lautete: Ursprung statt Utopie und Tradition. Heidegger gehört ohne jede Einschränkung in diesen eigenartigen Zug der Konservativen Revolution hinein, weil er den Anfang, den Ursprung beschwört. Diesen Ansatz hat übrigens auch der späte Heidegger niemals aufgegeben.

„Wissenschaft ist das fragende Standhalten inmitten des sich ständig verbergenden Seienden im Ganzen. Dieses handelnde Ausharren weiß dabei um seine Unkraft vor dem Schicksal. Das ist das anfängliche Wesen der Wissenschaft.“[134]

Wissenschaft ist der Kampf um die Enthüllung, Entbergung des Seienden im Ganzen aus seiner Verborgenheit in die Enthüllung und das fragende Standhalten inmitten dieses Ganzen. Das ist für Heidegger das anfängliche Wesen der Wissenschaft: die Wissenschaft setzt sich dem Seienden im Ganzen aus, sie kämpft um die Enthüllung des seienden Ganzen aus seiner Verborgenheit, und sie setzt sich diesem enthüllten Ganzen fragend und standhaltend aus.

Woran denkt also Heidegger, wenn er an die philosophisch und aus ihren Ursprüngen zu erneuernde Wissenschaft denkt? Heidegger denkt nicht an Alfred Rosenberg, er denkt nicht an Gobineau, er denkt nicht einmal an Nietzsche, sondern er denkt an die Griechen. Konkret denkt Heidegger hier noch an Platon und Aristoteles.

„Aber liegt dieser Anfang nicht schon zweieinhalb Jahrtausende zurück? Hat nicht der Fortschritt menschlichen Tuns auch die Wissenschaft verändert? Gewiß! Die nachkommende christlich-theologische Weltdeutung, ebenso wie das spätere mathematisch-technische Denken der Neuzeit haben die Wissenschaft zeitlich und sachlich von ihrem Anfang entfernt“.

Das ist natürlich radikal konservativ gedacht, wenn Heidegger hier die Bewegungsrichtung der Geschichte als Entfernung bestimmt. Heidegger meint, daß die Geschichte, indem sie fortgeschritten ist, sich vom Ursprung entfernt hat. Diese Sicht mündet dann bei Heidegger später in die These, daß die Geschichte in ihrer Bewegung nicht nur durch Entfernung, sondern durch Verfall gekennzeichnet ist. Hier spricht Heidegger aber noch von Entfernung.

---

[134] Martin Heidegger: Die Selbstbehauptung der Universität. Das Rektorat 1933/34, S. 12

Aber mit dieser Entfernung „ist der Anfang selbst keineswegs überwunden oder gar zunichte gemacht, denn gesetzt, die ursprüngliche griechische Wissenschaft ist etwas Großes, dann bleibt der *Anfang* dieses Großen sein *Größtes*. Das Wesen der Wissenschaft könnte nicht einmal entleert und vernutzt werden, wie es trotz aller Ergebnisse und „internationaler Organisationen" heute ist, wenn die Größe des Anfangs nicht *noch* bestünde. Der Anfang *ist* noch. Er liegt nicht *hinter uns* als das längst Gewesene, sondern er steht *vor* uns. Der Anfang ist als das Größte im voraus über alles Kommende und so auch über uns schon hinweggegangen. Der Anfang ist in unsere Zukunft eingefallen, er steht dort als die ferne Verfügung über uns, seine Größe wieder einzuholen."[135]

Das sind zentrale Aussagen: Der Anfang ist das Größte und dieser Anfang steht noch bevor.

Nun kommen wir zum dritten entscheidenden Satz. Denn was hat Heidegger im Blick, wenn er von der Größe des deutschen Volkes spricht? Heidegger sagt, daß die Größe des deutschen Volkes in seiner geistigen Bestimmung, nämlich in der Verwirklichung seiner geistigen Gestalt liegt.

„Eine geistige Welt allein verbürgt dem Volke die Größe."[136]

Heidegger versteht unter der Größe der Deutschen im Blick auf die Verwirklichung der geistigen Gestalt nichts anderes, als die wiederholende Verwirklichung des Anspruchs, der mit dem Anfang des Abendlandes in der Philosophie von Platon und Aristoteles gesetzt ist. Das ist der unwidersprechliche Beweis dafür, daß Heidegger, wenn er von der Größe der Deutschen redet, an etwas ganz anderes denkt als die Nationalsozialisten.

Heute ist die Rede von der Größe eines Volkes verpönt. Man stelle sich nur vor, es würde ein politischer, ein kirchlicher oder ein christlicher Führer in bezug auf das deutsche Volk von der „Bestimmung" oder gar von „Größe" reden. Das ist heute unvorstellbar. Auf der anderen Seite versteht man von der deutschen Geschichte überhaupt nichts, wenn man nicht ein gewisses Verständnis für das Verhältnis der Deutschen zum Begriff der Größe mitbringt. Das ist das Dilemma. Natürlich kann man sagen, jetzt gäbe es nur noch Handel und Wandel, und die Zeit der geschichtlichen Größe sei endgültig vorbei. Aber wer so denkt, kann nicht begreiflich machen, was die Deutschen damals bewogen hat, der national völkischen Bewegung zu folgen. Man muß daher verstehen, was die Deutschen mit Größe eigentlich gemeint haben.

Die Größe als Zweck einer geschichtlichen Bestimmung ist zunächst ein Ziel, das nicht spezifisch mit den Deutschen zu tun hat. Alle Völker, die im Sinne Hegels weltgeschichtlich eine Rolle gespielt haben, waren Völker, die ein Verhältnis zur geschichtlichen Größe entwickelt haben. Die Völker, die auf den Gang der Weltgeschichte Einfluß genommen haben, waren alles Völker, die einen Begriff von der Bestimmung und auch von der geschichtlichen Größe mitbrachten. Das ging bei den Persern, Römern und den Griechen in der Antike los und es spielt

[135] Martin Heidegger: Die Selbstbehauptung der Universität. Das Rektorat 1933/34, S. 12, 13
[136] Martin Heidegger: Die Selbstbehauptung der Universität. Das Rektorat 1933/34, S. 14

auch heute bei all den Völkern, die noch nicht geschichtlich abgedankt haben, unverändert eine Rolle. Das gilt für die Römer und für das alte Heilige Römische Reich Deutscher Nation ebenso, wie für die Briten, für die Russen und heute für die US-Amerikaner. Die Russen und die Amerikaner sind Völker, die sich bis heute ein Verhältnis zur Größe erhalten haben. Die USA versteht sich sogar als „nation under god". Die Amerikaner leben in dem Selbstverständnis, die erwählte Nation, „the nation under God" zu sein. Amerika spricht sich die Rolle zu, eine demokratische und marktwirtschaftliche Weltordnung zu verwirklichen und dafür zu sorgen, daß alle Menschen des Segens des „american way of life" teilhaftig werden. Und natürlich ist die tiefste und geheimste Antriebskraft der ganzen russischen Geschichte bis zum heutigen Tag das Verständnis gewesen, in einer religionspolitisch interpretierten Weltkonstellation die Rolle des „dritten Roms" und des Retters der Menschheit vor westlicher Dekadenz zu spielen. Das ist ein ganz tief in der russischen Mentalität und Seele verankertes Verständnis der eigenen geschichtlichen Rolle und Größe. Vergleichbares könnte man über die kolonialen Traditionen Spaniens, Portugals, der Niederlande und Belgiens sagen. Auch das manchmal bizarre Verhalten der früheren britischen Premierministerin Margret Thatcher war darin begründet, daß diese Dame sich vom Begriff der britischen Größe nicht verabschieden konnte. Heute noch tun sich, wie deren Europapolitik zeigt, die Franzosen schwer, von dem Gedanken der „grand nation" abzulassen, den Charles de Gaulle geprägt hat. Von der historischen Größe eines Volkes zu sprechen und sie anzustreben, ist also kein spezifisch deutsches und faschistisches Phänomen.

Wenn Heidegger hier von Größe redet, dann bezieht er sich auf eine Traditionslinie der deutschen Geschichte, die auf die Reformation zurückgeht. Für Heidegger war die Größe und die einzigartige geistige Bestimmung der Deutschen darin begründet, daß die Deutschen ein metaphysisches Volk sind. Die Deutschen sind für Heidegger daher das einzige Volk, das den großen Ursprung und Anfang der Metaphysik, auf dem das ganze europäische Abendland beruht und von dem es lebt, noch bewahren kann. Die Deutschen seien dazu bestimmt, diesen großen griechischen Anfang der Metaphysik wieder zu aktualisieren und in die Gegenwart einzuholen. Die Deutschen sind in den Augen Heideggers nicht dazu bestimmt, ihre bloßen Interessen zu vertreten, sondern das Abendland zu retten. In der Nachbetrachtung zur Rektoratsrede kommt Heidegger noch einmal auf diesen Gedanken zurück und sagt:

„Das Wesentliche ist, daß wir mitten in der Vollendung des Nihilismus stehen, daß Gott „todt" ist und jeder Zeit-Raum für die Gottheit verschüttet. Das sich gleichwohl die Verwindung des Nihilismus ankündigt im dichtenden Denken und Singen des Deutschen, welches Dichten freilich die Deutschen noch am wenigsten vernahmen, weil sie darauf trachten, sich nach den Maßstäben des sie umgebenden Nihilismus einzurichten und das Wesen einer geschichtlichen Selbstbehauptung zu verkennen."[137]

---

[137] Martin Heidegger: Die Selbstbehauptung der Universität. Das Rektorat 1933/34, S. 39

Heidegger befürchtete den Untergang des Abendlandes, was immer man sich auch darunter vorstellen mag. Und die Macht, von der Heidegger sein Leben lang überzeugt war, daß sie das Abendland zugrunde richtet, nennt er Nihilismus. Heidegger versteht Nihilismus dabei so, wie Nietzsche ihn verstanden hat.

Wie haben Heidegger und Nietzsche den Nihilismus verstanden? Bevor wir diese Frage beantworten, müssen wir eine Zwischenfrage einschieben. Wie ist es möglich, daß Heidegger der Botschaft Nietzsches vom Tode Gottes und dem daraus resultierenden Nihilismus eine solche Bedeutung zuerkannt hat? Diese Frage führt uns zu dem Umstand, der für das Verständnis nicht nur Heideggers, sondern der ganzen konservativ und national geprägten Generation der zwanziger Jahre von entscheidender Bedeutung war. Heidegger hat sich nämlich in jungen Jahren von seiner Herkunftsreligion, in diesem Fall vom katholischen Christentum, abgewandt. Man kann Heidegger nicht verstehen, wenn man nicht immer vor Augen hat, daß er aus einem provinziellen bäuerlichen Milieu im Schwarzwald stammte und von der Kirche bis in die Nähe des Erwerbes eines Ordinariats an der Universität Freiburg gefördert worden war, daß er aber dann in den 20er Jahren mit dem „katholischen System“ gebrochen hat. Heidegger ist daher nicht Theologe, sondern – nach einem kurzen Zwischenstudium der Mathematik und der Naturwissenschaften – Philosoph geworden.

Ohne diesen bäuerlichen Hintergrund, ohne diese katholische Herkunft und ohne diesen Bruch mit der katholischen Kirche wäre es nicht vorstellbar gewesen, daß Heidegger hier nun die geistige Bestimmung des deutschen Volkes in der Wiederbelebung des griechischen Geistes gesehen hätte. Wobei nicht zu übersehen ist, daß sich trotz des Bruchs mit dem „katholischen System“ die katholische Prägung im Engagement für die Verwirklichung der geistigen Gestalt des deutschen Volkes im Rückgang auf die Metaphysik der Griechen durchgehalten hat. Das wird auch deutlich, wenn man die Artikel liest, die der junge Heidegger 1912 in der Zeitschrift für die katholischen Akademiker Deutschlands veröffentlichte. Er rief damals die gebildete Schicht Deutschlands dazu auf, das katholische Lebensideal und die katholische Vorstellung von Kultur entschlossen, tapfer und ohne Rücksicht auf den Zeitgeist zu verteidigen. Der Duktus, in dem er damals die Verwirklichung der katholischen Lebensideale gefordert hat, und der Duktus, mit dem er sich in der Rektoratsrede für eine Erneuerung der geistigen Gestalt des deutschen Volkes im Rückgang auf die Metaphysik der Griechen einsetzt, ist von der gleichen Art. Der entscheidende Unterschied liegt im Abschied vom Christentum! Denn Heidegger verabschiedet mit dem Katholizismus das ganze Christentum. Und was ist an dessen Stelle getreten? – Nietzsches Nihilismusanalyse und der Rückgang auf die Griechen.

Auch das gilt bis zum späten Heidegger. Wir werden noch zu zeigen haben, daß der Abschied vom Christentum allerdings keineswegs den endgültigen Bruch Heideggers mit der Sache des Glaubens, der Religion und der Gottesfrage bedeutet hat. Heidegger hat nach dem Bruch mit dem „katholischen System“ und mit dem Christentum versucht, die Probleme zu lösen, die mit dem durch Nietzsche konstatierten Nihilismus verbunden sind. Es war dieses Ende der Metaphysik – Metaphysik auch als Geschichte verstanden –, daß 1933 die politische Machtübernahme der Nationalsozialisten ermöglicht hat. Wir müssen später prüfen, was Heidegger eigentlich unter Metaphysik verstanden hat, und was Heideggers Rückgriff auf die Metaphysik für den Fortgang der Geschichte und der Politik bedeutete.

9. Rettung des Abendlandes vor dem Bolschewismus

Es kann keinen Zweifel geben, daß Heidegger den Glauben in die Demokratie und deren Fähigkeit, den Erfordernissen der geschichtlichen Situation zu entsprechen, nicht mehr geteilt hat. Heidegger war gegen die Demokratie, er war ein Antiliberaler, und er war Nationalist. Er geht sogar hinter den modernen Begriff von Nation zurück und spricht von „Volk". Heidegger hat in der damaligen geschichtlichen Situation noch an eine Bestimmung des deutschen Volkes geglaubt. Er erachtete das deutsche Volk in dem Maße als groß, als es dieser seiner Bestimmung gerecht werden könnte. Da dieser Glaube an die Größe des deutschen Volkes aus der heutigen Sicht und im Blick auf die Erfahrung mit dem Nationalsozialismus sehr befremdlich ist, will ich versuchen, Heideggers Position aus der damaligen geschichtlichen Lage und aus dem geschichtlichen Selbstverständnis der Deutschen heraus ein wenig verständlich zu machen.[138]

Wir haben bereits festgestellt, daß es keine deutsche Eigenheit ist, wenn die Deutschen 1933 meinten, daß sie in der Geschichte eine eigene Bestimmung zu erfüllen hätten. Das hat zunächst einmal noch gar nichts mit Nationalismus und Chauvinismus zu tun. Ob man von Nationalismus und Chauvinismus sprechen kann, hängt ganz davon ab, wie diese eigene Bestimmung und Größe verstanden wird. Es ist nicht zwangsläufig, daß die Festlegung einer Bestimmung aggressiv gegen andere Völker gerichtet ist. Als die Deutschen den deutschen Nationalstaat in der zweiten Hälfte des 19. Jahrhunderts errichteten, wurden damit zunächst keinerlei imperialen Ziele verfolgt. Vielmehr wurde der Nationalstaat um seiner selbst willen und ohne weitere Absichten errichtet. Zu diesem Zeitpunkt gab es bei den Deutschen keinen Gedanken an eine universale Mission mehr. Das war zu Zeiten Fichtes, also während der napoleonischen Besetzung, noch anders. Und das sollte sich auch erst mit dem Wilhelminismus und vor allem mit dem Ersten Weltkrieg wieder ändern. Seitdem war immer wieder und immer häufiger von der Bestimmung der Deutschen die Rede. Das gilt nun auch für Heidegger. Heidegger hat trotz der Erfahrungen mit dem Nationalsozialismus bis zu seinem Lebensende daran festgehalten, daß die Deutschen eine eigene Bestimmung, eine eigene Mission zu erfüllen hätten. Die Mission bestand für Heidegger in der Bewahrung des „Abendlandes".[139]

---

[138] Näheres zur Frage der nationalen deutschen Identität von Luther über Fichte bis zu Nietzsche findet sich in meinem Buch „Religion und Politik in der Krise der Moderne", Graz 1989.

[139] Heidegger ist – im politischen Sinne – nur bis zum Ende der 30er Jahre Nationalist gewesen. Danach hat er sich vom Nationalismus abgewandt, weil er ihn – ähnlich wie Jünger – als eine der vielen Ausdrucksgestalten des metaphysischen Prinzips der „Subjektivität" eingeordnet und kritisiert hat.

Was mußten die Deutschen Heidegger zufolge tun, um die eigene Bestimmung realisieren zu können? Zunächst ist festzuhalten, daß Heidegger nie von „Gesellschaft“ geredet hat. Heidegger hat diesen Begriff zwar interpretiert, aber er hat ihn sich nie zu eigen gemacht. Handlungs- und entscheidungsfähige Kollektive waren für Heidegger immer Völker und nicht Gesellschaften. Das Ende der handlungsfähigen Völker wäre für ihn gleichbedeutend gewesen mit dem Ende der Geschichte überhaupt. Für Heidegger waren die Völker die Subjekte der Geschichte. Und diese Völker fassen ihre Kräfte in Staaten zusammen. Der Staat sollte die geschichtliche Selbstbehauptung des Volkes gewährleisten.

Heidegger denkt also eindeutig etatistisch, was die Nationalsozialisten übrigens nie getan haben. Die Akzentuierung des Staates als der Organisation der geschichtlichen Selbstbehauptung eines Volkes ist kein nationalsozialistischer, sondern ein faschistischer Gedanke. Dieses Staatsverständnis stellt die Essenz des italienischen Faschismus dar, und eben darin unterscheidet sich der Faschismus vom rassistischen, völkischen Nationalsozialismus. Während die Deutschen nach dem Ersten Weltkrieg begannen, sich vom Staat abzuwenden, wandten sich die Italiener, die bisher keine vergleichbare Tradition des Staatsdenkens hatten, dem Staat zu. Die Nationalsozialisten hatten dagegen ein rein negatives Verhältnis zum Staat, sie hatten den Staat nur für die Durchsetzung ihrer völkisch-rassistischen und imperialistischen Pläne instrumentalisiert.

Carl Schmitt erzählte mir einmal, daß er Mitte der 30er Jahre zusammen mit einer Reihe von Professoren nach Rom gebracht wurde, weil Mussolini das Bedürfnis hatte, mit einigen Intellektuellen des Dritten Reiches ein Gespräch zu führen. Mussolini habe diesen deutschen Professoren einen einstündigen Vortrag über den Staat gehalten und er habe sie dabei an Hegel erinnert. Carl Schmitt berichtete, daß sich in diesem Gespräch heraus gestellt habe, daß Mussolini die Hegelsche „Rechtsphilosophie“ kannte. Mussolini habe die deutschen Professoren davor gewarnt, ihr Staatsverständnis preiszugeben und er forderte sie auf, sich auf die Wurzeln ihres Staatsverständnises bei Hegel zurückzuerinnern. Die italienischen Faschisten meinten nämlich, sich in ihrem Staatsverständnis auf Hegel berufen zu können. Während Hitler sicherlich keine Zeile von Hegel gelesen hat, hat sich Giovanni Gentile, der Chefideologe des italienischen Faschismus, von Hause aus als Hegelianer verstanden. Gentile hat Hegel allerdings faschistisch uminterpretiert, so wie der Eurokommunist Antonio Gramsci, der ebenfalls ein reiner Hegelianer war, Hegel marxistisch uminterpretiert hat. Gramsci sah die sozialistische Transformation der Gesellschaft als eine Aufgabe des Staates, und nicht des Klassenkampfes, an.

Die geistige Basis für Volk und Staat sollte nach Heidegger das nationale Bewußtsein sein. Heidegger plädierte 1933 für die zum Zwecke der geschichtlichen Selbstbehauptung des deutschen Volkes in einem Staat zusammengefaßte und vereinigte Nation. Indem Heidegger damals so gedacht hat, hat er wie die meisten Deutschen gedacht. Diese Vorstellungen waren damals sogar unter den deutschen Intellektuellen und Wissenschaftlern mehrheitsfähig. Heidegger hat hier also keine Sonderposition vertreten, sondern er hat diejenigen Positionen vertreten, die damals dem Denken des sogenannten einfachen Mannes auf der Straße entsprochen hatten. Ich wage es kaum zu formulieren: Heidegger hat hier volksnah gedacht!

Heidegger meinte nun, daß die erneuerte Universität einen geistigen, ja wissenschaftlichen Beitrag zur Verwirklichung dieses nationalkonservativen Kulturprogrammes leisten sollte. Redete Heidegger damit der Politisierung der Wissenschaft das Wort? Heidegger versuchte sich gegen diesen Vorwurf der Politisierung der Wissenschaft zu erwehren. Er verwies darauf, daß es ihm nicht um den „Nutzen" des Volkes gehe. Die Kategorie des Nutzens gibt es bei Heidegger gar nicht. Heidegger ging es nicht um den „Nutzen", sondern um den „Geist". Diese Perspektive des Geistes ist es, die ihn zur Wissenschafts- und Universitätskritik veranlaßt hat. Heidegger forderte eine Erneuerung der Universität aus ihrem Ursprung und aus ihren Wurzeln. Er stellte fest, daß die Wissenschaften ihren eigenen Boden verloren haben. Er spricht von der Entwurzelung der Wissenschaften. Die Wissenschaften sind zu dem geworden, was Heidegger später reine „Techniken" genannt hat. Die Wissenschaft hat dort nur noch den einen Zweck, nämlich professionelle Techniker für die Zwecke der arbeitsteilig organisierten Gesellschaft auszubilden. Heidegger rekurriert dagegen im Zusammenhang seiner Wissenschafts- und Universitätskritik auf den traditionellen Begriff des „Geistes".

Früher hätte man den Begriff der „Wahrheit" gebraucht. Nicht umsonst steht daher über der Pforte der Universität Freiburg der Satz: „Die Wahrheit wird euch frei machen." In diesem Sinne waren die deutschen Universitäten im 19. Jahrhundert immer Tempelersatz. Die Universitäten im 19. Jahrhundert traten an die Stelle der großen Tempel und Dome. Die pathetische Formel: ‚Die Wahrheit wird euch frei machen', war keine Sonntagsfloskel, sondern sie nahm Bezug auf den Geist, der nicht nur die Wissenschaft, sondern die ganze Kultur beleben sollte. Wenn man sich dagegen heute als Wissenschaftler auf die Wahrheit beruft, dann kann man damit nur noch ein müdes Lächeln erregen. Man bekommt dann sofort die Empfehlung, einmal an einem Proseminar über Wissenschaftskritik teilzunehmen, damit man endlich kapiert, daß das, was die Wissenschaft konstatiert, nichts mit der Wahrheit zu tun hat. Das ist aber genau die Situation, die Heidegger damals im Blick auf die innere Auflösung der Universität und damit der Wissenschaften vor Augen hatte.

Nun stehen wir an einem wichtigen Punkt. Denn Heidegger meint nun, daß sich die Wissenschaften aus sich selber heraus erneuern müßten. Aber diese Erneuerung der Wissenschaft sei nur durch den Rückgang auf die Metaphysik möglich.

Man fühlt sich hier sofort an Hegel erinnert. Denn auch Hegel hatte schon vor 200 Jahren die Erfahrung gemacht, daß man mit Schrecken und Entsetzen auf denjenigen reagiert, der das Wort „Metaphysik" noch in den Mund nimmt. Das hat Hegel erkannt. Hegel hat damals bereits im Blick auf die Deutschen gesagt: „Indem so die Wissenschaft und der gemeine Menschenverstand sich in die Hände arbeiteten, den Untergang der Metaphysik zu bewirken, so schien das sonderbare Schauspiel herbeigeführt zu werden, *ein gebildetes Volk ohne Metaphysik* zu sehen – wie einen sonst mannigfaltig ausgeschmückten Tempel ohne Allerheiligstes."[140] Ein Volk ohne Metaphysik sei einem Tempel zu vergleichen, aus dessen Mitte das Heiligste entfernt ist.

Nach der Erfahrung mit dem Nationalsozialismus sollte man vielleicht noch einmal darüber nachdenken, was Hegel damit gemeint haben könnte, wenn er sich damals so ungläubig über dieses „Volk ohne Metaphysik" geäußert hat. Hegel wußte bereits, um es nur anzudeuten, daß ein Volk nur durch die Metaphysik davor bewahrt wird, sich am Ende ethnisch, rassistisch oder auch ökonomistisch zu definieren. Hegel hat darum die grandiose Initiative gestartet, einem „Volk ohne Metaphysik" im Zeitalter der Aufklärung wieder eine Metaphysik zu geben.

Zur rein biologistischen, vitalistischen Interpretation des Volksbegriffes kam es erst nach der Abkehr vom deutschen Idealismus in der zweiten Hälfte des 19. und in der ersten Hälfte des 20. Jahrhunderts. Dieser Volksbegriff wurde dann nach 1945 überwunden, allerdings um den Preis, daß der Begriff des Volkes überhaupt beseitigt und durch eine ökonomisch sich definierende Produktions- und Konsumgemeinschaft ersetzt wurde. Aus dem Volk wird dann eine rein ökonomisch interessierte Produktions- und Konsumtionsgemeinschaft. Da ist dann jede kulturelle und nationale Zugehörigkeit völlig gleichgültig. Für die Produktion ist nur wichtig, daß die Arbeitskraft billig und produktiv ist. Und auch für das Konsumieren braucht man keine weiteren Qualitäten.

Hier ist nun wichtig, daß für Heidegger die Erneuerung der Wissenschaft und des Volkes nur aus der Metaphysik erfolgen kann. Die Heideggersche Position ist damit, ideologisch definiert, eine metaphysische. Natürlich muß man hier sofort die Frage stellen: Was ist Metaphysik? Und was hat Heidegger mit der längst tot gesagten und begrabenen Metaphysik noch zu tun gehabt? Das ist die Kernfrage, die man beantworten muß, um Heidegger zu verstehen.

Wie sieht die aufgeklärte Philosophie die Metaphysik? Als Metaphysik gilt, wenn jemand sich in abstrakten Begriffen etwas über die Welt, wie sie in ihrem Grunde und im Ganzen sei, ausdenkt. Metaphysik gilt damit als Spekulation. Unter Spekulation versteht man den Umgang mit formalen und leeren Begriffen, denen keine Wirklichkeit entspricht. Metaphysik gilt als wirklichkeitsloses Denken. Wer metaphysisch denkt, gilt daher als Phantast oder gar als Spinner. Darum müssen wir verständlich machen, was Heidegger unter Metaphysik verstand und was er mit der Metaphysik im Sinne hatte.

Wir müssen zunächst festhalten, daß Heidegger im Blick auf die Erneuerung des Volkes nicht auf die Biologie oder auf den Rassismus zurückgreift, sondern auf die Metaphysik. Die Metaphysik soll das Fundament für die Erneuerung der Wissenschaften bilden, damit die Universität in die Lage versetzt wird, einen Beitrag zur Erneuerung des deutschen Volkes zu leisten. Daher ist die entscheidende Frage, um Heidegger überhaupt und auch in seinen politischen Äußerungen zu verstehen, die Frage: Wie hat Heidegger die Metaphysik verstanden? Auf diese Frage werden wir noch eingehen.

---

[140] Georg W.F. Hegel: Wissenschaft der Logik, Werke 5, Frankfurt 1974, S. 14

Heidegger ist nun – zweitens – der Meinung, daß dieses im Staat vereinigte, sich als Nation begreifende Volk nach dem Prinzip „Führer und Gefolgschaft" organisiert werden müsse. Heidegger bricht hier zumindest mit der liberalen Demokratie. Ob Heideggers Ansatz auch einen Bruch mit der Demokratie überhaupt bedeutet, ist allerdings schon schwieriger zu beantworten. Denn wir dürfen nicht vergessen, daß die Staaten, welche im 20. Jahrhundert die liberale Demokratie abgeschafft haben, angetreten sind, die Demokratie in der Führerdemokratie zu vollenden. Das trifft auch für den Nationalsozialismus zu.

Führerprinzip und Demokratie sind nicht grundsätzlich unvereinbar. Wenn man unter Demokratie eine befristete Herrschaft versteht, die auf Grund von Konsens legitimiert ist und die nach vorgegebenen Verfahren durch eine andere, die Herrschaft ausübende Gruppe ersetzt werden kann, dann schließt die so verstandene Demokratie das Führerprinzip nicht grundsätzlich aus. Denn die Demokratie, soweit sie sich nicht im Sinne des demokratischen Sozialismus versteht, setzt ebenfalls eine Autorität voraus. Diese Autorität braucht nicht unbedingt vom Parlament wahrgenommen werde, sie kann, wie uns Max Weber gelehrt hat, grundsätzlich auch von einem „Führer" wahrgenommen werden. Max Weber war der Meinung, daß die moderne Demokratie des Charismas der Politiker bedarf. Denn wenn die moderne Massendemokratie keine charismatischen Politiker hat, werde sie nicht in der Lage sein, für ihre Politik eine mehrheitliche Zustimmung zu bekommen.

Was macht nun für Heidegger einen Führer aus? Hier müssen wir gerechterweise darauf hinweisen, daß Heideggers Definition des Führers zweifellos eine andere ist als die von Hitler. Heidegger sagt nämlich in seiner Rede, daß der Führer derjenige ist, der die Fähigkeit hat, einen Weg allein zu gehen und der nicht nur irgendwelchen herrschenden Trends nachläuft. Ein Führer ist jemand, der eigene Wege gehen kann und der die Fähigkeit hat, mit dem Konformismus zu brechen.

Die wirklich großen Politiker waren in der Tat immer welche, die ihren eigenen Weg auch gegen großen Widerstand gehen konnten. Wer dazu nicht in der Lage ist, der wird auch in der Demokratie nicht viel ausrichten können.

Zweitens gehört in den Augen Heideggers zur Gefolgschaft auch ein gewisser innerer Widerstand gegen den Führer. „Alle Führung muß der Gefolgschaft die Eigenkraft zugestehen. Jedes Folgen aber trägt in sich den Widerstand. Dieser Wesensgegensatz im Führen und Folgen darf weder verwischt, noch gar ausgelöscht werden."[141]

Das sind die zwei Elemente im Heideggerschen Führerverständnis, die es so im nationalsozialistischen Führer- und Gefolgschaftsverständnis nicht gegeben hat.

Heidegger beanspruchte nun für sich, als gewählter Rektor der Universität Freiburg der Führer der Universität zu sein. Heidegger tritt, seinem eigenem Selbstverständnis nach, zweifellos als ein Führer auf. Er wendet sich an die Studenten als seiner Gefolgschaft, und er appelliert an sie, sich dem Arbeits-, Wehr- und Wissensdienst zur Verfügung zu stellen. Wehrdienst heißt für ihn, daß die Studenten bereit sein sollten, diesen Staat auch zu verteidigen, wenn er angegriffen

---

[141] Martin Heidegger: Die Selbstbehauptung der Universität. Das Rektorat 1933/34, S. 18

wird. Man denkt hier sofort an Platon, der in der „Politeia" von den so genannten „Wächtern" gefordert hat, die Polis tapfer zu verteidigen. Die Wächter müssen erkennen können, was den Bestand der Polis gefährdet und bedroht, um dann mit dem nötigen Mut Widerstand leisten zu können.

Wie hat nun Heidegger, seinem eigenem Selbstverständnis nach, diese Rede und sein Engagement für die NS-Bewegung in der Nachkriegszeit interpretiert? Wie stellt sich diese Rede und das Engagement Heideggers in seinem eigenem Verständnis nach 1945 dar? Da heißt es nun bei Heidegger:

„1. Ich sah damals in der zur Macht gekommenen Bewegung die Möglichkeit zu einer inneren Sammlung und Erneuerung des Volkes und einen Weg, zu seiner geschichtlich-abendländischen Bestimmung zu finden. Ich glaubte, die sich selbst selbsterneuernde Universität könnte mitberufen sein, bei der inneren Sammlung des Volkes maß-gebend mitzuwirken."[142]

Ich glaube, daß diese Aussage Heideggers weitgehend durch den Text der Rede gedeckt ist. Es kommt zwar in der Rede nicht so deutlich zum Ausdruck, aber es ist durchaus mit ihrem Wortlaut zu vereinbaren, daß er damals das deutsche Volk zur Bewahrung des Abendlandes bestimmt sah.

Ich muß hier daran erinnern, daß der Begriff des „Abendlandes" ein konservativer Begriff ist. Es waren die Konservativen, die im 20. Jahrhundert immer wieder vom „Abendland" gesprochen haben. Dieser Begriff hatte seine größte Konjunktur während der 20er und 30er Jahre und dann noch einmal in den ersten Jahren nach 1945. Nach 1933 und nach 1945 herrschte die Vorstellung, daß die abendländische Kultur und ihre Völker durch den Bolschewismus bedroht waren. Man muß das einmal ganz deutlich sagen: Die gebildeten Bürgerlichen des deutschen Volkes hätten niemals in dem Maße Hitler zugestimmt, wenn sie nicht überzeugt gewesen wären, daß das Abendland gegen den Bolschewismus verteidigt werden müsse. Ohne die „bolschewistische Bedrohung des Abendlandes" wäre das ganze Phänomen des Faschismus nicht zu verstehen. Daher haben damals maßgebende Theologen beider christlichen Kirchen in Deutschland ihre Gemeinden zur konstruktiven Mitarbeit am Werk der sittlichen Erneuerung des Volkes durch die Nationalsozialisten aufgefordert, um das deutsche Volk vor dem drohenden Bolschewismus zu schützen. Solche Appelle gab es nicht nur bei den Protestanten, sondern auch bei manchen Katholiken. Dieser Kampf gegen den Bolschewismus war ein entscheidender Grund, warum sogar die Eliten in einigen anderen europäischen Ländern den Deutschen die Hegemonialposition zugebilligt hatten. Sie erhofften sich von den Deutschen, daß sie die abendländische Kultur gegen den Bolschewismus verteidigten. In fast allen europäischen Ländern gab es daher damals faschistische Strömungen unterschiedlicher Intensität, die in Deutschland ihren Vorreiter gegen den Bolschewismus gesehen hatten. Selbst ein Teil der Russen, Weißrussen und Ukrainer hatten sich von Hitler-Deutschland die Befreiung vom Bolschewismus erhofft. Auch das muß man sehen. Ich sage das nicht, um den europäischen Faschismus zu verteidigen, sondern um dessen weite Verbreitung und

---

[142] Martin Heidegger: Die Selbstbehauptung der Universität. Das Rektorat 1933/34, S. 23

dessen Zustimmung in den Völkern verständlich zu machen. Denn wir müssen doch verstehen, warum es zum NS-Engagement der Kirchen gekommen ist und warum es in allen europäischen Völkern Eliten gab, die zum Teil begeisterte Faschisten waren. Politologie und Historie würden ihre Aufgabe verfehlen, wenn sie nicht zunächst die geschichtliche Wirklichkeit, wie sie war, zur Kenntnis nähmen.

Es ist also hier ganz wichtig, daß Heidegger in den Kategorien des Abendlandes gedacht hat.

„Darum sah ich im Rektorat eine Möglichkeit, alle vermögenden Kräfte – abgesehen von Parteizugehörigkeit und Parteidoktrin – dem Vorgang der Besinnung und Erneuerung zuzuführen und den Einfluß dieser Kräfte zu stärken und zu sichern. 3. Auf diese Weise hoffte ich, dem Vordringen ungeeigneter Personen und der drohenden Vormacht des Parteiapparates und der Parteidoktrin begegnen zu können."[143]

Heidegger gibt hier zu erkennen, daß er es im nachhinein als einen Irrtum ansieht, überhaupt den Versuch gemacht zu haben, die NS-Bewegung läutern und mäßigen zu wollen. Ob damit Heidegger die ganze Motivation seiner frühen Jahre richtig wiedergibt, will ich hier einmal dahingestellt sein lassen.

Die geistige Disposition, die Heidegger zum Engagement für die NS-Bewegung gebracht hat, wird nun aus einem weiteren Zitat deutlich. Da heißt es:

„Tatsache ist, daß damals schon viel Minderwertiges und Unfähiges, viel Eigensüchtiges und Neidisches sein Unwesen trieb. Aber das war für mich, angesichts der Gesamtlage unseres Volkes, gerade ein Grund mehr, zu versuchen, die vermögenden Kräfte und wesentlichen Ziele ins Spiel zu bringen. Bequemer war es gewiß, beiseite zu bleiben, über die ‚unmöglichen Leute' die Nase zu rümpfen und ohne Blick auf die geschichtliche Lage des Abendlandes das Bisherige zu loben."[144]

Heidegger kritisiert hier die deutschen Intellektuellen, die damals die „Nase gerümpft" und gedacht haben, daß sich ein solcher primitiver Plebejer wie Hitler in wenigen Monaten von selbst erledige.

In der Tat, das war die überwiegende Einschätzung der damaligen Konservativen. Diese Konservativen meinten damals, sie würden mit Hitler schon fertig werden. Ihr Ziel war es, Hitler in die Regierungsverantwortung einzubinden, um so die Kontrolle über ihn und seine Bewegung zurückzugewinnen. Wir wissen heute, daß dieser Glaube ein gewaltiger Irrtum war.

In diesem Zusammenhang taucht nun ein neuer, wie ich glaube, entscheidender Grund auf, um Heidegger und mit ihm die damalige Situation zu verstehen. Das ist übrigens ein Grund, der in der bisherigen Diskussion überhaupt keine Rolle gespielt hat. Welchen Grund nennt Heidegger hier?

Heidegger sorgte sich um die geschichtliche Lage des Abendlandes. Philosophisch gesehen, lautet daher die entscheidende Frage, um das Engagement Heideggers zu verstehen, folgendermaßen: Wie hat Heidegger die geschichtliche Lage

[143] Martin Heidegger: Die Selbstbehauptung der Universität. Das Rektorat 1933/34, S. 23, 24
[144] Martin Heidegger: Die Selbstbehauptung der Universität. Das Rektorat 1933/34, S. 24

des Abendlandes damals eingeschätzt? Was ist für den Philosophen Heidegger, wenn wir einmal von der Privatperson Heideggers absehen, das Entscheidende gewesen? Hier sagt er nun etwas außerordentliches Interessantes.

„Wie ich die geschichtliche Lage schon damals sah, möge durch einen Hinweis angedeutet sein. Im Jahre 1930 war Ernst Jüngers Aufsatz über „Die totale Mobilmachung" erschienen; in diesem Aufsatz kündigten sich die Grundzüge des 1932 erschienenen Buches „Der Arbeiter" an. In kleinem Kreis habe ich damals mit meinem Assistenten Brock (G.R. Übrigens war dieser Assistent Brock ein Jude) diese Schriften durchgesprochen und zu zeigen versucht, wie sich darin ein wesentliches Verständnis der Metaphysik Nietzsches ausspricht, insofern im Horizont dieser Metaphysik die Geschichte und Gegenwart des Abendlandes gesehen und vorausgesehen wird. Aus diesen Schriften und noch wesentlicher aus ihren Grundlagen denkend, dachten wir das Kommende, d.h. wir versuchten, ihm zugleich in der Auseinandersetzung zu begegnen. Viele andere haben damals diese Schriften auch gelesen; aber man hat sie mit vielem anderen Interessanten, was man auch las, auf die Seite gelegt und nicht in ihrer Tragweite begriffen. Im Winter 39/40 habe ich dann noch einmal mit einem Kreis von Kollegen Jüngers Buch „Der Arbeiter" teilweise durchgesprochen und erfahren, wie damals noch diese Gedanken fremd waren und noch befremdeten, bis sie durch „die Tatsachen" bestätigt wurden. Was Ernst Jünger in den Gedanken von Herrschaft und Gestalt des Arbeiters denkt und im Lichte dieses Gedankens sieht, ist die universale Herrschaft des Willens zur Macht innerhalb der planetarisch gesehenen Geschichte. In dieser Wirklichkeit steht heute Alles, mag es Kommunismus heißen oder Faschismus oder Weltdemokratie. Aus dieser Wirklichkeit des Willens zur Macht sah ich damals schon, was *ist*. Diese Wirklichkeit des Willens zur Macht läßt sich im Sinne Nietzsches auch aussagen durch den Satz: „Gott ist todt". Diesen Satz habe ich aus wesentlichen Gründen in meiner Rektoratsrede angeführt. Der Satz hat nichts zu tun mit der Behauptung eines ordinären Atheismus. Er bedeutet: Die übersinnliche Welt, insbesondere die Welt des christlichen Gottes, hat seine wirkende Kraft in der Geschichte verloren. Wäre, wenn es anders wäre, der Erste Weltkrieg möglich gewesen? Und vollends, wäre, wenn es anders wäre, der Zweite Weltkrieg möglich geworden."[145]

Wenn wir uns auf diese Aussagen Heideggers einlassen, so glaube ich, dann beginnt erst die eigentliche Auseinandersetzung mit Heidegger. Es macht jedenfalls keinen Sinn, im Rückgriff auf die gängigen Ideologien und Moralvorstellungen, sozusagen vom hohen Roß herab, Urteile über Heidegger zu fällen. Das moralische und ideologische Verurteilen und Nachtreten von oben herab mag zwar sehr erhebend sein, aber auf diese Weise kommt man an den Kern der Dinge nicht heran. Wir haben heute das Glück, in einem freien und durch Wohlfahrt gekennzeichneten Land zu leben. Wir haben also leicht reden. Aber niemand weiß, wie er unter den Bedingungen Anfang der 30er Jahre gehandelt hätte.

---

[145] Martin Heidegger: Die Selbstbehauptung der Universität. Das Rektorat 1933/34, S. 24, 25

Heidegger meinte jedenfalls, daß er aus einer philosophischen Einsicht in die geschichtliche Wirklichkeit gehandelt hat. Zweitens bekennt er, daß ihm Ernst Jünger mit seinen beiden Schriften „Die totale Mobilmachung“ und „Der Arbeiter“ bei der Gewinnung dieser Einsicht behilflich gewesen sei. Drittens bestimmt Heidegger diese Wirklichkeit, also die geschichtliche Lage des Abendlandes, im Rückgriff auf Nietzsche. Nietzsche wurde bereits in der Rektoratsrede mit seinem entscheidenden Satz: „Gott ist tot“ zitiert. Dieser Satz ist also nicht nachträglich hinein stipuliert worden, sondern er findet sich bereits in der Rede von 1933. Viertens läßt sich Heidegger darüber aus, was er unter der Nietzscheschen Philosophie verstanden hat. Heidegger sagt hier deutlicher als in den späteren Vorlesungen über Nietzsche, daß der zentrale Satz der ganzen Nietzscheschen Philosophie lautet: „Gott ist tot“. Heidegger teilt hier ganz offensichtlich mit Nietzsche die Überzeugung, daß nach dem Tode Gottes die Herrschaft des Willens zur Macht an die Stelle des christlichen Glaubens getreten sei. Fünftens weist Heidegger hier darauf hin, daß er schon 1933 begriffen hätte, was diese Rede vom Tode Gottes und von der Herrschaft des Willens zur Macht für die politischen Ideologien und Philosophien bedeutete. Der für das politische Denken Heideggers entscheidende Satz lautet in diesem Zusammenhang:

„In dieser Wirklichkeit (G.R., des Willens zur Macht) steht heute Alles, mag es Kommunismus heißen oder Faschismus oder Weltdemokratie.“

Hier setze ich ein Fragezeichen. Denn Heidegger stellte den Zusammenhang zwischen dem Faschismus und Nietzsches These vom „Willen zur Macht“ erst nach 1945 her. Zum Zeitpunkt der Rektoratsrede sah Heidegger das noch anders. Damals hat er den Nationalsozialismus gerade nicht als eine Ausgeburt des Willens zur Macht erkannt und kritisiert. Heidegger legt hier nachträglich eine Interpretation seines NS-Engagements vor, von der ich offen lassen will, ob er sich der Verzerrung bewußt gewesen ist oder ob er tatsächlich geglaubt hat, daß er bereits 1933 aus dem Satz, daß Gott tot sei, die Herrschaft des Willens zur Macht abgeleitet und zur Einsicht in die Natur des Politischen unter diesen Bedingungen gekommen ist.

Welchen Schluß zog Heidegger aus der philosophischen Erkenntnis in die geschichtliche Lage des Abendlandes in den 20er Jahren? Was folgt aus dem Umstand, daß der Wille zur Macht das Dasein bestimmt, für die Politik und für die Geschichte des politischen Denkens? Für Heidegger – wie für Jünger – folgte daraus das Ende der politischen Ideologien. Heidegger meinte – nach 1945 – etwas erkannt zu haben, was für Liberale und Linke schockierend und provokant ist: nämlich daß Ideen und Werte für die künftige Politik völlig bedeutungslos und wirkungslos geworden sind. Für die politische Realität ist es Heidegger zufolge nach dem Tode Gottes bedeutungslos, was jemand denkt und welche Werte er präferiert. Heidegger zieht daraus den Schluß, daß nun alle ideologischen Differenzen gleichgültig geworden sind. Kommunismus, Faschismus oder Weltdemokratie sind als politische Ideen irrelevant geworden, denn die politische Realität wird nun nicht mehr von diesen Ideen und Werten, sondern vom „Willen zur Macht“ bestimmt und beherrscht.

Heidegger hat diese Nietzschesche Perspektive allerdings erst nach 1945 übernommen. Er hat erst nach 1945 auch im Nationalsozialismus eine Ausprägung des Nihilismus gesehen. 1933 hoffte er dagegen noch, eben diesen Nihilismus durch den Nationalsozialismus überwinden zu können. Das ist der Unterschied.

Wie konnte Heidegger glauben, daß die nationalvölkische Bewegung eine Kraft zur Überwindung des Nihilismus sein könnte? Das ist die eigentliche Frage, die wir beantworten müssen. Denn es waren ja nicht wenige, die damals diesen Glauben mit Heidegger geteilt hatten. In der ersten Phase nach 1933 hatte die überwältigende Mehrheit der deutschen Gebildeten genau diese Hoffnung in den Nationalsozialismus gesetzt. Aber sie hat sich mit Heidegger geirrt. Heidegger hat diesen Irrtum erst später, in seinen Vorlesungen über Nietzsche, korrigiert.

Uns interessiert hier nicht die Frage der moralischen Schuld Heideggers, sondern die Frage: Wie war es möglich, daß Heidegger sich geirrt hat? Warum konnte er sich so irren und in dieser NS-Bewegung mitmachen? Wir können es uns nicht so einfach machen und Heidegger einfach für einen Idioten oder einen Verbrecher halten, sondern wir müssen verstehen, warum er sich irren konnte. Wie kam Heidegger zu einer solchen irrtümlichen Einschätzung der NS-Bewegung? Diese irrtümliche Einschätzung hängt mit zwei Dingen zusammen. Erstens: mit der Abkehr vom „katholischen System". Und zweitens: mit der Lektüre der beiden genannten Bücher von Ernst Jünger.

Wir werden nun noch eine ganz zentrale Äußerung Heideggers zur Interpretation seiner Option für den Nationalsozialismus zitieren und dann die entscheidende, schon angedeutete Frage stellen: Was hat Heidegger sich dabei gedacht, als er die Erneuerung der Wissenschaft aus dem Geist der Metaphysik gefordert hat? Danach wollen wir untersuchen, ob sich in „Sein und Zeit" eine Zeitdeutung finden läßt, die verständlich macht, daß es eine Bewegung wie den Nationalsozialismus überhaupt geben konnte.

10. „Die Kehre" – Heideggers Kritik des Willens zur Macht

Wie konnte sich ein Mann wie Heidegger, zweifellos einer der tiefsten und scharfsinnigsten Denker des 20. Jahrhunderts, in einer solch entscheidenden Frage irren? Gibt es Anhaltspunkte, welche die Disposition Heideggers für den Nationalsozialismus verstehbar machen? Das ist unsere Frage. Es geht hier nicht darum, irgendwelche moralischen oder ideologiekritischen Urteile und Verdikte zu fällen, sondern es geht um ein Verstehen. Denn wer gerecht urteilen will, der muß zuvor verstanden haben.

Um Heideggers Engagement zu verstehen, haben wir die Äußerungen herangezogen, die Heidegger nach 1945 über die Motive seines Engagements gemacht hat. Aus diesen Äußerungen ergibt sich, daß Heidegger – in Übereinstimmung mit Nietzsche – 1933 die gesamte geistige und kulturelle Situation im Zeichen des Nihilismus gesehen hat. Nihilismus – das ist das erste wichtige Stichwort. Heidegger sah damals im Nationalsozialismus eine Gestalt der Überwindung des Nihilismus.

Das geht auch aus der Vorlesung über „Die Grundfragen der Philosophie“ hervor, die Heidegger kurz nach dem Ausscheiden aus dem Rektorat gehalten hat. In dieser Vorlesung nimmt er noch einmal zu dieser NS-Bewegung, die er mit dem Begriff der „Wende“ in Verbindung bringt, Stellung. Ich halte die dort gemachten Äußerungen für ganz zentral, um Heidegger und die allgemeinen Erwartungen, die viele in den Nationalsozialismus gesetzt haben, zu verstehen. Dazu ein längeres Zitat, damit man auch einmal Sprachstil und Duktus Heideggers erfassen kann:

„Was aber nicht entschieden ist und nicht beliebig entschieden werden kann, ist die Frage, ob wir selbst noch vorbereitet und stark genug sind, in diese Grundfrage und Entscheidung darüber zurückzufinden. Nicht entschieden ist, was geschehen muß mit uns, wenn wir nicht imstande sein sollten, der Größe und Einmaligkeit dieser Grundfrage gewachsen zu sein. Das eine ist gewiß: Wir werden dieser Grundfrage als Frage nicht wirklich näher kommen, wenn wir nicht aus einer wirklichen Not und einer echten Notwendigkeit zu ihr gedrängt werden. Eine solche Not muß uns bedrängen, wenn wir imstande sein sollen, die Grundfrage wieder zu fragen.“

Heidegger erläutert nun, was er als die Grundfrage der Philosophie ansieht.

„Was da anfing, ist noch. Es ist heute und noch nicht eingelöst. Dieser Anfang besteht noch und er vermittelt das Mindeste dadurch, daß kommende Zeiten diesem Anfang nicht gewachsen bleiben. Dieser Anfang des geistlich-geschichtlichen Daseins des abendländischen Menschen ist noch und er besteht als eine ferne Verfügung, die unserem Schicksal als einem abendländischen weit voraus greift, als eine ferne Verfügung, an die, so wissen wir, das deutsche Schicksal gekettet ist.“

Heidegger meint damit den großen Anfang der Philosophie bei den Griechen vor 2500 Jahren. Er greift hier noch einmal den Begriff der Bestimmung der Deutschen auf und definiert diese Bestimmung im Zusammenhang mit dem geistig geschichtlichen Dasein des abendländischen Menschen. Heidegger hat damals den Deutschen die geschichtliche Rolle zugesprochen, das Abendland durch den Rückgriff auf den griechischen philosophischen Anfang, also aus dem Geist der Metaphysik vor 2500 Jahren, zu retten.

Weiter heißt es: „Die Frage geht an uns, ob wir die geistige Größe unseres Volkes wollen, ob wir denn einen Willen haben.“

Hier wird noch einmal eindeutig daran erinnert, daß Heidegger mit den biologistischen rassistischen Grundlagen der nationalsozialistischen Ideologie nichts zu tun gehabt hat und daß ihm vielmehr vorschwebte, dem Schicksal des deutschen Volkes eine neue *geistige Gestalt* zu geben. Diese Bestimmtheit der Deutschen durch den Geist ist es, die Heidegger nach 1945 ebenso wie nach 1933 bewegt hat.

Die „Wende unserer Geschichte“ stelle uns vor die Entscheidung stellt, „ob wir dem werdenden Geschehen unseres Volkes und Staates eine geistige Welt schaffen wollen oder nicht“.

Hier wird sehr deutlich, daß Heidegger auch nach der persönlichen Enttäuschung, dokumentiert im Rücktritt vom Amt des Rektors der Freiburger Universität, noch eine ganze Reihe von Jahren um den geschichtlichen Sinn dieser Bewegung gerungen hat. Die Distanzierung von der nationalsozialistischen Praxis und Ideologie änderte nichts daran, daß Heidegger weiter um den Sinn dieser Bewegung gerungen hat. Heidegger gehörte damit, wie Arnold Gehlen und vorübergehend Carl Schmitt, zu denjenigen, die um den geistig geschichtlichen Sinn dieser Bewegung gerungen haben. Er hielt es noch nicht für ausgemacht, wohin der Weg des Nationalsozialismus führen würde. Heidegger war es allerdings klar, daß es dieser Bewegung an einer Philosophie und an einer geistigen Grundlage fehlte.

Dieser Gedanke Heideggers ist damals nicht so abwegig gewesen, wie wir heute meinen. Wenn man sich noch einmal in die erste Phase des Dritten Reiches, also an die Jahre 1933–1936, zurückversetzt, dann wird man feststellen, daß in dieser Zeit die geistigen Grundlagen der NS-Bewegung noch im Fluß waren. Es war daher nicht völlig abwegig, daß Heidegger meinte, sich noch um einen geschichtlichen Sinn dieser Bewegung bemühen zu müssen.

„Wenn wir es nicht wollen und wenn wir es nicht können, dann wird irgendeine Barbarei irgendwoher über uns hinweg fegen, und wir werden die Rolle eines geschichtsfähigen Volkes endgültig ausgespielt haben."

Man muß diese Sätze zur Kenntnis nehmen, um zu verstehen, was Heidegger in dieser Zeit, in der vieles noch möglich schien, bewegt hat. Heidegger ging davon aus, daß sich eine Barbarei durchsetzen würde, wenn die Deutschen diese ihre geschichtliche Bestimmung der Rettung des Abendlands durch den Rückgang auf den großen Anfang der abendländischen Metaphysik nicht nachkämen. Heidegger hat den Nationalsozialismus zu diesem Zeitpunkt noch nicht als Ausgeburt der Barbarei, sondern als eine Gestalt des Widerstands gegen die Barbarei interpretiert und gewollt.

Auch hier stand Heidegger nicht alleine. Es gab damals einen bedeutenden evangelischen Theologen, der zu den größten Theologen des 20. Jahrhunderts gehört, nämlich Emanuel Hirsch. Hirsch ging es, wenn auch auf anderer Grundlage als Heidegger, ebenfalls um die Bewahrung des Abendlandes vor der Barbarei. Emanuel Hirsch hat sich mit besonderem Pathos für die völkisch-nationale Revolution eingesetzt. Dieser Emanuel Hirsch, der damals in Göttingen lehrte, fuhr nun 1935 zu Ludwig Müller ins Kirchenministerium nach Berlin. Ludwig Müller war damals der Bischof der nationalsozialistischen Christen, der sogenannten „Deutschen Christen". In Berlin führten Hirsch und Müller Verhandlungen über die Frage, wie das Verhältnis des Nationalsozialismus zum Christentum definiert werden sollte. Das war nicht einmal ganz abwegig, denn im Parteiprogramm der Nationalsozialisten findet sich immerhin ein Bekenntnis zu einem „positiven Christentum". Man muß sich klarmachen, daß dieser Satz damals von vielen Bürgern geglaubt wurde. Ohne dieses Bekenntnis wäre die positive Haltung vieler Christen und beider Kirchen zur NS-Bewegung überhaupt nicht zu verstehen. Denn es gab, vom „Zentrum" abgesehen, sonst keine Partei, die sich rückhaltlos zum Christentum bekannte.

Emanuel Hirsch mußte dann aber sehr schnell erfahren, daß es mit dem Christlichen bei den Nationalsozialisten nicht weit her war. Er kam damals als ein tief gebrochener Mann von diesen Verhandlungen zurück und erzählte seinen Studenten, daß er mit seinem Versuch gescheitert sei, das rassistische Fundament des Nationalsozialismus durch eine christliche Grundlage zu ersetzen.

Heidegger wollte dem Nationalsozialismus zwar keine christliche, aber immerhin eine geistige Grundlage vermitteln.

„Es ist jetzt die verbreitete Meinung vieler, man müßte die nationalsozialistische Revolution vergeistigen und veredeln. Ich frage, mit welchem Geist denn? Woher den Geist nehmen? Wissen wir noch, was Geist ist? Wir meinen seit langem, Geist sei leerer Scharfsinn, unverbindlicher Spiel des Witzes, das uferlose Treiben der verstandesmäßigen Zergliederung und Zersetzung. Geist sei sogenannte Weltvernunft. ... Wir brauchen nicht die große Bewegung unseres Volkes heute zu vergeistigen. Der Geist ist schon da, aber der Geist ist wie jederzeit in solchen geschichtlichen Augenblicken noch gebunden und ohne seine gestaltete Welt...“. Heidegger fährt fort: „Wir müssen den geschichtlichen Augenblick begreifen lernen und wissen, daß er groß genug ist und trefflich an Kräften, aus denen wir es wagen dürfen, den eigentlichen Anfang unseres geschichtlichen Daseins wieder anzufangen, einzig um unserem Volk eine geistige Zukunft zu schaffen und ihm eine Berufung unter den Völkern zu sichern.“

Wir wollen diese Aussagen einfach einmal zur Kenntnis nehmen. So stellt sich der viel verhandelte Fall Heidegger aus der Sicht Heideggers von damals dar. Diese Sätze muß man einmal gelesen haben, um Heideggers Verhalten halbwegs nachvollziehen und verstehen zu können. Denn Heidegger war von der Absicht durchdrungen, die Bewegung geistig zu veredeln, mehr noch, den „Geist“ erst wieder zum Leben zu erwecken und neu zu schaffen. Das war der zentrale Impuls Heideggers. Dieser Geist müsse im Rückgang auf den philosophischen Anfang für die Zukunft gewonnen werden, damit nicht „irgendeine Barbarei“ über uns kommt und die Deutschen aus dem Kreis der geschichtsfähigen Völker ausscheiden.

Nun kehren wir wieder zu der Frage zurück, warum Heidegger die Schaffung einer neuen geistigen Welt für notwendig erachtete. Wie konnte Heidegger überhaupt auf solch eine Idee kommen? Dazu haben wir uns den Kommentar Heideggers zur Rektoratsrede angesehen, in dem er nach 1945 seine Haltung von damals erläuterte:

„Tatsache ist, daß damals (G.R., also 1933/34) schon viel Minderwertiges und Unfähiges, viel Eigensüchtiges und Neidisches sein Unwesen trieb. Aber das war für mich angesichts der Gesamtlage unseres Volkes gerade ein Grund mehr, zu versuchen, die vermögenden Kräfte und wesentlichen Ziele ins Spiel zu bringen.“

Heidegger sah also die Mißstände der NS-Bewegung, aber er wollte gerade darum versuchen, hier entgegenzuwirken. Heidegger kritisiert die feinen, bürgerlichen, akademisch gebildeten Kreise, die aus Gründen des Geschmacks die Nationalsozialisten für zu primitiv gehalten und sich daher rausgehalten haben. Sie blieben nicht etwa beiseite, weil sie gegen die NS-Bewegung als solche eingestellt waren, sondern weil ihnen deren Repräsentanten zu vulgär, zu ordinär, zu ungebildet und zu proletarisch waren. Heidegger hat also durchaus die unangenehmen Seiten des Nationalsozialismus bemerkt, aber er wirft denen, die sich beiseite hielten, vor, daß sie keinen Sinn für die geschichtliche Lage des Abendlandes hatten.

Aber was sind die „vermögenden Kräfte“ und die „wesentlichen Ziele“ Heideggers gewesen? Heidegger ist, wie gesagt, in seiner Einschätzung der damaligen geistigen Lage des „Abendlandes“ entscheidend durch die Lektüre der Schriften Ernst Jüngers, nämlich „Die totale Mobilmachtung“ und „Der Arbeiter“, angeregt worden. Heidegger ist der Meinung, daß diese Schriften Jüngers, selbst wenn sie gelesen wurden, damals nicht in ihrer Tragweite begriffen worden sind. Welche Tragweite meint Heidegger? Heidegger meint damit die Tragweite der universalen Herrschaft des Willens zur Macht innerhalb der planetarisch gesehenen Geschichte.

„In dieser Wirklichkeit steht heute Alles, mag es Kommunismus heißen oder Faschismus oder Weltdemokratie. Aus dieser Wirklichkeit des Willens zur Macht sah ich damals schon, was *ist*.“

Das ist der zentrale Satz. Mit diesem Satz muß man sich auseinandersetzen, um Heideggers NS-Engagement zu verstehen.

„Diese Wirklichkeit des Willens zur Macht läßt sich im Sinne Nietzsches auch aussagen durch den Satz, „Gott ist todt“. Diesen Satz habe ich aus wesentlichen Gründen in meiner Rektoratsrede angeführt. Der Satz hat nichts zu tun mit der Behauptung eines ordinären Atheismus. Er bedeutet: Die übersinnliche Welt, insbesondere die Welt des christlichen Gottes, hat seine wirkende Kraft in der Geschichte verloren. Wäre, wenn es anders wäre, der Erste Weltkrieg möglich gewesen? Und vollends, wäre, wenn es anders wäre, der Zweite Weltkrieg möglich geworden?“

Das ist die Herausforderung, vor der Heidegger sich stehen sah. Nietzsche ist mit seiner Botschaft vom Tode Gottes für Heidegger kein ordinärer Atheist gewesen. Er spricht vielmehr in der Rektoratsrede davon, daß Nietzsche der letzte, gottsuchende deutsche Denker gewesen sei. Heidegger teilt mit Nietzsche die These, daß die übersinnliche Welt, insbesondere die Welt des christlichen Gottes, ihre wirkende Kraft in der Geschichte verloren habe. Dieses Faktum stellt für Heidegger die zentrale Herausforderung dar. Und dies ist auch die zentrale Herausforderung für Heidegger nach 1945 geblieben. Da sich Heidegger aber in seiner Antwort auf diese Herausforderung 1933/34 in fataler Weise geirrt hat, hat er sich nachher in die Klause des einsamen Denkers auf dem Todtnauer Berg in den Schwarzwald zurückgezogen.

Wenn wir das ernstnehmen wollen, was Heidegger damals sagte, dann bedeutet das, daß die damalige geistige Gesamtlage, nicht nur der Deutschen, sondern Europas insgesamt, durch den Nihilismus definiert war. Heidegger geht – vielleicht ein bißchen übertreibend – von der Herrschaft des Nihilismus aus. Alles, was Heidegger von „Sein und Zeit“ und „Was ist Metaphysik“ bis zu seinem Lebensende gedacht hat, stellt daher eine einzige Auseinandersetzung mit dem Nihilismus dar. Die damalige Frage nach der Metaphysik und die spätere Konzeption der „Seinsgeschichte“ stellen Heideggers Denkversuche dar, Schritte auf dem Weg zur Überwindung bzw. „Verwindung“ des Nihilismus zu gehen.

Heidegger ist darum heute ein planetarisch gegenwärtiger Denker, weil er sich vielleicht am radikalsten und tiefsten der Herausforderung des Nihilismus gestellt hat. Wenn die Wirkung Heideggers heute nicht nur auf die deutsche Provinz beschränkt ist, sondern sich – wie vorher bei Marx und Hegel – auf die ganze Welt erstreckt, dann liegt das daran, daß die Erfahrung des Nihilismus heute eine planetarische Erfahrung geworden ist.

Für Heidegger sind im Zusammenhang mit dem Nihilismus zwei Philosophen wichtig. Der eine ist Nietzsche. Darum haben wir uns bereits so ausführlich mit Nietzsche beschäftigt. Auch Heidegger hat sich zu Beginn der vierziger Jahre in mehreren Vorlesungen mit Nietzsche auseinandergesetzt. Diese Vorlesungen über Nietzsche stellen die radikalste Kritik des Nationalsozialismus dar, die überhaupt jemand während des Dritten Reiches öffentlich auf dem Katheder an einer deutschen Universität vorgetragen hat. Bei aller berechtigten Kritik an den politischen Äußerungen und Verhaltensweisen Heideggers in den dreißiger Jahren darf nicht unterschlagen werden, daß es außer Heidegger keinen mir bekannten Denker gegeben hat, der noch während des Dritten Reiches eine solche Kritik öffentlich geäußert hat. Heidegger mußte davon ausgehen, daß im Hörsaal Spione der damaligen Sicherheitsdienste saßen, und wir wissen heute, daß sie dort tatsächlich saßen. Heidegger hat dennoch – nur leicht kaschiert, aber für jeden erkennbar –, die bis heute radikalste philosophische Kritik am Nationalsozialismus geübt. Mit diesen Nietzsche-Vorlesungen vollzieht Heidegger die so genannte „Kehre". Während Heidegger, wie viele anderen Deutschen auch, in den Jahren 1933/34 in der völkisch-nationalen Bewegung eine Kraft zur Überwindung des Nihilismus vermutet hat, ist der Nationalsozialismus nun für Heidegger selber ein potenzierter und verschärfter Ausdruck eben dieses Nihilismus. Das erkannt zu haben, macht die „Kehre" von Heidegger aus. Das hatte natürlich auch enorme politische Konsequenzen.

Nietzsche ist darum für Heidegger *die* zentrale philosophische Figur. Wir wissen inzwischen aus dem veröffentlichten Material, daß Heideggers Beschäftigung mit Nietzsche bis in die frühesten Anfänge seines Lebensweges zurück reicht. Diese Begegnung mit Nietzsche ist während der 30er und beginnenden 40er Jahre der Anlaß der Auseinandersetzung Heideggers mit sich selbst und mit seiner falschen Einschätzung des Nationalsozialismus geworden. Aber Nietzsche blieb auch danach *die* zentrale philosophische Figur. Man kann die ganze Heideggersche Spätphilosophie als einen Versuch interpretieren, den durch Nietzsche definierten Nihilismus als Herausforderung anzunehmen und philosophisch zu beantworten.

Darum geht es auch dem späten Heidegger. Heidegger ist noch heute für alle diejenigen interessant, die davon überzeugt sind, daß dieser Nihilismus noch keineswegs überwunden ist. Auch ich vermag nicht zu sehen, worin sich die von Heidegger mit dem Begriff des Nihilismus bezeichnete geistige Lage am Beginn des 21. Jahrhunderts unterscheiden sollte. Ich kann da nur mit Lessing sagen: Dem einen Gotteslohn, der zeigen kann, wieso und wodurch sich die geistige Lage seitdem geändert haben soll.

Die zweite bedeutende philosophische Figur für Heidegger war Ernst Jünger, vor allem als Verfasser von „Die totale Mobilmachung" und „Der Arbeiter". Heidegger teilt mit Jünger die These, daß das bürgerliche Zeitalter beendet sei. Es ist nicht nur – wie auch andere Soziologen meinten – die bürgerliche Gesellschaft am Ende, sondern die gesamte bürgerliche Kultur. Das geschichtliche Zeitalter, das durch die sogenannten bürgerlichen Werte und Mentalitäten geprägt und bestimmt war, ist mit dem Ersten Weltkrieg zu Ende.

Die ungeheuer fruchtbare geistige Produktivität der 1920er Jahre ist darauf zurückzuführen, daß den revolutionären Konservativen, wie den dialektischen Theologen deutlich geworden ist, daß im Ersten Weltkrieg, und zwar in Verdun, das bürgerliche liberale und humanistische Zeitalter zugrunde gegangen ist. Wir sind heute zwar der Meinung, daß das erst in Auschwitz geschehen ist. Aber das ist nicht richtig. Auschwitz wäre vielmehr selber nicht möglich gewesen, wenn sich das Ende des Zeitalters bürgerlicher Liberalität und Humanität nicht schon 25 Jahre früher ereignet hätte. Geistesgeschichtlich gesehen, reicht das Ende des bürgerlichen Zeitalters sogar bis zu Nietzsche in die zweite Hälfte des 19. Jahrhunderts zurück.

Für das Bewußtsein der damaligen Generation bedeutete aber erst der Erste Weltkrieg und Verdun den Zusammenbruch der bürgerlichen Kultur. Das große Schauspiel der Massenvernichtung begann nicht erst mit Hitler, sondern mitten im Ersten Weltkrieg! Dieser Krieg bedeutete die sinnlose, nicht zu rechtfertigende Selbstvernichtung der beiden großen christlichen Nationen, Deutschland und Frankreich. Den Soldaten ist in den Schützengräben klar geworden, daß die bürgerliche Humanität, die bürgerliche Bildung und Kultur zur reinen Ideologie geworden sind. Man stelle sich vor, was das für die Menschen bedeutete, die aus der akademischen Welt der deutschen Universitäten in den Weltkrieg zogen und dort über Monate hinweg erlebten, wie mit dem massivsten Materialeinsatz und unter größten Opfern um ein paar Quadratmeter Boden gerungen wurde.

Diese Ereignis des Zusammenbruchs der bürgerlichen Kultur muß man verstanden haben, um zu begreifen, wieso der Faschismus in den 20er und 30er Jahren in Europa Epoche gemacht hat. Denn den Faschismus gab es ja nicht nur in der nationalsozialistischen Ausprägung in Deutschland, es gab ihn auch in Spanien, in Kroatien und in Rumänien. Und das eigentliche Laboratorium des Faschismus ist ja nicht in Deutschland, sondern Italien gewesen. In fast allen besiegten Nationen des Ersten Weltkriegs gab es faschistische oder präfaschistische Bewegungen. Freilich war die deutsche Ausprägung des Faschismus die exzessivste, maßloseste und verrückteste Version.

Ernst Jünger ist deshalb so wichtig, weil er diesen Zusammenbruch der bürgerlichen Kultur im Ersten Weltkrieg geschichtsphilosophisch interpretiert hat. Er ist auf der Seite der Konservativen Revolution darum eine wichtige Figur gewesen, weil er den Zusammenbruch der bürgerlichen Kultur im Ersten Weltkrieg als das Ende der Französischen Revolution interpretiert hat. Jünger hat den Ersten Weltkrieg selber als eine Revolution neuer Art und neuen Stils interpretiert, durch den die Französische Revolution beendet wurde.

Jüngers These korrespondiert hier übrigens mit einer ähnlich lautenden These von Lenin. Denn die Genialität Lenins bestand darin, daß er den Ersten Weltkrieg als große Lokomotive des revolutionären Weltbürgerkriegs interpretiert hat. Im Grunde genommen ist mit Ernst Jünger und Lenin der hergebrachte Antagonismus vom marxistischem Progressismus und traditionellem Konservativismus zusammengebrochen. Denn Marx wäre nie auf die Idee gekommen, einen systematischen Völkermord wie den Ersten Weltkrieg als Lokomotive zur Beförderung revolutionärer Ziele zu interpretieren.

Die damaligen konservativ und revolutionär gestimmten Intellektuellen haben nun auf der Basis einer ähnlichen Zeitdiagnose eine konträre Position zu Lenin bezogen. Oswald Spengler, Ernst Jünger und auch Heidegger haben auf vergleichbarem Niveau wie Lenin die damalige geschichtliche Realität interpretiert. Auch ihnen ging es nicht mehr um die Frage, *ob* es eine Revolution geben soll oder nicht, sondern *welche* Revolution für wen und mit welchen Zielen gemacht wird. Die konservativen Revolutionäre wollten so wenig wie die Marxisten das bürgerliche Kulturerbe und die parlamentarische Demokratie bewahren. Es ging nur um die Frage, welche die geschichtlich fällige und richtige Revolution war.

Das war auch die Frage, welche die ganze intellektuelle Existenz von Carl Schmitt bestimmt hat. Es ist heute leicht, sich über Carl Schmitts Unterscheidung von Freund und Feind, von Ausnahmezustand und Normalzustand, von souveräner und kommissarischer Diktatur aufzuregen. Wir lehnen es natürlich ab, daß das Recht auch nur für einen Tag von einem kommissarisch eingesetzten Diktator – Carl Schmitt dachte damals an General Kurt von Schleicher – ausgesetzt wird. Aber spricht sich hier nicht ein großes Maß an geschichtlicher Ahnungslosigkeit aus, wenn man heute, ausgehend von einer gefestigten Bundesrepublik, erklärt, man lehne Carl Schmitts Vorschläge von 1932 ab? Natürlich lehnen wir das ab, wir wollen ja die Bewahrung von Demokratie, Rechtsstaat und Menschenrechten. Aber man muß doch die politische Lage der ausgehenden Weimarer Jahre sehen und erkennen, daß die parlamentarische Demokratie sich damals selbst aufgegeben hatte und daß es nur noch um die Alternative ging, welche Revolution sich durchsetzen würde. Carl Schmitt hat sich zu diesem Zeitpunkt sowohl gegen die Revolution von links wie gegen die von rechts ausgesprochen. Er wollte statt dessen mit General Schleicher die Weimarer Ordnung auf der Basis des Notstandsartikels 48 bewahren. Ach, hätte Deutschland doch nur auf Carl Schmitt gehört! Dann hätten es die Deutschen nur mit General von Schleicher statt mit Adolf Hitler zu tun gehabt.

Inwiefern bedeutete der Erste Weltkrieg den Zusammenbruch der bürgerlichen Kultur und der Ideale der Französischen Revolution? Man muß sich zur Beantwortung dieser Frage die Situation dieses Weltkrieges nochmals vor Augen führen. Der Westen hatte diesen Krieg gegen die Deutschen im Namen der „Zivilisation“ gegen die „Barbarei“ geführt. Dieser Anspruch der Zivilisierten ist nun in den Augen der Deutschen durch den Friedensschluß von Versailles nachhaltig diskreditiert worden. In Versailles meinten die Deutschen, erfahren zu haben, was der Westen unter „Zivilisation“ verstanden hat. Der Westen, der im Krieg vorgegeben hat, die Zivilisation gegen die Barbarei zu verteidigen, hatte sich in den Augen der Deutschen nun selber als barbarisch entlarvt.

Wir dürfen nie vergessen, daß darum sämtliche Parteien in Deutschland – auch die Kommunisten und Sozialdemokraten – die Zumutungen des Versailler Vertrages zurückgewiesen haben. Die Deutschen hatten auf Grund von „Versailles" jeden Glauben an Freiheit, Gleichheit und Brüderlichkeit verloren. Wo waren denn im Versailler Vertrag Gleichheit, Freiheit und Brüderlichkeit zu finden? Was hat der Westen hier im Namen der Zivilisation getan? Er hat einen „Friedensvertrag" geschlossen, der den Keim für Hitler in sich getragen hat. Das war damals die große „Leistung" der westlichen Zivilisation gegen die Barbaren.

Was war für Jünger die Essenz der neuen Revolution, die in diesem Weltkrieg zum Tragen kam? Die These von Ernst Jünger lautet, daß sich nun die Technik als die eigentliche geschichtsbewegende und umstürzende Kraft erwiesen hat. In dieser Rede von der „Technik" taucht das Thema des ganzen, vor allem aber späten, Heidegger auf. Technik als Geschichtsmacht bedeutet für Jünger wie für Heidegger, daß alle überkommenen geschichtlichen Mächte entwurzelt wurden und zur Ideologie geronnen sind. Das Werk Ernst Jüngers, auch des späten Jünger, dient weitgehend dem Aufweis, daß durch die moderne Technik nicht nur die Substanz der traditionellen Geschichte zu einem bloßen ideologischen Schein wurde, sondern daß die Geschichte überhaupt an ihr Ende gekommen ist. Durch die Technik tritt die Geschichte sozusagen in einen anderen und neuen Aggregatszustand ein. Durch die Technik wird der innerste Bewegungsmodus der Geschichte oder – wie Heidegger später sagen würde – die Geschichtlichkeit selber verändert. Die Genialtät von Jünger besteht darin, daß er diesen neuen Aggregatzustand der Geschichte – im Wege einer physiognomisch-deskriptiven Methode – als erster erkannt hat. Worin besteht nun der neue „Inhalt", der neue Aggregatzustand? Ernst Jünger spricht sowohl in der „Totalen Mobilmachung" wie im „Arbeiter" von der Transformation der „Substanz" in „Energie" und von der Transformation der „Energie" in „Bewegung". Der revolutionäre Charakter des durch die Technik bestimmten Zeitalters besteht demnach in der Dynamisierung aller Substanzen. Was nicht Energie oder Bewegung ist, was also noch dem Aristotelischen Substanzbegriff der Metaphysik verhaftet ist, das verschwindet. Alle Substanz verschwindet oder sie wird in Energie und Bewegung transformiert. Die Geschichte nimmt dadurch für Jünger den Charakter der „totalen Mobilmachung" an. Die totale Mobilmachung ist dann erfolgt, wenn ein Volk diese Geschichtsmutation erkennt und daraus in praktischer Hinsicht die letzten Konsequenzen zu ziehen vermag. Jünger meint, daß nur noch diejenigen Völker zählen und sich durchsetzen, die über die Fähigkeit und über die Kraft verfügen, das Programm der technischen Mobilisierung der Welt am konsequentesten zu vollziehen. Ernst Jünger meinte daher in seinem Buch über die „Totale Mobilmachung", daß die Deutschen den Ersten Weltkrieg verloren hätten, weil sie zu dieser totalen Mobilisierung nicht in der Lage, ja nicht einmal willens gewesen seien. Die Deutschen hätten noch viel zu sehr in den Kategorien der bürgerlichen liberalen Welt gelebt, sie hätten sich kraft ihrer deutschen Sentimentalität noch durch die bürgerlichen Kulturideale leiten und dadurch hindern lassen, die letzten Reserven zu mobilisieren und in den Materialschlachten des Krieges einzusetzen.

Dieses Ansinnen Jüngers ist in fataler Weise im Nationalsozialismus geschichtsmächtig geworden. Wenn man verstehen will, warum das deutsche Volk der völkisch-nationalen Bewegung bis in den Untergang gefolgt ist, dann darum, weil die Deutschen der Meinung waren, daß sich in den Materialschlachten des Ersten Weltkrieges nicht nur die Ideale der Französischen Revolution als Ideologie erwiesen haben, sondern auch die eigenen kulturellen Überzeugungen der Deutschen widerlegt worden sind. Die Deutschen glaubten nun wie Ernst Jünger, daß sie den Ersten Weltkrieg verloren haben, weil sie sich nicht radikal und konsequent genug von ihrem bürgerlichen Erbe befreit und sich dem Gesetz der technischen Mobilisierung der Welt anvertraut haben.

Der Nationalsozialismus ist darum nicht, wie die Linken behaupten, die Konsequenz der Kontinuität der deutschen Geschichte gewesen, sondern er war umgekehrt das Resultat des – aus der intellektuellen Verarbeitung des Ersten Weltkrieges erwachsenen – Entschlusses, mit diesen Kontinuitäten und Traditionen zu brechen! Hier liegt der entscheidende Wendepunkt in der Geschichte der Deutschen und auch des Konservativismus. Denn Jünger hat nicht nur den endgültigen Bruch mit dem Vernunftglauben der Aufklärung, sondern auch den Bruch mit der klassischen deutschen Tradition von Lessing, Goethe, Schiller, Kant und Hegel gefordert. Dies alles sei in der Katastrophe des Ersten Weltkrieges zugrunde gegangen.

Man kann natürlich darüber streiten, ob Jünger die neue Lage richtig gedeutet hat. Aber daß es sich damals um eine deutungsbedürftige neue geschichtliche Lage gehandelt hat, darüber kann es keinen Zweifel geben. Jünger hat seine eigene Deutung auf Grund einer bestimmten Interpretation Nietzsches vorgenommen. Bereits der Untertitel des Buches „Der Arbeiter – Herrschaft und Gestalt“ weist auf Nietzsches These vom Willen zur Macht hin. Jünger stimmt im Ergebnis mit der Überzeugung Nietzsches überein, daß sich mit der Heraufkunft des technischen Zeitalters sämtliche Ideologien der Aufklärung und der bürgerlichen Kultur erledigt haben, und daß das neue metaphysische Geschichtsgesetz der Wille zur Macht ist.

An dieser Stelle müssen wir nun fragen, ob Heidegger und Ernst Jünger in der Auslegung des Nietzscheschen zentralen Begriffs vom Willen zur Macht vollkommen übereinstimmen oder ob es auch Abweichungen gibt. Es gibt ein Indiz, das für eine nicht geringe Abweichung spricht. Ich meine die zentrale Bedeutung, die bei Heidegger Nietzsches Satz „Gott ist tot“ spielt. Denn Heidegger nimmt hier – im Gegensatz zu Jünger – das Nihilismusproblem als ein Problem wahr.

Heidegger ist durch diese Nihilismuserfahrung mental dazu disponiert gewesen, sich in der Einschätzung der national revolutionären Bewegung zu täuschen. Meine These ist, daß der „Irrtum“ des jungen Heidegger ohne die vorherige radikale Abwendung von seiner katholisch geprägten Herkunft und vom dem, was er das „katholische System“ genannt hat, nicht möglich gewesen wäre. Diese Abwendung ist für das Verständnis von Heidegger von viel größerer Bedeutung und Tragweite, als das vorübergehende Engagement für den Nationalsozialismus. Diese Abwendung Heideggers, wie der Deutschen überhaupt, vom Christentum ist entscheidend, um die Hinwendung der Deutschen zur rassistischen und biologistischen Weltanschauung der Nationalsozialisten zu verstehen.

In der ersten Phase der Auseinandersetzung mit dem Dritten Reich am Ende der vierziger Jahre herrschte in Deutschland noch eine fast völlige Einigkeit darüber, daß der Nationalsozialismus ohne die Abwendung der Deutschen von den christlichen Ursprüngen und Wurzeln ihrer eigenen Kultur nicht vorstellbar und denkbar gewesen wäre. Die Deutschen sind sich vielleicht in der Einschätzung der Bedeutung des Christentums für ihre Geschichte seit der Reformation und seit der preußischen Reform nie so einig gewesen wie in den ersten Jahren nach dem Zweiten Weltkrieg. Dabei mag vielleicht auch der Wunsch nach eigener Entlastung eine Rolle gespielt haben, aber die Menschen konnten sich eben auch daran erinnern, daß die Kirchen in der Zeit des Nationalsozialismus die einzige Zufluchtstätten waren, in denen die Menschen überhaupt noch als Menschen und nicht nur in ihren Funktionen und Rollen wahrgenommen wurden.

Leider wurde diese These, wonach der Nationalsozialismus ein Produkt der Entchristlichung war, spätestens seit 1968 durch die neomarxistische These verdrängt, derzufolge die bürgerliche und vor allem protestantisch geprägte Gesellschaft selber für die Entstehung des Nationalsozialismus verantwortlich sei. Die politische Geschichte der Bundesrepublik seit 1968 ist im Kern dadurch bestimmt, daß sich diese neomarxistische Deutung des Nationalsozialismus gegenüber der These von der Entchristlichung erfolgreich durchgesetzt hat. Wenn man wissen will, warum die CDU, die die Bundesrepublik über weite Strecken geprägt hat, so in die Defensive geraten ist, dann liegt das daran, daß sie hinsichtlich der entscheidenden Frage nach der Deutung der jüngsten Vergangenheit vor den neomarxistischen Intellektuellen kapituliert hat. Denn die weitgehende Übernahme der Geschichtsdeutung des politischen Gegners bedeutete, daß die CDU nach dem Hinfälligwerden des Antikommunismus und nach der Marginalisierung der katholischen Milieus keine eigene geistige Substanz und kein eigenes philosophisches Profil mehr entwickeln konnte.

Heidegger hat sich trotz der umfangreichen Förderung, die er von seiner Kirche erhalten hat, vom „katholischen System“ abgewandt. Sicherlich spielten dabei viele Faktoren mit, unter anderem auch der Einfluß seiner Frau. Aber die intimen Verhältnisse Heideggers sollen uns hier nicht beschäftigen. Die entscheidenden Gründe sind sowieso anderer Natur: Der erste Grund ist erkenntnistheoretischer Natur. Heidegger kam zu der philosophischen Einsicht, daß das damalige neuscholastische katholische Denken philosophisch unhaltbar geworden war. Wir werden noch zu charakterisieren haben, was Heidegger an diesem neuscholastischen Denken gestört hat.

Mit dem zweiten, entscheidenden Grund folgt Heidegger wiederum Nietzsche. Für Nietzsche und Heidegger hat der christliche Glaube zwar nicht aufgehört, eine Möglichkeit des Menschen zu sein. Entscheidend war für Heidegger vielmehr, daß der christliche Gott und der christliche Glaube die wirkende Kraft in der Geschichte verloren hat. Heidegger fragt also nicht nach der Wahrheit und Unwahrheit des Glaubens, sondern er konstatiert einfach das Phänomen der Entchristlichung.

Heidegger stellt immerhin fest, daß die beiden Weltkriege ohne die vorausgehende Entchristlichung nicht möglich gewesen wären. Dieser These ist schwer zu widersprechen. Wenn der christliche Gottesglaube wirklich noch eine Macht im

Leben der Menschen gewesen wäre, wäre es schwer vorstellbar gewesen, daß die beiden Weltkriege denkbar gewesen wären. Das Christentum hatte damals zweifelsohne seine Geschichtsmächtigkeit verloren.

Heidegger geht aber im Anschluß an Nietzsche sogar noch weiter: Mit dem Christentum ist der Glaube an die übersinnliche Welt überhaupt hinfällig geworden. In den Augen Heideggers war nun nicht nur das Christentum, sondern auch die von Platon ausgehende gesamte Metaphysik hinfällig geworden. Das Ergebnis dieser beiden Prozesse ist dann die Situation, die Heidegger Nihilismus genannt hat. In dieser nihilistischen Situation ist die Essenz der Politik nicht mehr die Ideologie oder eine Idee, sondern der „Wille zur Macht“. Und die wirksamste Kraft, die diesen Willen zur Macht vollzieht, ist die Technik.

Um die geschichtliche Situation in diesem Horizont noch näher charakterisieren zu können, müssen wir uns nun den einschlägigen Kapiteln von Heideggers „Sein und Zeit“ zuwenden. Wir tun das, um zu begreifen, warum sich der Nationalsozialismus 1933 geschichtlich durchsetzen konnte.

Wir benutzen also nicht den Nationalsozialismus, um Heidegger zu beurteilen, sondern wir benutzen Heidegger, um zu verstehen, wie eigentlich die Lage gewesen sein muß, damit es zum Nationalsozialismus kommen konnte. Nebenbei wird uns noch interessieren, ob sich durch die gewaltigen politischen Veränderungen seit 1945 hinsichtlich der von Heidegger geleisteten Interpretation der geistigen Lage im Kern etwas geändert hat oder nicht.

Heidegger erkennt den Nihilismus seiner Zeit und er fragt nach der Kraft, die an die Stelle des Christentums und der metaphysischen Tradition treten könnte. Das ist die Frage, die man an den Philosophen Heidegger stellen muß. Zu diesem Zeitpunkt meinte Heidegger noch, diese Kraft im „Geist“ gefunden zu haben und ihn im Nationalsozialismus inkarniert zu sehen. Nachdem er seines Irrtums gewärtig geworden ist, hat er daraus den Schluß gezogen, nichts mehr zu lehren, sondern nur noch zu fragen.

11. Heideggers grüne Kulturrevolution

Wir werden uns nun bald der eigentlichen Fragestellung dieser Abhandlung zuwenden, nämlich, ob Heideggers Option für die national- völkische Bewegung aus seiner Philosophie und aus Heideggers philosophischen Entwicklung heraus zu verstehen ist. Diese Frage ist ja viel interessanter, als die Fragen, was Heidegger in der konkreten, vielleicht auch biographisch bedingten Situation bewogen hat, sich zunächst mit dem Nationalsozialismus zu identifizieren und dann wieder vom Nationalsozialismus zu lösen, und ob Heidegger sich nachträglich richtig zu dieser Verfehlung oder gar zu diesem Verbrechen verhalten hat. Letztere Fragen sind es, die heute in den meisten Büchern über Heidegger abgehandelt werden. Aber das sind nicht unsere Fragen.

Wir werden nun zusammenzufassen, wie denn das Verhältnis Heideggers zum Nationalsozialismus ausgesehen hat. Wir müssen zunächst festhalten, daß das Verhältnis zum Nationalsozialismus für Heidegger damals zweifellos von zentraler Bedeutung gewesen ist. Heidegger würde es als eine Beleidigung empfinden, wenn behauptet würde, er habe sich nur geirrt oder er sei kraft akzidenteller äußerer Umstände in den Nationalsozialismus verwickelt worden. So zu argumentieren, hieße, Heidegger zu unterschätzen. Heidegger hat vielmehr sehr genau gewußt, was er wollte, und darum mußte das NS-Engagement bei einem solchen „Denker", wie er sich selber nannte, auch zentral mit seiner Philosophie zusammenhängen.

Wir können aber Heideggers NS-Engagement nicht verstehen, wenn wir nicht die geschichtliche und geistige Lage in den Blick nehmen, die sich am Ende der Weimarer Republik aufgetan hat. Wir müssen uns endlich von der Vorstellung freimachen, die damalige Weimarer Situation als eine Konsequenz des sogenannten deutschen Sonderweges zu verstehen, der mit innerer Notwendigkeit zur Herrschaft des Nationalsozialismus geführt hat.

Das ist ja die bundesrepublikanische Perspektive. Weimar interessiert uns heute nur noch im Blick auf die Folgen und wir erachten die Folgen als ein spezifisches, eben aus den Traditionen der Deutschen seit Anfang des 19. Jahrhunderts heraus zu verstehendes Ergebnis. Daß wir den Nationalsozialismus so interpretieren, ist die Konsequenz der Geschichtsinterpretation der Frankfurter Schule und vor allem derjenigen von Jürgen Habermas. Die Frankfurter Schule hat das Unglück des Nationalsozialismus als Folge einer deutschen Abweichung vom providentiellen Gang der Menschheitsgeschichte interpretiert. Dieser providentielle Gang der Menschheitsgeschichte sei durch die Philosophie der Aufklärung inspiriert gewesen, und er sollte zu Zuständen demokratischer und sozialer Gleichheit führen. Diese Interpretation, die tief in der Frankfurter Schule verwurzelt ist, die aber erst über Jürgen Habermas das Denken der Bundesrepublik geprägt hat, vernebelt meines Erachtens den Blick auf die geistigen Kräfte, die damals den Gang der Weltgeschichte bestimmt haben und die vielleicht auch morgen den Gang der Weltgeschichte bestimmen werden.

Es könnte durchaus auch sein, daß sich das, was in den zwanziger und dreißiger Jahren des 20. Jahrhunderts wie in einem Labor in Deutschland geistig ausgetragen worden ist, nicht in der Frage nach der Genealogie des Faschismus erschöpft. Wir erleben angesichts der Globalisierung und Modernisierung in vielen Weltgegenden bereits heute die Wiederkehr des Nationalismus und des religiösen Fundamentalismus. Und morgen könnte durchaus auch der Sozialismus und der Faschismus (wohlgemerkt nicht der Nationalsozialismus!) eine Renaissance erleben. Diese Alternativen werden in dem Maße wahrscheinlicher, wie der Liberalismus seine Versprechen nicht einzulösen vermag oder aber soziale und kulturelle Nebenwirkungen zeitigt, die einen allgemeinen Widerspruch auf den Plan rufen. Denn vergessen wir nicht: Die beiden Alternativen zur liberalen Moderne, der Kommunismus/Sozialismus und Faschismus/Nationalsozialismus, hatten beide das Scheitern des Liberalismus zu ihrer Voraussetzung. Es ist ein Irrtum, zu glauben, daß die Menschheit schon immer auf dem Wege zur Verwirklichung der liberalen Moderne gewesen sei, bis dann aus merkwürdigen irrationalen Gründen nach dem Ersten Weltkrieg, vor allen Dingen in Italien, Deutschland und Rußland, eine Abkehr von diesem Weg erfolgte. So ist es nicht gewesen. Ohne den korrupten Zarismus in Rußland und ohne das Scheitern des Liberalismus in der Weimarer Republik hätte es keinen Kommunismus in Rußland und keinen Nationalsozialismus in Deutschland geben können.

Die Beschäftigung mit Heidegger und mit Weimar ist also nicht nur im Blick auf die Genese des damaligen Faschismus von Interesse, sondern sie ist auch interessant im Blick auf die Konstellation, die eintreten könnte, wenn der Liberalismus mit politischen oder auch kulturellen Problemen konfrontiert wird, die er in Übereinstimmung mit seinen eigenen Prinzipien nicht lösen kann. Noch geht der Zug in Richtung Liberalismus, aber am Horizont zeichnet sich bereits die Renaissance des Nationalismus und vielleicht sogar faschistischer Tendenzen ab.

Ich will damit sagen, daß sich die Fragen, die damals in der Weimarer Republik von Heidegger und anderen diskutiert worden sind, nicht in der Bedeutung erschöpfen, die sie für die Genealogie des Nationalsozialismus gehabt haben, sondern daß diese Fragen und Probleme womöglich noch heute ungelöst sind. Die geistigen und politischen Fragen der Weimarer Republik – also etwa die Frage des Zusammenhalts der liberalen Gesellschaft oder die Frage des Nihilismus und der moralischen Indifferenz –, sind noch nicht befriedigend beantwortet. Diese Fragen sind heute wieder so offen, wie sie es damals waren. Das Scheitern der Versuche, die Probleme der liberalen Moderne durch Sozialismus bzw. Kommunismus oder gar durch Nationalsozialismus und Faschismus zu beantworten, hat daran allein noch nichts geändert. Mir geht es darum, im Blick auf Heidegger darauf aufmerksam zu machen, daß hinter diesen ganzen sozialen, politischen und ökonomischen Prozessen auch geistige Probleme stehen! Dahinter verbergen sich geistige Fragen, die heute so offen sind, wie sie es damals waren. Zwar sind die Antworten des Sozialismus und des Nationalsozialismus geschichtlich erledigt, nicht aber die Fragen, auf die sie eine Antwort zu geben versuchten. Das muß man sehr genau voneinander unterscheiden. Das Wichtigste, was man nach Hegel aus der Geschichte lernen kann, ist, daß eine Geschichte sich so oft und so lange wiederholt, bis sie entweder zu Ende oder bis eine wirkliche Antwort auf die von ihr aufgeworfenen Fragen gefunden worden ist. Wir sind Hegel zufolge dazu verurteilt, die Geschichte solange zu repetieren, bis wir die Lektion gelernt haben.

Ich habe z.B. die Sorge, daß die Schlußfolgerung, die Deutschland heute geistig und politisch aus der Erfahrung mit dem Nationalsozialismus zieht, nämlich die Etablierung einer multikulturellen Gesellschaft, eher die Wiederkehr als die Überwindung des Faschismus bewirken könnte. Die mulitkulturelle Gesellschaft kann nicht die richtige Lektion sein, die aus dem Nationalsozialismus gezogen werden sollte, denn es kann keinen besseren Nährboden für einen zukünftigen Faschismus geben, als die Errichtung einer multikulturellen Gesellschaft. Die multikulturelle Gesellschaft wünschen sich vielleicht die Grünen, Heiner Geißler und natürlich die Mehrzahl der deutschen Intellektuellen, nicht aber das deutsche Volk oder gar andere Völker. Zu glauben, daß alle Fragen nach der Substanz und Identität der deutschen oder auch der europäischen Kultur durch die NS-Geschichte erledigt sind und nur die Flucht nach vorn, eben in eine multikulturelle Gesellschaft, uns vor einem Rückfall in nationalistsiche oder auch fundamentalistische Atavismen bewahren könne, könnte sich noch als ein großer Irrtum erweisen. Solche Schlußfolgerungen produzieren womöglich den Nährboden für einen neuen Faschismus, den man doch verhindern wollte. Es geht daher meines Erachtens nicht um das Ausspielen der Zukunft gegen die Herkunft, um die Forcierung der Moderne gegen die Tradition, sondern es geht um eine versöhnungsfähige Vermittlung von Tradition und Moderne, in diesem Fall von Nation und Weltbürgertum. Das ist die Lehre, die aus der Geschichte gezogen werden sollte, und nicht die Austreibung der Tradition, die eher zu neuen Formen der Barbarei als zu neuen Freiheiten führen wird. Wir beschäftigen uns hier also nicht mit einer erledigten, allenfalls historisch interessanten Frage, sondern wir wissen vielleicht noch gar nicht, wie aktuell die Beschäftigung mit Heidegger ist.

Wir hatten uns nun die Heideggerschen Nachbemerkungen zu seinem damaligen NS-Engagement angesehen. Man darf sich dieses Engagement nicht so harmlos vorstellen: Heidegger hat dort an der Universität Freiburg tatsächlich herumkommandiert. Er hat mit Dekreten regiert und hat versucht, die Studenten und Professoren auf Vordermann zu bringen. Und wer da nicht parierte, der wurde ermahnt und diszipliniert. Wir wollen das gar nicht verharmlosen. Wir fragen nur, wie es kommen konnte, daß ein Mann wie Heidegger sich für die Sache des Nationalsozialismus engagieren konnte. Wobei noch zu beachten ist, daß Heidegger – bei aller Distanzierung, die er nachträglich und schon während der Zeit des Dritten Reiches vom real existierenden Nationalsozialismus vorgenommen hat – die Grundüberzeugung und Intention, die ihn 1933 zum Engagement bewogen hat, bis zu seinem Lebensende im wesentlichen nicht revidiert hat. Das ist der eigentliche Skandal um Heidegger. Heidegger hat immer an der Überzeugung festgehalten, daß eine solche Bewegung im Prinzip geschichtlich notwendig war, und daß der Versuch, daran mitzuwirken, grundsätzlich legitim war, vor allem dann, wenn man darum bemüht war, diese Bewegung erst zu sich selbst zu bringen.

Heidegger hat daher seine Motive und Intentionen immer verteidigt. Er hat zwar in dem bereits erwähnten Brief an Karl Jaspers von Schuld und Scham darüber gesprochen, daß er sich in dieser Weise mit den Nationalsozialisten gemein gemacht hatte. Angesprochen auf die Ermordung der Juden, hat Heidegger aber daran erinnert, daß die NS-Machthaber immer darum bemüht gewesen seien, die Judenvernichtung vor dem deutschen Volk geheimzuhalten. Heidegger deutet damit an, daß auch er nichts davon gewußt habe.

Daß die Täter versucht haben, den Judenmord zu verheimlichen, daran kann es ja keinen Zweifel geben. Die Nationalsozialisten haben die Judenvernichtung erst in der letzten Phase des Krieges gewagt, in Angriff zu nehmen. Und sie haben sie weitgehend außerhalb des damaligen Reichsgebietes vorgenommen. Die Nationalsozialisten haben auch da noch alles unternommen, um das deutsche Volk dies nicht wissen zu lassen. Darum ist es ein Politikum erster Ordnung, wenn der ehemalige Bundespräsident Richard von Weizsäcker in seiner berühmten Rede vom 8. Mai 1985 erklärt, jeder Deutsche hätte gewußt oder hätte wissen können, wenn er hätte wissen wollen. Ich bin alt genug, um sagen zu können, daß diese Aussage unhaltbar ist. Es gibt wohl Viele, die es gewußt haben, obwohl sie es nach dem Willen der Machthaber eigentlich nicht hätten wissen dürfen. Aber es gab auch Millionen, die es nicht gewußt haben. Sonst wären auch all die Bemühungen um Geheimhaltung nicht verständlich gewesen. Man lese nur die Erinnerungen des Vaters von Richard von Weizsäcker, des Staatssekretärs von Außenminister von Ribbentrop, der von sich sagte, daß er erst 1943 oder 1944 von der Existenz der Konzentrationslager informiert worden sei. Es ist von entscheidender Bedeutung, ob man sagt, die Deutschen hätten gewußt oder hätten, wenn sie gewollt hätten, wissen können, oder ob man meint, daß die meisten Deutschen es nicht gewußt hätten. Natürlich hätten sie es spätestens seit der so genannten „Reichskristallnacht" im November 1938 wissen können. Das ist gar kein Zweifel. Aber zwischen der „Reichskristallnacht", die sich im Prinzip von den in der europäisch-christlichen Geschichte zu beobachtenden Judenverfolgungen noch nicht unterschieden hat, und der Massenvernichtung der Juden in Auschwitz ist doch noch ein Unterschied.

Heidegger hat also rückwirkend die damalige Grundüberzeugung von der Notwendigkeit des Versuches einer national-völkischen Revolution nicht revidiert. Darum war es so wichtig, sich klar zu machen, wie Heidegger die Frage nach seinem Engagement im nachhinein selber beantwortet hat. In den Augen Heideggers hat sich in geistiger Hinsicht das durchgesetzt, was Nietzsche als den heraufkommenden Nihilismus prognostiziert hat. Es ist von entscheidender Bedeutung, daß die Herrschaft des Nihilismus für Heidegger nichts anderes bedeutete, als die Herrschaft des Willens zur Macht. Als Konsequenz dieser Herrschaft des Willens zur Macht ist für Heidegger, wie für Jünger, nicht nur die Metaphysik und die Aufklärung, sondern auch die gesamte politische Ideengeschichte erledigt. Heidegger sagt, daß Ideen und Theorien für den Gang der politischen Entwicklung keine Bedeutung mehr haben. Unter den Bedingungen des Nihilismus bleibt nur noch die Herrschaft des Willens zur Macht übrig. Heidegger hatte im Blick auf die damalige Lage am Ende der Weimarer Republik nicht mehr an die Kraft von Ideen und Werten geglaubt. Diese Ideen und Werte hätten ihre geschichtliche Bedeutung verloren. Im Zeitalter des Nihilismus herrsche allein der universale Wille zur Macht, wo – in der Sprache Heideggers formuliert – nur noch als „seiend" angenommen wird, was im Dienste der Durchsetzung eines Willens zur Macht steht. Es mag zwar noch Ideen, Ideologien, Programme und Überzeugungen geben, aber sie sind nur noch in dem Maße real, in dem sie eine Funktion im Dienste eines jeweiligen Willens zur Macht ausüben.

Wer sich auf diese Hypothese Heideggers nicht einläßt, der versteht von Heidegger gar nichts. Heideggers Überzeugung, daß der Nationalsozialismus eine Bewegung zur Überwindung des Nihilismus, zur Rettung des Abendlandes und zur Selbstbehauptung der Deutschen sein könnte, wird völlig unverständlich und unbegreiflich, wenn man sie nicht vor dem Hintergrund der These sieht, daß der Nihilismus herrscht, daß nur noch der Wille zur Macht zählt und daß alle Ideologien und Werte nur noch im Dienst dieses Willens zur Macht stehen. Das ist von ganz entscheidender Bedeutung. Die Zitation Nietzsches zeigt, daß Heidegger von Anfang in der Traditionslinie von Nietzsche gestanden hat.

Heidegger hat die These von der Herrschaft des Nihilismus begründet durch den Verweis auf den Satz Nietzsches: Gott ist tot. Heidegger sah also die geschichtliche Situation durch den Atheismus charakterisiert. Dieser Atheismus sei aber kein „ordinärer Atheismus", sondern dieser Atheismus gehe viel weiter. Dieser Atheismus implizierte für Heidegger, daß die übersinnliche Welt überhaupt und insbesondere die des christlichen Gottes seine wirkende Kraft in der Geschichte verloren habe. In diesem Zusammenhang stellt Heidegger die rhetorische Frage:

„Wäre, wenn es anders wäre, der Erste Weltkrieg möglich gewesen? Und vollends, wäre, wenn es anders wäre, der Zweite Weltkrieg möglich geworden?"

Meine These ist, daß diese rhetorische Frage den Schlüssel darstellt, um Heideggers Option für die national-völkische Bewegung, ja um den innersten Kern der Philosophie Heideggers überhaupt zu verstehen.

Wir kommen auf diesen Punkt noch zurück, aber ich will hier nochmals kurz in Erinnerung rufen, daß es unmittelbar nach dem Zweiten Weltkrieg herrschende Auffassung war, daß ohne die Abwendung der Deutschen vom Christentum der Sturz des Volkes der „Dichter und Denker" ins Verderben und ins Verbrechen nicht möglich gewesen wäre. Alfred Müller-Armack, der Erfinder der sozialen Marktwirtschaft, ein großer Religionssoziologe und nationalökonomischer Theoretiker, hat einige Jahre nach dem Krieg ein Buch unter dem Titel „Das Jahrhundert ohne Gott" geschrieben. Müller-Armack, der ein langjähriger Staatssekretär von Ludwig Erhard war und der maßgebenden Einfluß auf die wirtschaftlichen und gesellschaftlichen Entwicklungen der Bundesrepublik genommen hat, stellte die These auf, daß erst die Abwendung von der christlichen Herkunft und von den an diese Tradition gebundenen sittlichen „Werten" den Nationalsozialismus möglich werden ließ.

Heidegger hat diese Herausforderung des Atheismus nun nicht erst nach 1945, sondern bereits 1933 erkannt. Heidegger hat sich mit diesem herrschenden Atheismus allerdings nicht mehr aus christlicher Perspektive auseinandergesetzt, denn auch für ihn stand fest, daß der christliche Gott „seine wirkende Kraft in der Geschichte verloren" hat. Das Christentum hat auch in den Augen Heideggers seine „Kraft" verloren.

Man denkt bei dem Wort „Kraft" natürlich unwillkürlich an Paulus, der im Neuen Testament im Zusammenhang mit dem Evangelium von „dynamis" (Kraft Gottes) gesprochen hat. Der an dieser Stelle gebrauchte Begriff „Kraft" ist keine beliebige phraseologische Wendung, sondern er ist der Kernbegriff des Neuen Testaments, insofern im Evangelium von der Kraft Gottes die Rede ist. Der christliche Glaube war „dynamis". Das Christentum hätte in der Weltgeschichte niemals eine Rolle gespielt, wenn der Glaube nur eine Art des Dafürhaltens gewesen wäre.

Heidegger wußte, daß von diesem geschichtlich wirksamen Glauben in den zwanziger und dreißiger Jahren keine Rede mehr sein konnte. Was aber ist, wenn der christliche Gott seine Wirkungskraft verloren hat? Das ist die Frage Heideggers. Dann entsteht zunächst ein Vakuum. Wo aber Vakuum, Leere, ist, da herrscht der Nihilismus. Heidegger sah das Ende der Deutschen und der abendländischen Kultur, ja das Ende der Geschichte überhaupt für den Fall voraus, daß sich dieser Nihilismus weiter ausbreitet.

Wenn Heidegger nun noch an Rettung glauben wollte, dann mußte er als Philosoph eine Antwort auf folgende entscheidende Frage geben: Welche Kraft soll an die Stelle der wirkenden Kraft des christlichen Gottes treten? Welches ist die Kraft, von der man sich eine revolutionäre Umwälzung des menschlichen Daseins erhoffen kann? Welche Kraft sollte die neue geistige Welt schaffen und den Nihilismus überwinden? Das ist die eigentliche philosophische Frage, die wir an Heidegger stellen müssen.

Wenn man nun im Blick auf Heidegger die Frage beantworten sollte, ob Heidegger denn eine solche Kraft, die an die Stelle des unwirksam gewordenen christlichen Gottes treten könnte, gefunden hat, dann muß man sagen, daß Heidegger sie nicht gefunden hat. Heidegger ist, philosophisch gesehen, an dem Problem, um dessen Lösung es ihm gegangen ist, gescheitert. Heidegger landet daher am Ende seines Lebens bei der Zitation der Götter. Beginnend mit den „Beiträgen zur Philosophie", dem zweiten Hauptwerk, das Heidegger in den 30er Jahren geschrieben hat, geistert die Rede vom Vorbeigang des letzten Gottes durch das Werk Heideggers. In dem berühmten „Spiegel"-Gespräch mit Rudolf Augstein findet sich der Satz: „Nur ein Gott kann uns noch retten." Aber was hat Heidegger mit dem Anrufen von Göttern oder gar eines letzten Gottes gemeint? Heidegger bleibt hier letztlich ohne Antwort. Diese Bemerkungen über Gott und die Götter kommen dem Eingeständnis gleich, daß Heidegger in der Immanenz der Geschichte keine Kraft mehr gefunden hat, welche die Wirksamkeit der Kraft Gottes ersetzen könnte. Heidegger landet darum wieder bei der Rede von den Göttern und von Gott. Heidegger beschwört darum in den späten Hölderlinvorlesungen unentwegt das Heilige.

Das war in den dreißiger Jahren noch anders. Wenn man sich die Schriften Heideggers im Umkreis seines NS-Engagements ansieht, dann wird deutlich, daß er damals im „Volk" noch die Kraft gesehen hat, die eine Wendung der Verhältnisse herbeiführen könnte. Heidegger hat nicht von der „Gesellschaft" geredet, sondern vom „Volk". Heidegger wurde auch einmal darauf angesprochen, warum er eigentlich nicht von der Gesellschaft redet. Heideggers Antwort lautete: Weil, metaphysisch gesehen, die Gesellschaft nichts anderes darstellt, als eine Gestaltungsform der Subjektivität. Heidegger selber ging es aber um die Überwindung der Subjektivität. Heidegger hat sich in „Sein und Zeit" mit dem, was die linke und liberale Theorie „Gesellschaft" nennt, im Zusammenhang seiner Kritik an der „Öffentlichkeit" auseinandergesetzt. Die „Öffentlichkeit" ist für Heidegger der Zustand, in dem das „Man" herrscht. Wir werden das noch zu analysieren haben. Hier nur soviel: Heidegger versteht unter dem „Man" den Zustand der Entfremdung. Die Menschen sind in dieser Öffentlichkeit nicht sie selbst, sondern sie haben sich an das „Man" verloren. Öffentlichkeit in der modernen Gesellschaft ist für Heidegger der wichtigste Indikator für Entfremdung. Heidegger steht hier in der Tradition der Entfremdungskritik, die hier allerdings nicht auf Marx, sondern auf Kierkegaard zurück geht. Kierkegaard hat übrigens nicht nur für „Sein und Zeit", sondern für Heidegger ganz allgemein eine große Rolle gespielt.

Heidegger sprach in den dreißiger Jahren also noch vom Volk. Das irritiert uns heute sehr, weil die Politologen und Soziologen seit 1945, vor allem aber nach 1968, einen Paradigmenwechsel vollzogen haben und nur noch von der Gesellschaft reden. Der Begriff des Volkes gilt seitdem per se als faschistisch und er ist daher aus dem Sprachgebrauch eliminiert worden. Von 1968 bis 1989 hat an den Schulen und Universitäten, sowie in den öffentlichen Medien keiner mehr gewagt, das Wort „Volk" noch in den Mund zu nehmen. Das hat allerdings zur Folge, daß dic Politiker, Politologen und Intellektuellen die weltgeschichtlichen Umbrüche der Gegenwart nicht mehr verstehen können. Sie alle haben sich nach 1989 in der Einschätzung der Realitäten getäuscht und sie stehen nun fassungslos vor der weltweiten Renaissance des Nationalstaates. Es ist für diese Politiker und Intellektuellen unfaßbar, daß die Völker plötzlich in einem emphatischen Sinne wieder auftauchen. Es bedeutete, geistesgeschichtlich gesehen, geradezu eine Revolution, als 1989 Hunderttausende in Leipzig „Wir sind *das* Volk" und dann sogar „Wir sind *ein* Volk" riefen. Damit sind ganze Bibliotheken systemtheoretischer und spätmarxistischer Literatur Makulatur geworden. Die Systemtheorie von Niklas Luhmann und die Kommunikationstheorie von Jürgen Habermas waren nicht mehr in der Lage, solch selbstverständliche Realitäten wie die Existenz der Völker noch wahrzunehmen. Wenn aber in den Sozialwissenschaften bestimmte Begriffe verschwinden und aus der Sprache getilgt werden, dann muß das, was bisher in der Sprache ausgedrückt wurde, in der Wirklichkeit noch lange nicht verschwunden sein. Darum hat der Rest der Welt ganz selbstverständlich auch nach 1945 weiterhin von „Volk" gesprochen. Der große Charles de Gaulle rief in Ludwigsburg den Deutschen zu: ‚Ihr seid Töchter und Söhne eines großen Volkes!' Charles de Gaulle wußte noch, daß es nichts mit dem Nationalsozialismus, sondern mit der Französischen Revolution zu tun hat, wenn man das Volk emphatisch beschwört. Die Französische Revolution bedeutet eben nicht nur die Geburt der Idee der Menschenrechte, sondern sie ist auch die Geburtsstunde der modernen Nation. Die Französische Revolution war der Ort, wo zum ersten Mal das Volk auf der Bühne der Weltgeschichte handelnd in Erscheinung trat. Die Franzosen haben seit jeher ihr Selbstbewußtsein und ihre Identität daraus bezogen, diese Revolution zustande gebracht zu haben. Und sie haben daraus das Recht abgeleitet, den Rest der Welt in den Genuß der Segnungen dieser Revolution zu bringen. Alle diejenigen, die heute gegen die Nation wettern, vergessen, daß die Nation keine Erfindung von Hitler, sondern eine Frucht der großen Französischen Revolution ist.

Wir müssen nun überprüfen, was sich Heidegger eigentlich unter dem Volk gedacht hat. Und dann müssen wir die noch viel wichtigere Frage stellen, aus welchen Kräften sich denn nach dem Schwund der Wirksamkeit Gottes das Volk erneuern sollte. Bei der Antwort auf diese Frage werden wir etwas ganz Erstaunliches feststellen. Denn Heidegger schwenkt nun in eine Bewegung ein, die mit dem

Scheitern des Nationalsozialismus noch nicht abgegolten ist, sondern in Gestalt der ökologischen Bewegung eine andersgeartete Renaissance erfährt. Heidegger spricht nämlich in seinem Referat davon, daß das Volk sich aus „erd- und bluthaften Kräften" erneuern soll. In den gleichzeitig abgehaltenen Vorlesungen interpretiert Heidegger diese „erd- und bluthaften Kräfte" als Naturkräfte im Sinne des vorsokratischen Begriff der Physis. Heidegger hatte also eine Art grüne Kulturrevolution im Sinne, nicht den konkreten Nationalsozialismus. Das werden wir nun genau untersuchen.

12. Das Ende des christlichen Geschichtsäons und die Erneuerung des deutschen „Daseins"

Das NS-Engagement Heideggers ist an zwei Voraussetzungen gebunden gewesen. Die eine liegt in der vollzogenen radikalen Abwendung vom „katholischen System", ja vom Christentum überhaupt. Heidegger ging davon aus, daß das geschichtliche Zeitalter, das durch das Christentum bestimmt war, zu Ende sei. Heidegger sagte, daß die Gottesidee ihre verbindliche und geschichtsmächtige Kraft verloren hätte. Er meinte damit, daß das Zeitalter des Christentums zu Ende ist. Das ist die erste ganz zentrale Voraussetzung für Heideggers NS-Engagement.

Wir müssen – zweitens – festhalten, daß nicht nur das NS-Engagement, sondern Heideggers ganze Philosophie offenbar viel stärker durch Nietzsche bestimmt war, als man das bisher geglaubt hatte. Heideggers Philosophie stellt in allen Phasen den großen Versuch dar, eine Antwort auf die Herausforderung zu geben, die Nietzsches Diagnose der Moderne darstellte. Nietzsches Diagnose implizierte die These, daß die 2000-jährige europäisch-abendländische Geschichte, in welcher der christliche Gott eine verbindliche Kraft war, nun am Ende ist. Auch Heidegger hat – sowohl von seiner katholischen Herkunft her, wie im Blick auf die Erfahrung der Wirklichkeit der Weimarer Republik –, seine Geschichtsepoche als eine Epoche des Endes erfahren. Heidegger steht hier bereits im Ansatz konträr zu allen progressiv gestimmten Geistern, die bis zum Zusammenbruch des Sozialismus 1989 immer von dem Gefühl beflügelt waren, daß das Eigentliche nicht hinter ihnen, sondern vor ihnen liegt. Diese unterschiedliche Wahrnehmung stellt den Schlüssel dar, um die Polarisierung von links und rechts, von progressiv und konservativ seit dem beginnenden 19. Jahrhundert zu verstehen. Der fundamentale Gegensatz von links und rechts, von progressiv und konservativ, ist nicht durch Ideologumena bedingt, sondern durch das unterschiedliche Verhältnis zur Zeit und zur Geschichte – in einem Fall zu der vergangenen und im anderen Fall zu der noch bevorstehenden Geschichte.

Wenn man die Frage stellt, worin eigentlich der tiefer liegende Grund für diese Dissoziation im Verhältnis zur Zeit, also im Blick auf Vergangenheit und Zukunft, begründet ist, dann wird man feststellen, daß die progressive Utopie in einer viel größeren Kontinuität mit dem Christentum steht, als das bei der von Nietzsche her sich formierenden konservativen Gegenrevolution der Fall ist. Der Gedanke, daß die Erfüllung ihren Ort in der Zukunft hat, ist überhaupt zum ersten Mal durch das Christentum in die Geschichte der Menschheit gekommen. Vor dem Christentum wäre keine Kultur und keine Religion auf den Gedanken gekommen, die ausstehende Zukunft zum Ort des Heils zu erklären. Insofern steht der Progressive, bei allen fürchterlichen Deformationen des realen Sozialismus, in der Tradition des Christentums. Genau genommen steht der Sozialismus aber eher noch in der Tradition des Judentums, weil dort das Heil – im Gegensatz zum Christentum – vollständig in die Zukunft verlegt ist. Dagegen ist es nicht möglich, das Christentum unter einer progressiven Utopie und dem Sozialismus zu subsumieren, da es im Christentum noch die Christologie gibt. Die Christologie stellt den entscheidenden Widerspruch gegen die reinen Zukunftserwartung dar, wie sie für das Judentum und den Sozialismus typisch sind. Die Christologie bedeutete natürlich, daß die Versöhnung eigentlich schon geschehen ist und im Glauben vergegenwärtigt wird. Das Christentum verhält sich daher zum progressiven und zum konservativen Ansatz jeweils partiell bejahend und verneinend. Im Christentum finden sich sowohl Elemente, die die Zukunftserwartungen der Progressiven bestätigen, wie Elemente, die die Verfallsthese der Konservativen unterstützen. Die Affinität zum Konservativen hängt dabei noch mehr mit dem Schöpfungsgedanken als mit der Christologie zusammen. Der progressive Gedanken der Moderne geht dagegen hinter das Christentum und hinter die Christologie zurück. Er tritt das jüdische Erbe an und transformiert und säkularisiert es. Es ist daher kein Zufall, daß alle großen Gestalten des sozialistischen Gedankens seit Marx Juden gewesen sind. Ernst Bloch war ebenso Jude, Walter Benjamin, Theodor W. Adorno und Georg Lukács. Das ist kein Zufall, sondern das hängt mit deren religiöser Herkunft zusammen. Sie alle sind letztlich nie aus der Bestimmtheit durch das jüdische Erbe herausgetreten. Der progressive Gedanke in allen seinen Varianten beinhaltet die These, daß das Heil in der Zukunft noch bevorsteht.

Die Wendung, die nun Nietzsche dem konservativen Gedanken gegeben hat, besteht in der These, daß der christliche Äon zu Ende ist. Nietzsche ist zwar persönlich durchaus ein Mensch mit einer christlichen Seele gewesen – einer Seele, die christlicher war als die der meisten Christen –, aber er ist auch derjenige gewesen, der das Ende des christlichen Geschichtsäons konstatiert und die Neuzeit als Endzeit verstanden hat. Die Aktualität Nietzsches besteht unter anderem darin, daß er die Neuzeit als Endzeit interpretiert und umgedeutet hat. Neuzeit ist nun Endzeit im Sinne der Verwirklichung des seit langem in Gang befindlichen Prozesses des Verfalls. Die Endphase der Verfallsgeschichte nennt Nietzsche die Epoche der Dekadenz.

Diese Sichtweise Nietzsches bildet auch den Hintergrund des Heideggerschen Denkens. Der christliche Gott hat auch in Heideggers Augen seine geschichtsgestaltende Kraft verloren, und damit ist das Christentum ohnmächtig geworden. Wenn es anders wäre, hätte es Heidegger zufolge weder den Ersten Weltkrieg, geschweige denn den Zweiten Weltkrieg geben können. Das ist ein gewichtiges Argument. In der Tat: Diese sinnlose mörderische Selbstzerfleischung der europäischen Völker im Ersten Weltkrieg hätte es vor dem Hintergrund eines vitalen

Christentums niemals geben können. Darum stellt der Erste Weltkrieg die eigentliche Tragödie des 20. Jahrhunderts dar. Diese sinnlose Selbstvernichtung der europäischen Völker haben die Konservativen in der Weimarer Republik als Indikator verstanden, daß der christliche Geschichtsäon zu Ende ist. So hat es auch Heidegger gesehen. Wir leben nun in der Zeit des Verfalls und des Endes. Die Neuzeit war nicht der Weg auf Vollendung hin, sondern die Neuzeit war Endzeit. Der Schlüssel zum Verständnis der gesamten Philosophie Heideggers und seines NS-Engagements verbirgt sich in der These, daß die Apokalypse im Vollzug ist. Heidegger formuliert seine fundamentale Kulturkritik in einem geschichtsapokalyptischen Horizont. Wenn man sich das nicht klar macht, kann man Heideggers NS-Engagement nicht verstehen.

Heidegger begründete nun sein Engagement für die Nationalsozialisten damit, daß nur das Volk der Deutschen eine Wendung der Verfallsgeschichte bewirken könnte.

Diese Überzeugung, daß die Deutschen eine providentielle Rolle im Kampf gegen die drohende Dekadenz zu spielen haben, ist ja keineswegs ein auf konservative deutsche Intellektuelle begrenzter Gedanke. Solche Intellektuelle gab es weltweit – auch im linken politischen Spektrum. Die letzte Reprise dieses Gedankens findet sich bei dem tschechischen Präsidenten Vaclav Havel, der 1990 erklärte, daß die Deutschen zwar nach ihrer Wiedervereinigung keine traditionelle Großmacht mehr seien, daß wir aber alle hofften, daß sie an ihre großen denkerischen Traditionen wieder anknüpfen und aus ihnen die Kraft erwachsen werde, nicht nur den Sozialismus, sondern auch den Materialismus der Konsumgesellschaft zu überwinden. Der Glaube an die Rettung durch die Deutschen ist also kein völlig aus der Welt liegender Gedanke Heideggers, sondern in Prag residiert noch heute ein Präsident, der sich die Überwindung nicht nur des Sozialismus, sondern auch der materialistischen Konsumgesellschaft durch Traditionen und Kräfte erhofft, für die offenbar in einer ausgezeichneten Weise die Deutschen stehen.

Die erste Forderung Heideggers lautet also: Es muß jetzt etwas gegen den Verfall getan werden. Das ist der erste Impuls. Nun kann man natürlich fragen, warum Heidegger das überhaupt ins Auge gefaßt hat. Er hätte sich ja auch darauf beschränken können, seine Vorlesungen zu halten und im übrigen zu schweigen. Wieso meinte Heidegger, berufen zu sein, etwas gegen diesen drohenden Verfall zu tun? Auch das ist ohne seine Prägung durch die christliche Herkunft nicht zu verstehen. Dieses Sendungsgefühl ist ein Produkt seiner primären katholischen Sozialisation gewesen.

Der Kampf gegen die Moderne ist eine uralte katholische Tradition. Die katholische Kirche hat bis weit ins 19. Jahrhundert hinein als einzige Großinstitution gegen die Moderne und gegen die Aufklärung gekämpft. Man denke nur an den berühmten „Modernisteneid" zu Anfang des 20. Jahrhunderts. Heidegger hat in diesem Streit um den Modernisteneid für die katholische Kirche und gegen die Modernisten Stellung bezogen. Auch das hat einen ganz interessanten Hintergrund, denn sein philosophisch-theologischer Lehrer war Karl Braig, der ein Buch unter dem Titel „Vom Seienden" geschrieben hatte. Und dieser Braig hat sich für den Papst gegen die Modernisten exponiert. Heidegger hat zusammen mit seinem Lehrer gegen den Modernismus gekämpft. Die Beurteilung der Moderne als Verfall und Ende und der Kampf gegen den Modernismus hat Heidegger also von Beginn an geprägt.

Das war übrigens bei Carl Schmitt ganz ähnlich. Auch Carl Schmitt kam von der katholischen Kritik an der Moderne her. Carl Schmitt war aber darüber hinaus und im Unterschied zu Heidegger auch ein Institutionalist. Er hat als Rechtslehrer – in diesem Fall in Übereinstimmung mit seiner katholischen Herkunft –, immer in Institutionen gedacht. Außer Hegel, der in seinen Anfängen selbst antiinstitutionell ausgerichtet war und der sich auch erst zu einem institutionellen Denken durchkämpfen mußte, und Carl Schmitt gibt es in der deutschen Tradition nicht viele, die in dieser Ausprägung in Institutionen gedacht haben. Die deutsche Philosophie ist im Gegensatz zu Hegel und Carl Schmitt dagegen seit der Frühromantik weitgehend durch einen antiinstitutionellen Affekt gekennzeichnet gewesen. Die deutschen Philosophen hatten nie ein normales Verhältnis zur Institution entwickelt. Das geht bei Fichte los, und auch Marx war in dieser Hinsicht ein typisch deutscher Philosoph, ging es ihm doch letztlich um die Überwindung des Staates. Bei Nietzsche gibt es ebenfalls einen extremen Antiinstitutionalismus, und ähnlich verhält es sich auch mit der sogenannten Wertphilosophie von Max Scheler und Nicolai Hartmann. Den Höhepunkt dieser trüben deutschen Tradition stellt übrigens Jürgen Habermas dar. Es gibt ja keinen Philosophen, der so antiinstitutionell gedacht hat, wie Habermas. Das politische Programm von Habermas besteht geradezu in der Auflösung der Institutionen durch den Diskurs. In diesem Gedanken ist Habermas typisch deutsch, obwohl er sich sonst mit Abscheu von allem Deutschen abwendet und lieber nur noch von Verfassungspatriotismus spricht; wobei sein Verfassungsverständnis impliziert, daß die Institutionen durch ewig währende öffentliche Diskursprozesse ständig überholt, zur Disposition gestellt und letzten Endes verflüssigt und überwunden werden sollen. Das Geheimnis des Erfolges von Habermas besteht darin, daß die Bundesrepublik mittlerweile eine politische Kultur verkörpert, die diesen Affekt gegen alles Institutionelle, wie zum Beispiel den Staat und die Familie, teilt. Diese politische Kultur in Deutschland gewinnt noch heute ihr Selbstbewußtsein aus der ständigen Abgrenzung von Hegel und vor allem von Carl Schmitt. Im Kontrast zu diesem typisch deutschen Denken hat Hegel im Blick auf die aus der Französischen Revolution hervorgegangene politische Lage festgestellt, daß die Freiheit da sei, daß aber ihre Institutionen in der Luft schwebten. Und es werde die Zukunft darüber entscheiden, ob es gelingen wird die revolutionär errungene Freiheit durch die Institutionen zu stabilisieren und zu befestigen. Das ist politisch gedacht und beurteilt. Hegel war eben noch ein politischer Denker. Es gibt keine Freiheit, wenn sie nicht durch Institutionen, die mit dieser Freiheit zu vereinbaren sind, gestützt wird.

Heidegger bestimmt also die Neuzeit als Endzeit. In Übereinstimmung mit Nietzsche konstatiert er die Herrschaft des Nihilismus. Nihilismus heißt, daß alle überkommenen Wertordnungen in Auflösung begriffen sind und daß alles, was 2000 Jahre lang in der christlichen Kultur gegolten hat, seine Einsichtigkeit verloren hat. Welche politischen Schlußfolgerungen hat nun Heidegger daraus gezogen? Der erste zentrale Satz lautet: Man muß den Verfall aufhalten! Heideggers, aus dieser Geschichts- und Kulturdeutung erwachsender Grundimpuls ist der Wille zum „Aufhalten." „Aufhalten" – das ist das Kenn- und Schlüsselwort des politischen Konservativismus seit 200 Jahren. Konservative sind seit der Französischen Revolution diejenigen, die nicht glauben, daß uns das Heil noch bevorsteht. Wer das glaubt, ist ein Linker. Der Konservative ist vom gegenteiligen Affekt bestimmt: Es ist Verfall im Gange und man muß den Verfall aufhalten! Das ist der Grundimpuls der Konservativen.

Dieser Grundimpuls ist meines Erachtens mindestens so berechtigt, wie der der Progressiven. Leider sind die politischen Intellektuellen unserer Tage immer noch nicht zu der Einsicht gekommen, daß derjenige, der angesichts der Beschleunigungsprozesse der Moderne ans „Aufhalten" denkt, womöglich kein Reaktionär ist, sondern an der Spitze des Fortschritts steht.[146]

Der zweite Kernsatz Heideggers lautet: Wir brauchen eine revolutionäre Umwandlung des deutschen „Daseins". Hier geschieht in der Geschichte des Konservativismus etwas Neues. Der aus einer erzkatholischen Herkunft stammende und aus einem konservativen katholischen Impuls heraus handelnde Heidegger plädiert angesichts des fortgeschrittenen Verfalls für eine Revolution.

Hier liegt übrigens ein fundamentaler Unterschied zu Carl Schmitt. Carl Schmitt ist hier beinahe der Gegenpol zu Heidegger, denn für Schmitt ist die Revolution immer das Schlimmste gewesen, was eintreten kann. Schmitt hat daher in der Weimarer Republik alles versucht, um eine von Linken oder auch Rechten betriebene revolutionäre Überwindung des Systems zu verhindern oder wenigstens hinauszuzögern. Wir haben bereits darauf hingewiesen, worin diese Ansicht bei Schmitt begründet war. Denn Carl Schmitt hat in Institutionen und damit politisch gedacht und er hat daher die möglichen fatalen Konsequenzen einer Revolution immer im Auge gehabt. Zum typisch Deutschen gehört eben nicht nur die unpolitische Romantik, sondern auch die Abneigung jedweder Revolution. Bloß keine Revolution – auch das ist ein typisch deutscher Satz. Auch der späte Goethe hat die Revolution für das größte aller Übel gehalten. Die Revolution könne nämlich zu einem Zustand führen, an dem Gott die Freude an seiner Schöpfung verliert und er alles zusammenschlägt. Goethe hat also vor über 170 Jahren Heideggers apokalyptische Grundstimmung, die eine Konsequenz des von der Französischen Revolution entfesselten Prozesses ist, antizipiert. Aber was hat Goethe damals diesem Verfall entgegengesetzt? Den Gedanken der Korporation und der Ehe.

---

146 Daran haben auch die Frankfurter Schule und die Grünen nichts geändert, obwohl hier der konservative Impuls an die Linken übergegangen ist. Seitdem denkt die Linke viel mehr ans Aufhalten als diejenigen, die man gemeinhin heute die Konservativen nennt. Mit der Ökologiekrise und der Kritischen Theorie erlebten wir die völlige Umkehrung der alten Schlachtordnungen. Konservative im genannten Sinne findet man nun eher bei den Grünen als bei der CDU. Die Protagonisten der CDU sind die Beschleuniger von heute. Angesichts dieser Veränderung ist es nun wirklich schwierig, noch so von links und rechts zu reden, wie man das bisher tun konnte.

Die Korporationen, also die berufsständischen solidarischen Zusammenschlüsse, und die Ehe waren für ihn die beiden Achsen, um die der ganze Bau der sittlichen Weltordnung schwingt. Goethe war in den „Wahlverwandtschaften" der Meinung, daß vom Schicksal der Ehe die ganze zukünftige Kultur abhängt. Die „Wahlverwandtschaften", das ist Goethes Roman zum großen Umbruch am Beginn des 19. Jahrhunderts. In diesem Roman findet sich die nicht nur ironisch gemeinte Aussage, daß es egal sei, daß sich die Eheleute prügeln, wenn nur die Institution der Ehe erhalten bleibe. In ihr liege soviel Segen, daß alles private Unglück nicht geeignet wäre, dem an diese Institution hängenden Segen aufzuzehren und zu ersetzen. Goethe selber war in dieser Hinsicht, wie wir wissen, kein Philister. Er hat daher lange genug gezaudert, bis er sich dann auch in den ehelichen Zustand begab. Goethe wußte also, wovon er redete, als er die Ehe empfahl.

Heidegger hat dagegen in deutscher und romantischer Manier ganz naiv in einer Revolution das Rettende gesehen. Er steht damit für die tiefgreifendste Mutation des konservativen Gedankens seit Edmund Burkes „Reflexionen über die Französische Revolution", denn Burke hat sich immer gegen alle Formen der Revolution gewandt. Heidegger hat sich dagegen als Revolutionär verstanden. Er wollte allerdings nicht die Institutionen revolutionieren, sondern er wollte die revolutionäre Veränderung des „Daseins" im ganzen. Seine noch während des Dritten Reiches vorgetragene Kritik an den Nationalsozialisten gipfelte daher in dem Vorwurf, die Nationalsozialisten hätten den Gedanken der völkisch-nationalen Revolution verraten.

Hier sind wir nun beim entscheidenden Begriff Heideggers angelangt: „Dasein". Es ist der Schlüsselbegriff zum Verständnis des ganzen Heidegger und auch seines NS-Engagements. Insoweit Heidegger eine revolutionäre Umwandlung nicht der Institutionen, sondern des menschlichen „Daseins" anstrebte, war er eigentlich kein politischer Revolutionär mehr, sondern ein Kulturrevolutionär. Martin Heidegger, dieser aus katholischem Hause stammende Mann aus dem Schwarzwald, war ein Kulturrevolutionär.

Die Kernfrage lautet nun: Was hat Heidegger unter „Dasein" verstanden? Wo gibt Heidegger Auskunft über sein Verständnis vom „Dasein"? In seinem Hauptwerk „Sein und Zeit". Daher werden wir nun skizzenhaft auf dieses Werk eingehen. Nun wird immer wieder behauptet, daß „Sein und Zeit" unwichtig sei, um die nationalsozialistische Wendung Heideggers zu erklären. Das ist insofern richtig, als Heidegger in „Sein und Zeit" eine andere Sprache gebrauchte als zur Zeit seines Rektorats in Freiburg. Dennoch behaupte ich, daß „Sein und Zeit" auch der Schlüssel ist, um sein NS-Engagement zu verstehen. Wir müssen daher an Heideggers „Sein und Zeit" die Frage stellen, was er unter „Dasein" versteht. Wir müssen – zweitens – an „Sein und Zeit" die Frage stellen, was Heidegger damit meint, wenn er von dem „verfallenden Dasein" redet.

Übrigens führt Heidegger in diesem Zusammenhang eine Kategorie ein, die für die Politik des 20. Jahrhunderts vielleicht wichtiger ist als alle anderen Kategorien: die „Stimmung". Denn es bedeutet für die Politik ungeheuer viel, daß Heidegger das Dasein als ein gestimmtes Dasein interpretiert hat.

Von daher kann man verstehen, wie naiv es ist, zu glauben, daß die Politik durch Aufklärung und durch rationale Argumentation geprägt ist. Es ist von rührender Naivität, wie manche Parteien noch immer meinen, sie könnten durch rationale Darlegung von Tatsachen Wahlen gewinnen. Die Prämisse der Politik in Deutschland lautet: ‚Wir sind aufgeklärt; wer aber aufgeklärt ist, der glaubt an rationale Argumentation; und rationale Argumentation muß sich an Tatsachen halten. Dabei sollten die Politiker, nicht nur im Blick auf das Schicksal der Weimarer Republik, gelernt haben, daß diese Prämisse offensichtlich falsch ist. Denn was prägt, auch in politischer Hinsicht, die Politik am meisten? Die Stimmung. Wir müssen also – drittens – die politische Bedeutung des Begriffes der „Stimmung" bei Heidegger bedenken.

13. Heideggers Entfremdungstheorie

Bisher sind wir der Frage nachgegangen, aus welchem Selbstverständnis heraus Heidegger sich für die völkisch nationale Revolution engagiert hat. Diese Frage dürfte soweit geklärt sein. Wir wollen daher nun eine ganz andere Frage stellen: Ist Heideggers NS-Engagement aus seiner Philosophie verständlich und plausibel zu machen? Welche Elemente gibt es in Heideggers Philosophie, die sein Engagement verständlich machen? In dieser Frage geht es nicht mehr nur um die Frage der Person Heideggers – seines Charakters, seiner Motive und seiner biographischen Wandlungen –, es geht auch nicht um seine rückwirkende Selbsteinschätzung, sondern es geht viel weitergehend um die Art von Philosophie, die nach dem Ersten Weltkrieg in Deutschland hervorgebracht worden ist. Denn Heidegger stellt von allen philosophischen Positionen nach dem Ersten Weltkrieg zweifellos die entscheidende repräsentative Figur dar. Heideggers Philosophie mag sehr schwierig sein, aber wer die geistige Lage und die Grundstimmung der damaligen Epoche, in mancher Hinsicht sogar des 20. Jahrhunderts im ganzen, verstehen will, der muß sich auf die Philosophie Heideggers einlassen. Niemand ist für diesen Zweck förderlicher und dienlicher als Heidegger. Dies festzustellen, bedeutet nicht, daß ich Heidegger für das letzte Wort der Philosophie halte. Das trifft keineswegs zu. Aber die erste Hälfte des 20. Jahrhunderts, vielleicht sogar das ganze 20. Jahrhundert, begreift keiner – wenn er es denn überhaupt philosophisch begreifen will –, ohne sich auf Heidegger einzulassen. Das gilt für Deutschland nach dem Ersten Weltkrieg, und heute gilt es tendenziell weltweit.

Die innere Affinität der grünalternativen Bewegung zur Philosophie Heideggers ist da nur ein Symptom unter vielen. Es kann ja kein Zufall sein, daß ein deutscher „Denker", wie Heidegger sich genannt hat, aus dem Schwarzwald in den letzten 70 Jahren *die* dominierende philosophische Figur gewesen ist. Natürlich haben ihm andere Philosophen zeitweise diesen Rang bestritten oder haben mit ihm erfolgreich konkurriert, aber wenn man die Rezeptionsgeschichte der vergangenen Jahrzehnte im ganzen betrachtet, dann zeigt sich, daß bei aller Konkurrenz und trotz mancher Unterbrechungen die Wirkung Heideggers stetig im Wachsen begriffen war und sich heute eine immer größere Zahl der Nachdenklichen in der ganzen Welt Heidegger zuwenden und nicht selten von ihm fasziniert sind. Diese Faszination verhält sich dabei ganz indifferent zu den politischen Applikationen, die Heidegger aus seiner Philosophie gezogen hat. Ich meine, daß dies ein erklärungsbedürftiger Tatbestand ist. Wenn man die Geschichte der Heideggerrezeption im 20. Jahrhundert noch einmal Revue passieren läßt, dann findet sich darin eine partiell fundierte und richtige Kritik an Heidegger, aber aufs Ganze gesehen muß man feststellen, daß die Philosophen viel zu früh mit der Kritik begonnen haben. Diese Philosophen hätte sich alle noch etwas mehr darum bemühen sollen, Heidegger erst zu verstehen. Ich bin beileibe kein passionierter Heideggerianer, und es geht mir schon gar nicht darum Heidegger zu verteidigen oder auch zu kritisieren, sondern mich interessiert die geistige Situation zur Zeit des Faschismus, ja des 20. Jahrhunderts im ganzen. Diese Lage will ich im Rückgriff auf Heidegger verstehen. Das ist etwas ganz anderes.

Warum sollte sich auch ein Historiker oder ein Politologe, der sich mit der Epoche des Faschismus beschäftigt, für eine philosophische Figur wie Heidegger interessieren? Heidegger sollte ihn interessieren, weil es Politik ohne Philosophie überhaupt nicht geben kann. Da es Politik ohne Philosophie nicht gibt, kann es eigentlich auch kein Politologie- oder auch Geschichtsstudium geben, ohne daß sich die angehenden Politologen und Historiker mit Philosophie – und zwar nicht nur mit der Philosophie, die man im engeren Sinne politische Philosophie nennt, sondern auch mit der Philosophie, die über die politische Philosophie im engeren Sinne hinausgeht – beschäftigen. Aus dieser Perspektive erscheint es dann durchaus sinnvoll, die historische Lage der Epoche des Faschismus mit Heidegger zu erschließen.

Was ist nun das alles entscheidende Grundproblem, dem sich Heidegger gestellt hat? Es ist das Nihilismusproblem. Auch die Thematisierung der Seinsfrage ist ja nur eine Variation des epochalen geschichtlichen Grundproblems des Nihilismus. Deutlicher gesagt: Heidegger geht es letztlich immer um eine philosophische Überwindung des Nihilismus. Keiner der Denker und Philosophen des 20. Jahrhunderts hat sich in einer solchen Radikalität und Ausschließlichkeit dem Nihilismusproblem gestellt wie Heidegger. Das ist auch der Grund, warum in dem Maße, in dem der Nihilismus im 21. Jahrhundert voranschreitet, auch das Interesse an Heidegger wachsen wird.

Der Grundduktus in Heideggers Denkens ist auf den Versuch gerichtet, das gesamte, von Platon und Aristoteles herkommende abendländische Denken in Frage zu stellen und alle – die Moderne tragenden – metaphysischen Voraussetzungen und Prämissen zu transzendieren. Heidegger tut das in der Absicht, die von der griechischen Antike bis zur Moderne reichenden metaphysische Tradition zu überwinden. Die politische Revolution gegen die Moderne ergibt sich aus diesem Versuch, eine philosophische Antwort auf das Grundproblem des Nihilismus zu finden, wie es durch Heideggers fundamentale Infragestellung aller Fundamente des europäisch abendländischen Denkens von den Griechen an offenbar geworden ist. Die das Gesamtwerk bestimmende politische Grundtendenz ist darum bei

Heidegger darauf gerichtet, eine Revolution gegen die Moderne auf den Weg zu bringen. Es gibt keinen Philosophen, der das Ziel einer revolutionären Überwindung der Moderne mit einer solchen Radikalität intendiert hat wie Heidegger. Es machte damals wie heute die Aktualität Heideggers aus, daß er davon ausging, daß die Moderne im Nihilismus enden wird.[147]

Dieser Zusammenbruch des politischen und des philosophischen Weltbildes der Moderne hat natürlich auch konkret geschichtliche und politische Konsequenzen. Die erste große Konsequenz war der Triumph des Nationalsozialismus bzw. Faschismus. Heidegger hat 1933 geglaubt, daß der Nationalsozialismus eine Gestalt der Überwindung des Nihilismus der Moderne sein könnte. Erst später hat er bemerkt, daß er seine Betrachtung des Nationalsozialismus viel zu oberflächlich angesetzt hat und daß der Nationalsozialismus nicht etwa eine Gestalt der Überwindung des Nihilismus ist, sondern sämtliche Aporien der nihilistischen Moderne in sich selber enthält.

Der Nationalsozialismus stellt eine krude Symbiose von technokratischer Hypermodernität auf der einen Seite und ideologischem Rückfall in die Archaik auf der anderen Seite dar. Der Nationalsozialismus war in seiner Rassen-Ideologie und in den heidnischen Riten archaisch, und er war auf der anderen Seite durch die Indienststellung aller technokratischen Instrumente absolut modern. Der Nationalsozialismus war damit hypermodern und archaisch zugleich, er war vom ideologischen Ansatz her somit ein Bastardphänomen. Die Affinität der Deutschen – ihrer Geschichte und ihrer Philosophie –, zum Nationalsozialismus besteht genau darin, daß sich eine solche Symbiose von Archaik und Hypermodernität – ausgehend von Nietzsche, weiterführend über Spengler, Ernst Jünger und Heidegger – in dieser Form wahrscheinlich nur in Deutschland hat durchsetzen können. In der Philosophie von Nietzsche bis Heidegger sind alle Elemente enthalten, welche die Deutschen für eine solche Symbiose verführbar gemacht haben. Das soll allerdings nicht heißen, daß der deutsche Charakter oder die deutsche Mentalität – wie das manche behaupten –, für den Massenmord prädestiniert waren. Daß es dazu kommen konnte, bedurfte es dann doch des Monstergehirnes eines Adolf Hitler.

Einer der objektiven Gründe, die Heideggers zur Identifikation mit der national völkischen Bewegung geführt haben, liegt also darin, daß Heidegger eine Zeit lang der Meinung gewesen ist, daß die völkisch nationale NS-Bewegung diese Revolution gegen die Moderne bewirken könnte. Der Nationalsozialismus erschien Heidegger als die politische Revolution zur Überwindung der Moderne. Heidegger hat diesen Glauben aber bereits während des Dritten Reiches sehr bald als Irrtum erkannt. Er hat seine Ansicht während der 30er und Anfang 40er Jahre dann dahingehend korrigiert, daß er den Nationalsozialismus nun selber als ein Produkt

---

[147] Die Postmoderne von heute bedeutet den Zusammenbruch der Moderne in ihrem Selbstverständnis und in allen ihren Glaubenskräften. Die Intellektuellen, vor allem in Frankreich und Italien, bemerken nun, was Heidegger bereits vor 70 Jahren gesehen hat, nämlich, daß das politische und philosophische Weltbild der Moderne zusammengebrochen ist.

des Nihilismus und nicht mehr als eine Bewegung zur Überwindung des Nihilismus interpretiert hat. Heidegger hat sich zwar nach der „Kehre“ vom Nationalsozialismus distanziert, er hat aber in seiner Philosophie die Revolution gegen die Moderne weiter fortgesetzt, in gewisser Weise sogar radikalisiert. Heidegger ist auch später ein unverbesserlicher und unbelehrbarer Feind der liberalen Demokratie geblieben. Er hat daraus auch nie einen Hehl gemacht.

Die geistige Krise der Moderne, wie sie sich im Nihilismus offenbarte, ist der Grund, warum wir uns hier im Zusammenhang der Klärung der Frage nach der Genesis und dem Wesen des Nationalsozialismus auf die Philosophie Heideggers einlassen. Denn diese Krise der Moderne ist es, die den Nationalsozialismus/Faschismus erst ermöglicht hat. Heidegger hat erkannt, daß die bisher gegebenen kulturellen Antworten nicht mehr tragen und daß die Kategorien und Begriffe, mit denen wir die Wirklichkeit zu fassen versuchen, nicht mehr stimmen. Er sah, daß man in dieser Lage zur Philosophie verurteilt ist.

Die Stunden der großen geschichtlich-kulturellen Krisen sind immer die großen Stunden der Philosophie gewesen. Philosophie ist nämlich etwas anderes als private Weltanschauung. Philosophie hat nichts damit zu tun, daß sich Leute an den Schreibtisch setzen und sich ein Weltbild ausdenken oder zusammenzimmern, mit dem sie glauben, gut leben zu können. Solche Philosophie gibt es auch, aber das ist Hobbyphilosophie und zuweilen auch akademische Philosophie. Nein, wenn man dic Gcschichtc im Ganzen betrachtet, dann entstand große Philosophie immer in den Zeiten der Krise. Große Philosophie gab es in der Krise der antiken Polis bei Platon und Aristoteles, es gab sie im Zusammenbruch der antiken Welt bei Augustinus, große Philosophie bzw. Theologie gab es auch im Zusammenbruch der mittelalterlichen Kultur, sowie im Zeitalter der bürgerlichen Revolution. Und so ist auch die Philosophie Nietzsches und Heideggers aus dem revolutionären Umbruch des 19. und frühen 20. Jahrhunderts erwachsen. Ich glaube, daß Heidegger derjenige Philosoph ist, der dem revolutionären Charakters des geschichtlichen Umbruchs im 20. Jahrhunderts in einer Weise entsprochen hat, wie das Hegel in vergleichbarer Weise im Blick auf den revolutionären Umbruch der Französischen Revolution getan hat. Heidegger ist damit freilich auch so umkämpft und umstritten, wie die Wirklichkeit, um die es geht.

Ich hoffe, daß mit diesen Bemerkungen plausibel geworden ist, warum wir uns nun auch mit der Philosophie Heideggers und nicht nur mit den Konsequenzen beschäftigen, die Heidegger persönlich aus seiner Philosophie gezogen hat. Dazu müssen wir nun also auf Heideggers Philosophie der 30er Jahre, also auf „Sein und Zeit“, zurückgehen.

Welche Elemente und Aussagen gibt es in „Sein und Zeit“, die uns verständlich machen, warum Heidegger für die völkisch-nationale Revolution optiert hat? Auf diese Frage gibt es verschiedene Antworten. Auch Habermas hat sich dazu auf sehr intelligente Weise geäußert. Habermas meint allerdings, daß das nationalsozialistische Engagement aus „Sein und Zeit“ nicht ableitbar sei. Das NS-Engagement Heideggers sei vielmehr die Folge eines Prozesses, in dem immer mehr Weltanschauungselemente in die Philosophie Heideggers eingedrungen seien. Heidegger ist für Habermas das Opfer der Transformation der Philosophie in Weltanschauung geworden. Für Habermas ist nicht die Philosophie von „Sein und Zeit“ selber, sondern die Transformation der Ergebnisse von „Sein und Zeit“ in eine Weltanschauung für Heideggers NS-Engagement verantwortlich. Habermas macht also einen Unterschied zwischen dem Denken und der Weltanschauung Heideggers. Und so kann er dann feststellen, daß bei Heidegger die Philosophie in dem Maße zurück tritt, wie die Weltanschauung immer wichtiger wird. Diese – ich gebrauche nun das schreckliche Wort von Habermas – „Verweltanschaulichung“ des Denkens von Heidegger bedeutet nun für Habermas nicht nur den Einbruch des Irrationalismus in das Denken Heideggers, sondern auch in die Wirklichkeit selber. Heidegger ordne sich damit als Irrationalist in die für die deutsche Geschichte verhängnisvolle Unheilslinie ein, die bei Nietzsche ihren Ausgang genommen habe und die auch noch den späten Heidegger umfasse. Habermas warnt daher die Demokraten, die Finger von Heidegger und dem Nietzscheanischen Irrationalismus zu lassen.

Habermas geht davon aus, daß ein Philosoph nur so lange philosophiert, wie er noch argumentiert. In dem Maße, indem er aber aufhört zu argumentieren, verkündigt er. Und dann handelt es sich nicht mehr um Philosophie, sondern um Weltanschauung. Wenn man sich die Rede Heideggers zur „Selbstbehauptung der Universität“ ansieht, dann wird man in der Tat feststellen, daß es sich hier weitgehend um Verkündigung und nicht mehr um Argumentation handelt. In „Sein und Zeit“ dagegen hat Heidegger noch argumentiert.

Welche Elemente in „Sein und Zeit“ sind es nun, die Heidegger für dieses politische Engagement prädestiniert haben? Es sind deren drei:

Das erste Element ist Heideggers Theorie der „Eigentlichkeit“. Heidegger hat in „Sein und Zeit“ allerdings die Eigentlichkeit nur dem vereinzelten Subjekt und noch nicht dem Volk zugesprochen. In „Sein und Zeit“ kann nur das je einzelne „jemeinige“ Dasein „eigentlich“ bzw. „uneigentlich“ sein. Nur der einzelne Mensch kann „eigentlich“ oder „uneigentlich“ sein, nicht das Volk.

Das zweite Element in „Sein und Zeit“ ist die viel zitierte Kulturkritik Heideggers. Habermas legt auf diesen Punkt allerdings keinen so großen Wert.

Und das dritte Element ist die in „Sein und Zeit“ vorgelegte Theorie der „Geschichtlichkeit“ des menschlichen Daseins.

Habermas meint nun, die Entwicklung Heideggers von „Sein und Zeit“ bis zum NS-Engagement bestünde darin, daß Heidegger das Subjekt des Einzelnen, das sich entweder zur Eigentlichkeit erhebt oder der Uneigentlichkeit anheim fällt, durch das Subjekt des Volkes substituiert hätte. Alle diese Bestimmungen, die in „Sein und Zeit“ nur für den Einzelnen gegolten hätten, seien in einem Akt der Endindividualisierung durch eine kollektive Größe ersetzt worden, und Heidegger hätte das Volk zu diesem Kollektiven ernannt. Wir werden dem nachgehen, aber ich will jetzt schon darauf hinweisen, daß Heidegger unter Volk etwas völlig anderes verstanden hat als die damalige völkischen Bewegung, einschließlich des Nationalsozialismus. Bei Heidegger kann von einem rassistischen oder auch nur naturalistisch-biologistischen Verständnis von Volk überhaupt keine Rede sein.

Das gilt nicht nur für Heidegger nach 1945, sondern auch für den Heidegger der Jahre 1933/34. Heidegger hat sich die Frage nach dem, was überhaupt ein Volk ist, nochmals ganz neu und anders gestellt.

Die Frage, was Heidegger unter Volk gedacht hat, können wir aber erst beantworten, wenn wir uns in „Sein und Zeit" die Bestimmungen angesehen haben, in denen Heidegger sagt, was „eigentliches" Dasein, was „verfallenes" Dasein und was geschichtlich „entschlossenes" Dasein ist.

Zweifellos ist von den drei genannten Elementen die Theorie der „Eigentlichkeit" das entscheidende Element, das Heidegger für den Nationalsozialismus disponiert hat.[148] Die Theorie der „Eigentlichkeit" ist darum das entscheidende Element, weil darin die Heideggersche Kulturkritik enthalten ist. Diese Kulturkritik ist für das Verständnis Heideggers von ganz entscheidender Bedeutung. Heidegger ging, wie Nietzsche, von der Überzeugung aus, daß die bürgerliche Kultur nur noch eine Fassade ihrer selbst ist. Die bürgerliche Kultur war für ihn geschichtlich am Ende und überholt. Heidegger – das ist ein entscheidender Punkt, um seine ganze Philosophie und die aus ihr ableitbaren politischen Konsequenzen zu erklären –, war der Überzeugung, daß sich die bürgerliche Kultur im Prozeß der völligen inneren Auflösung befindet und bereits historisch erledigt ist.

Wenn man fragt, was Heidegger dazu gebracht hat, für den Nationalsozialismus zu optierten, dann liegt das nicht zuletzt an seiner Überzeugung vom Ende der bürgerlichen Kultur. Das Gerede von den „Werten" war für Heidegger nur noch eine verlegene Verbrämung des Endes der bürgerlichen Kultur. Es hatte für Heidegger nur die Funktion, zu vernebeln, daß in der gesellschaftlichen Realität die bürgerliche Kultur aufgelöst und ein kulturelles Vakuum entstanden ist. Wenn aber die bürgerliche Kultur am Ende ist, dann sind nämlich die bürgerlichen „Werte" ebenso überholt wie die Philosophie des deutschen Idealismus von Kant bis Hegel.

Die Absage Heideggers an die bürgerliche Kultur und die Ablehnung der Transformation der substantiellen Kultur in die Rede von den Werten steht also am Anfang des Heideggerschen Denkens. Wie bestimmt nun Heidegger diesen Kulturzerfall und das Vakuum, das durch das Gerede von den Werten verstellt wird? Was ist in „Sein und Zeit" der übergreifende Begriff, um den öffentlichen Zustand der Weimarer Republik in den 20er Jahren zu bestimmen? Der entscheidende Begriff ist der Begriff der „Entfremdung". Heidegger interpretiert den öffentlichen Kulturzustand als eine Gestalt der Entfremdung. Heidegger teilt also mit dem Marxismus die Kategorie der Entfremdung. So wie Marx von Entfremdung redete, so spricht auch Heidegger den gesellschaftlich-geschichtlichen Zustand als entfremdet an. Und wer ist das Subjekt, das in diesen Verhältnissen der

[148] Adorno hat darum nach 1945 Gefallen daran gefunden, Heidegger wegen dessen „Jargon der Eigentlichkeit" fertigzumachen. Und Adorno hat das auch tatsächlich geschafft. Seine Absicht, Heidegger wegen dessen Theorie der Eigentlichkeit in Mißkredit zu bringen, ist aufgegangen. Aber das war nur ein kurzer Pyrrhussieg. Denn wer redet heute noch von Adorno? Alle reden von Heidegger, aber niemand redet mehr von Adorno. Das ist zwar auch wieder ungerecht, aber so ist es.

öffentlichen Kultur entfremdet ist? Die Antwort Heidegger lautet: Die Entfremdung besteht gerade darin, daß es ein solches Subjekt gar nicht mehr gibt. Es gibt in der modernen Gesellschaft gar kein identifizierbares und zurechenbares Subjekt mehr, denn es herrscht nur noch das „Man".

Damit ist von Heidegger der Kern der Kulturkritik in „Sein und Zeit" aus dem Jahre 1927 angesprochen. An die Stelle des Subjektes ist das „Man" getreten. Wer aber ist das „Man"? Das „Man" ist gekennzeichnet – erstens – durch die Namenlosigkeit, d.h. durch Anonymität. Das „Man" ist zugleich jeder und niemand. Hinter dem „jeder" verbirgt sich das „niemand". Wenn nach konkreter Verantwortung gefragt würde, hieße es: Alle sind verantwortlich. Wenn aber ganz allgemein Alle verantwortlich sind, dann ist eben letztlich niemand verantwortlich. Das „Man" ist für Heidegger die „Öffentlichkeit". Der Mensch ist entfremdet, weil er in der modernen Welt ganz dem „Man", also der anonymen Öffentlichkeit, ausgeliefert ist.[149]

Was sagt Heidegger nun über die „Öffentlichkeit"? Was geschieht unter der Herrschaft des „Man" in der Gesellschaft der 20er Jahre? Was ist das Wesen dieser modernen Öffentlichkeit? Die Antwort Heideggers lautet: Verdunkelung! Die Öffentlichkeit produziert kraft ihrer inneren Verfassung und ihrer Struktur Verdunkelung. Die moderne Kultur produziert durch die Herrschaft des „Man", also durch die Herrschaft der anonymen Öffentlichkeit, eine Entfremdung.

Wo kommt bei Heidegger der Begriff der Entfremdung her? Und wodurch unterscheidet sich Heideggers Begriff der Entfremdung von dem des Marxismus? Das sind ganz wesentliche Fragen. Heideggers Begriff der Entfremdung stammt nicht aus dem Marxismus. Heidegger hat nie auf die politökonomischen Bedingungen von Entfremdung hin reflektiert. Darin liegt auch Heideggers große Einseitigkeit. Und vielleicht liegt darin auch der entscheidende Fehler im Denken Heideggers, daß er die sozioökonomischen und politischen Kontexte gar nicht in den Blick genommen hat. Hegel hat das im Unterschied zu Heidegger noch getan. Der Begriff von Entfremdung, den Heidegger zugrunde legt, stammt nicht von Marx, sondern von Sören Kierkegaard. Die Herkunft des auf die Zustände der öffentlichen bürgerlichen Kultur angewandten Entfremdungsbegriffes findet sich nicht bei Nietzsche, auch nicht bei Marx, sondern bei Kierkegaard. Heideggers Entfremdungsbegfriff ist also wiederum christlichen Ursprungs. Denn Kierkegaard war *der* große christliche Denker in der Mitte des 19. Jahrhunderts.

Wer Heideggers Kulturkritik verstehen will, der müßte eigentlich auf die Kulturkritik von Kierkegaard zurückgehen, denn die Kulturkritik von Heidegger stimmt weitestgehend mit der Kierkegaardschen Kulturkritik überein. Es ist eigentlich mehr ein gekonntes Plagiat, was Heidegger unter den Titeln „Das Gerede", „Die Neugier", „Die Zweideutigkeit" und „Das Verfallen" in „Sein und Zeit" veröffentlicht hat. „Das Gerede", „Die Neugier", „Die Zweideutigkeit" und „Das Verfallen" – das sind die vier Kategorien, anhand deren Heidegger diesen Zustand öffentlich-kultureller Entfremdung zu beschreiben versucht.

---

[149] Bei Martin Walser fand sich vor einigen Jahren der Satz: Die Öffentlichkeit ist unser Gott. Die Rolle, die in vergangenen Kulturen Gott gespielt habe, spiele heute die Öffentlichkeit.

Kierkegaard kam in seiner christlichen Kulturkritik zu dem gleichen Ergebnis wie Heidegger, nämlich, daß der in der bürgerlichen Gesellschaft herrschende öffentliche Kulturzustand ein Zustand der Entfremdung ist. Für Kierkegaard bestand allerdings die Entfremdung noch darin, daß die Christenheit, die mit dem Anspruch der Verwirklichung einer christlichen Kultur angetreten ist, dabei das Christentum selber abgeschafft habe. Die Christenheit habe unter dem Anspruch der Verwirklichung des Christentums das Christentum faktisch abgeschafft. Das ist die These Kierkegaards und der Ausgangspunkt seiner Kulturkritik. Kierkegaard deckte auf, daß die Christenheit sich im Verhältnis zu ihrer eigenen christlichen Herkunft und zu ihren Werten zweideutig verhalte. Die „Zweideutigkeit" ist damit das konstituierende Strukturmerkmal sowohl der von Kierkegaard kritisierten bürgerlich christlichen, wie der von Heidegger kritisierten öffentlichen Kultur der 20er Jahre. Die Zweideutigkeit besteht darin, daß sich die Kultur als christlich (Kierkegaard) oder als bürgerlich (Heidegger) geriert, daß sich aber dahinter etwas ganz anderes verbirgt. Die Christen bzw. Bürger verbreiten und erliegen einem Schein, hinter dem sich etwas anderes, noch nicht Erkanntes verbirgt.

Übertragen auf die Weimarer Republik: Die Weimarer Republik erschien als eine liberale Gesellschaft, in der die Werte der Aufklärung herrschen. Aber das, was sich hinter diesen Werten der Aufklärung real vollzieht, ist etwas ganz anderes. Es geschieht dabei allerdings nicht die schlechthinnige Verneinung oder Verleugnung der Werte der Aufklärung, sondern das Verhältnis ist durch Zweideutigkeit bestimmt. Die Liquidation der liberalen, aufgeklärten Gesellschaft geschieht also nicht durch die Negation, sondern durch die falsche Inanspruchnahme der Substanz, die in Anspruch genommen wird.

Aber was ist dann das Wesen dieser Kultur? Mit welchen Kategorien kann man diesen zweideutigen Zustand beschreiben? Welche Kategorien gestatten es Heidegger, die Veröffentlichung als Verdunklung zu erkennen? Für Heidegger ist hier nun entscheidend, daß es kein Subjekt mehr gibt, dem man diese Verkehrung zurechnen und das man verantwortlich machen kann. Heidegger sieht die bürgerliche öffentliche Kultur nach dem Ersten Weltkrieg im Zustand der Anonymität, der Subjektlosigkeit und des Verlustes geschichtlicher Handlungs- und Entscheidungsmöglichkeit. Und daher ist auch innerhalb des modernen Systems keine Lösung vorstellbar, die an die Stelle der Verdunkelung die Erhellung setzen könnte. Heidegger wäre ohne diesen kulturkritischen Blick auf die Weimarer Republik nie auf die Idee gekommen, später den „Führer", ja sogar die Hände des Führers zu bewundern.

14. „Sein und Zeit" – das Endbuch der Aufklärung

Der Neomarxismus hat den europäischen Faschismus in den 20cr und 30er Jahren als Ausdruck des in die Krise geratenen Kapitalismus interpretiert. Man denke nur an das Diktum von Max Horkheimer: ‚Wer über den Kapitalismus nicht reden will, der soll über den Faschismus schweigen.' Der Neomarxismus behauptete, daß im Falle einer Krise des Kapitalismus dem System nur zwei Auswege zur Verfügung gestanden hätten: Der erste Ausweg liegt in der Flucht in den Imperialismus und in den imperialistischen Krieg. Und der zweite Ausweg besteht darin, daß sich das in seiner Existenz bedroht fühlende Kapital einen politischen Führer anstellt, der die Demokratie abschafft, um auf autoritärem, wenn nicht gar totalitärem Wege die gesellschaftlichen Bedingungen für den Kapitalismus aufrecht zu erhalten.

Das war lange Zeit die herrschende neomarxistische Version zur Deutung des Faschismus. Ein Großteil der Intellektuellen hat, vor allem nach 1968, daraus die Konsequenz gezogen und sich auf den ideologischen und methodologischen Boden des Marxismus gestellt. Die Sozialwissenschaften im allgemeinen und der Marxismus im besonderen wurden fortan als die einzig denkbare Quelle der Verhinderung der Wiederkehr des Faschismus und der Abschaffung der Demokratie angesehen. Für die Sozialwissenschaften lagen die Ursachen des Faschismus per se in den gesellschaftlichen, sozioökonomischen Verhältnissen. Der Faschismus war für sie im engeren Sinne sozio- und politökonomisch begründet. Die Renaissance und die inflationäre Entwicklung der Gesellschafts- und Sozialwissenschaften nach dem Zweiten Weltkrieg wäre ohne diese Deutung der Ursachen des Faschismus überhaupt nicht zu verstehen.

Es hätte in Deutschland nie so viele Lehrstühle für Politologie und Soziologie gegeben, wenn das nicht die maßgebende Erklärung gewesen wäre. Man darf nie vergessen, daß es in Deutschland früher Politologie und Soziologie in diesem Sinne überhaupt nicht gegeben hat. Die Politologie ist in der Bundesrepublik eine geradezu zum Zwecke der Vergangenheitsbewältigung entwickelte Wissenschaft gewesen. Im 19. Jahrhundert wurden die Themen, die heute Themen der Politologie und Soziologie geworden sind, noch von Historikern, Juristen und von Kulturphilosophen wahrgenommen. Niemand wäre damals auf die Idee gekommen, Politologie oder Soziologie als selbständige Wissenschaften zu entwickeln. Ich habe daher große Zweifel, ob Politologie und Soziologie in dieser Isolation überhaupt einen Sinn ergeben. Denn es ist nicht möglich, daß man aus dem „Ganzen der geschichtlich gesellschaftlichen Welt", wie Wilhelm Dilthey das noch genannt hat, einen reinen Bereich von Gegenständen der Politologie und Soziologie heraus destillieren kann. Diese Schwäche der Politologie und Soziologie ist nur solange überdeckt worden, solange diese Fächer noch in einen neomarxistischen Kontext integriert waren.

Es ist der Sinn der Wissenschaft, jede These in Frage zu stellen, zu falsifizieren und nach Alternativen zu suchen. Ich bewege mich hier ganz im Rahmen des Popperschen Wissenschaftsverständnisses und erwäge, ob es nicht noch andere Erklärungsweisen gibt. Wie sieht die Erklärung des Faschismus aus einer nicht sozialwissenschaftlichen oder gar neomarxistischen Sicht aus? Selbst wenn die alternativen Theorien falsch sein sollten, so lernt man manchmal aus dem Falschen mehr, als aus dem allgemein akzeptierten Richtigen. In diesem Sinne wollen wir – und das ist ja die Absicht, die wir überhaupt in dieser Abhandlung über Heidegger und den Nationalsozialismus verfolgen –, fragen, wie sich der Faschismus/Nationalsozialismus darstellt, wenn man ihn nicht vom Ergebnis und von seinem Ende her interpretiert, wenn man also weder vom imperialistischen Krieg der Nationalsozialisten noch von der unvorstellbaren Vernichtung von Millionen von Menschen ausgeht.

Was da am Ende herausgekommen ist, das wissen wir sehr genau. Daraus kann man zunächst nur den Schluß ziehen, daß sich diese Katastrophe und die Verbrechen nie mehr wiederholen dürfen. Die Empörung über diese Fakten kann man heute voraussetzen. Aus dieser Erfahrung kann man aber nur etwas lernen, wenn man die Frage stellt: Wie ist der Faschismus/Nationalsozialismus möglich gewesen? Welche Voraussetzungen mußten gegeben sein, daß sie möglich wurden?

Wenn man diese Fragen aufwirft und diesen Ansatz wählt, dann darf man nicht von 1945 auf den Nationalsozialismus zurückblicken, sondern muß von den 20er und den beginnenden 30er Jahren ausgehen. Es ist eine tiefe Ungerechtigkeit, die man all diesen Menschen der 20er und 30er Jahre in Deutschland antut, wenn man ihnen unterstellt, sie hätten damals schon gewußt oder hätten wissen können, was am Ende herauskommen wird. Natürlich hat es in der Weimarer Republik Menschen gegeben, die das „Wesen" Hitlers und des Faschismus zu einem frühen Zeitpunkt mit ungewöhnlicher Klarheit erkannt haben. Aber selbst diese Deutschen haben sich wohl nie vorstellen können, daß dieses Verhängnis und Unglück des Nationalsozialismus sich in einer solchen Weise ereignen würde.

Wenn man die Frage stellt, wer sich gegen die Versuchung des Nationalsozialismus noch relativ widerstandsfähig gezeigt hat, dann muß man gerechterweise sagen, daß dies vor allem überzeugte Kommunisten und überzeugte Christen, vor allen Dingen überzeugte Katholiken, gewesen sind. Das einfache katholisch gläubige Volk hat sich damals, aufs Ganze gesehen, als widerstandsfähiger und immuner erwiesen als große Teile des protestantisch gläubigen Volkes. Die katholischen Bauern im Münsterland beispielsweise haben sich nicht etwa als besonders immun erwiesen, weil sie den Nationalsozialismus politologisch und sozialpsychologisch entlarvt hatten, sondern weil sie noch – und da sind wir an einem ganz wichtigen Punkt – festliegende Vorstellungen von Gut und Böse hatten. Diese Bauern haben schlicht gewußt, was Gut und Böse ist.

Ich erwähne das, weil es einen tragischen Zug hat, daß einem Mann von der ungeheuren Begabung Heideggers – der selber aus diesem katholischen System kam, der sich aber aus dieser Tradition gelöst hatte – offenbar keine ethischen Kategorien mehr zur Verfügung standen, um den Nationalsozialismus noch richtig beurteilen zu können. Es ist allerdings wiederum nicht eine spezifische Eigenart Heideggers gewesen, daß er keine ethischen Prinzipien mehr zur Verfügung hatte, um noch zwischen Gut und Böse in der Politik unterscheiden zu können, sondern diese Unfähigkeit teilte er mit der überwältigenden Mehrheit der damaligen Deutschen. Wenn man ein Panorama der politischen, geistigen und philosophischen Kultur von Weimar entfalten würde, könnte man sehr leicht zeigen, daß die ethischen Kategorien brüchig geworden waren. Es gab keine geistige, traditionell überkommene und bewahrte Substanz mehr, von der man die Politik und die Gesellschaft noch hätte wahrnehmen oder gar beurteilen können. Das betrifft sowohl das Christentum wie den aufgeklärten Humanismus.

Nur so ist es zu verstehen – und das ist von alles entscheidender Bedeutung –, daß Heidegger unter dem Einfluß von Nietzsche die Lage durch den Nihilismus gekennzeichnet sah. Hier liegt der Schlüssel zum Verständnis nicht nur des frühen Heidegger, sondern des ganzen Heidegger. Hier liegt auch die Differenz zum Marxismus. Denn in den Augen Heideggers herrschte nicht der Kapitalismus, sondern der Nihilismus! Es war Nietzsche, der in den Augen Heideggers das Wesen der Zeit erfaßt hat, nicht Marx.

Der Vorzug der marxistischen Sichtweise bestand allerdings darin, daß die Marxisten sich im Besitz eines ganzen Arsenals von Strategien und Methoden wähnen konnten, um diesen krisenhaften Kapitalismus im Sozialismus aufheben zu können. Der grandiose, auch faszinierende Vorzug, den alles aus den Traditionen des Marxismus entwickelte politische und philosophische Denken zur Überwindung von Krisen hatte, bestand darin, daß es immer folgende Fragen konkret und politisch beantworten konnte: Was ist in die Krise geraten? Was ist der Grund der Krise? Wie muß man zur Überwindung der Krise politisch und strategisch vorgehen? Mit welchen Kräften muß man Bündnisse schließen? Und was ist das Ziel, daß man erreichen will? Die ungeheure Stärke aller aus der marxistischen Tradition her kommenden politischen Ansätze besteht in dieser Konkretion der Fragen und der Antworten. Man meinte zu wissen, worin die Krise besteht und welches die richtigen Methoden, Mittel und Wege sind, um dagegen vorzugehen. Die Kommunisten haben im Kampf gegen den Kapitalismus also strategisch und politisch gedacht. Das ist immer die ungeheure Stärke der Kommunisten gewesen. Wir werden sehen, daß das grundsätzliche Defizit aller konservativen Kräfte, die in der Weimarer Republik politisch tätig wurden, darin bestand, daß sie keine vergleichbare, dem Niveau des Marxismus entsprechende politische Strategie hatten. Wenn man sich die konservativen Versuche der politischen Überwindung der Krise ansieht, dann wird man feststellen, daß diese Konservativen in der Krisenlage der Weimarer Republik keine Antworten von einer vergleichbar konkreten Präzision geben konnten. Von allen anderen Defiziten einmal abgesehen, ist das allein schon ein entscheidender Grund, warum sie gegen die Marxisten und gegen die an Machtstrategien geschulten Nationalsozialisten unterlegen sind.

Wie sieht nun eine nicht progressive und nicht vom Marxismus her entwickelte Sicht auf den Nationalsozialismus aus? Die Interpretation von Heidegger dient uns hier nur als Vehikel, um diese Frage zu beantworten. In diesem Horizont müssen wir uns nun mit „Sein und Zeit“ beschäftigen. Wir stehen dabei vor einem unlösbaren Problem, denn nun müßte man eigentlich das ganze Buch „Sein und Zeit“ interpretieren. Das wollen wir an anderer Stelle leisten. Hier interessiert uns Heideggers „Sein und Zeit“ nur im Kontext der philosophischen Genesis von Heideggers NS-Engagement. Daher noch einmal einige grundsätzliche Bemerkungen.

Was ist „Sein und Zeit“? „Sein und Zeit“ ist ja kein beliebiges Buch eines beliebigen Philosophen. „Sein und Zeit“ ist vielmehr – und hier stimme ich Habermas voll und uneingeschränkt zu – das bedeutendste Werk der neuzeitlichen Philosophie nach Hegels „Phänomenologie des Geistes“. „Sein und Zeit“ gehört also zu den zehn großen klassischen Grundwerken des philosophischen Denkens überhaupt.

Was machte nun den Erfolg dieses Buches, das gerade in den 20er und 30er Jahren eine ungeheure Wirkung gehabt hat, aus? Wenn man fragt, welche Interpretation von „Sein und Zeit" dieser Wirkung zugrunde liegt, dann wird man auf die Kategorie des „heroischen Nihilismus" stoßen. Heidegger hatte damals den heroischen Nihilismus proklamiert und verkündet. Die Rezeption hat also von Anfang an bemerkt, daß „Sein und Zeit" etwas mit Nihilismus zu tun. „Sein und Zeit" ist ein Buch, das sich einerseits rücksichtslos und ohne Verkürzung und Verschönerung dem Nihilismus aussetzt. Heidegger hat den Menschen ihre Illusionen, mit denen sie sich den Blick auf den Nihilismus verstellt haben, zerstört. Der illusionslose Blick auf die Realität ist für Heidegger sehr wichtig. Heidegger hat nun unter Voraussetzung des Nihilismus die Menschen dazu aufgerufen, sich mit dem Ziel der Selbstbehauptung diesem Nihilismus entgegenzusetzen und zur „Eigentlichkeit" zurückzufinden.

So wurde Heidegger gelesen, und es gibt in der Tat Passagen, die es erlauben, „Sein und Zeit" als einen solchen Aufruf zum heroischen Nihilismus zu lesen. Heroischer Nihilismus – das ist ein ganz wichtiges Stichwort, um den Faschismus zu begreifen. Denn der Faschismus ist ja nichts anderes als der kulturkritisch gemeinte Versuch, die Dekadenz und den pessimistisch getönten Nihilismus des Bürgertums durch eine Haltung des heroischen, bejahenden Nihilismus zu überwinden. Faschismus ist dann, ausgehend von dieser Interpretation von „Sein und Zeit", eine Revolution, welche die Bejahung des Nihilismus zur Grundlage hat. Der Faschismus stellt nicht einfach den Versuch dar, den Nihilismus zu transzendieren, sondern er nimmt den Nihilismus nüchtern als das, was er ist und er versucht ihn zu bejahen. Dem Faschismus ging es dann um die Selbstbehauptung des Menschen und der Völker im Angesicht des Nihilismus und trotz des Nihilismus.

Es ist gar kein Zweifel, daß im Blick auf die Genesis des Faschismus und im Blick auf die Frage nach den Gründen der Zustimmung so vieler Menschen zur völkisch nationalistischen Revolution dieser heroische Nihilismus eine ganz entscheidende Rolle gespielt hat. Hinsichtlich dieses heroischen Nihilismus gibt es auch eine außerordentliche Nähe Heideggers zu Ernst Jünger. Denn die Position, die auch Ernst Jünger nach dem Ersten Weltkrieg bis zum „Arbeiter" eingenommen hat, ist uneingeschränkt als die Position eines heroischen Nihilismus zu charakterisieren. Dieser heroische Nihilismus ist literarisch in paradigmatischer Weise vom frühen Ernst Jünger dargestellt worden, und allein darum gehört Jünger zu den wenigen säkularen Figuren des 20. Jahrhunderts. Ob man Ernst Jünger dabei zustimmt oder nicht, ist eine ganz andere Frage.

Heidegger partizipiert nun an diesem heroischen Nihilismus. Das ist das eine. Zweitens wird immer wieder behauptet, Heideggers „Sein und Zeit" sei das Grundbuch der Existenzphilosophie. Heideggers Philosophie sei im Kern Existentialismus gewesen. Da stellt sich natürlich sofort die Frage, ob der Existentialismus etwas mit Faschismus, auch mit den nichtdeutschen Formen des Faschismus, zu tun hat. Diese Frage will ich einmal nicht im Blick auf Heidegger, sondern auf den anderen großen Existenzphilosophen in Deutschland, nämlich Karl Jaspers, stellen. Denn Karl Jaspers hat sich unzweifelhaft als Existenzphilosoph verstanden und wurde auch als solcher wahrgenommen.

Jaspers hatte als Philosoph in Heidelberg großen Erfolg. Er zelebrierte in Heidelberg wahre Weihestunden, in denen er die Theorie von den „Grenzsituationen" lehrte. Was sind Grenzsituationen? Die Grenzsituationen, sagt Jaspers, sind notwendige, aus den Grundantinomien des menschlichen Daseins zwangsläufig resultierende Lagen, in die jeder Mensch früher oder später gerät. Solche Grenzsituationen sind etwa der Tod, das Leiden und der Kampf. Jaspers ist nun der Meinung, daß sich der Mensch bisher durch diverse Sinnkonzeptionen die Erfahrung dieser Grenzsituationen verstellt habe, indem er sich ein harmonistisches, idyllisches Bild von der Welt zurecht gemacht hat. Jaspers zufolge zerbrechen diese Sinnkonzeptionen an der Erfahrung der Grenzsituationen. In den Augen von Jaspers hatte sich der bürgerliche Humanismus als eine Illusion erwiesen, weil die Antinomien des menschlichen Daseins die Unhaltbarkeit der bürgerlichen Sinnkonzeption offenbar werden ließen. Jaspers zufolge scheitert der Mensch zwangsläufig in diesen Grenzsituationen. Seine Lehre von den Grenzsituationen ist eine Theorie des Scheiterns. Jaspers geht von einer ontologisch begründeten Notwendigkeit des Scheiterns aus: Der Mensch ist dadurch gekennzeichnet, daß er scheitert. Da gibt es überhaupt kein Entrinnen. Jaspers appelliert nun an den Menschen, daß er im Angesicht des notwendigen Scheiterns sich selbst ergreift und als Existenz konstituiert. Der Mensch gelangt damit – ähnlich wie bei Heidegger – durch eine „Entscheidung" zu seinem Selbstsein. Jaspers ruft angesichts der Zwangsläufigkeit und Unausweichlichkeit des Scheiterns des Menschen in Grenzlagen den Menschen zur Entscheidung zum Selbst auf. Nun sind wir bei einem interessanten Punkt. Die Studenten hörten also von Jaspers, daß das Scheitern unausweichlich sei. Der Mensch wird in jedem Fall scheitern. Was bietet Jaspers nun in dieser Situation als Rettung und Ausweg an? Die Entscheidung! Der einzelne Mensch und auch das Kollektiv muß sich entscheiden. An dieser Stelle haben die Studenten natürlich Jaspers gefragt, wofür sie sich denn entscheiden sollten. Welches sollte der Inhalt und die Grundlage der Entscheidung sein? Jaspers blieb hier in den zwanziger und dreißiger Jahren eine Antwort schuldig. Die Entscheidung, zu der die Studenten aufgerufen wurden, war auf keinen Inhalt bezogen. Jaspers wollte sozusagen die Entscheidung um der Entschiedenheit willen. Der Inhalt selbst spielte keine Rolle. Die Studenten wußten nun aber sehr genau, daß man sich nicht entscheiden kann, ohne sich für etwas Bestimmtes zu entscheiden. Politisch gesehen, standen sie nach dem Scheitern der bürgerlichen Republik vor der Wahl, sich entweder für die Kommunisten oder für die Faschisten zu entscheiden. Wenn man, wie Jaspers, von der Unausweichlichkeit des Scheiterns überzeugt war, und wenn die Rettung in der Entscheidung als solcher liegt, dann war es also, existenzphilosophisch gesehen, im Prinzip egal, ob man sich für die Kommunisten oder für die Nationalsozialisten entschied. Denn die Existenzphilosophie bedeutet das Ende aller sittlichen Verbindlichkeiten und sie ist damit eine sehr moderne Philosophie. Die Entschiedenheit als solche hat dort existentiellen Wert und die Inhalte sind völlig sekundär.

Es wird hier mit einem Schlag deutlich, daß auch der Existentialismus etwas mit dem Faschismus zu tun hat.[150] Denn der Existentialismus bedeutete das Ende aller verbindlichen Inhalte. Heidegger ist insofern ein Existentialist gewesen, als er angesichts des Todes den Menschen zur entschlossenen Übernahme des Selbsts aufgerufen hat, ohne daß er in „Sein und Zeit" einen Inhalt hat nennen können, auf den die Entschlossenheit gerichtet sein sollte.

Der Existentialismus stellt den Versuch dar, angesichts der philosophisch sanktionierten Situation des Nihilismus das Selbstsein des Menschen zu bewahren. De facto läuft es auf den völligen Rückzug in die sich entscheidende Subjektivität hinaus. Diese Art des Existentialismus begegnet uns später wieder bei Jean-Paul Sartre. Die Essenz der politischen Philosophie von Sartre ist ja nichts anderes als der Dezisionismus. Dieser Dezisionismus nimmt auch bei Sartre faschistische Züge an. Es ist hoch interessant, zu sehen, wie der größte politische Intellektuelle des 20. Jahrhunderts von diesen, mit der Existenzphilosophie geteilten Voraussetzungen zu Konsequenzen kam, die in der Praxis auf die existentialistische Rechtfertigung des Terrors hinausliefen. Sartre, dieser gefeierte Humanist, hat nämlich die Rechtfertigung des politischen Terrors gelehrt. Heute wissen wir, daß hinsichtlich des Terrors der Unterschied zwischen Kommunismus und Faschismus nicht sehr groß ist. Kommunismus und Faschismus haben beide den Terror als ein Mittel zur Erreichung ihrer politischen Ziele bejaht.

Die Philosophen der Existenzphilosophie haben eine Antwort auf die Frage nach dem Inhalt der Entscheidung verweigert, weil sie der Meinung waren, daß auf dem Boden des Nihilismus diese Frage gar nicht mehr beantwortet werden kann. In dieser nihilistischen Lage ist ein Bekenntnis so gut wie das andere. Jede inhaltliche Antwort ist genauso relevant oder irrelevant wie jede andere. Die Existenzphilosophie hat es den sich zur Entschiedenheit aufgerufenen Existenzen selber überlassen, wie sie sich aus ihrer existentiellen Ergriffenheit heraus politisch positionierten. Die Existenzphilosophie hat hier eine Antwort verweigert.

Die marxistische Philosophie hat aus diesem Grunde die Existenzphilosophie immer als eine bürgerliche Ideologie bekämpft. Der Marxismus hat in der Existenzphilosophie, hinsichtlich ihrer politischen Funktion, den Versuch gesehen, den bürgerlichen Liberalismus zum Zeitpunkt seiner äußersten Krise zu retten. In der Tat: Das seiner geistigen Grundlagen beraubte Bürgertum hat mit dem Liberalismus keine inhaltliche, über die bürgerlich-liberale Phase hinausführende Antwort gefunden. Die bürgerliche Epoche endete damit im Appell an die Entschiedenheit um der Entschiedenheit willen. Die Inhalte wurden der subjektiven Option anheim gestellt, weil das Bürgertum sich selber nicht mehr zugetraut hat, ein philosophisch begründetes Urteil in Fragen des Inhaltes abzugeben. Die Existenzphilosophie bedeutete damit die Abdankung der klassischen und auch der modernen Philosophie. Warum? Weil der Rückzug auf das existentielle Selbst dazu führt, daß das Subjekt durch die Wirklichkeit übermächtigt wird. Der Marxismus er-

[150] Es ist daher ärgerlich, daß sich Karl Jaspers nach 1945 als moralischer Zensor der Bundesrepublik Deutschland aufspielte.

kannte daher im Existentialismus zu Recht eine opportunistische bürgerliche Ideologie. Der Marxist Georg Lukács hatte zweifellos recht, als er behauptete, daß die Existenzphilosophie im politischen Sinn nichts anderes als die bürgerliche Ideologie in der Krise des Liberalismus gewesen ist. Die spätbürgerliche Philosophie des Existenzialismus hat damit in der Tat eine Disposition zum Faschismus geschaffen. Ich behaupte, daß es einen inneren genetischen und notwendigen Zusammenhang zwischen der Krise des bürgerlich liberalen Systems und der Option für den Faschismus gibt. Diese These hat übrigens auch Herbert Marcuse in seinem berühmten Aufsatz „Der Kampf gegen den Liberalismus in der totalitären Staatsauffassung" vertreten.

Heideggers „Sein und Zeit" steht – drittens – für das Ende der Epoche der Aufklärung. Hierin liegt die eigentliche Begründung für den Zusammenhang zwischen „Sein und Zeit", der Krise der bürgerlichen liberalen Gesellschaft und der durch beides möglich gewordenen Disposition für den Faschismus. „Sein und Zeit" bedeutete die Destruktion der Philosophie der Aufklärung in einer Radikalität, die bis heute nicht erreicht, geschweige denn überboten worden ist. Wenn es ein Grundbuch der Philosophie gibt, in dem alle philosophischen Grundannahmen und alle Postulate der Aufklärungsphilosophie – sowohl in ihrem kulturellen wie in ihrem politischen Sinn – destruiert worden sind, dann ist es dieses Buch. Heidegger hat hier die in der Aufklärung implizierte Auslegung des Menschen als eines selbstbewußten Subjektes radikal in Frage gestellt. Wenn aber der Mensch kein selbstbewußtes Subjekt ist – oder wenn nicht mehr geglaubt oder unterstellt werden kann, daß aus dem Menschen ein solches selbstbewußtes, autonomes sich selbst bestimmendes Subjekt werden kann –, dann ist die Aufklärung eine Illusion und erledigt. Die ganze Aufklärung steht zur Disposition, wenn das Autonomiepostulat in Frage gestellt wird. „Sein und Zeit" disponierte für den Faschismus, weil in diesem Buch die Destruktion des Glaubens an den aufgeklärten Menschen vorgenommen wurde. Mehr noch: Heidegger destruierte sogar die These von der Bestimmung des Menschen als Subjekt. Der Mensch ist für ihn kein selbst- oder eigenständiges Subjekt mehr. Der Mensch hat – das ist die zunächst einmal negativ zu formulierende Kernthese des Buches „Sein und Zeit" – überhaupt kein „Wesen". Es gibt kein Wesen des Menschen, das substantiell festgestellt werden könnte und dem dann ganz bestimmte Eigenschaften zugesprochen werden könnten. Heidegger rüttelt damit, über die Aufklärung hinaus, an dem ganzen, seit der Antike und dem Christentum herrschenden Bild vom Menschen. Er erschüttert die fundamentale antike These, daß der Mensch ein „zoon logon echon", also ein durch Vernunft bestimmtes Wesen sei. Heidegger rüttelt auch an dem christlichen Menschenbild, wonach der Mensch ein Bild oder gar Ebenbild Gottes sei. Alle diese Bestimmungen sind für Heidegger Bestimmungen, die an die Seinsauslegung der Metaphysik gebunden waren, wie sie von Sokrates, Platon und Aristoteles angestoßen wurde. Diese Bestimmungen gelten nur als wahr, solange diese von der Metaphysik begründete Auslegung des Seins gilt. Heidegger sieht nun diese Auslegung im Zeitalter des Nihilismus als erledigt an. Nihilismus heißt für ihn, daß die in der Metaphysik ausgebildete Auslegung des Seins zusammengebrochen ist. Nihilismus bedeutet nämlich das Ende der Metaphysik. Und mit diesem Ende der Metaphysik ist für Heidegger auch die ganze überkommene Auslegung des Menschen als Vernunftwesen oder als Ebenbild Gottes hinfällig geworden. Heidegger bemüht sich daher um einen völlig anderen Ansatz in Auslegung dessen, was er das menschliche „Dasein“ nennt.

„Sein und Zeit“ ist das Endbuch der Aufklärung, das sowohl die Grundthesen des Deutschen Idealismus, die Prämissen des traditionellen Christentums und auch die von Platon/Aristoteles ausgehende Vernunfttradition destruiert. Heidegger vollzieht, gleichsinnig und analog zum Faschismus, die Destruktion der bürgerlichen, liberalen, aufgeklärten Welt und aller Traditionen, die dieser bürgerlichen, liberalen, aufgeklärten Welt bis zu den Anfängen in der antiken Philosophie zugrunde lagen. Hier ist ein Moment der völligen inneren Affinität und Übereinstimmung zwischen Heidegger und dem Faschismus.

Heidegger hat damit zum ersten Mal das Tor zur postliberalen, postbürgerlichen Kultur aufgestoßen. Das ist im Blick auf die Genese des Faschismus das Allerwichtigste. Es war die Überzeugung vieler Deutscher nach dem Ersten Weltkrieg, daß die bürgerliche, liberale und aufgeklärte Kultur am Ende sei. Ohne Verdun und ohne die Marneschlacht wäre es dazu wohl nicht gekommen. Dazu kam, daß die Deutschen damals von der westlichen, demokratisch organisierten Völkergemeinschaft stigmatisiert, ausgeschlossen und in die Isolation getrieben wurden. Die Deutschen galten im Westen als Barbaren. Auch dieses zweite Moment darf man nicht vergessen.

Die nächste entscheidende Komponente, die für alle nichtmarxistischen präfaschistischen Ansätze des 20. Jahrhunderts entscheidend geworden ist, ist die radikale Kultur- und später Zivilisationskritik von Heidegger gewesen. Heidegger und der revolutionäre Konservativismus stehen hier in der Nachfolge Nietzsches. Wir sind daher relativ ausführlich auf die Kulturkritik Nietzsches eingegangen. Nietzsches Kulturkritik hat für die revolutionären Konservativen die gleiche Bedeutung gehabt, wie die Marxsche Kritik der politischen Ökonomie für die Linken. Die Liberalen hingegen verwahren sich in der Moderne gegen jede Form der Kulturkritik. Ein Liberaler hört in dem Augenblick auf, ein Liberaler zu sein, wenn er nicht mehr der Meinung ist, daß wir heute, vielleicht nicht in der besten, so doch in der zweitbesten aller möglichen Welten leben.

Heidegger ist dagegen – wie Nietzsche – ein radikaler Kritiker der bürgerlichen Kultur und der Kultur der Weimarer Republik, ja überhaupt des bürgerlichen Kulturbegriffes gewesen. Worin besteht nun das Nietzschesche Erbe in Heideggers Kulturkritik? Heidegger hat, wir haben es bereits erwähnt, die herrschende bürgerliche Weimarer Kultur als Produkt und Ausdruck menschlicher Selbstentfremdung interpretiert. Das ist innerhalb der konservativen Tradition etwas Neues. Der konservative Heidegger teilt mit den Marxisten den Entfremdungsbegriff! Es gibt im Blick auf die politisch-gesellschaftlichen Zustände der spätbürgerlichen Gesellschaft den Entfremdungsbegriff marxistischer Observanz, und es gibt einen Entfremdungsbegriff konservativer Observanz. Das gilt zumindest für die konservative Kulturkritik der 1920er und 30er Jahre. Die herrschende Kultur ist für Heidegger Ausdruck menschlicher Selbstentfremdung. Das ist ungeheuer wichtig und es hat auch ungeheure Konsequenzen.

Wer dies begreift, der versteht auch, warum alle konservativ-revolutionären Ansätze genauso gescheitert sind und genauso scheitern mußten wie die linken Revolutionen. Denn alle diese Revolutionen sind nicht darum gescheitert, weil keine politisch erfahrenen Leute sie ausführten, oder weil irgendwelche organisatorische Fehler gemacht wurden, oder weil sich verbrecherische Politiker des Parteiapparates bemächtigt haben. Das alles trifft zu, aber das sind nur Anlässe des Scheiterns, es sind nicht die Ursachen. Die Ursache liegt woanders.

Wenn ein Marxist die herrschenden gesellschaftlichen Zustände als Zustände menschlicher Selbstentfremdung interpretiert, dann meint er, eine Antwort auf die Frage geben zu können, welche Schritte getan werden müssen, um den Zustand der herrschenden Selbstentfremdung des Menschen zu überwinden. Die Marxisten glaubten, daß dies durch die Beseitigung des Privateigentums an den Produktionsmitteln erreicht werden könne. Der Marxismus hat zwar nicht gesagt, daß die Beseitigung des Privateigentums an Produktionsmitteln bereits mit der Aufhebung von Selbstentfremdung identisch sei, aber dies sei zumindest der entscheidende Schritt dahin. Die Beseitigung des Privateigentums an Produktionsmittel sei die reale Bedingung der Möglichkeit einer Überwindung der Selbstentfremdung des Menschen.

Analog dazu hat nun Heidegger eine nichtmarxistische Antwort auf das Problem der Selbstentfremdung des Menschen gegeben. Die Antwort hängt zunächst davon ab, wie er diesen herrschenden Zustand der Kultur interpretiert und wie er das Selbst des Menschen bestimmt, das hier durch diese Kultur sich von selbst entfremdet ist. Erst im zweiten Schritt stellt sich dann die Frage, ob es eine Politik geben kann, welche den eingetretenen Zustand der Selbstentfremdung politisch bekämpfen und überwinden kann.

Die Kernfrage, die an den Marxismus wie an den revolutionären Konservativismus gerichtet werden muß, lautet: Kann man Selbstentfremdung überhaupt politisch überwinden? Das ist die Grundfrage, die an jeden, an die Wurzel gehenden revolutionären Politikbegriff gestellt werden muß. Die Linken meinen, im Wege der richtigen Aufklärung und der richtigen kindlichen Sozialisation den neuen Menschen herstellen zu können. Im Grunde genommen meinen sie sogar, daß sich dieser neue Mensch wie Phönix aus der Asche erhebt, wenn nur die bürgerlichen kulturellen Verhältnisse und Lebensformen zerschlagen sind. Das ganze Emanzipationspathos lebt bis heute von der Überzeugung, daß die Beseitigung der herrschenden bürgerlichen Lebensformen automatisch und zwangsläufig zu dem gewünschten neuen Menschen führen werde. Wenn nur die bürgerliche Ehe und Familie, der bürgerliche Staat und andere bürgerlichen Institutionen zerschlagen sind, dann werde sich der neue Mensch erheben. Nach den Erfahrungen der ersten Hälfte des 20. Jahrhunderts sollten wir allerdings wissen, daß mit dem Ende der sogenannten bürgerlichen Kultur und aller bürgerlichen Lebensformen nicht der neue Mensch, sondern die Barbarei aufkommt.

Wie beantwortet nun Heidegger diese Fragen? An der Antwort auf diese Fragen wird sich entscheiden, ob Heideggers Option für den Faschismus im Gefolge von „Sein und Zeit" nicht nur zufällig, sondern fast zwangsläufig war. Worin liegt für Heidegger die Selbstentfremdung des Daseins in der bürgerlichen öffentlichen Kultur? Und wie denkt sich Heidegger den Austritt aus dieser Selbstentfremdung? Mit den Antwort auf diese beiden Fragen stoßen wir in das Zentrum der Abhandlung über Heidegger vor. Wir werden sehen, daß Heidegger auf die Frage, wie der Austritt aus dieser Selbstentfremdung möglich ist, in „Sein und Zeit" eine ganz unpolitische, nämlich metapolitische Antwort gibt. Diese metapolitische Antwort müssen wir verstehen, damit klar wird, wieso es nur einer leichten Veränderung der Vorzeichen, nämlich der Konkretisierung des „Daseins"-Begriffs als „Volk" bedurfte, damit Heidegger auf dem Boden seiner eigenc Philosophie glauben konnte, daß sich mit der völkisch-nationalen Revolution für die spätbürgerliche Kultur die letzte Chance verbindet, ihre Selbstentfremdung und Dekadenz zu überwinden und die Herrschaft des Bolschewismus über die westliche Kultur zu vermeiden.

Wenn man diese metapolitische Antwort verstanden hat, dann wird man auch begreifen, welche Motive es letztlich waren, die Millionen Deutsche – ohne daß sie diese Motive wirklich durchdacht und begriffen hätten –, dazu veranlaßten, Hitler zu folgen. Der Schlüssel zum Verständnis dessen ist bei Heidegger zu finden. Ich möchte gerne, daß wir am Ende anerkennen, daß die von Heidegger entwickelte Deutung der Lage und die daraus sich ergebende Beantwortung der Frage nach dem Ausweg es mit dem von den Marxisten vorgelegten Erklärungen und Absichten aufnehmen kann.

15. Die Macht der Stimmungen

Wir sind weiterhin bei der Frage, inwieweit das Engagement Heideggers für die nationalvölkische Revolution aus seiner Philosophie zu verstehen ist. Wir können hier nicht die ganze Philosophie Heideggers behandeln, sondern wir wollen hier nur die wesentlichen Punkte ansprechen, die im Zusammenhang unserer Fragestellung wichtig sind.

Das erste und Entscheidende ist, daß Heidegger in „Sein und Zeit" einen Bruch mit der Aufklärung, ja mit der Neuzeitphilosophie insgesamt, vollzieht. Dieser Bruch steht durchaus in einer gewisse Parallele zu dem Bruch, den auch die völkische Revolution, so wollen wir sie einmal nennen, mit der Neuzeittradition vollzogen hat. Politologisch gesehen, hat das zur Folge, daß der gemeinsame Nenner der national völkischen Bewegung und Heideggers in der radikalen Absage an den Liberalismus liegt. Ohne diese Negation des Liberalismus wäre das, was in der ersten Hälfte des 20. Jahrhunderts nicht nur in Deutschland, sondern in großen Teilen Europas politisch geschehen ist, überhaupt nicht zu begreifen. Diese Absage an den Liberalismus war nicht nur auf die Deutschen beschränkt, sondern sie ist ein Signum des „Zeitalters des Faschismus"(Ernst Nolte) gewesen. Das Zeitalter des

Faschismus impliziert den Zusammenbruch des liberalen Systems im ganzen. Damals ist nicht nur die repräsentative Mehrparteiendemokratie zusammengebrochen, sondern auch die gesamte liberale pluralistische Kultur.

Der Faschismus bedeutete damit die Absage an die zwei fundamentalen Prinzipien des liberalen bürgerlichen Zeitalters:

Erstens die radikale Verneinung des Individualismus, also der Vorstellung, daß die Menschen selbständige Individuen mit einer bestimmten Bedürfnisausstattung sind, die sie in der Gesellschaft zu befriedigen suchen. Der liberale Individualismus betrachtete darum alle geschichtlichen und damit auch nationalen Mächte und Traditionen als Bestandteile einer zu überwindenden Vorgeschichte, die dem Liberalismus vorausgegangen ist.

Der Faschismus hat – zweitens – nicht nur dem Individualismus eine Absage erteilt, er hat auch, darin eingeschlossen, die neuzeitlichen naturrechtlichen Vertragstheorien negiert. Die neuzeitlichen naturrechtlichen Vertragstheorien sind ja die philosophische Basis des liberalen Individualismus gewesen. Diese Naturrechtstradition hat sich das Zustandekommen einer Gesellschaft oder eines Staates als das Ergebnis eines Vertrages vorgestellt, den die autonomen Individuen miteinander schließen. Das Kollektiv, das durch diesen Vertragsabschluß zustande kommt, sollte so zu einer besseren Befriedigung seiner Bedürfnisse kommen, als wenn jeder Einzelne sich im Kampf ums Überleben selber behaupten muß. Der Vertrag wurde geschlossen, um dem Hobbesschen Kampf aller gegen alle zu entrinnen. Der Faschismus hat auch diese geschichtslose, abstrakte Naturrechtstradition der Neuzeit negiert.

Alle faschistischen Bewegungen, die sich damals als Antwort auf den Ersten Weltkrieg in Europa etablierten, beruhten auf der Negation des Liberalismus. Diese Bewegungen haben allerdings diesen Bruch mit dem Liberalismus in unterschiedlicher Radikalität vollzogen. Am radikalsten war hier zweifelsohne der Nationalsozialismus. Wenn man nach einer philosophischen Begründung der Negation dieses Liberalismus Ausschau hält, dann wird man sehr schnell auf Heidegger stoßen. Die philosophische Kritik am Liberalismus ist von keinem Denker grundsätzlicher und philosophisch fundamentaler vollzogen worden als von Heidegger. Daher wird Heidegger dem nach 1945 wieder auferstandenen liberalen Zeitalter immer eine zutiefst verdächtige, ja verabscheuenswürdige Figur bleiben.

Worin besteht die fundamentale, philosophische Begründung Heideggers im Blick auf die Verneinung der liberalen Philosophie und der liberalen Politik? Die Absage ist darin begründet, daß Heidegger in „Sein und Zeit" nicht nur – was interessanterweise sogar Habermas lobend anerkennt – den Bruch mit der Bewußtseinsphilosophie der Neuzeit vollzieht, sondern mit der Auslegung des Menschen als einer selbständigen autonomen Subjektivität überhaupt bricht. Der Mensch ist im Sinne der neuzeitlichen Philosophie für Heidegger kein „Subjekt". Heidegger hat diese Verabschiedung der Bewußtseins- und Subjektphilosophie mit einer Kritik der herrschenden Auslegung des menschlichen Daseins verbunden, wie sie die Aufklärungsphilosophie der Neuzeit, aber auch die traditionelle Metaphysik von Sokrates, Platon und Aristoteles vorgenommen hat. Diese Kritik am antiken wie am aufgeklärten Denken mündet in die These, daß der Mensch kein eigenes substantielles Subjekt ist. Die aus der Metaphysik stammende Kategorie der „Substanz“ sei nun nicht mehr für die Auslegung des Menschseins des Menschen anwendbar. Heidegger destruiert also sowohl die Subjektkategorie der Neuzeit, wie die Substanzkategorie der antiken Philosophie. Das bedeutet den Bruch Heideggers mit der geschichtlich überkommenen Auslegung des Menschseins des Menschen. Denn das Projekt der Aufklärung beruht in allen seinen Varianten auf der Prämisse, daß der Mensch an sich ein autonomes Subjekt ist. Autonomes Subjekt heißt: der Mensch ist kraft seiner Vernunftnatur imstande, über sich selbst und sein Sein in Freiheit zu bestimmen. Das ist die alles bestimmende Grundprämisse der Aufklärung.

Dies ist auch heute wieder der Glaube der Moderne. Trotz allen Geredes über die Postmoderne hat sich de facto an dieser Überzeugung und an diesem Glauben überhaupt nichts geändert. Der politische Liberalismus und der Marxismus sind dabei eigentlich nur zwei verschiedene Ausformungen dieser Philosophie der Aufklärung. Marxismus und Liberalismus sind an diesem zentralen Punkt keine Gegensätze. Der Marxismus wollte sich im Unterschied zum politischen Liberalismus nur nicht damit zufrieden geben, die liberalen Werte zu bekennen und allenfalls politisch zu institutionalisieren, sondern er meinte, man müsse darüber hinaus auch die gesellschaftlichen Verhältnisse so verändern, daß es jedem Menschen dann tatsächlich möglich ist, ein autonomes in Freiheit über sich selbst bestimmendes Wesen zu sein.

Der Marxismus teilt hier mit dem Liberalismus den Glauben der Moderne. Der prinzipielle Unterschied zwischen dem marxistischen Sozialismus und dem völkisch-nationalen Faschismus hingegen besteht darin, daß der Faschismus genau den Liberalismus bekämpft, den der Marxismus vollenden will. Der Marxismus wollte den Liberalismus vollenden, indem er aus der liberalen Prämisse die radikale Konsequenz zieht und durch die revolutionäre Veränderung der kapitalistisch verzerrten sozioökonomischen Verhältnisse die realen Bedingungen erst herstellt, die es dem Menschen erlauben, tatsächlich ein autonom in Freiheit über sich selbst und sein Sein bestimmendes Wesen zu sein. In diesem grundsätzlich unterschiedenen Verhältnis zur liberalen Moderne liegt der fundamentale Unterschied zwischen dem Sozialismus und dem Faschismus. In der realen Praxis mögen beide Ideologien ähnliche Auswirkungen gehabt haben, aber in der Theorie hat der Marxismus/Sozialismus im Unterschied zum Faschismus/Nationalsozialismus nie etwas anderes gewollt, als dieses Grundprogramm der Moderne zu vollenden und zu verwirklichen. Im Vergleich zum Marxismus bedeutet der Faschismus in allen seinen Varianten daher eindeutig einen Bruch mit der Logik der Moderne.

Diesen Bruch mit der Logik der Moderne kann man anhand der Auslegung des menschlichen Daseins, wie sie Heidegger in „Sein und Zeit“ vornimmt, deutlich machen. Heidegger sagt, der Mensch sei kein autonomes Subjekt; und die Kategorien der Metaphysik, von denen auch die Aufklärung noch zehrt, träfen das, was der Mensch originär ist bzw., wie Heidegger es formuliert, wie sich der Mensch von sich selbst her zeigt, nicht.

Heidegger bricht hier mit der ganzen auch solipsistischen Bewußtseinsphilosophie der Neuzeit. Die weitgehende Zustimmung, deren sich Heideggers „Sein und Zeit" bei Habermas erfreuen kann, beruht darauf, daß auch Habermas mit dem Solipsismus der Bewußtseinsphilosophie der Neuzeit gebrochen hat. Solipsismus der neuzeitlichen Bewußtseinsphilosophie heißt, daß – erstens – das Subjekt einem Objekt getrennt gegenüber steht, und daß – zweitens – erst das Bewußtsein eine Beziehung zwischen dem Subjekt und dem Objekt herstellt. Dem abstrakten, monadischen Bewußtseinssubjekt steht ein Dingobjekt gegenüber.

Dies ist auch das Modell, das für die traditionelle Erkenntnistheorie maßgebend war. Die Fragestellung der Erkenntnistheorie lautete: Wie kommt das Bewußtsein zur Außenwelt bzw. wie kommt die Außenwelt in das Bewußtsein? Wie kommt ein Ding zum Bewußtsein oder, wie kommt das Bewußtsein zum Ding? Das war lange Zeit, vor allen Dingen in der zweiten Hälfte des 19. Jahrhunderts, die Kernfrage der Erkenntnistheorie gewesen: Wer macht zuerst den Antrittsbesuch? Erscheint zuerst das Ding im Bewußtsein oder geht das Bewußtsein zuerst aus sich heraus und macht den Antrittsbesuch beim Ding? Das ist die solipsistische Bewußtsein-Ding-Relation, die für die Erkenntnistheorie der zweiten Hälfte des 19. Jahrhunderts typisch war. Heidegger meint nun, daß die Bewußtsein-Ding-Relation selber ein abgeleitetes Phänomen sei, das der ursprünglichen Lage des Menschen nicht entspricht. Und was ist das ursprüngliche Verhältnis, gemessen an dem die Bewußtsein-Ding-Relation ein abgeleitetes Modell darstellt? Heidegger nennt dieses ursprüngliche Verhältnis, das vor aller Subjekt-Objekt-Spaltung liegt, das „Dasein". Der Mensch ist nicht Bewußtsein, sondern er ist „Dasein". Was ist also der Mensch, wenn er kein Subjekt ist? Er ist Dasein. Dasein ist für Heidegger der Ort, an dem sich das Sein manifestiert.

Dieser Ort bzw. der Zustand, in dem sich das Sein manifestiert, ist für Heidegger durch die „Zeitlichkeit" gekennzeichnet. Heidegger spricht daher von der Zeitlichkeit des Seins des Daseins. Das Dasein ist also im Kern durch „Endlichkeit" geprägt. Für Heidegger ist die von der Metaphysik und der Aufklärungsphilosophie geteilte Auslegung des Menschseins als Subjekt und Bewußtsein unvereinbar mit der Erfahrung der Endlichkeit des Menschen. Der Mensch ist für Heidegger nicht so frei und nicht so unendlich, daß er souverän und in Freiheit sein Leben gestalten und auf Grund eines eigenen Urteils unter verschiedenen Möglichkeiten wählen könnte.

Für Heidegger ist das Autonomiepostulat eine reine Abstraktion, denn der Mensch wählt nicht in Freiheit seine Daseinsmöglichkeiten, sondern der Mensch ist „geworfen". Der Mensch ist immer schon in eine Daseinsmöglichkeit geworfen. Der Mensch ist nicht frei, sondern „geworfen". Er ist hineingeworfen in eine Daseinsmöglichkeit, die er nie mehr los wird. Der Mensch kann sich gegenüber dieser Daseinsmöglichkeit ebensowenig in Freiheit verhalten wie gegenüber der Tatsache, daß er auch ohne seine Zustimmung und ohne seine Wahl als ein geborenes Wesen da ist. Heidegger spricht hier das Phänomen der Natalität an, das Hannah Arendt später für die politische Theorie fruchtbar zu machen versuchte. Schlicht gesagt: Es hat den einzelnen Menschen vorher keiner gefragt, ob er hier sein will oder nicht. Das mag eine triviale Erkenntnis sein, aber das hat erhebliche Folgen. Der Autonomieanspruch, also die Behauptung der Fähigkeit des Menschen, über sich selbst zu verfügen, bricht bereits an diesem Faktum der Natalität und des Geworfenseins in sich zusammen. Das Sein des Daseins ist für Heidegger immer schon geworfen, und daher ist für ihn die absolute Wahlfreiheit Fiktion. Der Zeitpunkt und der Ort der Geburt beispielsweise ist so bestimmend, daß der Mensch seine Herkunft nie mehr loswird. Niemand wird seine Herkunft los.[151]

Das ist die kultursoziologische Fassung des Sachverhaltes, den Heidegger fundamentalontologisch als die „Faktizität des menschlichen Daseins" bestimmt hat. Der Mensch ist ein immer schon überantwortetes Sein. Dieses Sein ist nicht frei gewählt und auch nicht frei wählbar, sondern geworfen. Es ist eine schicksalhaft verordnete Möglichkeit, in der sich der Mensch immer schon vorfindet.

Wenn wir diesen fundamentalontologischen Gedanken geschichtsphilosophisch übersetzen, dann werden wir sofort den Zusammenhang mit der völkisch nationalen Bewegung erkennen. Denn dieser fundamentalontologische Sachverhalt bedeutet, daß eine definitive Emanzipation von der Herkunft gar nicht möglich ist. Das menschliche Sein ist so unabänderlich ein herkunftbedingtes Sein, wie das geworfene Sein des Menschen auch ein „Sein zum Tode" ist. Heideggers Auslegung der Todes reflektiert daher in radikaler Weise auf die Endlichkeit des Menschen hin. Der Tod ist für Heidegger eine ausgezeichnete, quasi eschatologische Instanz im menschlichen Dasein, weil er – ähnlich wie die Herkunft – für den Menschen nicht disponibel ist. Der Selbstmord stellt hier nur scheinbar eine Ausnahme dar. Denn im Selbstmord ist der Tod zwar frei wählbar, aber er ist gleichwohl nur die Vollstreckung dessen, worauf das Sein sowieso angelegt ist, nämlich auf das Ende aller Möglichkeiten des Menschen.

Das Besondere an der Heideggerschen Interpretation des Todes besteht nun darin, daß diese „Möglichkeit" des Todes, die alle anderen Möglichkeiten beendet,

[151] Diesen Umstand haben die progressiven Kulturrevolutionen immer wieder als Provokation empfunden. Die kulturrevolutionäre Anstrengung der Studentenrevolte von 1968 war daher darauf gerichtet, die – wie sie meinte – deformierenden Auswirkungen der hergebrachten frühkindlichen Sozialisation zu korrigieren. Diese Kulturrevolution hat begriffen, daß eine Veränderung des Sozialisationsmodus nur möglich ist, wenn die gesamten traditionellen Herrschaftsverhältnisse der Gesellschaft abgeschafft werden. Aber diese Revolte hat nicht begriffen, daß sie sich bei ihrem Projekt in eine petitio prinzipii verstrickt, an der sie dann auch gescheitert ist. Denn die Natalität bzw. – soziologisch ausgedrückt – die Sozialisation, die ein Mensch kraft seiner Herkunft und Geburt in sich trägt, könnte der Mensch nur dann loswerden, wenn es bereits Menschen gäbe, die dieser Natalität bzw. Sozialisation nicht unterliegen. Die gibt es aber nicht. Die studentische Kulturrevolution ist daher von dem Problem des Gründers der modernen Kulturrevolutionen, Rousseau, eingeholt worden. Rousseau hatte sich genau diese Frage gestellt: Wie kann aus einer fehlentwickelten, depravierten Gesellschaft ein Mensch hervorgehen, der von dieser Depravation unbeeinflußt geblieben ist und der in der Lage wäre, die Gesetze einer wahrhaft neuen Gesellschaft zu formulieren? Rousseau ist an diesem Problem gescheitert. Denn diejenigen, die eine Gesellschaft verändern wollen, sind – soziologisch formuliert – selber die Produkte der Gesellschaft, die sie ändern wollen. Und genau daran ist auch die Kulturrevolution von 1968 zuletzt gescheitert.

nicht eine Möglichkeit ist, die erst irgendwann eintreten wird, so daß dem Tod noch eine ganze Reihe von anderen Möglichkeiten vorausgehen kann, sondern der Tod ist die alle anderen Möglichkeiten bereits bestimmende Möglichkeit. Die Todesmöglichkeit macht das Sein des Daseins überhaupt und von Anfang an zu einem „Sein zum Ende". Das menschlichen Sein als ein „Sein zum Ende" ist in einer solch radikalen Weise durch die Endlichkeit bestimmt, daß alle angemaßte Autonomie und Souveränität zu einem verstellenden Schein wird, der die faktische Lage des Menschen in dieser Welt verhüllt.

Heidegger macht hier radikal Schluß mit dem Größenwahn der Moderne, in der sich die Menschen für kleine Götter halten. In diesem Sinne ist „Sein und Zeit" das Endbuch der Neuzeitphilosophie. Philosophisch gesehen, geht die Neuzeit 1927 mit „Sein und Zeit" zu Ende. Aber die Philosophie hat viel Geduld und es kann im Blick auf die Geschichte manchmal lange dauern, bis eine Wirklichkeit, die philosophisch begriffen ist, bei den Menschen ankommt und im weiteren Gang der Geschichte Wirkung zeigt. Wahrscheinlich werden uns nun die Ökologiekrise und die gentechnischen Möglichkeiten dazu zwingen, von dem Wahn, kleine Götter zu sein, Abschied zu nehmen.

Es ist gar kein Zweifel, daß der Faschismus, und vor allem der Nationalsozialismus, die Liquidation nicht nur des liberalen bürgerlichen Zeitalters, sondern der Neuzeit überhaupt intendiert hat. Der Faschismus/Nationalsozialismus war zumindest in dieser Hinsicht eine Revolution gegen die Moderne.

Damit ist nun auch deutlich geworden, daß Heidegger das Dasein des Menschen in der Moderne als ein sich selbst entfremdetes Dasein interpretiert. Es ist nun sehr wichtig, daß Heidegger diese Entfremdung nicht als ein geschichtliches Phänomen bestimmt hat. Anders ausgedrückt: Heidegger hat die in der sozialistischen Tradition geschichtlich verstandene Entfremdung ontologisiert. Diese Ontologisierung folgt aus dem, was eben über Heideggers Auslegung des Menschen als „Dasein" und nicht mehr als „Subjekt" und „Bewußtsein" gesagt wurde. Die Ontologisierung der Entfremdung des menschlichen Daseins durch Heidegger findet seine Parallele wohl nur noch in dem, was über 2000 Jahre in der christlichen Theologie unter „peccatum" (Erbsünde) verstanden worden ist. Wobei wichtig ist, daß Heideggers Entfremdungsbegriff nicht identisch, sondern nur analog zu dem ist, was die christliche Tradition „peccatum" genannt hat.

Wie verhält sich nun Heideggers Ontologisierung der Entfremdung zum Konservativismus in der Moderne? Was bedeutet bei Heidegger die Ontologisierung der Entfremdung? Zunächst einmal bedeutet es, daß das konservativ- revolutionäre Denken mit Heidegger in einem entscheidenden Punkt mit dem progressiv-marxistischen Denken gleich gezogen hat. Denn durch und seit Heidegger haben sowohl die Progressiven wie die Konservativen eine Entfremdungstheorie. Die Konservativen haben nun nicht nur einen Verfallsverdacht oder eine Entfremdungsimpression, sondern sie haben einen Begriff von Entfremdung. Und worin liegt nun die wichtigste Differenz zwischen der Marxschen und der Heideggerschen Entfremdungslehre? Das ist die Frage, die im Blick auf die implizite politische Bedeutung des Heideggerschen Denkens wichtiger ist, als alles andere, was heute sonst über Heideggers Verhältnis zum Nationalsozialismus gesagt wird.

Für Marx ist die Entfremdung rein politökonomisch bedingt. Die Entfremdung des Menschen ist ein Reflex bestimmter politkonomischer Verhältnisse. Die Entfremdung wird also bei Marx nicht theologisch oder metaphysisch, sondern rein politökonomisch bestimmt. Wobei sofort hinzugefügt werden muß, daß Marx natürlich insoweit dem antik-christlichen Entfremdungsdenken verhaftet geblieben ist, als er überhaupt noch von Entfremdung gesprochen hat. Indem Karl Marx aber die Entfremdung politökonomisch bestimmt und im Kapitalismus verortet hat, ist die Entfremdung für ihn keine universale Konstante gewesen, sondern sie ist geschichtlich geworden. Die Entfremdung hätte grundsätzlich nicht zu sein brauchen, und sie kann, weil sie geschichtlich bedingt ist, auch geschichtlich überwunden werden. Die Entfremdung wird dann überwunden sein, wenn die politökonomischen Verhältnisse, deren Produkt die geschichtlich eingetretene Entfremdung ist, abgeschafft sind. Der Marxismus ist mit dem Anspruch angetreten, im Besitz eines Begriffes von gesellschaftlicher Praxis zu sein, der die Überwindung der Entfremdung ermöglicht.

Hier zeigt sich übrigens, daß der Marxismus und Sozialismus seiner letzten Dimension nach selber eine Religion war. Der Marxismus hat seine ganze faszinierende Kraft aus diesem Glauben bezogen. Welche Gewißheit mußte am Werke sein, daß jemand bereit war, 7 bis 14 Millionen Menschen umzubringen? Ein solches Phänomen ist mit den moralischen Kategorien der bürgerlichen Gesellschaft nicht zu begreifen. Es ist daher absurd, den Mörder von Millionen von Menschen mit dem gleichen moralischen Verdikt zu bedenken, wie einen gewöhnlichen Gewaltverbrecher. Judenmord und Klassenmord sind eine ganz andere Dimension. Man kann daher diese Phänomene nicht durch Moralisierung bewältigen. Welche Gewißheit war da bei Stalin am Werke? Doch nicht nur die Gewißheit, daß ein planwirtschaftliches Modell besser funktioniert als ein markwirtschafliches. Die Menschen sind doch nicht für die Planwirtschaft umgebracht worden! Stalin hat die 7 bis 14 Millionen Kulaken ermorden lassen, weil sie angeblich der Verwirklichung der gesellschaftlichen Bedingungen im Wege standen, von deren Eintreten er sich die Überwindung der menschlichen Selbstentfremdung erhoffte. Diese Gewißheit kann nur jemand haben, der das Problem zu lösen versucht, an dem nach der Meinung von Karl Marx bisher alle Religionen gescheitert sind, nämlich das Problem der menschlichen Selbstentfremdung.

Heidegger ist nun im Unterschied zu Marx der Meinung gewesen, daß diese Entfremdung – Heidegger spricht von „Verfallen“ – dem Sein des Menschen selbst entspringt. Das meine ich mit Ontologisierung der Entfremdung. Entfremdung ist für Heidegger ein konstitutiv dem Sein zugehöriges Moment. Die Tendenz des Verfallens entspringt dem Dasein selbst. Heidegger hat in einer Vorlesung über den Begriff der Faktizität in den 20er Jahren dieses Phänomen „Ruinanz“ genannt. Das Verfallen steigt aus der Tiefe des Daseins auf, es wird Herr über das Dasein und stürzt es in den Ruin. „Ruinanz“, diese verfallende, stürzende Bewegung ist eine dem Sein des Daseins innewohnende Tendenz.

Heidegger rührt hier an dem Rätsel, das die optimistisch gestimmten Apologeten der Menschheit so schwer verstehen können. Es ist auch wirklich kaum zu verstehen, warum es beim Menschen einen fast unwiderstehlichen Hang zur Selbstzerstörung gibt. Die gleiche These vertritt ja auch Sigmund Freud. Die Eros- und Tanatos-Dialektik bei Freud geht davon aus, daß es beim Menschen neben dem Erostrieb auch den Todes- und Vernichtungstrieb gibt, und daß dieser Trieb der Selbstvernichtung am Ende über den Erostrieb triumphiert. Freud hat dieses psychologische Phänomen als ein Rätsel benannt. Und er hat es selber nur noch durch selbst geschaffene Mythen zu erklären vermocht. Es ist ja in der Tat rätselhaft. Man sehe sich nur das 20. Jahrhundert an. Je lauter der Glaube an die natürliche Bonität des Menschen verkündet wurde, um so grauenhafter wurden die Prozesse der Selbstzerstörung. Auch die Frage, wieso die Deutschen in den vierziger Jahren plötzlich den Hang entwickelten, sich selbst zu zerstören, kann man nicht mit rationalen oder moralischen Kategorien beantworten.

Die Christen haben früher versucht, solche Phänomene der Selbstzerstörung im Begriff „peccatum originale" (Erbsünde) zum Ausdruck zu bringen. Diese mythische Rede von „peccatum orginale" bzw. von der Erbsünde sollte den an sich unerklärlichen Tatbestand zur Sprache bringen, daß – mit Freud formuliert – zum Menschen offenbar nicht nur der Hang zum Eros, sondern auch der Trieb zur Selbstvernichtung gehört. Im Blick auf die Ökologiekrise und die Gentechnik könnte es nunmehr zur Überlebensfrage der Menschheit geworden, ob wir diese Eigenschaft des Menschen erkennen oder nicht. Eine Politik jedenfalls, die von einer illusionären Einschätzung des Menschen ausgeht, könnte noch schlimmere Folgen haben als schon in der Vergangenheit. Der alte Schopenhauer wußte schon, was er meinte, als er den „ruchlosen Optimismus" kritisierte.

Die Konservativen werden immer so hingestellt, als seien sie keine wahren Menschenfreunde. Dabei hatten sie immer nur auch diese Kehrseite des Menschen im Auge, wenn sie den progressiven Überschwang kritisierten. Leider wird diese konservative Erkenntnis nur allzu gerne verdrängt. Alle sogenannten Modernen huldigen nach wie vor dem Optimismus und verkünden den Glauben an den Menschen. Kulturkritik gilt ihnen daher per se als Quelle der Verhinderung der versprochenen heilen Zustände. Wenn man Einwände gegen deren Euphorie vorbringt, dann gilt man sehr schnell als ein pessimistischer Kulturkritiker, als ein atavistisches Überbleibsel, das angeblich dem grandiosen Gang der Moderne in eine lichtvolle Zukunft nicht mehr zu folgen vermag.

Heidegger spricht dagegen von der „Ruinanz". Die „Ruinanz" sei dem Sein des Daseins immanent. Heidegger sieht also einen universalen Zug des Menschen zur Selbstzerstörung. Und wohin oder woran „verfällt" das menschliche Dasein bei Heidegger? Es verfällt an das öffentlich ausgelegte Sein. Das ist die Pointe bei Heidegger. Der Mensch verfällt nicht einfach an die Dinge im Sinne einer Preisgabe des Selbst an die Dinge, sondern er verfällt an die öffentliche Auslegung des Seins. Heidegger liefert damit im Ansatz eine Theorie und Kritik des Zeitgeistes. Der Mensch verfällt an den Zeitgeist. Der Zeitgeist ist die eigentliche herrschende Macht, nicht das einzelne Subjekt. Die Politiker und Wirtschaftsbosse, ja selbst die

Wissenschaftler, sind dann nur die Marionetten des jeweils herrschenden Zeitgeistes.[152]

Heidegger hat in „Sein und Zeit" erkannt, daß mit dem Zeitgeist ein zweites Moment zusammenhängt: die „Stimmung". Wenn man an das Medium denkt, indem der Zeitgeist seine Macht bildet und festigt, dann ist es die Stimmung. Wer wissen will, was eine Stimmung ist und woher eigentlich die Macht der Stimmungen – nicht nur des individuellen, sondern auch des kollektiven Daseins – herkommt, dann muß man Heidegger „Sein und Zeit" lesen. Man macht sich selten klar, daß die souveräne autonome Macht des verfügenden Subjektes in dem Ausmaß endet, indem der Mensch den Stimmungen unterworfen ist. Die Menschen sind immer Stimmungen unterworfen, und genau da endet bereits die souveräne Macht des einzelnen Menschen. Kein Subjekt kann sich kraft rationaler Erkenntnis und kraft eines Machtspruchs in eine andere Stimmung versetzen. Stimmungen sind damit selber Indikatoren der Endlichkeit des menschlichen Daseins. Heideggers Theorie der Stimmungen fügt sich bruchlos in Heideggers Theorie der Endlichkeit ein. Denn man kann mit rationalen Argumenten nicht gegen eine machtvolle Grundstimmung des individuellen oder auch kollektiven Daseins ankommen.

Die fundamentalontologische Kritik Heideggers am neuzeitlichen Denken in den Kategorien des Subjektes schlägt sich, sozialphilosophisch gesehen, in der These nieder, daß die moderne Politik der Stimmung des individuellen und kollektiven Daseins unterworfen ist. Das hat auch die Geschichte von Weimar gezeigt. In Weimar haben ständig wechselnde Stimmungslagen eine unmittelbar auf die Politik und damit die Geschichte durchschlagende Wirkung gehabt.

Heidegger hat nun dem Gedanken der Gestimmtheit die Wendung gegeben, daß er die Stimmung nicht mehr als blinde Affektivität interpretiert hat. Stimmung ist viel mehr als nur Affekivität und Emotionalität. Die Stimmung ist die prälogische Manifestation, die zeigt, wie es um das Sein im ganzen bestellt ist.

Heidegger hat vor diesem Hintergrund die moderne Entgegensetzung von affektiv-emotional und kognitiv verneint. Der Glaube der Aufklärung beruhte bis dahin darauf, daß die menschliche Affektivität durch rationale Argumentation beeinflußt und unter eine rational souveräne Kontrolle gebracht werden kann. Heidegger hat daran nach der Erfahrung in Weimar nicht mehr geglaubt, denn er hat in Weimar den Zusammenbruch der pragmatisch rationalen Politik erlebt. Die Weimarer Republik ist 1933 unter dem Ansturm derjenigen Bewegung zusammengebrochen, die diese durch die Aufklärung unterdrückte Stimmung – Stim-

[152] Wenn man einmal die Frage stellt, was Zeitgeist ist und woher der Zeitgeist denn eigentlich diese Macht hernimmt, dann gibt es darauf bis heute keine befriedigende Antwort. Natürlich gibt es überall, wo es zwischenmenschliche Verhältnisse gibt, Macht. Insofern ist die Macht allgegenwärtig. Darum werden seit der Aufklärung und vor allem im Marxismus auch sämtliche institutionellen Machtformen, wie die Familie, die Unternehmen, die Parteien, der Staat und die Kirchen, einer Machtkritik unterzogen. Aber die größte Macht, der Zeitgeist, ist die am wenigsten begriffene Macht. Es wäre daher eine große Aufgabe für Politologen, einmal zu untersuchen, was Zeitgeist ist, worin seine Macht besteht und woher sie stammt.

mung nicht nur verstanden als Emotionalität –, politisch am besten für sich mobilisieren konnte.

Das hat Hitler eben viel besser gekonnt als alle Anderen. Die furchtbare Wahrheit ist, daß in dieser Situation nur Hitler imstande war, die Stimmung des Volkes für sich zu mobilisieren. Die Liberalen, die Marxisten, aber auch die konservativen Revolutionäre haben gegen den Nationalsozialismus verloren, weil sie zwar rational diskutieren und Theorien entwickeln konnten, aber sie konnten nicht dieses gewaltige kollektive Potential an Stimmung für ihre politischen Zwecke mobilisieren. Dazu war allein Hitler imstande, und darum hat er 1933 gesiegt.

Die liberale politische Theorie geht davon aus, daß die Menschen die Dinge um so mehr in den Griff bekommen, je rationaler und pragmatischer sie vorgehen. Das ist schon richtig. Aber man bekommt auf diese Weise eben nur die Dinge in den Griff, nicht aber die Menschen! Bedauerlicherweise hat die Politik etwas mit Menschen zu tun. Es wäre für die liberale politische Theorie viel schöner, wenn das nicht so wäre. Aber es ist so. Darum muß man der hermeneutischen Auslegung der Stimmungen bei Heidegger eine große Bedeutung zumessen. Heidegger hatte keinen Zweifel, daß die rationale Politik auf dünnem Eis steht und daß unter der Oberfläche möglicherweise ein brodelnder Vulkan wütet.

Welche politische Konsequenz ergibt sich aus dieser Theorie der Stimmungen? Es ergibt sich daraus, daß man eine negative Gestimmtheit eines ganzen Kollektivs nur durch eine Gegenstimmung, aber nicht mit rationalen Argumenten bekämpfen kann. Darum ist weder der Faschismus noch der Sozialismus durch theoretische Argumente zu überwinden, sondern nur durch die Kraft eines neuen Glaubens, der eine neue Stimmung schafft.

Und mit welchem Mittel kann man in einer Demokratie auf Stimmungen und Emotionen einwirken? Mit dem Mittel der Rhetorik. Die Politik muß auf Stimmungen einwirken, und sie kann das am besten durch den Gebrauch der Rhetorik, und sei es auch in der Gestalt der Demagogie. Hitler war vielleicht nicht der größte politische Rhetoriker des 20. Jahrhunderts, aber er war sicherlich sein größter Demagoge.

16. Apologie des Todes

Lucien Goldmann hielt einmal eine Vorlesung über das Verhältnis Heideggers zu Marx gehalten, worin er versuchte, eine Nähe zwischen Heidegger und dem Marxisten Lukács aufzuzeigen.[153]

Lukács war ein Schüler vom Emil Lask. Emil Lask, der in Heidelberg lehrte und im Ersten Weltkrieg gefallen war, ist heute weitgehend vergessen. Er spielt aber im Blick auf die philosophische Entwicklung des 20. Jahrhunderts dennoch eine beachtliche Rolle, denn mit ihm hat die eigentliche Überwindung des Neu-

[153] Lucien Goldmann: Lukács und Heidegger. Nachgelassene Fragmente, hrsg. von Y. Ishaghpour, Darmstadt/Neuwied 1975

kantianismus begonnen. Emil Lask hat die Bewegung von einer formalen zu einer materialen Logik vollzogen, in der nicht nur die Wendung zur Geschichte enthalten war, sondern in der latent bereits das enthalten war, was Heidegger später als Theorie der „Faktizität" entwickelt hat. Dieser Emil Lask hat nun aber auch den Marxisten Georg Lukács entscheidend beeinflußt. Lukács' „Geschichte und Klassenbewußtsein" ist neben „Sein und Zeit" das entscheidende Buch der Philosophie in der ersten Hälfte des 20. Jahrhunderts.

Lucien Goldmann stellte nun die These auf, daß „Sein und Zeit" die Antwort Heideggers auf Lukács' „Geschichte und Klassenbewußtsein" darstelle. Die Frage nach dem Verhältnis von Heidegger zum Marxismus ist also nicht ganz neu, aber wir wollen dennoch versuchen, sie etwas zu konkretisieren.

Der entscheidende Punkt, an dem sich ein solcher Vergleich zwischen Heidegger und Lukács anbietet, ist natürlich die Entfremdungsproblematik. Für Lukács und Marx war klar, daß die Entfremdung letztlich sozioökonomisch bedingt ist und daß sie damit durch die Beseitigung des sozioökonomischen kapitalistischen Systems überwindbar ist. Es wurde bei der Betrachtung Heideggers nun bisher nicht genügend beachtet, daß auch er eine Entfremdungstheorie hat. Es gibt eigentlich keinen anderen nichtsozialistischen Theoretiker des 20. Jahrhunderts, für den das, was die Marxisten Entfremdung nennen, eine solch zentrale Bedeutung hat, wie für Heidegger.[154] Was im Marxismus Entfremdung heißt, taucht bei Heidegger unter dem Begriff der „Verfallenheit" auf. Heidegger spricht ausdrücklich nicht von Entfremdung, sondern von Verfallenheit. Die entscheidende Differenz zwischen der marxistischen Theorie der Selbstentfremdung des Menschen in der Moderne zu Heideggers Theorie der „Verfallenheit" besteht nun darin, daß für Heidegger im Unterschied zum Marxismus die Entfremdung ein Strukturmerkmal des menschlichen Daseins überhaupt ist. Entfremdung ist für Heidegger sozusagen eine Daseinskonstante. Man darf bei Heidegger nicht „anthropologische Konstante" sagen, weil Heidegger eigentlich kein Anthropologie war. Entfremdung ist gleichwohl für Heidegger ein konstantes strukturbildendes Moment des menschlichen Daseins überhaupt.

In dieser genannten Differenz zum Marxismus liegt im Ansatz bereits das ganze Problem, nicht nur von „Sein und Zeit", sondern der Heideggerschen Philosophie überhaupt begründet. Denn Heidegger betreibt eine Enthistorisierung des Menschen. Heidegger enthistorisiert das Entfremdungsproblem. Entfremdung wird bei ihm eine durch die Fundamentalontologie aufgedeckte Struktureigenschaft des menschlichen Daseins.

Der zweite, vielleicht entscheidende Unterschied zwischen dem Marxismus und Heidegger ist aus der Antwort auf die Frage zu entnehmen, wie nun eine Überwindung der Selbstentfremdung möglich wird. In der unterschiedlichen Antwort, die beide auf das gemeinsam gestellte Problem geben, bricht philosophisch die

[154] Vielleicht mit Ausnahme von Hans Freyer, siehe dazu: Michael Grimminger: Revolution und Resignation. Sozialphilosophie und die geschichtliche Krise im 20. Jahrhundert bei Max Horkheimer und Hans Freyer, Berlin 1997

tiefste Differenz zwischen dem „progressiven" und dem konservativ-revolutionären Denken des 20. Jahrhunderts auf. Wer Heideggers Antwort erfahren will, der muß aber zunächst genau bestimmen, worin denn Heidegger die Verfallenheit des menschlichen Daseins gesehen hat. Denn erst von der Bestimmung der Art der Verfallenheit des menschlichen Daseins her stellt sich die Frage nach der möglichen Überwindung.

Heidegger ist nämlich der Meinung, daß die Entfremdung des menschlichen Daseins in der modernen Welt nicht sozioökonomisch bedingt ist. Er hat die Entfremdung vielmehr als ein Kulturproblem bestimmt. Das ist der entscheidende Punkt. Heideggers Theorie der Genesis und der Überwindung der Entfremdung gehört damit in die Tradition von Nietzsche herein. Wir haben ja bereits gesehen, daß auch Nietzsche das Entfremdungsproblem gekannt hat, daß er aber die Entfremdung anders als Marx darin gesehen hat, daß die bürgerliche Kultur zu einem Schein ihrer selbst geworden ist und daß unter diesem Schein sich die Selbstauflösung der bürgerlichen Kultur ereignet habe. Heidegger hat nun analog zu Nietzsche den Ort, an dem sich die Entfremdung zeigt und auswirkt, die „Öffentlichkeit" genannt. Nach dem heutigen Sprachgebrauch müßte man sagen, daß die Entfremdung in und durch die mediale Öffentlichkeitskultur geschieht, also im Rahmen der politischen Kultur. Verfallenheit des menschlichen Daseins bedeutet für Heidegger also die Verfallenheit an die in der Öffentlichkeit herrschende Form der Auslegung des menschlichen Daseins. Entfremdung besteht in der Verfallenheit an eine Öffentlichkeit, durch die der Mensch sich selbst und seine Welt versteht. Der Mensch verfällt, in Heideggers Kategorien ausgedrückt, an das „Man", an die öffentliche Auslegung des Menschen.

Was aber heißt „Man". „Man" ist ein Begriff, den man nur korrelativ interpretieren kann. Der korrelative Bezugspunkt des „Man" ist das „Selbst". Das menschliche Dasein ist in dieser Beherrschtheit durch das „Man" nicht es selbst. Das ist ein wichtiger Hinweis, denn „Nicht-selbst-sein" nennt Heidegger nachher die „Uneigentlichkeit". Auch dies ist ein ganz entscheidender Begriff, denn von diesem Begriff der „Uneigentlichkeit" her entwickelt Heidegger dann das Ziel, einen Zustand der „Eigentlichkeit" herzustellen, in dem die Verfallenheit des Daseins an die Herrschaft des „Man" überwunden ist. Wenn nun in dem öffentlichen Zustand der Mensch nicht er selbst, sondern „Man" selbst ist, dann stellt sich natürlich die Frage, wer denn dann unter dem Titel des „Man" herrscht. Wer ist es denn, der dann über die öffentliche Auslegung des menschlichen Daseins das Selbst bestimmt und beherrscht? Nun, wenn das „Man" herrscht, dann herrscht das „Niemand". Es gibt kein identifizierbares Subjekt mehr, dem man die Herrschaft zurechnen könnte, sondern es ist das neutrale Niemand. „Niemand" heißt, daß alle und keiner herrscht. Es sind alle, und weil es alle sind, ist es keiner. Heidegger entdeckt hier die Anonymität der Öffentlichkeit. In einem solchen Zustand der politischen Öffentlichkeit herrscht eigentlich niemand. Es gibt kein identifizierbares und zurechenbares Subjekt mehr. Die „Öffentlichkeit" ist auf jeden Fall eine namenlose Angelegenheit. Das ist wichtig, denn was bedeutet die Namenlosigkeit. Damit ist, religionsgeschichtlich gesehen, nichts anderes gemeint als das, was man früher die „Dämonen“ genannt hat. In der Welt der Religionen sind die Dämonen die nicht benennbaren göttlichen Mächte und Kräfte. Die Namenlosigkeit unterscheidet die dämonischen von den göttlichen Mächten. Die Götter haben einen Namen und die Dämonen haben keinen. Die Götter haben ihren Ort und die Dämonen haben keinen. Die Götter haben sogar ihren Zeitpunkt der Wirksamkeit, während die Dämonen keinen festen Zeitpunkt der Wirksamkeit haben. Die Dämonen wirken immer und überall.

An welchen Phänomenen macht Heidegger die Analyse des Daseins in seiner Verfallenheit an das namenlose „Man“ fest? An den Phänomenen des „Geredes“, der „Neugier“ und der „Zweideutigkeit“. Und was will Heidegger in dieser Analyse des Geredes und der Neugierde sichtbar machen? Was zeigt sich im Gerede und in der Neugierde? Hier gebraucht Heidegger nun wieder ein Wort, das aus der konservativen Kulturkritik sehr vertraut ist. Heidegger spricht von der Wurzellosigkeit. Was meint Heidegger mit Wurzellosigkeit? Heidegger gebraucht hier manchmal auch einen gängigen Topos der konservativen Kulturkritik, wenn er vom Verlust der „Bodenständigkeit“ spricht.

„Wurzellosigkeit“, Verlust der „Bodenständigkeit“ – das sind durchaus Begriffe, welche die Nationalsozialisten mühelos in ihre Ideologie transferieren konnten. Beim Begriff Wurzellosigkeit dachten sie an die Entwurzelung von Erde und Boden als den soliden Grundlagen einer gesunden Nation. Es ist nun aber wichtig, sich klarzumachen, daß Heidegger mit dem Begriff der Wurzellosigkeit mitnichten solche Vorstellungen verbunden hat, wie die Nationalsozialisten. Es gibt bei Heidegger eine ganz entscheidende Differenz zu dem, was die konservativen Kulturkritiker oder gar die Nationalsozialisten im Sinn hatten, wenn sie von Wurzellosigkeit sprachen. Heidegger dachte nicht an Blut und Boden. Er meinte vielmehr mit Wurzellosigkeit, daß die Menschen den Bezug zu den Sachen, von denen eigentlich in der menschlichen Sprache die Rede sein sollte, verloren haben. Die „Neugierde“ ist die Konsequenz des Verlustes eines unmittelbaren, die Sachen selbst erschließenden und eröffnenden Verhältnisses. Und „Gerede“ liegt dann vor, wenn sich die Rede nicht mehr auf Gegenstände oder Vorgänge bezieht, sondern wenn der moderne Mensch von der Erfahrung der Sachen getrennt ist und nur noch abstrakt und lebensfern über diese Sachen räsonniert. Dann legt sich das Gerede wie eine Nebelbank, sie verbergend und verstellend, über jene Sache, von der eigentlich die Rede sein sollte.

Heideggers Begriff der Bodenlosigkeit und der Entwurzelung muß man also im Zusammenhang mit seiner Phänomenologie sehen. Es ist ja bekannt, daß Heidegger ein Schüler des Phänomenologen Edmund Husserl war. Husserls ganze Phänomenologie stand unter dem programmatischen Motto: „Zu den Sachen selbst“. Die Phänomenologie ist eine Philosophie, die sowohl in der Philosophie wie in der Wissenschaft keinen Satz zuläßt, der nicht an „den Sachen selbst“ aufgewiesen werden kann. Eine nicht an den Sachen aufweisbare Aussage sei von den Sachen abgeschnitten und sie sei damit reine Ideologie. Sie ist, wie Heidegger es nennt, entwurzelt. Wir müssen noch hinzufügen, daß jede wissenschaftliche oder philosophische Aussage nicht nur an den Sachen aufweisbar sein muß, sondern daß der

Index der Aussagbarkeit für Husserl die „Anschauung" ist. Was also nicht durch die Anschauung erschlossen und offengelegt werden kann, ist für Husserl nichts anderes als Ideologie. In diesem Sinne gibt es sowohl Wissenschaftsideologien und philosophische Ideologien, als auch religiöse Ideologien. Diese Ablösung der Rede von den Sachbezügen, die Ablösung der Sprache von ihrer sacherschließenden Kraft, das meint Heidegger mit dem Verlust der Bodenständigkeit des menschlichen Daseins in der Moderne.

Nun müßte man hier die Frage stellen, ob diese Thesen Heideggers sich für die 20er und 30er Jahre verifizieren lassen. Die Weimarer Republik war zweifellos eine Zeit der widerstreitenden Ideologien. Solche Ideologien konnten sich aus der Sicht Heideggers mit Auswirkungen für die politische Kultur nur bilden, wenn die Sprache sich von jeder Sachgebundenheit gelöst hat. Wenn sich das Gerede verselbständigt hat und ohne jeden Sachbezug waltet, dann kommt es zum Kampf der Ideologien. Dann ist der politische Erfolg eine Frage der rhetorischen Technik und der Demagogie, und nicht mehr eine Frage des Sachgehaltes oder gar der Wahrheit. Politik wird zu einer Frage der Manipulation und der Suggestion, und wer das am besten beherrscht, der siegt dann auch.

Hitler hat mythische Begriffe wie Rettung, Erlösung, Abendland, Volk, Rasse gebraucht und hat es so erreicht, die Köpfe und die Gemüter zu beherrschen. Zuletzt wurde diesen, als Fetisch benutzten Begriffen fast jedes Opfer gebracht. Dieses Phänomen zu begreifen, ist im Blick auf die Deutung der Genese und der Wirklichkeit des Nationalsozialismus vielleicht viel wichtiger, als alles andere. Die Historie hat ständig die Herrschaft der Weimarer Republik und auch des Nationalsozialismus analysiert, aber dabei ist das in Wahrheit Herrschende kaum Objekt der Analyse geworden. Den Faschismus kann man nämlich nur verstehen, wenn man ihn als ein postchristliches Phänomen einer Gesellschaft ansieht, die den ursprünglich religiösen und ethischen Bezug zu den „Sachen selbst" verloren hat und die so den Ideologien und ihren Suggestionen ausgeliefert wurde. Die spezifische Wirkung des Nationalsozialismus und vor allem Hitlers kann man weder psychologisch, soziologisch noch moralisch erklären und deuten, sondern man muß sie als Ausdruck einer kulturell entwurzelten Gesellschaft verstehen. Das ist es, worum es Heidegger bei der Analyse der Verfallenheit an das „Man" geht.

Es ist in der Sicht Heideggers eine Grundbefindlichkeit des „In-der-Welt-Seins" des Menschen, daß er im Blick auf diese herrschende Form der öffentlichen Auslegung nie autonom, unabhängig und frei sein kann. Der Mensch ist nie autonom, sondern er ist immer durch eine Religion oder auch durch die Ideologie bestimmt. Die öffentliche Auslegung des menschlichen Daseins kann durch eine Ideologie, sie kann aber auch durch eine Religion erfolgen. An diesem Punkt bricht Heidegger zweifellos mit der Aufklärung. Denn gegen die Bestimmtheit durch die „Stimmungen" und durch die „Öffentlichkeit" kann man mit rationaler Argumentation nichts ausrichten. Im Gegenteil, die Aufklärung kann vielmehr selber als Ideologie die herrschende Form der öffentlichen Auslegung werden, an der jede auch rationale Argumentation zerschellen muß. Damit unterliegt auch die herrschende Aufklärung den gleichen strukturellen Bedingungen, die Heidegger veranlassen, von der „Verfallenheit“ des Menschen an das „Man“ zu sprechen.

Heidegger faßt nun diese kulturkritischen Bestimmungen in der These zusammen, daß das Dasein in seiner Alltäglichkeit im Zustand der „Uneigentlichkeit“ existiert. Dieser Begriff der „Uneigentlichkeit“ ist für Heideggers latente politische Philosophie und auch für seine Identifikation mit dem Nationalsozialismus entscheidend. Denn wenn das Dasein in der „Uneigentlichkeit“ existiert, stellt sich natürlich die Frage, wie man das Dasein in seine „Eigentlichkeit“ bringt.

Nun muß man hier allerdings sofort darauf hinweisen, daß Heidegger die „Eigentlichkeit“ nur als eine Modifikation der „Uneigentlichkeit“ bestimmt. Heidegger hat sich sogar dagegen gewehrt, daß seine Rede vom „uneigentlichen“ und „verfallenen“ Zustand überhaupt von ihm kulturkritisch, kulturpessimistisch oder negativ gemeint gewesen sei. Ob diese Selbsteinschätzung Heideggers zutrifft, braucht uns hier nicht zu interessieren. Auf jeden Fall sind diese Passagen von „Sein und Zeit“ immer, und ich finde völlig zu Recht, als Ausdruck des Heideggerschen Kulturpessimismus gelesen worden. Diese Passagen kann man gar nicht anders interpretieren, auch wenn Heidegger noch so oft sagt, daß er das ganz neutral gemeint hat.

Was führt den Menschen nun in seine „Eigentlichkeit“? Hier nähern wir uns wiederum einem ungeheuer aufregenden Problem der ganzen Aufklärungsepoche. Denn vor diesem Problem steht die Aufklärung seit dem 18. Jahrhundert. „Uneigentlichkeit“, das ist für die Aufklärung der Zustand der „Heteronomie“. Heteronomie ist der äquivalente Begriff der Aufklärung für Verfallenheit und Uneigentlichkeit. Auch die Aufklärung trifft den Menschen demnach in einem Zustand der Fremdbestimmung an. Der Mensch ist für sie noch nicht autonom, sondern fremdbestimmt. Hier sieht man, daß die Entfremdungsproblematik essentiell auch zur Aufklärung gehört. Was die Aufklärung als „Heteronomie“ bestimmt, ist nun aber nichts anderes, als der säkularisierte Begriff für das, was die christliche Theologie fast 2000 Jahre lang „peccatum“(Sünde) genannt hat. Es ist ja nicht so, daß „peccatum“ in der Neuzeit einfach verschwunden ist, sondern peccatum lebt unter den Bedingungen der Aufklärung in der Theorie der Heteronomie weiter. Dieser Sachverhalt taucht bei Karl Marx in der Rede von der gesellschaftlichen „Selbstentfremdung“ und bei Heidegger in seiner Rede von der „Uneigentlichkeit“ nur in neuen Assoziationen auf. Auch Habermas geht selbstverständlich von einem herrschenden heteronomen Zustand aus, der dann durch einen kommunikativ befreiten Zustand überwunden werden soll.

„Heteronomie“, „Uneigentlichkeit“ – das ist also das Grundproblem der Politik in der ganzen Moderne. Was aber ist die Antwort der Aufklärung auf dieses Problem? Die Aufklärung setzt seit jeher auf rationale Belehrung und Aufklärung. Der ehrwürdige Glaube der Aufklärung geht davon aus, daß die Überwindung des heteronomen Zustands erreicht wird, wenn man die Menschen mit rationaler Argumentation über die Genesis und das Faktum dieser Fremdbestimmtheit aufklärt. Kann man aber Entfremdung, wie immer man sie auch bestimmen mag, durch rationale Aufklärung ihrer Genesis überwinden? Hat sich schon einmal ein Mensch durch rationale Aufklärung geändert? Ist jemand schon einmal als Ergebnis rationaler Aufklärung ein anderer geworden, als er vorher war? Ich will diese Frage gar nicht beantworten. Karl Marx war jedenfalls nicht der Meinung, daß rationale Argumente genügen. Dazu bedarf es seiner Auffassung nach der Gewalt, und sei es auch nur einer Gewalt, die die Rolle des Geburtshelfers der Revolution übernimmt. Auch Ernst Bloch hat noch kurz vor seinem Tode verkündet, wenn er jünger wäre, würde er die Knarre in die Hand nehmen und gegen die Kapitalistenschweine kämpfen. Er hielt es für bürgerlich-dekadentes Geschwätz, zu glauben, man könnte Herrschaftsverhältnisse ohne Gewalt ändern.

Was aber ist nun die Antwort Heideggers? Er meint nun, daß es keinen Menschen gibt, der imstande ist, einen anderen Menschen aus seiner „Uneigentlichkeit“ herauszuführen. Heidegger vollzieht also auch in diesem Punkt einen Bruch mit der Aufklärung und sogar mit der sokratischen Tradition. In der Sicht Heideggers kann dies nämlich nur eine Macht im menschlichen Dasein selbst bewerkstelligen. Und welches ist diese Macht? Diese Macht ist eine bestimmte Form der „Stimmung“. Heidegger denkt hier nicht an alle möglichen Stimmungen, sondern an die spezifische Stimmung der Angst. Heidegger hat mit dieser Analyse der „Angst“ wiederum ein Schlüsselwort der Epoche des Faschismus geliefert. Zu dieser Zeit, in der sich eigentlich die Aufklärung vollenden und erfüllen sollte, hatten die Menschen mehr Angst als während der gesamten Neuzeit.

Könnte diese Angst nicht vielleicht sogar die unbeabsichtigte Folge der Aufklärung selber sein? Führt nicht die Aufklärung, indem sie den modernen Menschen von allem befreit, zu einer Eskalation der Angst? Wenn die Aufklärung ihr Werk der Befreiung durchgeführt hat, dann hat der moderne Mensch kein Vaterland, keine Religion, keine Ethik, keine Familie mehr.[155] Daher nimmt, idealtypisch gesehen, mit jedem Schritt der Befreiung auch die Angst und die Unsicherheit zu. Der einsame Mensch ist am Ende nur noch ein Bündel seiner Ängste. Es ist das kollektive Schicksal der modernen Welt, daß immer mehr Menschen in diese Einsamkeit und in die damit verbundene Angst hineingestoßen werden.

Heidegger hat daher in der Nachfolge von Kierkegaard die Kategorie der Angst als Schlüsselkategorie der modernen Welt heraus gearbeitet. Was bewirkt die Angst?

Kierkegaard hatte die Angst noch von der Furcht unterschieden. Furcht ist immer auf ein objektiv zu Fürchtendes bezogen. Die Furcht übernimmt damit eine sehr lebenserhaltende Funktion, denn sie zeigt etwas objektiv Bedrohliches an. Wer Furcht empfindet, der kann sich rechtzeitig auf eine Gefahr einstellen. Die Furcht hat also durchaus eine sehr nützliche Funktion. Platon wußte noch, daß nicht derjenige tapfer ist, der sich nicht fürchtet, sondern der zu unterscheiden weiß zwischen dem in Wahrheit zu Fürchtenden und dem nur scheinbar zu Fürchtenden. Die Tapferkeit ist also auch eine Sache des Wissens. Wer dieses Wissen

[155] Dieser moderne Mensch hat dann auch keine Frau oder Mann mehr, sondern nur noch einen „Partner“. Es ist aber ein großer Unterschied, ob man eine Frau oder nur einen Partner hat. Man spricht heute nicht mehr davon, eine Frau oder einen Mann zu haben, weil eine solche Redeweise als herrschaftsähnliche Redeweise diffamiert ist. Wer aber nur einen Partner hat, der hat, wenn es hart auf hart kommt, gar nichts bzw. nur noch sich selbst.

nicht hat, dem kann man leicht vortäuschen, was zu fürchten ist. Auch dafür gibt es im Nationalsozialismus genügend Belege.

Die Angst unterscheidet sich dagegen von der Furcht. Die Angst ist die Wahrnehmung des Vorgangs, in dem die Welt in das Nichtsein entgleitet. Anders ausgedrückt: die Angst ist die Grundstimmung, in der das Dasein so wahrgenommen wird, als falle es aus der unmittelbaren Verflochtenheit an die zu besorgenden Dinge dieser Welt heraus. Heidegger spricht davon, daß die Welt gewissermaßen „entgleitet". Was heißt Entgleitung? Entgleitung heißt, daß die Welt aufhört, vertraut zu sein. Entgleitung ist, religiös formuliert, der Prozeß, in dem die Menschen erfahren, daß sie nicht mehr von dieser Welt sind. Die Tradition der Gnosis sprach in diesem Zusammenhang immer davon, daß der Mensch in dieser Welt nie ganz zu Hause ist und daß ihm diese Welt nie endgültig zur Heimat werden kann. Angst heißt also: die Welt entgleitet, die Welt wird fremd, der Sinn der Welt löst sich auf. Der Mensch erfährt seine Nichtigkeit. Indem die Angst diese Weltentfremdung bewirkt, führt sie das menschliche Dasein auf sich selbst zurück. Das menschliche Dasein wird radikal vereinzelt. Der einzelne Mensch wird auf sich selbst, auf die „Faktizität des Daseins" zurückgeführt. Er wird „Existenz". Die Angst führt damit zur Erfahrung der grundlosen Faktizität des Daseins.

Heidegger wendet hier in „Sein und Zeit" Kernaussagen von Kierkegaard auf die moderne Welt an. Es gibt für diesen Menschen keinen tragenden, haltenden, geschweige denn bergenden Grund mehr. Dieser Mensch erfährt seine Nichtigkeit und seine radikale Vereinzelung und er sieht, daß er zur Übernahme seines Seinkönnes verurteilt ist. Was bedeutet das? Hinter dieser Heideggerschen Rede von der „Faktizität des Daseins" verbirgt sich nichts anderes, als die Anerkennung des Nietzscheschen Satzes: Gott ist tot. Hier findet sich der radikale Bruch Heideggers mit der gesamten christlich-metaphysischen Tradition. Heidegger bricht mit dieser Tradition genauso radikal, wie das auf vulgärer, primitiver Ebene der Nationalsozialismus auch getan hat. Der Mensch wird in die unmittelbare und unausweichliche Konfrontation mit dem Nihilismus gestellt. „Nihilismus" ist also keine philosophische Lehre, sondern eine geschichtliche Grunderfahrung, die der vereinzelte Mensch durch die – in der Angst empfundene – Auslieferung an seine grundlose nichtige Faktizität erfährt.

Das ist, philosophisch gesehen, die Wurzel, die erklärbar macht, warum es überhaupt diese Revolution des Nationalsozialismus gegen die Moderne geben konnte. Wer wissen will, warum das Kultwort der national völkischen Bewegung „Gemeinschaft" geheißen hat, der wird die Wurzel in dieser Nihilismuserfahrung suchen müssen. Und wenn man weiterhin wissen will, warum das „Führerprinzip" das zweite Kultwort jener Zeit war, dann liegt das daran, daß es in dieser Situation den Wunsch nach einer entlastenden Autorität gegeben hat. Die Erzeugung von „Gemeinschaft" und „Führung" waren sozusagen die beiden innerweltlichen Mittel, die übrig geblieben waren, um mit dem fertigzuwerden, was Heidegger in dem Grundvorgang der Stimmung der „Angst" zum Ausdruck gebracht hat.

Heute wenden sich die jungen Menschen den Sekten zu, damals wandten sie sich den Nationalsozialisten zu. Was suchen diese Menschen dort? – Gemeinschaft und Autorität. Sie suchen Gemeinschaft und Autorität, weil sie die Konfrontation mit der eigenen faktischen Nichtigkeit nicht aushalten. Wenn man wissen will, warum die marxistische Antwort auf die Befreiung des Menschen aus der Selbstentfremdung in der modernen Welt keine wirkliche Alternative gewesen ist, dann muß man die Gründe hier suchen. Der einzige große Marxist des 20. Jahrhunderts, der das begriffen hat, war Ernst Bloch. Ernst Bloch hat mir gegenüber zu vorgerückter Stunde zugegeben, daß er 1933 auch bei den Nationalsozialisten hätte landen können. Ernst Bloch hat darum seinen marxistischen Freunden immer wieder vorgehalten, daß sie einen großen Fehler begehen, wenn sie Wahrheiten verkennen und vernachlässigen, nur weil der Feind sich dieser Wahrheiten bemächtigt.

Eine moderne Politik, die in Zeiten der radikalen Vereinzelung der Menschen das Gemeinschafts- und Führungsproblem einfach leugnet oder verdrängt, braucht sich über archaische Gegenreaktionen nicht zu wundern. Das – und nicht nur die politische und die wirtschaftliche Krise – ist das philosophische Existenzproblem der Weimarer Republik gewesen.

Wie stellte sich nun Heidegger den Durchbruch zur „Eigentlichkeit" vor? Es ist der „Tod", der den vereinzelten Menschen zu seiner Ganzheit zurückbringt! In der Erfahrung der Angst kommt der Mensch zu sich selbst, und in der Antizipation des Todes kommt der Mensch zur Erfahrung des Ganzen. Das ist die These Heideggers.

Man müßte hier eigentlich eine ganze Abhandlung über die Politik und den Tod bzw. über die Politik und die Sterblichkeit des Menschen einfügen. Es war Carl Schmitt, der, aus einer christlichen und Hobbesschen Tradition stammend, noch gewußt hat, daß die Politik aus der Tatsache der Sterblichkeit des Menschen erwächst. In der Politik geht es – wie in der Religion – um Leben und Tod. In der Wirtschaft geht es eben nicht um Leben oder Tod, sondern um arm und reich, aber auch Arme können leben. Die Politik ist im Grunde genommen der letzte Ort des potentiellen Ernstes. Weil das so ist, kann es Politik ohne Religion nicht geben. Selbst wenn die Politik sich von der Religion zu emanzipieren versucht, tut sie das wiederum mit religiöser Inbrunst. Auch die angeblich religionslose Politik wird immer von dem bestimmt, wovon sie sich emanzipieren und befreien will.

Heidegger meint also, daß der Tod die Instanz im menschlichen Dasein ist, die das Selbstsein des Menschen zu seiner Ganzheit bringen kann. Diese These ist natürlich für die moderne Politik ungeheuer interessant. Denn Heidegger entdeckt damit in einem allgemeineren Sinne die Bedeutung des Todes wieder, die Thomas Hobbes bemerkt hat. Der Tod spielt bei Hobbes, wenn auch beschränkt auf die Bedeutung für die Politik, die gleiche Rolle, wie für Heidegger hinsichtlich der Frage nach dem möglichen Ganz-sein-können und der Eigentlichkeit des menschlichen Daseins.

Es ist nun von ausschlaggebender Bedeutung, daß der Tod in der Heideggerschen Konzeption von „Sein und Zeit" an die Stelle Gottes getreten ist. Der Tod übernimmt nun die Rolle und die Funktion, die in den traditionellen, auch christlichen Gesellschaften Gott eingenommen hat. An die Stelle Gottes tritt bei Heidegger der Tod!

Es ist gar keine Frage, daß der Nationalsozialismus mit diesem Gedanken der Ersetzung Gottes durch den Tod blutigen Ernst gemacht hat. Das Geheimnis des Nationalsozialismus besteht darin, daß das, was die völkische Erneuerung begonnen hat, in der Entschlossenheit geendet hat, den Tod als die höchste, nicht überbietbare Instanz in dieser Welt anzuerkennen. Das Verhältnis zum Tod, das bei den Deutschen immer schon ein besonderes war, erfuhr hier eine besondere Wendung. Die nationalsozialistische Bewegung sah ihre höchste Erfüllung im Sterben für das Volk, das größer ist als alles Leben. Von Clemenceau stammt der Satz, daß alle Völker das Leben liebten, nur die Deutschen liebten den Tod. Dieser Satz enthält natürlich eine ungeheure Übertreibung, dennoch ist etwas Wahres dran.

Dieses Verhältnis zum Tod war im 20. Jahrhundert allerdings nicht auf die nationalsozialistische Bewegung beschränkt. Die Tötungspraxis ist ganz allgemein in der ersten Hälfte des 20. Jahrhunderts zum beinahe beherrschenden Zug der politischen Praxis geworden. Die Durchsetzung von politischen Zielen hatte fast immer die Form der kollektiven Liquidation und Tötung angenommen. Und das ausgerechnet in dem Jahrhundert, das den Triumph der Aufklärung mit sich bringen sollte. Von Heideggers Analyse und Schlußfolgerung aus gesehen, ist das aber kein Zufall. Die radikal auf sich selbst zurück geworfene Existenz erfährt im endlichen Dasein den Tod als die letzte, das Dasein bestimmende Größe. Es ist der Tod, der das menschliche Dasein im Ganzen durchherrscht und der es zu einem „Sein zum Tode“ macht.

Bei Heidegger geschieht nun die Überwindung der „Verfallenheit“ bzw. der „Uneigentlichkeit“ durch die „Entschlossenheit“, mit der der Einzelne das durch Angst und Tod durchherrschte Dasein annimmt und sich zu diesem „Sein zum Tode“ entscheidet. Aus der Erschlossenheit des nichtigen Daseins erwächst die Entschlossenheit zum „Sein zum Tode“. Die Entschließung zur Übernahme dieses Seins zum Ende, so Heidegger, führt das menschliche Dasein zu sich selbst, da es – radikal von allen Illusionen und Götzen befreit – sich selbst in einem wahren Stand gewahr wird.

Heidegger entdeckt hier – diese Zwischenbemerkung sei hier erlaubt – nichts anderes, als die uralte christliche, vor allen Dingen Paulinisch-Luthersche Daseinsauslegung des Menschen, abzüglich des Gottesglaubens. Gott und Gottesglaube ist bei Heidegger weg, aber die durch den Gottesglauben erschlossene Daseinserfahrung wird bei ihm zum Zentrum der Daseinsauslegung von „Sein und Zeit“. Im Verlust dieses Gottesglaubens liegt der Grund, warum die Deutschen durch den Nationalsozialismus in einer quasireligiösen Art verführt werden konnten und warum sie sich dem Nationalsozialismus unterworfen haben. Die Deutschen waren im Unterschied zu anderen westlichen Völkern 1933 noch „religiös“ verführbar.[156]

---

[156] Heute scheint alles dafür zu sprechen, daß sich die Deutschen zu einem normalen Volk der westlichen Tradition entwickelt haben. Die religiöse Bestimmtheit der Politik ist – nach dem Zwischenfall von 1968 – weitgehend zurückgetreten. Ob das wirklich so ist oder nur so scheint, lasse ich offen. Das wird erst die Zukunft zeigen.

Was ist nun die Essenz der politischen Philosophie Heideggers im Blick auf sein Engagement für die national völkische Revolution? Ich fasse zusammen: Heidegger engagierte und identifizierte sich für eine Reihe von Jahren mit dem Nationalsozialismus, weil er ganz offensichtlich von dem irrtümlichen Glauben beseelt war, er könne diese NS-Bewegung nach seiner Philosophie verändern. Die Aussage des NS-Gauleiters, der nach der Rektoratsrede zu Heidegger sagte, was er da vorgetragen habe, sei sein privater Nationalsozialismus, ist im Grunde genommen das Erhellendste, was über Heideggers NS-Engagement gesagt worden ist. Es ist gar kein Zweifel, daß Heidegger dieser Bewegung in ihrer revolutionären Zielsetzung emphatisch zugestimmt und sie auch rückblickend für notwendig gehalten hat. Aber er hat auch geglaubt, er könnte sie durch sein Denken auf eine neue Grundlage stellen und entsprechend verändern. Heidegger hat sogar geglaubt, er könnte der Chefideologe des Dritten Reiches werden.

Auch Heidegger hat sich vom Nationalsozialismus blenden lassen. Der Nationalsozialismus konnte sich nur durchsetzen, weil er damals die Sehnsüchte der Deutschen erkannt und alle „Werte“ und Kulturbestände für sich in Anspruch genommen und ideologisch ausbeutete. Der Nationalsozialismus hat zwar „Gemeinschaft“ und die „Rettung“ des Abendlandes“ verkündet, aber das, was er dann veranstalte, hatte mit alle dem nichts zu tun gehabt. Diese nihilistische, plebeyische und kleinbürgerliche NS-Bewegung hat alles das zerstört, was bis dahin noch an humanistischen und christlichen Beständen vorhanden war.

Heidegger sah die Gefahren, die im Nationalsozialismus angelegt waren. Aber er meinte, die Nationalsozialisten vor dem biologistisch-rassistischen Irrweg durch seine eigene Philosophie bewahren zu können. Vielleicht konnte es Heidegger sogar tatsächlich am Anfang so erscheinen, als könne er auf diese Entwicklung Einfluß nehmen. Immerhin darf man nicht vergessen, daß auch die NS-Bewegung eine eigene Geschichte durchgemacht hat. Die NS-Bewegung ist ja nicht von 1933 bis 1945 immer dieselbe geblieben. Es haben sich ja währenddessen viele Dinge verändert. Ob das, was da am Ende herauskam, von Anfang an in dieser Form in der NS-Bewegung angelegt war, ist die große Frage, die ich nicht zu entscheiden wage. Es gibt viele, die sagen, es sei alles von Anfang an darauf hinausgelaufen und man hätte schon bei den Nürnberger „Rassegesetzen“ und an Hitlers Reaktion auf den „Röhmputsch“ den Charakter des Nationalsozialismus erkennen können und erkennen müssen. Aber es gibt auch Andere, die sagen, dies sei eben in den ersten Jahre noch nicht absehbar gewesen. Zu ihnen gehörte Heidegger.

Heidegger mußte seine 1927 in „Sein und Zeit“ entwickelte Philosophie 1933 nur geringfügig verändern. An die Stelle des Daseins des „Einzelnen“ in „Sein und Zeit“ trat nun das „Volk“. Was Heidegger 1933 mit der Bestimmung des deutschen Volkes und mit dem Aufruf zur „Entschlossenheit“ der freien Übernahme des eigenen Schicksals gemeint hat, ist nichts anderes als das, was in „Sein und Zeit“ noch an die Adresse des Einzelnen gerichtet war. Heidegger war in „Sein und Zeit“ noch in Resten mit Kierkegaard und mit dem Christentum verbunden. 1933 hat er diese letzte Verbindungen gekappt und an die Stelle des „Einzelnen“ das „Volk“ gesetzt. Im Kern aber war seine eigene Philosophie bereits in „Sein und Zeit“ durch die Apologie des Todes und des Nihilismus bestimmt. Heidegger trat an, den Nihilismus zu überwinden, er hat aber auf dem Boden seines eigenen Nihilismus letztlich eher dem Nationalsozialismus als einem postchristlichen, post-bürgerlichen und letztlich barbarischen Ereignis vorgearbeitet.

E. Das Scheitern der Konservativen Revolution und die Wiederentdeckung der Gottesfrage

Wir haben versucht, den Faschismus/Nationalsozialismus als Antworten auf das Problem der Dekadenz und der Krise der bürgerlichen Kultur zu interpretieren. Die Beschäftigung mit der Thematik der Dekadenz hat uns zunächst zu Nietzsche geführt, weil das Grundproblem der ganzen Nietzscheschen Philosophie das Problem der Dekadenz gewesen ist. Wir haben – zweitens – festgestellt, daß Nietzsche mit dem Dekadenzbegriff ein Phänomen im Blick hatte, das eine gewisse strukturelle Verwandtschaft mit dem Begriff der Selbstentfremdung hat, der im Mittelpunkt der marxistischen Tradition und der sozialistischen Bewegung gestanden hat.

Der Marxismus sprach nicht von der Dekadenz der bürgerlichen Kultur, sondern von der „Selbstentfremdung“ des Menschen in der bürgerlichen Gesellschaft. Die sozialistische Tradition verstand unter Selbstentfremdung, daß der Mensch arbeitend sich selbst und seine gegenständliche Welt erzeugt, und daß sich diese, von ihm selbst hervorgebrachte gegenständliche Welt unter den historischen, politökonomisch definierten Bedingungen des Kapitalismus von seinem produzierenden Subjekt entfremdet und zu einer eigenen Gewalt wird, unter die der produzierende Mensch schließlich selber subsumiert wird. Das hat, elementar formuliert, Karl Marx im Blick gehabt, als er von der Selbstentfremdung gesprochen hat. Karl Marx war nun der Meinung gewesen, daß es im gesellschaftlichen Prozeß eine immanente Notwendigkeit gibt, die dazu führen wird, daß die in der Geschichte der bürgerlichen Gesellschaft erzeugte Selbstentfremdung im Kommunismus aufgehoben und überwunden wird. Diese Entfremdung werde dann überwunden werden, wenn die Entfremdung des Menschen total geworden ist. Dann bedarf es eigentlich nur noch des Anstoßes der proletarischen Revolution und der Diktatur des Proletariats, um die realen Wurzeln der geschichtlich gewordenen Selbstentfremdung des Menschen abzuschaffen. Marx ging es bei der Überwindung des entfremdeten Menschen darum, eine neue Gesellschaft hervorzubringen, die sich nicht mehr als Arbeitsgesellschaft definiert, sondern in der die Arbeit tendentiell abgeschafft sein wird. An die Stelle der bisherigen Industriezivilisation sollte eine automatisch organisierte Industriegesellschaft treten. Durch die im Kommunismus entwickelten technischen Entwicklungen sollte in der Industriegesellschaft ein solches Ausmaß an Entlastung des Menschen von der physischen Arbeit ermöglicht werden, daß die Selbstentfremdung des Menschen beseitigt würde.

Diese Marxsche Prognose ist von der Geschichte nicht erfüllt worden. Das ist das Kernpoblem. Denn es ist ja offensichtlich, daß der reale Sozialismus, angefangen vom demokratischen Sozialismus bis zum totalitären Sozialismus in der Sowjetunion, die von Karl Marx analysierte, strukturell bedingte Entfremdung des Menschen in der modernen Industriegesellschaft nicht zu überwinden vermochte.

Gemessen an seinem eigentlichen Ziel, ist der Sozialismus in allen seinen Erscheinungsformen gescheitert.[157]

Das von Marx entdeckte Phänomen der Selbstentfremdung entspricht dem Phänomen, das Nietzsche „Dekadenz“ genannt hat. Der Unterschied besteht nur darin, daß das von Nietzsche als Dekadenz interpretierte Phänomen kein Ergebnis der Arbeitswelt bzw. der Organisation der industriellen Produktion, sondern ein Phänomen der Kultur ist. Nietzsche erkennt dabei nicht nur im Kapitalismus und im Sozialismus, sondern im Prozeß der platonisch-christlichen Kultur überhaupt ein Dekadenzphänomen. Diese ganze Tradition führt in seinen Augen zum Niedergang des Menschen. Dieser Niedergang des Menschen manifestiere sich im „letzten Menschen“. Dieser letzte Mensch sei nicht mehr fähig, sich zu transzendieren. Der letzte Mensch findet sich mit den Vorfindlichkeiten seiner Bedürfnisnatur ab. Dieser Mensch definiert sich nur noch durch die wechselnden natürlichen Bedürfnisse. Er hat nur noch das eine Ziel, nämlich diese naturalen Bedürfnisse zu befriedigen. Nietzsche interpretiert diesen Vorgang nun nicht mehr, wie Karl Marx, als Erfüllung des Menschseins, sondern als Dekadenz und als Niedergang des Menschseins. Der Mensch, der nicht mehr transzendiert und der nur noch diese natürlichen Bedürfnisse befriedigen will, ist für Nietzsche kein Mensch mehr, weil er die Frage der Rechtfertigung seines Daseins nicht mehr stellt.

Wir sind nun weiterhin davon ausgegangen, daß der revolutionäre Konservativismus in den 20er und 30er Jahren Nietzsches Intention einer Überwindung dieser Dekadenz übernommen hat. Sind diese Konservativen bei dem Versuch, Dekadenz zu überwinden, erfolgreicher gewesen als die Sozialisten bei ihrem Versuch, die Selbstentfremdung zu überwinden? Wenn man die Frage so stellt, kommt man an der Feststellung nicht vorbei, daß auch die konservativ-revolutionären Versuche einer Dekadenzüberwindung gescheitert sind. Wir haben den Grund ihres Scheiterns bereits in Nietzsche ausfindig gemacht. Die Interpretation des Dekadenzbegriffs bei Nietzsche hat zwar gezeigt, daß dem Nietzscheschen Dekadenzbegriff im Unterschied zu dem der revolutionären Konservativen noch eine christliche Wurzel zugrunde lag. Nietzsche sah in Übereinstimmung mit dem Christentum, daß der Mensch konstitutiv mit Leiden konfrontiert ist, und daß die Wirklichkeit die Glücksintention des Individuums verneint. Und er stellte vor diesem Hintergrund auch – wie Paulus und Luther – die Frage nach der Rechtferti-

---

[157] Man muß gerechterweise feststellen, daß zwar Marx in seiner eigentlichen Intention gescheitert ist, daß aber die Marxsche Utopie im Blick auf die neuen Technologien prinzipiell erneuerbar ist. Die bürgerlichen Kräfte dürfen nicht glauben, daß mit dem Scheitern des etatistischen Sozialismus in der Sowjetunion die von Marx aufgeworfene Frage erledigt wäre. Man kann sich heute durchaus vorstellen, daß es gelingen könnte, die Industrieproduktion so zu automatisieren, daß das Heer des physisch arbeitenden Proletariats aus den alten Zwängen entlassen wird. Wenn das gelänge, hätte allerdings der Kapitalismus selber und nicht der Sozialismus den Marxismus erfüllt. Immerhin hat die westliche Gesellschaft der sogenannten Sozialen Marktwirtschaft schon heute von den marxistischen Verheißungen mehr erfüllt als alle Länder, in denen der Sozialismus gewirkt hat.

gung des Leidens. Dekadent ist in den Augen Nietzsches derjenige, der diese Leidenswirklichkeit nicht anzunehmen und das Leiden nicht zu rechtfertigen vermag. Nietzsche stellt aber der dekadenten Verdrängung und Flucht vor der Leidenswirklichkeit keine christliche Antwort, sondern nur noch das Postulat der heroischen Annahme dieser Leidenswirklichkeit gegenüber.

Meine These ist, daß der durchgehende Zug des revolutionären Konservativismus darin besteht, daß die christliche Bestimmtheit des Nietzscheschen Grundproblems verloren gegangen ist. Anders formuliert: Während Nietzsche wenigstens noch durch seine christliche Herkunft bestimmt war und er ein christliches Problem in antichristlicher Weise zu lösen versucht hat, ging diese christliche Bestimmtheit in den konservativ-revolutionären Formen der Nietzscherezeption verloren. Der in der Konservativen Revolution und im Faschismus wirksam gewordene Nietzsche war ein radikal entchristlichter Nietzsche. Die Rezeption des entchristlichten Nietzsche ist bei Oswald Spengler ebenso offensichtlich wie bei Ernst Jünger und Martin Heidegger. Dies hat – wenn man einen genealogischen Zusammenhang zwischen Nietzsche, Spengler, Jünger, Heidegger und dem Faschismus/Nationalsozialismus herstellen will –, im primitiven Nationalsozialismus seinen Niederschlag gefunden.

Jünger ist daher unter dem Eindruck der Erfahrung des Zweiten Weltkrieges von seinem revolutionären Konservativismus abgerückt und hat sich zu einem humanen Konservativen hin entwickelt. Der späte Jünger entwickelte einen religiösen, mythischen Konservativismus, dem er allerdings nicht das Christentum selber, sondern ein mythisch verstandenes Christentum zugrunde legt. Jünger ist ein außerordentlich interessantes Beispiel dafür, wie sich die Konstellation des revolutionären Konservativismus nach dem Ersten Weltkrieg vom Konservativismus nach dem Zweiten Weltkrieges unterscheidet. Die Entwicklung Jüngers ist für die Geistesgeschichte des deutschen Bürgertums nach dem Zweiten Weltkrieg in hohem Maße typisch. Jünger hat nämlich nach dem Zweiten Weltkrieg begonnen, über seinen eigenen Nihilismus nachzudenken. Er hat im Zweiten Weltkrieg erfahren, daß sein ganzes Frühwerk, einschließlich des „Arbeiters", eine Apologie des Nihilismus gewesen ist. Der späte Jünger dachte nun darüber nach, wie der Nihilismus überwunden werden kann. Er suchte nach den geistigen Mächten, mit deren Hilfe man den modernen geistigen Schwund- und Entleerungsprozeß überwinden kann. Jünger beschwört daraufhin den alten, der Metaphysik entstammenden Gedanken eines ewig währenden Seins. Er greift in mythischer Form wieder auf den Seinsgedanken der Metaphysik zurück. Der Ort, an dem sich die Überwindung des Nihilismus vollzieht, ist nun der Einzelne. Indem der Einzelne sich selber im Nihilismus zur Frage wird, besinnt er sich und unterwirft sich der ewigen, göttlichen Seinsmacht, an der er als ein unsterbliches Wesen Anteil hat. Jünger beschwört nun wieder die Mächte der Religion, einschließlich den Kirchen. Es gibt den großen Satz bei Jünger: ‚Ohne die Kirchen wären wir vielleicht längst im Kannibalismus geendet.' Jünger glaubt, daß der moderne Mensch aus dem Gedanken des ewig währenden Seins seine Hoffnung schöpfen könne. Der Mensch werde dieser göttlichen Kraft teilhaftig, wenn er sich dem Sein von neuem zuwendet. Jünger setzte damit auf den religiösen Mythos. Die historisch zufälligen Erscheinungsformen sind für ihn nur noch Ausdruck einer wirkenden ewigen Seinsgestalt. Jünger entledigt sich des ganzen Schreckens der konkreten Geschichte, die er im Frühwerk verarbeitet hat, durch die Mythisierung des geschichtlichen Geschehens. Jünger ist daher für diese Wendung, die der konservative Gedanke unter dem Eindruck des Zweiten Weltkrieges genommen, ungeheuer typisch. Wir erinnern uns daran, daß der Philosoph Helmut Kuhn kurz nach dem Zweiten Weltkrieg ein Buch unter dem Titel veröffentlicht hat: „Begegnung mit dem Nichts". Und kurz danach hat er ein weiteres Buch mit dem Titel „Begegnung mit dem Sein" veröffentlicht. Man könnte sagen, daß in diesen beiden Titeln der geistige Werdegang Ernst Jüngers umschrieben ist. Das Werk des jungen Jünger stand noch unter dem Motto: „Begegnung mit dem Nichts" und der späte thematisierte die „Begegnung mit dem Sein".

Der revolutionäre Konservativismus der ersten Hälfte des 20. Jahrhunderts stand dagegen noch in der Nachfolge Nietzsches. Er war Ausdruck der Entchristlichung des konservativen Gedankens. Das gilt für Spengler und Jünger ebenso, wie für Heidegger. Vereinfacht ausgedrückt: Der geistig und politisch wirksam gewordene revolutionäre Konservativismus ist zwar ein Produkt der Nietzschenachfolge, aber er ist es um den Preis der Eliminierung der christlichen Fragestellung Nietzsches gewesen. Hier liegt der Grund, warum der Konservativismus, gemessen an seinem Ziel, die Dekadenz zu überwinden, nicht nur faktisch gescheitert ist, sondern notwendig scheitern mußte. Das Scheitern des revolutionären Konservativismus ergab sich, soweit er mit dem Ziel der Dekadenzüberwindung angetreten ist, bereits aus der falschen Formulierung des Problems. Das Problem der Dekadenz wurde falsch formuliert, weil es aus dem christlichen Horizont, in dem es noch bei Nietzsche gestanden hat, herausgerissen wurde.

Warum mußte der revolutionäre Konservativismus scheitern? Weil die aus dem christlichen Horizont entrissene Definition der Dekadenz dazu führen mußte, Dekadenz naturalistisch zu fassen. Der revolutionäre Konservativismus und der Faschismus legten daher ein naturalistisches Verständnis des Menschen, der Kultur und der Geschichte zu Grunde. Ein geschichtliches Problem, nämlich die Dekadenz, wurde dort als ein Problem gesehen, das die Natur hervorgebracht hat und das darum auch nur durch die Natur gelöst werden könne. Dekadenz ist in dieser naturalistischen Sicht dann gegeben, wenn, biologisch gesehen, ein niederer Typus Mensch über den höheren Typus triumphiert. Wenn aber die Geschichte und die menschliche Kultur nur das Produkt eines Naturprozesses ist, ist es völlig undenkbar, daß dieselbe Naturkausalität, die den Verfall des Menschen bewirkt haben soll, durch ein Produkt dieser Kausalität, nämlich den Menschen, überwunden werden kann.[158] Es ist völlig unerfindlich, wie der dekadente Mensch, gedacht als Produkt einer kranken Natur, in der Lage sein soll, sich wie Münchhausen am

[158] Abgesehen davon stand auf der Basis der totalen Naturalisierung des Menschen auch gar kein Maßstab und kein Kriterium zur Verfügung, um überhaupt die Unterscheidung von schwach und stark, vornehm und gemein, dekadent und gesund, vornehmen zu können.

eigenen Schopf aus dem Sumpf zu ziehen. Während Nietzsche, in der Tradition des Christentums stehend, das Dekadenzphänomen noch als ein Problem des Geistes verstanden und daher – so problematisch seine Antwort auch war – noch für die Ausbildung eines „starken Geistes" plädiert hat, war es im Kontext der durch die konservativen Revolutionäre vorgenommenen Entchristlichung der Nietzscheschen Fragestellung schlechterdings nicht möglich, daß eine kranke Natur sich selbst heilt. Eigentlich hätte der naturalistisch ausgerichtete Konservativismus auf dieser Basis jede geschichtliche Faktizität für gerechtfertigt halten und als schicksalsgegeben und naturkonform erachten müssen. Da er das aber nicht getan hat, blieb eigentlich nur der Ausweg des sozialdarwinistischen Faschismus.

Im Vergleich zu diesem revolutionären Konservativismus war daher der klassische Konservativismus, der im Rückgriff auf antike und christliche Kulturtraditionen eine bestimmte Ausprägung des Menschenseins wiederherzustellen oder zu bewahren versuchte, durchaus ein sinnvolles Unternehmen. Das galt für den katholischen und den evangelischen Traditionalismus ebenso, wie für den abendländischen Traditionalismus. Sie sind im Vergleich zum fatalistisch ausgerichteten revolutionären Konservativismus und im Vergleich zum naturalistisch ausgerichteten Faschismus darum sinnvolle Ansätze gewesen, weil sie die durch die nihilistische Moderne in Frage gestellte Möglichkeit des Menschseins im Rückgriff auf ein Menschenbild, das die biologische Natur wie das geschichtliche Schicksal transzendiert, vor dem Untergang schützen wollten.

Freilich ist auch diese klassische Form des Konservativismus durch den Triumph der Moderne mittlerweile erledigt. Es gibt heute keine geschichtlichen Anknüpfungspunkte, Ursprünge und Traditionen mehr, die man noch unter den Bedingungen der fortgeschrittenen Moderne restituieren oder bewahren könnte. Es gibt heute eigentlich keine substantielle Kraft mehr, mit der sich ein politischer Konservativismus noch identifizieren könnte. Die fortgeschrittene Moderne hat sich der alten Mächte – Staat, Kirche, Beamtentum, Soldatentum, Bauerntum, und auch Preußentum – entledigt. Vergleichbares gilt auch für den sozialistischen Gedanken. Es ist 1989 nicht nur der reale Sozialismus zusammengebrochen, sondern auch die sozialistische Idee. Der libertäre Liberalismus und Kapitalismus hat sowohl über den Sozialismus, wie über den klassischen Konservativismus einen grandiosen historischen Sieg errungen. Wir sind heute an dem Punkt angelangt, an dem sowohl die progressive Utopie, wie der konservative Bewahrungsgedanken geschichtlich dementiert worden sind und an dem sich sowohl die konservativen wie progressiven Theorietraditionen und politischen Konstellationen erschöpft haben. Beide Formationen sind durch den Triumph der Moderne widerlegt worden. Aber vielleicht beginnt das Spiel in dem Moment von neuem, wenn die fortgeschrittene Moderne selber in die Krise gerät. Es könnte durchaus sein, daß sich die Fragestellungen, denen sich der konservative und der progressive Gedanke verdankten, in der Krise der Moderne von neuem stellen. Das betrifft die Frage der Selbstentfremdung ebenso wie die Frage der Dekadenz des modernen Menschen. Wenn, wie wir zu zeigen versucht haben, die Wurzel des Scheiterns der in der Nietzschenachfolge stehenden Konservativen Revolution die Entchristlichung der Nietzscheschen Problemstellung gewesen sein sollte, dann wird man zur postchristlich geprägten Ausgangsproblematik Nietzsches zurückkehren müssen, um das Problem der Überwindung der Dekadenz anders beantworten zu können, als das die Konservative Revolution und erst Recht der Faschismus/ Nationalsozialismus getan haben. Man wird dann entdecken, daß die Probleme der Dekadenz und der Selbstentfremdung des Menschen in der äußersten Zuspitzung über das Problem des peccatum (Sünde) zur Gottesfrage zurückführen. Wir werden daher einmal der Frage nachgehen müssen, ob derjenige, der heute die Gottesfrage stellt, tatsächlich ein Relikt aus vergangenen Zeiten ist oder ob er nicht vielmehr, die Dialektik der Moderne vor Augen, an der Spitze des Fortschritts marschiert.

Literaturverzeichnis

Theodor W. Adorno, Max Horkheimer: Die Dialektik der Aufklärung. Philosophische Fragmente, Frankfurt 1981

Hannah Arendt: Elemente und Ursprünge totaler Herrschaft, Frankfurt 1955

Ernst Bloch: Erbschaft dieser Zeit, Frankfurt 1973

Karl Braig: Vom Sein. Abriß der Ontologie, Freiburg 1896

Arthur Moeller van den Bruck: Das dritte Reich, Hamburg 1931

Ernst Cassirer: Der Mythus des Staates. Philosophische Grundlagen politischen Verhaltens, Frankfurt 1988

Houston Stewart Chamberlain: Die Grundlagen des 19. Jahrhunderts, München 1899

Ralf Dahrendorf: Gesellschaft und Demokratie in Deutschland, München 1965

Lucien Goldmann: Lukács und Heidegger. Nachgelassene Fragmente, hrsg. von Y. Ishaghpour, Darmstadt/Neuwied 1975

Martin Greiffenhagen: Das Dilemma des Konservatismus in Deutschland, Frankfurt 1970

Hans Grimm: Volk ohne Raum, München 1931

Michael Grimminger: Revolution und Resignation. Max Horkheimer und Hans Freyer und die geschichtliche Krise im 20. Jahrhundert, Berlin 1997

Georg W.F. Hegel: Wissenschaft der Logik, Werke 5, Frankfurt 1974

Martin Heidegger: Sein und Zeit, Tübingen 1953

Martin Heidegger: Grundfragen der Philosophie, Vorlesung 1934, Heidegger-Gesamtausgabe Bd.36, Frankfurt

Martin Heidegger: Die Selbstbehauptung der Universität. Das Rektorat 1933/34, Tatsachen und Gedanken, Frankfurt a.M. 1983

Heinrich Heine: Zur Geschichte der Religion und Philosophie in Deutschland, Stuttgart 1997

‚Historikerstreit'. Die Dokumentation der Kontroverse um die Einzigartigkeit der nationalsozialistischen Judenvernichtung, München 1987

Eberhard Jäckel: Hitlers Weltanschauung. Entwurf einer Herrschaft, Stuttgart 1981

Ernst Jünger: Der Arbeiter. Herrschaft und Gestalt, Stuttgart 1982

Paul Krannhals: Das organische Weltbild. Grundlagen einer neuentstehenden deutschen Kultur, München 1936

Helmut Kuhn: Begegnung mit dem Nichts. Ein Versuch über die Existenzphilosophie, Tübingen 1950

Helmut Kuhn: Begegnung mit dem Sein. Meditationen zur Metaphysik des Gewissens, Tübingen 1954

Kurt Lenk: Deutscher Konservatismus, Frankfurt/New York 1989

Georg Lukács: Die Zerstörung der Vernunft, Berlin 1954

Thomas Mann: Buddenbrooks. Verfall einer Familie, Berlin 1916

Thomas Mann: Doktor Faustus. Das Leben des deutschen Tonsetzers Adrian Leverkühn, Wien 1948

Thomas Mann: Der Zauberberg, Stockholm 1946

Armin Mohler: Die Konservative Revolution in Deutschland 1919-1932. Grundriß ihrer Weltanschauungen, Stuttgart 1950

Friedrich Nietzsche: Sämtliche Werke, Kritische Studienausgabe (KSA), Hrsg. von Giorgio Colli und Mazzino Montinari, München/Berlin/New York 1988. Es werden zitiert:
- Unzeitgemässe Betrachtungen 1 bis 4
- Die Geburt der Tragödie, KSA Bd. 1
- Die fröhliche Wissenschaft, KSA Bd. 3
- Also sprach Zarathustra, KSA Bd. 4

– Ecce homo. Wie man wird, was man ist, KSA Bd. 6
– Der Fall Wagner. Ein Musikanten-Problem, KSA Bd. 6
Ernst Nolte: Der Faschismus in seiner Epoche, München-Zürich 1979
Ernst Nolte: Der europäische Bürgerkrieg von 1917–1945. Nationalsozialismus und Bolschewismus, Frankfurt-Berlin 1987
Franz Neumann: Behemoth. Struktur und Praxis des Nationalsozialismus 1933–1944, Köln 1977
Hugo Ott: Martin Heidegger. Unterwegs zu seiner Biographie, Frankfurt/New York 1988
Helmuth Plessner: Die verspätete Nation, Frankfurt 1982
Karl R. Popper: Die offene Gesellschaft und ihre Feinde, Tübingen 1992
Hermann Rauschning: Die Revolution des Nihilismus, Zürich 1964
Günter Rohrmoser: Religion und Politik in der Krise der Moderne, Graz–Wien–Köln 1989
Günter Rohrmoser: Emanzipation oder Freiheit. Das christliche Erbe der Neuzeit, 2. Auflage, Frankfurt 1995
Günter Rohrmoser: Kampf um die Mitte. Moderner Konservativismus nach dem Scheitern der Ideologien, München 1999
Günter Rohrmoser: Geistige Wende. Christentum als Fundament des Modernen Konservativismus, München 2000
Günter Rohrmoser: Nietzsche als Diagnostiker der Gegenwart, München 2000
Alfred Rosenberg. Der Mythus des 20. Jahrhunderts. Eine Wertung der seelisch-geistigen Gestaltungskämpfe unserer Zeit, München 1932
Alexander Schwan: Politische Philosophie im Denken Heideggers, Köln–Opladen, 1965
Georges Sorel: Über die Gewalt, Frankfurt 1969
Oswald Spengler: Untergang des Abendlandes. Umrisse einer Morphologie der Weltgeschichte. München 1972
Oswald Spengler: Jahre der Entscheidung. Deutschland und die weltgeschichtliche Entwicklung, München 1961
Oswald Spengler: Preussentum und Sozialismus, München 1920
Turner, Henry A.: Faschismus und Kapitalismus in Deutschland. Studien zum Verhältnis zwischen Nationalsozialismus und Wirtschaft, Göttingen 1980

Personenregister

Abraham 75
Adenauer, Konrad 109
Adorno, Theodor W. 120, 128, 137, 138, 235, 299, 321, 328, 388, 398
Aischylos 252
Anders, Günther 166
D'Annunzio, Gabriele 324
Arendt, Hannah 67, 68, 340, 413
Aristoteles 60, 90, 123, 143, 225, 230, 231, 260, 355, 356, 394, 396, 407, 408, 411
Augstein, Rudolf 334, 385
Augustinus, Aurelius 141, 161, 312, 396

Baeumler, Alfred 134, 141, 142, 339
Bahro, Rudolf 331, 332
Balzac, Honoré de 322
Barth, Karl 91, 98, 279, 282
Bauer, Bruno 269
Benjamin, Walter 102, 142, 205, 208, 388
Benn, Gottfried 39, 272, 316
Biedenkopf, Kurt 123
Bismarck, Otto von 37, 38, 39, 93, 116, 126, 127, 296
Bloch, Ernst 15, 118, 120, 128, 129, 130, 206, 216, 345, 388, 425, 427
Braig, Karl 389
Brecht, Bert 56
Bubis, Ignaz 22
Büchner, Georg 63
Bultmann, Rudolf 279
Burckhardt, Jacob 56, 57, 217, 244, 277, 303
Burke, Edmund 392

Caesar, Julius 57, 245, 246
Cassirer, Ernst 130
Chamberlain, Houston Stewart 113, 217
Chaplin, Charly 56
Churchill, Winston 51, 346
Clemenceau, George B. 428
Condillac, Etienne Bonnot de 249
Cortes, Donoso 269
Croce, Benedetto 112

Dahrendorf, Ralf 86, 88, 92, 98
Darwin, Charles 248
Descartes, René 229
Dilthey, Wilhelm 401
Dimitroff, Georgi 84
Dionysos von Syracus 262, 268, 341
Disraeli, Benjamin 67
Dostojewski, Fjodor M. 142, 195, 269
Drewermann, Eugen 155

Engels, Friedrich 150, 227
Epikur 260
Erhard, Ludwig 96, 384

Farías, Viktor 331
Fest, Joachim 157
Feuerbach, Ludwig 169, 214
Fichte, Johann Gottlieb 58, 63, 91, 111, 144, 164, 197, 307, 347, 359, 390
Fini, Gianfranco 20
Fischer, Fritz 294
Fontane, Theodor 211
Förster, Bernhard 136
Förster, Elizabeth siehe Nietzsche-Förster
Franco, Francisco 55
Freud, Sigmund 256, 417
Freyer, Hans 420
Friedrich der Große 37, 38, 39

Galen, Graf von Clemens A. 72
Gauguin, Paul 323
Gaulle, Charles de 357, 386
Gehlen, Arnold 90, 158, 272, 341, 370
Geißler, Heiner 123, 283, 381
Gentile, Giovanni 112, 360
Gerhardt, Volker 139
Gerster, Manfred 25
Gibbon, Edward 271
Glotz, Peter 21
Gobineau, Joseph A. 67, 355
Goebbels, Joseph 61, 81, 100
Goethe, Johann Wolfgang von 109, 169, 191, 192, 219, 250, 287, 312, 342, 377, 391, 392
Göring, Hermann 107
Gogarten, Friedrich 120, 130, 279
Goldmann, Lucien 419, 420
Gorbatschow, Michail 346
Gramsci, Antonio 60, 360
Grass, Günter 28
Greiffenhagen, Martin 274, 275
Grimm, Hans 103

Habermas, Jürgen 29, 35, 63, 124, 138, 149, 330, 331, 380, 386, 390, 396, 397, 403, 411, 413, 424
Haider, Jörg 55
Handke, Peter 235
Harich, Wolfgang 142
Harnack, Adolf von 167
Harris, A. T. 80
Hartmann, Nicolai 390
Havel, Vaclav 338, 389
Hegel, Georg W.F. 34, 38, 63, 68, 70, 111, 112, 121, 123, 125, 134, 143, 144, 153, 161, 164, 166, 169, 181, 197, 218, 219, 225, 243, 257, 281, 285, 286, 292, 312, 319, 328, 329, 330, 347, 354, 356, 360, 361, 362, 373, 379, 381, 390, 396, 398, 399, 403
Heidegger, Martin 12, 14, 15, 16, 87, 90, 117, 121, 122, 132, 142, 143, 151, 155, 162, 189, 225, 248, 266, 272, 277, 285, 311, 315, 321, 327, 329, 330, 331, 332, 333, 334, 335, 336, 337, 338, 339, 340, 341, 342, 343, 344, 345, 346, 347, 348, 349, 350, 351, 352, 353, 354, 355, 356, 357, 358, 359, 360, 361, 362, 363, 364, 365, 366, 367, 368, 369, 370, 371, 372, 374, 374, 376, 377, 378, 379, 380, 381, 382, 383, 384, 385, 386, 387, 388, 389, 390, 391, 392, 393, 394, 395, 396, 397, 398, 399, 400, 401, 402, 403, 404, 405, 406, 407, 408, 409, 410, 411, 412, 413, 414, 415, 416, 417, 418, 419, 420, 421, 422, 423, 424, 426, 427, 428, 429, 430, 433, 434
Heine, Heinrich 130, 131
Heraklit 180, 257
Herder, Johann G. 166, 183, 312
Hermlin, Stefan 106
Herzog, Roman 109
Hesiod 270
Himmler, Heinrich 73, 117
Hindenburg, Paul von 119
Hirsch, Emanuel 370
Hitler, Adolf 9, 10, 11, 15, 19, 20, 25, 26, 28, 32, 34, 37, 39, 40, 41, 42, 43, 45, 46, 47, 48, 49, 50, 51, 52, 53, 54, 55, 56, 57, 58, 59, 60, 61, 62, 63, 64, 65, 66, 67, 68, 69, 70, 71, 72, 73, 74, 76, 77, 78, 79, 80, 81, 82, 83, 84, 85, 86, 87, 88, 89, 90, 91, 93, 94, 96, 101, 102, 103, 104, 105, 106, 108, 109, 112, 113, 116, 117, 119, 121, 122, 131, 132, 133, 134, 135, 136, 147, 148, 151, 152, 160, 163, 165, 168, 174, 188, 199, 200, 207, 210, 213, 215, 216, 217, 222, 236, 238, 239, 240, 245, 246, 247, 272, 273, 285, 289, 290, 296, 314, 316, 337, 346, 348, 360, 363, 364, 365, 374, 375, 376, 386, 395, 402, 410, 419, 423, 429
Hobbes, Thomas 22, 65, 322, 427
Hölderlin, Friedrich 162, 163, 166, 220, 257, 336
Homer 297
Honecker, Erich 38
Horkheimer, Max 115, 120, 128, 138, 140, 145, 164, 177, 190, 202, 400, 420
Hume 249
Husserl, Edmund 339, 340, 422, 423

Isaak 75

Jäckel, Eberhard 27, 49, 56
Jakob 75
Jaspers, Karl 142, 336, 337, 341, 342, 382, 405, 406
Jentsch 339
Jesus Christus 63, 75, 113, 137, 185
Jünger, Ernst 12, 14, 15, 16, 44, 45, 87, 89, 100, 117, 132, 239, 272, 276, 277, 285, 289, 298, 309, 310, 312, 315, 316, 317, 318, 319, 320, 321, 322, 323, 324, 325, 326, 327, 328, 329, 355, 359, 366, 367, 368, 372, 373, 374, 375, 376, 377, 383, 404, 433, 434

Kant, Immanuel 68, 143, 144, 147, 164, 192, 197, 217, 249, 330, 354, 377, 398
Karl der Große 296
Kierkegaard, Sören 266, 269, 386, 400, 425, 426, 429
Kiesinger, Kurt-Georg 64
Kissinger, Henry 42
Kleinert, Hubert 22
Kojève, Alexandre 345
Kondylis, Panajotis 274
Krannhals, Paul 134
Krockow, Graf von 316
Kuhn, Helmut 434

Lask, Emil 419, 420
Leibniz, Gottfried W. 288, 330
Lenin, Wladimir I. 63, 121, 163, 174, 184, 214, 374, 375
Lenk, Kurt 274, 275
Lessing, Theodor 37, 125, 208, 373, 377
Levinas, Emmanuel 330
Ley, Robert 95
Locke, John 110
Löwith, Karl 138, 142, 285, 336
Lübbe, Hermann 73, 114, 208, 296

Luhmann, Niklas 63, 386
Lukács, Georg von 15, 120, 121, 122, 123, 124, 135, 142, 266, 388, 407, 419, 420
Luther, Martin 37, 38, 39, 40, 57, 58, 63, 119, 142, 215, 257, 260, 264, 296, 325, 346, 359, 432
Luxemburg, Rosa 127

Mann, Golo 62
Mann, Heinrich 288, 296
Mann, Thomas 43, 45, 96, 118, 188, 203, 243, 254, 263, 264, 265, 266, 268, 279, 288, 296, 315, 322
Mannheim, Karl 229
Mao Tse-tung 63, 210, 346
Marcuse, Herbert 137, 138, 336, 337, 407
Marx, Karl 12, 61, 63, 77, 100, 121, 123, 134, 143, 145, 146, 150, 161, 164, 171, 173, 174, 176, 201, 207, 214, 220, 225, 227, 268, 271, 275, 276, 280, 303, 304, 314, 310, 328, 329, 331, 373, 386, 388, 398, 399, 390, 403, 416, 419, 420, 421, 424, 425, 431, 432
Michels, Robert 108
Mitscherlich, Margarete 37
Mitterrand, François 26, 315
Moeller van den Bruck, Arthur 162, 278
Mohammed 63
Mohler, Armin 140, 239
Monod, Jacques 200
Montesquieu, Charles de 123
Müller, Ludwig 370
Müller, Max 340
Müller-Armack, Alfred 96, 384
Musil, Robert 43, 79, 204, 243
Mussolini, Benito 20, 55, 105, 106, 107, 108, 142, 161, 163, 184, 210, 272, 273, 285, 324, 360

Napoleon 41, 126 , 144, 246
Neumann, Franz 90
Niekisch, Ernst 45, 122
Nietzsche, Friedrich 12, 13, 14, 15, 16, 43, 69, 73, 98, 109, 113, 117, 121, 131, 132, 135 bis 211, 213, 214, 215, 217, 218, 220 bis 263, 265, 267, 268, 269, 271, 272, 275, 276, 277, 278, 279, 281, 285, 286, 287, 292, 296, 297, 298, 299, 302, 303, 305, 307, 308, 310, 311, 312, 318, 321, 324, 330, 335, 353, 355, 358, 359, 366, 367, 368, 372, 373, 374, 377, 378, 379, 383, 384, 387, 388, 390, 395, 396, 397, 398, 399, 403, 408, 421, 431, 432, 433, 435, 436
Nietzsche-Förster, Elizabeth 135, 136, 199
Nolte, Ernst 15, 21, 27, 28, 29, 31, 32, 33, 51, 108, 410

Ott, Hugo 333, 334

Papen, Franz von 51
Pascal, Blaise 203, 207
Paulus 12, 75, 155, 203, 215, 432
Platon 68, 69, 102, 112, 141, 143, 155, 165, 189, 221, 225, 230, 231, 243, 247, 251, 252, 270, 271, 330, 341, 355, 364, 365, 394, 396, 407, 408, 411, 425
Plessner, Helmuth 120, 124, 125, 128
Polybios 270
Popper, (Sir) Karl R. 38, 123, 244, 330

Raabe, Wilhelm 247
Ranke, Leopold 286
Rauschning, Hermann 89
Remarque, Erich Maria 316
Ribbentrop, Joachim von 116, 383
Riefenstahl, Leni 81, 101, 208, 221
Robespierre, Maximilien de 126
Rommel, Erwin 58
Roosevelt, Theodore 48
Rosenberg, Alfred 184, 240, 289, 339, 355
Rousseau, Jean-Jacques 110, 111, 173, 229, 414

Safranski, Rüdiger 139
Sartre, Jean-Paul 158, 406
Schadewald, Wolfgang 340, 341
Scheler, Max 390
Schelling, Friedrich W.J. 121, 122, 124, 164, 197, 232, 353
Schiller, Friedrich 67, 219, 377
Schleicher, Kurt von 50, 375
Schleiermacher, Friedrich 169, 175
Schmauß, Michael 91
Schmidt, Helmut 38, 123, 210
Schmitt, Carl 22, 50, 60, 70, 75, 77, 90, 105, 122, 239, 269, 272, 294, 316, 318, 345, 360, 370, 375, 390, 391, 427
Schmückle, Gert 80
Schopenhauer, Arthur 121, 191, 192, 193, 194, 203, 204, 209, 210, 216, 223, 235, 249, 254, 255, 257, 259, 260, 264, 265
Schwan, Alexander 333
Schweitzer, Albert 198
Scipio 271
Shakespeare, William 56, 215

Sokrates 12, 151, 155, 156, 225, 226, 229, 230, 231, 407, 411
Sorel, Georges 163,184, 185, 277
Spencer, Herbert 243
Spengler, Oswald 12, 13, 14, 15, 16, 38, 87, 88, 117, 132, 141, 173, 245, 272, 277, 285, 286, 287, 288, 289, 290, 291, 292, 293, 295, 296, 297, 298, 299, 300, 301, 302, 303, 304, 305, 306, 307, 308, 309, 310, 311, 312, 313, 314, 315, 318, 321, 329, 375, 395, 433, 434
Stalin, Josef W. 32, 43, 63, 134, 148, 247, 416
Steiner, George 330
Stendhal 322
Stoph, Willi 142
Strauss, David Friedrich 165, 166, 167, 168, 169, 170, 171, 172, 174, 175, 176

Taubes, Jakob 75, 77, 90, 155, 344, 345
Thukydides 69, 244
Tocqueville, Alexis de 83, 157, 260
Tönnies, Ferdinand 54
Toynbee, Arnold Joseph 172, 291
Trasymachos 69
Troeltsch, Ernst 297
Türcke, Christoph 139
Turner, Henry A. 61

Voegelin, Eric 120, 130
Voltaire, François 229

Wagner, Richard 193, 194, 204, 210, 211, 212, 213, 214, 215, 217, 218, 219, 220, 221, 222, 223, 224, 234, 235, 236, 237, 241, 249, 251, 254, 255, 259
Walser, Martin 116, 399
Weber, Max 108, 122, 271, 287, 290, 301, 305, 363
Weizsäcker, Richard von 71, 116, 382, 383
Whitehead, Alfred N. 230
Wilhelm II. 43, 167, 243
Winkelmann, Johann Joachim 162, 225, 229
Wolfe, Thomas Clayton 55

Zitelmann, Rainer 96